Stricken

1000 Ideen mit Pfiff

Mosaik Verlag

Einbandgestaltung: Heidrun Nawrot
Einbandfotos: Milly Orthen, München
Zeichnungen: Karin und Vural Sübiler
Redaktion: Angela Pecorella
Gesamtleitung: Walter Stegemann

Gesamtherstellung Mohndruck Graphische Betriebe GmbH, Gütersloh

ISBN 3-570-03144-6

Stricken macht Spaß

. . . und ist wieder ganz groß in Mode. Mit diesem Buch und seinen 1000 pfiffigen Strick-Ideen wird es erst richtig zum Vergnügen. Jeder, gleich ob männlich oder weiblich, ob jünger oder älter, kann diese Handarbeit lernen. Der Erfolg wird schnell sichtbar. Wolle und Nadeln sind nicht besonders teuer und überall leicht zu verstauen. Die Zeit zum Stricken findet sich immer, zum Beispiel im Wartezimmer des Zahnarztes, in der U-Bahn, abends vorm Fernseher, beim Kaffeeklatsch oder an einem verregneten Urlaubstag. Das leise Klappern der Nadeln beruhigt und verbreitet Behaglichkeit.

Sieben von zehn Frauen – so behauptet die Statistik – sehen im Handarbeiten einen willkommenen Ausgleich zur Hast des Alltags. Kein Wunder: es regt die Phantasie an und ist außerdem originell und nützlich. Jeder, der selbst etwas mit eigener Hand geschaffen hat, weiß, wie befriedigend eine solche Arbeit sein kann. Etwas Mühe und Ausdauer gehören natürlich dazu. Aber der Erfolg der persönlichen Leistung läßt alle kleinen Schwierigkeiten schnell vergessen.

In diesem Buch findet jeder die richtige Masche: Elegante und sportliche, modische und zeitlose Modelle für jede Jahreszeit, jeden Geschmack und jede Gelegenheit. Alles, was gezeigt wird, können Sie selbst nacharbeiten. Sie werden begeistert sein von all den modischen, praktischen und warmen Sachen für »Sie«, »Ihn« und »Es«, den dekorativen Handarbeiten für die Wohnung und den liebevoll selbstgestricken Geschenken. Und damit Sie möglichst wenig Schwierigkeiten und viel Spaß an Ihren Strickarbeiten haben, finden Sie zu allem ganz genaue Anleitungen. Da die schönste Anleitung für einen Strickpullover nichts hilft, wenn man die Grundtechniken des Strickens nicht beherrscht und sich unter Fachausdrücken nichts vorstellen kann, haben wir ganz an den Anfang einen Strick-Grundkurs gestellt. In Text und Bild werden dort ausführlich alle Grundtechniken, Muster und komplizierten Arbeitsschritte erläutert. Als weitere Hilfe finden Sie bei jedem Modellvorschlag eine einfache Schnittzeichnung mit exakter Zentimeterangabe. Tips und Tricks rund um Stricknadeln, Wolle und Garne sowie Wasch- und Pflegeanleitungen sind am Ende des Buches.

Und nun die Stricknadeln gezückt und viel Spaß beim Nachstricken!

Inhalt

Inhalt

Inhalt

Erklärung der Abkürzungen

M = Masche, R = Reihe, Rd = Runde, Hinr = Hinreihe, Rückr = Rückreihe, * = ab Stern wiederholen

Strickkurs

Bevor Sie mit einer Strickarbeit beginnen, sollten Sie sich nicht nur darüber im klaren sein, was Sie machen wollen, sondern wie Sie arbeiten möchten. Die Technik des einfachen Strickens hat wohl jeder von uns einmal in der Schule beim Handarbeitsunterricht gelernt, aber wie man abnimmt, wie ein sauberer Rand entsteht oder wie die einfachsten Muster aus rechter und linker Masche entstehen, ist längst aus unserem strapazierten Gedächtnis raus.
Alle Grundtechniken finden Sie auf den folgenden Seiten. Mit diesen Anleitungen kommen Sie selbst als Anfängerin zurecht, wenn Sie noch nie gestrickt haben. Alle Arbeitsgänge sind eingehend beschrieben, und an den Zeichnungen können Sie sich überzeugen, ob Sie auch alles richtig machen. Auch wenn Sie jetzt schon oder später zu den versierten Strickern gehören, kann es passieren, daß Sie die eine oder andere Sache noch einmal erläutert haben wollen. Dann können Sie immer mal schnell nachschlagen und sich vergewissern, ob Sie auch alles richtig machen.

Maschenanschlag

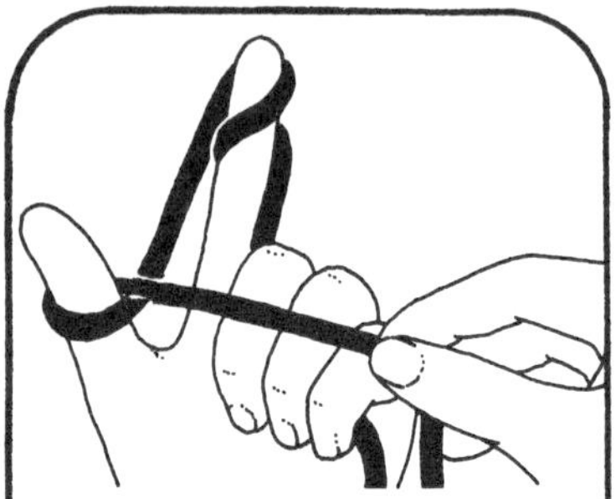

1 *Fadenende um den Zeigefinger der linken Hand wickeln und einmal um den Daumen legen.*

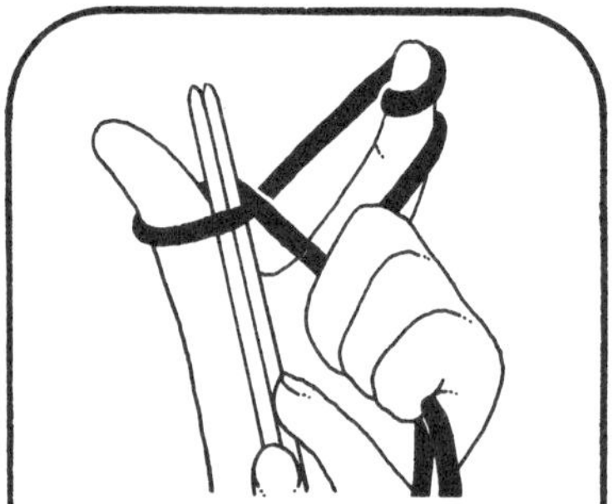

2 *Beide Fäden in der Handfläche festhalten und von unten nach oben durch die Daumenschlinge stechen.*

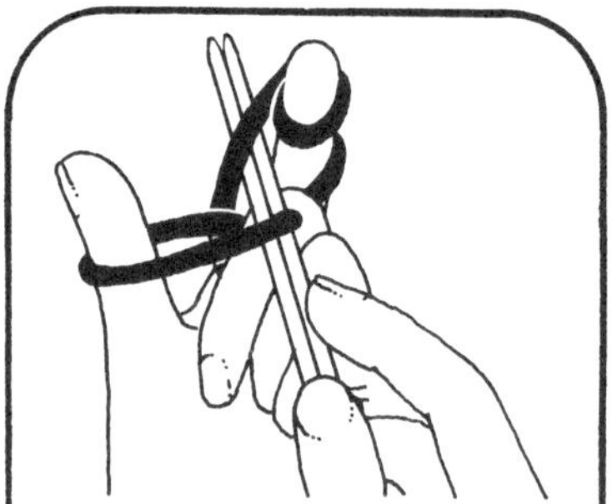

3 *Den vom Zeigefinger kommenden Faden mit den Stricknadeln von rechts unten nach links oben fassen.*

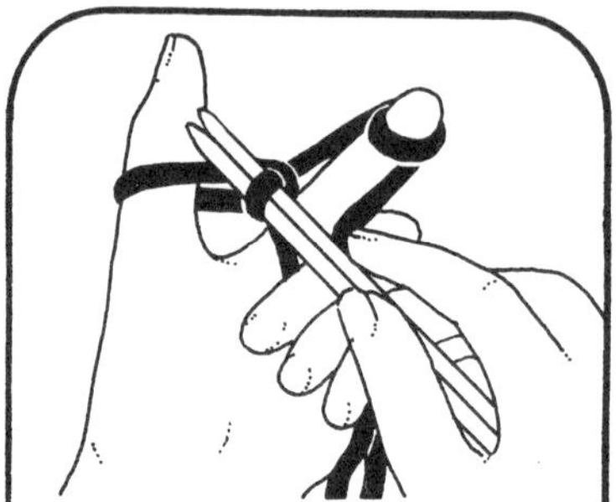

4 *Faden durch Daumenschlinge ziehen. Schlinge vom Daumen gleiten lassen, erneut Fadenende fassen.*

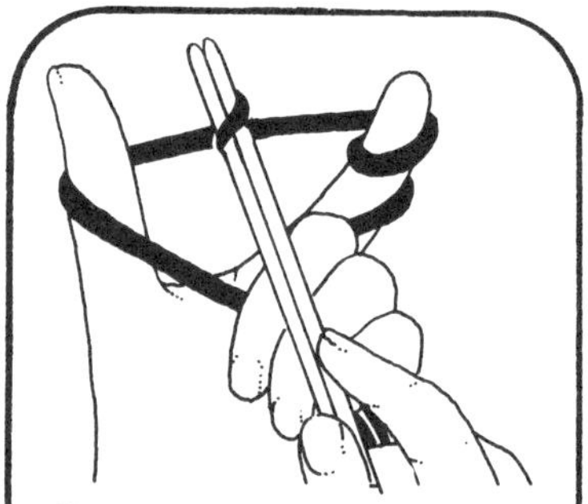

5 *Dabei wird die erste Masche fest angezogen. Die Daumenschlinge wird zu einem elastischen Knoten.*

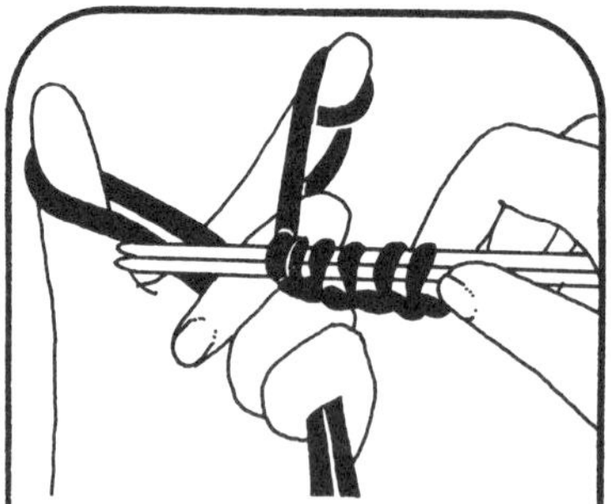

6 *Ab Abbildung 2 laufend wiederholen. Alle weiteren Maschen in genau der gleichen Weise aufnehmen.*

Rechte Masche

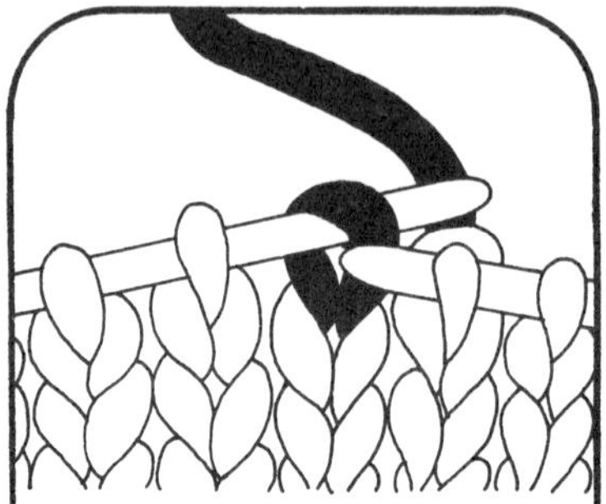

1 *Faden liegt hinter der Arbeit. Die rechte Nadel sticht in die Masche der linken Nadel von vorn nach hinten.*

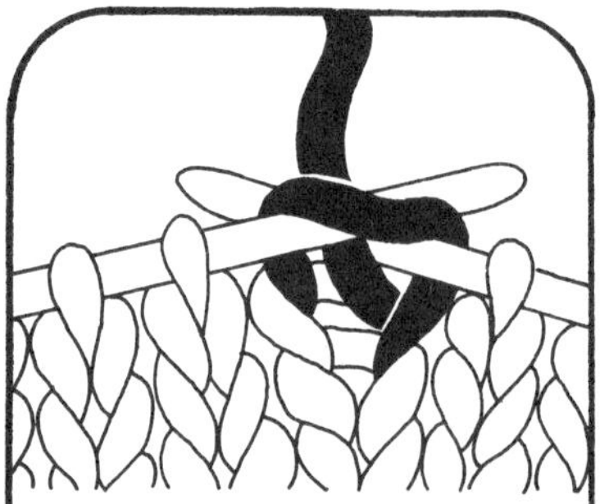

2 *Den Arbeitsfaden mit der rechten Nadel von rechts nach links fassen.*

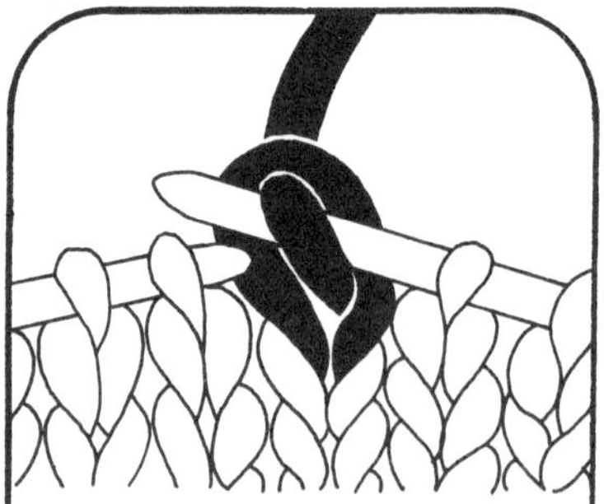

3 *Faden durch die Masche ziehen und diese abgestrickte Masche von der Nadel gleiten lassen.*

Linke Masche

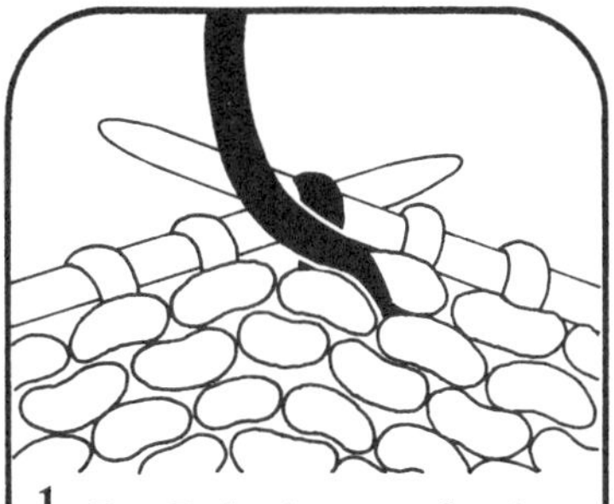

1 *Der Faden liegt vor der Arbeit. Mit der rechten Nadel in die Masche der linken Nadel von rechts nach links vorn einstechen.*

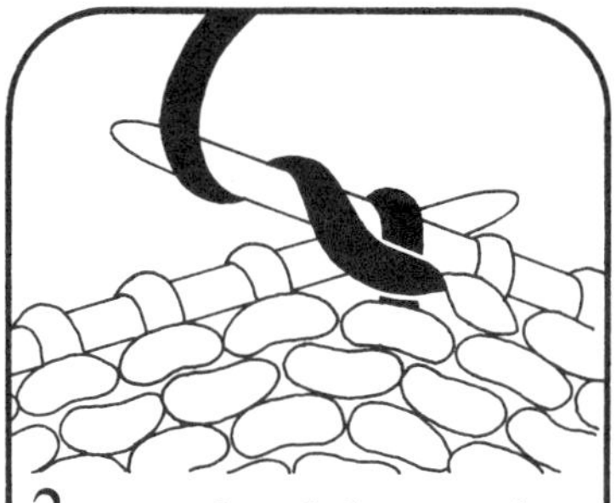

2 *Den Arbeitsfaden einmal um die rechte Nadel schlingen und durch die Masche nach hinten durchziehen.*

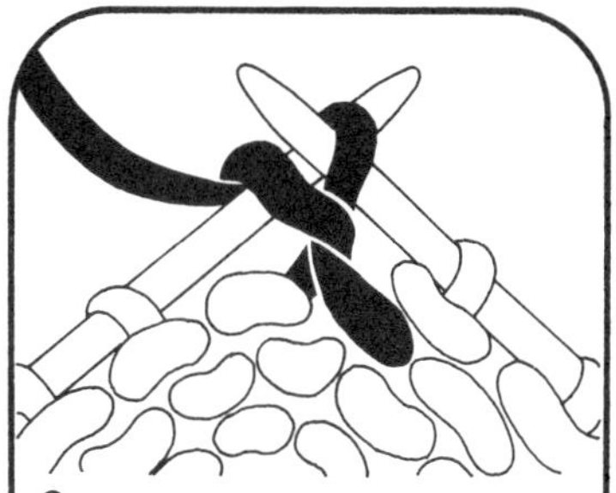

3 *Die abgestrickte Masche von der Nadel gleiten lassen. Nun ist die linke Masche fertig.*

Maschenprobe

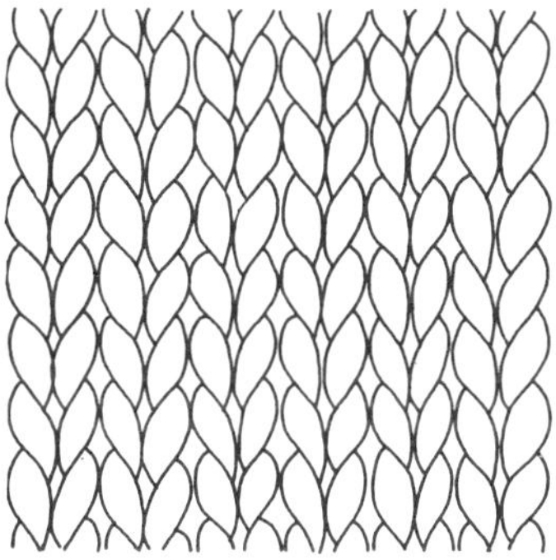

Stricken Sie ein Probestück, das mindestens 10 cm hoch und 10 cm breit sein muß. Fertigen Sie sich dann eine Schablone aus starkem Papier in der Größe von 10 × 10 cm an, die Sie immer wieder verwenden können. Wenn Sie nun die Schablone auf Ihr Probestück legen, können Sie die Maschen und Reihen abzählen. Dann vergleichen Sie Ihre Zahlen mit denen der Beschreibung. Hat Ihr Probestück weniger Maschen und Reihen, müssen Sie fester stricken oder ½ bis 1 Stärke dünnere Nadeln nehmen. Wenn Sie mehr Maschen und Reihen haben, müssen Sie lockerer stricken oder dickere Nadeln verwenden.

Randmaschen

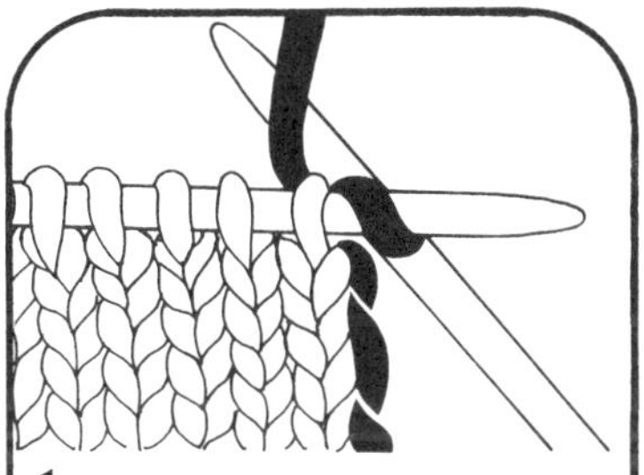

1 *Kettrandmasche: Für die Kettrandmasche müssen Sie am Anfang jeder Reihe die erste Masche normal rechts abstricken.*

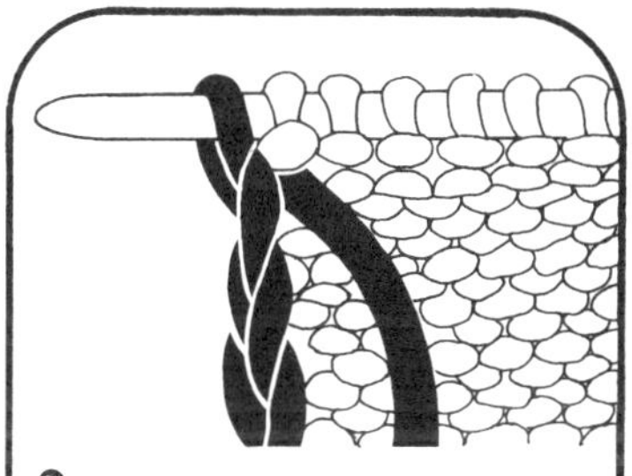

2 *Kettrandmasche: Heben Sie am Ende jeder Reihe die letzte Masche ab, wobei der Arbeitsfaden in dieser Phase vor der Arbeit liegt.*

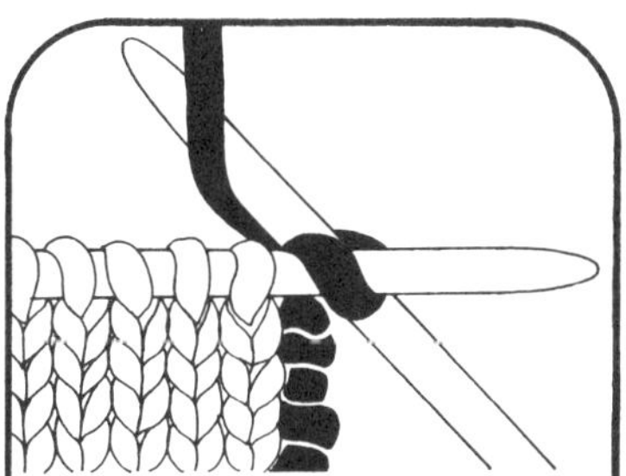

3 *Knötchenrandmasche: Für diese Randmasche müssen Sie am Anfang jeder Reihe die erste Masche normal rechts abstricken.*

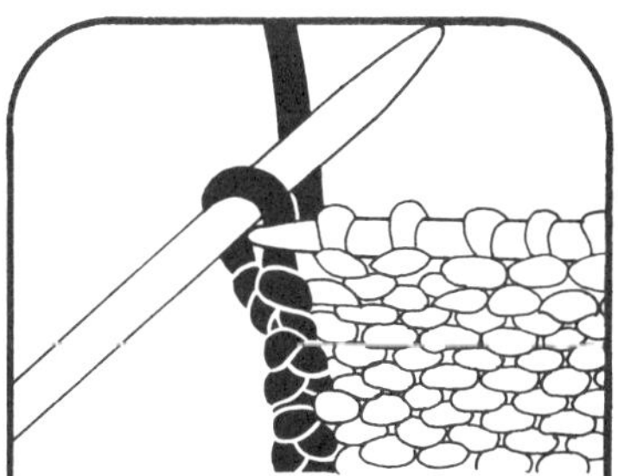

4 *Für die Knötchenrandmasche müssen Sie am Ende jeder Reihe die letzte Masche ebenfalls normal rechts abstricken.*

Zunehmen bei einer Masche neben der Randmasche

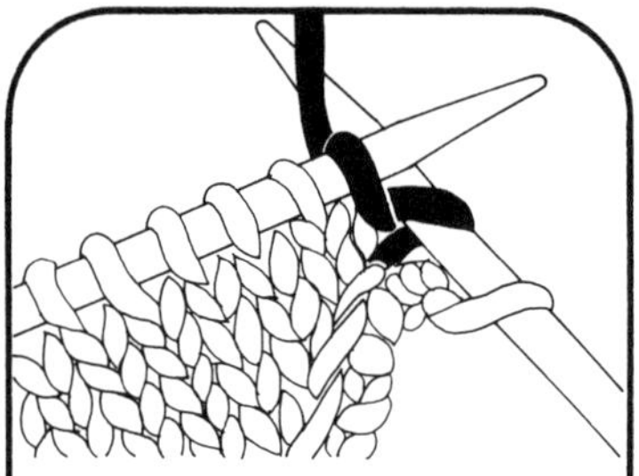

1 *Rechte Masche: Den eine Reihe tiefer liegenden Maschenkopf mit der rechten Nadel aufnehmen, auf linke Nadel setzen, rechts abstricken.*

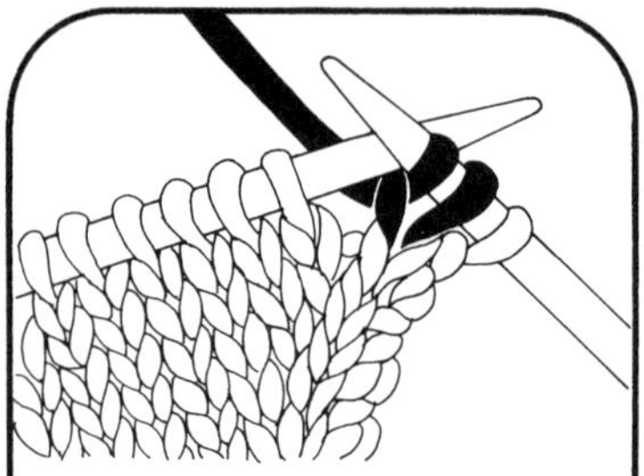

2 *Es wurde eine Masche aus der Vorreihe zugenommen. Anschließend die noch auf der Nadel befindliche Masche rechts abstricken.*

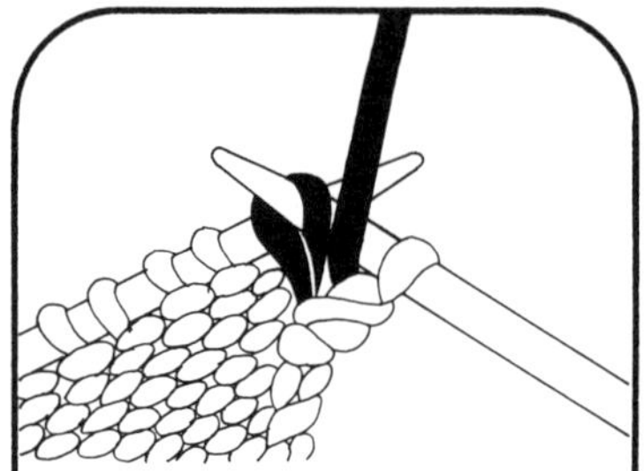

3 *Linke Masche: Den eine Reihe tiefer querliegenden Maschenkopf mit rechter Nadel aufnehmen, auf linke setzen, links stricken.*

Zunehmen durch Aufstricken

1 *Auf der linken Nadel eine Knotenschlinge bilden. Mit der rechten Nadel von vorn links nach hinten rechts in die Schlinge einstechen.*

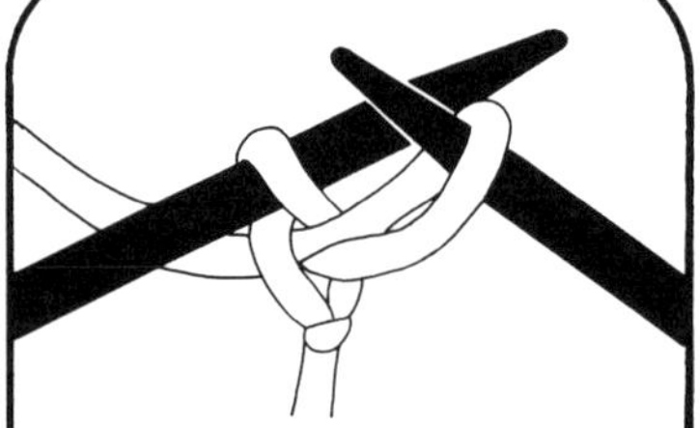

2 *Den Faden einmal um die Nadel schlagen und die Schlinge zur neuen Masche durchholen.*

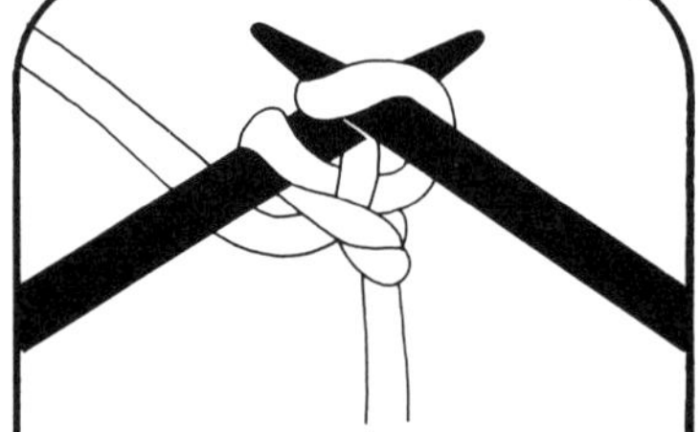

3 *Mit der linken Nadel den vorderen Maschendraht der Schlinge von rechts nach links aufnehmen.*

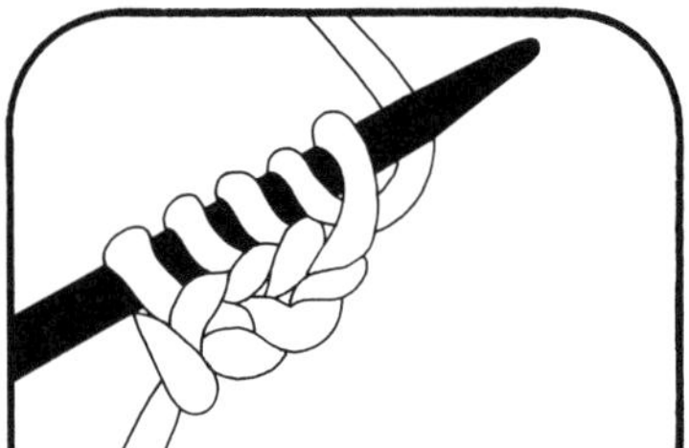

4 *Die Schlinge der übernommenen Masche nicht zu fest anziehen.*

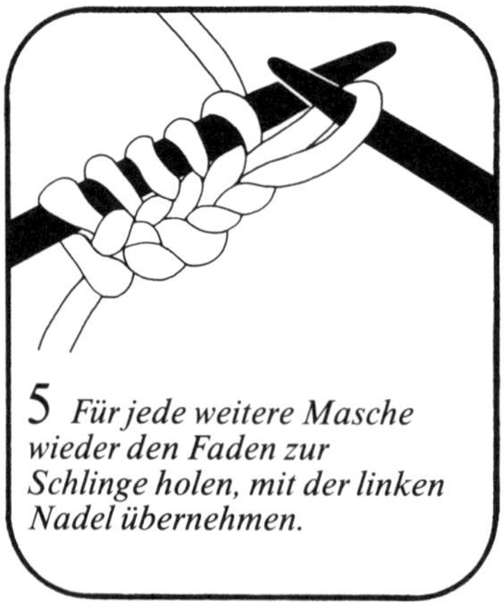

5 *Für jede weitere Masche wieder den Faden zur Schlinge holen, mit der linken Nadel übernehmen.*

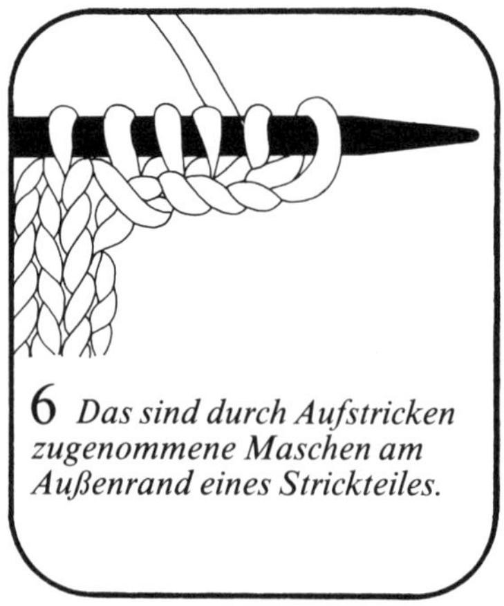

6 *Das sind durch Aufstricken zugenommene Maschen am Außenrand eines Strickteiles.*

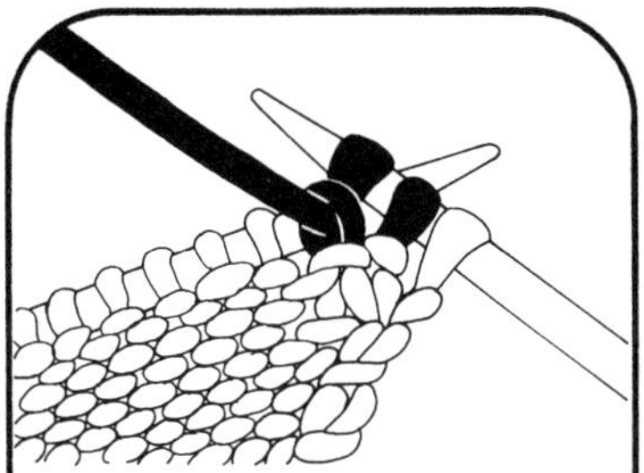

4 *Es wurde eine Masche aus der Vorreihe zugenommen. Anschließend die noch auf der Nadel befindliche Masche links abstricken.*

Zunehmen durch Aufstricken:

Zunehmen heißt, die Zahl der Maschen vergrößern. Die beliebteste Art des Zunehmens ist das Aufstricken. Ob Sie nur eine oder mehrere Maschen aufstricken – die Methode bleibt dabei die gleiche.

Abnehmen:

Abnahmen an Rändern oder innerhalb der Arbeit: 2 Maschen rechts überzogen zusammenstricken. Abnahmen in Rückreihen oder im Linksgestrick: 2 Maschen links zusammenstricken.

Abketten

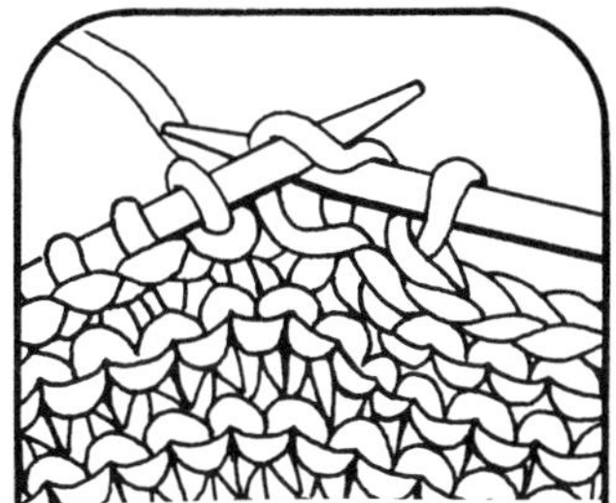

1 *Die erste und zweite Masche der letzten Reihe Ihres Strickteils entsprechend dem Muster stricken.*

Abnehmen

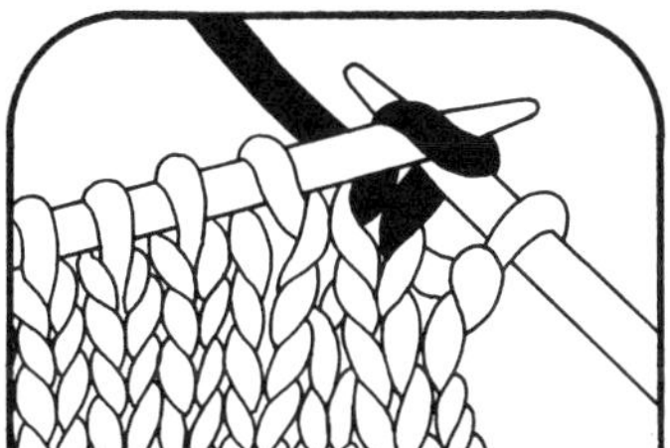

1 *2 Maschen rechts überzogen zusammenstricken: Masche wie zum Rechtsstricken mit der rechten Nadel abheben, Faden liegt hinter der Arbeit.*

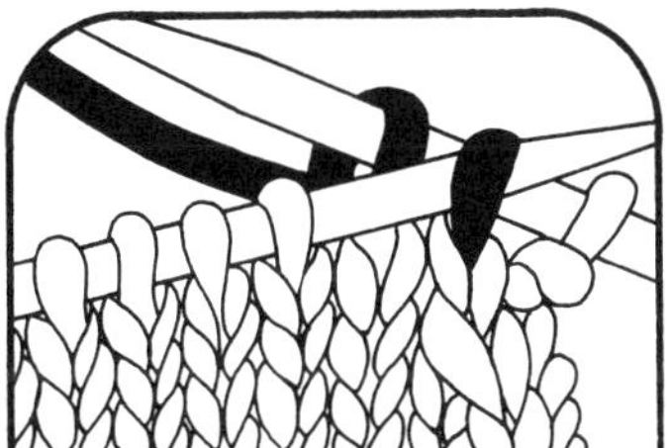

2 *Die folgende Masche rechts stricken, dann mit der linken Nadel in die gehobene Masche vorn von links nach rechts einstechen.*

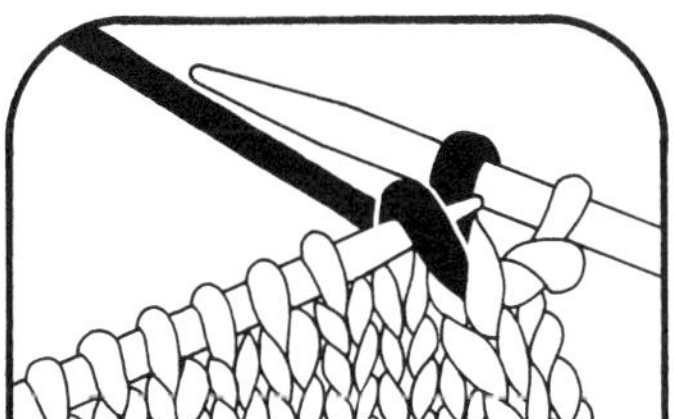

3 *Die gehobene Masche mit der linken Nadel über die gestrickte Masche ziehen und dann von der linken Nadel gleiten lassen.*

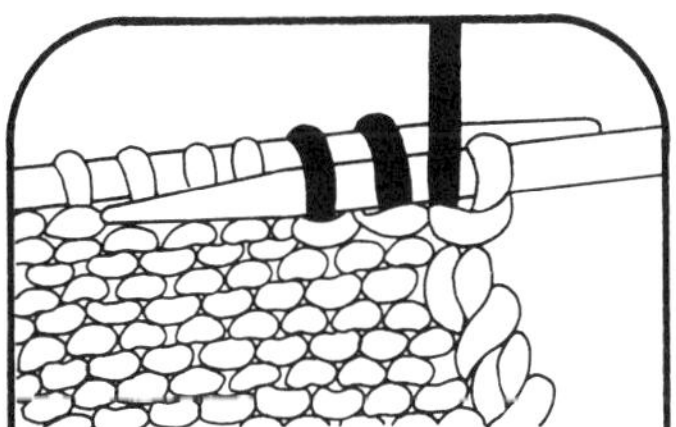

4 *2 Maschen links zusammenstricken: In 2 Maschen vorn von rechts nach links einstechen, Faden zur Schlinge holen, durch beide Maschen ziehen.*

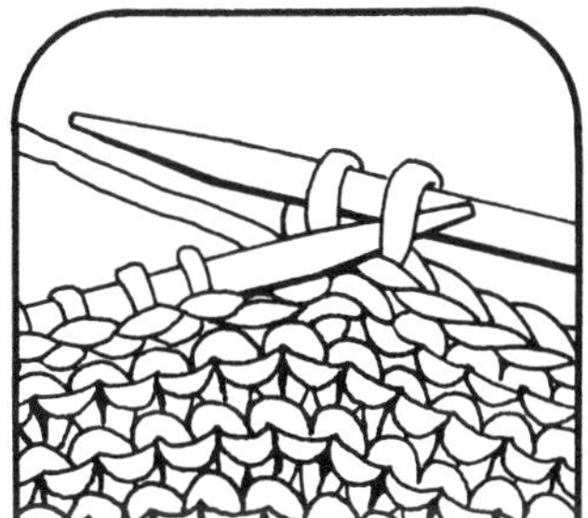

2 *Mit der linken Nadel von links nach rechts in die erste Masche einstechen, diese über die zweite ziehen.*

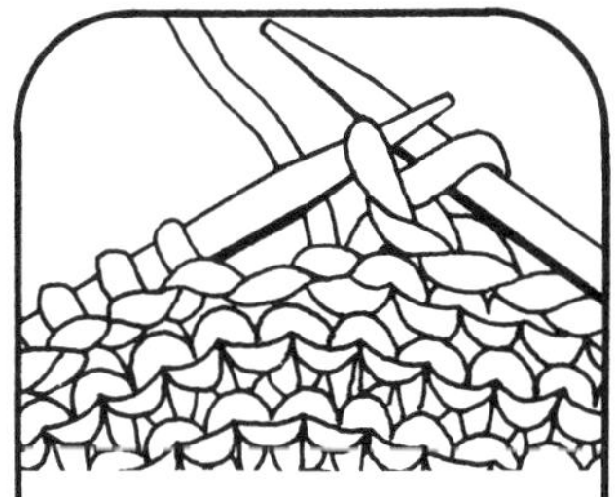

3 *Aus zwei Maschen ist eine Masche geworden. Nun die dritte Masche stricken, zweite darüberziehen, usw.*

Rechts verschränkte Masche

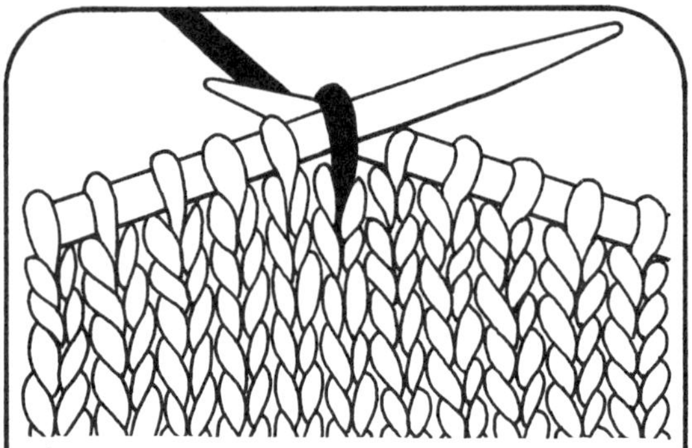

1 *Mit der rechten Nadel in die Masche der linken Nadel hinten von rechts nach links einstechen.*

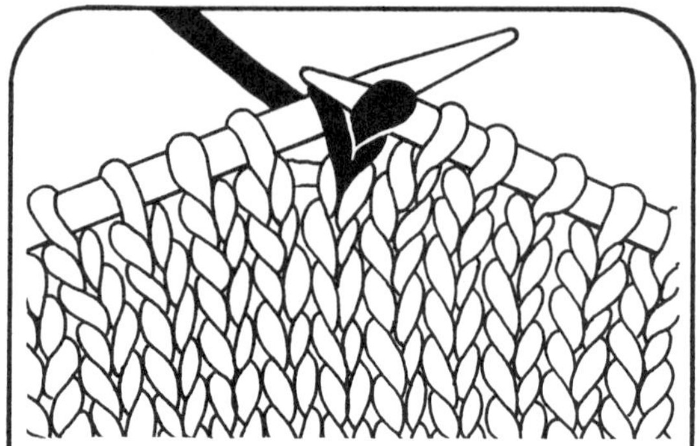

2 *Den Arbeitsfaden von rechts nach links fassen. Die Schlinge nach vorn durchziehen.*

Tiefer gestochene Masche

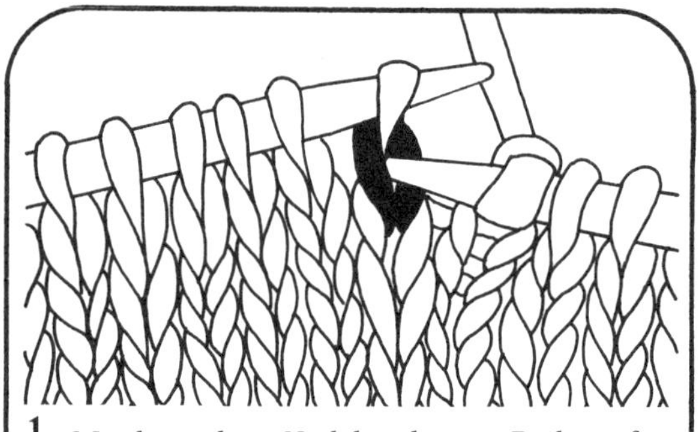

1 *Mit der rechten Nadel in die eine Reihe tiefer liegende Masche der linken Nadel von vorn nach hinten einstechen.*

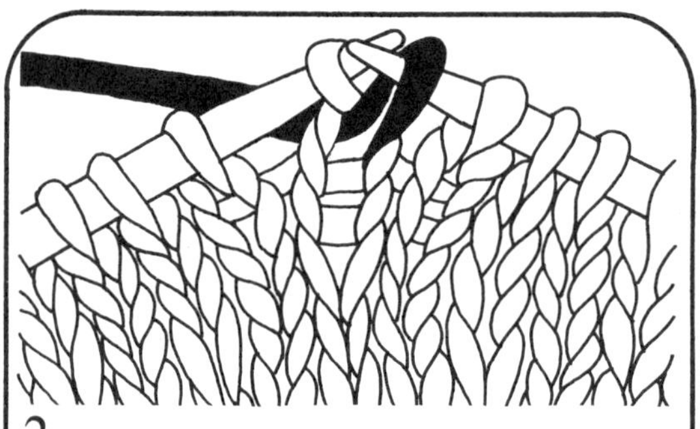

2 *Den Arbeitsfaden durch die Masche zur Schlinge holen. Dann die auf der linken Nadel befindliche Masche von der Nadel gleiten lassen.*

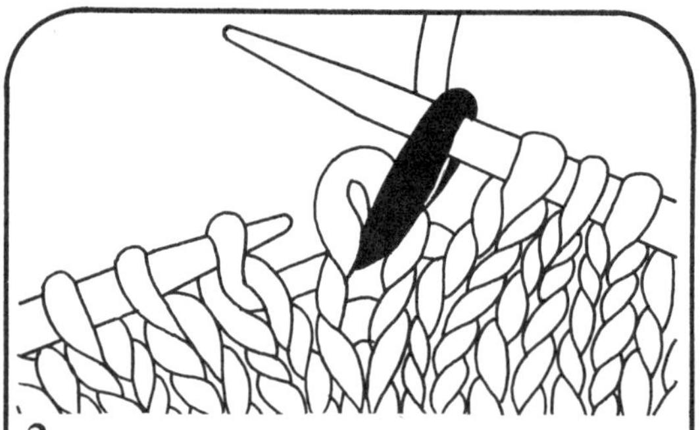

3 *Die in der zweiten Farbe gestrickte Mustermasche liegt durch das tiefere Einstechen eine Reihe tiefer als die normal gestrickten Maschen.*

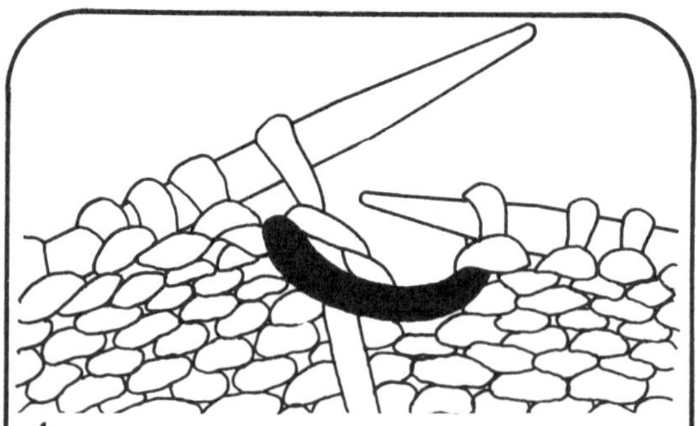

4 *Hier die Rückseite der Arbeit. Die freiliegende Masche hat sich aufgelöst und liegt als zweiter Maschendraht hinter der neuen Masche.*

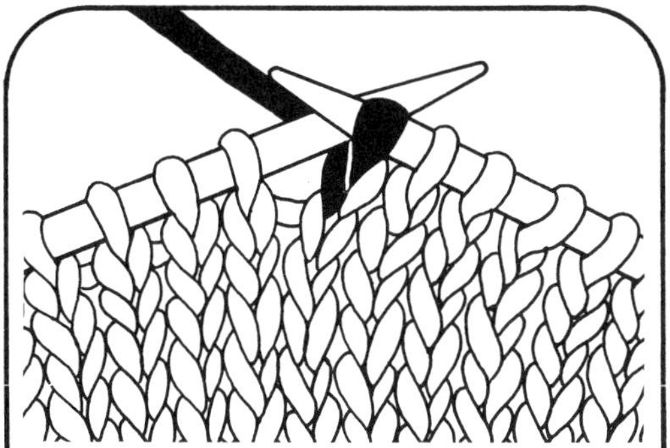

3 *Die abgestrickte Masche von der linken Nadel gleiten lassen. Die Masche wirkt verdreht.*

Links verschränkte Masche

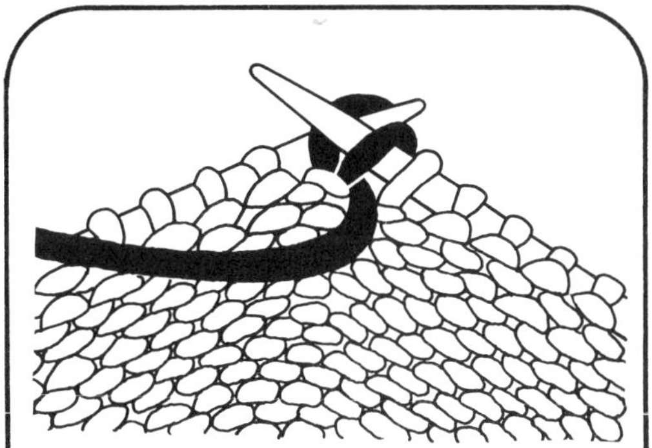

Mit der rechten Nadel in die Masche der linken Nadel von hinten links nach vorn rechts einstechen. Faden zur Schlinge holen.

3 Maschen mit Mittelmasche zusammenstricken

1 *In Mittelmasche und davorliegende Masche zusammen vorn von links nach rechts einstechen.*

2 *Die 2 Maschen so auf die rechte Nadel übernehmen und die folgende Masche dann rechts stricken.*

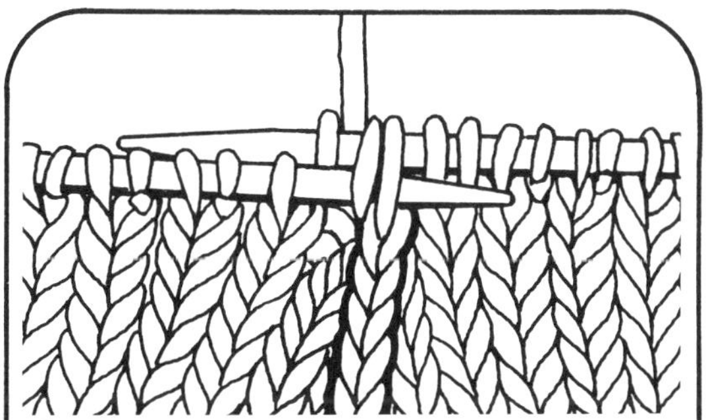

3 *Mit der linken Nadel die 2 gehobenen Maschen aufnehmen und über die gestrickte Masche ziehen.*

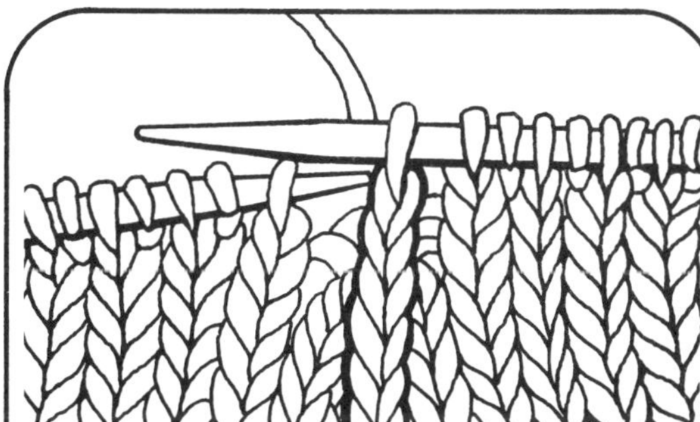

4 *Es wurden 2 Maschen abgenommen. Die gestrickte Masche bleibt immer als Mittelmasche glatt rechts.*

Hebemasche nach rechts und links gekreuzt

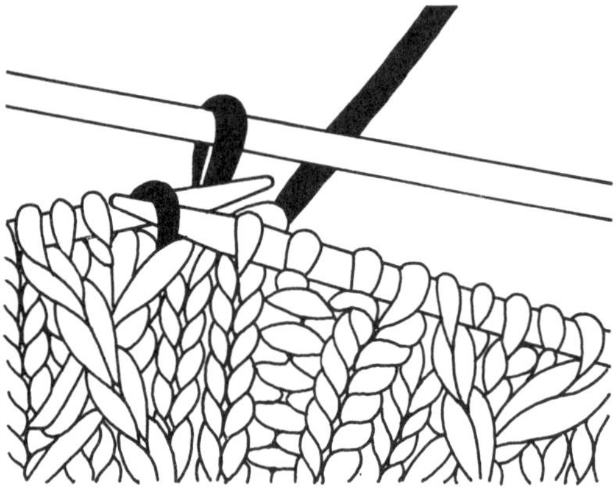

1 *Eine Hebemasche von links nach rechts kreuzen: Eine Masche auf einer Hilfsnadel auf die Rückseite der Arbeit legen.*

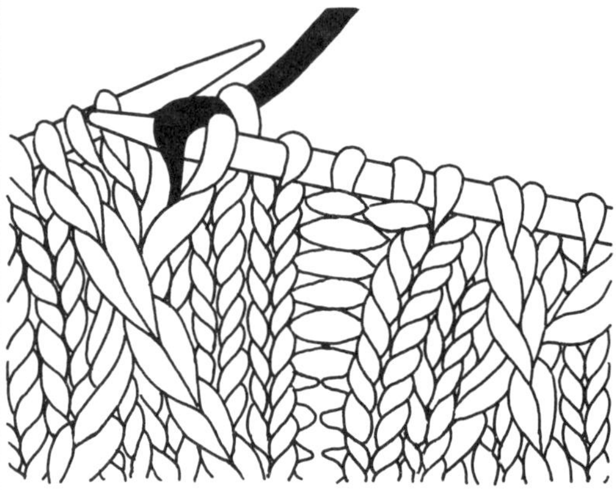

2 *Die folgende Masche abheben, der Arbeitsfaden liegt hinter der Arbeit. Anschließend die Masche von der Hilfsnadel rechts abstricken.*

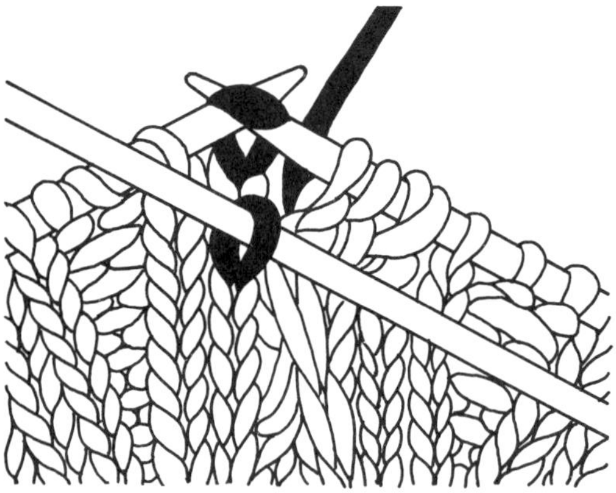

3 *Eine Hebemasche von rechts nach links kreuzen: Die Hebemasche auf einer Hilfsnadel auf die Vorderseite der Arbeit legen.*

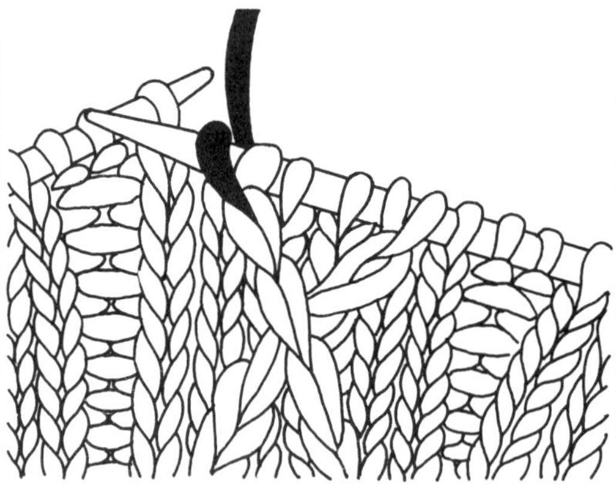

4 *Die folgende Masche rechts abstricken, dann die Hebemasche auf die rechte Nadel übernehmen. Der Arbeitsfaden liegt hinter der Arbeit.*

Einfacher Zopf

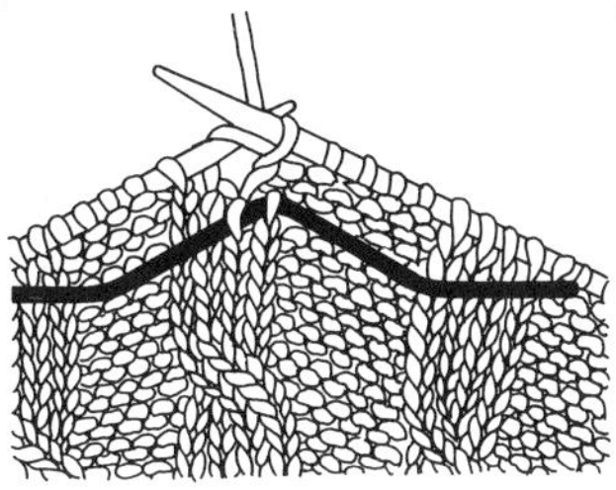

1 *Zuerst mit der Musternadel 2 Maschen vor die Arbeit legen.*

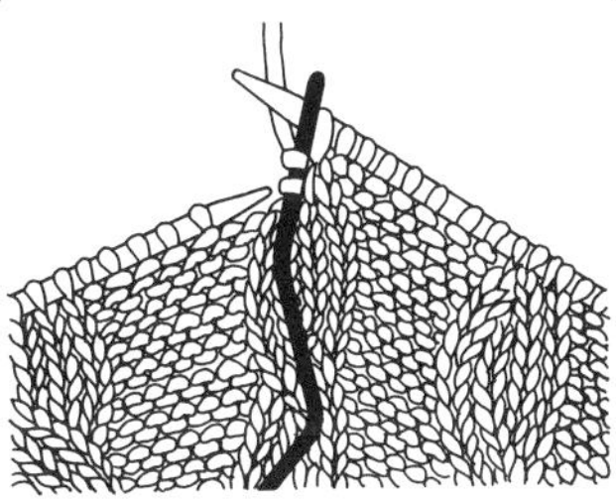

2 *Nächste 2 Maschen und Musternadel-Maschen rechts stricken.*

Zopfmuster

Zum Verkreuzen der Maschen bei Zopfmustern benötigt man eine Hilfsnadel. Die Musternadel ist dafür besonders gut geeignet. Sie hat in der Nadelmitte eine Biegung, die das Abrutschen der Maschen verhindert. Sie ist kürzer als Strumpfstricknadeln, sodaß sie nicht beim Abstricken der anderen Maschen stört.

Dreifacher Zopf

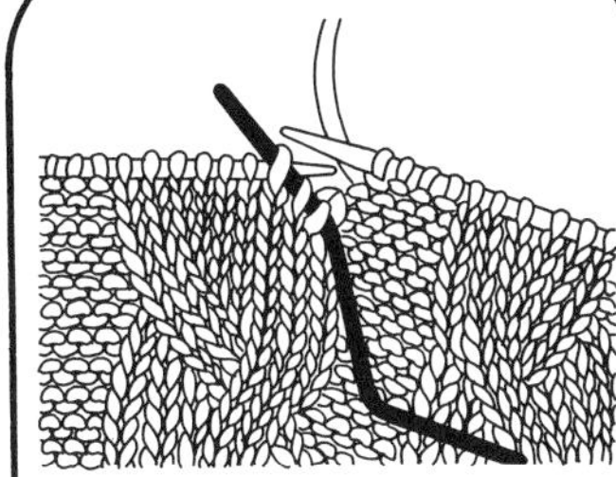

1 *Rechtskreuzen: 3 Maschen auf die Musternadel übernehmen.*

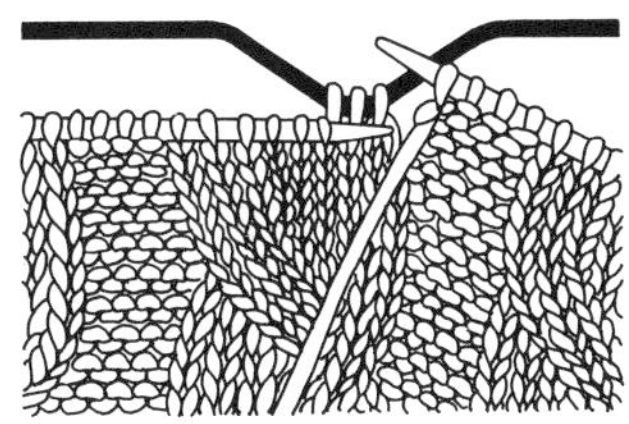

2 *Die Musternadel mit den Maschen hinter die Arbeit legen.*

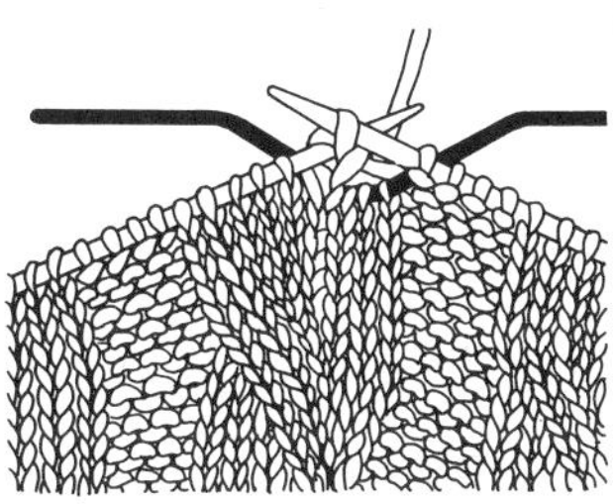

3 *Danach stricken Sie die folgenden drei Maschen rechts ab.*

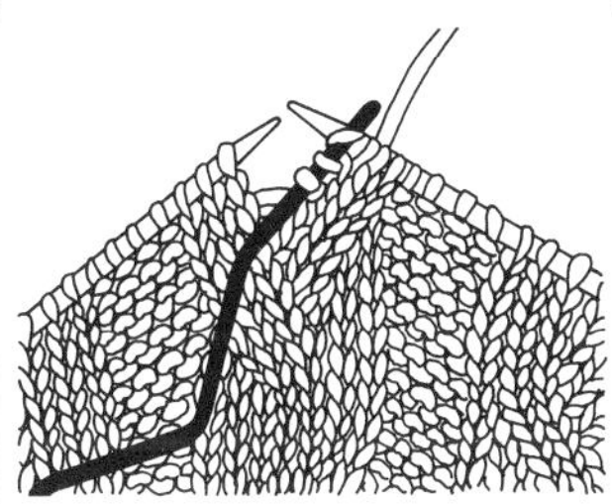

4 *Musternadel-Maschen und nächste 3 Maschen rechts stricken.*

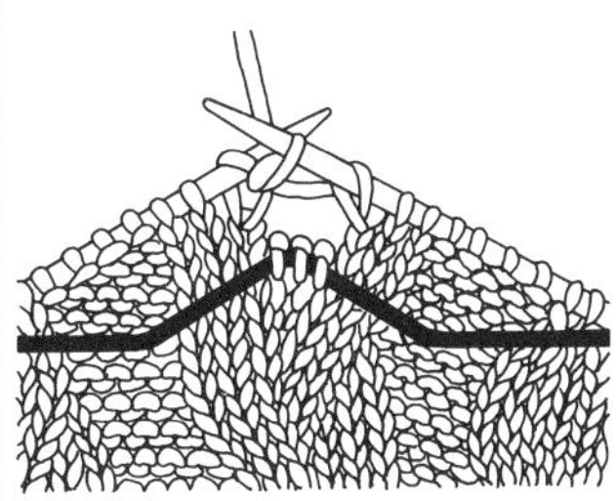

5 *Linkskreuzen: 3 Maschen rechts stricken, 3 Maschen vor die Arbeit.*

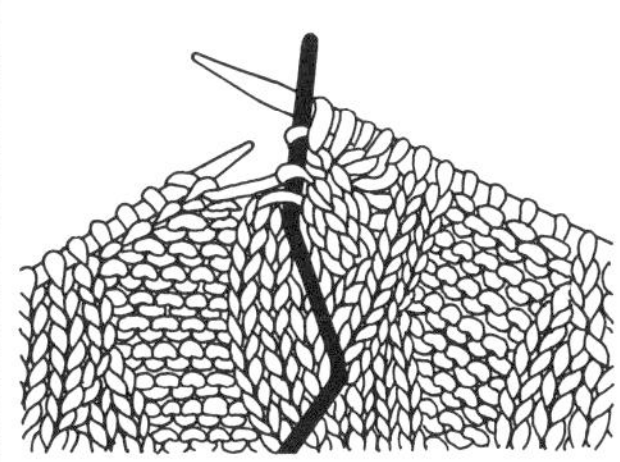

6 *Nächste 3 Maschen und Musternadel-Maschen rechts stricken.*

So stricken Sie Netzpatent

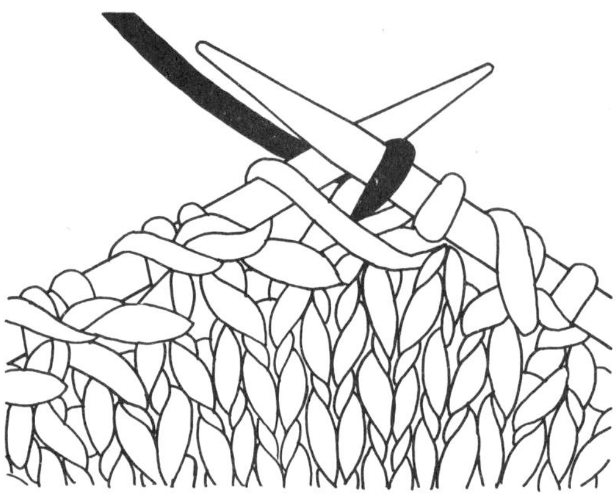

*Die 1. Reihe ist eine Rückreihe: Randmasche, * 1 Umschlag, 1 Masche links abheben, 1 Masche rechts, ab * wiederholen, Randmasche.*

1 *In der 2. Reihe (Hinreihe) werden alle Maschen rechts abgestrickt und…*

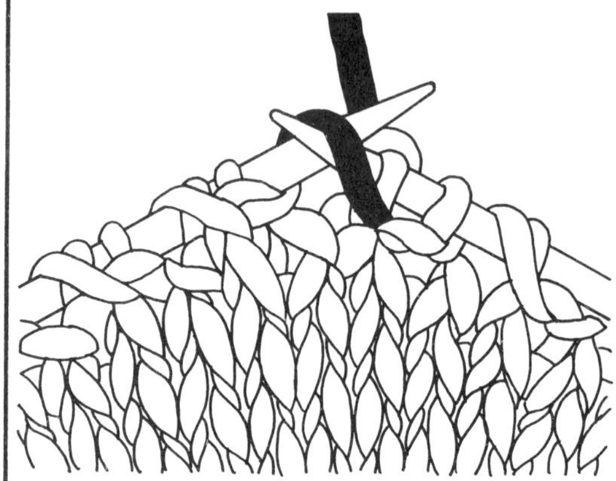

2 *… die dazwischenliegenden Umschläge abgehoben. Der Faden läuft auf der Rückseite weiter.*

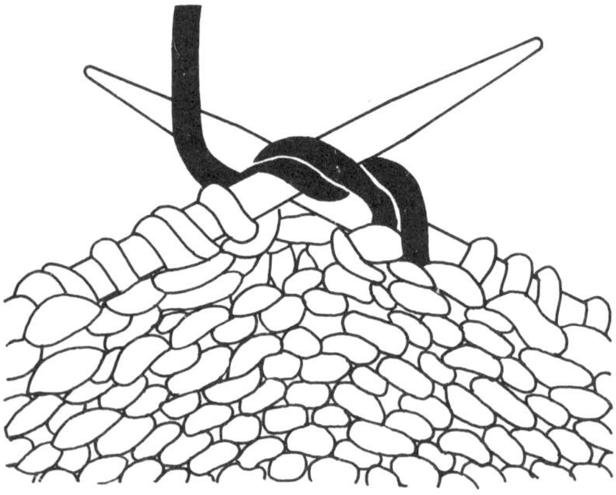

3 *In der 3. Reihe wird nach der Randmasche * 1 Masche mit dem Umschlag rechts zusammengestrickt, danach…*

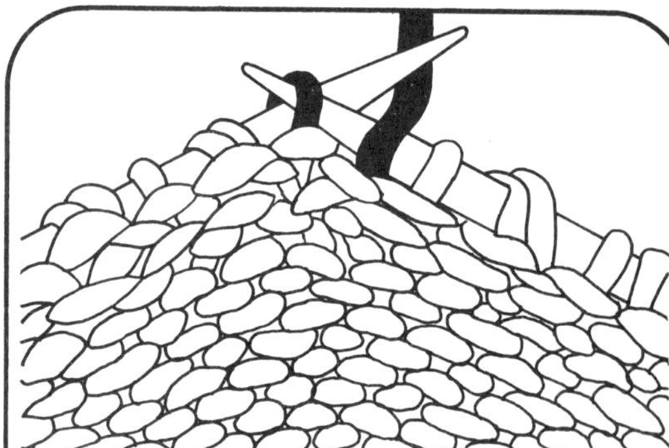

4 *… 1. Umschlag gearbeitet und die folgende Masche links abgehoben. Das Muster ab * wiederholen, Randmasche.*
Dann wird das Muster versetzt:
*4. Reihe: Randmasche, 1 Masche rechts, * den Umschlag abheben, 2 Maschen rechts, ab * wiederholen. Am Ende der Reihe 1 Umschlag abheben, 1 Masche rechts, Randmasche.*
*5. Reihe: Randmasche, * 1 Umschlag, 1 Masche abheben, die folgende Masche mit dem Umschlag rechts zusammenstricken, ab * wiederholen. – Die 2. – 5. Reihe fortlaufend wiederholen.*

Halbpatent mit tiefer gestochener Masche

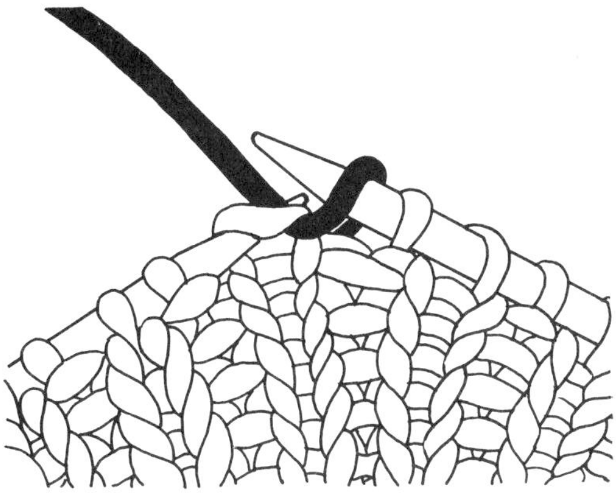

1 *In den Hinreihen werden die Maschen abwechselnd 1 Masche rechts und 1 Masche links gestrickt.*

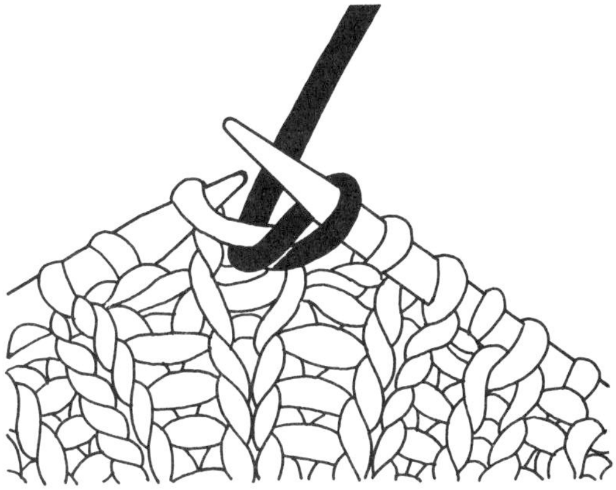

2 *In den Rückreihen bei den rechten Maschen 1 Reihe tiefer einstechen, die linken Maschen werden normal gestrickt.*

Halbpatent mit Umschlag

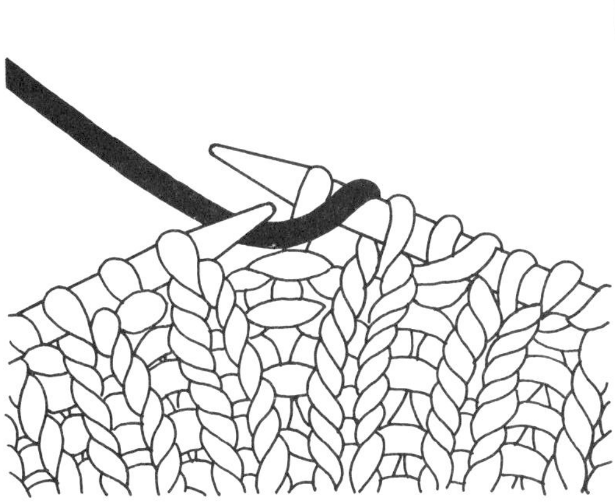

1 *In den Hinreihen die linken Maschen mit Umschlag links abheben, die rechten Maschen werden normal gestrickt.*

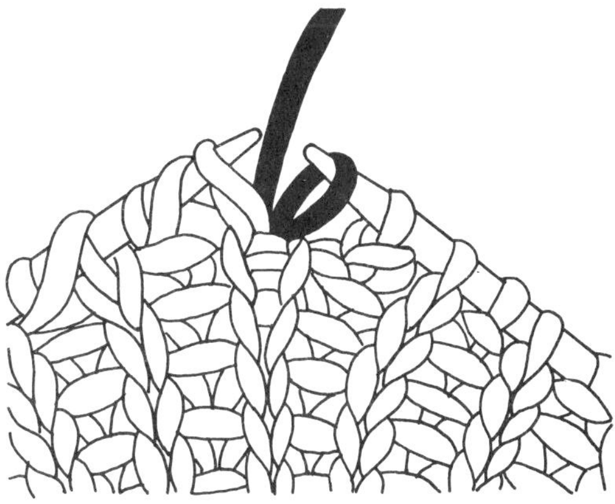

2 *In den Rückreihen die rechten Maschen mit dem Umschlag rechts zusammen-, die linken Maschen links stricken.*

So stricken Sie die Noppen ein

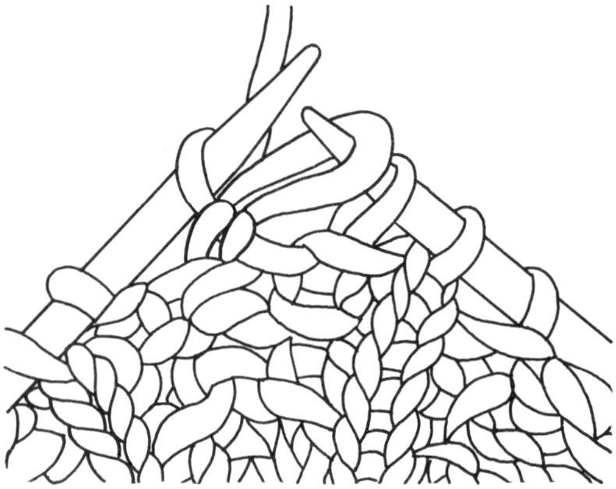

1 *Für die Noppe zuerst 1 Masche rechts verschränkt aus einer Masche der Vorreihe herausstricken und langziehen. Die abgestrickte Masche nicht von der linken Nadel gleiten lassen.*

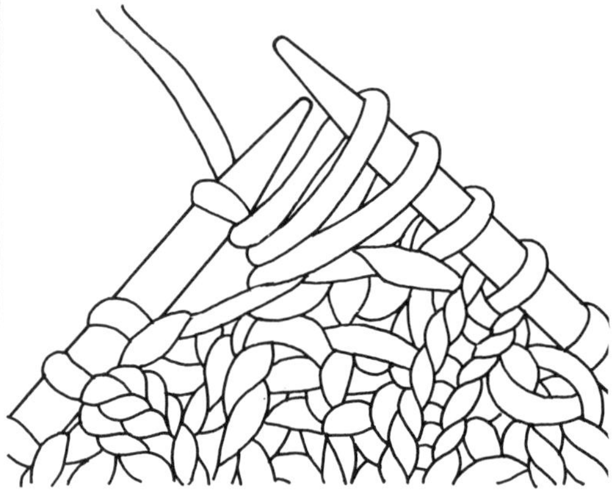

2 *Anschließend 1 Masche rechts aus der gleichen Masche herausstricken und wie die vorhergehende Masche wieder langziehen.*

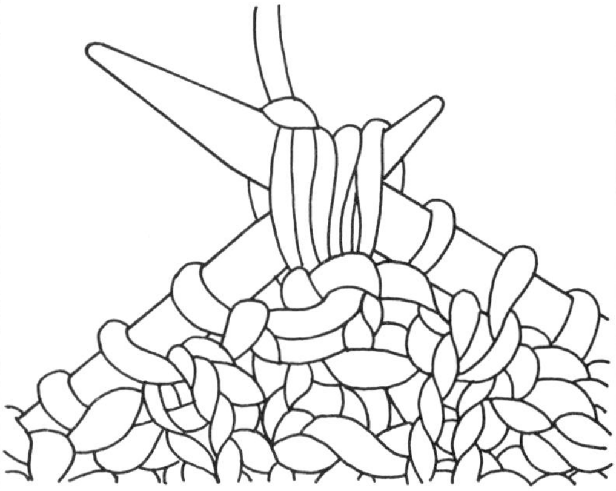

3 *Den Arbeitsgang von Zeichnung 1 und 2 noch 3mal abwechselnd wiederholen. Die Masche von der linken Nadel gleiten lassen, die Schlingen auf diese Nadel zurücksetzen und rechts verschränkt zusammenstricken.*

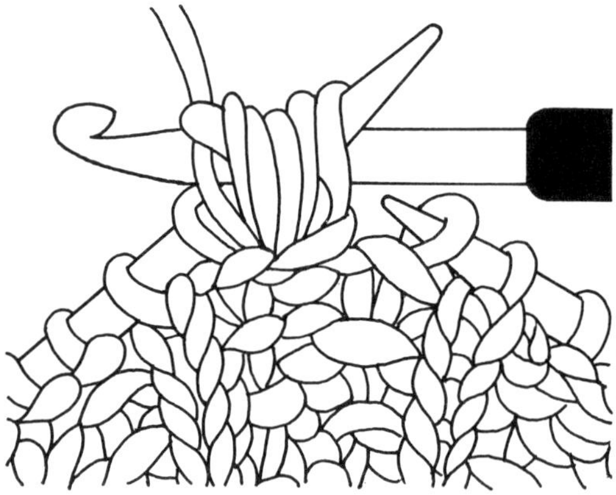

4 *Wenn es Schwierigkeiten macht, die Schlingen mit der Stricknadel abzustricken, können Sie auch mit einer Häkelnadel den Faden zur Masche durchholen.*

Wabenmuster

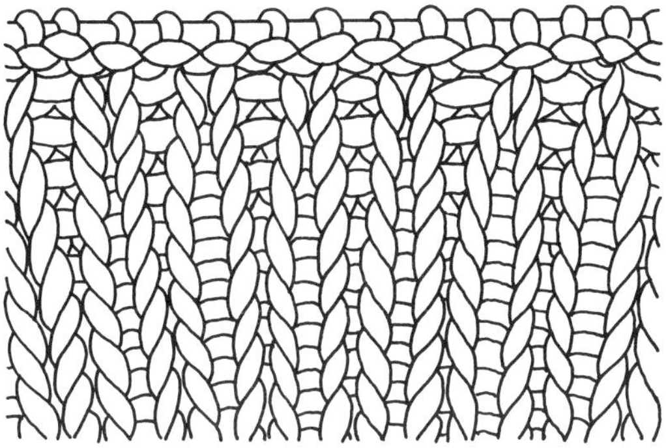

1 *Als erste Reihe eine Rückreihe rechte Maschen stricken, die auf der Vorderseite links erscheinen. Alle weiteren Rückreihen rechts stricken.*

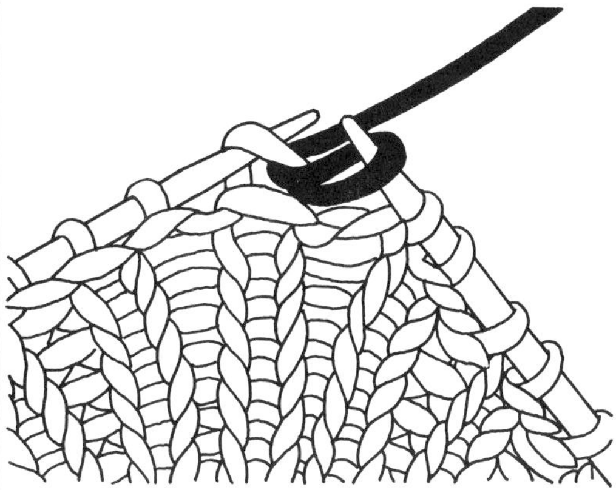

2 *In der folgenden Hinreihe nach der Randmasche abwechselnd eine Masche normal rechts abstricken...*

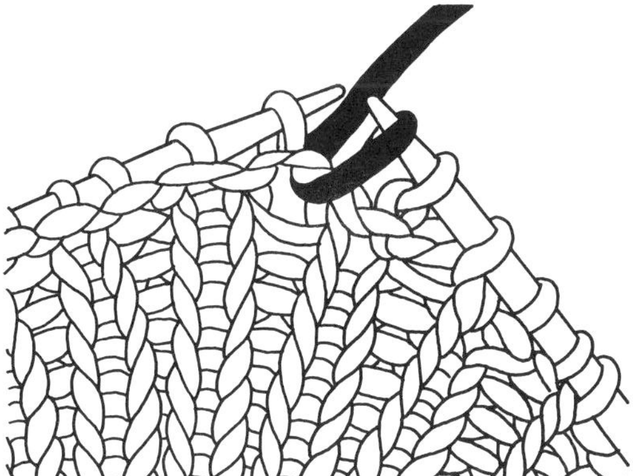

3 *...und eine Masche rechts stricken, dabei eine Reihe tiefer einstechen. Die obere Masche löst sich dadurch auf und die danebenliegende Masche wird größer.*

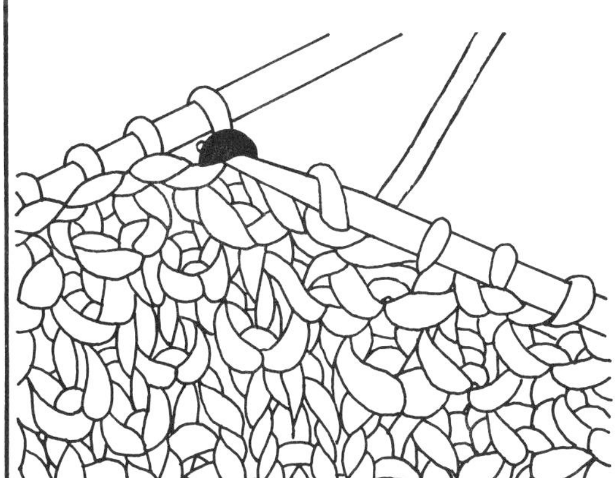

4 *So weiter arbeiten, wie die Zeichnungen 2 und 3 zeigen. In allen Hinreihen werden die Maschen versetzt abgestrickt. So entsteht das Wabenmuster.*

Eingestricktes Smokmuster

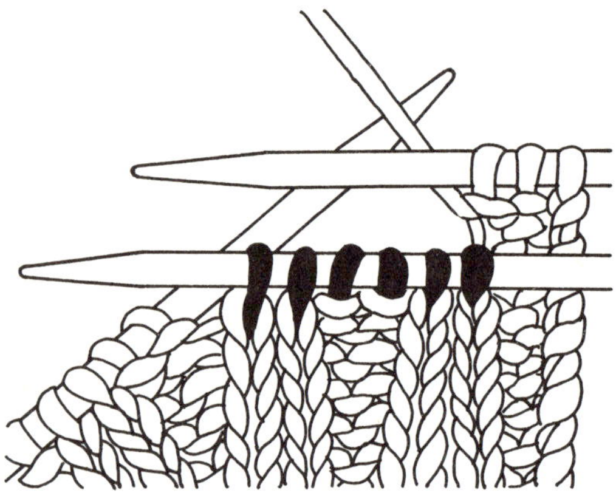

1 *Nach 5 Reihen im Grundmuster in der 6. Reihe mit dem Smoken beginnen. Dafür nach der Randmasche und 2 Maschen links * die folgenden 6 Maschen auf eine Hilfsnadel nehmen.*

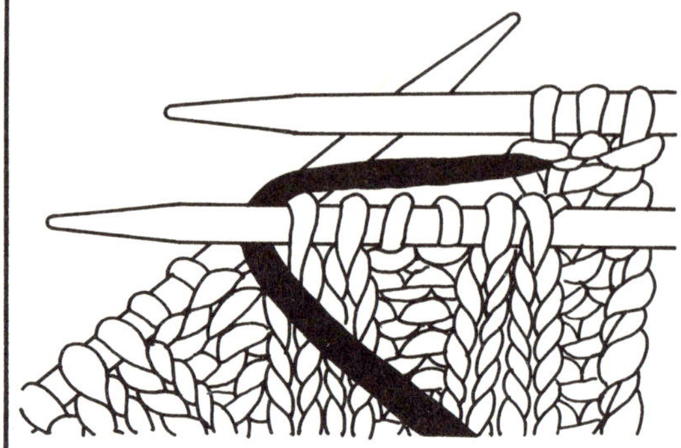

2 *... dann anschließend den Arbeitsfaden von hinten nach links vorne legen...*

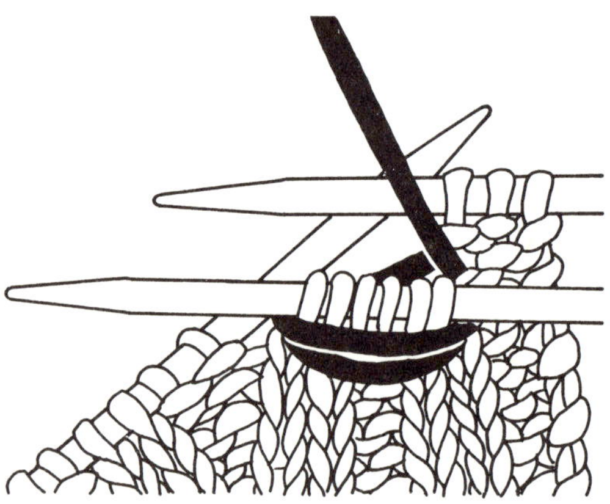

3 *... und ihn von links nach rechts 2mal um die Maschen auf der Hilfsnadel wickeln.*

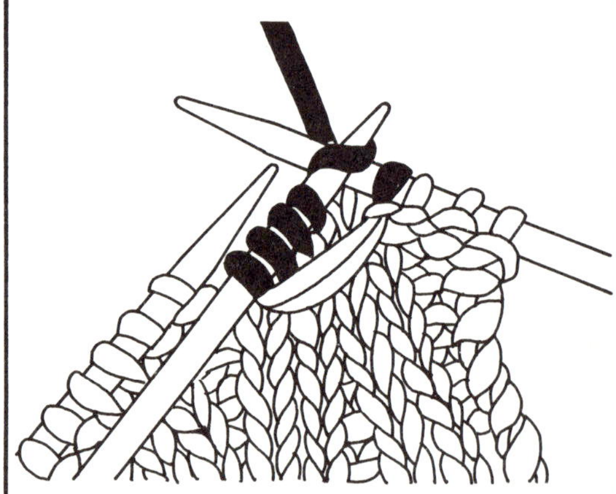

4 *Der Faden liegt jetzt rechts hinter den Maschen der Hilfsnadel, die nun so abgestrickt werden, wie sie erscheinen. Dann 2 Maschen links stricken und ab * wiederholen. Am Ende 2 Maschen links, Randmasche. Nach weiteren 5 Reihen im Grundmuster in der folgenden Reihe das Smokmuster versetzen.*

Zweifarbiges Fischnetzmuster

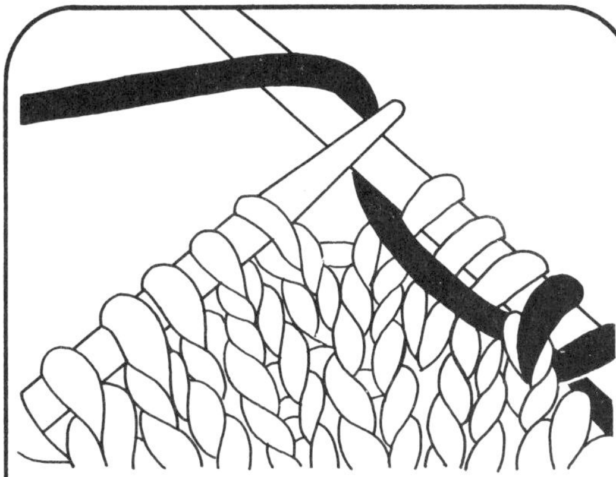

1 *1. und 2. Reihe: Grundfarbe: Glatt rechts = Hinreihe rechte Maschen, Rückreihe linke Maschen. In der 3. Reihe mit der Beifarbe nach der Randmasche * 1 Masche rechts stricken, 3 Maschen links abheben, Faden vor der Arbeit, dann 1 Umschlag arbeiten, dabei den Faden von hinten nach vorn über die Nadel legen. Ab * wiederholen, am Reihen-Ende 1 Masche rechts, Rand-*

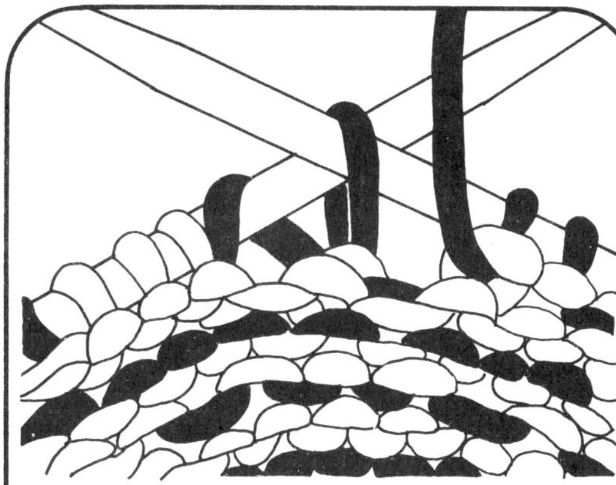

2 *masche. 4. Reihe, Beifarbe: Randmasche, 1 Masche links, * den Umschlag der Vorreihe fallen lassen, 3 Maschen links. 1 Masche links abheben, Faden vor der Arbeit. Ab * wiederholen, Randmasche. 5. und 6. Reihe, Grundfarbe: Glatt rechts. 7. Reihe, Beifarbe: Randmasche, 2 Maschen rechts, weiter …*

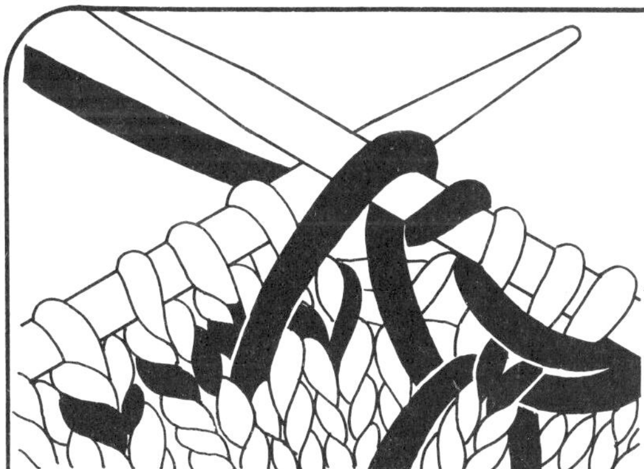

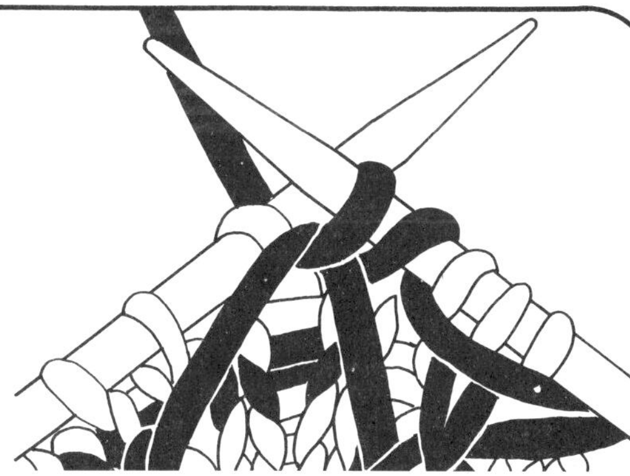

3 + 4 *… * mit der rechten Nadel den unten querliegenden Faden von unten nach oben aufnehmen …*

*… und mit der nächsten Masche der linken Nadel rechts zusammenstricken, 3 Maschen mit vor der Arbeit weiterlaufendem Faden links abheben, 1 Umschlag wie in der 3. Reihe. Ab * wiederholen, am Reihen-Ende 1 Masche mit dem waagerecht liegenden Faden zusammenstricken, 2 Maschen rechts, Randmasche. 8. Reihe, Beifarbe: Randmasche, 2 Maschen links, * 1 Masche links abheben, Faden vor der Arbeit, den Umschlag fallen lassen, 3 Maschen links. Ab * wiederholen, am Reihen-Ende 1 Masche links abheben, 2 Maschen links, Randmasche. 9. und 10. Reihe, Grundfarbe: Glatt rechts. 11. Reihe, Beifarbe: Randmasche, 1 Masche rechts, * 3 Maschen links abheben, Faden vor der Arbeit, 1 Umschlag wie vorher, 1 Masche mit dem querliegenden Faden rechts zusammenstricken. Ab * wiederholen. Am Reihen-Ende 3 Maschen links abheben, 1 Umschlag, 1 Masche rechts, Randmasche. Die 4.–11. Reihe wiederholen.*

Wade, Hacke und Spitze beim Strumpf

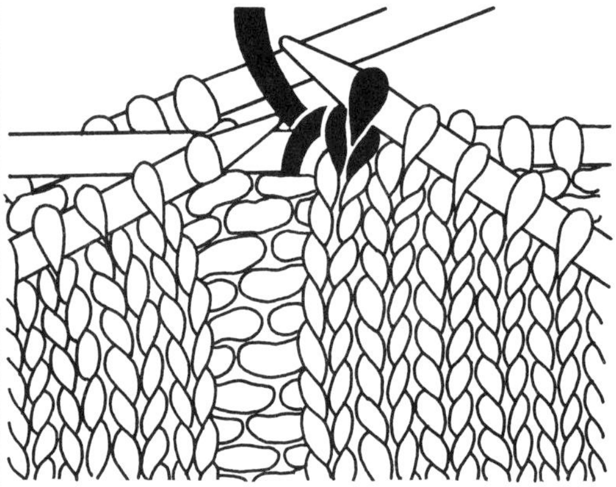

1 Waden-*Abnahmen: Die letzten 2 M der 4. Nadel verschränkt, die ersten 2 M der 1. Nadel normal nach dem Muster zusammenstricken. Anzahl der Abnahmen wie angegeben.*

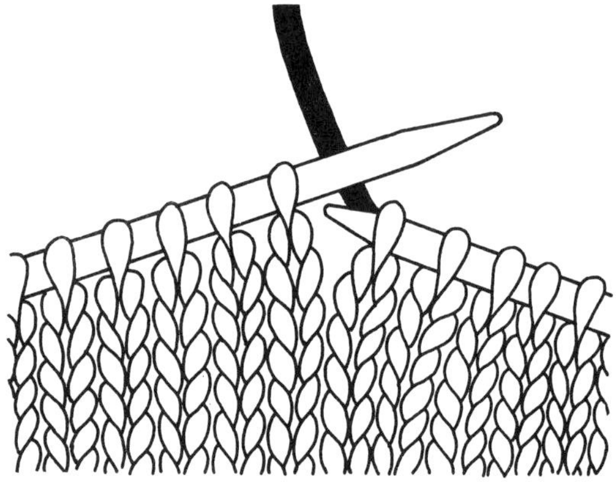

2 *Zum Beginn der* Ferse *die Maschenzahl der 1. und 4. Nadel gleichmäßig verteilen. Die Maschen der 2. und 3. Nadel ruhenlassen und die Ferse in offenen Reihen glatt rechts (Hinreihe rechte Maschen, Rückreihe linke Maschen) mit Kettrandmasche 5 cm geradeaus stricken.*

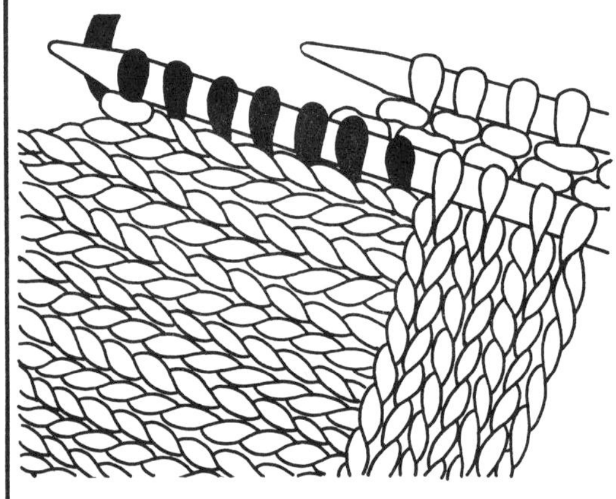

4 *Zu den restlichen Käppchen-Maschen aus den Randmaschen der Ferse die gegebene Anzahl Maschen aufnehmen und wieder in Runden stricken. Dabei in der 1. Runde die neu aufgefaßten Maschen rechts verschränkt, später rechts stricken, die Fußblattmaschen weiter im Grundmuster stricken.*

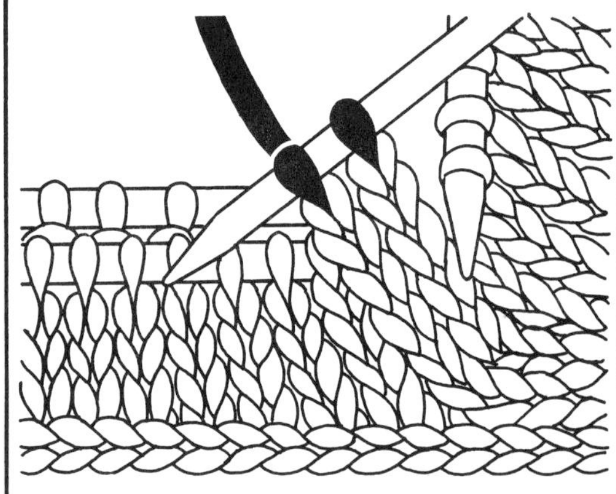

5 *Nach 2 Rd mit den* Spickelabnahmen *beginnen. Dafür die zweit- und drittletzte M der 1. Nadel rechts, die 2. und 3. M der 4. Nadel rechts verschränkt zusammenstricken. Diese Abnahmen in jeder 2. Rd wiederholen, bis die gleiche Maschenzahl wie vor Beginn der Ferse vorhanden ist.*

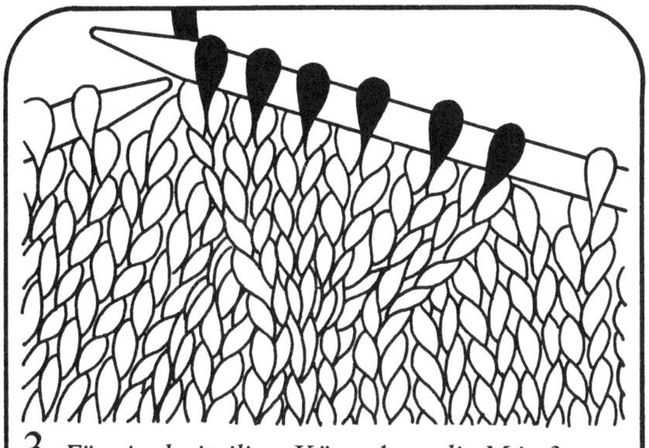

3 *Für ein dreiteiliges* Käppchen *die M in 3 Teile teilen. Nun das 1. Drittel ganz, das 2. Drittel bis auf die letzte M rechts abstricken. Diese M mit der 1. M des letzten Drittels rechts verschränkt zusammenstricken, wenden, die 1. Masche abheben, links weiter stricken und die letzte Masche der Mitte mit der 1. Masche des ersten Drittels links zusammenstricken, wenden, die 1. Masche abheben, weiter die jeweils letzte Masche der Mitte mit der 1. Masche der Seite wie beschrieben zusammenstricken, bis die Maschen aufgebraucht sind.*

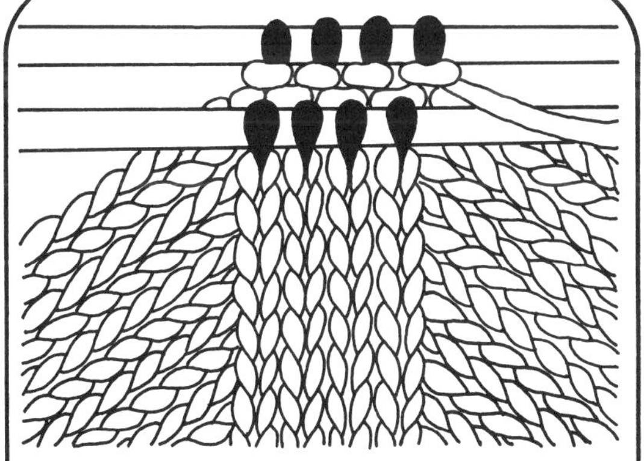

6 *Mit der erhaltenen Maschenzahl bis zur Höhe des kleinen Zehs (anprobieren!) geradeaus strikken und dann mit den* Abnahmen für die Spitze *beginnen. Dafür zuerst in jeder 2. Runde, später in jeder Runde die zweit- und drittletzte Masche der 1. und 3. Nadel rechts, die 2. und 3. Masche der 2. und 4. Nadel rechts verschränkt zusammenstricken. Die restlichen 8 Maschen mit dem Arbeitsfaden zusammenziehen. Den Faden vernähen.*

Nadelspiel und Rundnadel

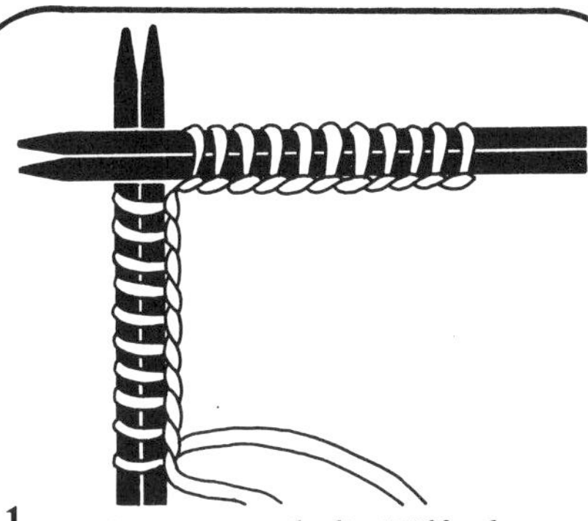

1 *Zu Beginn jeweils die Hälfte der angegebenen Maschenzahl auf je einem Nadelpaar anschlagen.*

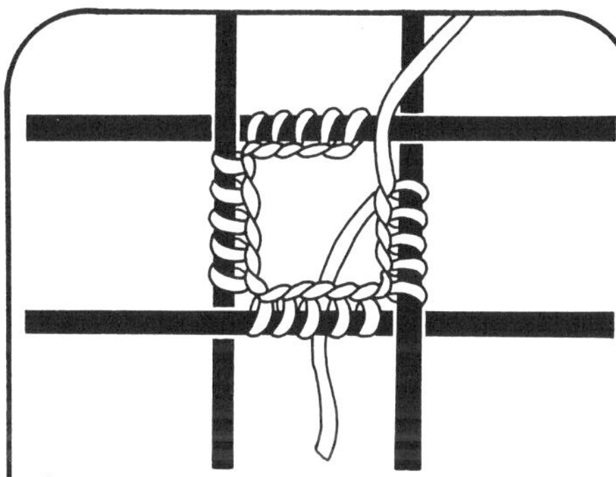

2 *Bei jedem Paar 1 Nadel herausziehen und je zur Hälfte die Maschen auf die Nadeln verteilen.*

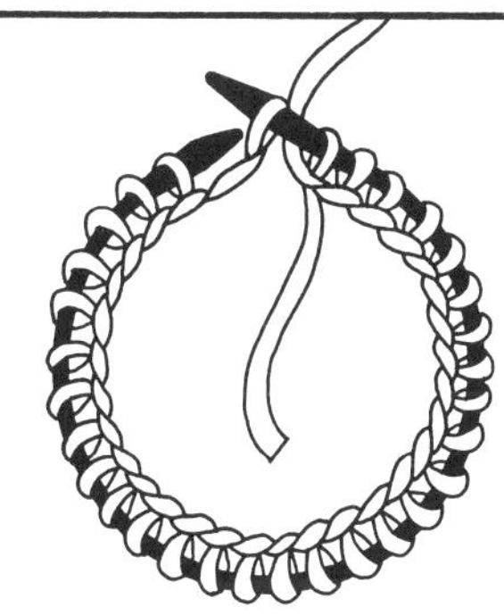

3 *Rundnadel für größere Strickarbeit. Beim Rundenschluß darf der Anschlag nie verdreht sein.*

Daumen beim Fäustling

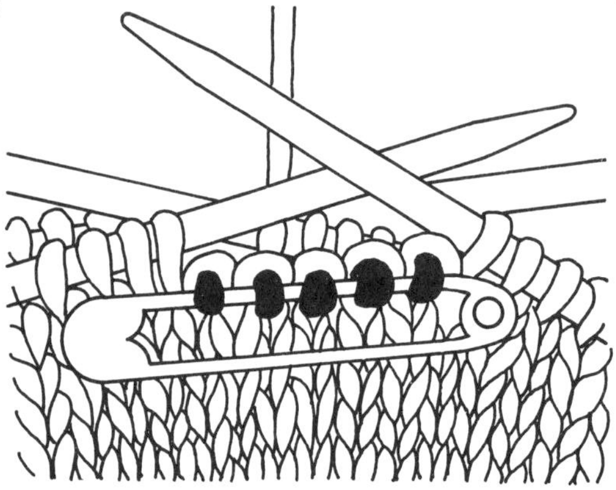

1 *Wenn Sie den Daumen arbeiten, legen Sie beim linken Handschuh am Ende der zweiten Nadel entsprechend Maschen auf einer Sicherheitsnadel still. Für den Daumen des rechten Handschuhs sind es die ersten Maschen der 3. Nadel. (Rundenwechsel und Farbwechsel immer an der Handkante.)*

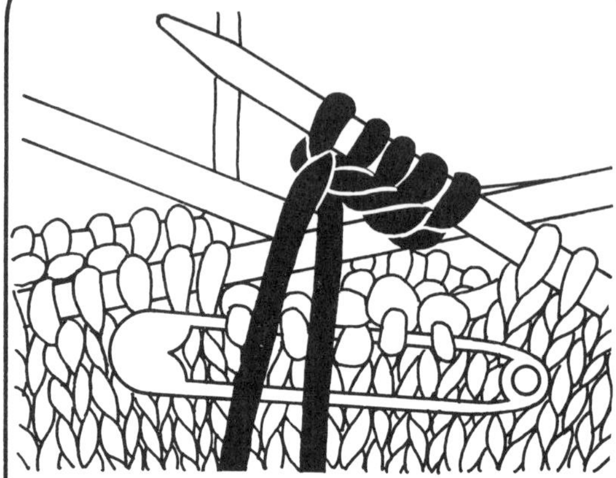

2 *Mit einem Hilfsfaden in einer anderen Farbe schlagen Sie über den stillgelegten Maschen entsprechend Maschen neu an.*

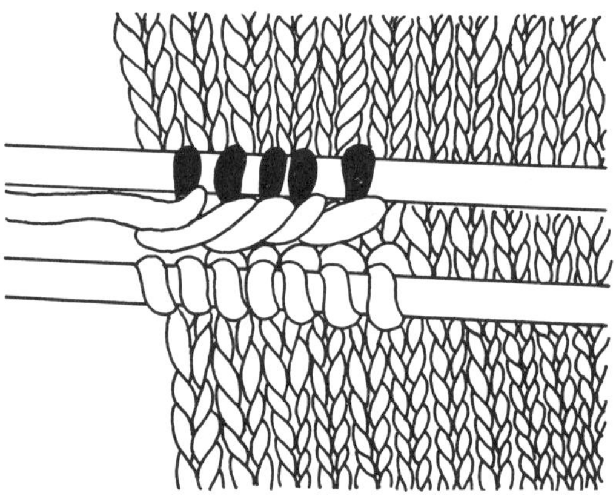

4 *Danach nehmen Sie mit einer Nadel über dem abgestrickten Hilfsfaden Maschen wieder auf...*

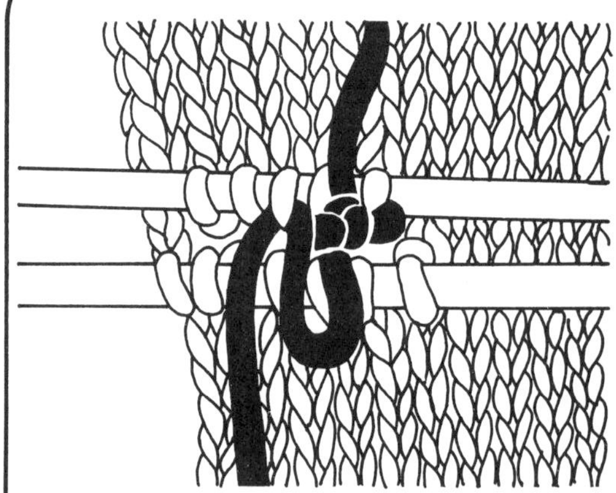

5 *...und lösen dann den Hilfsfaden heraus, so daß die Maschen frei auf der Nadel liegen.*

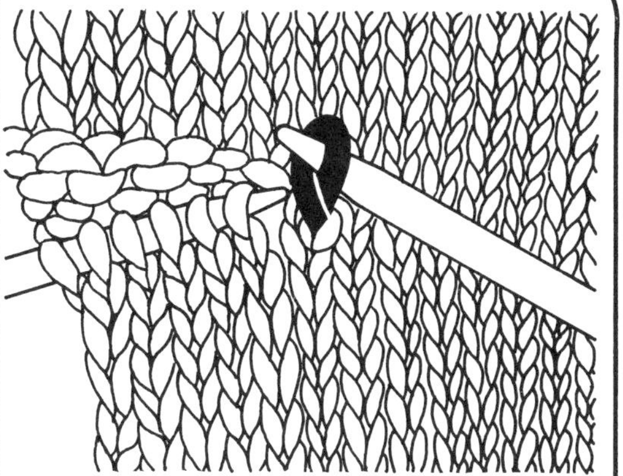

3 Zuerst stricken Sie den Handschuh fertig. Dann nehmen Sie die stillgelegten Daumenmaschen wieder auf eine Nadel. Nehmen Sie außerdem zusätzlich davor und danach noch je eine Masche verschränkt aus dem Maschenquerdraht auf.

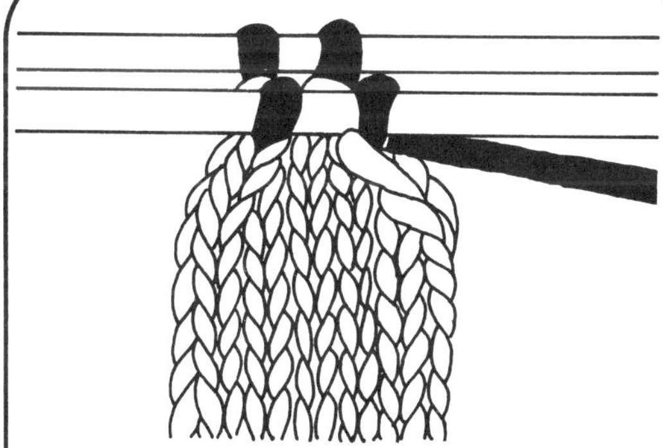

6 Die nun vorhandenen Daumenmaschen auf drei Nadeln verteilen und in vorgeschriebener Länge stricken. Dann nehmen Sie die Maschen auf 2 Nadeln und stricken für die Spitze in jeder Runde die ersten 2 Maschen jeder Nadel rechts verschränkt, die letzten 2 Maschen rechts zusammen.

Abnahme und Zunahme für einfache Ferse

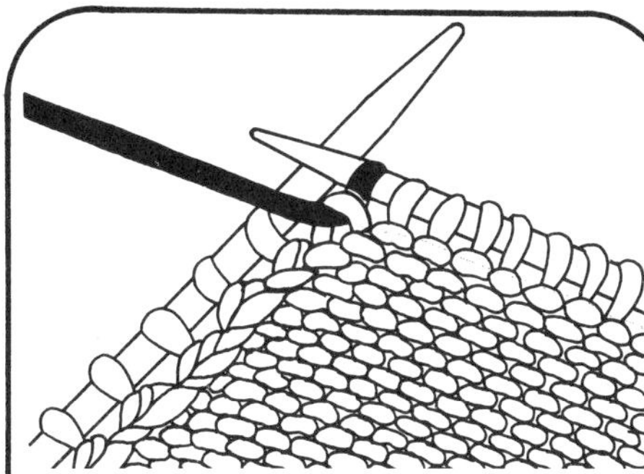

1 Für die Abnahmen bleibt am Ende jeder Reihe eine Masche unbearbeitet. Arbeit wenden.

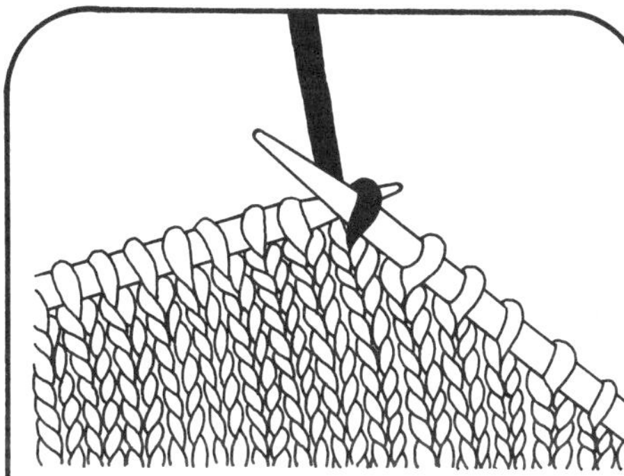

2 Am Anfang der folgenden Reihe die erste Masche abheben. Der Faden liegt hinter der Arbeit.

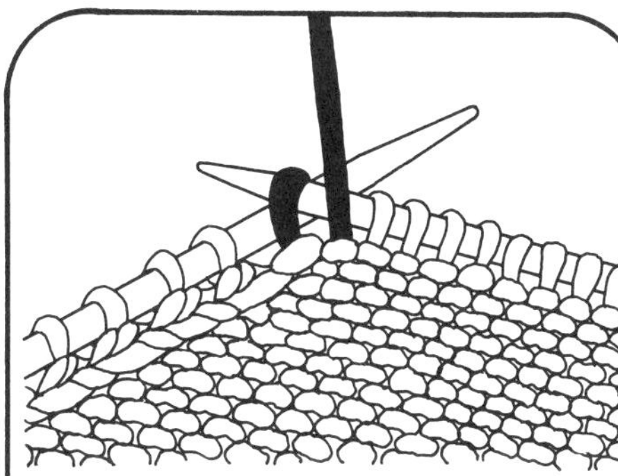

3 Für die Zunahme am Ende jeder Reihe wieder über eine Masche mehr stricken. Arbeit wenden.

Fingerhandschuhe

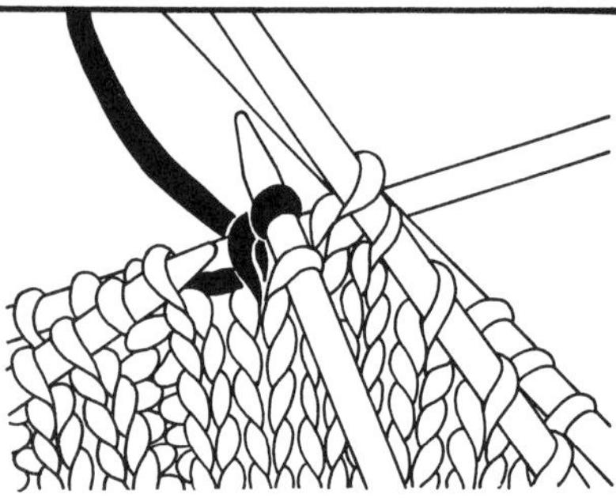

1 *Der Daumenspickel wird um eine Masche in die Handinnenfläche verlegt. Hier eine Masche rechts verschränkt aus dem Maschendraht zunehmen.*

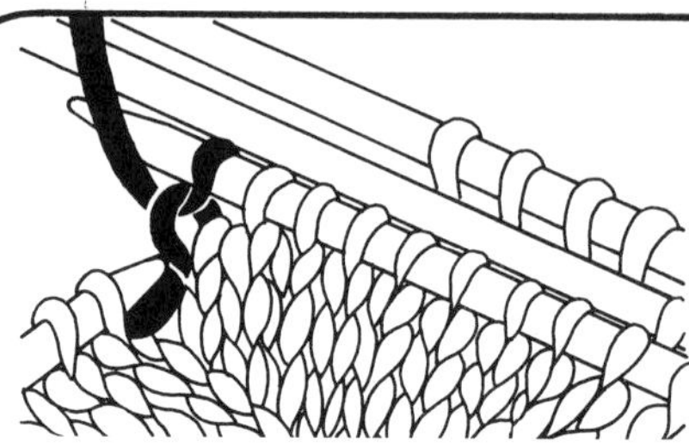

2 *Für die weiteren Zunahmen zuerst vor der 1. Spickel-Masche 1 Masche zunehmen, 1 Masche stricken, dann wieder 1 Masche zunehmen. So weiter die Zunahmen nach außen versetzen, bis der Spickel etwa ein Drittel der Anfangs-Maschen vom Handschuh zählt.*

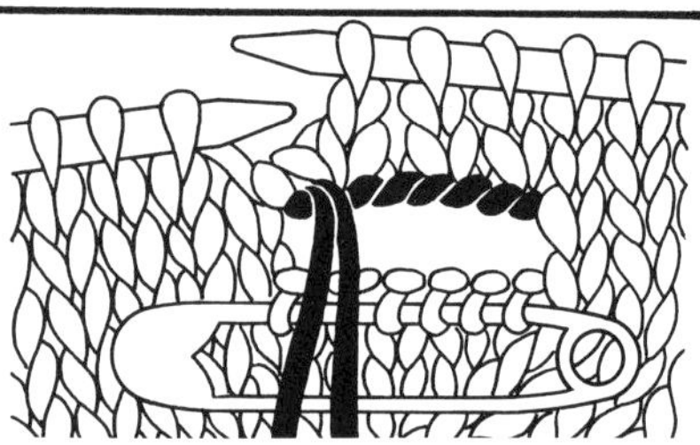

3 *Nach Beendigung des Spickels noch 2–3 Runden über alle Maschen stricken und dann die Spickel-Maschen auf einer Sicherheitsnadel stillegen. Über der Öffnung werden 5 Maschen in jeder 2. Runde in Spickelform wieder abgenommen. Es bleibt 1 Masche übrig.*

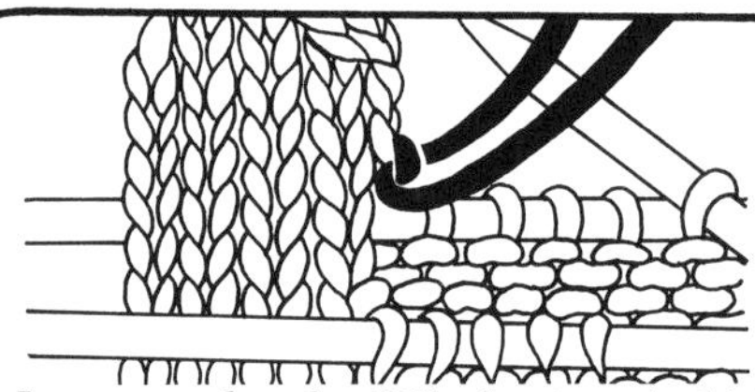

4 *In entsprechender Höhe beginnt der* kleine Finger. *Man nimmt dafür ein Viertel des Maschenanschlags + 1 Masche vom Handrücken. Dazu werden mit einem Hilfsfaden 2 Maschen für den Steg angeschlagen. Mit den erhaltenen Maschen geradeaus stricken und für die Spitze dann in jeder Runde die ersten 2 Maschen jeder Nadel rechts verschränkt zusammenstricken. Letzte 3 Maschen zusammenziehen.*

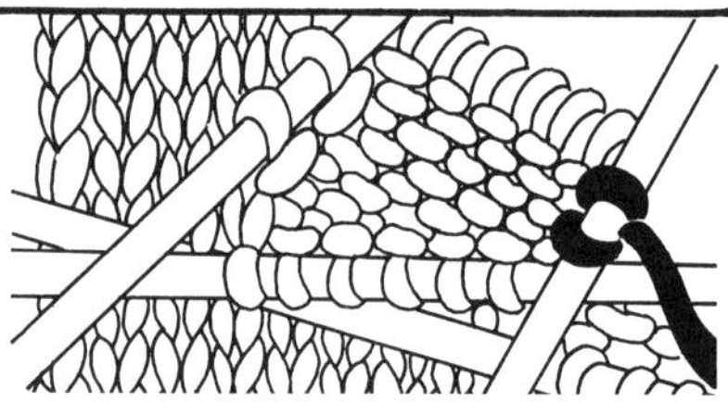

5 *Den Hilfsfaden aus den Stegmaschen lösen. Über alle Maschen 2 Runden stricken. Für den* Ringfinger *von Handrücken und -innenfläche 1 Masche weniger aufnehmen, als ein Viertel des Anschlags ausmacht. Dazu kommen 2 Maschen vom Steg des kleinen Fingers + 2 neu angeschlagene Stegmaschen. Das gleiche gilt für den* Mittelfinger. *Mit den restlichen Maschen den Zeigefinger stricken.*

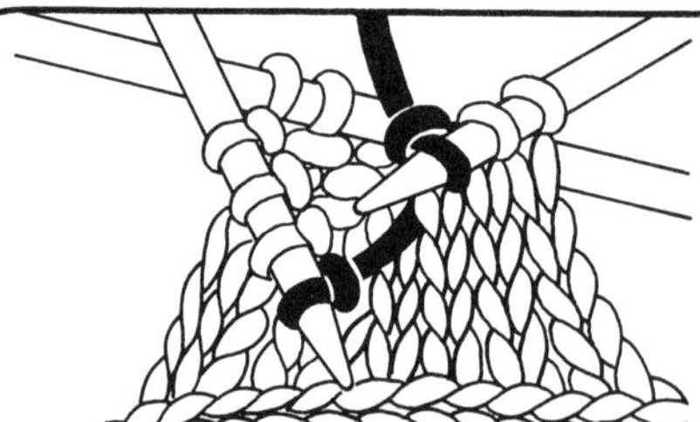

6 *Zum Schluß den* Daumen *stricken: Die stillgelegten Spickel-Maschen wieder aufnehmen. Den Hilfsfaden aus den neu angeschlagenen Maschen herauslösen und über alle Maschen stricken. Die neu angeschlagenen Maschen wie bei der Hand abnehmen.*

Nahtverbindungen

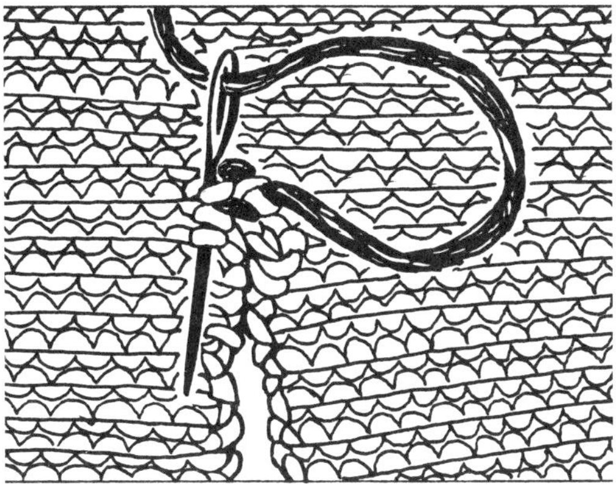

Bei krausgestrickten Teilen

1 *Von rechts zusammennähen: Beim rechten Teil in der Masche neben dem Rand ausstechen. In gleicher Höhe beim linken Teil ein- und 2 Rippen tiefer ausstechen.*

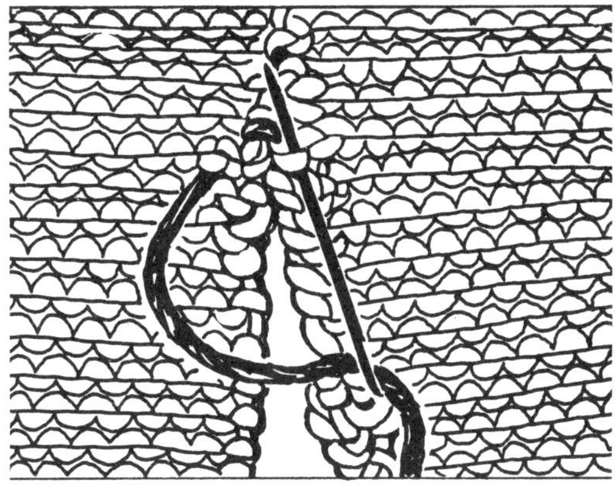

2 *In gleicher Höhe beim rechten Teil wieder einstechen und 1 Rippe höher darüber wieder ausstechen. Den Arbeitsgang von Abbildung 1 und 2 wiederholen.*

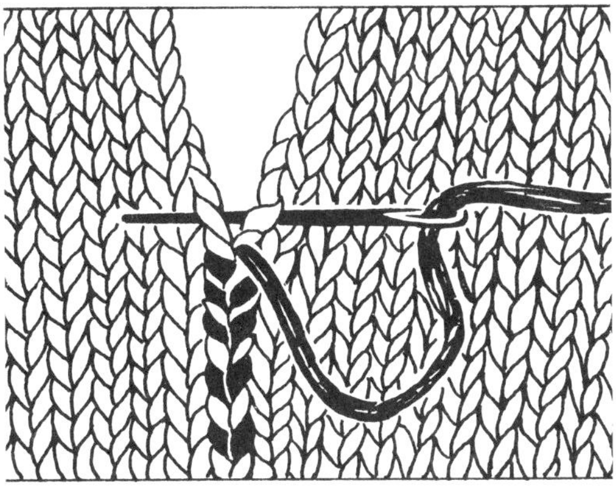

Bei rechtsgestrickten Teilen

3 *Bei glattem Gestrick kann man die Nähte von rechts im Maschenstich schließen: Die 2 gegenüberliegenden Maschenglieder auffassen; den Faden durchziehen.*

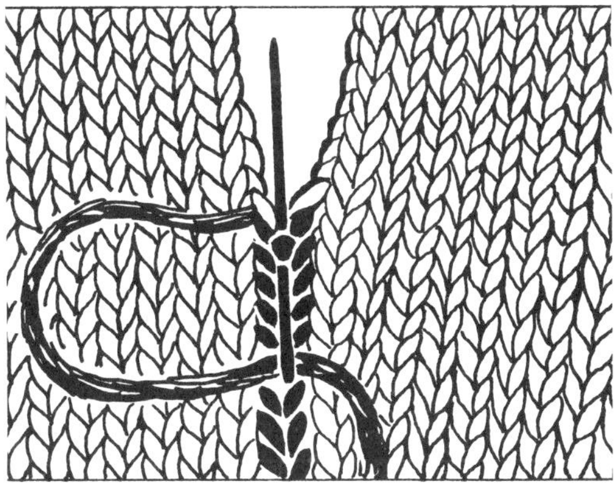

4 *Unter dem querliegenden Faden des vorhergehenden Stiches hindurch- und in der so gebildeten Masche wieder ausstechen. Ab Abbildung 1 wiederholen.*

So stellen Sie Ihr Strickstück fertig: Aufspannen, zusammennähen

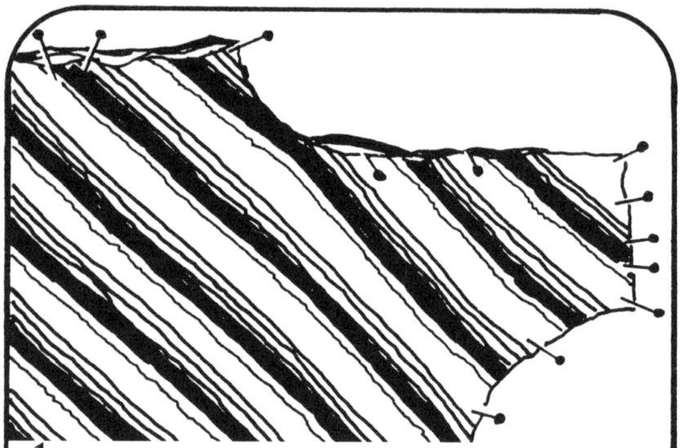

1 *Fertiges Strickstück vor dem Zusammennähen mit der linken Seite nach oben auf Wolldecke spannen.*

2 *Danach das aufgespannte Teil mit einem feuchten Tuch bedecken, trocknen lassen oder leicht dämpfen.*

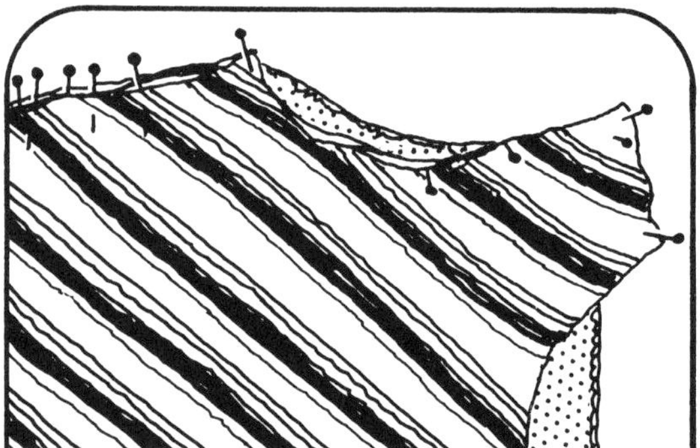

3 *Die Teile rechts auf rechts legen und die Nahtseiten mit Stecknadeln zusammenstecken, dann nähen.*

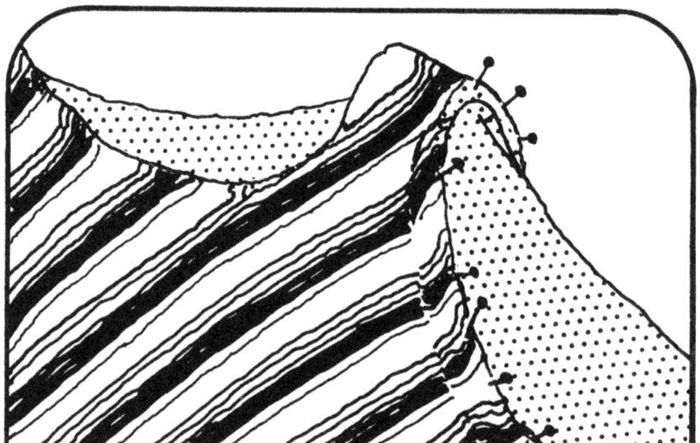

4 *Danach die Ärmel einsetzen, dabei trifft die Ärmelnaht an die Seitennaht, Ärmelmitte an die Schulternaht.*

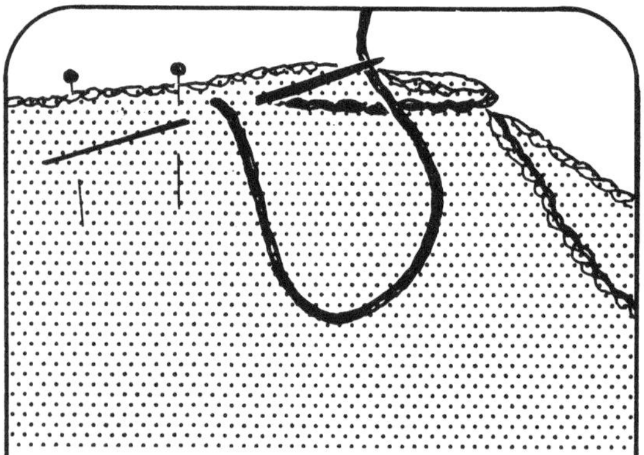

5 *Hier wird ein Strickstück mit Steppstich, auch Rückstich genannt, zusammengenäht.*

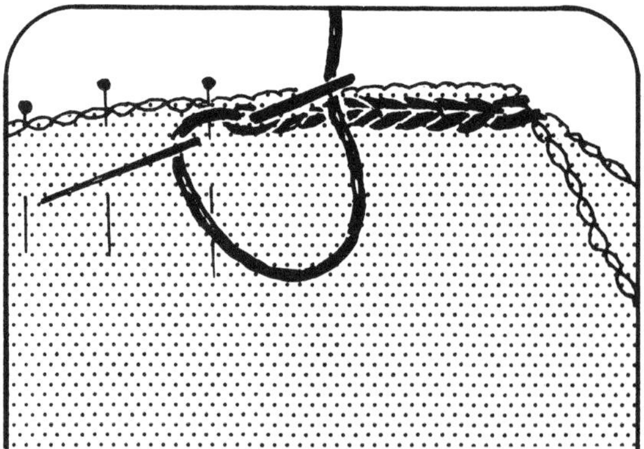

6 *Der Kettenstich ist durch seine Elastizität zum Zusammennähen ebensogut geeignet.*

Maschenstich zm Besticken von Gestricktem

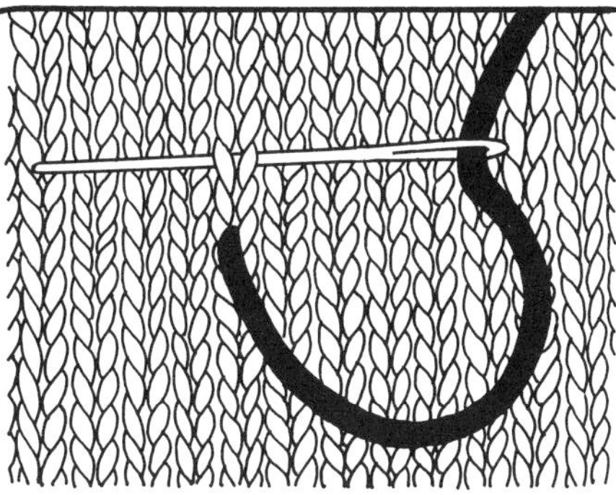

1 *Waagrecht von rechts nach links: In der Mitte der Masche ausstechen, Nadel von rechts nach links um die Masche führen.*

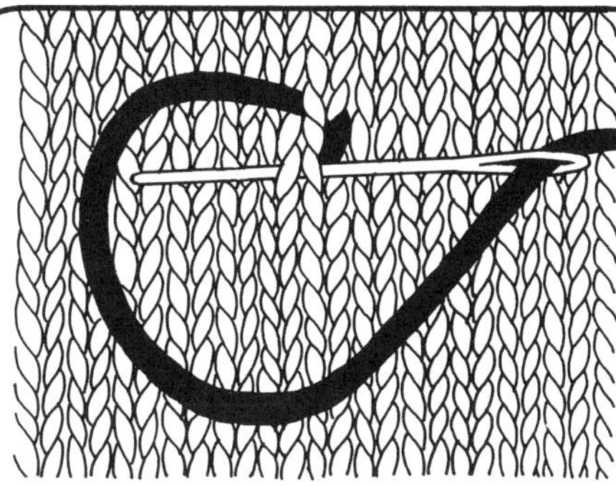

2 *Nadel durchziehen. In der Ausstichstelle wieder einstechen und in gleicher Höhe in der nächsten Masche erneut ausstechen.*

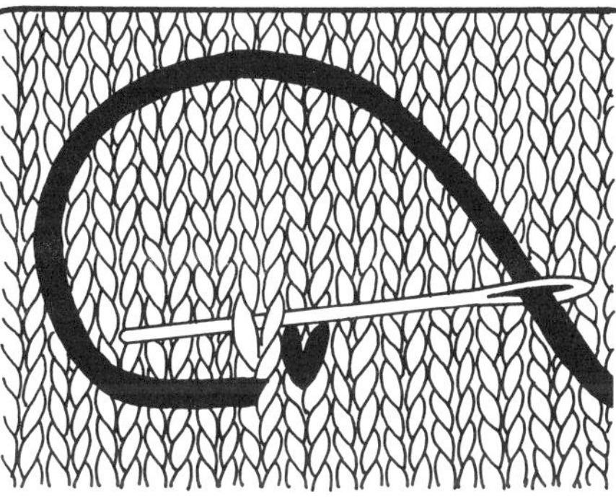

3 *Für den nächsten Stich die Nadel von rechts nach links um die Masche herumführen und wie vorher durchziehen.*

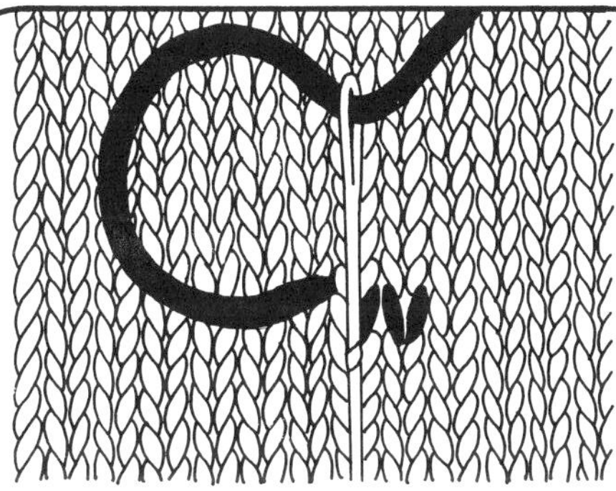

4 *Senkrecht von oben nach unten: Wie bisher einstechen, Nadel unter dem querliegenden Maschendraht nach unten führen.*

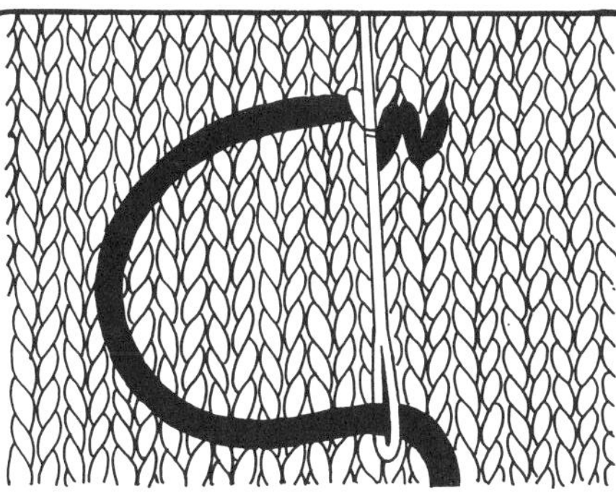

5 *Senkrecht von unten nach oben: Wie bisher einstechen, unter dem querliegenden Maschendraht hindurch 1 Reihe höher ausstechen.*

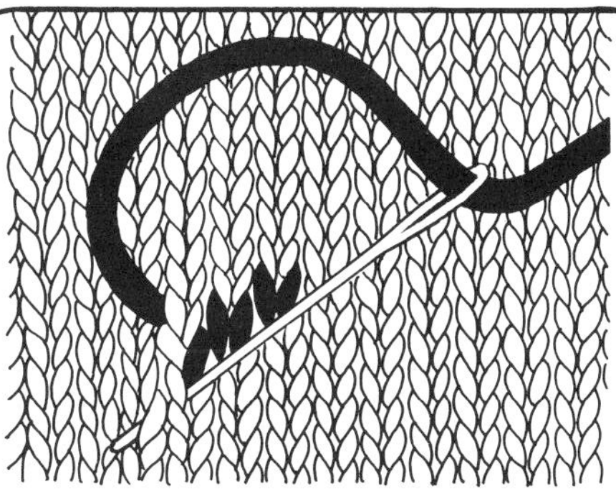

6 *Diagonal von rechts oben nach links unten: Wie bisher einstechen, in der folgenden Masche 1 Reihe tiefer ausstechen.*

Pullover, die allen gefallen

Pullover kann man nie genug haben. Männer, Frauen und Kinder tragen sie gern, weil sie zu allem passen. Es gibt dicke und dünne, schlichte und elegante Pullover. Entscheidend ist dabei das Material: Je dicker die Wolle, um so rustikaler wirkt der Pullover. Wählen Sie feines oder glänzendes Garn, so können Sie einen Pulli ohne weiteres zu einem festlichen Anlaß tragen.

Im allgemeinen fängt man beim Stricken eines Pullovers beim Rückenteil an, strickt dann das Vorderteil und schließlich die Ärmel. Welche Form, welches Material und welches Muster Sie auswählen, hängt von Ihrem persönlichen Geschmack ab. Sicher werden Sie aber aus der Fülle der in diesem Kapitel vorgestellten Modelle Ihren Lieblingspulli finden, in dem Sie sich so richtig wohl fühlen.

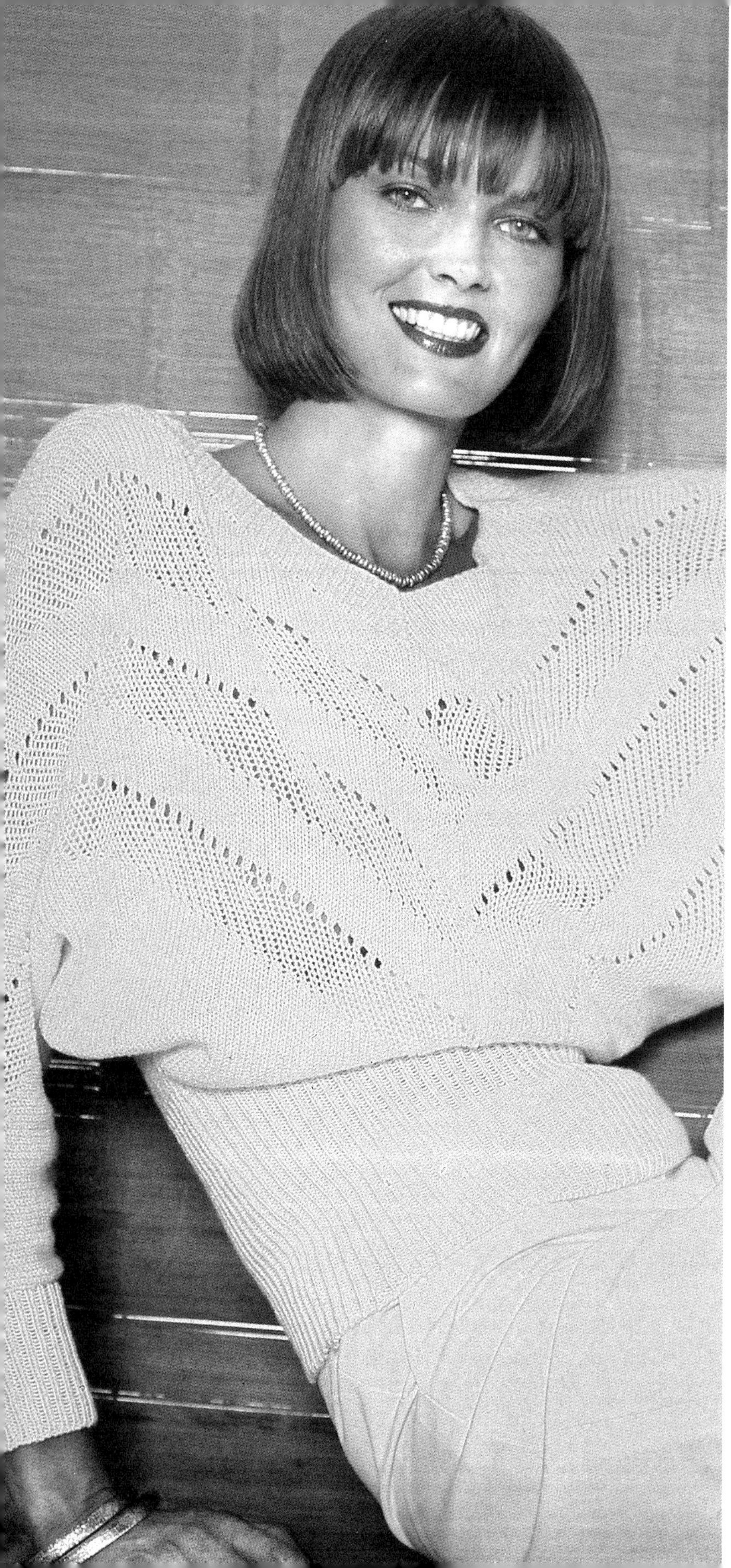

Pullover mit Lochmuster

Zwei sommerliche Pullis mit raffiniertem Lochmuster stellen sich Ihnen hier vor. Das Muster entsteht durch Wechsel von rechten Maschen und Hohlmaschen. Das erste Modell ist relativ eng geschnitten und hat einen V-Ausschnitt. Das zweite Modell (Abb. rechts) hat einen großzügigen V-Ausschnitt und weite Fledermausärmel. Aus weißem Garn gestrickt, bringt es sonnengebräunte Haut so richtig zur Geltung. Das Lochmuster und der weite Schnitt sorgen bei heißem Wetter für erfrischende Kühlung. Ein echter Sommerpulli also.

Für beide Modelle
GRÖSSEN: 42 und 46. Bei unterschiedlichen Angaben: Größe 46 in Klammern.
MATERIAL: Esslinger Garn, Qualität Ballerina, 100% Polyacryl, in den jeweils angegebenen Mengen und Farben. Eine 60 cm lange IMRA-Rundstricknadel Nr. 2½.
HANDSTRICK-APPARAT: PASSAP-Duomatic. R-Höhen sind gegeben.
GRUNDMUSTER, EINSTELLUNG 6: Glatt rechts = Hinr rechte M, Rückr linke M.

Wer schnell braun wird, sollte mit seinen Reizen nicht geizen: Weiß ist immer noch die raffinierteste Farbe, um sonnenbraune Haut im richtigen Rahmen zu zeigen. In diesem Pullover kommt sie richtig zur Geltung.

BÜNDCHENMUSTER, EINSTELLUNG 5: Abwechselnd 1 M rechts, 1 M links stricken.

Grüner Pullover

Abb. S. 86

MATERIAL: 350 (400) g in Grün Nr. 38.
LOCHMUSTER: Gegeben ist 1 Rapport in der Breite + 3 End-M. Die 1.–48. R wiederholen.
MASCHENPROBE: 25 M und 35 R = 10 cm.

Arbeitsanleitung

RÜCKEN: 109 (115) M anschlagen und 8 cm = 28 R im Bündchenmuster stricken. Weiter 1 Rückr im Grundmuster stricken, dabei zuerst die 9. (6.) M, dann 15 (17) × jede 6. M verdoppeln = 125 (133) M. Nun 2 × die 48 R der Strickschrift arbeiten, dabei nach der Randm mit der 1. M des Rapports (nach der Randm 4 M rechts, dann mit der 1. M des Rapports) beginnen. Anschließend das Teil im Grundmuster beenden. In 45 cm = 158 R Höhe für die Armausschnitte beidseitig in jeder 2. R 1 × 5 (7), 3 × 2, 6 × 1 M abnehmen = 91 (95) M, weiter geradeaus stricken. In 64 (65) cm = 224 (228) R Höhe für die Schulter in jeder 2. R 1 × 5 (7), 3 × 6 M abketten. Zugleich für den Halsausschnitt die mittleren 35 M in 1 R abketten, beidseitig davon in jeder 2. R 2 × 2, 1 × 1 M abnehmen.
VORDERTEIL: Bis auf den Halsausschnitt wie den Rücken arbeiten. Dafür in 38 (39) cm = 132 (136) R Höhe die Arbeit durch Abketten der Mittel-M teilen und an den Ausschnittkanten in jeder 4. R 22 × 1 M abnehmen.
ÄRMEL: 50 (52) M anschlagen und im Bündchenmuster 8 cm = 28 R stricken. Anschließend 1 Rückr im Grundmuster arbeiten, dabei zuerst 4 M stricken, dann 41 (43) × jede M verdoppeln, die restlichen 5 M stricken = 91 (95) M. Weiter 2 × die 48 R der Strickschrift arbeiten, dabei nach der Randm zuerst 3 (5) M im Grundmuster, dann 4 × den Rapport stricken. Anschließend das Teil im Grundmuster beenden. Ab 45 cm = 158 R Höhe für die Armkugel beidseitig in jeder 2. R 2 × 3, 3 × 2, 13 (15) × 1, 4 × 2, 2 × 3 M abnehmen, die restlichen 13 M in 1 R abketten.
FERTIGSTELLUNG: Teile spannen und Nähte schließen. Aus dem Halsausschnitt mit der Rundnadel 199 M aufnehmen und 4 cm = 14 Rd im Bündchenmuster stricken, dabei in der Ausschnittspitze in jeder Rd 3 M mit obenaufliegender Mittel-M zusammenstricken.
HANDSTRICKEN: Sie können diese Pullover auch mit der Hand stricken, und zwar das Grundmuster mit Nadeln Nr. 3, das Bündchenmuster mit Nadeln Nr. 2½. Das Lochmuster nach der Strickschrift wie folgt arbeiten: Schräg-

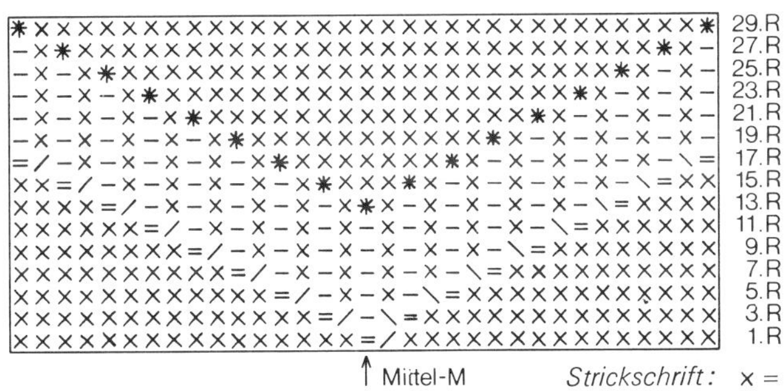

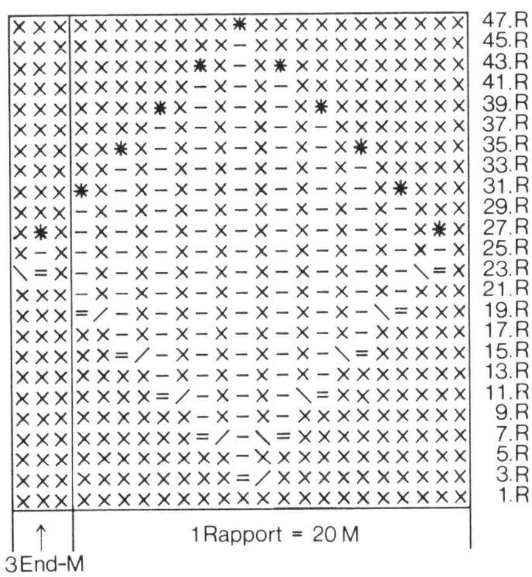

Strickschrift: × = 1 M im Grundmuster, / = die M links daneben mit auf diese Nadel hängen, \ = die M rechts daneben mit auf diese Nadel hängen, = = die nun leere Nadel außer Betrieb stellen = Hohlmasche, – = die Nadel weiter außer Betrieb lassen, ✱ = die Nadel wieder in Arbeitsstellung schieben. Gegeben sind nur die Hinr. In allen Rückr die M stricken, wie sie erscheinen.

strich nach rechts = 2 M rechts zusammenstricken, nach links = 2 M überzogen zusammenstricken. Für die Querstriche arbeiten Sie jeweils 1 Umschlag. In jeder folgenden R den Umschlag fallen lassen und dafür einen neuen Umschlag bilden. Am Ende der Durchbruchstreifen (= Doppelkreuz) aus dem Umschlag 1 rechte M stricken. Das Muster wird durch Handstrikken wesentlich lockerer als auf dem Apparat und ergibt ein anderes Gesamtbild.

Weißer Pullover

MATERIAL: 350 (400) g in Weiß Nr. 01.
LOCHMUSTER: Siehe Strickschrift, dabei die Lochstreifen auf der rechten Vorderteilhälfte fortlaufend weiter nach rechts, auf der linken Hälfte weiter nach links versetzen. Nach je 30 R in der vorderen Mitte wieder mit dem nächsten Streifen beginnen.
MASCHENPROBE: 26 M und 30 R = 10 cm.

Arbeitsanleitung
PULLOVER: Halbrund in einem Stück über die Schultern hinweg arbeiten. Am Vorderteil beginnend 98 (106) M anschlagen und im Bündchenmuster 15 cm = 52 R hoch stricken. Anschließend 1 Rückr im Grundmuster arbeiten, dabei zuerst die 4. (5.) M, weiter 30 (32) × jede 3. M verdoppeln = 129 (139) M. Anschließend die M je zur Hälfte auf das vordere und hintere Bett hängen. Nun in der Mitte der Arbeit mit dem 1. Lochstreifen beginnen, beidseitig davon im Grundmuster stricken. Außerdem beidseitig in jeder 2. R 43 × 2,5 × 3 M zunehmen; geradeaus stricken. Zugleich in 45 (46) cm = 142 (144) R Höhe die Arbeit durch Abketten der Mittel-M teilen und an den Ausschnittkanten in jeder 2. R 22 × 2 M abnehmen = 121 (126) M in 60 (61) cm = 186 (188) R Höhe. Damit ist die Schulterlinie erreicht. Von nun an das Rückenteil gegengleich anstricken, d. h. Abnehmen werden Zunahmen und umgekehrt. Das Lochmuster ebenfalls gegengleich arbeiten, d. h. wieder zur Mitte hin versetzen.
FERTIGSTELLUNG: Teil spannen, mit feuchten Tüchern bedecken und trocknen lassen. Aus den Ärmelkanten 52 (56) M aufnehmen und im Bündchenmuster 8 cm = 28 R stricken, dann abketten. Aus dem Halsausschnitt mit der Rundnadel 232 M aufnehmen und im Bündchenmuster 4 cm = 14 Rd stricken, dabei in allen 4 Ecken in jeder 2. Rd 3 M mit obenaufliegender rechter Mittel-M zusammenstricken.

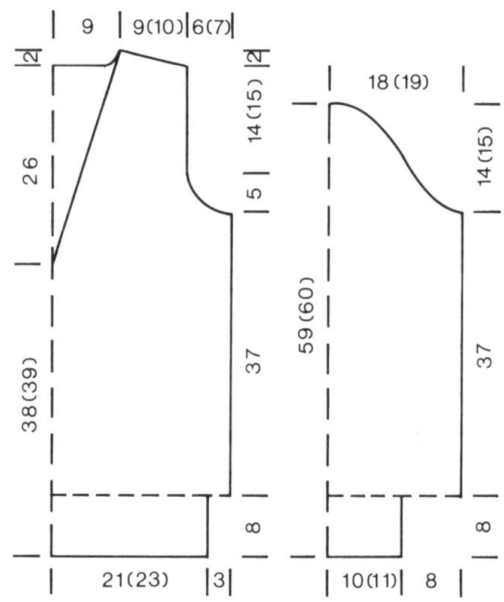

Grüner Pulli: ½ Rücken- bzw. Vorderteil und ½ Ärmel für Größe 42 (46).

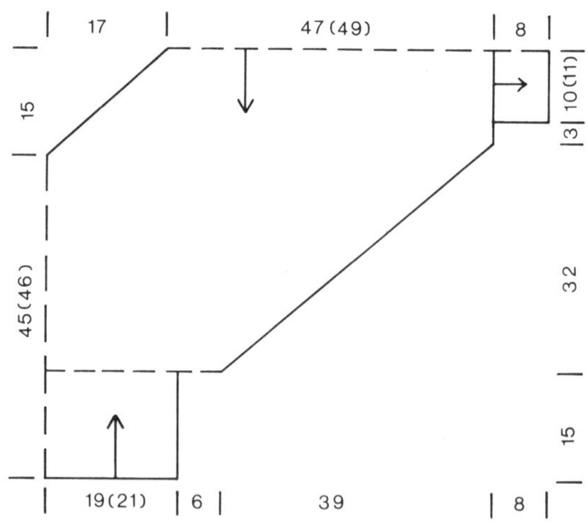

Weißer Pulli: ½ Rücken bzw. Vorderteil mit Ärmel für Größe 42 (46).

Kräftige Rot-Lila-Töne geben diesem Rollkragen-Pullover mit Rundpasse im schlichten Norwegermuster modischen Pfiff (Anl. S. 74)

Sehr beliebt, besonders bei jungen Leuten, ist ein Pullover im Partnerlook (Anl. S. 92)

Aus noppigem Mohair sind die weiten und bequemen Draußenpullis (Anl. S. 95 und 109) ▶

Aus Alpakagarn ist dieser schöne Damenpullover. Das Einstrickmuster des Vorderteils wechselt mit verschiedenen Farbstreifen, Rücken und Ärmel sind einfarbig blau (Anl. S. 96)

Zwei Pullis im Partnerlook, versehen mit einem Einstrickmuster, das einmal positiv, einmal negativ erscheint (Anl. S. 102) ►

Der Pullover im Halbpatent ist das Richtige für Sport und Wochenende (Anl. S. 104)

Einfach im Schnitt, aufwendig im Muster ist dieser Norweger-pullover (Anl. S. 78)

Der Pulli mit Stehkragen aus Angoragarn hat eine schmale Knopfleiste auf der Schulter (Anl. S. 89)

Pullover mit Drink

Abb. S. 127

Ein erfrischender Drink ist das Einstrickmuster des folgenden lässigen Sommerpullis aus kühler Baumwolle.

GRÖSSE: 36/38.
MATERIAL: Austermann-Garn, Qualität Linea Cablé, 400 g in Türkis Nr. 23, 100 g in Weiß Nr. 20, je 1 Rest in Gelb und Pink. Je 1 Paar INOX-Stricknadeln Nr. 3 und 3½, eine 40 cm lange IMRA-Rundstricknadel Nr. 3. Sticktwist in Weiß und Pink. Organza.
GRUNDMUSTER: Glatt rechts = Hinr rechte M, Rückr linke M.
EINSTRICKMUSTER: Siehe Zeichnung. Jedes Kästchen = 1 M in der entsprechenden Farbe.
MASCHENPROBE: 24 M und 34 R = 10 cm im Quadrat.
BÜNDCHENMUSTER: Abwechselnd 1 M rechts, 1 M links.

Arbeitsanleitung
RÜCKEN: 97 M in Türkis mit Nadel Nr. 3 anschlagen und 8 cm im Bündchenmuster, weiter mit Nadeln Nr. 3½ im Grundmuster stricken, dabei in der 1. R. 13 × jede 7. M verdoppeln = 110 M. Ab 19,5 cm Höhe * 8 R weiß, 4 R türkis stricken und ab * noch 2 × wiederholen. Nach weiteren 8 R weiß das Teil in Türkis beenden. In 62 cm Höhe alle M abketten.
VORDERTEIL: Bis auf das Einstrickmuster und den Halsausschnitt wie den Rücken arbeiten. Das Einstrickmuster in der 5. R des ersten weißen Streifens mit der 27. M ab rechtem Rand beginnen. Mit einzelnen Farbknäulen arbeiten und beim Farbwechsel die Fäden verkreuzen. In 57 cm Höhe für den Halsausschnitt die mittleren 22 M, weiter an den Ausschnittseiten in jeder 2. R 2 × 3, 2 × 2, 3 × 1 M abketten. Restliche 31 M je Schulter in 62 cm Höhe abketten.
ÄRMEL: 48 M in Türkis mit Nadeln Nr. 3 anschlagen und 8 cm im Bündchenmuster, weiter mit Nadeln Nr. 3½ im Grundmuster stricken, dabei in der 1. R 14 × jede 3. M verdoppeln = 62 M. Weiter beidseitig in jeder 6. R 22 × 1 M zunehmen. Zugleich beim linken Ärmel ab 30 cm Höhe die Streifenfolge wie beim Rücken arbeiten. In 48 cm Höhe alle 106 M abketten.
FERTIGSTELLUNG: Die Teile spannen, mit feuchten Tüchern bedecken und trock-

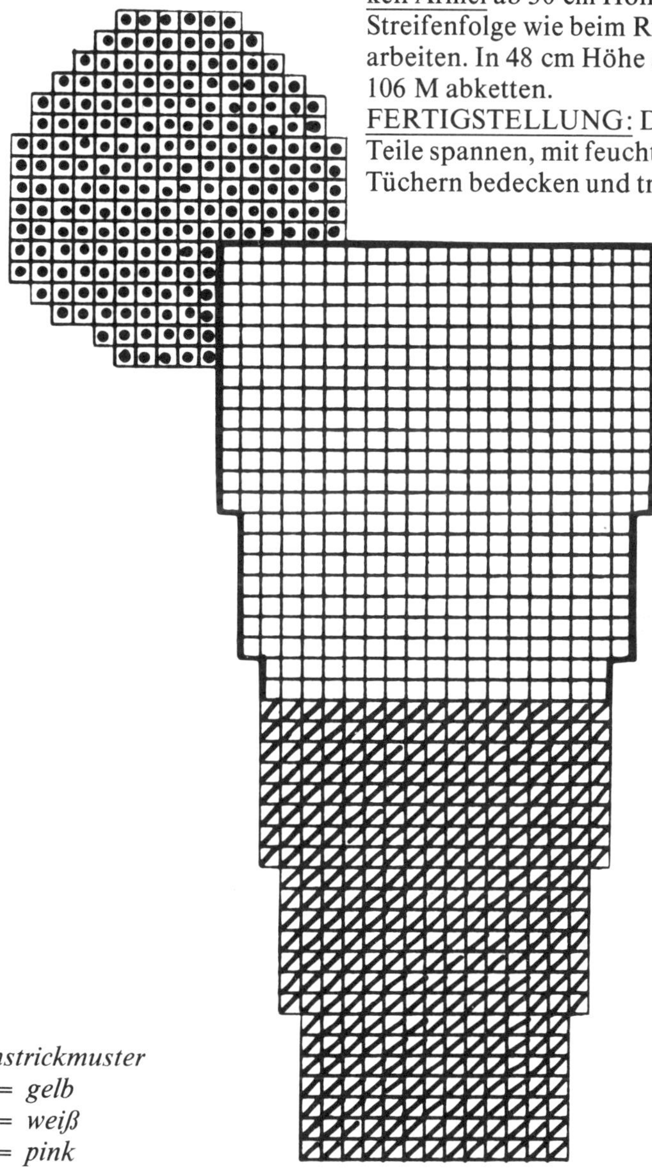

Einstrickmuster
⊡ = *gelb*
□ = *weiß*
⧄ = *pink*

nen lassen. Alle Konturen in der jeweiligen Farbe mit Kettenstichen nachsticken. Die Zitrone innen mit Stielstich in 6 Teile aufteilen. Für den Strohhalm auf den Organza eine Strecke von ca. 14 cm Länge und 0,7 cm Breite aufzeichnen. Das Stück an der pinkfarbenen Linie anstoßend auf das Glas heften und jeweils 1 cm in Weiß und Pink im Plattstich sticken. Den Organza knapp abschneiden und den Rest herausziehen. Die Schulternähte schließen. Mit der Rundnadel aus dem Halsausschnitt M in Türkis aufnehmen und im Bündchenmuster 3 cm stricken, dann abketten. Die Ärmel je zur Hälfte an Rücken und Vorderteil nähen, dann die restlichen Nähte schließen.

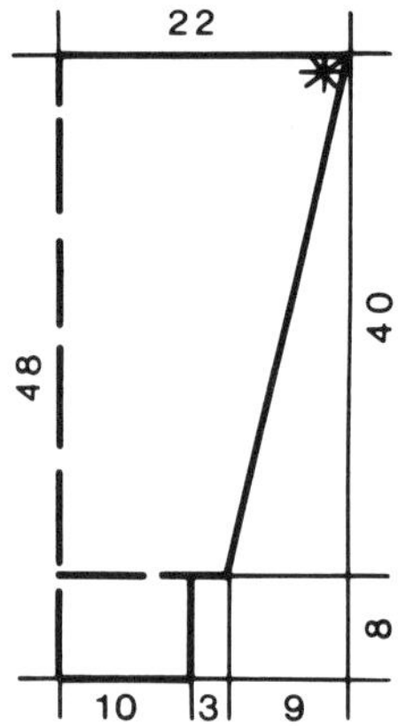

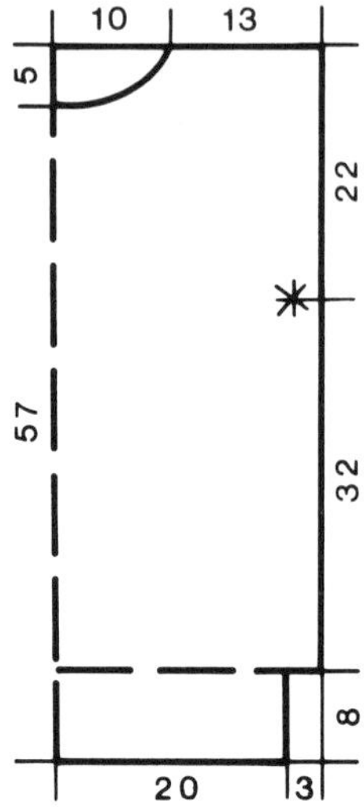

Schnitt: ½ Rücken- bzw. Vorderteil, ½ Ärmel.

Pullover mit Eistüte

Eine große Eistüte ziert diesen flotten Damenpullover. Er wird aus Baumwolle glatt rechts gestrickt. Die Bündchen sind im Rippenmuster gearbeitet. Die Konturen der Eistüte werden nachträglich aufgestickt. Das gibt dem Pulli seine besondere Note.

GRÖSSE: 38/40.
MATERIAL: Austermann-Garn, Qualität Linea Cablé, 400 g in Gelb Nr. 24, 100 g in Weiß Nr. 20, je 1 Rest in Türkis und Pink. Je 1 Paar INOX-Stricknadeln Nr. 3 und 3½, eine 40 cm lange IMRA-Rundstricknadel Nr. 3. Sticktwist in Beige, Pink, Türkis und Weiß.
GRUNDMUSTER: Glatt rechts = Hinr rechte M, Rückr linke M.
EINSTRICKMUSTER: Siehe Zeichnung. Jedes Kästchen = 1 M in der durch Zahlen angegebenen Farbe.
MASCHENPROBE: 24 M und 34 R = 10 cm.
BÜNDCHENMUSTER: Abwechselnd 1 M rechts, 1 M links.

Arbeitsanleitung

RÜCKEN: 96 M in Gelb mit Nadeln Nr. 3 anschlagen und 8 cm im Bündchenmuster, weiter mit Nadeln Nr. 3½ im Grundmuster stricken, dabei in der 1. R 18 × jede 5. M verdoppeln = 114 M. Geradeaus stricken. Ab 8 cm Grundmuster-Höhe den weißen Streifen nach dem Einstrickmuster beginnen, jedoch gegengleich arbeiten, d. h. ab rechtem Rand die weißen M versetzen. Mit einzelnen Farbknäulen arbei-

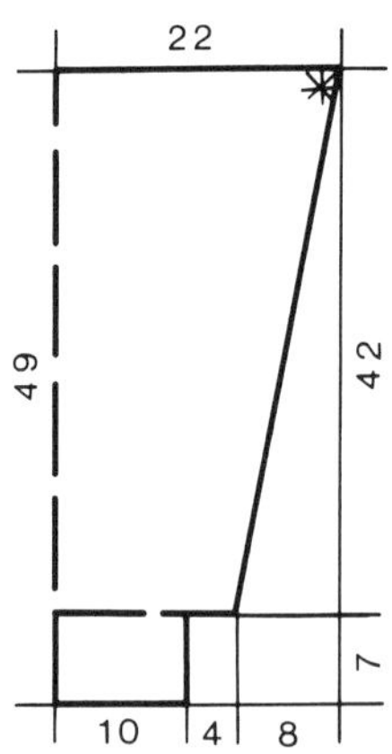

Schnitt: ½ Ärmel, ½ Rückenbzw. Vorderteil.

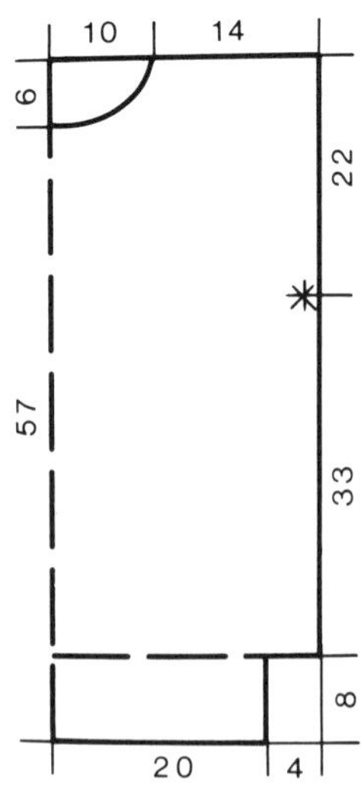

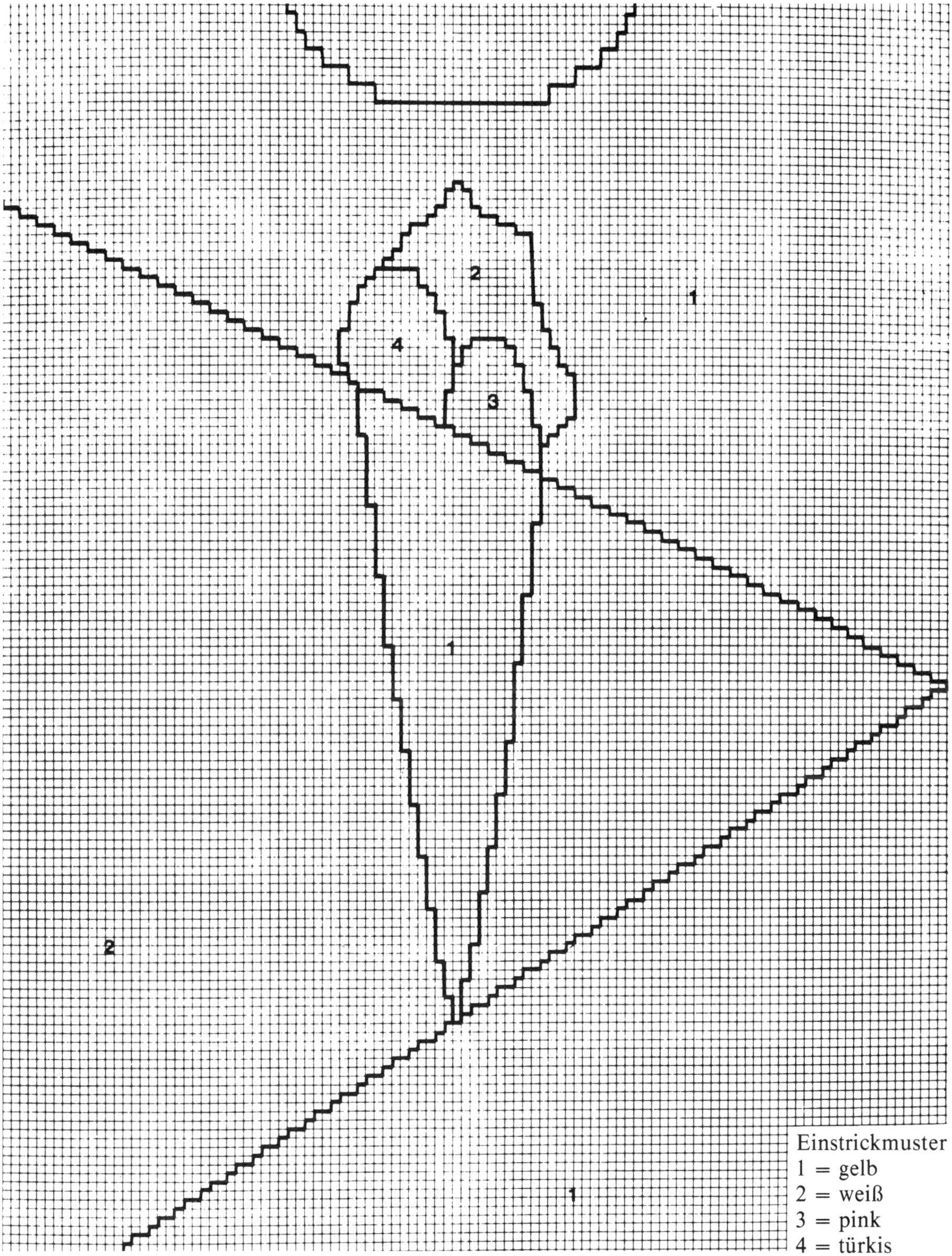

Einstrickmuster
1 = gelb
2 = weiß
3 = pink
4 = türkis

ten und beim Farbwechsel die Fäden verkreuzen. In 63 cm Höhe alle M abketten.
VORDERTEIL: Bis auf den Halsausschnitt wie den Rükken arbeiten. Dafür in 57 cm Höhe die mittleren 20 M, weiter an den Ausschnittseiten in jeder 2. R 2 × 3, 1 × 2, 6 × 1 M abketten. Die restlichen 33 M je Schulter in 63 cm Höhe abketten.
ÄRMEL: 44 M in Gelb mit Nadeln Nr. 3 anschlagen und 7 cm im Bündchenmuster, weiter im Grundmuster mit Nadeln Nr. 3½ stricken, dabei in der 1. R 22 × jede 2. M verdoppeln = 66 M. Weiter beidseitig abwechselnd 1 × in der 6. R und 1 × in der folgenden 8. R insgesamt 20 × 1 M zunehmen = 106 M. In 49 cm Höhe alle M abketten.
FERTIGSTELLUNG: Die Teile spannen, mit feuchten Tüchern bedecken und trocknen lassen. Alle Konturen in der jeweiligen Farbe mit Sticktwist im Kettenstich umsticken. Bei der Eistüte innen schräg laufende Linien in Beige im Stielstich sticken. Die Schulternähte schließen. Die Ärmel je zur Hälfte an Rücken und Vorderteil nähen, dann die restlichen Nähte schließen. Mit der Rundnadel aus dem Halsausschnitt M in Gelb aufnehmen und im Bündchenmuster 3 cm anstricken.

Gestreifte Pullis mit Fledermausärmeln

Für beide Modelle
GRÖSSEN: 38 und 42. Bei unterschiedlichen Angaben: Größe 42 in Klammern.
MATERIAL: Mittelstarke Sportwolle, 50% Wolle, 50% Polyacryl, in den angegebenen Mengen und Farben. 1 Paar INOX-Stricknadeln und je eine 60 cm und 80 cm lange IMRA-Rundstricknadel Nr. 3½, eine 60 cm lange Rundstricknadel und 1 Spiel Strumpfstricknadeln Nr. 3.
GRUNDMUSTER: Glatt rechts = Hinr rechte M, Rückr linke M; in Rd nur rechte M.
BÜNDCHENMUSTER: Abwechselnd 1 M rechts, 1 M links.
MASCHENPROBE: 22 M und 31 R bzw. Rd = 10 cm.

Modell 1
MATERIAL: 150 g in Ecru, je 50 g in Schwarz, Gelb, Orange, Rot, Pink, Violett, Grün.
STREIFENFOLGE: * Je 2 R bzw. Rd violett, orange, grün, pink, schwarz, gelb, rot und écru, ab * wiederholen.

Arbeitsanleitung
PULLOVER: Einschließlich Ärmel in einem Stück von oben nach unten arbeiten. Am Halsausschnitt beginnend für 84 cm Weite 184 M in Ecru auf der Rundnadel Nr. 3 anschlagen und in Rd im Bündchenmuster stricken, dabei für die 4 Zunahme-Stellen die 1. M und 3 × jede 46. M markieren. An diesen Stellen * in den beiden folgenden Rd beidseitig der markierten M je 1 M rechts verschränkt aus dem Querdraht zunehmen, dann 1 Rd ohne Zunahmen stricken, ab * wiederholen. Ab 4 cm Höhe mit Nadel Nr. 3½ im Grundmuster nach der Streifenfolge arbeiten, dabei die Zunahmen wie beschrieben fortsetzen. Nach und nach auf die längeren Rundnadeln übergehen. Der Rd-Wechsel liegt in der hinteren Mitte. In 30 (31) cm Höhe an den Ecken die Arbeit in der vorderen und hinteren Mitte teilen und in offenen R zuerst die linke Seite beenden. Dazu die Zunahmen auf der Schulterlinie fortführen, beidseitig ab Rand für die Unterkanten abwechselnd in 2 aufeinanderfolgenden R je 1 M abnehmen und 1 R ohne Abnahmen arbeiten. In 40 (43) cm Höhe an der Ecke wiederum die Arbeit teilen und das Rückenteil beenden, dabei für die Ärmelunterkante wie beim unteren Rand abnehmen. In 37 (39) cm Arbeitshöhe = in Strickrichtung gemessen die restlichen M stilllegen. Das Vorderteil gegengleich beenden, dann die stillgelegten M von Rücken und Vorderteil an der Ärmelnaht im M-Stich verbinden. Anschließend die rechte Seite gegengleich beenden.
TAILLENBUND: Für die gesamte Weite auf der Rundnadel Nr. 3 in Ecru 156 (174) M anschlagen und in Rd 10 cm im Bündchenmuster stricken, locker abketten.
ÄRMELBÜNDCHEN: Auf dem Nadelspiel in Ecru 44 M anschlagen und in Rd im Bündchenmuster stricken. In

Kodacolor II
FILM
FÜR FARBBILDER
C 135-36
PEUGEOT

8 cm Höhe die M locker abketten.
FERTIGSTELLUNG: Die Ränder leicht einhalten und die Bündchen mit der Abkett-R aufnähen.

Modell 2
MATERIAL: 300 (350) g in Schwarz, 150 (200) g in Ecru. Eine 40 cm lange Rundstricknadel Nr. 3½.
STREIFENFOLGE: * Je 2 R bzw. Rd écru und schwarz, ab * wiederholen.

Arbeitsanleitung
PULLOVER: Am Rollkragen beginnend auf dem Nadelspiel 120 M in Schwarz anschlagen und in Rd 25 cm hoch im Bündchenmuster stricken. Weiter mit Nadel Nr. 3½ im Grundmuster nach der Streifenfolge arbeiten, dabei die 1. M und 3 × jede 30. M markieren und an diesen Stellen wie bei Modell 1 beschrieben zunehmen = 184 M nach 5 cm Grundmuster-Höhe an den Ecken. Von nun an wie bei Modell 1 beschrieben weiterarbeiten.
TAILLENBUND: In Schwarz wie bei Modell 1 beschrieben stricken. Für die gesamte Weite auf der Rundnadel Nr. 3 in Schwarz 156 (174) M anschlagen und in Rd 10 cm im Bündchenmuster stricken, locker abketten.
ÄRMELBÜNDCHEN: In Schwarz 15 cm hoch stricken: Auf dem Nadelspiel in Schwarz 44 M anschlagen und in Rd im Bündchenmuster stricken. In 15 cm Höhe die M locker abketten.
FERTIGSTELLUNG: Die Ränder leicht einhalten und die Bündchen mit der Abkett-R aufnähen.

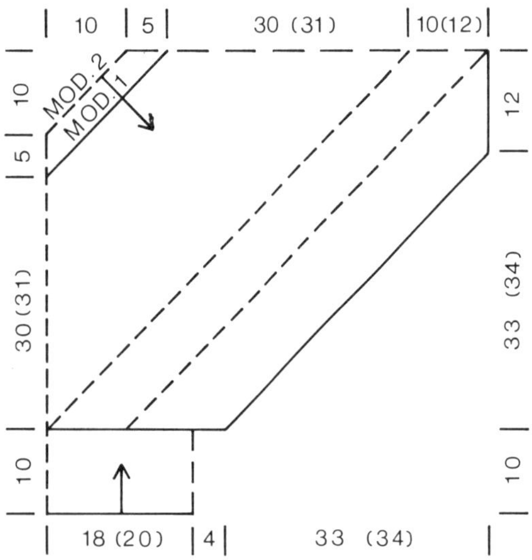

Schnittverkleinerung für Streifenpullis: ½ Rücken- bzw. Vorderteil.

Pullover mit V-Ausschnitt

Der rechts abgebildete Damenpullover mit klassischem V-Ausschnitt sieht über einer sportlichen Hemdbluse am besten aus.

GRÖSSEN: 40 und 44. Bei unterschiedlichen Angaben: Größe 44 in Klammern.
MATERIAL: Phildar-Garn, Qualität Anouchka, 80% Acrylic, 16% Mohair, 4% Wolle, 300 g in Gelb Nr. 47. Je 1 Paar INOX-Stricknadeln Nr. 2 und 2½, eine 40 cm lange IMRA-Rundstricknadel Nr. 2.
GRUNDMUSTER: Glatt links = Hinr linke M, Rückr rechte M.
BÜNDCHENMUSTER: Abwechselnd 2 M rechts, 2 M links.
MASCHENPROBE: 27 M und 38 R = 10 cm.

Arbeitsanleitung
RÜCKEN: 130 (140) M mit Nadeln Nr. 2 anschlagen, 6 cm im Bündchenmuster, weiter mit Nadeln Nr. 2½ im Grundmuster geradeaus stricken. Ab 37 cm Höhe für die Armausschnitte beidseitig in jeder 2. R 1 × 4, 3 × 2, 4 × 1 M abnehmen = 102 (112) M; geradeaus stricken. Ab 50 (51) cm Höhe für die Schultern beidseitig in jeder 2. R 1 × 5, 8 × 4 M (6 × 5, 3 × 4 M), die restlichen 28 M für den Halsausschnitt in 1 R abketten.
VORDERTEIL: Bis auf den Halsausschnitt wie den Rükken arbeiten. Dafür in 35 (36) cm Höhe die Arbeit teilen und an den Ausschnittsei-

ten in jeder 2. R 12 × 1 M, in jeder 4. R 7 × 1 M, in jeder 6. R 3 × 1 M abnehmen. Bei den Schultern entfallen die letzten 2 Abnahmen.

RECHTER ÄRMEL:
58 (64) M mit Nadeln Nr. 2 anschlagen und 6 cm im Bündchenmuster stricken. Weiter mit Nadeln Nr. 2½ im Grundmuster arbeiten und beidseitig in jeder 8. R 16 × 1 M zunehmen = 90 (96) M. Ab 42 cm Höhe für die Armkugel beidseitig in jeder 2. R 2 × 3 (4), 2 × 2, 15 × 1, 3 (2) × 2, 2 (3) × 3 M abketten. Mit den restlichen 16 M noch 12 (14) cm geradeaus stricken, dann ab rechtem Rand in jeder 2. R 2 × 4, 4 × 2 M abketten.

LINKER ÄRMEL: Gegengleich arbeiten.

FERTIGSTELLUNG: Teile spannen, mit einem feuchten Tuch bedecken und trocknen lassen. Die Nähte schließen.

Mit der Rundnadel aus dem Halsausschnitt 192 M aufnehmen und 1 Rd rechte M, 1 Rd linke M, weiter im Bündchenmuster stricken, dabei das Muster so einteilen, daß in der vorderen Spitze 2 rechte M liegen. In der nächsten Rd zum erstenmal, in jeder weiteren Rd noch 11 × von den mittleren 4 M die ersten 2 rechts, die folgenden 2 rechts überzogen zusammenstricken. Dann alle M locker abketten.

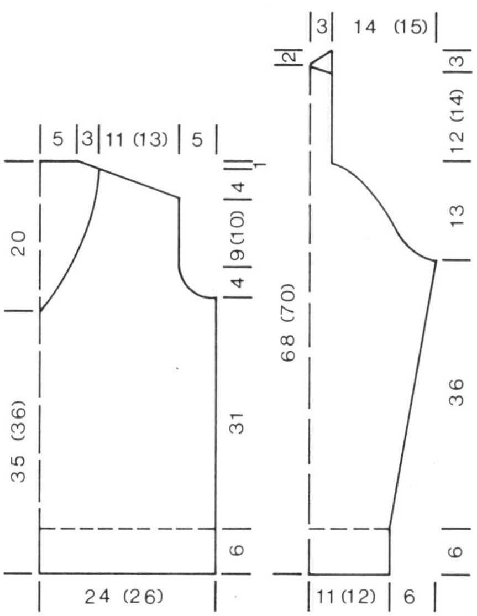

Schnittverkleinerung für V-Pullover: ½ Rücken- bzw. Vorderteil und ½ Ärmel.

Pullover mit Diagonalstreifen

Abb. S. 126

Aus Topflappen-Wolle wird dieser Sommer-Pulli glatt rechts gestrickt. Die breiten, diagonal verlaufenden Streifen passen gut für den Urlaub am Strand.

GRÖSSE: 38/40.
MATERIAL: Dilthey-Garn, Qualität Duett, je 200 g in Rosa-meliert Nr. 0290 und Blau-meliert Nr. 0291. Qualität Karola, 200 g in Lila Nr. 0105. Je 1 Paar INOX-Stricknadeln Nr. 3 und 4, eine 40 cm lange IMRA-Rundstricknadel Nr. 3.

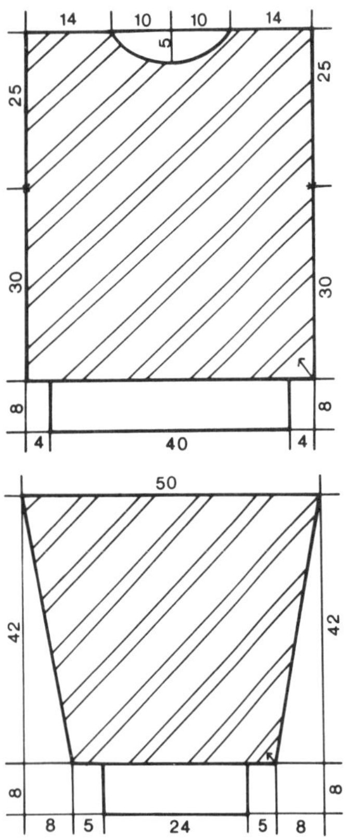

Schnitt: Vorder- und Rückenteil und Ärmel.

GRUNDMUSTER: Glatt rechts = Hinr rechte M, Rückr linke M.
STREIFENFOLGE: * 12 R rosa-meliert, 5 R lila, 12 R blau-meliert, 5 R lila, ab * wiederholen.
MASCHENPROBE: 17 M und 24 R ergeben 10 cm im Quadrat.
BÜNDCHENMUSTER: Abwechselnd 1 M rechts, 1 M links.

Arbeitsanleitung

VORDERTEIL: An der rechten unteren Ecke beginnend 3 M mit Nadeln Nr. 4 in Rosa-meliert anschlagen. Im Grundmuster nach der Streifenfolge stricken, dabei die Mittel-M markieren und links für den unteren Rand, rechts für die Seitennaht in jeder R 2 × 1 M, 1 × keine M zunehmen. In 34 cm mittlerer Höhe = 113 M Breite ist links der untere Rand fertiggestellt. Hier weiter für die Seitennaht im bisherigen Rhythmus abnehmen. Nach weiteren 12 R = 48 M links, 64 M rechts der Mittel-M ist am rechten Rand die Seitennaht beendet. Nun auch hier für die Schulter im bisherigen Rhythmus abnehmen. Nach weiteren 10 cm ist am rechten Rand der Halsausschnitt erreicht. Dafür 10 M abketten, weiter in jeder 2. R 4 × 2, 6 × 1 M abnehmen = 24 M rechts, 18 M links der Mittel-M. Für den Halsausschnitt noch 5 cm geradeaus stricken, dann an dieser Seite für die Schulter im gleichen Rhythmus wie am linken Rand abnehmen, bis alle M aufgebraucht sind.

RÜCKEN: Ohne Halsausschnitt gegengleich zum Vorderteil stricken, d. h. an der linken unteren Ecke beginnend 3 M mit Nadeln Nr. 4 in Rosa-meliert anschlagen. Rechts für den unteren Rand insgesamt 55 × 1 M, links für die Seitennaht insgesamt 63 × 1 M zunehmen. Rechts dann für die Seitennaht, links für die Oberkante entsprechend abnehmen.
RECHTER ÄRMEL: An der rechten unteren Ecke beginnend 3 M mit Nadeln Nr. 4 in Rosa-meliert anschlagen. Im Grundmuster mit 6 R rosa-meliert beginnend nach der Streifenfolge arbeiten. Am linken Rand für die Unterkante in jeder R 2 × 1 M, 1 × keine M zunehmen, insgesamt 40 M. Zugleich am rechten Rand für die Ärmelnaht in jeder 2. R 30 × 2 M zunehmen. Ab 24 cm mittlerer Höhe = 103 M Breite links für die Ärmelnaht in jeder 2. R 41 × 1 M, zugleich rechts für den oberen Rand 41 × abwechselnd 1 und 2 M abnehmen.
LINKER ÄRMEL: Gegengleich stricken, d. h. in der linken unteren Ecke und die Streifenfolge mit 6 R blau-meliert beginnen.
FERTIGSTELLUNG: Die Teile spannen, leicht dämpfen. Aus den unteren Rändern von Rücken und Vorderteil je 120 M, den Ärmelrändern 44 M in Lila mit Nadeln Nr. 3 aufnehmen und 8 cm im Bündchenmuster stricken. Die Nähte schließen. Aus dem Halsausschnitt 88 M in Lila aufnehmen. 2,5 cm im Bündchenmuster stricken.

Baumwollpullover mit V-Ausschnitt

Abb. S. 126

Genau das richtige für Sport und Spiel am Strand ist dieser Pullover aus Baumwollgarn. Er ist recht locker geschnitten und hat diagonale Streifen, die sich in der Mitte des Vorderteils treffen.

GRÖSSE: 36/38.
MATERIAL: Dilthey-Garn, Qualität Duett, 400 g in Rosa-meliert Nr. 0290. Qualität Karola, 250 g in Rosa Nr. 0225. Je eine 60 cm, 80 cm und 100 cm lange IMRA-Rundstricknadel Nr. 4, eine 40 cm lange Rundstricknadel Nr. 3.
GRUNDMUSTER: Glatt rechts = in Rd nur rechte M; in R = Hinr rechte M, Rückr linke M.
STREIFENFOLGE: Abwechselnd je 12 Rd bzw. R in Rosa und Meliert.
MASCHENPROBE: 17 M und 25 Rd bzw. R = 10 cm.
BÜNDCHENMUSTER: Abwechselnd 1 M rechts, 1 M links.

Arbeitsanleitung

PULLOVER: Am Halsausschnitt beginnend in einem Stück stricken. Mit der kleinsten Rundnadel Nr. 4 in Rosa 124 M anschlagen und in Rd im Grundmuster stricken. Für die Zunahmen in der hinteren und vorderen, sowie Ärmelmitte die 31., 62., 93. und 124. M kennzeichnen und beidseitig dieser M wie folgt zunehmen: * 1. und 2. Rd je 1 M, 3. Rd keine M, ab * wiederholen. Bei größerer M-Zahl auf die längeren Rundnadeln übergehen. Nach dem 3. rosafarbenen Streifen ist in der hinteren und vorderen Mitte die untere Pulloverkante erreicht = 440 M.
Nun zuerst die rechte Rückenhälfte fertigstellen. Dafür über 55 M stricken, die übrigen M stillegen. Für den unteren Rand und die Seitennaht beidseitig im bisherigen Rhythmus abnehmen, bis alle M aufgebraucht sind. Anschließend die folgenden 111 M vom rechten Ärmel aufnehmen. Beidseitig der Mittel-M wie bisher zunehmen, zugleich an den Außenrändern bis zum Schluß in jeder 2. R je 2 M abketten, dabei in 53 cm mittlerer Ärmellänge die Mittel-M abketten und die Teile getrennt fertigstellen. Am Außenrand wie bisher in jeder 2. R je 2 M abketten, am unteren Ärmelrand jeweils in 3 R 2 M aufnehmen, bis alle M aufgebraucht sind. Die anderen Teile arbeiten und bei der Teilung jeweils die Mittel-M abketten.
FERTIGSTELLUNG: Das Teil nach Schnitt spannen, leicht dämpfen und trocknen lassen. Mit der Rundnadel Nr. 3 aus dem Halsausschnitt 124 M in Meliert aufnehmen und im Bündchenmuster strikken, dabei an den 4 Ecken je 3 M mit obenaufliegender Mittel-M zusammenstricken. Jeweils 2 Rd mit, 1 Rd ohne Abnahmen arbeiten. In 2,5 cm Höhe die M abketten. Aus den Ärmelrändern mit der Rundnadel 34 M in Meliert aufnehmen und in offenen R im Bündchenmuster 9 cm hoch stricken. Aus den unteren Pulloverkanten je 140 M in Meliert mit der Rundnadel aufnehmen und wie die Ärmelbündchen im Rippenmuster stricken. Die Nähte schließen.

Schnitt: ½ Rücken- bzw. Vorderteil mit Ärmel.

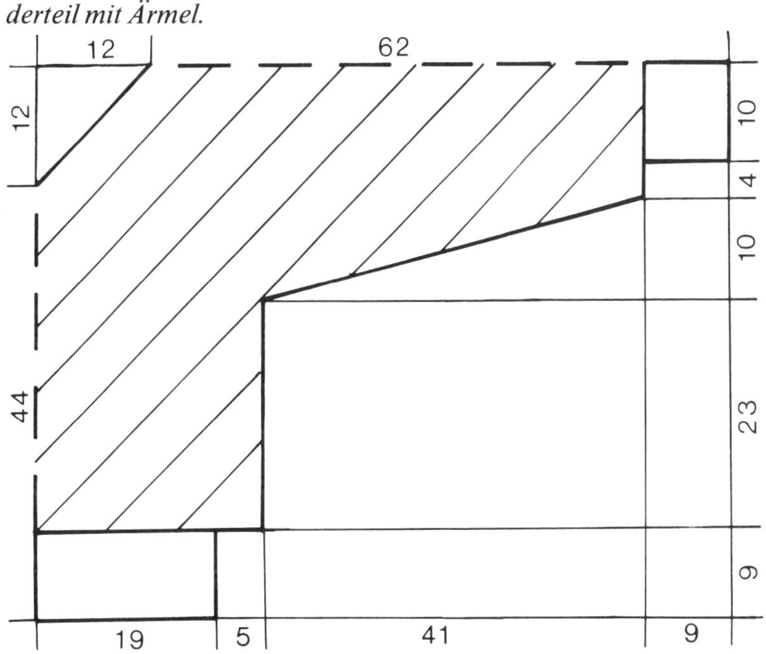

Damenpullover

Dieser Damenpullover hat einen V-Ausschnitt und wird aus rot-weiß-blau geflammten Garn im Halbpatentmuster gestrickt. Sie können dieses Modell an der Mutter auf der Abbildung auf Seite 408 bewundern und auch für Ihr Kind stricken.

GRÖSSE: 38/40.
MATERIAL: Hjerte-Garn, Qualität Twist, 600 g in Rot-Blau-Weiß geflammt Nr. 1. Qualität Flamé, je 50 g in Rot Nr. 458, Blau Nr. 633. Je 1 Paar INOX-Stricknadeln Nr. 2½ und 4, eine 40 cm lange IMRA-Rundstricknadel Nr. 2½.
GRUNDMUSTER: Halbpatent. 1. R (Hinr): Randm. * 1 M rechts, 1 M mit Umschlag links abheben, ab * wiederholen, Randm. 2. R (Rückr): Randm, * die abgehobene M mit dem Umschlag rechts zusammenstricken, 1 M links, ab * wiederholen, Randm. – Die 1. und 2. R wiederholen.
MASCHENPROBE: 20 M und 36 R = 10 cm.
BÜNDCHENMUSTER: Abwechselnd 1 M rechts, 1 M links.

Arbeitsanleitung
RÜCKEN: 96 M mit Nadeln Nr. 2 ½ in Blau anschlagen und im Bündchenmuster je 3 R blau, weiß, rot, weiß, blau, weiß, rot, weiß und blau stricken. Weiter mit Nadeln Nr. 4 und geflammtem Garn im Grundmuster stricken. In 68 cm Höhe alle M abketten.
VORDERTEIL: Bis auf den Halsausschnitt wie den Rükken arbeiten. Dafür in 44 cm Höhe die Arbeit in der Mitte teilen und an den Ausschnittseiten abwechselnd 1 × in der 4. R und 1 × in der folgenden 6. R insgesamt 16 × 1 M abnehmen. Die restlichen 32 M je Schulter in 68 cm Höhe abketten.
ÄRMEL: 38 M mit Nadeln Nr. 2½ in Blau anschlagen und das Bündchen wie beim Rükken stricken. Weiter mit geflammtem Garn und Nadeln Nr. 4 im Grundmuster stricken, dabei in der 1. R 18 × jede 2. M verdoppeln = 56 M. Weiter beidseitig in jeder 6. R 6 × 1 M, in jeder 8. R 14 × 1 M zunehmen = 96 M. In 49 cm Höhe alle M abketten.
FERTIGSTELLUNG: Die Schulternähte schließen. Mit der Rundnadel aus dem Halsausschnitt M in Weiß aufnehmen und je 3 Rd weiß, blau, weiß und rot im Bündchenmuster stricken. Für die Abnahmen in der Spitze 1 rechte M markieren und hier in jeder Rd 3 M mit obenaufliegender Mittel-M zusammenstricken. Die Ärmel je zur Hälfte an Rükken- und Vorderteil nähen, dann die restlichen Nähte schließen.

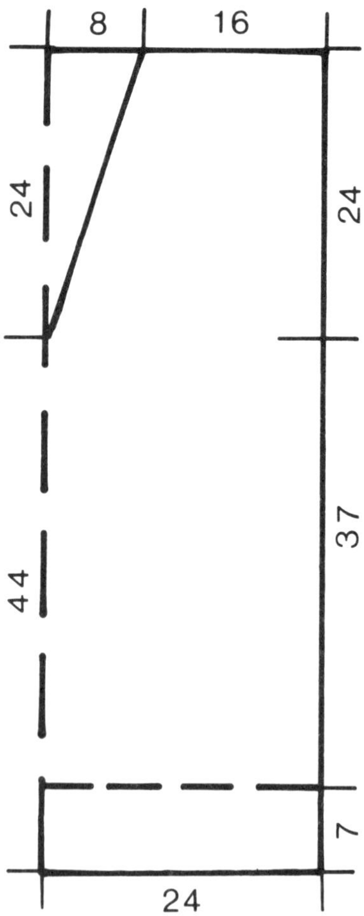

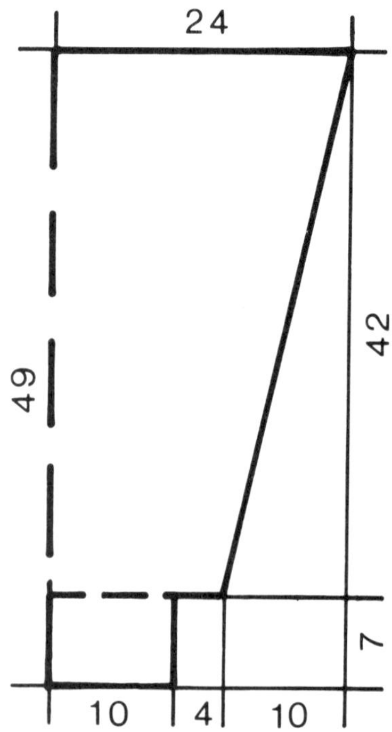

Pulli mit Blütenranke

Abb. S. 88

GRÖSSE: 40/42.
MATERIAL: anny blatt-Wolle, Qualität soft'anny, 350 g in Lachs Nr. 1120. Je 1 Paar INOX-Stricknadeln Nr. 4½ und 5, 1 INOX-Häkelnadel Nr. 4. Zum Besticken Sticktwist in Lachs, 1 Rest gelbe Mohairwolle, 35 lachsfarbene Paillettenblätter, Organza.
GRUNDMUSTER: Glatt rechts = Hinr rechte M, Rückr linke M.
MASCHENPROBE: 17 M und 23 R = 10 cm.
STICKMUSTER: Siehe originalgroße Zeichnung.
BÜNDCHENMUSTER: Abwechselnd 1 M rechts, 1 M links.

Arbeitsanleitung

RÜCKEN und VORDERTEIL: In einem Stück arbeiten. Mit dem Rückenteil beginnend 68 M mit Nadeln Nr. 4½ anschlagen und 10 cm im Bündchenmuster, weiter mit Nadeln Nr. 5 im Grundmuster stricken, dabei in der 1. R 16 × jede 4. M verdoppeln = 84 M. In 62 cm Höhe für den Halsausschnitt die mittleren 40 M abketten und in der folgenden R wieder anschlagen. Das Vorderteil gegengleich anstricken.
ÄRMEL: 36 M mit Nadeln Nr. 4½ anschlagen und 7 cm im Bündchenmuster, weiter mit Nadeln Nr. 5 im Grundmuster stricken, dabei in der 1. R 16 × jede 2. M verdoppeln = 52 M. Beidseitig abwechselnd 1 × in der 6. R und 1 × in der folgenden 8. R insgesamt 13 × 1 M zunehmen = 78 M. In 50 cm Höhe alle M abketten.
FERTIGSTELLUNG: Den Halsausschnitt mit 1 Rd fester M und 1 Rd Krebsstich (= feste M von links nach rechts) umhäkeln. Das original große Stickmotiv 5 × auf Pergamentpapier durchzeichnen und mit Kopierpapier auf Organza übertragen. Nun die Motive wie folgt aufheften: 2 Motive auf das Vorderteil unterhalb des Ausschnittes, dabei 1 Motiv gegengleich aufheften (= den Organza umdrehen). Die Motive sollen sich in der Mitte treffen. Das Rückenteil hat die gleiche Aufteilung. Noch 1 Motiv auf einen Ärmel heften, dabei an die Motive von Vorder- und Rückenteil anschließen. Alle Linien mit Sticktwist im Stielstich sticken. Die Blüten mit dem Rest Mohair im Margeritenstich und einem Knötchenstich in der Mitte aussticken. Die Blätter annähen. Dann alle Nähte schließen.

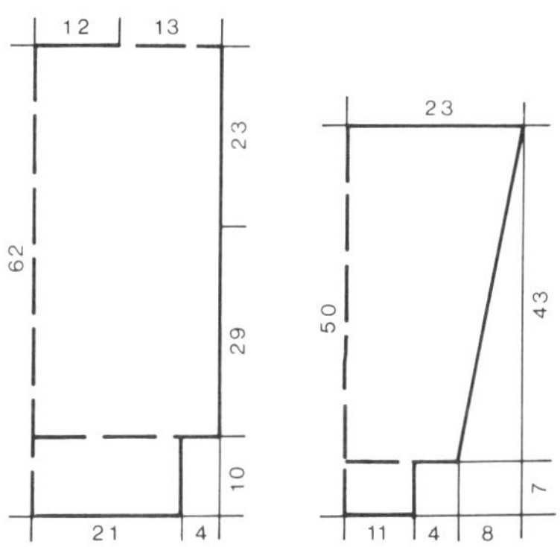

Schnitt: ½ Rücken- bzw. Vorderteil und ½ Ärmel.

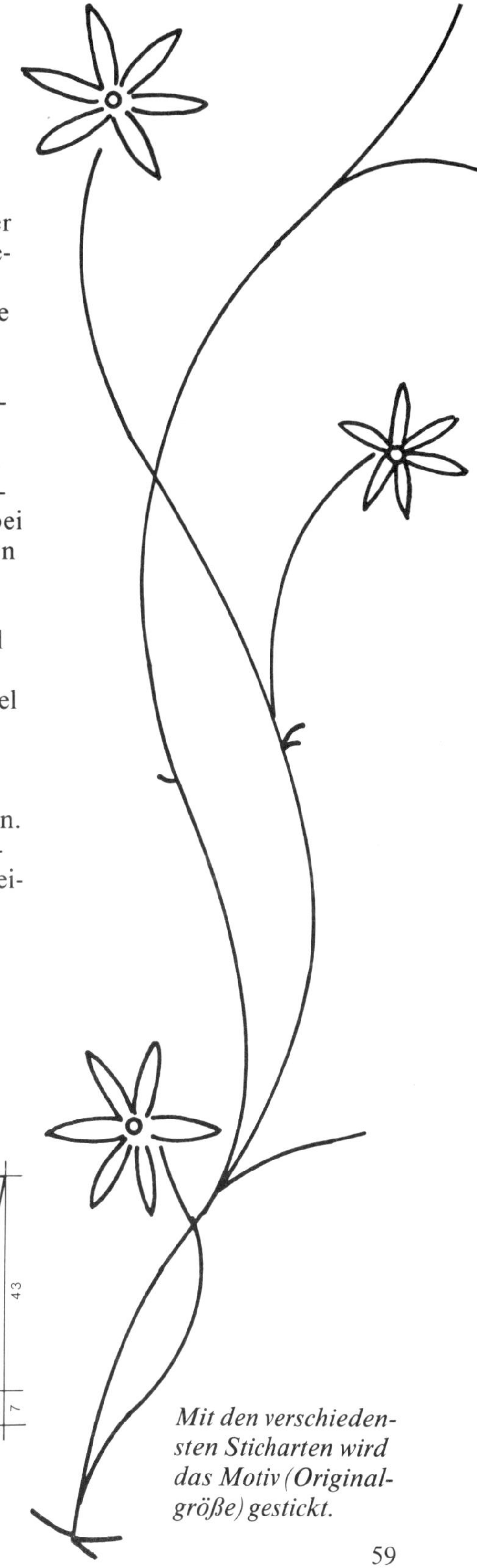

Mit den verschiedensten Sticharten wird das Motiv (Originalgröße) gestickt.

Pulli mit Löwenzahn

Abb. S. 88

Dieser Pulli wird aus petrolgrünem Mohairgarn gestrickt und mit einem Löwenzahn-Motiv zart bestickt. Zum Besticken benötigen Sie Sticktwist in Gelb und Türkis und weißes Angoragarn. Gestickt wird in Stiel-, Spann-, Knötchen- und Plattstich. Am Schluß nähen Sie noch Pailetten-Schmetterlinge auf, die den bunten Löwenzahn lustig umschwirren.

GRÖSSE: 38/40.
MATERIAL: berger du nord-Wolle, Qualität Kid Mohair, 250 g in Petrol Nr. 7581. Je 1 Paar INOX-Stricknadeln Nr. 4 und 5, eine 40 cm lange Rundstricknadel Nr. 4, eine 100 cm lange Rundnadel Nr. 5. Zum Besticken Sticktwist in Gelb und Türkis, weißes Angora, 3 weiße Pailletten-Schmetterlinge, Organza.
GRUNDMUSTER: Glatt rechts = Hinr rechte M, Rückr linke M.
MASCHENPROBE: 15 M und 20 R = 10 cm.
STICKMUSTER: Siehe originalgroße Zeichnung.
BÜNDCHENMUSTER: Abwechselnd 1 M rechts, 1 M links.

Arbeitsanleitung

PULLOVER: In einem Stück über die Schulter hinweg stricken. Mit dem Vorderteil beginnend 64 M mit Nadeln Nr. 4 anschlagen und 10 cm im Bündchenmuster, weiter im Grundmuster mit Nadeln Nr. 5 stricken, dabei in der 1. R 12 × jede 5. M verdoppeln = 76 M. Geradeaus stricken. Ab 31 cm Höhe beidseitig für die Ärmel in jeder 4. R 2 × 1 M, in jeder 2. R 2 × 1, 3 × 2, 3 × 4, 1 × 16, 1 × 20 M zunehmen = 192 M, dabei bei größerer M-Zahl auf die Rundnadel übergehen und in offenen R arbeiten. Geradeaus stricken. In 54 cm Höhe für den Halsausschnitt die mittleren 12 M, beidseitig davon an den Ausschnitträndern in jeder 2. R 1 × 3, 1 × 2, 4 × 1 M abketten. In 60 cm Höhe ist die Schulterlinie erreicht. Nun für den rückwärtigen Halsausschnitt zwischen beiden Teilen 30 M neu anschlagen und das Rückenteil gegengleich anstricken, d. h. Zunahmen werden Abnahmen.
FERTIGSTELLUNG: Das originalgroße Stickmotiv auf Pergamentpapier durchzeichnen und auf Organza mit Kopierpapier übertragen. Auf die linke Vorderteil-Hälfte heften und alle Linien im Stielstich in Türkis, die Blüten gelb im Spannstich, die Pünktchen mit Angora im Knötchenstich und die Blütenkelche weiß im Plattstich sticken. Die Schmetterlinge aufnähen. Den Organza wegschneiden. Dann mit der kleinen Rundstricknadel aus dem Halsausschnitt M aufnehmen und 6 cm im Bündchenmuster stricken, dabei in 2,5 cm Höhe die Arbeit in der vorderen Mitte teilen und in offenen R weiter stricken. Aus den Ärmelrändern 32 M mit Nadeln Nr. 4 aufnehmen und 7 cm im Bündchenmuster stricken. Die Nähte schließen.

Schnitt: ½ Rücken- bzw. Vorderteil mit Ärmel.

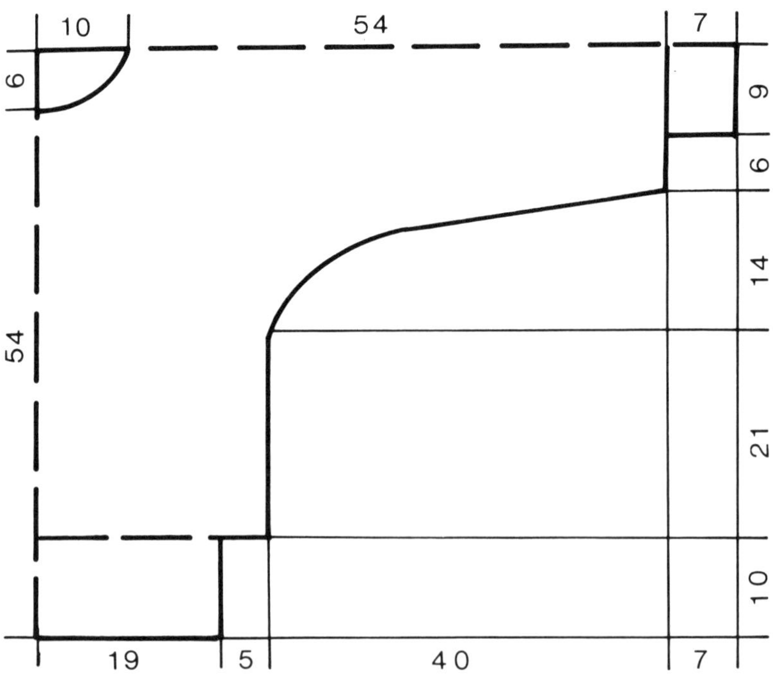

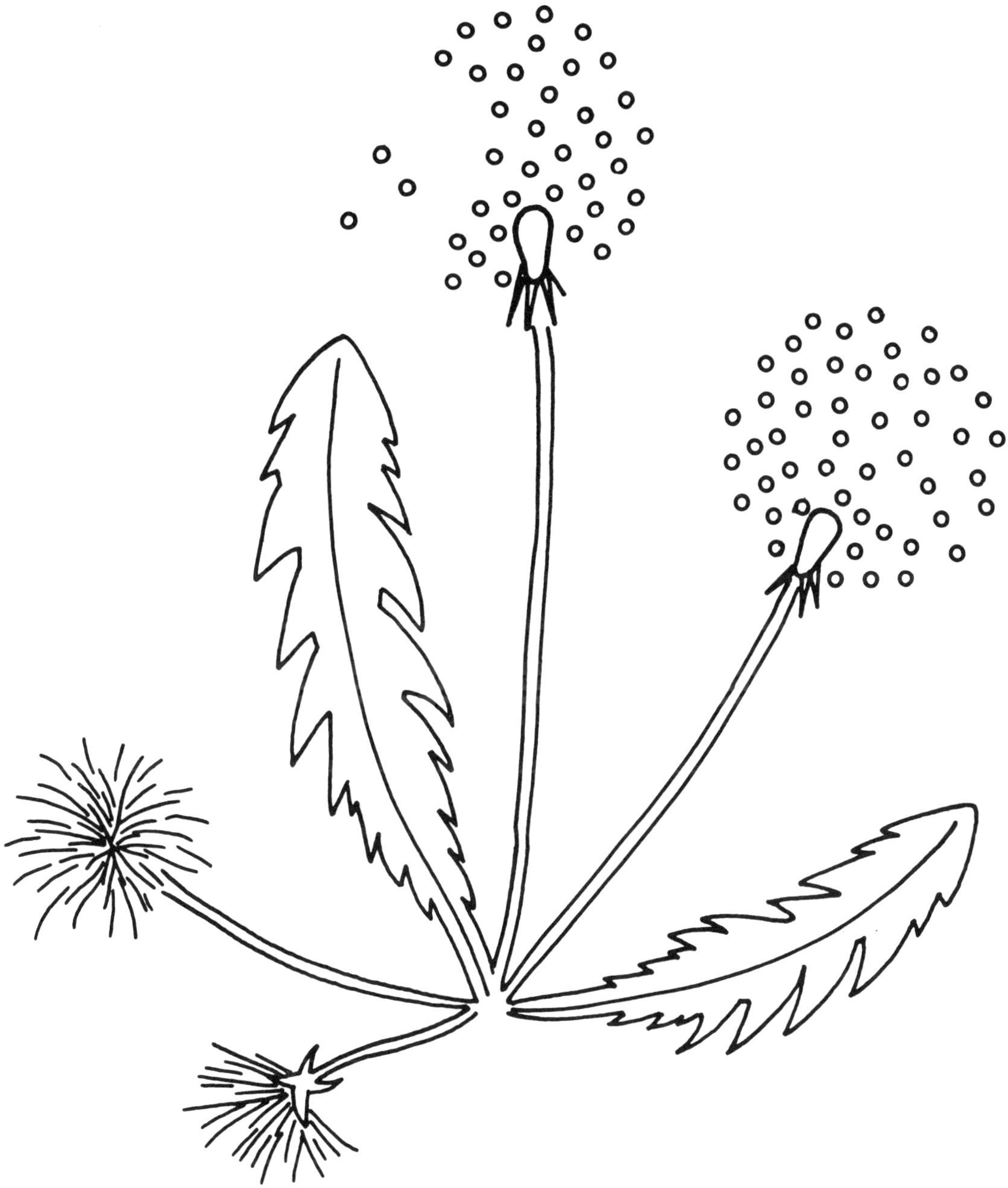

Stickmotiv Löwenzahn

Dieser Blouson ist im Raglanschnitt gestrickt (Anl. rechts).

Blouson-Pullover mit Strukturmuster

Blousons sind locker, lässig und praktisch obendrein. Diese hier sind in einem plastisch wirkenden Waffelmuster gestrickt.

Für beide Blousons
GRÖSSEN: 38 und 42. Bei unterschiedlichen Angaben: Größe 42 in Klammern.
MATERIAL: Mittelstarkes Sportgarn, 100% Synthetics, in den angegebenen Mengen und Farben. Je 1 Paar INOX-Stricknadeln Nr. 3½ und 4, eine 40 cm lange IMRA-Rundstricknadel Nr. 3½.
GRUNDMUSTER: M-Zahl teilbar durch 4 + 1. 1. R und alle folgenden Hinr: Linke M. 2. R (Rückr): Rechte M. 4. R: Randm, 3 M rechts, * 1 M rechts, dabei 3 R tiefer einstechen, 3 M rechts, ab * wiederholen, Randm. 6. R: Rechte M. 8. R: Randm, 1 M rechts, * 1 M rechts, dabei 3 R tiefer einstechen, 3 M rechts, ab * wiederholen, dann 1 M rechts, dabei 3 R tiefer einstechen, 1 M rechts, Randm. Die 1.–8. R wiederholen.
BÜNDCHENMUSTER: Abwechselnd 1 M rechts, 1 M links.
MASCHENPROBE: 18 M und 36 R = 10 cm.

Blouson mit Ausschnitt

MATERIAL: 450 (500) g in Beige.

Arbeitsanleitung
RÜCKEN: 81 (89) M mit Na-

deln Nr. 3½ anschlagen und 10 cm im Bündchenmuster stricken. Weiter mit Nadeln Nr. 4 im Grundmuster geradeaus arbeiten. In 45 cm Höhe beidseitig je 4 M abketten = 73 (81) M, weiter für die Raglanschrägen abwechselnd in jeder 2. und 4. R 24 (26) × 1 M abnehmen. Die restlichen 25 (29) M in 65 (66) cm Höhe abketten.
VORDERTEIL: Bis auf den Halsausschnitt wie den Rükken arbeiten. Dafür in 56 cm Höhe die mittleren 7 M in 1 R, beidseitig davon in jeder 2. R 4 × 2, 5 (7) × 1 M abnehmen. Dadurch werden für die Raglanschrägen nur 20 (22) Abnahmen gearbeitet.
LINKER ÄRMEL: 36 (40) M mit Nadeln Nr. 3½ anschlagen und 10 cm im Bündchenmuster stricken. Weiter mit Nadeln Nr. 4 im Grundmuster arbeiten, dabei in der 1. R zuerst die 2. (4.) M, weiter 32 × jede M verdoppeln = 69 (73) M. Geradeaus stricken. In 44 cm Höhe beidseitig je 4 M abketten, dann die Raglanschrägen wie folgt arbeiten: Am rechten Rand wie beim Rücken 24 (26) × abnehmen, am linken Rand wie beim Vorderteil nur 20 (22) × abnehmen, dann in jeder 2. R 1 × 5, 3 × 4 M abketten.
RECHTER ÄRMEL: Gegengleich arbeiten.
FERTIGSTELLUNG: Nähte schließen. Aus dem Halsausschnitt mit der Rundnadel 98 (106) M aufnehmen und in Rd 3 cm im Bündchenmuster stricken.
Nun die Arbeit in der vorderen Mitte teilen und in offenen R mit Kettrandm noch 3 cm stricken, dann abketten. Die Blende zur Hälfte nach außen umnähen. Eine 150 cm lange Kordel aus 6 Fäden drehen und durch die Blende ziehen.

Blouson mit Kapuze

Abb. S. 87

MATERIAL: 550 (600) g in Ecru.

Arbeitsanleitung

RÜCKEN: Wie beim Blouson mit Ausschnitt arbeiten, jedoch die Raglanschrägen höher arbeiten: Beidseitig 26 (28) × wie beschrieben abnehmen, dann die restlichen 21 (25) M abketten.
VORDERTEIL: Bis auf den Halsausschnitt wie den Rükken arbeiten. Dafür in 61 cm Höhe die mittleren 7 M in 1 R, beidseitig davon in jeder 2. R 3 × 2, 3 (5) × 1 M abnehmen. Dadurch werden an den Raglanschrägen nur 24 (26) Abnahmen gearbeitet.
LINKER ÄRMEL: Wie beim Blouson mit Ausschnitt beschrieben arbeiten, jedoch die Raglanschrägen höher arbeiten: Am rechten Rand 26 (28) × abnehmen, am linken Rand 24 (26) × abnehmen, dann in jeder 2. R 1 × 7, 1 × 4 M abketten.
RECHTER ÄRMEL: Gegengleich arbeiten.
KAPUZE: Am unteren Rand für 44 cm Breite 81 M mit Nadeln Nr. 4 anschlagen und im Grundmuster geradeaus stricken. In 28 cm Höhe beidseitig je 28 M abketten und das Kopfoberteil mit 25 M noch 15 cm hochstricken.
FERTIGSTELLUNG: Siehe Blouson mit Ausschnitt. Aus dem Halsausschnitt 76 (84) M aufnehmen und in Rd 3 cm im Bündchenmuster stricken, lokker abketten. Aus der Kapuzen-Vorderkante 124 M mit Nadeln Nr. 3½ aufnehmen und 3 cm im Bündchenmuster stricken. Kapuze eingehalten unter die Halsblende nähen.

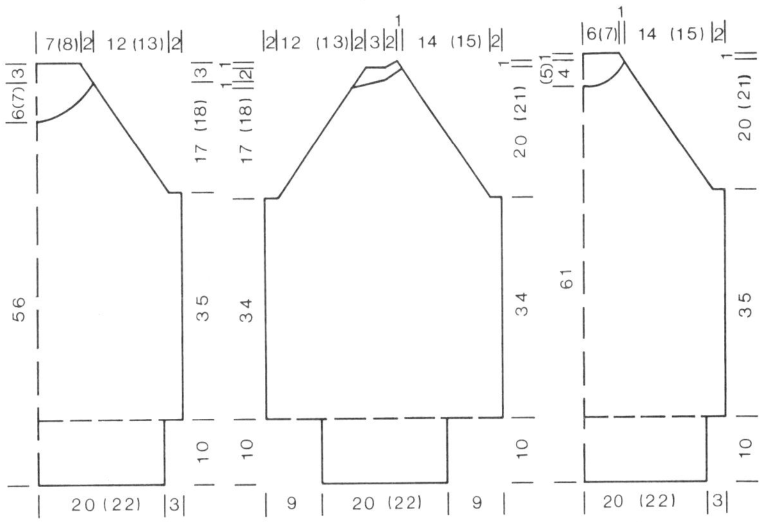

Lurexpullis - jung und sexy

Lurexpullis sind elegant und sportlich, und dazu auch noch pflegeleicht. Sie finden hier zwei Modelle: das eine weich und flauschig, das andere festlich und in seiner goldenen Farbgebung passend für Partys und andere gesellige Anlässe. Sie werden garantiert angenehm auffallen, wenn Sie diese glänzende Wahl treffen.

Für beide Modelle
GRÖSSEN: 38 und 42. Bei unterschiedlichen Angaben: Größe 42 in Klammern.
MATERIAL: Berger du Nord-Garn, Qualität Kid Mohair, 80% Kid Mohair, 20% Polychlorid, und Qualität Moonlight, 55% Viskose, 30% metallisiertes Polyester, 15% Polyamide, in den angegebenen Farben und Mengen. 1 Paar INOX-Stricknadeln und eine 50 cm lange Rundstricknadel Nr. 3½.

Weiß-goldener Pulli

MATERIAL: 240 (280) g Kid Mohair in Weiß Nr. 801, 60 (80) g Moonlight in Gold Nr. 6422. 1 Paar Stricknadeln Nr. 3.
GRUNDMUSTER: 1. R (Hinr)–4. R (Rückr), weiß: Glatt rechts = Hinr rechte M, Rückr linke M. 5. R, gold: Randm, 2 M rechts, * 1 M links abheben, Faden hinter der Arbeit, 2 M rechts, ab * wiederholen, Randm. 6. R, gold: Randm, 2 M rechts, * 1 M links abheben, Faden vor der Arbeit, 2 M rechts, ab * wiederholen, Randm. – Die 1.–6. R wiederholen.
BÜNDCHENMUSTER: Abwechselnd 1 M rechts, 1 M links.
STREIFENFOLGE: Anschlag + 1 R gold, * abwechselnd 2 R weiß und 2 R gold, ab * wiederholen.
MASCHENPROBE: 24 M und 38 R = 10 cm im Quadrat.

Arbeitsanleitung
RÜCKEN: 86 (96) M in Gold mit Nadeln Nr. 3 anschlagen und im Bündchenmuster nach der Streifenfolge stricken. Ab 10 cm Höhe mit Nadeln Nr. 3½ im Grundmuster arbeiten, dabei in der 1. R 20 × jede 4. M (19 × jede 5. M) verdoppeln = 106 (115) M. Geradeaus arbeiten. In 37 cm Höhe für die Armausschnitte beidseitig in jeder 2. R 1 × 3, 3 (4) × 2, 3 × 1 M abnehmen = 82 (87) M, weiter geradeaus stricken. In 53 (54) cm Höhe für den Halsausschnitt die mittleren 40 (41) M in 1 R, beidseitig davon in jeder 2. R 3 × 2, 2 × 1 M abnehmen. Zugleich in 55 (56) cm Höhe für die Schultern in jeder 2. R 2 × 4, 1 × 5 (3 × 5) M abketten.
VORDERTEIL: Bis auf den Halsausschnitt wie den Rükken arbeiten. Dafür in 28 (29) cm Höhe die Arbeit in der Mitte (durch Abketten der Mittel-M) teilen und an den Ausschnittseiten in jeder 2. R 17 × 1 M, in jeder 4. R 6 × 1 M, in jeder 6. R 5 × 1 M abnehmen.
ÄRMEL: 51 (55) M in Gold mit Nadeln Nr. 3 anschlagen und im Bündchenmuster nach der Streifenfolge stricken. Ab 10 cm Höhe mit Nadeln Nr. 3½ im Grundmuster arbeiten, dabei in der 1. R 25 (27) × jede 2. M verdoppeln = 76 (82) M. Geradeaus stricken. Ab 43 (44) cm Höhe für die Armkugel beidseitig in jeder 2. R 1 × 3, 2 × 2, 19 (21) × 1, 2 × 2, 1 × 3 M abnehmen, die restlichen 10 (12) M in 1 R abketten.
FERTIGSTELLUNG: Teile spannen, mit einem feuchten Tuch bedecken und trocknen lassen. Die Nähte schließen. Aus dem Halsausschnitt mit der Rundnadel 224 M in Gold aufnehmen und in Rd 1 Rd gold, je 2 Rd weiß, gold und weiß, 1 Rd gold stricken, dann in Gold abketten. Zugleich in der vorderen Mitte 1 rechte M markieren und an dieser Stelle in jeder Rd 3 M mit obenaufliegender Mittel-M zusammenstricken.

Goldener Pulli
Abb. S. 83

Festliches Material und ein sportlicher Schnitt; an diesem Modell sieht man, wie sich diese Gegensätze vertragen können. Der weite Rollkragen wirkt wie zusätzlicher Schmuck.

MATERIAL: 380 (420) g Moonlight in Gold Nr. 6422.
GRUNDMUSTER: Abwechselnd 1 M rechts, 1 M links.
MASCHENPROBE, etwas gedehnt gemessen: 30 M und 36 R = 10 cm.

Arbeitsanleitung
RÜCKEN: 131 (143) M anschlagen und im Grundmuster

geradeaus stricken. Ab 36 cm Höhe für die Armausschnitte beidseitig in jeder 2. R 1 × 3, 3 (4) × 2, 5 (6) × 1 M abnehmen = 103 (109) M, weiter geradeaus stricken. In 53 (54) cm Höhe für den Halsausschnitt die mittleren 39 M in 1 R, beidseitig davon in jeder 2. R 3 × 2, 2 × 1 M abnehmen. In 54 (55) cm Höhe für die Schultern in jeder 2. R 4 × 6 (1 × 6, 3 × 7) M abketten.

VORDERTEIL: Bis auf den Halsausschnitt wie den Rükken arbeiten. Dafür in 44 (45) cm Höhe die mittleren 17 M in 1 R, beidseitig davon in jeder 2. R 6 × 2, 7 × 1 M abnehmen.

ÄRMEL: 61 (67) M anschlagen und im Grundmuster strikken, dabei beidseitig abwechselnd in jeder 8. und 10. R 18 × 1 M zunehmen = 97 (103) M. Ab 43 cm Höhe für die Armkugel beidseitig in jeder 2. R 2 × 3, 4 × 2, 13 (15) × 1, 4 × 2, 2 × 3 M abnehmen, die restlichen 15 (17) M in 1 R abketten.

Die Zeiten sind längst vorbei, wo Gold nur am Abend glänzen durfte. Dieser weiß-goldene Pulli vereinigt Eleganz und Sportlichkeit.

ROLLKRAGEN: Auf der Rundnadel 270 M anschlagen und in Rd 28 cm hoch stricken, locker abketten.

FERTIGSTELLUNG: Nähte schließen und den Rollkragen einnähen.

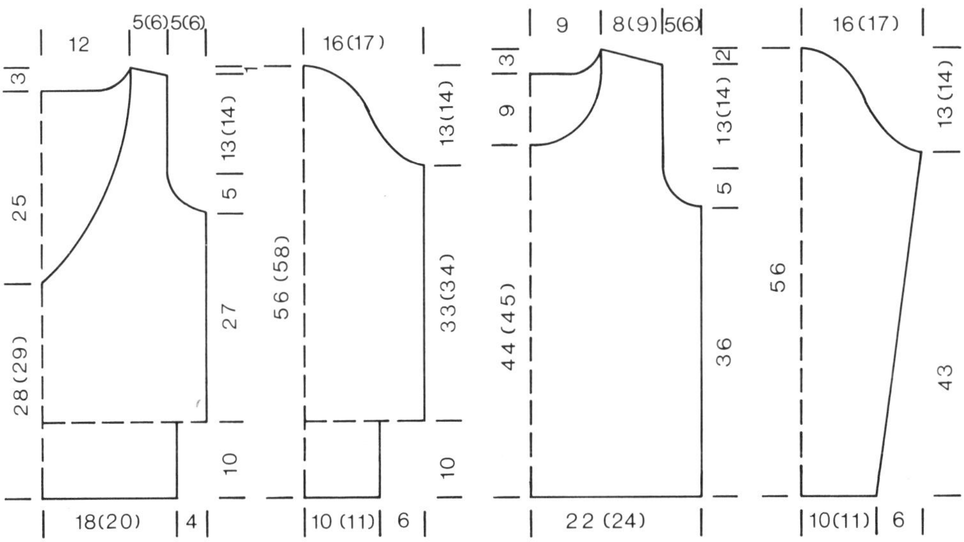

Schnitt links: ½ Rücken- bzw. Vorderteil, ½ Ärmel, weiß-goldener Pulli, Größe 38(42). Schnitt rechts: ½ Rükken- bzw. Vorderteil und ½ Ärmel, goldener Pulli, für Größe 38 (42).

Mohairpullis in Blau und Grau mit Lochmuster

Für beide Pullover

MATERIAL: Esslinger Garn, Qualität Geisha, 85% Polyacryl, 15% Mohair, in Blau Nr. 37 bzw. Grau Nr. 09 in den angegebenen Mengen. Je 1 Paar INOX-Stricknadeln Nr. 3 und 3½, eine 40 cm lange IMRA-Rundstricknadel Nr. 3.
BÜNDCHENMUSTER: Abwechselnd 1 M rechts, 1 M links.
MASCHENPROBE: 20 M und 32 R = 10 cm.

Blauer Pullover mit Schal

Abb. S. 123

GRÖSSEN: 42 und 46. Bei unterschiedlichen Angaben: Größe 46 in Klammern.
MATERIAL: Für den Pullover 350 (400) g, für den Schal 150 g in Blau.
GRUNDMUSTER: 1. R (Hinr): Randm, * 6 M rechts, 2 M rechts zusammenstricken, 1 Umschlag, ab * wiederholen, Randm. 2. R und alle folgenden Rückr: Alle M und Umschläge links stricken. 3. R: Randm, * 5 M rechts, 2 M rechts zusammenstricken, 1 Umschlag, 1 M rechts, ab * wiederholen, Randm. 5. und alle folgenden Hinr: Das Lochmuster weiter um je 1 M nach rechts versetzen. Mit 8 rechten M am Ende der R wieder einen Rapport beginnen.

Arbeitsanleitung

RÜCKEN: 100 (108) M mit Nadeln Nr. 3 anschlagen, 4 cm im Bündchenmuster, weiter mit Nadeln Nr. 3½ im Grundmuster stricken, dabei beidseitig in jeder 20. R 2 × 1 M abnehmen = 96 (104) M, weiter geradeaus stricken. In 37 cm Höhe für die Armausschnitte beidseitig in jeder 2. R 1 × 3 (4), 1 (2) × 2, 3 (2) × 1 M abnehmen = 80 (84) M, anschließend in jeder 8. (6.) R 6 (8) × 1 M wieder zunehmen = 92 (100) M. In 56 (57) cm Höhe für den Halsausschnitt die mittleren 34 M in 1 R, beidseitig davon in jeder 2. R 1 × 2, 1 × 1 M abnehmen. Zugleich in 57 (58) cm Höhe für die Schultern in jeder 2. R 2 × 13 (15) M abketten.
VORDERTEIL: Bis auf den Halsausschnitt wie den Rükken arbeiten. Dafür in 48 (49) cm Höhe die mittleren 12 M in 1 R, beidseitig davon in jeder 2. R 1 × 3, 2 × 2, 7 × 1 M abnehmen.
ÄRMEL: 56 (60) M mit Nadeln Nr. 3 anschlagen, 4 cm im Bündchenmuster, weiter mit Nadeln Nr. 3½ im Grundmuster stricken, dabei beidseitig in jeder 14. R 8 × 1 M zunehmen = 72 (76) M. In 44 cm Höhe für die Armkugel beidseitig in jeder 2. R 1 × 3, 12 (13) × 2, 1 × 3 M abnehmen, restliche 12 M in 1 R abketten.
FERTIGSTELLUNG: Nähte schließen. Aus dem Halsausschnitt mit der Rundnadel 114 M aufnehmen und im Bündchenmuster 4 cm hoch stricken.
SCHAL: Für 22 cm Breite 69 M mit Nadeln Nr. 3½ anschlagen und im Bündchenmuster mit Kettrandm 130 cm geradeaus stricken.

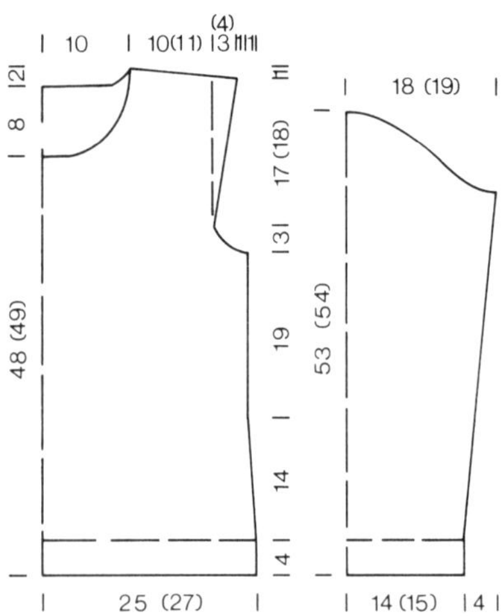

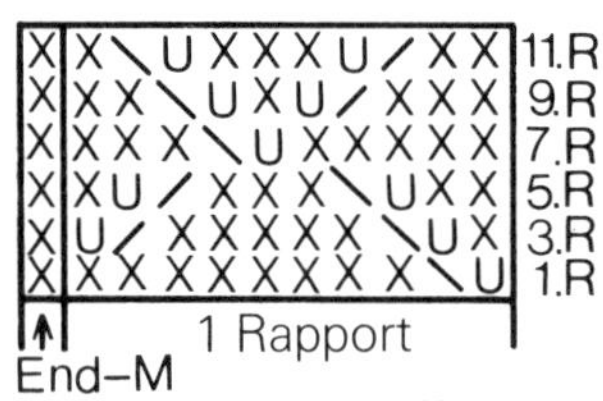

X = 1 M rechts
＼ = 2 M rechts überzogen zusammenstricken
U = 1 Umschlag
／ = 2 M rechts zusammenstricken

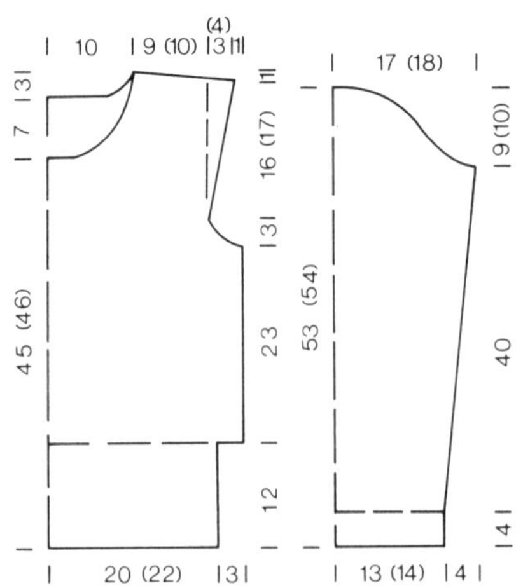

Links Schnittverkleinerung für Größe 42 (46) und rechts für Größe 40 (44).

Grauer Pullover

GRÖSSEN: 40 und 44. Bei unterschiedlichen Angaben: Größe 44 in Klammern.
MATERIAL: 300 (350) g in Grau.
GRUNDMUSTER: Siehe Strickschrift. Gegeben ist 1 Rapport in der Breite + End-M.
Rückr M und Umschläge links stricken. 1.–12. R wiederholen.

Arbeitsanleitung
RÜCKEN: 93 (103) M mit Nadeln Nr. 3 anschlagen, 12 cm im Bündchenmuster, weiter mit Nadeln Nr. 3½ im Grundmuster geradeaus stricken. In 35 cm Höhe für die Armausschnitte beidseitig in jeder 2. R 1 × 3 (5), 1 (2) × 2, 3 (2) × 1 M abnehmen = 77 (81) M, anschließend in jeder 8. (6.) R 6 (8) × 1 M wieder zunehmen = 89 (97) M. In 52 (53) cm Höhe für den Halsausschnitt die mittleren 29 M in 1 R, beidseitig davon in jeder 2. R 2 × 2, 2 × 1 M abnehmen. Zugleich in 54 (55) cm Höhe für die Schultern in jeder 2. R 2 × 12 (14) M abketten.
VORDERTEIL: Bis auf den Halsausschnitt wie den Rükken arbeiten. Dafür in 45 (46) cm Höhe die mittleren 13 M in 1 R, beidseitig davon in jeder 2. R 1 × 3, 2 × 2, 7 × 1 M abnehmen.
ÄRMEL: 53 (57) M mit Nadeln Nr. 3 anschlagen, 4 cm im Bündchenmuster, weiter mit Nadeln Nr. 3½ im Grundmuster stricken, dabei nach der Randm mit der 1. (9.) M des Rapports beginnen. Beidseitig in jeder 14. R 8 × 1 M zunehmen = 69 (73) M. In 44 cm Höhe für die Armkugel beidseitig in jeder 2. R 1 × 3, 13 (14) × 2 M abnehmen, restliche 11 M in 1 R abketten.
FERTIGSTELLUNG: Nähte schließen. Aus dem Halsausschnitt 114 M mit der Rundnadel aufnehmen und den Rollkragen 24 cm im Bündchenmuster stricken.

Dieser Rollkragenpulli hat ein Lochmuster in Zackenform.

Damenpulli mit Katze

In diesem glatt rechts gestrickten Damenpullover mit rundem Ausschnitt ist eine Katze aus weißem Angoragarn eingestrickt. Den Schemaschnitt finden Sie auf der gegenüberliegenden Seite. Konturen und Gesicht der Katze sowie die großen Angoramaschen werden nachträglich aufgestickt. Ihre Katze wird Augen machen, wenn sie Sie sieht. Dasselbe Modell für kleine Schmusekatzen finden Sie auf Seite 408 abgebildet.

GRÖSSE: 38/40.
MATERIAL: Schoeller Wolle »Terra Fian«, 350 g in Graublau Nr. 71. Bouton d'or-Wolle, Qualität 70% Angora, 20 g in Weiß. Je 1 Paar INOX-Stricknadeln Nr. 3 und 4, eine 40 cm lange IMRA-Rundstricknadel Nr. 3.
GRUNDMUSTER: Glatt rechts = Hinr rechte M, Rückr linke M.
MASCHENPROBE: 19 M und 29 R = 10 cm.
EINSTRICKMUSTER: Siehe Zeichnung. Gegeben ist das ganze Motiv. Jedes Kästchen = 1 M.
BÜNDCHENMUSTER: Abwechselnd 1 M rechts, 1 M links.

Arbeitsanleitung
RÜCKEN: 76 M mit Nadeln Nr. 3 anschlagen und 8 cm im Bündchenmuster, weiter mit Nadeln Nr. 4 im Grundmuster stricken, dabei in der 1. R 15 × jede 5. M verdoppeln = 91 M. Geradeaus stricken. In 37 cm Höhe für die Armausschnitte beidseitig 1 × 4 M abketten = 83 M und weiter geradeaus stricken. Ab 59 cm Höhe für die Schultern beidseitig in jeder 2. R 1 × 12, 1 × 13 M abketten. Die restlichen 33 M für den Halsausschnitt abketten.
VORDERTEIL: Bis auf die eingestrickte Katze und den Halsausschnitt wie den Rükken arbeiten. In 15 cm = 20 Grundmuster-R Höhe das Einstrickmuster in Angora einarbeiten, dabei die M von der Mitte ausgehend einteilen. Mit einzelnen Knäulen arbeiten und beim Farbwechsel die Fäden verkreuzen. In 54 cm Höhe für den Halsausschnitt die mittleren 9 M, weiter an den Ausschnittseiten in jeder 2. R 1 × 4, 1 × 3, 2 × 2, 1 × 1 M abketten.
ÄRMEL: 36 M mit Nadeln Nr. 3 anschlagen und 8 cm im Bündchenmuster, weiter mit Nadeln Nr. 4 im Grundmuster stricken, dabei in der 1. R 17 × jede 2. M verdoppeln = 53 M. Weiter beidseitig in jeder 8. R 15 × 1 M zunehmen = 83 M. In 53 cm Höhe die M abketten.
FERTIGSTELLUNG: Bei der Katze die Konturen und Innenlinien in Graublau mit Steppstichen sticken. Dann den ganzen Pullover mit Angora-Wolle im M-Stich über 2 R in der Höhe und 1 M Breite besticken. Der Abstand beträgt 7 M und 9 R. Dann die Schulternähte schließen. Mit der Rundnadel aus dem Halsausschnitt M aufnehmen und im Bündchenmuster 3 cm stricken, dann abketten. Den Pullover weiter wie üblich zusammennähen.

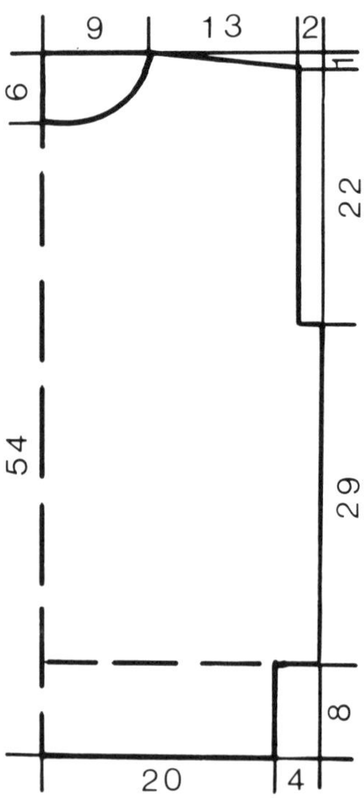

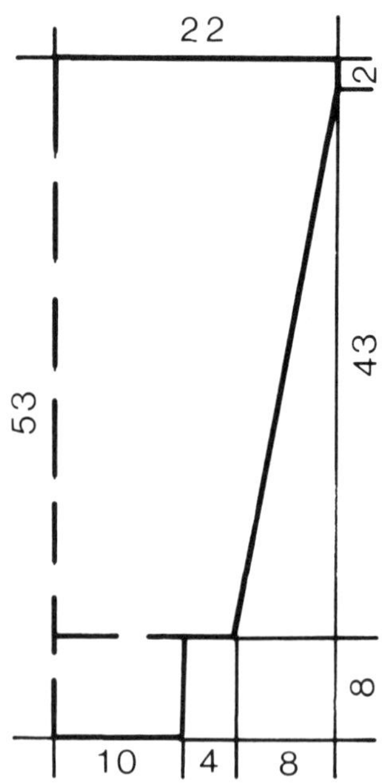

Schnitt: ½ Rücken- bzw. Vorderteil und ½ Ärmel.

Das Katzenmotiv wird nach dieser Schemazeichnung in das Vorderteil eingestrickt. Die Konturen, die Augen und das Schnäuzchen im Gesicht sticken Sie nachträglich mit graublauem Garn im Steppstich ins Motiv ein. Der Pfeil bezeichnet die Mittel-Masche.

Damenpullover mit V-Ausschnitt

Abb. S. 85

GRÖSSE: 42/44.
MATERIAL: Phildar-Garn, Qualität Phildar Luxe, 400 g in Ecru, 50 g in Hellbraun. 1 Paar INOX-Stricknadeln Nr. 2½.
GRUNDMUSTER: Siehe Strickschrift. X = rechte M, O = linke M, Pfeil = 1 rechte M, dabei jedoch 2 R tiefer einstechen.
MASCHENPROBE: 23 M und 44 R = 10 cm.
BÜNDCHENMUSTER: Abwechselnd 2 M rechts, 2 M links.

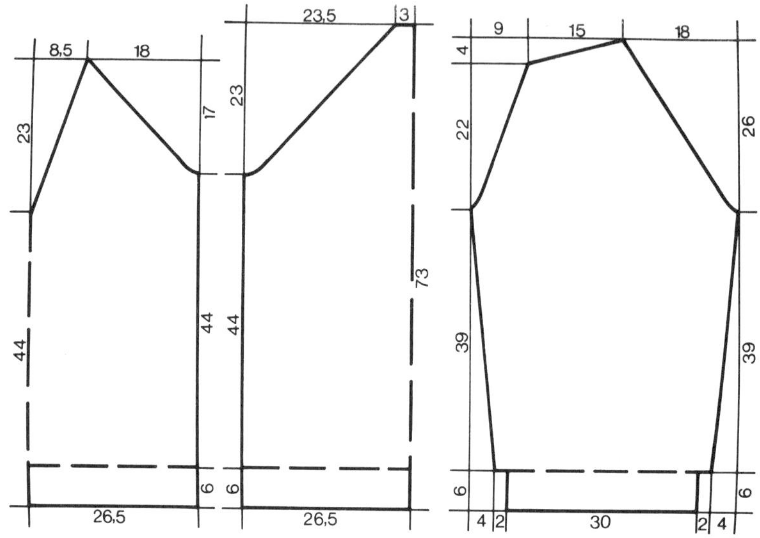

Schnittverkleinerung für Damenpullover mit V-Ausschnitt.

Arbeitsanleitung

RÜCKEN: 123 M in Ecru anschlagen und im Bündchenmuster stricken. Ab 6 cm Höhe in Hellbraun 4 R glatt rechts = Hinr rechte M, Rückr linke M, weiter mit Ecru im Grundmuster geradeaus stricken. In 50 cm Höhe für den Raglanbeginn beidseitig je 5 M abketten, weiter in jeder 2. R 50 × 1 M abketten. Die restlichen 13 M in 73 cm Höhe für den Halsausschnitt abketten.

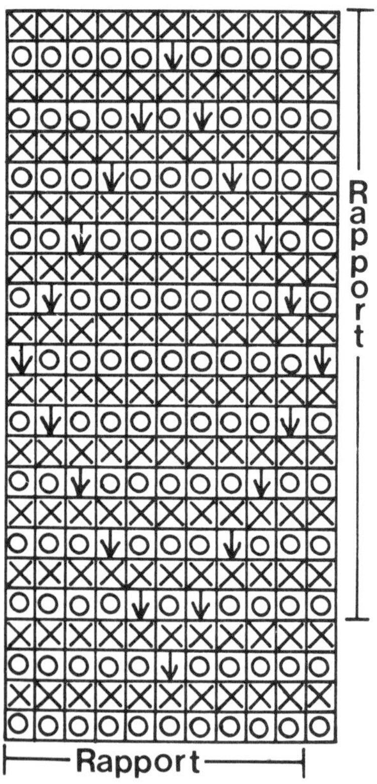

VORDERTEIL: Bis auf den Halsausschnitt wie den Rükken stricken. Dafür in 44 cm Höhe die Arbeit durch Abketten der Mittel-M teilen und an den Ausschnittseiten in jeder 4. R 9 × 1 M, in jeder 6. R 10 × 1 M abnehmen. An den Raglanschrägen entfallen die letzte 13 Abnahmen.
ÄRMEL: 63 M in Ecru anschlagen und im Bündchenmuster stricken. Ab 6 cm Höhe die 4 hellbraunen R wie beim Rükken beschrieben stricken. Weiter in Ecru im Grundmuster stricken, dabei in der 1. R 10 × jede 6. M verdoppeln = 73 M. Weiter beidseitig für die Ärmelschrägen in jeder 14. R 12 × 1 M zunehmen = 97 M. In 45 cm Höhe für den Raglan beidseitig je 5 M abketten, weiter abwechselnd in jeder 2. und 4. R an der Rückenschräge 36 × 1 M, an der vorderen Schräge in jeder 6. R 15 × 1 M abnehmen. Weiter an dieser Seite in jeder 2. R 9 × 4 M abketten.
FERTIGSTELLUNG: Die Teile spannen, mit feuchten Tüchern bedecken und trocknen lassen. Für die Raglanblenden 2 × je 6 M in Hellbraun anschlagen und glatt rechts je 57 cm stricken. An die Schrägungen von Rücken- und Vorderteil annähen, dann die Ärmel annähen. Aus dem Halsausschnitt M in Hellbraun aufnehmen und in offenen R glatt rechts stricken. Nach 4 R in Ecru im Bündchenmuster stricken, dann alle M abketten. Die Blenden mit den Schmalseiten rechts über links annähen.

Pulli mit Rhomben

Abb. S. 121

GRÖSSE: 42.
MATERIAL: Esslinger Wolle »Geisha«, 200 g in Grau Nr. 71, je 50 g in Rosa Nr. 59 und Altrosa Nr. 41. Je 1 Paar INOX-Stricknadeln Nr. 3½ und 4, eine 40 cm lange IMRA-Rundstricknadel Nr. 3½.
GRUNDMUSTER: Glatt rechts = Hinr rechte M, Rückr linke M.
MASCHENPROBE: 20 M und 27 R = 10 cm.
BÜNDCHENMUSTER: Abwechselnd 2 M rechts, 2 M links.

Arbeitsanleitung

RÜCKEN: 100 M in Grau mit Nadeln Nr. 3½ anschlagen und 8 cm im Bündchenmuster, weiter mit Nadeln Nr. 4 im Grundmuster geradeaus stricken. In 38 cm Höhe für die Armausschnitte beidseitig in jeder 2. R 1 × 4, 1 × 2, 4 × 1 M abnehmen = 80 M, weiter geradeaus stricken. Ab 60 cm Höhe für die Schultern beidseitig in jeder 2. R 2 × 11 M abketten, die restlichen 36 M für den Halsausschnitt abketten.
VORDERTEIL: 100 M in Grau mit Nadeln Nr. 3½ anschlagen und das Bündchen wie beim Rücken stricken, dabei in der letzten R 1 Randm verdoppeln = 101 M. Mit Nadeln Nr. 4 das Grundmuster nun wie folgt stricken: 7 M altrosa, 43 M rosa, 1 M altrosa = Mittel-M, 43 M rosa, 7 M altrosa. Nun in jeder 2. R je 1 M mehr in Altrosa stricken, bis alle rosa M aufgebraucht sind, dabei mit einzelnen Farbknäueln arbeiten und beim Farbwechsel die Fäden verkreuzen. Anschließend wie folgt stricken: 28 M altrosa, 1 M grau, 43 M altrosa, 1 M grau, 28 M altrosa. Wieder in jeder 2. R je 1 M mehr in Grau stricken, bis die M in Altrosa aufgebraucht sind. Das Teil in Grau beenden. Seite, Armausschnitt und Schulter wie beim Rücken arbeiten. Für den Halsausschnitt die Arbeit in 42 cm Höhe durch Abketten der Mittel-M teilen und abwechselnd 1 × in der 2. R und 1 × in der folgenden 4. R insgesamt 18 × 1 M an den Ausschnittseiten abnehmen.
ÄRMEL: 40 M in Grau mit Nadeln Nr. 3½ anschlagen und 8 cm im Bündchenmuster, weiter mit Nadeln Nr. 4 im Grundmuster stricken, dabei in der 1. R die M verdoppeln = 80 M. Ab 46 cm Höhe für die Armkugel beidseitig in jeder 2. R. 1 × 3, 1 × 2, 17 × 1, 5 × 2, 1 × 3 M, dann die M abketten.
FERTIGSTELLUNG: Die Nähte schließen. Mit der Rundstricknadel aus dem Halsausschnitt M in Grau aufnehmen und im Bündchenmuster stricken, dabei die M so einteilen, daß in der vorderen Mitte 2 rechte M liegen. Für die Abnahmen in jeder Rd die 1. rechte M mit der M davor rechts, die 2. M mit der nächsten M rechts überzogen zusammenstricken. In 3 cm Höhe die M abketten.

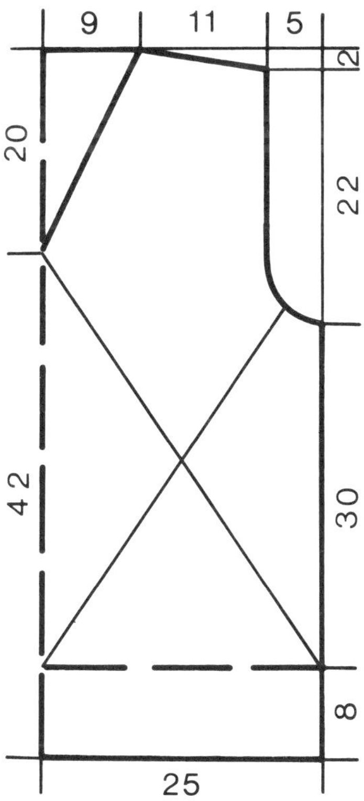

Schnittverkleinerung

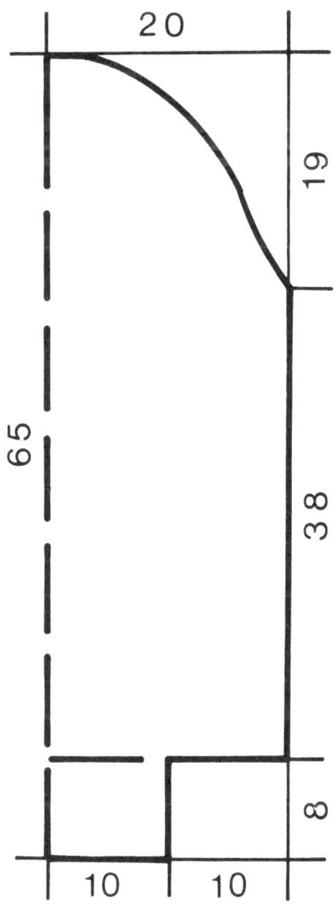

Rollkragenpullover mit Rautenmuster

Abb. S. 122

Warm und mollig ist der dicke Pulli aus Wollgemisch. Das Muster besteht aus glatt rechts gestrickten Rauten, die von Noppenreihen begrenzt werden. Der große weite Rollkragen ist im Rippenmuster gestrickt und läuft auf dem Vorderteil in einem Dreieck aus. Alle Bündchen sind eins rechts, eins links gearbeitet. Aus naturfarbener Wolle gestrickt ist er genau richtig für einen langen Spaziergang am Meer.

GRÖSSEN: 40 und 44. Bei verschiedenen Angaben: Gr. 44 in Klammern.
MATERIAL: Lana Grossa-Wolle, Qualität Hockey, 60% Wolle, 40% Polyacryl, 850 (900) g in Ecru. Je 1 Paar INOX-Stricknadeln Nr. 4½ und 5. Eine 40 cm lange Rundstricknadel Nr. 4½.
GRUNDMUSTER: Siehe Strickschrift. Gegeben ist 1 Rapport in der Breite + Endm. 1.–40. R wiederholen, dabei in allen Rückr bis auf die Noppen die M stricken, wie sie erscheinen.
NOPPEN: An den angegebenen Stellen in der Hinr aus 1 M 1 rechte M, 1 Umschlag und 1 rechte M stricken, wenden, die 3 M links stricken, wenden, die 3 M rechts stricken, weiter im Grundmuster. In der folgenden Rückr die 3 M links zusammenstricken.
BÜNDCHENMUSTER: Abwechselnd 1 M rechts, 1 M links.
MASCHENPROBE: 17 M und 24 R = 10 cm im Quadrat.

Arbeitsanleitung

RÜCKEN: 79 (85) M mit Nadeln Nr. 4½ anschlagen, 8 cm im Bündchenmuster stricken, dabei in der letzten Rückr linke M stricken. Weiter mit Nadeln Nr. 5 im Grundmuster arbeiten, dabei nach der Randm mit der 3. (20.) M des Rapports beginnen. In 43 cm Höhe für die Armausschnitte beidseitig in jeder 2. R 1 × 3, 1 × 2, 2 × 1 M abnehmen = 65 (71) M, weiter geradeaus stricken. In 63 (64) cm Höhe für die Schultern beidseitig in jeder 2. R 3 × 7 (2 × 7, 1 × 8) M abketten, anschließend die restlichen 23 (27) M für den Halsausschnitt abketten.
VORDERTEIL: Bis auf den Halsausschnitt wie den Rükken arbeiten. Dafür in 45 cm Höhe die Arbeit durch Abketten der Mittel-M teilen und an den Ausschnittkanten in jeder 2. R 11 (13) × 1 M abnehmen, weiter bis zum Schluß geradeaus stricken.
ÄRMEL: 37 (41) M mit Nadeln Nr. 4½ anschlagen, 8 cm im Bündchenmuster stricken, dabei die letzte Rückr mit linken M arbeiten und gleichzeitig verteilt 16 M zunehmen = 53 (57) M. Weiter mit Nadeln Nr. 5 im Grundmuster stricken, dabei nach der Randm mit der 16. (14.) M des Rapports beginnen. Außerdem beidseitig in jeder 12. R 6 × 1 M zunehmen =

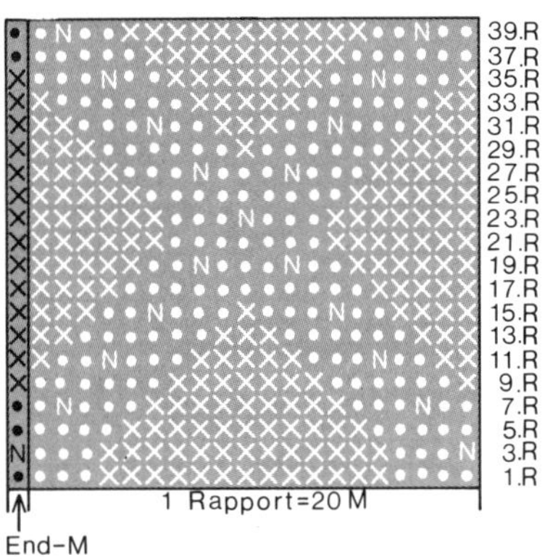

× = *1 rechte Masche*
● = *1 linke Masche*
N = *1 Noppe.*

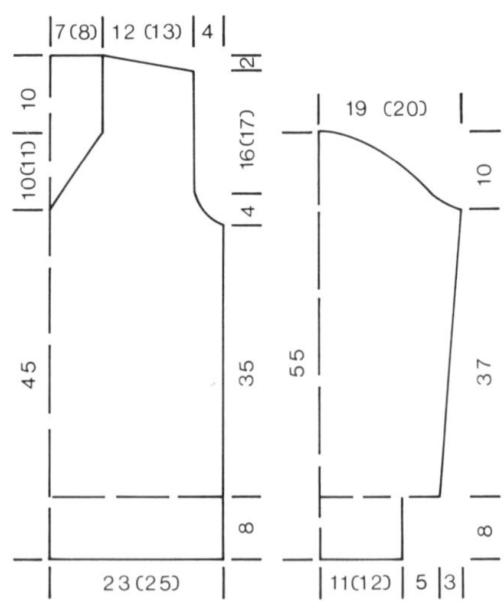

Schnitt: ½ Rücken- bzw. Vorderteil und ½ Ärmel des Rollkragen-Pullovers in Größe 40 (44).

65 (69) M. In 45 cm Höhe für die Armkugel beidseitig in jeder 2. R 1 × 4, 10 × 2, 1 × 3 M abnehmen, die restlichen 11 (15) M in 1 R abketten.
KRAGEN: An der vorderen Spitze beginnend 3 M anschlagen und mit Nadeln Nr. 4½ im Bündchenmuster stricken, dabei beidseitig in jeder 2. R 11 (13) × 1 M zunehmen = 25 (29) M. In 10 (11) cm Höhe an einer Seite 81 (85) M dazu anschlagen, die M auf die Rundnadel übernehmen und den Rollkragen im Bündchenmuster noch 24 cm hoch stricken, locker abketten.
FERTIGSTELLUNG: Teile spannen, mit einem feuchten Tuch bedecken und trocknen lassen. Die Nähte schließen und den Kragen einnähen.

Damenpulli aus Alpakawolle

Abb. S. 82

Dieser Damenpulli aus Alpakawolle ist richtig warm und weich. Er ist so weit, daß Sie sich ganz lässig darin bewegen können. Er hat einen schönen warmen Rollkragen.

GRÖSSEN: 38 und 42. Bei unterschiedlichen Angaben: Größe 42 in Klammern.
MATERIAL: Feine Flauschwolle aus 80% Alpaka, 20% Polyamid, 200 (250) g in Braun, 150 (200) g in Beige. Je 1 Paar INOX-Stricknadeln Nr 4 und 7, 1 Nadelspiel Nr. 7.
GRUNDMUSTER, mit doppeltem Faden und Nadeln Nr. 7: Kraus = Rück- und Hinr rechte M.
BÜNDCHENMUSTER, mit doppeltem Faden und Nadeln Nr. 4: Abwechselnd 1 M rechts, 1 M links.
MASCHENPROBE: 11 M und 24 R = 10 cm.

Arbeitsanleitung

RÜCKEN: 54 (58) M in Braun mit Nadeln Nr. 4 anschlagen, 14 cm im Bündchenmuster, weiter mit je 1 Faden braun und beige mit Nadeln Nr. 7 im Grundmuster geradeaus stricken. Ab 33 cm Höhe für die Armausschnitte beidseitig in jeder 2. R 2 × 2, 1 × 1 M, in jeder 4. R 2 × 1 M abnehmen = 40 (44) M. Anschließend nach 2 R 1 × 1 M, nach je 6 (8) R 4 × 1 M zunehmen = 50 (54) M. Ab 50 (52) cm Höhe für die Schultern beidseitig in jeder 2. R 2 × 2, 2 × 1 M, nach 4 R 1 × 1 M (in jeder 2. R 1 × 3, 1 × 2, 4 × 1 M) abnehmen, die restlichen 36 M stillegen.
VORDERTEIL: Wie den Rücken arbeiten, dann die stillgelegten M vom Rücken und Vorderteil auf dem Nadelspiel vereinen = 72 M und den Rollkragen im Grundmuster in Rd = abwechselnd 1 Rd rechte M, 1 Rd linke M, 22 cm geradeaus stricken, locker abketten.
ÄRMEL: 30 (32) M in Braun anschlagen, 12 cm im Bündchenmuster, weiter mit je 1 Faden braun und beige im Grundmuster stricken, dabei in der 1. R verteilt 10 (12) M zunehmen = 40 (44) M. Beidseitig nach je 14 cm 2 × 1 M abnehmen = 36 (40) M. Ab 48 cm Höhe für die Armkugel beidseitig in jeder 2. R 2 × 2 (1 × 3, 1 × 2), 2 × 1 M, in jeder 4. R 3 × 1 M, in jeder 2. R 2 × 1, 2 × 2 (1 × 2, 1 × 3) M abnehmen, die restlichen 6 M in 1 R abketten.
FERTIGSTELLUNG: Die Seiten- und Ärmelnähte von rechts schließen. Die Ärmel von links einnähen.

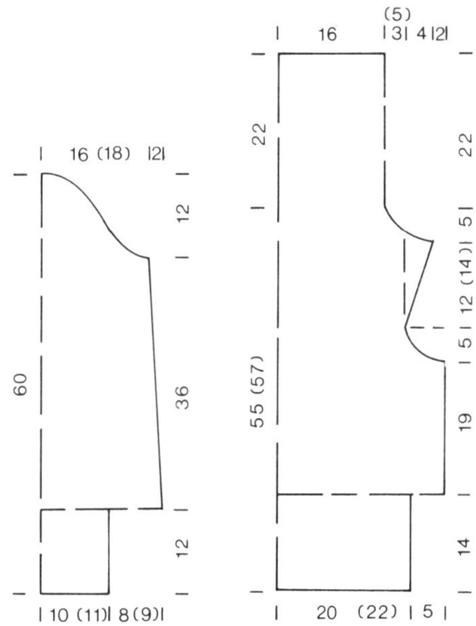

Schnittverkleinerung für den Damenpulli aus Alpakawolle: ½ Ärmel, ½ Rückenteil bzw. Vorderteil mit Rollkragen für Größe 38 (42).

Pullis mit Rundpasse

Abb. S 41

GRÖSSEN: 38 und 42. Bei unterschiedlichen Angaben: Größe 42 in Klammern.
MATERIAL: Horstia-Wolle, Qualität Handwebwolle 1/1. Für den *rotgrundigen* Pullover 400 (500) g in der Grundfarbe Nr. 26, 200 g in Schmuckfarbe I = Lila Nr. 40, 100 (200) g in Schmuckfarbe II = Bordeaux Nr. 27.
Für den *bordeauxgrundigen* Pullover 400 (500) g in der Grundfarbe Nr. 27, 200 g in Schmuckfarbe I = Lila Nr. 40, 100 (200) g in Schmuckfarbe II = Rot Nr. 26. Je 1 IMRA-Rundstricknadel Nr. 5 und 7,80 cm lang, je 1 INOX-Nadelspiel Nr. 5 und 7.
GRUNDMUSTER: Glatt rechts = in Rd nur rechte M stricken.
MASCHENPROBE: 11 M und 14 Rd = 10 cm.
EINSTRICKMUSTER: Siehe Musterstreifen I–V. Jedes Kästchen = 1 M in der entsprechenden Farbe.
BÜNDCHENMUSTER: Abwechselnd 1 M rechts, 1 M links.

Arbeitsanleitung

RÜCKEN und VORDERTEIL: 96 (104) M mit Nadel Nr. 5 in Lila anschlagen und in Rd im Bündchenmuster stricken. Ab 6 cm Höhe mit Nadel Nr. 7 im Grundmuster arbeiten, und zwar 1 Rd lila, dabei 12 × jede 8. M verdoppeln = 108 (116) M, dann 1 × den Musterstreifen I arbeiten, weiter im Grundmuster in der Grundfarbe geradeaus stricken. In 47 (48) cm Höhe wie folgt arbeiten: Die ersten 5 M der Rd stricken, dann die letzten 4 (5) M der vorhergehenden Rd mit den gestrickten M auf 1 Hilfsnadel stillegen (= Ärmelansatz), die folgenden 45 (48) M für das Vorderteil stillegen, für den 2. Ärmelansatz die folgenden 9 (10) M auf 1 Hilfsnadel stillegen, die nächsten 45 (48) M für den Rücken stillegen.
ÄRMEL: 24 (28) M auf dem Nadelspiel Nr. 5 in Lila anschlagen und in Rd im Bündchenmuster stricken. Ab 6 cm Höhe mit dem Nadelspiel Nr. 7 im Grundmuster arbeiten, und zwar 1 Rd lila, dabei 12 × jede 2. M verdoppeln = 36 (40) M, dann 1 × den Musterstreifen I arbeiten, weiter im Grundmuster in der Grundfarbe stricken. In 26 cm Höhe für die Erweiterung nach Rd-Beginn und vor Rd-Ende je 1 M rechts verschränkt aus dem Querdraht zunehmen. Diese Zunahme im Abstand von je 6 cm noch 3 × wiederholen = 44 (48) M. In 47 (49) cm Höhe die ersten 5 M der Rd stricken, dann die letzten 4 (5) M der Vor-Rd und die 5 gestrickten M für den Ärmelansatz auf 1 Hilfsnadel stillegen.
PASSE: Mit der Rundnadel Nr. 7 nacheinander die M vom 1. Ärmel, dem Vorderteil, dem 2. Ärmel und dem Rücken auf-

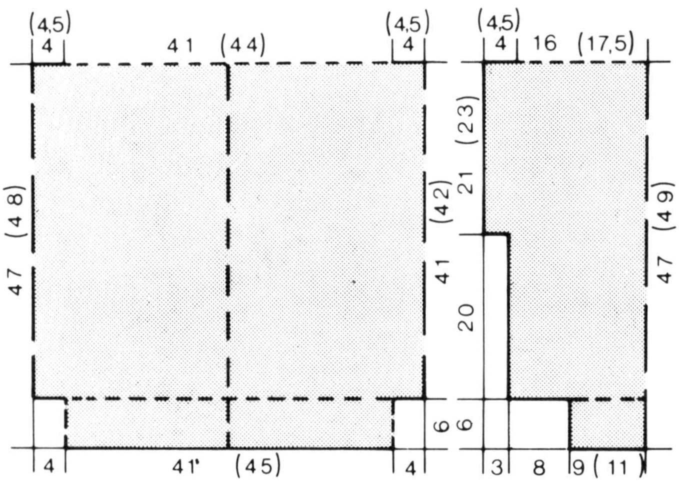

Schnitt für Pulli mit Rundpasse:
½ Rücken- und Vorderteil, ½ Ärmel.

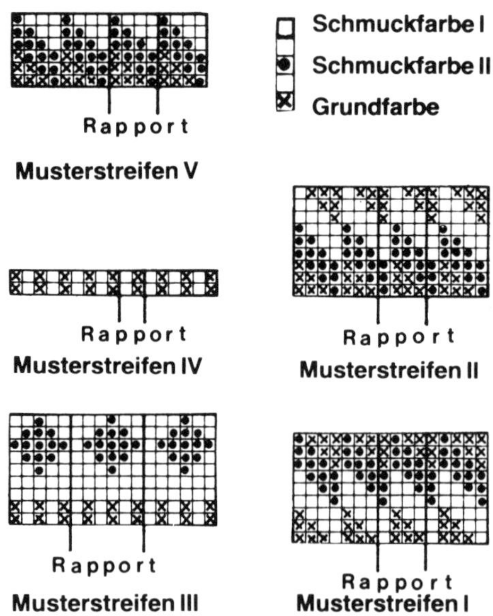

nehmen = 160 (172) M. Im Grundmuster 1 Rd in der Grundfarbe und 1 × Musterstreifen II arbeiten. Weiter 3 Rd in der Grundfarbe stricken, dabei in der 2. Rd 20 × jede 7. und 8. M rechts zusammenstricken (20 × abwechselnd 1 × die 7. und 8. M, 1 × die 8. und 9. M rechts zusammenstricken) = 140 (152) M. Danach 1 × Musterstreifen III arbeiten, dabei in der 4. Rd 20 × jede 6. und 7. M (20 × abwechselnd 1 × die 6. und 7. M, 1 × die 7. und 8. M) zusammenstricken = 120 (132) M. Anschließend 2 Rd in Schmuckfarbe I stricken, dabei in der 2. Rd 20 (22) × jede 5. und 6. M zusammenstricken = 100 (110) M. Nun 1 × den Musterstreifen IV arbeiten, danach in der Grundfarbe 3 (4) Rd, dabei in der 2. Rd 24 × jede 3. und 4. M (3 × jede 5. und 6. M, 23 × jede 3. und 4. M) zusammenstricken = 76 (84) M. Jetzt 1 × den Musterstreifen V arbeiten, dabei in der letzten Rd in jedem Rapport die 1. und 2. M in der Schmuckfarbe I rechts zusammenstricken = 57 (63) M. Danach 2 (3) Rd in Schmuckfarbe I stricken, dabei in der 2. Rd 7 × jede 7. und 8. M (11 × abwechselnd 1 × die 4. und 5. M, 1 × die 5. und 6. M) rechts zusammenstricken. Die restlichen 50 (52) M auf das Nadelspiel Nr. 5 übernehmen und den Rollkragen noch 13 cm im Bündchenmuster anstricken. Die M nicht zu fest abketten.
FERTIGSTELLUNG: Die Teile spannen, befeuchten und trocknen lassen. Die M der Ärmelansätze verbinden.

Männerpullover

Abb. S. 81 unten

GRÖSSE: 48.
MATERIAL: Bouton d'Or-Garn, Qualität Vaporeux, 500 g in Oliv. Reste in Rost, Violett und Ocker. 1 Paar INOX-Stricknadeln und eine 40 cm lange IMRA-Rundstricknadel Nr. 4.
GRUNDMUSTER: Glatt rechts = Hinr rechte M, Rückr linke M.
MASCHENPROBE: 22 M und 28 R = 10 cm.
BÜNDCHENMUSTER: Abwechselnd 2 M rechts, 2 M links.

Arbeitsanleitung

RÜCKEN: 96 M anschlagen und im Bündchenmuster stricken. Ab 8 cm Höhe im Grundmuster arbeiten, dabei in der 1. R 12 × jede 8. M verdoppeln = 108 M. Bis 73 cm Höhe geradeaus stricken, dann die M abketten.
VORDERTEIL: Bis auf den Halsausschnitt wie den Rücken arbeiten. Dafür in 48 cm Höhe die Arbeit in der Mitte teilen und an den Ausschnittseiten in jeder 2. R 14 × 1 M, in jeder 4. R 10 × 1 M abnehmen. Restliche 30 M je Schulter in 73 cm Höhe abketten.
ÄRMEL: 44 M anschlagen und im Bündchenmuster stricken. Ab 8 cm Höhe im Grundmuster arbeiten, dabei in jeder 1. R jede M verdoppeln = 88 M. Weiter an den Ärmelschrägen in jeder 12. R 12 × 1 M zunehmen = 112 M. In 60 cm Höhe alle M abketten.
FERTIGSTELLUNG: Das Vorderteil im M-Stich je 1 M breit und 3 R hoch, wie aus der Abbildung ersichtlich, besticken. Dabei liegt die 1. Linie etwa 2 cm unter dem Ausschnittbeginn. Dann die Schulternähte schließen. Mit der Rundnadel aus dem Halsausschnitt in der Spitze beginnend M aufnehmen und im Bündchenmuster in offenen R stricken, dabei beidseitig in jeder 2. R je 2 M abketten. Nach 10 R die M abketten. Die Naht schließen. Die Ärmel je zur Hälfte an Rücken und Vorderteil nähen, dann die restlichen Nähte schließen.

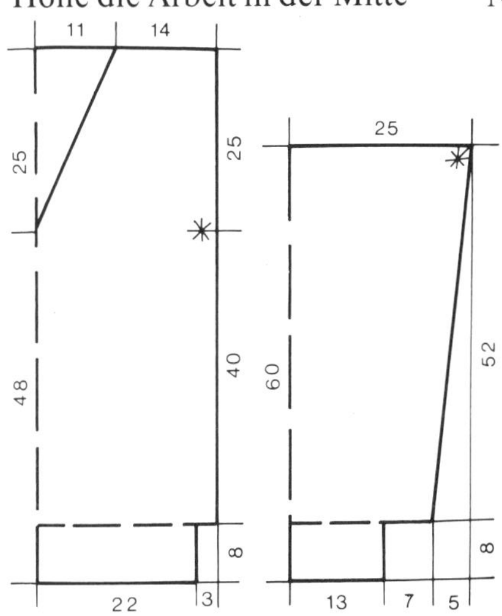

Schnitt: ½ Rücken- bzw. Vorderteil und ½ Ärmel.

Männerpulli mit Karomuster

Abb. S. 81

GRÖSSEN: 50 und 54. Bei unterschiedlichen Angaben: Größe 54 in Klammern.
MATERIAL: Hjerte-Wolle, Qualität Indiecita, 250 (300) g in Braunbeige Nr. 206, 200 (250) g in Weiß Nr. 100, je 150 (200) g in Grau Nr. 402 und Hellgrau Nr. 401. Je 1 Paar INOX-Stricknadeln Nr. 2½ und 3½, eine 40 cm lange IMRA-Rundstricknadel Nr. 2½.
GRUNDMUSTER: Glatt rechts = Hinr rechte M, Rückr linke M.
EINSTRICKMUSTER: Siehe Zeichnung. Gegeben ist 1 Mustersatz in der Breite und die End-M. Die Randm müssen zusätzlich gestrickt werden. Den Rapport in der Höhe wiederholen.
MASCHENPROBE: 26 M und 31 R = 10 cm.
BÜNDCHENMUSTER: Abwechselnd 2 M rechts, 2 M links.

Arbeitsanleitung

RÜCKEN: 140 (148) M in Braunbeige mit Nadeln Nr. 2½ anschlagen und im Bündchenmuster stricken. Ab 8 cm Höhe mit Nadeln Nr. 3½ weiter im Grundmuster nach dem Einstrickmuster arbeiten, dabei * je 24 R in Braunbeige, Grau und Hellgrau stricken und ab * wiederholen. Ab 44 (46) cm Höhe für die Armausschnitte beidseitig in jeder 2. R 3 × 3, 3 × 2, 5 × 1 M abketten = 100 (108) M und weiter geradeaus stricken. Ab 66 (70) cm Höhe für die Schultern beidseitig in jeder 2. R 1 × 10 (12), 2 × 11 M abketten. Die restlichen 36 (40) M für den Halsausschnitt in 68 (72) cm Höhe abketten.
VORDERTEIL: Bis auf den Halsausschnitt wie den Rükken arbeiten. Dafür in 44 cm Höhe die Arbeit in der Mitte teilen und an den Ausschnittseiten in jeder 4. R 18 (20) × 1 M abnehmen.
ÄRMEL: 64 (70) M in Braunbeige anschlagen mit Nadeln Nr. 2½ und im Bündchenmuster stricken. Ab 11 cm Höhe mit Nadeln Nr. 3½ im Grundmuster nach dem Einstrickmuster und in den Farben wie beim Rücken beschrieben arbeiten, dabei in der 1. R 20 (22) × jede 3. M verdoppeln = 84 (92) M. Weiter beidseitig

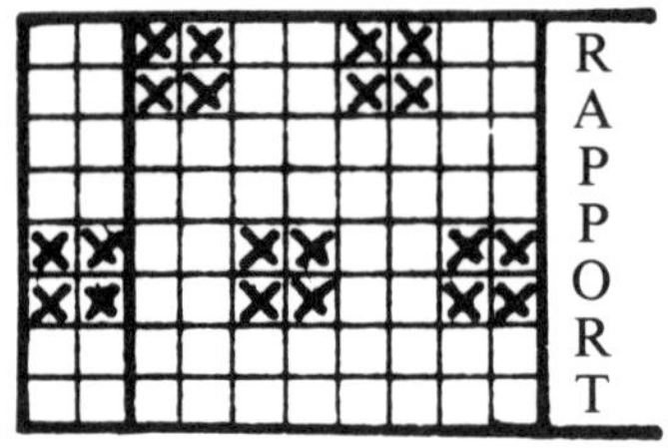

Einstrickmuster
☒ = *Farbe*
☐ = *weiß*

für die Ärmelschrägen abwechselnd 1 × in der 8. R und 1 × in der folgenden 10. R insgesamt 13 × 1 M zunehmen = 110 (118) M. Ab 50 (52) cm Höhe für die Armkugel in jeder 2. R beidseitig 1 × 4 (5), 1 × 3, 2 × 2, 13 × 1, 2 × 2,

Schnitt: ½ Rücken- bzw. Vorderteil und ½ Ärmel.

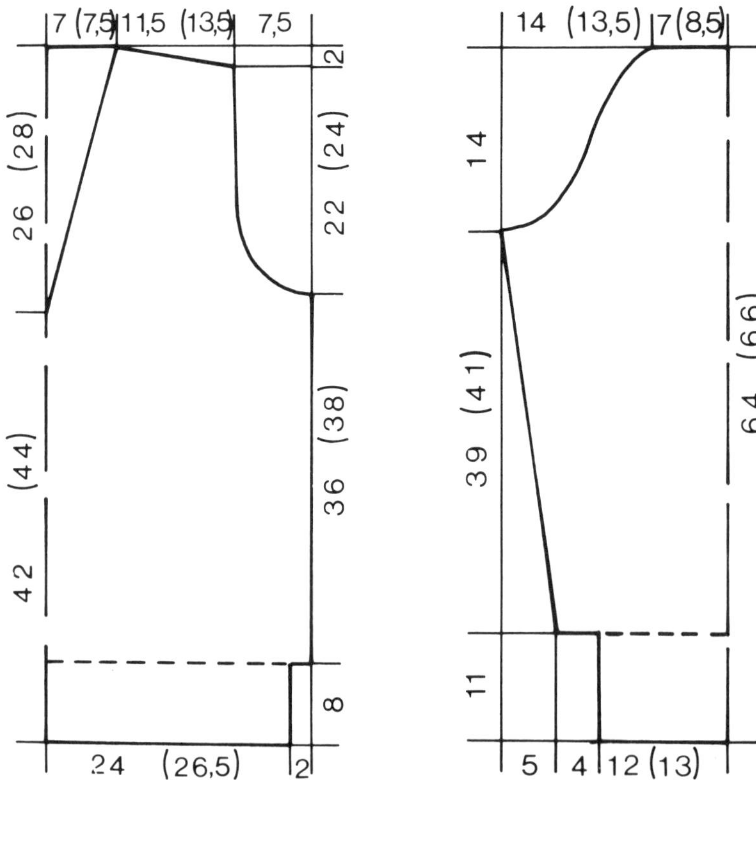

1 × 3, 1 × 4 (5) M, dann die restlichen 40 (44) M abketten. FERTIGSTELLUNG: Die Teile spannen, mit feuchten Tüchern bedecken und trocknen lassen. Die Schulternähte schließen. Mit der Rundnadel in der vorderen Ausschnittspitze beginnend aus dem Ausschnitt M in Braunbeige aufnehmen und in offenen R im Bündchenmuster stricken. In 3,5 cm Höhe die M abketten. Die Schmalseiten links über rechts annähen. Den Pulli weiter wie üblich zusammennähen.

Tweed-Pullover

Abb. S. 81

GRÖSSE: 40.
MATERIAL: Patons Wolle, Qualität Bracken Tweed, 650 g in Beigemeliert Nr. 6593. Wollreste in Grün, Blau, Ocker und Rot. Je 1 Paar INOX-Stricknadeln Nr. 4 und 4½, eine 40 cm lange IMRA-Rundstricknadel Nr. 4.
GRUNDMUSTER: Glatt rechts = Hinr rechte M, Rückr linke M.
MASCHENPROBE: 16 M und 24 R = 10 cm.
BÜNDCHENMUSTER: Abwechselnd 2 M rechts, 2 M links.

Stickmuster

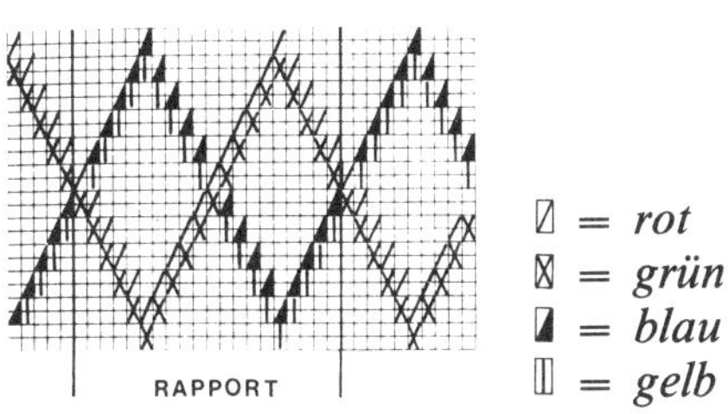

Arbeitsanleitung

RÜCKEN: 70 M mit Nadeln Nr. 4 anschlagen und im Bündchenmuster stricken. Ab 9 cm Höhe im Grundmuster mit Nadeln Nr. 4½ stricken, dabei in der 1. R die 1. und 11 × jede 6. M verdoppeln = 82 M. In 65 cm Höhe alle M abketten.
VORDERTEIL: Bis auf den Halsausschnitt wie den Rükken arbeiten. Dafür in 55 cm Höhe die mittleren 6 M, beidseitig davon an den Ausschnittseiten in jeder 2. R 1 × 3, 1 × 2, 6 × 1 M abnehmen. Restliche 27 M je Schulter in 65 cm Höhe abketten.
ÄRMEL: 40 M mit Nadeln Nr. 4 anschlagen und 9 cm im Bündchenmuster stricken. Weiter mit Nadeln Nr. 4½ im Grundmuster stricken, dabei in der 1. R 18 × jede 2. M verdoppeln = 58 M. Für die Ärmelschrägen beidseitig in jeder 10. R 10 × 1 M zunehmen = 78 M. In 52 cm Höhe alle M abketten.
FERTIGSTELLUNG: Die Teile nach der Zeichnung im M-Stich über 1 M in der Breite und 2 R in der Höhe besticken. Bei Rücken und Vorderteil das Muster 12 cm unterhalb der Schulternaht und bei den Ärmeln 3 cm ab oberem Rand aufsticken. Die Schulternähte schließen. Mit der Rundnadel aus dem Halsausschnitt M aufnehmen und den Rollkragen 20 cm hoch im Bündchenmuster anstricken, dann locker abketten. Die Ärmel je zur Hälfte an Rücken und Vorteil nähen, dann Nähte schließen.

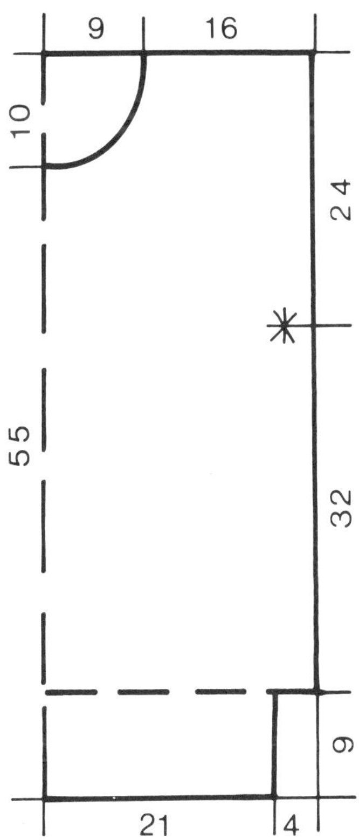

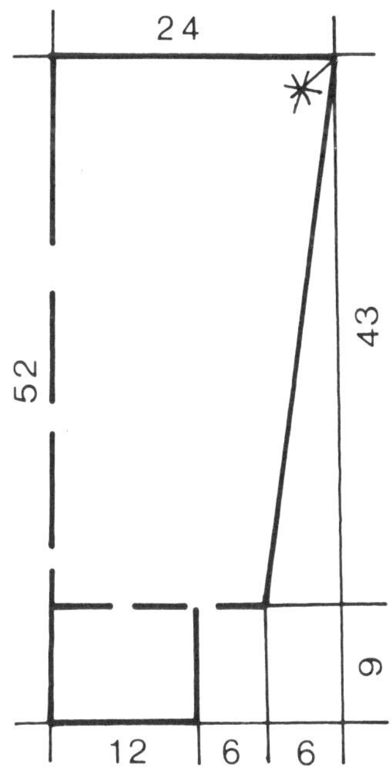

Schnitt: ½ Rücken- bzw. Vorderteil und ½ Ärmel.

Norwegerpullover

Abb. S. 47

Einfach im Schnitt, dafür aufwendig im Muster ist dieser Damenpullover.

GRÖSSEN: 40 = Damen, 50 = Herren.
MATERIAL: Chamade-Wolle, Qualität Lainalpaga, 550 g in Hellgrau Nr. 5, je 100 g in Natur Nr. 1, Beige Nr. 3, Braun Nr. 4, Grau Nr. 6. Je 1 Paar INOX-Stricknadeln Nr. 5 und 6, eine 40 cm lange IMRA-Rundstricknadel Nr. 5.
GRUNDMUSTER: Glatt rechts = rechte M, Rückr linke M.
EINSTRICKMUSTER: Siehe Zeichnung. Jedes Kästchen = 1 M in der entsprechenden Farbe. Die Randm sind nicht mit eingezeichnet.

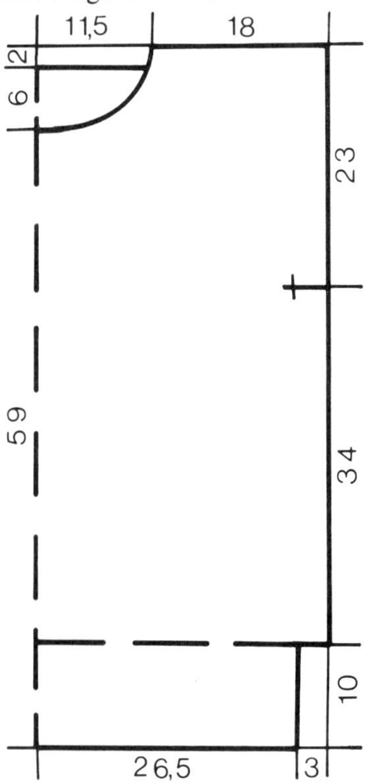

MASCHENPROBE: 12 M und 16 R = 10 cm.
BÜNDCHENMUSTER: Abwechselnd 1 M rechts, 1 M links.

Arbeitsanleitung

RÜCKEN: 60 M mit Nadeln Nr. 5 in Hellgrau anschlagen und im Bündchenmuster stricken. Ab 10 cm Höhe mit Nadeln Nr. 6 im Grundmuster arbeiten, dabei in der 1. R 9 × jede 6. M verdoppeln = 69 M und geradeaus stricken. Ab 40 cm Höhe 1 × das Einstrickmuster I arbeiten, dann das Teil in Natur beenden. In 65 cm Höhe für den Halsausschnitt die mittleren 23 M, beidseitig davon an den Ausschnittseiten in der 2. R 1 × 2 M abketten. Die restlichen je 21 M für die Schultern in 67 cm Höhe abketten.

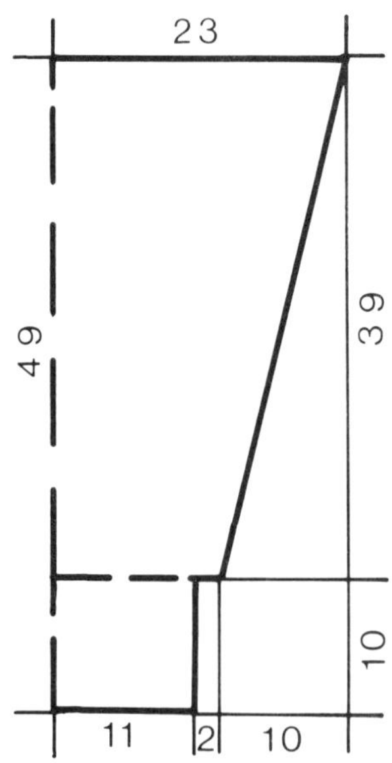

Schnitt: ½ Rücken- bzw. Vorderteil, ½ Ärmel.

VORDERTEIL: Bis auf den Halsausschnitt wie den Rükken arbeiten. Dafür in 59 cm Höhe die mittleren 13 M abketten, weiter an den Ausschnittseiten in jeder 2. R 2 × 2, 3 × 1 M abnehmen.
ÄRMEL: 26 M mit Nadeln Nr. 5 in Hellgrau anschlagen und 10 cm im Bündchenmuster stricken. Weiter mit Nadeln Nr. 6 im Grundmuster arbeiten, dabei in der 1. R 5 × jede 5. M verdoppeln = 31 M. Beidseitig abwechselnd 1 × in der 4. R und 1 × in der folgen-

Einstrickmuster:

⊡ = braun
⊟ = hellgrau
⊠ = grau
⧄ = beige
☐ = natur

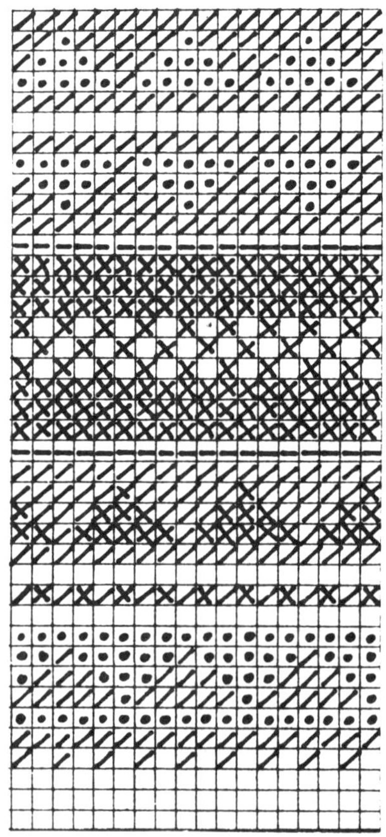

den 6. R insgesamt 12 × 1 M zunehmen. Zugleich ab 29 cm Höhe im Einstrickmuster II weiter arbeiten. In 49 cm Höhe alle 55 M abketten.
FERTIGSTELLUNG: Die Schulternähte schließen. Mit der Rundnadel aus dem Halsausschnitt 70 M in Hellgrau aufnehmen und im Bündchenmuster stricken. In 18 cm Höhe die M nicht zu fest abketten. Die Ärmel je zur Hälfte an Rücken und Vorderteil nähen, dann die übrigen Nähte schließen.

Beigefarbener Pullover

GRÖSSE: 42.
MATERIAL: Scheepjes-Garn, Qualität Granada, 600 g in Beige. 1 Paar INOX-Stricknadeln und eine 40 cm lange IMRA-Rundstricknadel Nr. 3½.
GRUNDMUSTER: M-Zahl teilbar durch 5 + 1 + 2 Randm. 1. und alle folgenden Hinr: Rechte M. 2., 4. und 6. R: Randm, * 1 M rechts, 4 M links, ab * wiederholen. Am Ende 1 M rechts, Randm. 8. R: Rechte M. – Die 1.–8. R wiederholen.
MASCHENPROBE: 18 M und 29 R = 10 cm.
BÜNDCHENMUSTER: Abwechselnd 2 M rechts, 2 M links.

Ein eingestricktes Kästchenmuster hat dieser Damenpulli.

Arbeitsanleitung
RÜCKEN: 94 M anschlagen und im Bündchenmuster stricken. In 5 cm Höhe 1 Rückr rechter M stricken, dabei 1 M abnehmen = 93 M. Weiter im Grundmuster geradeaus stricken. In 58 cm Höhe für den Halsausschnitt die mittleren 23 M, beidseitig davon in jeder 2. R 2 × 3, 1 × 2 M abketten. In 60 cm Höhe die restlichen 27 M je Schulter abketten.
VORDERTEIL: Bis auf den Halsausschnitt wie den Rücken arbeiten. Dafür in 54 cm Höhe die mittleren 15 M und beidseitig davon in jeder 2. R 1 × 3, 2 × 2, 5 × 1 M abketten.
ÄRMEL: 44 M anschlagen und im Bündchenmuster stricken. In 5 cm Höhe 1 Rückr rechter M stricken, dabei verteilt 19 M zunehmen = 63 M. Weiter im Grundmuster stricken, dabei beidseitig in jeder 10. R 12 × 1 M zunehmen = 87 M. In 50 cm Höhe die M abketten.
FERTIGSTELLUNG: Die Schulternähte schließen. Mit der Rundnadel aus dem Halsausschnitt M aufnehmen und im Bündchenmuster 5 cm stricken, dann abketten. Das Bündchen zur Hälfte nach links umnähen. Die übrigen Nähte schließen.

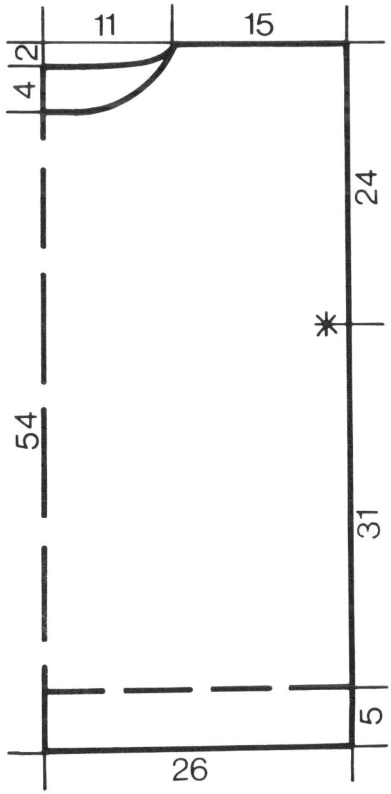

Schnitt: ½ Rücken- bzw. Vorderteil, ½ Ärmel.

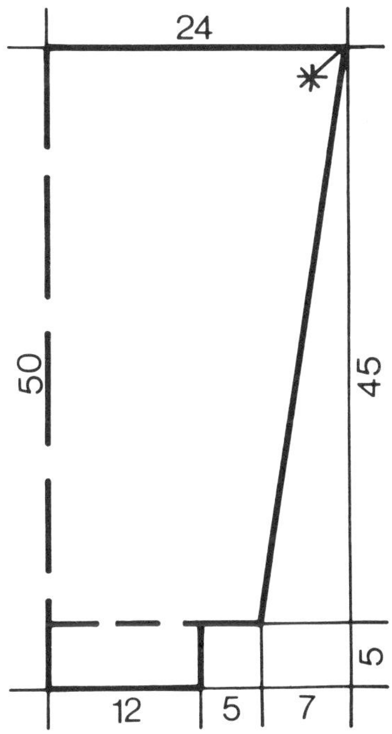

Maxi-Pulli mit Ausschnitt

Abb. S. 125

Einen Maxi-Pullover mit viel Bewegungsfreiheit stellen wir Ihnen hier vor. Darunter können Sie gut und gerne noch einen zweiten Pulli tragen. Ideal zum Radfahren oder für Spaziergänge bei kühlem Wetter, wenn Sie auf den Mantel verzichten wollen. Die Ärmel sind sehr locker geschnitten und werden am Bündchen mit einem Gummizug zusammengehalten. Der Saum besteht aus einem gestrickten Mausezähnchenrand, in den Sie noch eine Kordel einziehen können. Der ganze Pullover ist mit dicker Islandwolle relativ schnell gestrickt.

GRÖSSEN: 38 und 42. Bei unterschiedlichen Angaben: Größe 42 in Klammern.
MATERIAL: Berger du Nord-Wolle, Qualität laine d'islande, 100% reine Schurwolle, 900 (1000) g in Grau Nr. 6461. 1 Paar INOX-Stricknadeln und eine 40 cm lange Rundstricknadel Nr. 5.
GRUNDMUSTER: Glatt rechts = Hinr rechte M, Rückr linke M; in Runden nur rechte Maschen.
MASCHENPROBE: 14 M und 20 R = 10 cm im Quadrat.

Arbeitsanleitung

RÜCKEN und VORDERTEIL: Je 68 (74) M anschlagen und im Grundmuster geradeaus arbeiten, dabei in 3 cm Höhe 1 Bruch-R wie folgt stricken: Randm, weiter fortlaufend abwechselnd 2 M rechts zusammenstricken und 1 Umschlag arbeiten; in der folgenden R alle M und Umschläge links stricken. In 29 cm Höhe beidseitig 1 × 1 M, in jeder 4. R 3 × 1 M zunehmen und in 36 cm Höhe alle 76 (82) M in 1 R abketten.
RÜCKEN- und VORDERTEILPASSE mit ÄRMEL: Am linken Ärmel beginnend 56 (60) M anschlagen und im Grundmuster geradeaus stricken, dabei in 3 cm Höhe die Bruch-R wie beschrieben arbeiten. In 25 cm Höhe beidseitig 1 × 1 M, in jeder 10. R 3 × 1 M, abwechselnd in jeder 4. und 2. R 6 × 1 M, in jeder 2. R 10 × 1, 2 × 2 M zunehmen = 104 (108) M; geradeaus stricken. In 73 (75) cm Höhe für den Halsausschnitt die Arbeit in der Mitte teilen = je 52 (54) M und die rechte Hälfte = Rückenpasse arbeiten: Für den Halsausschnitt 1 × 1 M, in jeder 6. R 3 × 1 M abnehmen = 48 (50) M. 12 cm geradeaus stricken, dann 1 × 1 M, in jeder 6. R 3 × 1 M wieder zunehmen = 52 (54) M. Das Teil stillegen und die Vorderteilpasse genausoweit arbeiten. Dann wieder über alle 104 (108) M arbeiten und das Teil gegengleich beenden, d. h. Zunahmen werden Abnahmen. Anschließend mit der Rundnadel aus dem Halsausschnitt 84 M aufnehmen und im Grundmuster in Rd stricken, dabei in 3 cm Höhe die Bruch-Rd wie beschrieben arbeiten, in 6 cm Höhe alle M abketten.
FERTIGSTELLUNG: Die Geraden der Passenteile an Rücken und Vorderteil nähen. Die Ärmel-Seitennähte schließen. Alle Säume im Bruch nach links umnähen. In die Ärmelränder Gummiband einziehen. Eine 120 cm lange Kordel aus 4 Fäden drehen und bei den mittleren 2 Löchern der Bruch-Rd ein- und herausziehen.

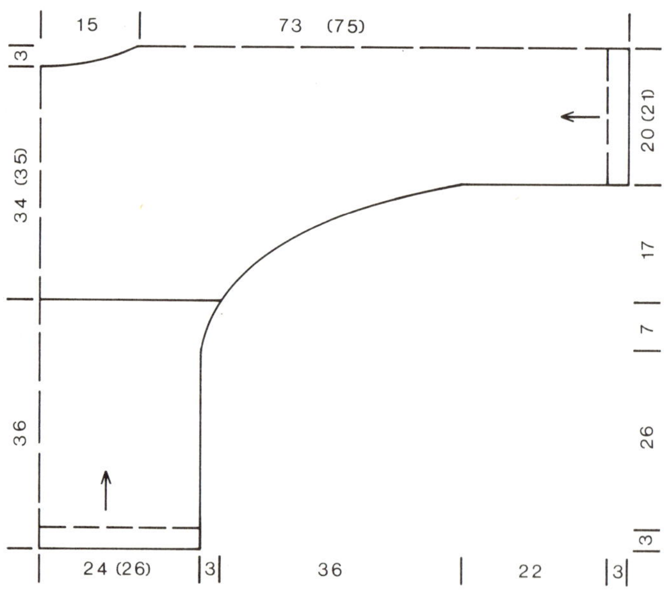

Sportliche Stricksachen in warmen Herbsttönen: Das richtige für sie und ihn bei kühlem Wetter. Die Strickanleitungen für die beiden Männerpullis (rechts) stehen auf S. 75 und 76, für den Damen-Tweed-Pullover (oben) auf S. 77.

In diesem weichen und weiten Pulli aus Alpaka fühlt man sich rundum wohl (Anl. S. 73)

Dieser goldfarbene Pulli kann mal sportlich, mal elegant kombiniert werden (Anl. S. 64)

Mantel und Jacke können im Schrank bleiben: Dieser feinmelierte Maxi-Pulli ersetzt beides (Anl. S. 110)

Zeit und Geduld sind notwendig für den Damenpullover mit V-Ausschnitt, denn er ist mit dünnen Nadeln und mit dünnem Garn nicht gerade fix gestrickt (Anl. S. 70)

◀ Das Muster dieses Pullovers entsteht durch rechte Maschen und Hohlmaschen (Anl. S. 38)

Die Männerpullis (oben) sind aus reiner Wolle und zeigen feine Zacken (Anl. S. 106)

Die Kapuze dieses lässigen Blousons wird extra gestrickt und angenäht (Anl. S. 62)

Federleicht und feminin sind die Angorapullis mit zarten Blüten (Anl. S. 59–61)

Pullover mit Stehkragen

Abb. S. 48

GRÖSSE: 38/40.
MATERIAL: anny blatt-Wolle, Qualität angor'anny, 300 g in Zyklam Nr. 638. Je 1 Paar INOX-Stricknadeln Nr. 3 und 4. Paillettenmotive, je 15 Rosetten (Ø 0,7 cm) in Pink und Zyklam und je 15 Blüten (Ø 1,8 cm) in Pink und Zyklam und 30 ganz kleine Perlen. 4 Knöpfe. Schulterpolster.
GRUNDMUSTER: Perlmuster = abwechselnd 1 M rechts, 1 M links, in jeder R um 1 M versetzt stricken.
MASCHENPROBE: 18 M und 32 R = 10 cm.
BÜNDCHENMUSTER: 1 M rechts, 1 M links.

Arbeitsanleitung

RÜCKEN: 74 M mit Nadeln Nr. 3 anschlagen und im Bündchenmuster stricken. Ab 9 cm Höhe im Grundmuster stricken mit Nadeln Nr. 4, dabei in der 1. R 14 × jede 5. M verdoppeln = 88 M. Ab 38 cm Höhe für die Armausschnitte beidseitig in jeder 2. R 2 × 2, 2 × 1 M abnehmen = 76 M und weiter geradeaus stricken. In 60 cm Höhe für die rechte Schulter und den Halsausschnitt 53 M abketten, mit den restlichen 23 M noch 1 cm geradeaus stricken. Abketten.
VORDERTEIL: Bis auf den Halsausschnitt und die Schultern wie den Rücken stricken. Für den Halsausschnitt in 55 cm Höhe die mittleren 12 M, beidseitig davon in jeder 2. R 1 × 5, 1 × 2, 2 × 1 M abketten. In 59 cm Höhe 23 M für die linke, in 60 cm Höhe 23 M für rechte Schulter abketten.
ÄRMEL: 42 M mit Nadeln Nr. 3 anschlagen und im Bündchenmuster stricken. Ab 9 cm Höhe mit Nadeln Nr. 4 im Grundmuster stricken, dabei in der 1. R 12 × jede 3. M verdoppeln = 54 M. Weiter beidseitig für die Ärmelschrägen in jeder 8. R 14 × 1 M zunehmen = 82 M. Ab 45 cm Höhe für die Armkugel beidseitig in jeder 2. R 1 × 5, 2 × 2, 17 × 1, 2 × 2, 1 × 4 M und die restlichen 14 M abketten.
STEHKRAGEN: 36 M mit Nadeln Nr. 3 anschlagen und im Bündchenmuster 43 cm geradeaus stricken.
KNOPFLEISTE: 10 M mit Nadeln Nr. 3 anschlagen und im Bündchenmuster stricken, dabei in 1 cm, 6 cm, 11 cm und 16 cm Höhe je 1 Knopfloch einarbeiten: dafür die Arbeit in der Mitte teilen und getrennt je 4 R hoch stricken, dann die M wieder vereinen. In 18 cm Höhe (gedehnt gemessen) die M abketten.
FERTIGSTELLUNG: Die rechte Schulternaht und die Seitennähte schließen. Ärmel einnähen, dabei die Mehrweite auf der Schulter in 2 Falten legen. Die Knopflochblende an die linke Schulter des Vorderteils so annähen, daß 5,5 cm übrigbleiben. Den Stehkragen in den Halsausschnitt nähen und beidseitig auf 5,5 cm einkräuseln. Das vordere Ende an die Knopflochblende nähen. Knöpfe annähen. Den 2. Ärmel einnähen. Ab Brusthöhe die Paillettenmotive gestreut aufnähen. Dafür die Perlen auf die Rosetten unter den Blüten mit Nähseide befestigen. Schulterpolster einnähen.

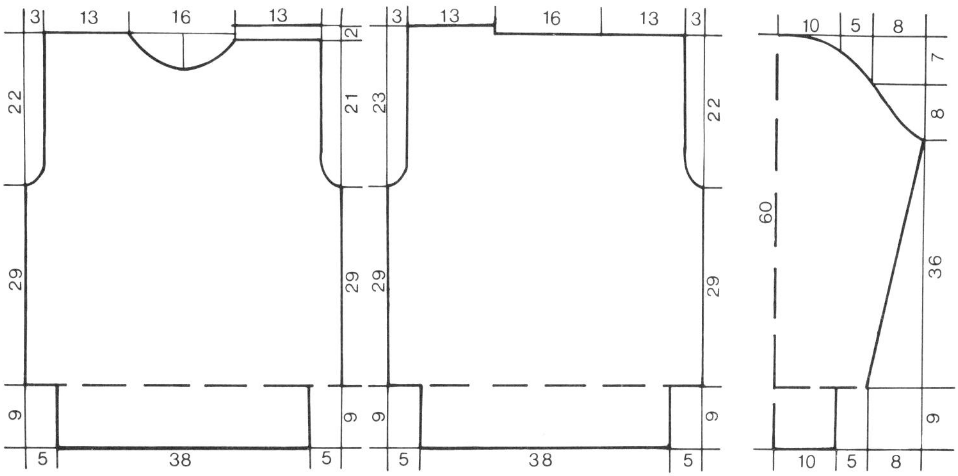

Schnitt: Vorderteil, Rücken und ½ Ärmel.

Raglanpullover

Dieser Pullover (links) ist das richtige für die etwas molligeren Größen. Sie finden hier die Angaben für Größe 42 und 46. Gearbeitet wird der Pullover aus naturfarbenem Garn. Weit und lang geschnitten umspielt er geschickt etwas zu breite Hüften. Und darunter können Sie noch eine Hemdbluse anziehen. Passend für eine kleine Seefahrt oder für den Abendspaziergang am Strand. Oder für eine Wanderung im Wald. Wenn Sie bisher noch keine Raglanschrägung gearbeitet haben, werden Sie erstaunt sein, wie einfach es ist.

GRÖSSEN: 42 und 46. Bei unterschiedlichen Angaben: Größe 46 in Klammern.
MATERIAL: Mittelstarkes Strickgarn, 450 (500) g in Ecru. Je 1 Paar INOX-Stricknadeln Nr. 3½ und 4. 5 Knöpfe.
GRUNDMUSTER: Glatt rechts = Hinr rechte M, Rückr linke M.
MASCHENPROBE: 18 M und 27 R = 10 cm.
BÜNDCHENMUSTER: Abwechselnd 1 M rechts, 1 M links.

Arbeitsanleitung
RÜCKEN: 94 (102) M mit Nadeln Nr. 3½ anschlagen und 8 cm im Bündchenmuster stricken. Weiter mit Nadeln Nr. 4 im Grundmuster geradeaus stricken. Ab 57 cm Höhe für die Raglanschrägen beidseitig in jeder 2. R 1 × 5, 1 × 3, 3 (5) × 2, 22 × 1 M abnehmen. Zugleich in 76 (77) cm Höhe für den Halsausschnitt die mittleren 16 M, beidseitig davon in der 2. R 1 × 3 M abketten.
VORDERTEIL: Bis 40 (42) cm Höhe wie den Rücken stricken. Dann für den Schlitz die mittleren 4 M abketten und jedes Teil für sich beenden. Ab 57 cm Höhe für die Raglanschräge in jeder 2. R 1 × 5, 1 × 3, 1 (2) × 2, 19 (21) × 1 M abketten. Zugleich in 66 (68) cm Höhe für den Halsausschnitt in jeder 2. R 1 × 4, 1 × 3, 2 × 2, 5 × 1 M abketten.
LINKER ÄRMEL: 44 (48) M mit Nadeln Nr. 3½ anschlagen und 10 cm im Bündchenmuster stricken. Weiter mit Nadeln Nr. 4 im Grundmuster arbeiten, dabei beidseitig in jeder 6. R 14 (16) × 1 M zunehmen = 72 (80) M. Ab 46 cm Höhe für die Raglanschrägen beidseitig in jeder 2. R 1 × 4, 2 (3) × 2, 1 (3) × 1 M abnehmen, weiter am rechten Rand abwechselnd 1 × in der 2. R und 1 × in der folgenden 4. R insgesamt 19 (18) × 1 M abnehmen und zugleich am linken Rand im gleichen Rhythmus 12 (15) × 1 M, weiter an dieser Seite in jeder 4. R noch 2 × 1 M (keine M) abnehmen. Außerdem in 55 (56) cm Höhe für den Abnäher die mittleren 2 M rechts zusammenstricken. Diese Abnahme darüber in jeder 6. R noch 5 × wiederholen, dabei die M abwechselnd rechts überzogen und rechts zusammenstricken. Nach der letzten Raglanabnahme am linken Rand hier für den Halsausschnitt in jeder 2. R 1 × 5, 2 × 3, 2 × 2 M abketten.
RECHTER ÄRMEL: Gegengleich stricken.
FERTIGSTELLUNG: Teile spannen, mit feuchten Tüchern bedecken und trocknen lassen. Aus den graden Schlitzkanten M mit Nadeln Nr. 3½ aufnehmen und 4 cm im Grundmuster stricken. Dem rechten Vorderteil in 1 cm Höhe die Knopflöcher je 2 M breit einarbeiten: das erste 2 cm ab unterem Rand, 4 weitere im Abstand von 5 cm. In 3 cm Höhe die Knopflöcher noch 1 × genauso einarbeiten. Dann die Blenden zur Hälfte nach links umnähen und die Knopflöcher schürzen. Danach die Raglannähte schließen und aus dem Halsausschnitt mit Nadeln Nr. 3½ M aufnehmen. 4 cm im Grundmuster stricken, dann die Blende zur Hälfte nach links umnähen. Die Knöpfe annähen und die restlichen Nähte schließen.

Schnittverkleinerung für ½ Vorderteil und ½ Rücken für Größe 42 (46).

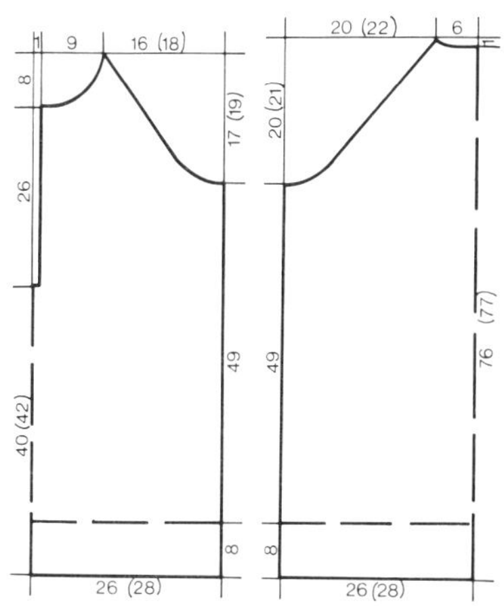

Pullover mit Einstrickmuster

Abb. S. 42

Für beide Pullover

MATERIAL: aarlan-Wolle, Qualität Arwetta, 75% Wolle, 25% Polyamide, in Grau Nr. 3, Blau Nr. 89 und Rot Nr. 70 in den angegebenen Mengen.
1 Paar INOX-Stricknadeln und eine 40 cm lange IMRA-Rundstricknadel Nr. 3.
GRUNDMUSTER: Glatt rechts = Hinr rechte M, Rückr linke M.
EINSTRICKMUSTER: Gegeben ist 1 Rapport in der Breite + Endm.
BÜNDCHENMUSTER: Wechselnd 1 M rechts, 1 M links.
MASCHENPROBE: 28 M und 40 R = 10 cm.

Damenpullover

GRÖSSEN: 40 und 44. Bei unterschiedlichen Angaben: Größe 44 in Klammern.
MATERIAL: 300 (350) g in Grau, 100 g in Blau.
FARBFOLGE: 1.–4. R: grau. 5. R: 9 M grau, * 1 M blau, 9 M grau, ab * wiederholen. 6.–9. R: grau. 10. R: 4 M grau, * 1 M blau, 9 M grau, ab * wiederholen, am Ende der R 1 M blau, 4 M grau. 1.–10. R laufend wiederholen.

Arbeitsanleitung

RÜCKEN: 129 (139) M in Grau anschlagen, 4 cm im Bündchenmuster, weiter im Grundmuster nach der Farbfolge stricken, dabei beidseitig in jeder 10. R 6 × 1 M abnehmen = 117 (127) M, anschließend in jeder 12. R 6 × 1 M zunehmen = 129 (139) M. In 37 (38) cm Höhe für die Armausschnitte beidseitig in jeder 2. R 1 × 3, 4 × 2, 6 × 1 M abnehmen = 95 (105) M, weiter geradeaus stricken. In 44 (46) cm Höhe nach 4 grauen R die 11 R des Einstrickmusters in Blau auf grauem Grund arbeiten, dabei nach der Randm mit der 25. (20.) M des Rapports beginnen. Anschließend wieder nach der Farbfolge arbeiten. In 56 (58) cm Höhe für die Schultern in jeder 2. R 5 × 4 (3 × 4, 2 × 5) M abketten. Zugleich für den Halsausschnitt die mittleren 45 (51) M in 1 R, beidseitig davon in jeder 2. R 2 × 2, 1 × 1 M abnehmen.
VORDERTEIL: Bis auf den Halsausschnitt wie den Rükken formen. Dafür in 52 (54) cm Höhe die mittleren 39 (45) M in 1 R, beidseitig davon in jeder 2. R 1 × 2, 6 × 1 M abnehmen.
ÄRMEL: 61 (67) M in Grau anschlagen, 6 cm im Bündchenmuster, weiter im Grundmuster nach der Farbfolge stricken, dabei beidseitig in jeder 6. R 25 × 1 M zunehmen = 111 (117) M. In 44 (45) cm Höhe für die Armkugel beidseitig in jeder 2. R 1 × 3, 3 × 2, 24 (26) × 1, 2 × 2, 1 × 3 M abnehmen, die restlichen 31 (33) M auf einmal abketten. Zugleich in 51 (53) cm Höhe nach 4 grauen R die 11 R des Einstrickmusters arbeiten, dabei die Rapport-Mitte in die

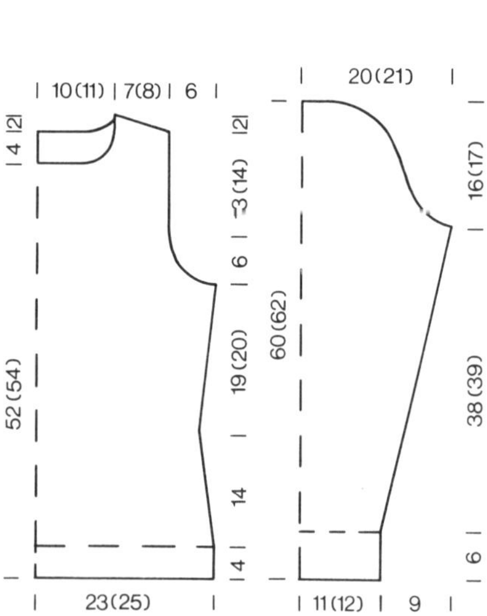

Links: Schnittverkleinerung für ½ Rücken- bzw. Vorderteil und ½ Ärmel für Größe 40 (44).

Rechts: Schnittverkleinerung für ½ Rücken- bzw. Vorderteil und ½ Ärmel für Größe 50 (54).

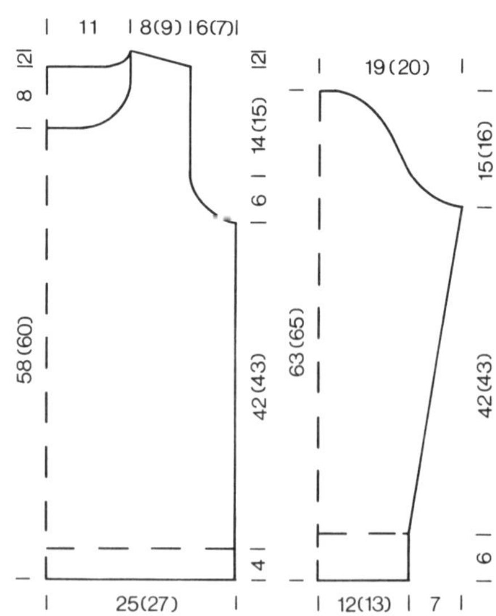

Ärmel-Mitte legen. Anschließend die Armkugel nach der Farbfolge beenden.
FERTIGSTELLUNG: Teile spannen, mit einem feuchten Tuch bedecken und trocknen lassen. Die Nähte schließen, dabei die Ärmelweite an den Schultern einhalten. Aus dem Halsausschnitt 134 (136) M in Grau aufnehmen und 2 cm im Bündchenmuster stricken und dann am Schluß alle elastisch abketten.

Herrenpullover

GRÖSSEN: 50 und 54. Bei unterschiedlichen Angaben: Größe 54 in Klammern.
MATERIAL: 400 (450) g in Grau, 50 g in Rot.

Arbeitsanleitung
RÜCKEN: 139 (149) M in Grau anschlagen, 4 cm im Bündchenmuster, weiter im Grundmuster geradeaus stricken. In 46 (47) cm Höhe für die Armausschnitte beidseitig in jeder 2. R 1 × 3 (5), 4 × 2, 6 × 1 M abnehmen = 105 (111) M, weiter geradeaus

Das Einstrickmuster verläuft über der Brust und setzt sich über den Ärmel fort. Der Damenpullover hat zusätzlich kleine Pünktchen, die eingestrickt werden.

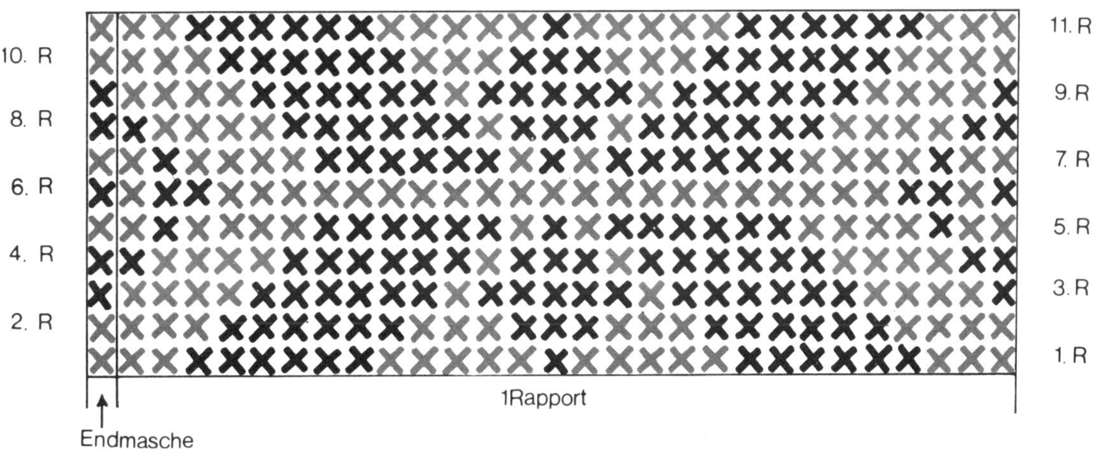

stricken. Zugleich in 48 (49) cm Höhe nach der 4. Armausschnitt-Abnahme die 11 R des Einstrickmusters arbeiten, dabei nach der Randm mit der 26. (23.) M des Rapports beginnen. Anschließend in Grau arbeiten. In 66 (68) cm Höhe für die Schultern in jeder 2. R 3 × 4, 2 × 5 (5 × 5) M abketten. Zugleich für den Halsausschnitt die mittleren 51 M in 1 R, beidseiting davon in jeder 2. R 2 × 2, 1 × 1 M abnehmen.
VORDERTEIL: Bis auf den Halsausschnitt wie den Rükken formen. Dafür in 58 (60) cm Höhe die mittleren 35 M in 1 R, beidseitig davon in jeder 2. R 2 × 2, 9 × 1 M abnehmen.
ÄRMEL: 67 (73) M in Grau anschlagen, 6 cm im Bündchenmuster, weiter im Grundmuster stricken, dabei beidseitig in jeder 8. R 19 × 1 M zunehmen = 105 (111) M. In 48 (49) cm Höhe für die Armkugel beidseitig in jeder 2. R 2 × 3, 3 × 2, 20 (22) × 1, 3 × 2, 2 × 3 M abnehmen, die restlichen 17 (19) M auf einmal abketten. Zugleich in 50 (51) cm Höhe nach der 4. Armkugel-Abnahme die 11 R des Einstrickmusters arbeiten, dabei nach der Randm mit der 2. (27.) M des Rapports beginnen. Anschließend die Armkugel in Grau beenden.
FERTIGSTELLUNG: Teile spannen, mit einem feuchten Tuch bedecken und trocknen lassen. Die Nähte schließen. Aus dem Halsausschnitt 162 M in Grau aufnehmen und 2,5 cm im Bündchenmuster stricken.

Angora-Pullover

Glatt rechts gestrickt ist dieser Pulli in Größe 40 aus kuscheliger rosafarbener Angorawolle. Den modischen Pfiff bekommt dieses an sich schlichte Modell durch bronzefarbene Perlen, die überall aufgenäht, festlichen Glanz verbreiten. Das Modell eignet sich gut zum Kombinieren mit Hosen: Tagsüber sportlich, am Abend elegant.
GRÖSSE: 40.
MATERIAL: Bouton d'Or-Wolle, Qualität Angora-Wolle, 22 Knäule in Rosa. 1 Paar INOX-Stricknadeln und eine 60 cm lange IMRA-Rundstricknadel Nr. 3½. Etwa 220 bronzefarbene Wachsperlen, 8 mm ∅.
GRUNDMUSTER: Glatt rechts = Hinr rechte M, Rückr linke M.
MASCHENPROBE: 22 M und 36 R = 10 cm.
BÜNDCHENMUSTER: Abwechselnd 1 M rechts, 1 M links.

Arbeitsanleitung

RÜCKEN: 98 M anschlagen und 10 cm im Bündchenmuster, weiter im Grundmuster geradeaus stricken. Ab 44 cm Höhe für die Armausschnitte beidseitig in jeder 2. R 1 × 4, 1 × 2, 2 × 1 M, in jeder 4. R 3 × 1 M abnehmen = 76 M. Weiter geradeaus stricken. Ab 64 cm Höhe für die Schultern beidseitig in jeder 2. R 2 × 6 M, dann die restlichen 52 M für den Halsausschnitt abketten.
VORDERTEIL: Bis auf den Halsausschnitt wie den Rükken arbeiten. Dafür in 43 cm Höhe die Arbeit in der Mitte teilen und an den Ausschnittseiten in jeder 2. R 2 × 2, 12 × 1 M, in jeder 4. R 10 × 1 M abnehmen.
ÄRMEL: 44 M anschlagen und im Bündchenmuster stricken. Ab 3 cm Höhe im Grundmuster arbeiten, dabei beidseitig in jeder 12. R 12 × 1 M zunehmen = 68 M. Ab 44 cm Höhe für die Armkugel beidseitig in jeder 2. R 1 × 4, 2 × 2, 20 × 1, 2 × 2 M und die restlichen 8 M in 1 R abketten.
FERTIGSTELLUNG: Die Schulternähte schließen. Mit der Rundnadel in der Ausschnittspitze beginnend aus dem Ausschnitt M aufnehmen und in offenen R im Bündchenmuster stricken, dabei beidseitig in jeder 2. R je 1 M abnehmen. In 3 cm Höhe die M abketten und die Ausschnittspitze abnähen. Dann alle Teile mit den Perlen gleichmäßig verteilt im Abstand von ca. 7,5 cm besticken. Danach die Nähte schließen.

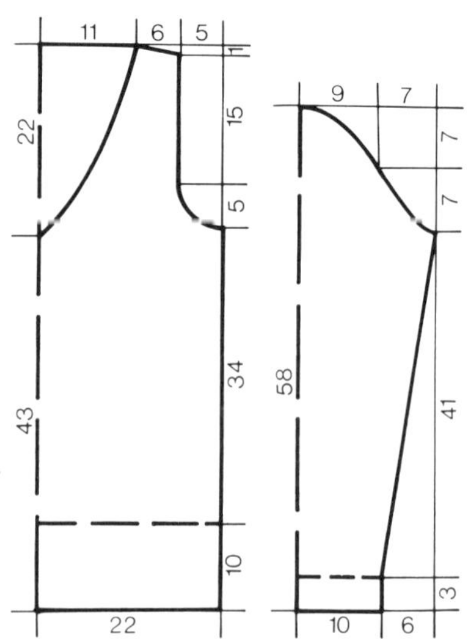

Gestreifter Damenpulli

Abb. S 43

Rollis haben im Winter Hochsaison. Vor allem, wenn sie so herrlich weit und bequem wie unser Modell geschnitten sind. Diesen Damenpullover für draußen stricken Sie aus noppigem Mohairgarn in einfachem breiten Streifenmuster mit dicken Nadeln. Sie benötigen dazu die Farben Blau, Rot, Grün und Beige. Und wenn Sie eine kleine Tochter haben und ihr der Pullover gefällt, stricken Sie ihr einfach einen. Die Anleitung dazu finden Sie im Kapitel Kinderkleidung in Größe 128. So kommt Ihre Tochter bestimmt warm durch den Winter. Stricken Sie sich noch eine Mütze dazu – und der Spaziergang durch den Schnee kann losgehen.

GRÖSSE: 36/38.
MATERIAL: Lana Grossa-Wolle, Qualität Pallas, 350 g in Blau, je 150 g in Rot, Grün und Beige. 1 Paar INOX-Stricknadeln und eine 40 cm lange IMRA-Rundstricknadel Nr. 6.
GRUNDMUSTER: Glatt rechts = Hinr rechte M, Rückr linke M.
FARBFOLGE: Je 11 cm in Rot, Grün und Beige.
MASCHENPROBE: 10 M und 16 R = 10 cm.
BÜNDCHENMUSTER: Abwechselnd 1 M rechts, 1 M links.

Arbeitsanleitung

RÜCKEN: 44 M in Blau anschlagen und 5,5 cm im Bündchenmuster, weiter im Grundmuster geradeaus stricken. Ab 11 cm Höhe 1 × die Farbfolge arbeiten, dann das Teil in Blau beenden. In 62 cm Höhe für die Schultern beidseitig in jeder 2. R 2 × 7 M abketten. Die restlichen 16 M für den Halsausschnitt abketten.
VORDERTEIL: Bis auf den Halsausschnitt wie den Rükken arbeiten. Dafür in 58 cm Höhe die mittleren 8 M, weiter an den Ausschnittseiten in jeder 2. R 1 × 2, 2 × 1 M abnehmen.
ÄRMEL: 30 M in Blau anschlagen und 5,5 cm im Bündchenmuster, weiter im Grundmuster stricken, dabei ab 11 cm Höhe 1 × die Farbfolge arbeiten, dann das Teil in Blau beenden. Zugleich beidseitig in jeder 10. R 6 × 1 M zunehmen = 42 M. In 50 cm Höhe alle M abketten.
FERTIGSTELLUNG: Die Schulternähte schließen. Mit der Rundnadel aus dem Halsausschnitt M in Blau aufnehmen und 20 cm im Bündchenmuster stricken. Nicht zu fest abketten. Die übrigen Nähte schließen.

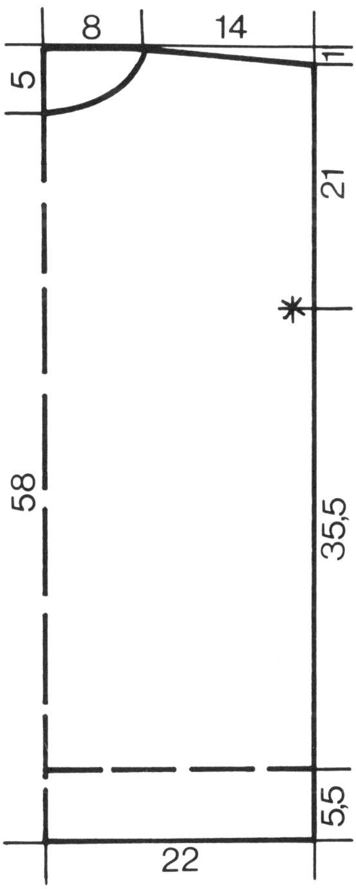

Schnitt: ½ Vorder- bzw. Rükkenteil und ½ Ärmel.

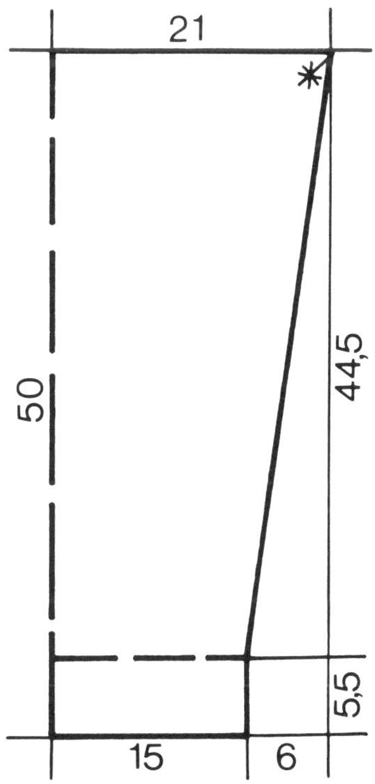

Damenpulli mit kleinen Mustern

Abb. S. 44

GRÖSSEN: 38 und 42. Bei unterschiedlichen Angaben: Größe 42 in Klammern.
MATERIAL: Schewe/Picaud-Garn, Qualität Alkaga, 150 (180) g in Dunkelblau Nr. 9, 90 g in Rot Nr. 12, je 30 g in Hellgrün Nr. 73, Hellblau Nr. 8, Weiß Nr. 1 und Dunkelgrün Nr. 14. 1 Paar INOX-Stricknadeln und eine 40 cm lange IMRA-Rundstricknadel Nr. 3.
GRUNDMUSTER: Glatt rechts = Hinr rechte M, Rückr linke M.
EINSTRICKMUSTER: Jedes Farbzeichen = 1 Masche. 1.–70. R wiederholen.
BÜNDCHENMUSTER: Abwechselnd 1 M rechts, 1 M links.
MASCHENPROBE: 26 M und 35 R = 10 cm.

Arbeitsanleitung

RÜCKEN: 114 (124) M in Rot anschlagen, 8 cm im Bündchenmuster, weiter dunkelblau im Grundmuster stricken. In 33 (34) cm Höhe für die Armausschnitte beidseitig in jeder 2. R 1 × 3, 3 × 2, 6 × 1 M abnehmen = 84 (94) M, weiter geradeaus stricken. In 50 (52) cm Höhe für den Halsausschnitt die mittleren 34 (38) M abketten, beidseitig davon in jeder 2. R 2 × 2, 2 × 1 M abnehmen. Zugleich in 51 (53) cm Höhe für die Schultern in jeder 2. R 1 × 4, 3 × 5 (2 × 5, 2 × 6) M abketten.
VORDERTEIL: Bis auf das Muster und den Halsausschnitt wie den Rücken arbeiten. Gleich nach dem Bündchen nach dem Einstrickmuster arbeiten, dabei beginnen die Reihen mit dem Einstrickmuster nach 1 Randm mit der letzten M des Rapports.
Für den Halsausschnitt in 43 (45) cm Höhe die mittleren 12 (14) M abketten, beidseitig davon in jeder 2. R 1 × 3, 2 × 2, 10 (11) × 1 M abnehmen.
ÄRMEL: 54 (60) M in Rot anschlagen und im Bündchenmuster stricken. Ab 16 cm Höhe im Grundmuster je 2 R hellgrün, dunkelblau, weiß, rot, weiß und hellgrün, dann einfarbig dunkelblau stricken. Zugleich ab 16 cm Höhe beidseitig in jeder 10. R 12 × 1 M zunehmen = 78 (84) M. Ab 53 cm Höhe für die Armkugel beidseitig in jeder 2. R 1 × 3,

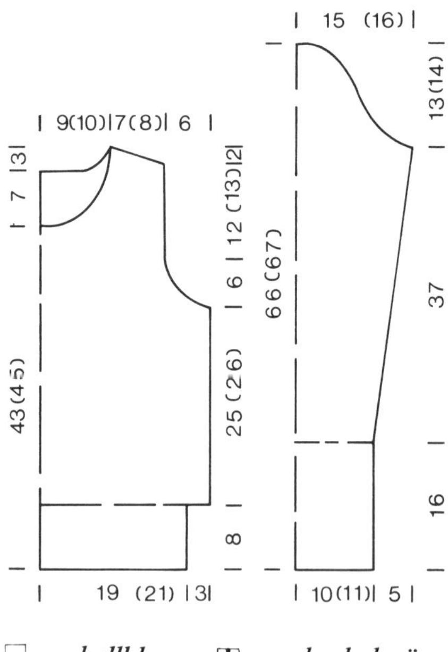

= *hellblau*
= *rot*
= *hellgrün*
= *dunkelgrün*
= *dunkelblau*
= *weiß*

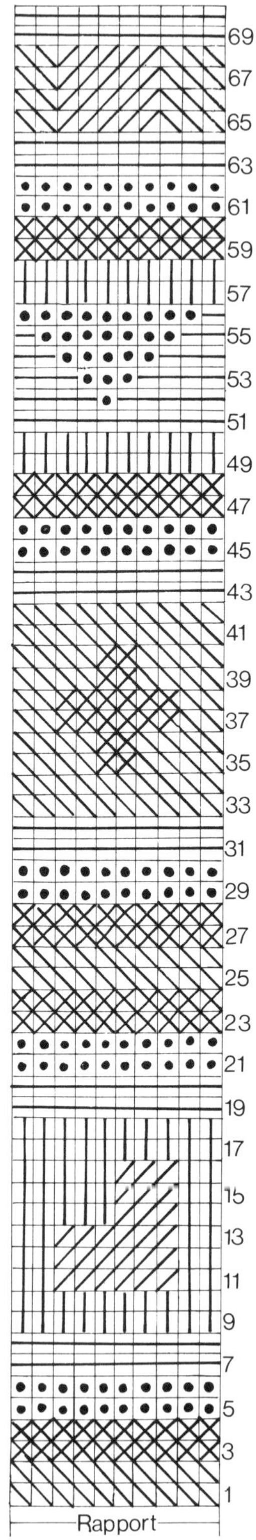

4 × 2, 12 (14) × 1, 4 × 2, 1 × 3 M abnehmen, die restlichen 10 (12) M in 1 R abketten.
HALSBLENDE: Auf der Rundnadel 120 (130) M in Rot anschlagen und im Bündchenmuster 4 cm hoch stricken.
FERTIGSTELLUNG: Die Teile spannen, mit einem feuchten Tuch bedecken und trocknen lassen. Die Nähte schließen, dabei die unteren 10 cm der Ärmelnähte für den Aufschlag nach rechts nähen. Anschließend nähen Sie die Halsblende mit der Anschlagmasche schmalkantig auf.

Mädchenpulli mit Zopfmuster

Abb. S 138

Dieser entzückende Mädchenpullover wird in einem Stück aus naturfarbener Wolle gestrickt. Ein dicker Zopf sitzt dekorativ in der Mitte des Drüberpullis, der sonst nur glatt rechts und kraus gestrickt wird. Der Pulli hat einen viereckigen Ausschnitt, so daß gut Blusen oder sogar Rollkragenpullis darunter passen. Die Ärmelbündchen können umgeschlagen werden. Die Angaben gelten für 8 Jahre bzw. 128 cm Körpergröße.

GRÖSSE: Für 8 Jahre = 128 cm Körpergröße.
MATERIAL: Schachenmayr-Wolle, Qualität Nomotta Extra, 450 g in Ecru. 1 Paar INOX-Stricknadeln Nr. 4.
GRUNDMUSTER: Kraus = Hinr- und Rückr rechte M; 2 R = 1 Rippe.
ZOPF: Über 6 M glatt rechts = Hinr rechte M, Rückr linke M stricken. Zuerst in der 4. R, weiter in jeder 10. R 3 M auf 1 Hilfsnadel vor die Arbeit legen, die nächsten 3 M rechts, dann die Hilfsnadel-M rechts stricken.
MASCHENPROBE: 20 M und 34 R = 10 cm.

Arbeitsanleitung

PULLOVER: In einem Teil über die Schulter hinweg stricken. Mit dem Vorderteil beginnend 70 M anschlagen und im Grundmuster stricken. Nach 8 R die M wie folgt einteilen: 22 M kraus, 8 M glatt rechts = Hinr rechte M, Rückr linke M, 2 M glatt links, 6 M Zopf = Mitte, danach gegengleich beenden. In dieser Einteilung geradeaus stricken. In 28 cm Höhe für die Ärmel beidseitig 1 × 1 M, weiter in jeder 2. R 3 × 2, 3 × 12, 1 × 27 M zunehmen = 210 M; geradeaus stricken. Ab 38,5 cm Höhe über alle M im Grundmuster stricken, nach 8 R für den Halsausschnitt die mittleren 30 M abketten = je 90 M. Beide Teile getrennt weiter arbeiten, dabei für das Vorderteil 12 R = Schulterlinie, für das Rückenteil noch 4 R im Grundmuster stricken. Danach wieder beide Teile in Arbeit nehmen und dazwischen für den Halsausschnitt 30 M neu anschlagen = 210 M. Das Teil gegengleich beenden, d. h. Zunahmen werden Abnahmen.
FERTIGSTELLUNG: Die Seiten- und Ärmelnähte schließen.

Schnittverkleinerung für Mädchenpullover mit Zopfmuster. ½ Rücken- bzw. Vorderteil mit ½ Ärmel.

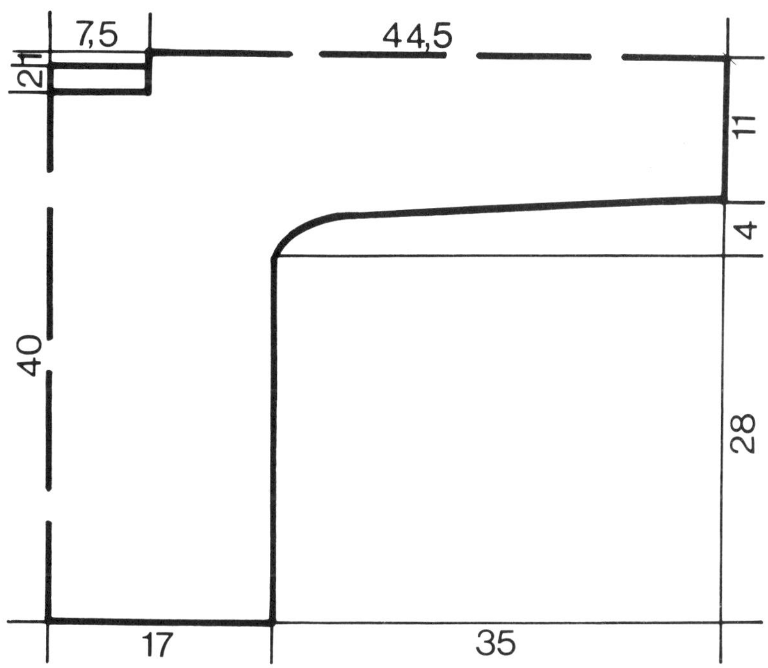

Pullover mit Tiermotiven

Abb. S. 140

Die beiden Pullover sind für Vater und Sohn gedacht. Sie sind aus reiner Wolle glatt rechts gestrickt und zeigen ein originelles Einstrickmuster in kontrastierenden Farben. Der Männerpullover zeigt Hirsche, der Kinderpullover Dackel. Das Auszählen macht Arbeit, aber es lohnt sich! Alle Bündchen und Halsausschnitte sind im Rippenmuster gestrickt.

Für beide Pullover

MATERIAL: Scheepjes-Wolle, Qualität Dalarna, reine Schurwolle, in den angegebenen Mengen in Beige Nr. 5027 und Braun Nr. 5026. Je 1 Paar IMRA-Stricknadeln Nr. 5 und 6.
GRUNDMUSTER: Glatt rechts = Hinr rechte M, Rückr linke M.
EINSTRICKMUSTER: Bei Muster 1 und 2 ist je 1 Rapport in der Breite gegeben, bei den Motiven jeweils die Muster der linken Pulloverhälften.
BÜNDCHENMUSTER: Abwechselnd 1 M rechts, 1 M links.
MASCHENPROBE: 14 M und 18 R = 10 cm.

Männerpullover

GRÖSSEN: 50 und 54. Bei unterschiedlichen Angaben: Größe 54 in Klammern.
MATERIAL: 500 g in Beige, 300 g in Braun.
EINSTRICKMUSTER: Bei Muster 1 und 2 sowie dem Hirsch-Motiv sind schwarze Kreuze = braune Maschen, leere Kästchen = beigefarbige Maschen.

Arbeitsanleitung

RÜCKEN: 75 (79) M mit Nadeln Nr. 5 in Braun anschlagen und 10 cm im Bündchenmuster stricken.
Weiter mit Nadeln Nr. 6 im Grundmuster 2 R beige, dann nach Muster 1 arbeiten, dabei beginnt die 1. R nach der Randm mit der 1. (16.) M des Rapports; geradeaus stricken. In der 37. Muster-R beginnt der kleine Rapport nach der Randm mit der 1. (11.) M. Nach den 40 R von Muster 1 einfarbig 1 R beige stricken und das Hirsch-Motiv anschließen: Randm, 2 (4) M beige, 34 M vom Motiv, 1 Mittel-M, dann die M vom Motiv in entgegengesetzter Reihenfolge und 2 (4) M beige, Randm, stricken. Nach Beendigung des Hirsch-Motivs 1 R beige stricken, dann wie vorher noch 1 × die 37.–40. R von Muster 1. Das Teil im Muster 2 beenden. Zugleich in 52 cm Höhe für die Armausschnitte beidseitig in jeder 2. R 1 × 3, 2 × 2, 3 × 1 M abketten = 55 (59) M; geradeaus stricken. In 72 cm Höhe für den Halsausschnitt die mittleren 19 M in 1 R abketten, beidseitig davon in jeder 2. R 2 × 2 M abnehmen. Zugleich in 73 cm Höhe für die Schulter in jeder 2. R 2 × 7 (8) M abketten.
VORDERTEIL: Bis auf den Halsausschnitt wie den Rükken formen. Dafür in 52 cm Höhe die mittleren 17 M in 1 R abketten, an den Ausschnittseiten in jeder 4. R 5 × 1 M abnehmen.
ÄRMEL: 40 (42) M mit Nadeln Nr. 5 in Braun anschlagen und 10 cm im Bündchenmuster stricken. Weiter mit Nadeln Nr. 6 im Grundmuster nach Muster 2 arbeiten, dabei in der 1. R verteilt 5 M zunehmen = 45 (47) M. In der 5. Muster-R nach der Randm den Rapport mit der 1. M beginnen (zusätzlich am Anfang und Ende der R 1 M beige stricken). Beidseitig in jeder 8. R 7 × 1 M zunehmen = 59 (61) M. In 48 cm Höhe für die Armkugel beidseitig in jeder 2. R 1 × 4, 1 × 3, 2 × 2, 5 × 1, 2 × 2, 2 × 3 M abnehmen, die restlichen 7 (9) M in 1 R abketten.
SCHALKRAGEN: 145 M in Braun mit Nadeln Nr. 5 anschlagen und 12 cm im Bündchenmuster gerade stricken.
FERTIGSTELLUNG: Teile spannen, dämpfen. Die Nähte schließen. Schalkragen einnähen, dabei die Schmalseiten beim vorderen Ausschnitt links über rechts nähen.

Jungen-Pullover

GRÖSSEN: 12 und 14 Jahre = Körpergröße 152 und 164 cm. Bei unterschiedlichen Angaben: für 14 Jahre in Klammern.
MATERIAL: 300 (400) g in Braun, 200 (300) g in Beige.
EINSTRICKMUSTER: Bei Muster 1 und 2 sowie dem Dackel-Motiv sind braune Kreuze = beigefarbige Maschen, leere Kästchen = braune Maschen.

Ganz rechts oben finden Sie das Einstrickmuster für beide Pullover. Beim Herrenpullover ist ein schwarzes Kreuz gleich einer braunen Masche, beim Jungenpullover sind schwarze Kreuze gleich beige Maschen und leere Kästchen gleich braune Maschen. Muster 2 für Ärmel und Brust ist ebenso. Unten finden Sie das Hirschmotiv für den Herrenpullover. Ein schwarzes Kreuz ist gleich einer braunen Masche, ein leeres Kästchen gleich einer beigen Masche. Die Motive für die Muster oben so einteilen, wie es in den Arbeitsanleitungen genau angeführt ist.

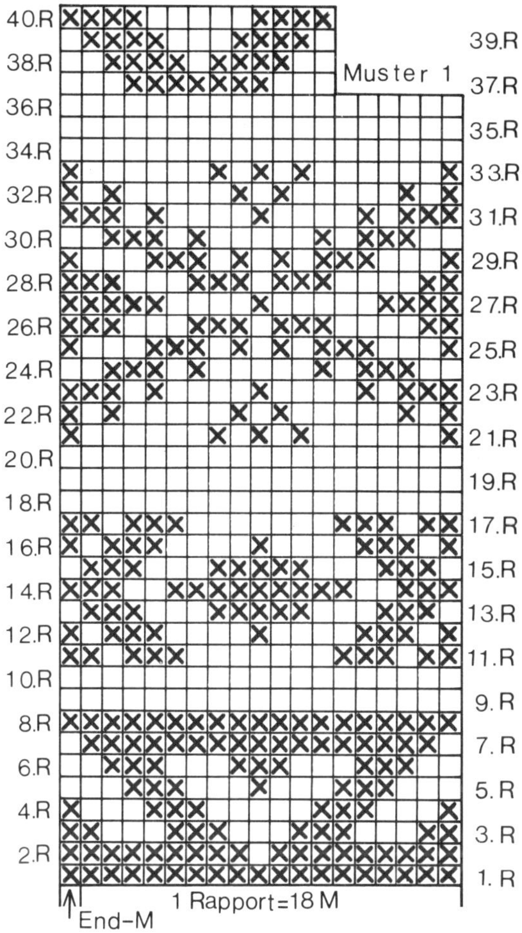

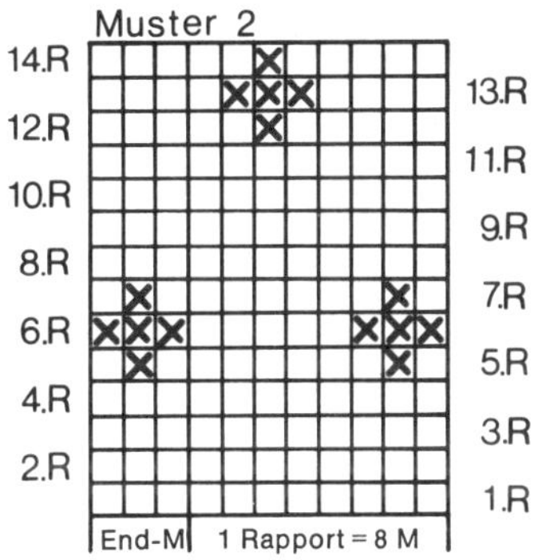

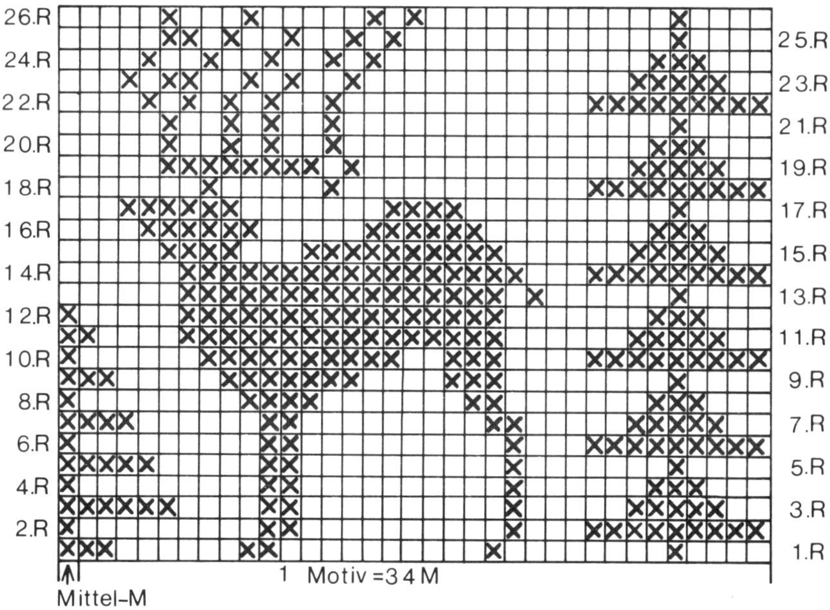

Arbeitsanleitung
RÜCKEN: 55 (61) M in Braun mit Nadeln Nr. 5 anschlagen und 8 cm im Bündchenmuster stricken.
Weiter mit Nadeln Nr. 6 im Grundmuster 2 (4) R braun stricken, dann mit der 11. R beginnend nach Muster 1 arbeiten, dabei beginnt das Muster nach der Randm mit der 11. (8.) M des Rapports; geradeaus stricken. In der 37. Muster-R beginnt der kleine Rapport nach der Randm mit der 11. (8.) M des Rapports. Nach Beendigung von Muster 1 einfarbig braun 1 R stricken und das Dackel-Motiv anschließen: Randm, mit der 1. M des Motivs beginnen (erst 3 M braun stricken), die 26 M durchstricken, 1 Mittel-M, dann die M vom Motiv in entgegengesetzter Reihenfolge, Randm (noch 3 M braun, Randm) arbeiten.
Nach Beendigung des Motivs 1 R braun stricken, dann wie vorher noch 1 × die 37.–40. R von Muster 1 arbeiten. Das Teil im Muster 2 beenden. Zugleich in 37 (39) cm Höhe für die Armausschnitte beidseitig in jeder 2. R 1 × 3, 1 × 2, 1 (2) × 1 M abnehmen = 43 (47) M; bis zum Halsausschnitt geradeaus stricken. In 53 (56) cm Höhe für den Halsausschnitt die mittleren 17 M in 1 R abketten, beidseitig davon in jeder 2. R 1 × 2, 1 × 1 M abnehmen. Zugleich in 54 (57) cm Höhe für die Schulter in jeder 2. R 2 × 5 (6) M abketten.
VORDERTEIL: Bis auf den Halsausschnitt wie den Rükken arbeiten. Dafür in 37 (39) cm Höhe die mittleren 15 M in 1 R abketten, an den Ausschnittseiten in jeder 6. R 4 × 1 M abnehmen.
ÄRMEL: 31 (33) M in Braun mit Nadeln Nr. 5 anschlagen und 8 cm im Bündchenmuster stricken.
Weiter mit Nadeln Nr. 6 im Grundmuster nach Muster 2 arbeiten, dabei in der 1. R verteilt 4 M zunehmen = 35 (37) M. In der 5. Muster-R nach der Randm den Rapport mit der 2. (1.) M beginnen. Beidseitig in jeder 12. (14.) R 4 × 1 M zunehmen = 43 (45) M. Ab 40 (44) cm Höhe für die Armkugel beidseitig in jeder 2. R 1 × 3, 2 × 2, 5 × 1, 2 × 2, 1 × 3 M abnehmen, die restlichen 5 (7) M in 1 R abketten.
SCHALKRAGEN: 123 (129) M in Braun mit Nadeln Nr. 5 anschlagen und 10 cm im Bündchenmuster geradeaus stricken.
FERTIGSTELLUNG: Teile spannen, leicht dämpfen. Den Schalkragen einnähen, dabei die Schmalseiten beim vorderen Ausschnitt links über rechts nähen.

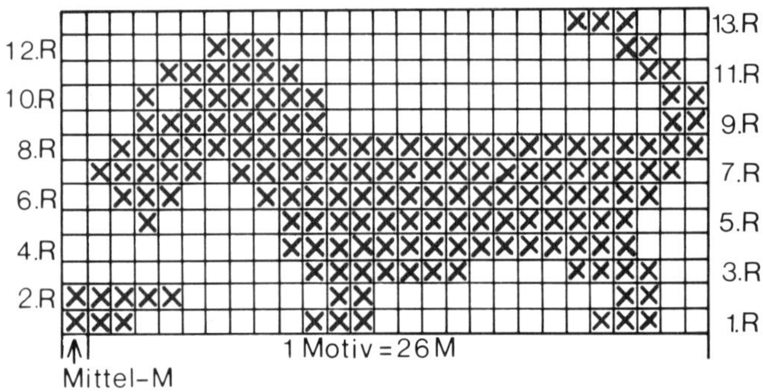

Oben das Dackelmotiv. Schwarze Kreuze: Beige M, leere Kästchen: Braune M.

Links unten: Schnittverkleinerung für Größe 50 (54), rechts unten: Schnittverkleinerung für 12 (14) Jahre.

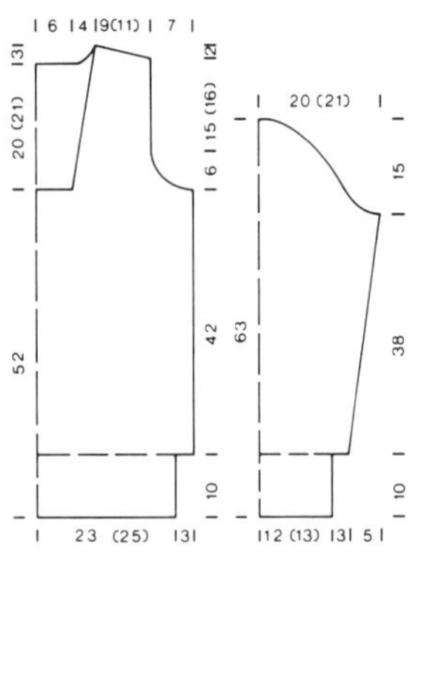

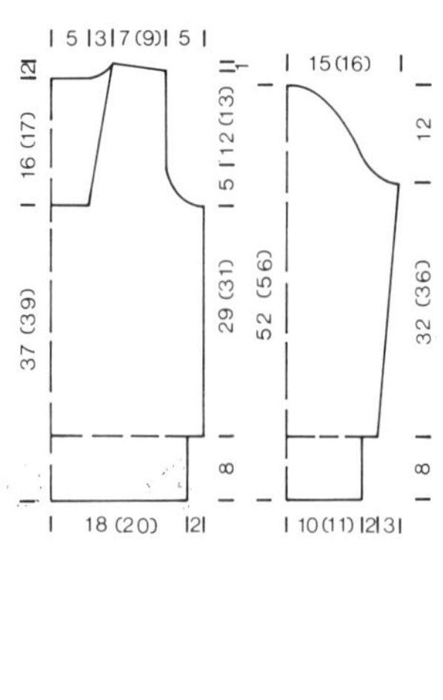

Pulli mit Rollkragen

Abb. S. 124

Herrlich weich und warm ist dieser Pulli mit großem Rollkragen. Er wird in einem Stück von oben nach unten glatt rechts nach einem Raglanschnitt gestrickt. Zum ständig mitlaufenden Faden in Weiß kommen Beifarben in Lila, Blau, Hellblau, Marine, Kupfer, Rot, Pink und Rosé, die in breiten Streifen sich über den Pullover ziehen. Alle Bündchen und der Rollkragen sind im Rippenmuster gestrickt. Dieser Maxipullover ist ideal zum Spazierengehen bei etwas kühlerem Wetter, auf der Strandpromenade abends oder wie Sie auf der Abbildung sehen, beim Motorradfahren. Gerade das richtige für junge und sportliche Damen, die nicht davor zurückschrecken, Mut zur Farbe zu zeigen. Denn mit dieser kräftigen Farbmixtur fallen sie garantiert auf. Natürlich positiv. Sie können auch andere Farben wählen, der weiße Beifaden erzeugt immer eine schöne Pastellwirkung.

GRÖSSEN: 36 und 40. Bei unterschiedlichen Angaben: Größe 40 in Klammern.
MATERIAL: Esslinger Garn, Qualität Geisha, 85% Polyacryl, 15% Mohair, 300 (350) g in Weiß Nr. 01, je 50 g in Lila Nr. 31, Blau Nr. 37, Hellblau Nr. 26, Marine Nr. 10, Kupfer Nr. 34, Rot Nr. 28, Pink Nr. 25 und Rosé Nr. 04. 1 Spiel Strumpfstricknadeln und je eine 40, 60 und 80 cm lange Rundstricknadel Nr. 5, 1 Spiel Strumpfstricknadeln und je eine 40 und 60 cm lange Rundstricknadel Nr. 4½.
GRUNDMUSTER: Mit doppeltem Faden glatt rechts stricken = in Rd rechte M.
STREIFENFOLGE: 11 (13) Rd mit je 1 Faden weiß + hellblau, je 22 Rd mit je 1 Faden weiß + blau, weiß + lila, weiß + rosé, weiß + pink, weiß + rot.
BÜNDCHENMUSTER: Abwechselnd 1 M rechts, 1 M links.
MASCHENPROBE: 16 M und 22 Rd = 10 cm im Quadrat.

Arbeitsanleitung

Der Pullover wird in einem Stück von oben nach unten gestrickt.
Auf der kurzen Rundnadel Nr. 4½ für den Rollkragen 88 (96) M mit je 1 Faden weiß + marine anschlagen und 30 cm im Bündchenmuster stricken. Weiter mit Nadel Nr. 5 im Grundmuster nach der Streifenfolge arbeiten, dabei in der 1. Rd jede 3. und 4. M rechts zusammenstricken = 66 (72) M. Nun für die Raglanschrägen die 1., 23. (26.), 34. (37.) und 56. (62.) M markieren und beidseitig dieser markierten M in jeder 2. Rd 25 (26) × je 1 M verschränkt aus dem Quadrat zunehmen = 266 (280) M in 23 (24) cm Grundmuster-Höhe. Zugleich nach und nach auf die längeren Rundnadeln übergehen. Nun die je 60 (62) M sowie die Raglan-M für die Ärmel stilllegen, die übrigen 2 × 71 (76) M für Rücken und Vorderteil auf der 60 cm langen Rundnadel zusammenfügen, dazu über den Öffnungen je 3 M neu anschlagen = 148 (158) M und weiter im Grundmuster die Streifenfolge beenden. Anschließend mit der Rundnadel Nr. 4½ mit je 1 Faden weiß + kupfer 1 Rd rechte M, dann 21 Rd im Bündchenmuster stricken, locker abketten.
Anschließend die Ärmel arbeiten. Dazu die stillgelegten 62 (64) M, außerdem aus den neuen M von Rücken und Vorderteil 3 M aufnehmen = 65 (67) M und mit dem Nadelspiel Nr. 5 im Grundmuster die Streifenfolge beenden. Nun mit Nadeln Nr. 4½ mit je 1 Faden weiß + kupfer 1 Rd rechte M stricken, dabei ab Rd-Beginn 31 (33) × je 2 M, dann 1 × 3 M rechts zusammenstricken (dann die letzte M rechts stricken) = 32 (34) M und noch 21 Rd im Bündchenmuster stricken, locker abketten.

Unten finden Sie die Schnittverkleinerung für das ½ Rücken- bzw. Vorderteil und ½ Ärmel für Konfektionsgröße 36 (40).

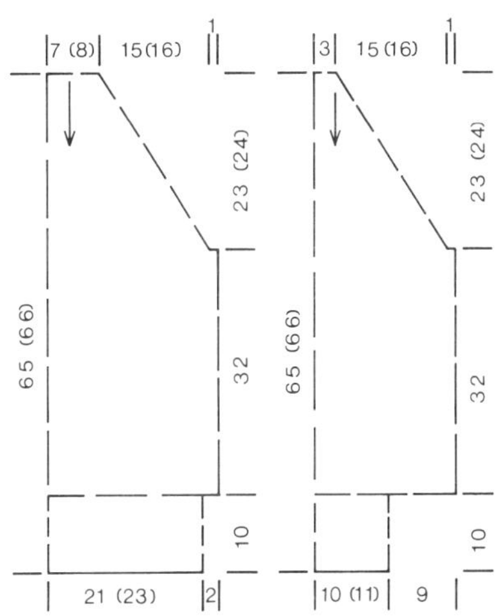

Pullover mit Norwegermuster

Abb. S. 45

Zwei Pullover im Partnerlook: das Norweger-Einstrickmuster erscheint einmal positiv, einmal negativ. Der Damenpulli hat einen runden Ausschnitt, der Herrenpullover hat einen eckigen mit durchgehender Blende. Beide Modelle werden aus reiner Schurwolle in Grau und Marine gearbeitet. Die Schemazeichnung fürs Einstrickmuster finden Sie auf der nächsten Seite.

Für beide Modelle

MATERIAL: Dünne Sportwolle, reine Schurwolle, in den angegebenen Mengen in Marine und Grau. Je 1 Paar INOX-Stricknadeln Nr. 2½ und 3.
GRUNDMUSTER: Glatt rechts = Hinr rechte M, Rückr linke M.
BÜNDCHENMUSTER: Abwechselnd 1 M rechts, 1 M links.
MASCHENPROBE: einfarbig: 26 M und 36 R = 10 cm.
MASCHENPROBE: Einstrickmuster: 29 M und 36 R = 10 cm.

Damenpullover

GRÖSSEN: 38 und 42. Bei verschiedenen Angaben: Größe 42 in Klammern.
MATERIAL: 350 (400) g in Marine, 100 g in Grau. Eine 40 cm lange IMRA-Rundstricknadel Nr. 2½.
EINSTRICKMUSTER: Gegeben ist 1 Rapport in der Breite + End-M. Die 1.–56. R wiederholen, dabei die gefüllten Kästchen in Grau, die leeren Kästchen in Marine = Grundfarbe stricken.

Arbeitsanleitung

RÜCKEN: 104 (114) M mit Nadeln Nr. 2½ in Marine anschlagen und 12 cm im Bündchenmuster stricken. Weiter mit Nadeln Nr. 2½ im Grundmuster nach dem Einstrickmuster arbeiten, dabei in der 1. R zuerst die 8. (9.) M, weiter 22 (24) × jede 4. M verdoppeln = 127 (139) M. Das Einstrickmuster nach der Randm mit der 23. (17.) M des Rapports beginnen. Geradeaus stricken. In 34 cm Höhe für die Armausschnitte beidseitig in jeder 2. R 1 × 5, 4 × 2, 4 × 1 M abnehmen = 93 (105) M, weiter geradeaus arbeiten. In 52 (53) cm Höhe für die Schultern in jeder 2. R 3 × 5 (7), 1 × 6 M abketten. Zugleich für den Halsausschnitt die mittleren 41 M in 1 R, beidseitig davon in jeder 2. R 2 × 2, 1 × 1 M abnehmen.
VORDERTEIL: Bis auf den Halsausschnitt wie den Rükken stricken. Dafür in 45 (46) cm Höhe die mittleren 11 M in 1 R, beidseitig davon in jeder 2. R 2 × 3, 4 × 2, 6 × 1 M abnehmen.
ÄRMEL: 52 (58) M mit Nadeln Nr. 2½ in Marine anschlagen, 8 cm im Bündchenmuster, weiter mit Nadeln Nr. 3 einfarbig marine im Grundmuster stricken, dabei beidseitig abwechselnd in jeder 6. und 8. R 16 × 1 M zunehmen = 84 (90) M. In 43 (44) cm Höhe für die Armkugel beidseitig in jeder 2. R 1 × 3, 4 × 2, 13 (15) × 1, 3 × 2, 2 × 3 M abnehmen, die restlichen 12 (14) M in 1 R abketten.
FERTIGSTELLUNG: Teile spannen und leicht dämpfen. Die Nähte schließen. Aus dem Halsausschnitt 130 M in Marine mit der Rundnadel aufnehmen und im Bündchenmuster 3 cm stricken.

Männerpullover

GRÖSSEN: 48 und 52. Bei unterschiedlichen Angaben: Größe 52 in Klammern.
MATERIAL: 450 (500) g in Grau, 150 g in Marine.
EINSTRICKMUSTER: Gegeben ist 1 Rapport in der Breite + End-M. Die 1.–56. R wiederholen, dabei die gefüllten Kästchen in Marine, die leeren Kästchen in Grau stricken.

Arbeitsanleitung

RÜCKEN: 143 (155) M mit Nadeln Nr. 2½ in Grau anschlagen und 8 cm im Bündchenmuster stricken. Weiter mit Nadeln Nr. 2½ im Grundmuster nach dem Einstrickmuster arbeiten, dabei das Muster nach der Randm mit der 15. (9.) M des Rapports beginnen. In 42 cm Höhe für die Armausschnitte beidseitig in jeder 2. R 1 × 6, 4 × 2, 5 × 1 M abnehmen = 105 (117) M, weiter geradeaus stricken. In 64 (65) cm Höhe für den Halsausschnitt die mittleren 41 (53) M abketten, beidseitig davon mit den restlichen je 32 M die Passenteile stricken.
Dazu am Halsrand in jeder 2. R 1 × 3, 2 × 2, 2 × 1 M, dann

abwechselnd in jeder 2. und 4. R 14 × 1 M abnehmen. Zugleich an der Schulterseite in 66 (67) cm Höhe 1 × 1 M, abwechselnd in jeder 2. und 4. R noch 11 × 1 M zunehmen, dann ab 76 (77) cm Höhe in jeder 2. R 9 × 2, 1 × 3 M abketten.

VORDERTEIL: Bis 56 (57) cm Höhe wie den Rükken arbeiten, dann mit Nadeln Nr. 2½ noch 3 cm grau im Bündchenmuster stricken, abketten.

ÄRMEL: 66 (72) M mit Nadeln Nr. 2½ in Grau anschlagen, 8 cm im Bündchenmuster, weiter mit Nadeln Nr. 3 einfarbig grau im Grundmuster stricken, dabei beidseitig abwechselnd in jeder 8. und 10. R 16 × 1 M zunehmen = 98 (104) M. In 50 cm Höhe für die Armkugel beidseitig in jeder 2. R 1 (2) × 3, 5 (4) × 2, 15 × 1, 4 × 2, 2 × 3 M abnehmen, die restlichen 14 (18) M in 1 R abketten.

FERTIGSTELLUNG: Teile spannen und leicht dämpfen. Aus dem rückwärtigen Halsausschnitt 159 (169) M in Grau aufnehmen und mit Nadeln Nr. 2½ im Bündchenmuster 3 cm hoch stricken. Die Passenteile unter die Vorderteilblende nähen. Die übrigen Nähte schließen.

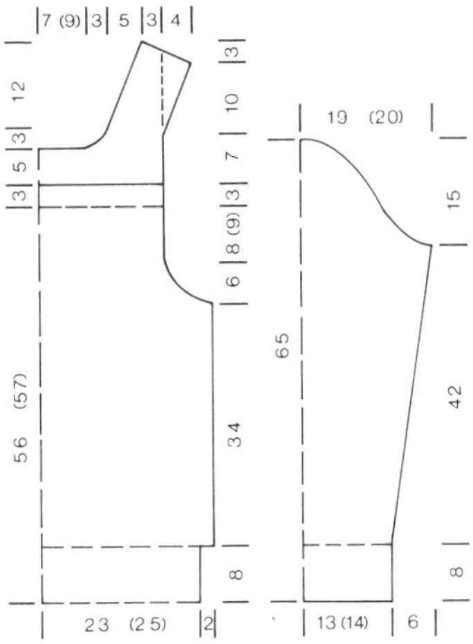

Schnitt: ½ Rücken- bzw. Vorderteil und ½ Ärmel für Größe 48 (52).

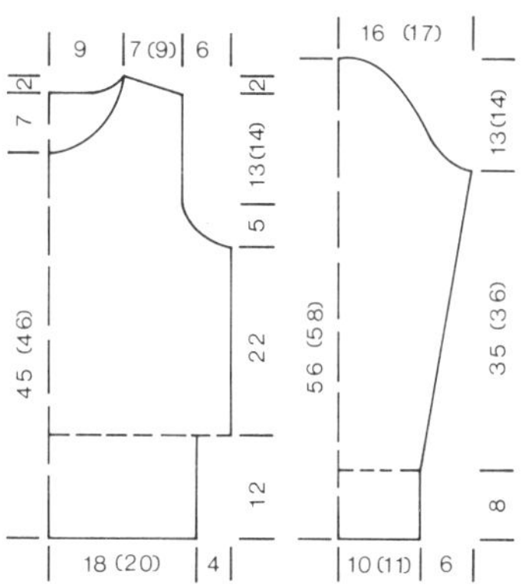

Schnitt: ½ Rücken- bzw. Vorderteil und ½ Ärmel für Größe 38 (42).

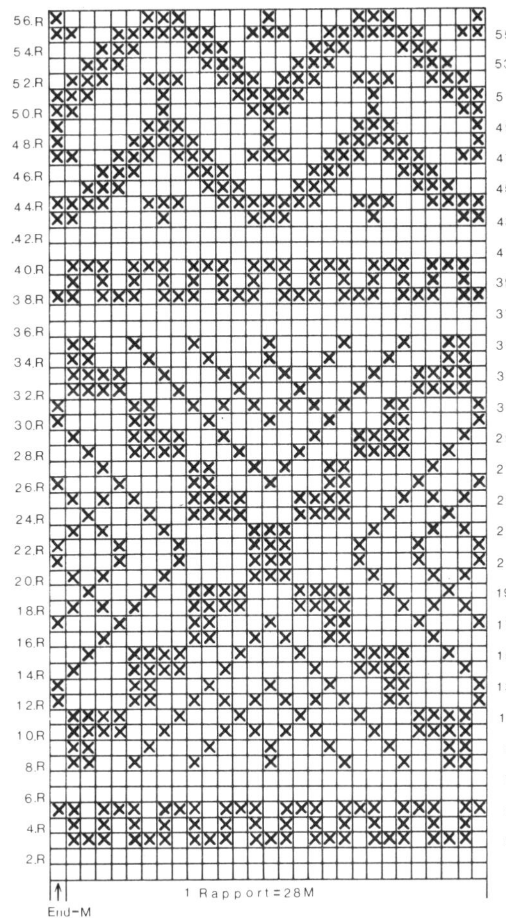

Einstrickmuster: Jedes Kästchen bedeutet eine Masche. Für den Männerpullover sind die schwarzen Kästchen in Marine und die leeren in Grau, für den Damenpullover die schwarzen Kästchen in Grau und die leeren in Marine zu stricken.

Männerpullover im Halbpatent

Abb. S. 46

Das ist der richtige Pullover für Sport und Wochenende. Er ist so schön dick und warm, daß Sie ihn draußen ohne Jacke tragen können. Darunter können Sie ein sportliches Hemd oder einen dünnen Pulli anziehen. Sie stricken dieses Seemannsmodell im Halbpatent, alle Bündchen und der Kragen werden in einer kontrastierenden Farbe angestrickt. Sie können ihn in Grau und Schwarz oder ganz in Weiß stricken. Oder auch in einer ganz anderen Farbe, vielleicht in Marineblau oder Knallrot, ganz nach Ihrem Geschmack.

GRÖSSEN: 50 und 54. Bei unterschiedlichen Angaben: Größe 54 in Klammern.
MATERIAL: Lana Grossa-Wolle, Qualität Sport – 4fach, 550 (600) g in Grau und 150 g in Schwarz bzw. 700 (750) g in Weiß. Je 1 Paar INOX-Stricknadeln Nr. 3 und 3½. Ein Reißverschluß, 36 cm.
GRUNDMUSTER: Halbpatent. 1. R (Hinr): Randm, * 1 M links, 1 M rechts, ab * wiederholen, am Ende der R 1 M links, Randm. 2. R (Rückr): Randm, * 1 M rechts, dabei 1 R tiefer einstechen, 1 M links, ab * wiederholen, am Ende der R 1 M rechts, dabei 1 R tiefer einstechen, Randm. – 1. und 2. R laufend wiederholen.
BÜNDCHENMUSTER: 1. R (Rückr): Randm, * 1 M rechts, 1 M links, ab * wiederholen, am Ende der R 1 M rechts, Randm. In allen folgenden R die M stricken, wie sie kommen.
MASCHENPROBE: 24 M und 50 R = 10 cm.

Arbeitsanleitung

RÜCKEN: 121 (131) M in Schwarz bzw. Weiß mit Nadeln Nr. 3 anschlagen und 10 cm im Bündchenmuster stricken. Anschließend mit Nadeln Nr. 3½ grau bzw. weiß im Grundmuster geradeaus stricken. Ab 40 cm Höhe für die Armausschnitte beidseitig in jeder 2. R 2 × 3, 2 × 2, 3 × 1 M, in jeder 4. R 4 × 1 M abnehmen = 87 (97) M; geradeaus stricken. Ab 62 (63) cm Höhe für die Schultern beidseitig in jeder 2. R 2 × 2, 6 × 3 M (8 × 3 M) abketten. Zugleich in 63 (64) cm Höhe für den Halsausschnitt die mittleren 31 (37) M in 1 R abketten, beidseitig davon in jeder 2. R 2 × 2, 2 × 1 M abnehmen.
VORDERTEIL: Bis auf den Ausschnitt wie den Rücken arbeiten. Dafür in 44 (45) cm Höhe die Arbeit durch Abket-

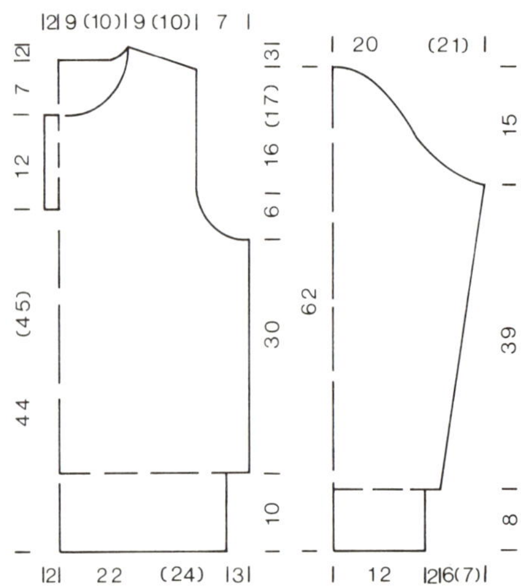

Oben: Schnittverkleinerung des Pullovers im Halbpatent: ½ Vorder- bzw. ½ Rückenteil, ½ Ärmel.

Links: Aus dem offenen Kragen kann mit Zuziehen des Reißverschlusses nach oben ein wärmender Rollkragen gezaubert werden.

ten der Mittel-M teilen. An den Ausschnittseiten bis 56 (57) cm Höhe geradeaus stricken, dann für den Halsausschnitt in jeder 2. R 2 × 4 (5), 1 (2) × 3, 2 (1) × 2, 2 × 1 M, in jeder 4. R 4 × 1 M abketten; bis zum Schluß geradeaus stricken. Aus den Ausschnittgeraden mit Nadeln Nr. 3 je 30 M in Schwarz bzw. Weiß aufnehmen, 2 cm glatt links (Hinr linke M, Rückr rechte M) stricken, abketten. Zur Hälfte nach links umnähen und die Schmalseiten zusammennähen.

ÄRMEL: 67 M in Schwarz bzw. Weiß mit Nadeln Nr. 3 anschlagen und im Bündchenmuster geradeaus stricken. Ab 8 cm Höhe mit Nadeln Nr. 3½ grau bzw. weiß im Grundmuster stricken, dabei beidseitig in jeder 14. R 14 × 1 M (4 × in jeder 10. R, 13 × in jeder 12. R 1 M) zunehmen = 95 (101) M. Ab 47 cm Höhe für die Armkugel beidseitig in jeder 2. R 1 × 3 (5), 3 × 2, 10 × 1 M, in jeder 4. R 5 × 1 M, in jeder 2. R 10 × 1, 3 × 2, 1 × 3 (4) M abnehmen, restliche 9 M in 1 R abketten.

FERTIGSTELLUNG: Die Schulternähte schließen. Mit Nadeln Nr. 3 aus dem Halsausschnitt einschließlich Beleg 173 M in Schwarz bzw. Weiß aufnehmen und 24 cm im Bündchenmuster mit Kettrandm geradeaus stricken; locker abketten. Weiter wie üblich zusammennähen. Reißverschluß einnähen, davon beim Rollkragen die oberen 14 cm des Reißverschlusses zum Umschlagen auf die rechte Seite der Arbeit nähen.

Eine Variation des Pullovers auf Seite 46: Ganz in Weiß mit einem Reißverschluß am Hals, mit dem Sie aus dem Kragen einen wärmenden Rollkragen machen können.

Männerpullover mit Zackenmuster

Abb. S. 87

Diese beiden Männerpullis sind aus reiner Wolle gestrickt und zeigen feine Zackenmuster. Die glattgestrickten Ärmel laufen über die Schulter als Passen weiter. Bei dem beigefarbenen Pulli mit rundem Ausschnitt laufen die Zacken in Längsrichtung. Der rostfarbene Pulli mit spitzem Ausschnitt hat ein querlaufendes Zickzackmuster.

GRÖSSEN: 50 und 54. Bei unterschiedlichen Angaben: Größe 54 in Klammern.
MATERIAL: Mittelstarke Sportwolle, 100% Schurwolle, 600 (650) g in Beige bzw. Rost. Je 1 Paar INOX-Stricknadeln Nr. 3 und 3½, eine 40 cm lange Rundstricknadel Nr. 3.
GRUNDMUSTER I: Siehe Strickschriften. Gegeben ist 1 Rapport in der Breite und Höhe. Kreuze = rechte M. In allen Rückr nur linke M stricken. Die gegebene R-Höhe wiederholen. Kreuzungsmasche mit Umschlag in der Strickschrift: 2 M nach links kreuzen = mit der rechten Nadel hinter der 1. M vorbei die 2. M rechts stricken, dann die übergangene 1. M rechts stricken, 1 Umschlag arbeiten und die 2. M auf der rechten Nadel über die 1. M und den Umschlag ziehen.
GRUNDMUSTER II: Glatt rechts = Hinr rechte M, Rückr linke M.
BÜNDCHENMUSTER: Abwechselnd 1 M rechts, 1 M links.
MASCHENPROBE I und II: 26 M und 36 R = 10 cm.

Arbeitsanleitung

RÜCKEN: 134 (144) M mit Nadeln Nr. 3 in Beige bzw. Rost anschlagen und 10 cm im Bündchenmuster stricken. Weiter mit Nadeln Nr. 3½ im Grundmuster I mit Randm nach der entsprechenden Strickschrift arbeiten. Ab 40 cm Höhe für die Armausschnitte beidseitig in jeder 2. R 2 × 3, 3 × 2, 4 × 1 M abketten = 102 (112) M; geradeaus stricken. In 56 (57) cm Höhe für die Schultern beidseitig in jeder 2. R 2 × 5, 7 × 4 (7 × 5, 2 × 4) M abketten, die restlichen 26 M stillegen.
RECHTER ÄRMEL: 68 M mit Nadeln Nr. 3 in Beige bzw. Rost anschlagen. 8 cm im Bündchenmuster, weiter mit Nadeln Nr. 3½ im Grundmuster II stricken. Beidseitig in jeder 8. R 16 × 1 M (abwechselnd in jeder 6. und 8. R 18 × 1 M) zunehmen = 100 (104) M. Ab 48 cm Höhe für die Armkugel beidseitig in jeder 2. R 1 × 3 (4), 4 × 2, 14 × 1, 4 × 2, 2 × 3 (1 × 3, 1 × 4) M abketten. Mit den restlichen 22 M noch 13 (14) cm geradeaus stricken, dann ab rechtem Rand in jeder 2. R 2 × 5, 3 × 4 M abketten.
LINKER ÄRMEL: Gegengleich arbeiten.

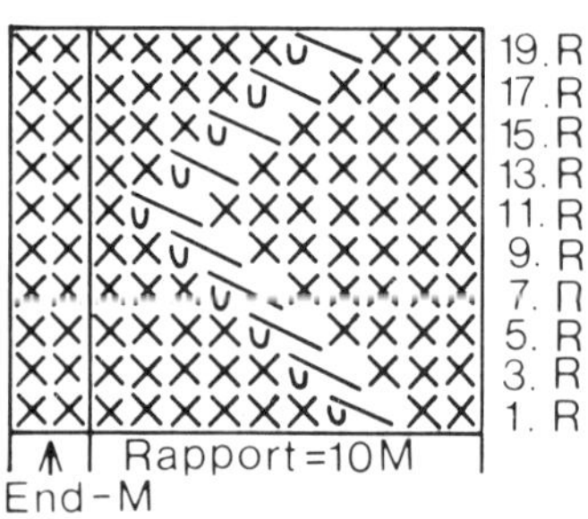

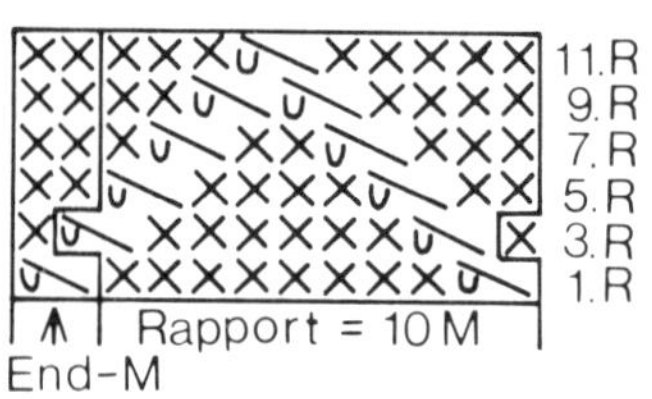

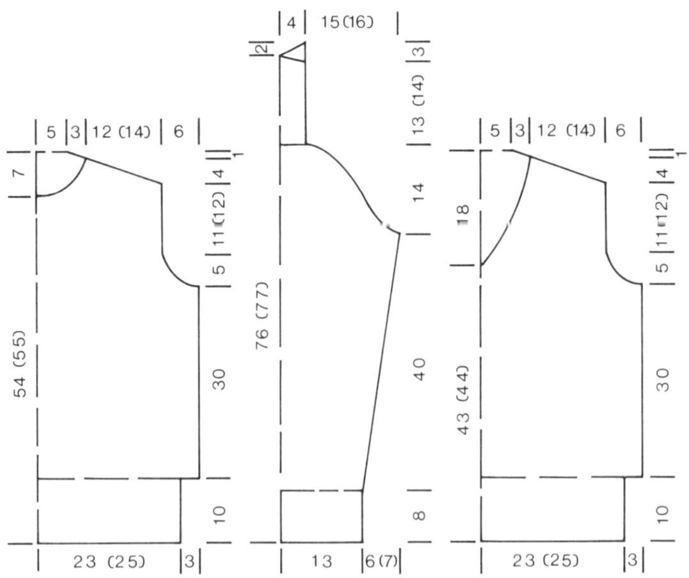

Dieser rostfarbige Pullover hat ein querlaufendes Zickzackmuster. Hier ist der Ausschnitt in V-Form gearbeitet worden: Das paßt gut zu Hemden.

Beigefarbener Pulli

VORDERTEIL: Bis auf den Halsausschnitt und die Schultern wie den Rücken formen. Für den Halsausschnitt in 54 (55) cm Höhe die mittleren 10 M in 1 R abketten, beidseitig davon in jeder 2. R 2 × 3, 2 × 2, 6 × 1 M abnehmen. Bei den Schultern entfallen die letzten 2 Abnahmen.
FERTIGSTELLUNG: Nähte schließen. Mit der Rundnadel zu den stillgelegten Rücken-M aus den Ärmelpassenrändern je 20 M, dem vorderen Ausschnitt 62 M aufnehmen. Im Bündchenmuster 4 cm in Rd stricken. Am Schluß elastisch abketten.

Rostfarbener Pulli

VORDERTEIL: Bis auf den Halsausschnitt und die Schultern wie den Rücken formen. Für den Halsausschnitt in 43 (44) cm Höhe die Arbeit in der Mitte teilen, an den Ausschnittseiten in jeder 2. R 13 × 1 M, in jeder 4. R 6 × 1 M, in jeder 6. R 2 × 1 M abnehmen. Bei den Schultern entfallen die letzten 2 Abnahmen.
FERTIGSTELLUNG: Nähte schließen. Mit der Rundnadel zu den stillgelegten Rücken-M aus den Ärmelpassenrändern je 20 M, den Ausschnittschrägen je 52 M aufnehmen. In Rd im Bündchenmuster 4 cm stricken, dabei in der vorderen Spitze 1 rechte M heraufführen und hier je 3 M mit obenaufliegender Mittel-M in jeder Rd zusammenstricken; elastisch abketten.

Kinderpullis

Abb. S. 138/139

Diese Kinderpullis fallen wirklich aus dem Rahmen. Die eigenwillige Ausschnittlösung und die hübschen versetzten Farbkaros sind mal etwas anderes. Die Anleitungen gelten für 5 und 7 Jahre.

GRÖSSEN: 5 und 7 Jahre = 110 und 122 cm Körpergröße. Bei unterschiedlichen Angaben: für 7 Jahre in Klammern.
MATERIAL: Dünnes Sportgarn, 100% Polyacryl, 150 (200) g in Blau bzw. Orange, 50 g in Grün bzw. Gelb. 1 Paar INOX-Stricknadeln und eine 50 cm lange IMRA-Rundstricknadel Nr. 2½. 4 Knöpfe.
GRUNDMUSTER: Glatt rechts = Hinr rechte M, Rückr linke M.
BÜNDCHENMUSTER: Abwechselnd 1 M rechts, 1 M links.
MASCHENPROBE: 29 M und 41 R = 10 cm.

Arbeitsanleitung

RÜCKEN: 94 (100) M in Grün bzw. Gelb anschlagen, im Bündchenmuster stricken, und zwar 3 R grün bzw. gelb, weiter einfarbig blau bzw. orange. Ab 4 cm Höhe im Grundmuster geradeaus arbeiten. In 24 (27) cm Höhe für die Armausschnitte beidseitig in jeder 2. R 1 × 3, 2 × 2, 5 × 1 M abketten = 70 (76) M. Geradeaus stricken. In 37 (40) cm Höhe für den Halsausschnitt die mittleren 36 M in 1 R abketten, beidseitig davon in jeder 2. R 2 × 2, 1 × 1 M abnehmen. Zugleich in 38 (41) cm Höhe für die Schulter in jeder 2. R 2 × 6 (1 × 7, 1 × 8) M abketten.
VORDERTEIL: Das Bündchen wie beim Rücken stricken. Ab 4 cm Höhe im Grundmuster arbeiten, und zwar ab R-Anfang 47 (50) M grün bzw. orange, die restlichen 47 (50) M blau bzw. gelb. In dieser Farbeinteilung 9 (10) cm stricken, dann die Farben wechseln, d. h. blau über grün und grün über blau bzw. gelb über orange und orange über gelb. Nach weiteren 9 (10) cm die Farben wieder arbeiten wie zu Grundmusterbeginn. Zugleich die Armausschnitte wie beim Rücken formen. Ab 31 (34) cm Höhe über alle M blau bzw. orange im Bündchenmuster stricken, dabei in der 6. R die Knopflöcher über die 6.–8. und 15.–17. M beidseitig ab Rand einarbeiten. Das Bündchen insgesamt 12 R hoch arbeiten, davon die letzten 3 R + Abkett-R grün bzw. gelb.
SCHULTERTEILE: Für das linke Schulterteil 12 (15) M in Blau bzw. Gelb anschlagen, 8 cm geradeaus stricken, dann ab rechtem Rand in jeder 2. R 2 × 6 (1 × 7, 1 × 8) M abketten. – Das rechte Schulterteil in Grün bzw. Orange gegengleich stricken.
ÄRMEL: 46 M in Grün bzw. Gelb anschlagen, das Bündchen wie beim Rücken arbeiten. Anschließend einfarbig blau bzw. orange im Grundmuster stricken, dabei beidseitig in jeder 8. (9.) R. 12 × 1 M zunehmen = 70 M. Ab 30 (33) cm Höhe für die Armkugel in jeder 2. R 1 × 4, 1 × 3, 2 × 2, 10 × 1, 2 × 2, 1 × 3, 1 × 4 M abnehmen, die restlichen 10 M in 1 R abketten.
FERTIGSTELLUNG: Teile spannen, mit einem feuchten Tuch bedecken und trocknen

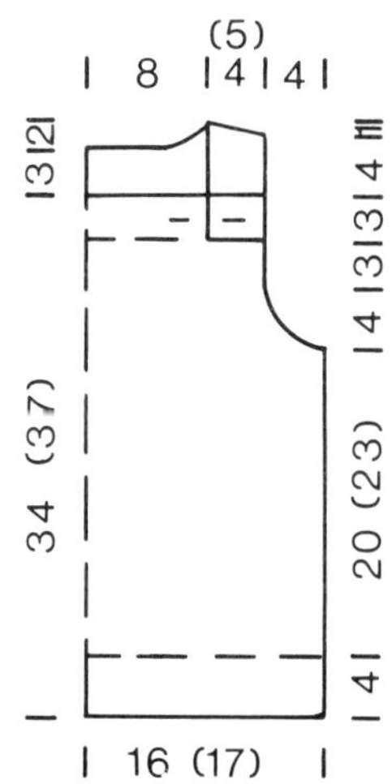

Schnittverkleinerung für ½ Rücken- bzw. Vorderteil.

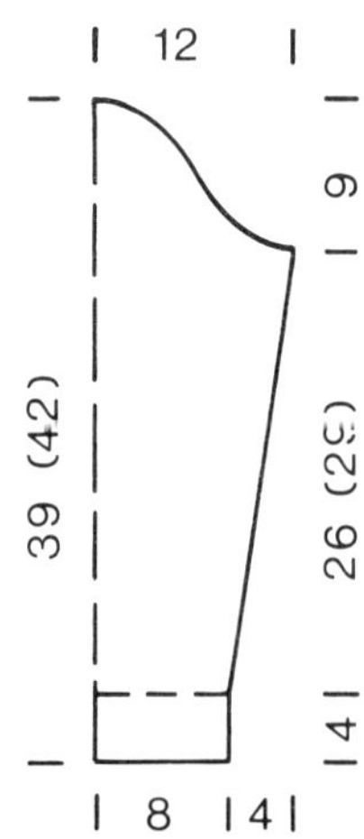

Schnittverkleinerung für ½ Ärmel. Beide Teile für 5 (7) Jahre.

lassen. Die Schulternähte schließen. Mit der Rundnadel aus den Schulterteilen je 27 M, dem Rückenausschnitt 50 M in Blau bzw. Orange aufnehmen, in offenen R im Bündchenmuster stricken.
Für den Pullover ohne Kragen 8 R blau bzw. orange, dann 3 R + Abkett-R grün bzw. gelb stricken.
Für den Pullover mit Kragen blau oder orange 3 cm stricken, dann beidseitig je 10 M in 1 R abketten. Mit den restlichen M den Kragen geradeaus stricken, dabei nach 4 cm jede 2. linke M verdoppeln, nach weiteren 4 cm jede übergangene linke M verdoppeln. In diesem M-Rhythmus noch 4 cm stricken, davon die letzten 3 R + Abkett-R grün bzw. gelb arbeiten.
Die Teile weiter wie üblich zusammennähen. Die Knöpfe auf den beiden Schulterteilen annähen.

Gestreifter Kinderpullover

Abb. S. 43

GRÖSSE: Für 8 Jahre = 128 cm Körpergröße.
MATERIAL: Lana Grossa-Wolle, Qualität Pallas, 150 g in Blau, je 100 g in Rot, Beige und Grün. 1 Paar INOX-Stricknadeln und eine 40 cm lange IMRA-Rundstricknadel Nr. 6.
GRUNDMUSTER: Glatt rechts = Hinr rechte M, Rückr linke M.
FARBFOLGE: * Je 5 cm in Rot, Grün, Beige und Blau, ab * wiederholen.
MASCHENPROBE: 10 M und 16 R = 10 cm.
BÜNDCHENMUSTER: Abwechselnd 1 M rechts, 1 M links.

Arbeitsanleitung

RÜCKEN: 30 M in Blau anschlagen und 5 cm im Bündchenmuster, weiter im Grundmuster nach der Farbfolge geradeaus stricken. Ab 30 cm = 6 Streifen Höhe das Teil in Blau beenden. Ab 47 cm Höhe für die Schultern beidseitig in jeder 2. R 2 × 5 M abketten. Die restlichen 10 M für den Halsausschnitt abketten.
VORDERTEIL: Bis auf den Halsausschnitt wie den Rükken arbeiten. Dafür in 43 cm Höhe die mittleren 4 M, weiter an den Ausschnittseiten in jeder 2. R 1 × 2, 1 × 1 M abketten.
ÄRMEL: 22 M in Blau anschlagen und im Bündchenmuster stricken. Ab 5 cm Höhe im Grundmuster arbeiten, dabei die Farbstreifen jeweils 6 cm hoch stricken. Zugleich beidseitig in jeder 8. R 6 × 1 m zunehmen = 34 M. In 41 cm Höhe alle M abketten.
FERTIGSTELLUNG: Die Schulternähte schließen. Mit der Rundnadel aus dem Halsausschnitt M in Blau aufnehmen und 17 cm im Bündchenmuster stricken. Nicht zu fest abketten. Die übrigen Nähte schließen.

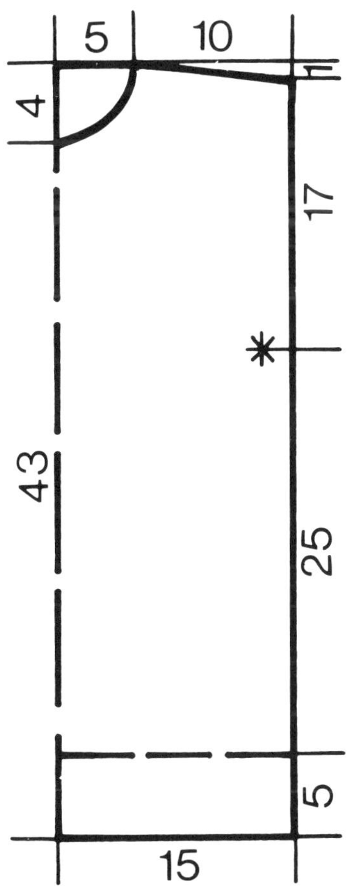

Schnitt: ½ Rücken- bzw. Vorderteil, ½ Ärmel.

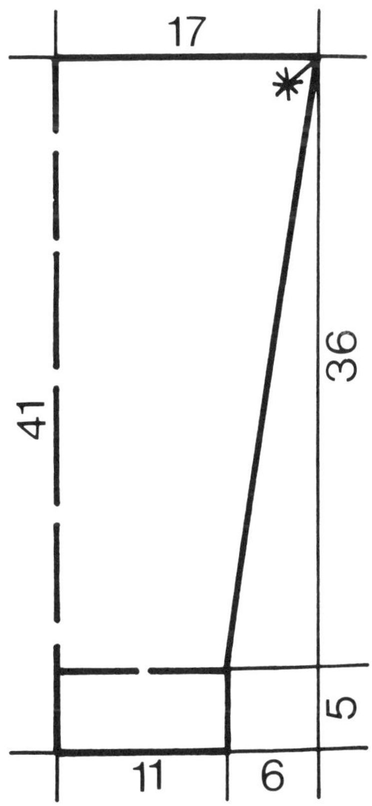

Maxi-Pulli mit Rollkragen

Abb. S. 84

GRÖSSEN: 40 und 44. Bei unterschiedlichen Angaben: Größe 44 in Klammern.
MATERIAL: Ombré-Garn aus ca. 45% Mohair und Wolle, 55% Polyacryl, 750 (800) g in Grün-Braun-ombriert. Je 1 Paar Stricknadeln Nr. 3½ und 4½, eine 40 cm lange Rundstricknadel Nr. 3½.
GRUNDMUSTER: Glatt rechts = Hinr rechte M, Rückr linke M.
BÜNDCHENMUSTER: Abwechselnd 2 M rechts, 2 M links.
MASCHENPROBE: 13 M und 22 R = 10 cm im Quadrat.

Arbeitsanleitung

Der Pullover wird in einem Stück über die Schulter hinweg gestrickt. Mit dem Vorderteil beginnend 50 (54) M mit Nadeln Nr. 3½ anschlagen und 14 cm im Bündchenmuster stricken. Weiter mit Nadeln Nr. 4½ im Grundmuster arbeiten, dabei in der 1. R die 4. und 17 (19) × abwechselnd jede 2. und 3. M verdoppeln = 68 (74) M; geradeaus stricken. In 35 cm Höhe beidseitig 1 × 1 M, abwechselnd in jeder 4. und 6. R 4 × 1 M, in jeder 2. R 8 × 1, 2 × 2, 2 × 4 M zunehmen, dann 22 M dazu anschlagen = 162 (168) M; geradeaus stricken. In 65 (66) cm Höhe für den Halsausschnitt die mittleren 8 M in 1 R abketten, an den Ausschnittseiten in jeder 2. R 3 × 2, 1 × 1 M, in jeder 4. R 2 × 1 M abnehmen. Mit den restlichen je 68 (71) M bis 75 (76) cm Höhe geradeaus stricken = Schultermitte. Dann für den Rückenausschnitt 1 × 1 M, in jeder 2. R 2 × 1, 1 × 2 M zunehmen = je 73 (76) M, dann beide Teile durch 16 neu angeschlagene M verbinden = 162 (168) M. Das Teil gegengleich beenden, d. h. Zunahmen werden Abnahmen.

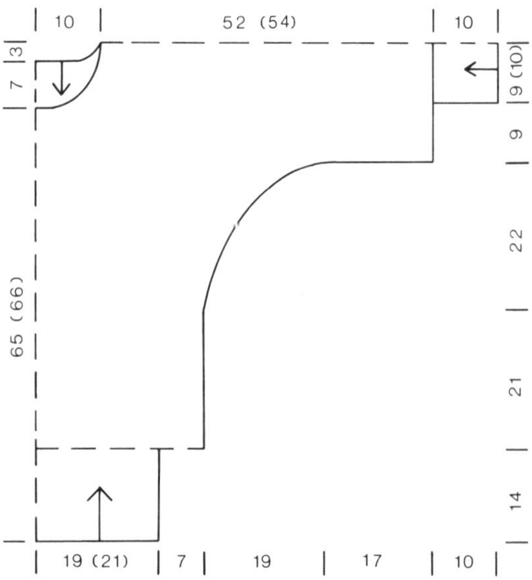

Schnitt: ½ Rükkenteil bzw. Vorderteil mit ½ Ärmel für die Größe 40 (oder 44).

ÄRMELBÜNDCHEN: 42 (46) M mit Nadeln Nr. 3½ anschlagen und im Bündchenmuster 10 cm geradeaus stricken; locker abketten.
ROLLKRAGEN: 96 M auf der Rundnadel anschlagen und 22 cm im Bündchenmuster stricken, abketten.
FERTIGSTELLUNG: Ärmel- und Seitennähte schließen. Die Bündchen und den Rollkragen aufnähen.

Kinderpullover mit Namen

Abb. S. 128

GRÖSSEN: 3 und 5 Jahre = 98 und 110 cm Körpergröße. Bei unterschiedlichen Angaben: Für 5 Jahre in Klammern.
MATERIAL: Busse-Wolle, Qualität Noppa, 70% Schurwolle, 30% Reyon, 300 (350) g in Grün Nr. 220 bzw. Ecru Nr. 226. 1 Rest Stickwolle. 1 Paar INOX-Stricknadeln und 1 Spiel INOX-Strumpfstricknadeln Nr. 7.
GRUNDMUSTER, mit doppeltem Faden: Glatt links = Hinr linke M, Rückr rechte M.
BÜNDCHENMUSTER, mit doppeltem Faden: Abwechselnd 1 M rechts, 1 M links
MASCHENPROBE: 13 M und 20 R = 10 cm.

Arbeitsanleitung

RÜCKEN: 39 (42) M in Grün bzw. Ecru anschlagen, 6 cm im Bündchenmuster geradeaus stricken. In 18 (20) cm Höhe für die Armausschnitte beidseitig in jeder 2. R 1 × 2, 3 × 1 M abnehmen =

Auf Seidenpapier vorgezeichnete Buchstaben werden auf den Pulli gesteckt. Dann kann man leicht mit Vorstichen die Linien nachsticken. Auf der glatt rechts gestrickten Passe kommt der Name besonders gut zur Geltung.

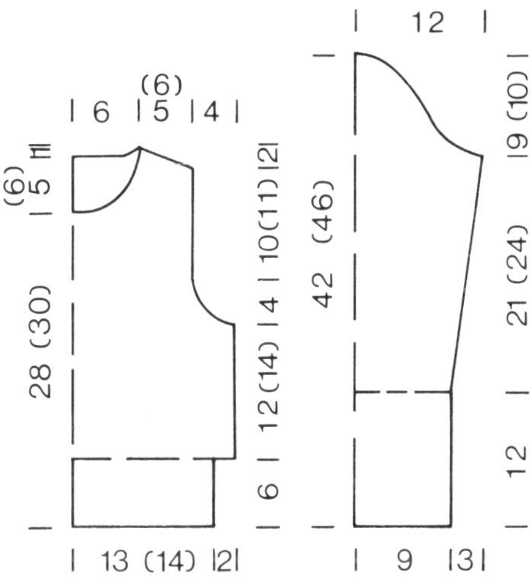

29 (32) M; geradeaus stricken. In 32 (35) cm Höhe für die Schultern beidseitig in jeder 2. R 2 × 3 (4) M abketten. Zugleich in 33 (36) cm Höhe für den Halsausschnitt die mittleren 13 (12) M in 1 R, beidseitig davon in der 2. R 1 × 2 M abnehmen.

VORDERTEIL: Bis auf den Streifen mit dem Namenszug und den Halsausschnitt wie den Rücken stricken. Für den Streifen ab 18 (20) cm Höhe 12 R glatt rechts = Hinr rechte M, Rückr linke M, weiter im Grundmuster stricken. Für den Halsausschnitt in 28 (30) cm Höhe die mittleren 5 (4) M in 1 R, beidseitig davon in jeder 2. R 2 × 2, 1 × 1 M, in der folgenden 4. R 1 × 1 M abnehmen.

ÄRMEL: 24 M in Grün bzw. Ecru anschlagen, 12 cm im Bündchenmuster, weiter im Grundmuster stricken, dabei beidseitig in jeder 10. R 4 × 1 M zunehmen = 32 M. In 33 (36) cm Höhe für die Armkugel beidseitig in jeder 2. R 1 × 3, 1 × 2, 2 (1) × 1 M, in jeder 4. R 1 (2) × 1 M, in jeder 2. R 1 × 1, 1 × 2, 1 × 3 M abnehmen, die restlichen 4 M in 1 R abketten.

FERTIGSTELLUNG: Teile spannen, mit einem feuchten Tuch bedecken und trocknen lassen. Den Namen in gewünschter Größe und richtiger Verteilung auf Seidenpapier aufzeichnen. Die Vorlage auf den rechts gestrickten Streifen heften und die Linien mit Vorstichen nachsticken. Das Papier abreißen und mit 3fachem Stickfaden im schrägliegenden Plattstich sticken, dabei immer nur ein halbes M-Glied umsticken. Die Schulternähte schließen. Mit den Strumpfstricknadeln aus dem Halsausschnitt 52 M aufnehmen und 18 cm im Bündchenmuster in Rd stricken. Den Pullover weiter wie üblich zusammennähen, dabei die unteren Ärmelnähte zum Umschlagen 6 cm auf der rechten Seite.

Kinderpullover im Trikot-Stil

Abb. S. 137

Pullover sind immer in Mode. Besonders für Kinder. Und warum sollte man ihnen nicht mal ein ganz flottes Muster im Trikot-Stil geben? Man muß ja nicht gleich ein Weltmeister beim Radrennen sein, um sie schick zu finden. Und Kinder fühlen sich bestimmt sehr wohl im Rad-Profi-Look. Denn wer weiß, vielleicht zählen sie ja später einmal zu den ganz großen Sportlern? Den Traum davon hat bestimmt jeder Junge und jedes Mädchen, und mit so einem Pullover fühlt man sich doch schon gleich wie ein großes As. Mit den lebendigen Farben sind diese Pullover gerade richtig für Kinder. Kleine Dinge für unterwegs kann man in die aufgesetzte Tasche stecken.

Für beide Pullover

MATERIAL: Phildar-Garn, Qualität Pronostic, 80% Acrylic, 20% Wolle, in den angegebenen Mengen und Farben. Je 1 Paar INOX-Stricknadeln Nr. 2 und 3.
GRUNDMUSTER: Glatt rechts = Hinr rechte M, Rückr linke M.
BÜNDCHENMUSTER: Abwechselnd 1 M rechts, 1 M links.
MASCHENPROBE: 25 M und 34 R = 10 cm im Quadrat.

Pullover für 5 und 7 Jahre

GRÖSSEN: 110 cm und 122 cm Körpergröße. Bei unterschiedlichen Angaben: für 7 Jahre in Klammern.
MATERIAL: 100 (150) g in Weiß, je 50 g in Grün, Blau, Rot, Orange. 1 Reißverschluß, 10 cm lang.

Arbeitsanleitung

RÜCKEN: 80 (88) M mit Nadeln Nr. 2 in Rot anschlagen, 3 cm im Bündchenmuster, weiter mit Nadel Nr. 3 weiß im Grundmuster geradeaus stricken. Ab 20 (23) cm Höhe je 6 R grün, blau, rot und orange, dann wieder weiß stricken. Ab 27 (30) cm Höhe für die Armausschnitte beidseitig in jeder 2. R 1 × 3, 2 × 2, 3 × 1 M abnehmen = 60 (68) M; geradeaus stricken. Ab 40 (44) cm Höhe für die Schultern beidseitig in jeder 2. R 3 × 5 (2 × 6, 1 × 7) M abketten. Zugleich in 41 (45) cm Höhe für den Halsausschnitt die mittleren 24 M in 1 R abketten, beidseitig davon in der 2. R 1 × 3 M abketten.
VORDERTEIL: Bis auf den Schlitz für den Reißverschluß und den Halsausschnitt wie den Rücken arbeiten. Für den Schlitz die Arbeit in 27 (30) cm Höhe in der Mitte teilen und an den Schlitzrändern mit Kettrandm 10 cm geradeaus stricken, dann für den Halsausschnitt in jeder 2. R 2 × 3, 3 × 2, 3 × 1 M abnehmen.
ÄRMEL: 46 (52) M mit Nadeln Nr. 2 in Rot anschlagen, 2 cm im Bündchenmuster, weiter mit Nadeln Nr. 3 weiß im Grundmuster stricken und beidseitig abwechselnd in jeder 2. und 4. R 5 × 1 M zunehmen = 56 (62) M. Ab 7 cm Höhe für die Armkugel beidseitig in jeder 2. R 1 × 3, 2 × 2, 9 (11) × 1, 2 × 2, 1 × 3 M, die restlichen 10 (12) M in 1 R abketten.
TASCHE: In Weiß 61 M mit Nadeln Nr. 3 anschlagen. Im Grundmuster 12 cm geradeaus stricken, dann mit Nadeln Nr. 2 noch 2 cm im Bündchenmuster arbeiten; locker abketten.
HALSBLENDE: 91 M mit Nadeln Nr. 2 in Blau anschlagen und 2 cm im Bündchenmuster stricken; abketten.
FERTIGSTELLUNG: Teile spannen, mit einem feuchten Tuch bedecken und trocknen lassen. Die Tasche in der Rückenmitte über dem Bündchen aufnähen und in der Mitte senkrecht durchsteppen. Die Nähte schließen. Die Halsblende auf-, den Reißverschluß einnähen.

Die lebendigen Farben auf Pullovern unserer kleinen Radrennfahrer erregen schnell bewundernde Aufmerksamkeit. Und sind auch genau das Richtige im Großstadtverkehr: Signalfarben fallen auf.

Pullover
für 6 und 8 Jahre

Pullover sind für Kinder immer praktisch. Sie sind warm und pflegeleicht. Deshalb kann man auch nie genug von ihnen haben. Dabei kann man sie auch so stricken, daß sie wie Trikots aussehen. Diese beiden Pullover geben den Kindern den begehrten Rad-Profi-Look. Besonders raffiniert an ihnen sind die Taschen, die hinten aufgesetzt sind. Mit ihnen werden sie vielleicht den Neid der Spielkameraden wecken. Ob sie deswegen auch jedes Radrennen gewinnen werden? Aber darauf kommt es ja auch nicht an. Dabeisein ist alles, wie immer beim Sport.

GRÖSSEN: 116 cm und 128 cm Körpergröße. Bei unterschiedlichen Angaben: für 8 Jahre in Klammern.
MATERIAL: 100 g in Blau, je 50 g in Rot und Weiß.
2 Knöpfe.

Arbeitsanleitung
RÜCKEN: 82 (90) M mit Nadeln Nr. 2 in Rot anschlagen, 3 cm im Bündchenmuster, weiter mit Nadeln Nr. 3 blau im Grundmuster geradeaus stricken. Ab 20 (23) cm Höhe 8 cm weiß, anschließend rot arbeiten. Ab 29 (32) cm Höhe für die Armausschnitte beidseitig in jeder 2. R 1 × 3, 2 × 2, 3 × 1 M abnehmen = 62 (70) M; geradeaus arbeiten. In 42 (46) cm Höhe für den Halsausschnitt die mittleren 20 M in 1 R, beidseitig davon in jeder 2. R 2 × 2, 1 × 1 M

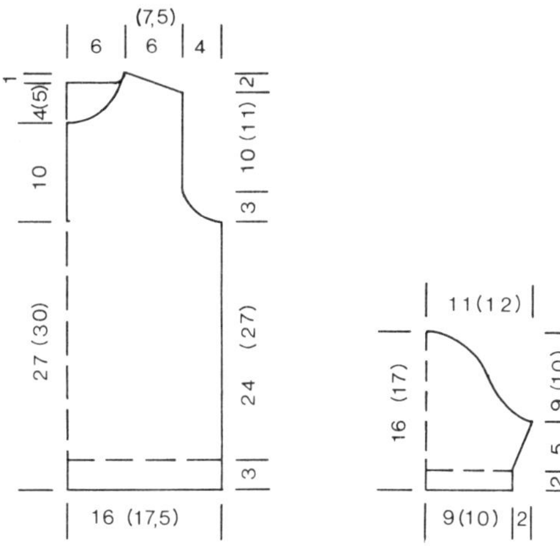

Links: Schnitt für ½ Rücken- bzw. Vorderteil und ½ Ärmel für 5 (7) Jahre.

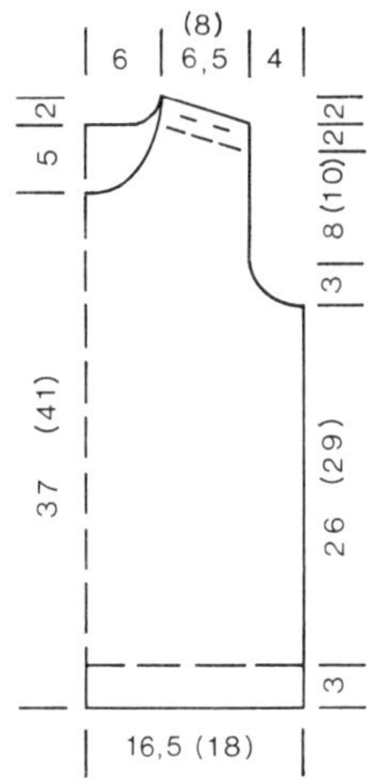

Rechts: Schnitt für ½ Rücken- bzw. Vorderteil für 6 (8) Jahre, Ärmel wie links.

abketten. Zugleich für die Schultern in jeder 2. R 4 × 4 (5) M abketten.
VORDERTEIL: Ohne weißen Streifen bis auf Halsausschnitt und linke Schulter wie den Rücken arbeiten. Halsausschnitt: in 37 (41) cm Höhe die mittleren 8 M in 1 R abketten, an den Ausschnittseiten in jeder 2. R 1 × 3, 2 × 2, 4 × 1 M abnehmen. Ab 40 (44) cm Höhe bei der linken Schulter in jeder 2. R ab Rand über 4 × 4 (5) M weniger stricken, jeweils mit Umschlag wenden. Anschließend wieder über alle M im Bündchenmuster stricken, dabei in der 1. R den Umschlag mit der nächsten M verschränkt zusammenstricken. Nach 1 cm die Knopflöcher 4 (6) M beidseitig ab Rand 3 M breit einarbeiten, in 2 cm Bündchenhöhe alle M abketten.
ÄRMEL: Mit blauem Bündchen wie bei dem anderen Pullover arbeiten.

TASCHE: 29 M in Rot mit Nadeln Nr. 2 anschlagen, 2 cm im Bündchenmuster, weiter mit Nadeln Nr. 3 weiß im Grundmuster stricken. In 13 cm Höhe alle M abketten.
HALSBLENDE: 109 M in Blau mit Nadeln Nr. 2 anschlagen und im Bündchenmuster stricken. In 1 cm Höhe 4 M ab rechtem Rand 1 Knopfloch 3 M breit einarbeiten, in 2 cm Höhe alle M abketten.
FERTIGSTELLUNG: Teile spannen, mit einem feuchten Tuch bedecken und trocknen lassen. Auf das Rückenteil die Zahl mit 2 R Kettenstichen blau auf den weißen Streifen sticken, siehe Foto. Die Tasche über dem Bündchen auf die linke Rückenhälfte nähen. Auf die linke Schulter vom Rücken 2 R feste M häkeln. Diese beiden Schulterteile an der Armausschnittseite übereinandernähen. Die Nähte schließen. Die Halsblende auf-, die Knöpfe annähen.

Damenpullis

Für beide Pullover

GRÖSSEN: 42 und 46. Bei unterschiedlichen Angaben: Größe 46 in Klammern.
MATERIAL: Dickeres Bouclé-Garn aus ca. 75% Polyacryl, 25% Wolle. Dazu mittelstarkes Kunstfasergarn in den angegebenen Mengen und Farben. Je 1 Paar Stricknadeln Nr. 3½ und 5.
GRUNDMUSTER, Schlingengarn, Nadeln Nr. 5: Glatt rechts = Hinr rechte M, Rückr linke M.
BÜNDCHENMUSTER, glattes Garn, Nadeln Nr. 3½: 1 M rechts, 1 M links.
MASCHENPROBE, Grundmuster: 13 M und 19 R = 10 cm, Bündchenmuster 26 M und 30 R = 10 cm.

Marineblauer Pulli

MATERIAL: 700 (750) g Schlingengarn in Marine, 250 (300) g glattes Garn in Blaugrün. Eine 40 cm lange Rundstricknadel Nr. 3½.

Arbeitsanleitung
Der Pullover wird in einem Teil über die Schulter hinweg gearbeitet. Für das Vorderteil 136 (146) M in Blaugrün mit Nadeln Nr. 3½ anschlagen und im Bündchenmuster stricken. Ab 10 cm Höhe mit Nadeln Nr. 5 in Marine im Grundmuster arbeiten, dabei in der 1. R fortlaufend (außer den Randm) je 2 M rechts zusammenstricken = 68 (74) M; geradeaus stricken. In 54 cm Höhe für die Ärmelverbreiterung beidseitig 1 × 4 M dazu anschlagen = 76 (82) M; geradeaus stricken. In 67 (68) cm Höhe für den Halsausschnitt die mittleren 20 (24) M abketten und mit den je 28 (29) M getrennt weiter arbeiten. In 75 (76) cm Höhe ist die Schultermitte erreicht. Nun noch 2 cm geradeaus stricken, dann zwischen beiden Teilen für den Rückenausschnitt 20 (24) M neu anschlagen und den Rükken gegengleich beenden, d. h. in 96 (98) cm Höhe die M der Ärmelverbreiterung abketten und in 140 (142) cm Höhe entsprechend M für das Bündchen wieder zunehmen.
ÄRMEL: 68 (74) M in Blaugrün mit Nadeln Nr. 3½ anschlagen, 7 cm im Bündchenmuster stricken. Weiter marine mit Nadeln Nr. 5 im Grundmuster arbeiten, dabei in der 1. R die 6. und 7. M und 11 × jede 4. und 5. M (und 15 × jede 3. und 4. M) rechts zusammenstricken = 56 (58) M. In 44 cm Höhe alle M abketten.
ROLLKRAGEN: Auf der Rundnadel 156 M in Blaugrün anschlagen und in Rd im Bündchenmuster 17 cm strikken; locker abketten.
FERTIGSTELLUNG: Nähte schließen. Die Ärmel und den Rollkragen einnähen.

Ecrufarbener Pulli

MATERIAL: 650 (700) g Schlingengarn in Ecru, 300 (350) g glattes Garn in Blau.

Arbeitsanleitung
VORDERTEIL und RÜKKEN: Mit blauem Bündchen und ecru Grundmuster bis auf den Ärmelstreifen und den Halsausschnitt wie den marineblauen Pulli arbeiten. Für den Ärmelstreifen ab 70 (71) cm Höhe blau mit Nadeln Nr. 3½ im Bündchenmuster stricken, dabei in der 1. R außer den Randm jede M verdoppeln = 150 (162) M. 5 cm geradeaus stricken, dann für den Halsausschnitt die mittleren 58 M abketten = Schultermitte. In der folgenden R diese 58 M neu anschlagen und das Teil gegengleich beenden, d. h.

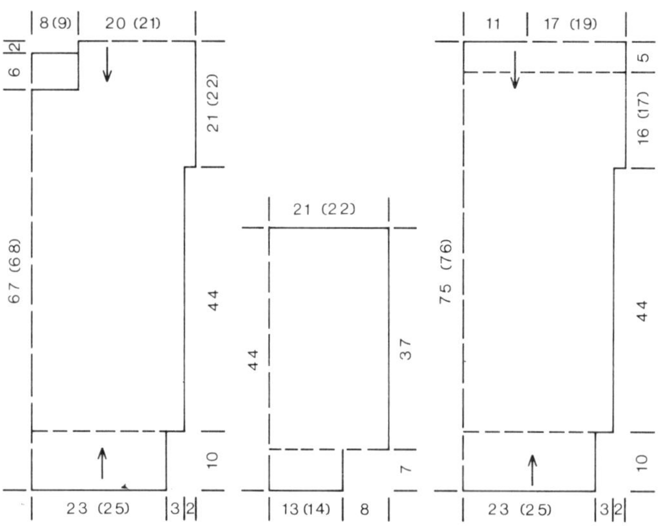

Zunahmen werden Abnahmen und umgekehrt.
ÄRMEL: Mit blauem Bündchen und Ecru Grundmuster wie bei dem marineblauen Pulli beschrieben arbeiten.
FERTIGSTELLUNG: Nähte schließen, Ärmel einnähen.

Aus Bouclé-Garn sind diese beiden Damenpullover gestrickt. Kragen und Bündchen sind gerippt.

Pullunder Westen Twinsets

Pullunder und Westen sind genau das richtige, wenn es draußen etwas kühl ist, aber noch zu warm für einen Pullover oder eine Jacke. Pullunder und Westen passen gut zu Hemden und Blusen. Ob einfarbig, gestreift oder gemustert, Vorder- und Rückenteil sind schnell gearbeitet. Sie können dabei größere oder kleinere Wollreste verwerten, die aber die gleiche Fadenstärke und Pflegequalität haben müssen. Twinsets sind Kombinationen aus Pullunder oder Pulli und einer dazugehörigen Jacke. Sie wärmen recht ordentlich und können schon mal den Mantel ersetzen. Da Sie zwei Teile anfertigen müssen, dauert das Stricken etwas länger als bei einer Weste oder einem Pullunder. Auch hier können Sie zwischen den unterschiedlichsten Mustern und Formen wählen.

Weste mit Rhombenmuster

Abb. S. 184

GRÖSSE: 40–42
MATERIAL: Schoeller-Wolle, Qualität Terra, 250 g in Erika Nr. 31, je 50 g in Weinrot Nr. 30, Weinrotmeliert Nr. 32, Helloliv Nr. 18 und Oliv Nr. 17. Je 1 Paar INOX-Stricknadeln Nr. 4½ und 5, je eine 40 cm und 80 cm lange IMRA-Rundstricknadel Nr. 4½. 5 Knöpfe.
GRUNDMUSTER: Glatt rechts = Hinr rechte M, Rückr linke M.
EINSTRICKMUSTER: Gegeben ist die ganze Vorderteil-Breite. Die Randm sind nicht mit eingezeichnet.
MASCHENPROBE: 15 M und 22 R = 10 cm.
BÜNDCHENMUSTER: 2 M rechts, 1 M links.

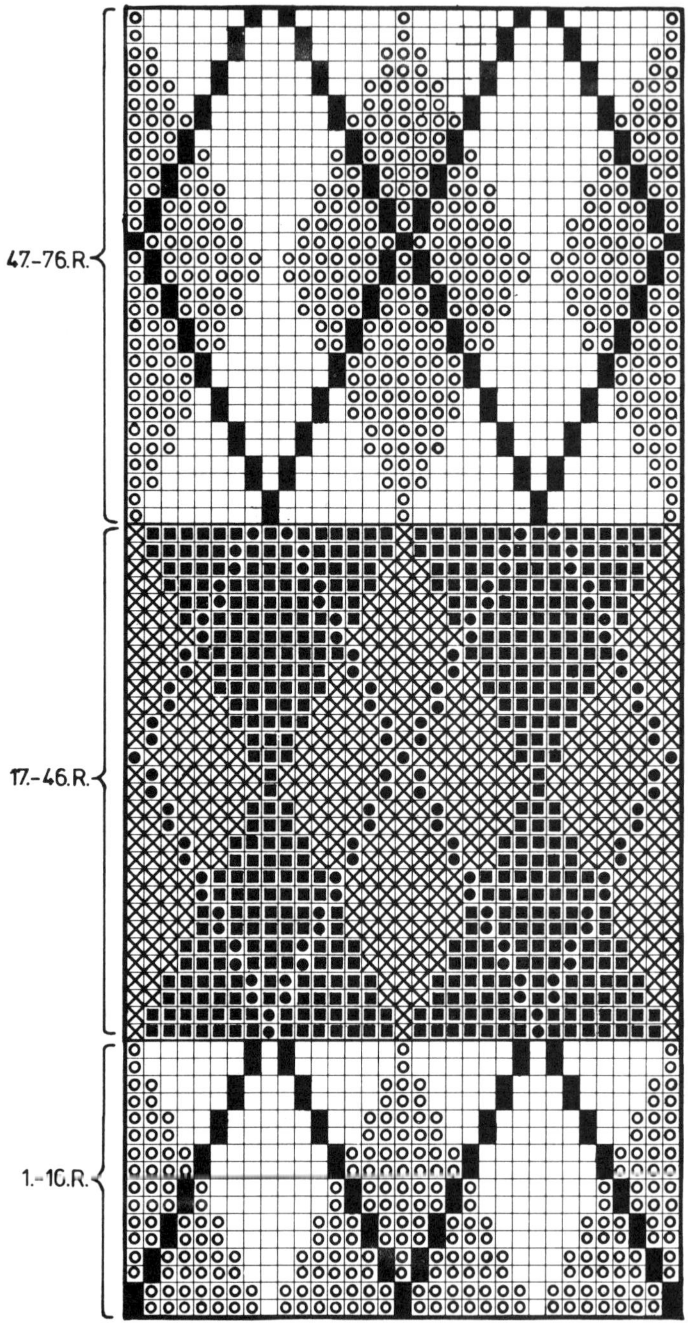

Arbeitsanleitung

RÜCKEN: 66 M in Erika mit Nadeln Nr. 4½ anschlagen und im Bündchenmuster stricken. Ab 4 cm Höhe mit Nadeln Nr. 5 im Grundmuster stricken, dabei in der 1. R verteilt 4 M zunehmen = 70 M. Ab 37 cm Höhe für die Armausschnitte beidseitig in jeder 2. R 1 × 3, 2 × 2, 1 × 1 M abnehmen = 54 M. Weiter geradeaus stricken. Ab 60 cm Höhe für die Schultern beidseitig in jeder 2. R 2 × 6, 1 × 5 M abketten. Zugleich in 61 cm Höhe für den Hals die mittleren 14 M, beidseitig davon in der 2. R 1 × 3 M abketten.
LINKES VORDERTEIL: 32 M in Erika mit Nadeln Nr. 4½ anschlagen und im Bündchenmuster stricken. Ab 4 cm Höhe mit Nadeln Nr. 5 im Grundmuster nach dem Einstrickmuster arbeiten, dabei in der 1. R 3 M verteilt zunehmen = 35 M und zugleich die Rhomben mit einzelnen Knäu-

□ = helloliv
⊡ = oliv
■ = weinrotmeliert
⊠ = weinrot
⊙ = 1 M-Stich helloliv
■ = 1 M-Stich rotmeliert

len arbeiten. Beim Farbwechsel die Fäden verkreuzen. Seite, Armausschnitt und Schulter wie beim Rücken arbeiten. Am vorderen Rand bis 40 cm Höhe geradeaus stricken, dann für die Ausschnittschräge 1 × 1 M, abwechselnd 1 × in der 4. R und 1 × in der folgenden 6. R noch 9 × 1 M abnehmen.
RECHTES VORDERTEIL: Gegengleich arbeiten.
FERTIGSTELLUNG: Die Nähte schließen. Mit der längeren Rundnadel aus den vorderen Rändern und dem Halsausschnitt 234 M in Erika aufnehmen und im Bündchenmuster stricken. In der 5. R dem rechten Vorderteil die Knopflöcher 3 M breit einarbeiten: das erste 3 M ab Rand, 4 weitere im Abstand von 11 M. Nach 10 R alle M abketten. Aus den Armausschnitten mit der kleinen Rundnadel 84 M in Erika aufnehmen und im Bündchenmuster 9 Rd stricken, dann abketten. Die Knöpfe annähen.

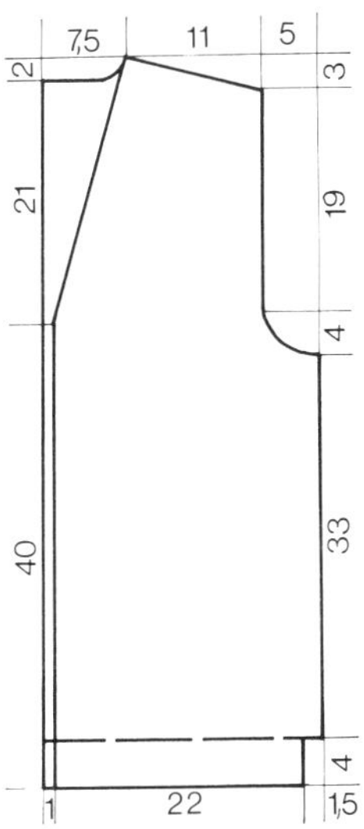

Pullunder mit Karomuster

Abb. S. 141

GRÖSSE: Für 6 Jahre = 116 cm Körpergröße.
MATERIAL: Pingouin-Garn, Qualität Confortable, 100 g in Dunkelblau Nr. 53, je 50 g in Blau Nr. 08, Hellblau Nr. 48, Türkis Nr. 17 und Lila Nr. 28. Je 1 Paar INOX-Stricknadeln Nr. 3 und 3½, eine 40 cm lange IMRA-Rundstricknadel Nr. 3.
GRUNDMUSTER: M-Zahl teilbar durch 5 + 1 + 2 Randm. 1.–4. R, dunkelblau: Glatt rechts = Hinr rechte M, Rückr linke M. 5. R, Beifarbe: Randm, * 1 M links abheben, Faden hinter der Arbeit, 4 M rechts, ab * wiederholen. Am Ende 1 M wie vorher abheben, Randm. 6. R, Beifarbe: Zwischen den Randm die gehobenen M wieder abheben, Faden vor der Arbeit, die anderen M links stricken. 7. und 8. R, Beifarbe: Wie 5. und 6. R. – Die 1.–8. R wiederholen, dabei die Beifarben in * Blau, Lila, Hellblau, Türkis stricken und ab * wiederholen.
MASCHENPROBE: 22 M und 32 R = 10 cm.
BÜNDCHENMUSTER: Abwechselnd 1 M rechts, 1 M links.

Schnitt: ½ Rücken- bzw. Vorderteil

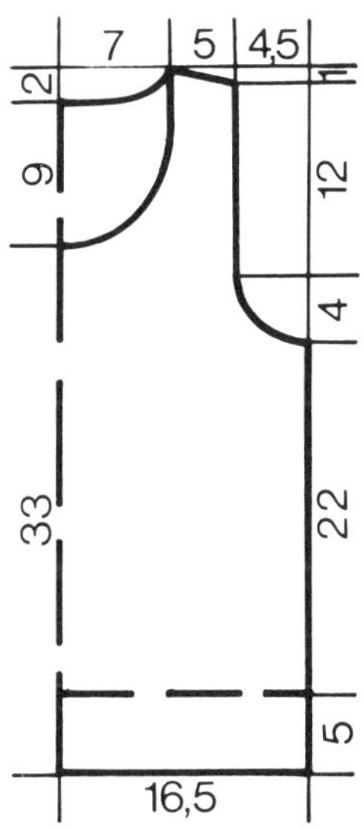

Arbeitsanleitung
RÜCKEN: 73 M in Dunkelblau mit Nadeln Nr. 3 anschlagen und im Bündchenmuster stricken. Ab 5 cm Höhe mit Nadeln Nr. 3½ im Grundmuster nach der Farbfolge geradeaus stricken. Ab 27 cm Höhe für die Armausschnitte beidseitig in jeder 2. R 1 × 4, 1 × 2, 4 × 1 M abnehmen = 53 M und weiter geradeaus stricken. In 42 cm Höhe für den Halsausschnitt die mittleren 19 M, beidseitig davon in jeder 2. R 3 × 2 M abketten. Zugleich ab 43 cm Höhe für die Schultern in jeder 2. R 1 × 5, 1 × 6 M abketten.
VORDERTEIL: Bis auf den Halsausschnitt wie den Rükken arbeiten. Dafür in 33 cm Höhe die mittleren 9 M und beidseitig davon in jeder 2. R 3 × 2, 4 × 1 M abketten, dann nach 4 R noch 1 × 1 M abnehmen.
FERTIGSTELLUNG: Die Schulternähte schließen. Mit der Rundnadel aus dem Halsausschnitt in Dunkelblau M aufnehmen und im Bündchenmuster 2 cm stricken, dann abketten. Aus den Armausschnitten in Dunkelblau aufnehmen und im Bündchenmuster stricken, dabei beidseitig in jeder 2. R je 1 M abnehmen. Die Seitennähte schließen.

Bunte Damenweste

GRÖSSEN: 38 und 42. Bei unterschiedlichen Angaben: Größe 42 in Klammern.
MATERIAL: Schachenmayr-Wolle, Qualität Nomotta Regia 4fach, 75% Schurwolle, 25% Polyamid, 150 (200) g in Beige Nr. 2693, je 50 g in Schwarz Nr. 2066, Hellblau Nr. 1988, Blau Nr. 540, Gelb Nr. 1961, Orange Nr. 2015, Rot Nr. 546 und Oliv Nr. 1954. Je 1 Paar INOX-Stricknadeln Nr. $2^1/_2$ und 3, eine 80 cm lange IMRA-Rundstricknadel Nr. $2^1/_2$. 4 Knöpfe.
GRUNDMUSTER: Glatt rechts = Hinr rechte M, Rückr linke M.
EINSTRICKMUSTER: Gegeben ist 1 Rapport in der Breite + End-M. Die 1.–82. R wiederholen.
BÜNDCHENMUSTER: Abwechselnd 1 M rechts, 1 M links.
MASCHENPROBE: 29 M und 36 R = 10 cm.

Einstrickmuster:

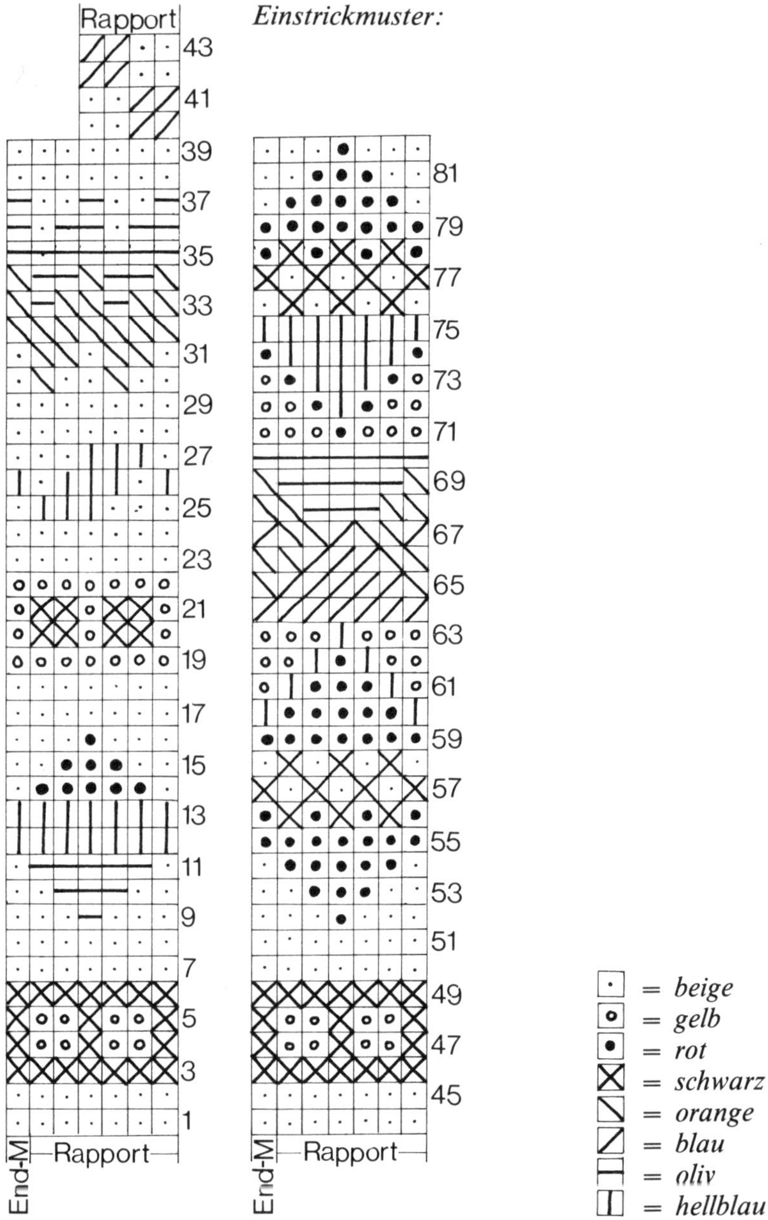

Arbeitsanleitung
RÜCKEN: 127 (139) M mit Nadeln Nr. $2^1/_2$ in Beige anschlagen, 3 cm im Bündchenmuster, weiter mit Nadeln Nr. 3 einfarbig beige im Grundmuster stricken. In 26 cm Höhe für die Armausschnitte beidseitig in jeder 2. R 1 × 8, 3 (4) × 2, 6 (7) 1 M abnehmen = 87 (93) M, weiter geradeaus stricken. In 46 (47) cm Höhe die mittleren 37 M für den Halsausschnitt abketten, beidseitig davon mit den restlichen je 25 (28) M die Passenteile stricken: am Halsrand in jeder 2. R 3 × 2, 8 × 1 M abnehmen, zugleich am Schulterrand in jeder 2. R 6 × 1 M zunehmen, dann 5 × abwechselnd 3 und 4 M (5 × 4 M) abketten.
LINKES VORDERTEIL: 63 (69) M mit Nadeln Nr. $2^1/_2$ in Beige anschlagen und 3 cm im Bündchenmuster stricken. Weiter mit Nadeln Nr. 3 im Grundmuster nach dem Einstrickmuster arbeiten, dabei den Armausschnitt wie beim Rücken formen. Für die Ausschnittschrägung in 25 cm Höhe 1 × 1 M, in jeder 2. R 15 × 1 M, in jeder 4. R 7 × 1 M abnehmen. Die restlichen 20 (23) M für die Schulter

Der klassische V-Ausschnitt-Pullover wird modischer durch die Rhomben (Anl. S. 71)

◂ *Das Pulli-Muster besteht aus glatt rechts gestrickten Rauten, die von Noppenreihen begrenzt werden (Anl. S. 72)*

Aus weichem Mohairgarn ist der leichte Pulli im schrägverlaufenden Lochmuster gestrickt (Anl. S. 66) ▸

Flott gestreift ist der Pulli mit Rollkragen im Maxi-Look (Anl. S. 101)

Dieser Maxi-Pulli mit Mäuse-zähnchen-Rand bietet viel Bewegungsfreiheit (Anl. S. 80)

◀ *Aus Topflappengarn wird dieser diagonal gestreifte Pulli mit rundem Ausschnitt gestrickt (Anl. S. 56)*

Auch der Pulli mit V-Ausschnitt (unten) wird aus kühler Baumwolle gearbeitet (Anl. S. 57)

Ein erfrischender Drink ziert den rechts abgebildeten Pulli (Anl. S. 49)

Stolz präsentieren Moritz und Johann ihre Namenszüge auf der Brust (Anl. S. 110)

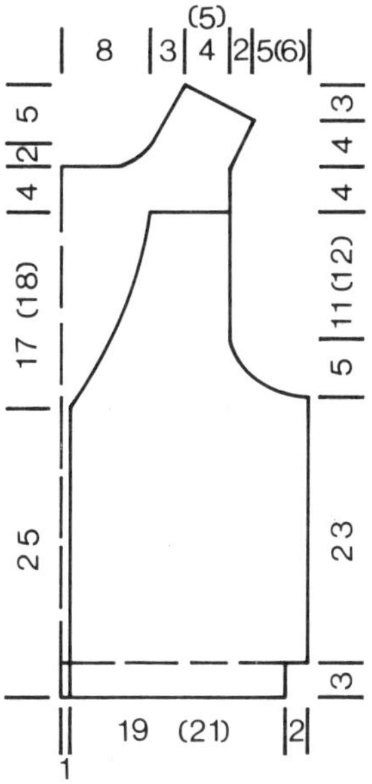

Schnitt: ½ Rücken, linkes Vorderteil für Weste

in 42 (43) cm Höhe abketten.
RECHTES VORDERTEIL: Gegengleich arbeiten.
BLENDE: Für die gesamte Länge 349 (355) M in Beige auf der Rundnadel anschlagen und in offenen R im Bündchenmuster mit Kettrandm stricken. In 1,5 cm Höhe die Knopflöcher über je 5 M einarbeiten: das erste 2 cm ab rechtem unteren Rand, 3 weitere im Abstand von je 5 cm. In 3 cm Höhe alle M abketten.
ARMAUSSCHNITTBLENDEN: 142 (148) M in Beige mit Nadeln Nr. 2½ anschlagen und 3 cm im Bündchenmuster (1 M rechts, 1 M links) stricken, dabei beidseitig in jeder 2. R je 1 M abnehmen.
FERTIGSTELLUNG: Teile spannen, mit einem feuchten Tuch bedecken und trocknen lassen. Die Nähte schließen und die Blenden aufnähen. Die Knöpfe annähen.

Buntgestreifte Weste

Abb. S. 163

GRÖSSE: 36.
MATERIAL: Schewe-Wolle, Qualität Fashion Tweed, 250 g in Grün Nr. 5620, je 100 g in Braun Nr. 5625, Grau Nr. 5623, Apricot Nr. 5628 und Ecru Nr. 5626, 50 g in Rosa Nr. 5627. Je 1 Paar INOX-Stricknadeln Nr. 4½ und 5, eine 100 cm lange IMRA-Rundstricknadel Nr. 4½. 3 Knöpfe.
GRUNDMUSTER: 1. R (Hinr): Randm, 3 M rechts, * 7 M abwechselnd 1 M links, 1 M rechts, dann 7 M rechts, ab * wiederholen. Am Ende nur 3 M rechts, Randm. 2. R (Rückr): Randm, 3 M links, * 7 M abwechselnd 1 M links, 1 M rechts, dann 7 M links, ab * wiederholen. Am Ende nur 3 M links, Randm. 3.–12. R: Wie 1. und 2. R. 13.–24. R: Die Muster versetzen. – Die 1.–24. R wiederholen.
STREIFENFOLGE: Je 12 R apricot, braun, grau, grün, écru, rosa, braun, grün, écru, apricot, in Grau beenden.
MASCHENPROBE: 13 M und 21 R = 10 cm.
BÜNDCHENMUSTER: Abwechselnd 1 M rechts, 1 M links.

Arbeitsanleitung
RÜCKEN: 57 M in Grün mit Nadeln Nr. 4½ anschlagen und im Bündchenmuster stricken. Ab 7 cm Höhe mit Nadeln Nr. 5 im Grundmuster nach der Streifenfolge arbeiten. In 42 cm Höhe für die Armausschnitte beidseitig je 3 M abketten. Mit den restlichen 51 M bis 65 cm Höhe geradeaus stricken, dann abketten.
LINKES VORDERTEIL: 26 M mit Nadeln Nr. 4½ anschlagen und 7 cm im Bünd-

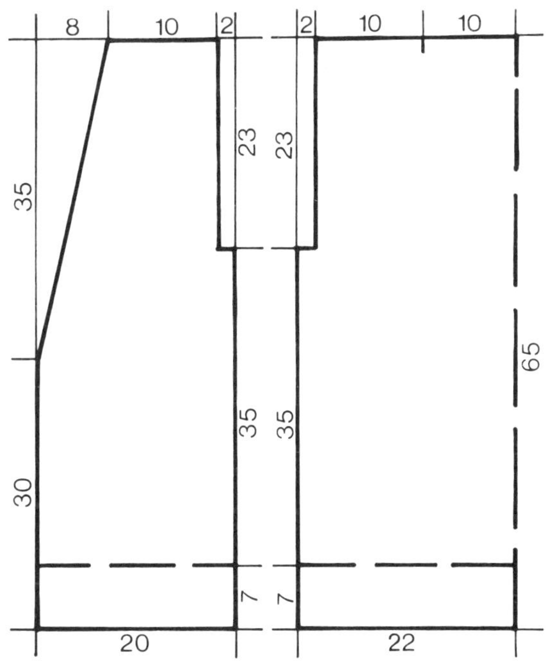

Schnittverkleinerung: ½ Rücken und linkes Vorderteil der buntgestreiften Weste

chenmuster stricken. Weiter mit Nadeln Nr. 5 im Grundmuster nach der Streifenfolge arbeiten, dabei den Armausschnitt wie beim Rücken arbeiten. Am vorderen Rand bis 30 cm Höhe geradeaus stricken, dann für die Ausschnittschräge 1 × 1 M, weiter abwechselnd 1 × in der 6. R und 1 × in der folgenden 8. R noch 9 × 1 M abnehmen. In 65 cm Höhe die restlichen 13 M für die Schulter abketten.
RECHTES VORDERTEIL: Gegengleich stricken.
FERTIGSTELLUNG: Die Schulternähte schließen. Aus den Geraden der Armausschnitte mit Nadeln Nr. 4½ in Grün M aufnehmen und 2 cm im Bündchenmuster anstricken. Die Schmalseiten annähen. Mit der Rundnadel aus dem Halsausschnitt und den vorderen Rändern M in Grün aufnehmen und im Bündchenmuster stricken. In 2 cm Höhe dem rechten Vorderteil 3 Knopflöcher je 2 M breit einarbeiten: das erste 3 cm ab unterem Rand, die weiteren mit je 12 cm Abstand. Danach die M der vorderen Geraden stilllegen und mit den restlichen M den Schalkragen mit verkürzten R stricken. Dafür jeweils am Ende der R 3 M unbearbeitet lassen, mit Umschlag wenden, so daß erst 3 M, dann 6 M, 9 M usw. nicht mitgestrickt werden. Ab 10 cm rückwärtiger Kragenhöhe wieder über alle M stricken, dabei die Umschläge mit der nächsten M verschränkt zusammenstricken. Nach 1 cm die M abketten. Die Seitennähte schließen und die Knöpfe annähen.

Schwarzweiß-gemusterte Pullunder

Für beide Modelle
MATERIAL: Esslinger Wolle, Qualität Trockenwolle 4fach, reine Schurwolle, in den angegebenen Mengen in Schwarz Nr. 02 und Ecru Nr. 42. Je 1 Paar INOX-Stricknadeln Nr. 2½ und 3; 40 cm lange IMRA-Rundstricknadel Nr. 2½.
GRUNDMUSTER: Glatt rechts = Hinr rechte M, Rückr linke M.
BÜNDCHENMUSTER: Abwechselnd 1 M rechts, 1 M links.
MASCHENPROBE: 29 M und 36 R = 10 cm.

Damenpullunder
GRÖSSEN: 38 und 42. Bei unterschiedlichen Angaben: Größe 42 in Klammern.
MATERIAL: 200 g in Ecru, 150 g in Schwarz.
EINSTRICKMUSTER: Gegeben ist 1 Rapport in der Breite + End-M. Die Randm müssen zusätzlich gestrickt werden. Die 1.–6. R wiederholen.

Arbeitsanleitung
RÜCKEN: 127 (139) M in Schwarz mit Nadeln Nr. 2½ anschlagen und im Bündchenmuster 1 R schwarz, weiter écru stricken. Ab 9 cm Höhe mit Nadeln Nr. 3 in Schwarz 1 R im Bündchenmuster und 1 Rückr linker M stricken, weiter im Grundmuster nach dem Einstrickmuster arbeiten, dabei nach der Randm mit der 5. M des Rapports beginnen. In 29 (30) cm Höhe für die Armausschnitte beidseitig je 20 M abketten = 87 (99) M, weiter geradeaus stricken. In 52 (54) cm Höhe für die Schultern in jeder 2. R 3 (4) × 6 M abketten. Zugleich für den Halsausschnitt die mittleren 41 M in 1 R abketten, beidseitig davon in jeder 2. R 2 × 2, 1 × 1 M abnehmen.

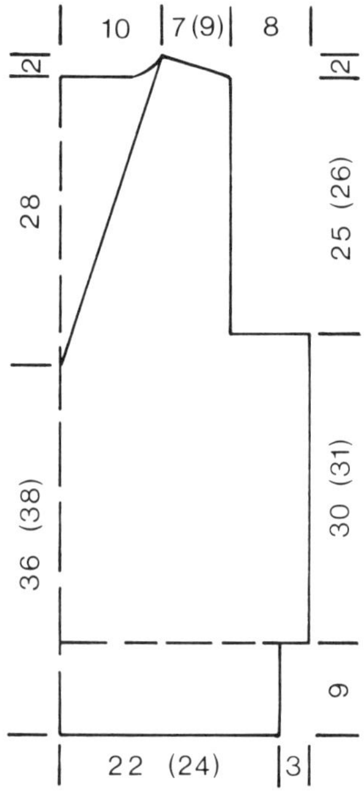

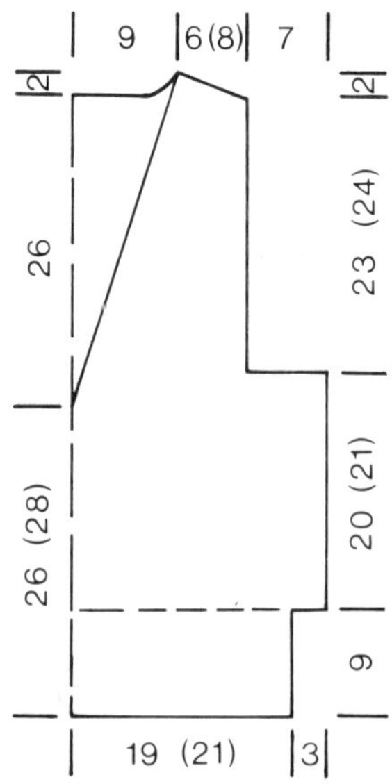

VORDERTEIL: Bis auf den Halsausschnitt wie den Rükken arbeiten. Dafür in 26 (28) cm Höhe die Arbeit durch Abketten der Mittel-M teilen und an den Ausschnittkanten in jeder 2. R 3 × 1 M, in jeder 4. R 22 × 1 M abnehmen.
HALSBLENDE: Auf der Rundnadel 215 M in Schwarz anschlagen und im Bündchenmuster 1 Rd schwarz, weiter écru stricken. Für die Ausschnittspitze 2 rechte M stricken und beidseitig dieser beiden M und in jeder Rd je 1 M verschränkt aus dem Querdraht zunehmen. Die neuen M dem Bündchenmuster einfügen. In 3 cm Höhe die M abketten.
ARMBLENDEN: Auf der Rundnadel 156 (162) M in Schwarz anschlagen und wie die Halsblende stricken. Für die Ecken die 20. und 21. M beidseitig ab Rd-Wechsel rechts stricken und beidseitig davon in jeder 2. Rd wie beschrieben zunehmen.
FERTIGSTELLUNG: Teile spannen, mit einem feuchten Tuch bedecken und trocknen lassen. Die Nähte schließen und die Blenden mit der Abkettkante aufnähen.

Männerpullunder
GRÖSSEN: 48 und 52. Bei unterschiedlichen Angaben: Größe 52 in Klammern.
MATERIAL: 150 (200) g in Ecru, 200 (250) g in Schwarz.

Ein hübsches Einstrickmuster zeigt dieser sportliche Damen-Pullunder in Größe 38 (42).

EINSTRICKMUSTER: Gegeben ist 1 Rapport in der Breite + End-M. Die Randm müssen zusätzlich gestrickt werden. Die 1.–12. R wiederholen.

Arbeitsanleitung

RÜCKEN: 147 (159) M in Ecru mit Nadeln Nr. 2½ anschlagen und im Büdchenmuster 1 R écru, weiter schwarz stricken. In 9 cm Höhe mit Nadeln Nr. 3 in Schwarz 1 Rückr linker M stricken, weiter im Grundmuster nach dem Einstrickmuster arbeiten. In 39 (40) cm Höhe für die Armausschnitte beidseitig je 24 M abketten = 99 (111) M, weiter geradeaus stricken. In 64 (66) cm Höhe für die Schultern in jeder 2. R 3 × 5 (7), 1 × 6 M abketten. Zugleich für den Halsausschnitt die mittleren 47 M in 1 R abketten, beidseitig davon in jeder 2. R 2 × 2, 1 × 1 M abnehmen.

VORDERTEIL: Bis auf den Halsausschnitt wie den Rükken arbeiten. Dafür in 36 (38) cm Höhe die Arbeit durch Abketten der Mittel-M teilen und an den Ausschnittkanten in jeder 2. R 6 × 1 M, in jeder 4. R 22 × 1 M abnehmen.

HALSBLENDE: Auf der Rundnadel 231 M in Ecru anschlagen und im Bündchenmuster 1 Rd écru, dann bis 3 cm Höhe schwarz stricken, dabei die Ausschnittspitze wie beim Damenpullunder formen.

ARMBLENDEN: Auf der Rundnadel 172 (178) M in Ecru anschlagen und wie die Halsblende stricken. Die Zunahmen wie beim Damenpullunder arbeiten, jedoch die 23. und 24. M ab Rd-Wechsel markieren.

FERTIGSTELLUNG: Siehe Damenpullunder.

Damenweste gemustert

GRÖSSEN: 38 und 42. Bei unterschiedlichen Angaben: Größe 42 in Klammern.

MATERIAL: Mittelstarke Sportwolle, je 50% Schurwolle und Polyacryl, 250 (300) g in Schwarz, je 50 g in Rot, Blau, Orange, Grün. 1 Paar INOX-Stricknadeln und eine 120 cm lange IMRA-Rundstricknadel Nr. 4. 2 Knebelknöpfe.

GRUNDMUSTER: 1. R (Hinr): Randm, * 1 M rechts, 1 M links abheben, Faden vor der Arbeit, ab * wiederholen, Randm. 2. und alle folgenden Rückr: linke M. 3. R: Randm, 1 M rechts, * 1 M rechts, 1 M links abheben, Faden vor der Arbeit, ab * wiederholen. Am R-Ende 1 M rechts, Randm. Die 1.–4. R wiederholen.

STREIFENFOLGE: * Im Grundmuster je 1 R rot, blau, schwarz, orange, grün,

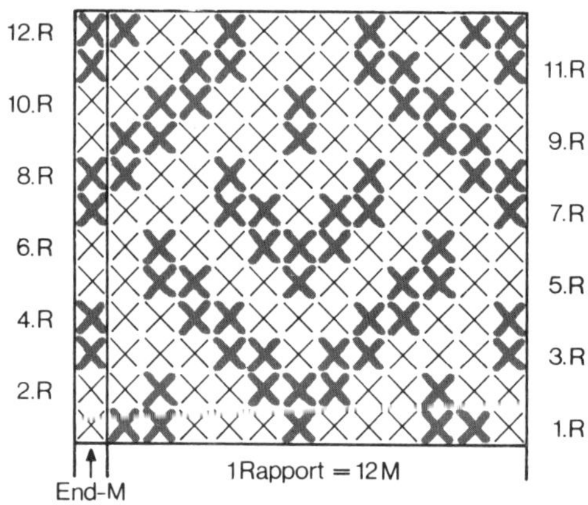

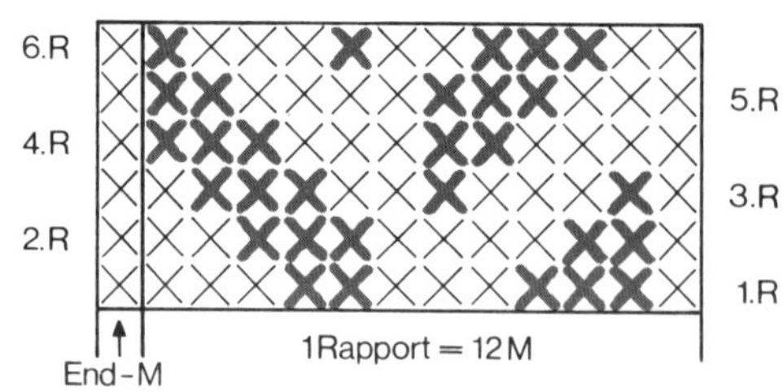

Einstrickmuster für Pullunder. 1 Kästchen bedeutet 1 Masche. Gegeben ist 1 Rapport.

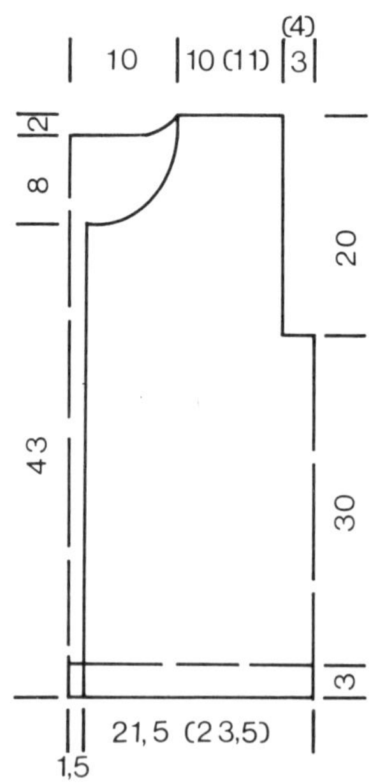

Schnitt für Weste in Gr. 38 und 42

Sehr wirkungsvoll ist diese Weste in Schwarz mit kontrastierendem Muster. Eine ideale Kombination zu langen Hosen und sportlichen Röcken.

schwarz, blau, rot, schwarz, grün, orange, dann schwarz je 1 Rück-, Hin- und Rückr linke M. Ab * wiederholen.
BÜNDCHENMUSTER: Kraus = Rück- und Hinr rechte M.
MASCHENPROBE: 19 M und 30 R = 10 cm.

Arbeitsanleitung
RÜCKEN und VORDERTEILE: Für die gesamte Weite 170 (186) M in Schwarz anschlagen und 3 cm im Bündchenmuster stricken. Weiter im Grundmuster nach der Streifenfolge geradeaus arbeiten. In 33 cm Höhe ab rechtem Rand über 36 (38) Vorderteil-M stricken, die folgenden 11 (15) M für den Armausschnitt abketten, über 76 (80) Rücken-M stricken, 11 (15) M abketten und die R beenden. Die Vorderteil-M stillegen und zuerst den Rücken beenden: Bis 51 cm Höhe geradeaus stricken, dann für den Halsausschnitt die mittleren 30 M in 1 R, beidseitig davon in jeder 2. R 2 × 2 M abketten. Die restlichen je 19 (21) M für die Schulter in 1 R abketten. Nun die Vorderteil-M aufnehmen und bis 43 cm Höhe geradeaus stricken, dann für den Halsausschnitt 8 M in 1 R abketten, in jeder 2. R 3 × 2, 3 × 1 M abnehmen. Mit den restlichen 19 (21) M bis 53 cm Höhe geradeaus stricken; abketten.
AUSSCHNITTBLENDE: Auf der Rundnadel für die vorderen Geraden je 77 M, den Halsausschnitt 86 M = 240 M in Schwarz anschlagen. In offenen R im Bündchenmuster stricken und für die Ausschnittecken beidseitig der 77. M ab Rand in jeder 2. R je 1 M zunehmen. In 1,5 cm Höhe 36 cm ab rechtem unteren Rand das 1. Knopfloch 3 M breit einarbeiten, das zweite nach 3 cm. In 3 cm Höhe alle M abketten.
ARMAUSSCHNITTBLENDEN: 76 M in Schwarz anschlagen. Im Bündchenmuster 3 cm stricken.
FERTIGSTELLUNG: Nähte schließen. Die Blenden aufnähen. Knöpfe annähen.

Maxi-Pullunder

Abb. S. 178

Dieser Maxi-Pullunder für alle Gelegenheiten hat einen dezenten Goldschimmer. Er wird aus dickem Baumwollgarn mit Lurex-Beifaden in einem Rippenmuster gestrickt. Die Bündchen sind eins rechts, eins links gearbeitet.

GRÖSSEN: 36 und 40. Bei unterschiedlichen Angaben: Größe 40 in Klammern.
MATERIAL: Dickes Baumwollgarn mit Lurex-Beifaden, 900 (1000) g in Weiß-gold. Je 1 Paar IMRA-Stricknadeln Nr. 6 und 7, je eine 40 cm und 60 cm lange Rundstricknadel Nr. 6.
GRUNDMUSTER: 1. R (Hinr): Randm, * 2 M rechts, 1 M links, ab * wiederholen, Randm. – Die 1. R wiederholen.

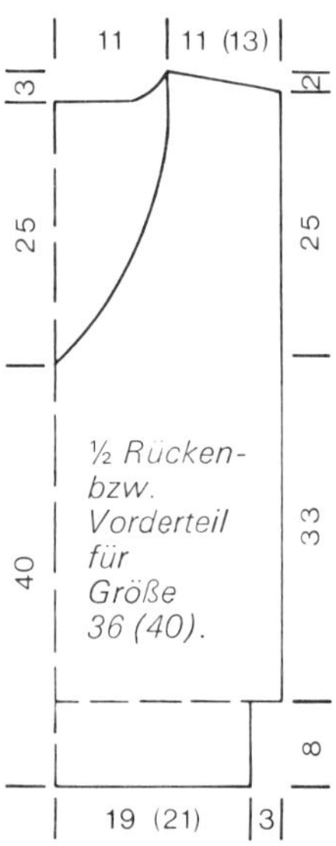

Schnitt: ½ Rücken- bzw. Vorderteil des Maxi-Pullunders in Größe 36 (40).

BÜNDCHENMUSTER: Abwechselnd 1 M rechts, 1 M links.
MASCHENPROBE: 12 M und 16 R = 10 cm.

Arbeitsanleitung

RÜCKEN: 53 (59) M mit Nadeln Nr. 6 anschlagen und 8 cm im Bündchenmuster, weiter mit Nadeln Nr. 7 im Grundmuster geradeaus stricken. In 65 cm Höhe für den Halsausschnitt die mittleren 17 M in 1 R, beidseitig davon in jeder 2. R 2 × 2 M abketten. Zugleich für die Schulter ab 66 cm Höhe in jeder 2. R 2 × 7 (1 × 8, 1 × 9) M abketten.
VORDERTEIL: Bis auf den Halsausschnitt wie den Rükken arbeiten. Dafür in 40 cm Höhe die Arbeit durch Stilllegen der Mittel-M teilen und an den Ausschnittseiten zuerst in jeder 2. R 8 × 1 M, anschließend in jeder 4. R 4 × 1 M abnehmen.
FERTIGSTELLUNG: Teile spannen, mit einem feuchten Tuch bedecken und trocknen lassen. Die Seitennähte 41 cm hoch schließen, Schulternähte schließen. Mit der langen Rundnadel aus dem Halsausschnitt 102 M einschließlich Mittel-M aufnehmen und im Bündchenmuster in Rd 4 cm stricken, dabei in jeder Rd in der Spitze 3 M mit obenaufliegender Mittel-M zusammenstricken. Mit der kleinen Rundnadel aus den Armausschnitten je 60 M aufnehmen und in Rd 4 cm im Bündchenmuster stricken, dabei in Verlängerung der Seitennaht wie bei der Ausschnittspitze beschrieben abnehmen.

Twinset mit Hahnentrittmuster

Abb. S. 177

Für beide Modelle

GRÖSSE: 36.
MATERIAL: Scheepjes-Wolle, Qualität Luzern, in den angegebenen Mengen in Grau Nr. 6483 und Gelb Nr. 6487. Je 1 Paar INOX-Stricknadeln Nr. 4 und 5. Schulterpolster.
GRUNDMUSTER: Glatt rechts = Hinr rechte M, Rückr linke M.
BÜNDCHENMUSTER: Abwechselnd 1 M rechts, 1 M links.

Pullover

MATERIAL: 300 g in Grau, 250 g in Gelb. 1 Reißverschluß, 18 cm lang.
EINSTRICKMUSTER: Siehe Zeichnung. Leere Kästchen = grau, Kreuze = gelb. Die Randm sind nicht mit eingezeichnet.
MASCHENPROBE: 21 M und 20 R = 10 cm.

Arbeitsanleitung

RÜCKEN: 94 M in Grau mit Nadeln Nr. 4 anschlagen und im Bündchenmuster 7 cm stricken. Dann im Grundmuster nach dem Einstrickmuster mit Nadeln Nr. 5 geradeaus stricken. In 36 cm Höhe für die Armausschnitte beidseitig in jeder 2. R 1 × 4, 1 × 2, 2 × 1 M abnehmen = 78 M. In 44 cm Höhe die Arbeit für den Reißverschluß in der Mitte teilen = je 39 M und an den Schlitzrändern geradeaus stricken. In 58 cm Höhe alle M abketten.
VORDERTEIL: Ohne Schlitz

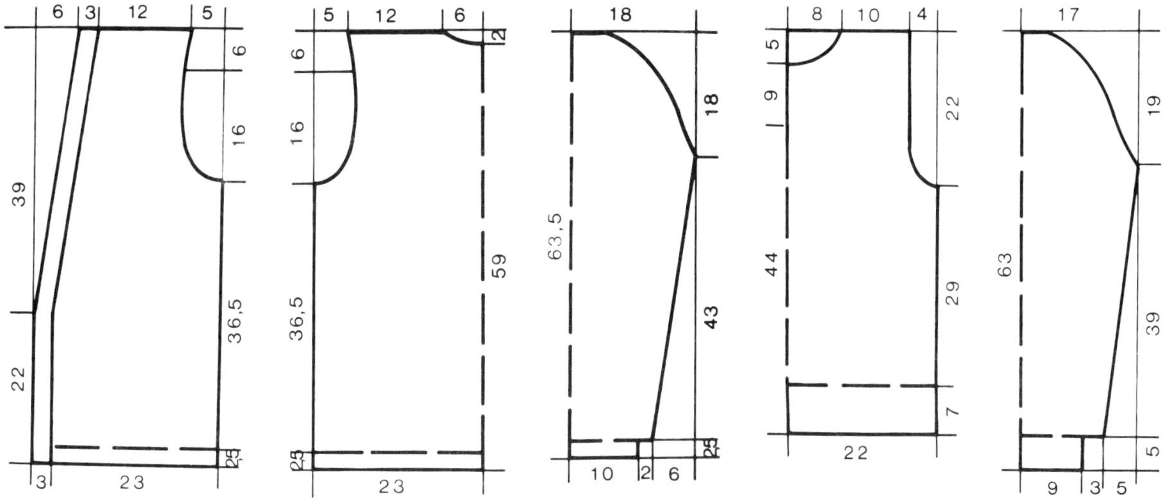

Links Schnittverkleinerung für linkes Vorderteil, ½ Rücken, ½ Ärmel der Jacke, rechts ½ Vorder- bzw. Rückenteil, ½ Ärmel des Pullovers.

bis auf den Halsausschnitt wie den Rücken arbeiten. Dafür in 53 cm Höhe die mittleren 16 M, beidseitig davon an den Ausschnittseiten in jeder 2. R 1 × 2, 1 × 1 M abketten. Die restlichen 22 M je Schulter in 58 cm Höhe abketten.
ÄRMEL: 38 M in Grau mit Nadeln Nr. 4 anschlagen und 5 cm im Bündchenmuster, weiter im Grundmuster nach dem Einstrickmuster mit Nadeln Nr. 5 stricken, dabei in der 1. R. 12 × jede 3. M verdoppeln = 50 M. Weiter beidseitig abwechselnd 1 × in der 6. R und 1 × in der folgenden 8. R insgesamt 10 × 1 M zunehmen = 70 M. Ab 44 cm Höhe für die Armkugel beidseitig in jeder 2. R 1 × 3, 1 × 2, 12 × 1, 3 × 2, 1 × 3 M, die restlichen 18 M in 1 R abketten.
FERTIGSTELLUNG: Die Teile spannen, leicht dämpfen. Die Nähte schließen. Aus dem Halsausschnitt mit Nadeln Nr. 4 in Grau M aufnehmen und 8 cm im Grundmuster nach dem Einstrickmuster stricken, dann abketten. Den Reißverschluß bis zur halben Kragenhöhe einnähen, dann den Kragen zur Hälfte nach links umnähen. Anschließend die Schulterpolster einnähen.

Jacke

MATERIAL: 350 g in Grau, 300 g in Gelb. Eine 100 cm lange Rundstricknadel Nr. 4.
EINSTRICKMUSTER: Siehe Zeichnung. Leere Kästchen = grau, Kreuze = gelb. Die Randm sind nicht mit eingezeichnet.
MASCHENPROBE: 20 M und 20 R = 10 cm.

Arbeitsanleitung

RÜCKEN: 90 M in Grau mit Nadeln Nr. 4 anschlagen und im Bündchenmuster 2,5 cm hoch stricken. Weiter im Grundmuster nach dem Einstrickmuster mit Nadeln Nr. 5 geradeaus stricken. In 39 cm Höhe für die Armausschnitte beidseitig in jeder 2. R 1 × 4, 1 × 3, 5 × 1 M abketten = 66 M. In 55 cm Höhe beidseitig 1 × 1 M, in jeder 4. R 2 × 1 M zunehmen = 72 M. In 59 cm Höhe für den Halsausschnitt die mittleren 20 M, beidseitig davon an den Ausschnittseiten in der 2. R 1 × 2 M abketten. Die restlichen 24 M je Schulter in 61 cm Höhe abketten.
LINKES VORDERTEIL: 46 M in Grau mit Nadeln Nr. 4 anschlagen und 2,5 cm im Bündchenmuster stricken. Weiter mit Nadeln Nr. 5 im Grundmuster nach dem Einstrickmuster arbeiten, dabei Seite, Armausschnitt und Schulter wie beim Rücken arbeiten. Am vorderen Rand bis 22 cm Höhe geradeaus strikken, dann für die Ausschnittschräge 1 × 1 M, in jeder 6. R 12 × 1 M abnehmen.
RECHTES VORDERTEIL: Gegengleich arbeiten.
ÄRMEL: 42 M mit Nadeln Nr. 4 in Grau anschlagen und 2,5 cm im Bündchenmuster

stricken. Weiter mit Nadeln Nr. 5 im Grundmuster nach dem Einstrickmuster arbeiten, dabei beidseitig abwechselnd 1 × in der 4. R und 1 × in der folgenden 6. R insgesamt 16 × 1 M zunehmen = 74 M.

Ab 45,5 cm Höhe für die Armkugel beidseitig in jeder 2. R 1 × 4, 1 × 3, 2 × 2, 9 × 1, 2 × 2, 2 × 3 M und die restlichen 14 M in 1 R abketten.

FERTIGSTELLUNG: Die Teile spannen, leicht dämpfen. Die Nähte schließen. Mit der Rundnadel aus den vorderen Rändern und dem Halsausschnitt M in Grau aufnehmen und im Bündchenmuster mit Kettrandm 3 cm stricken, dann abketten.

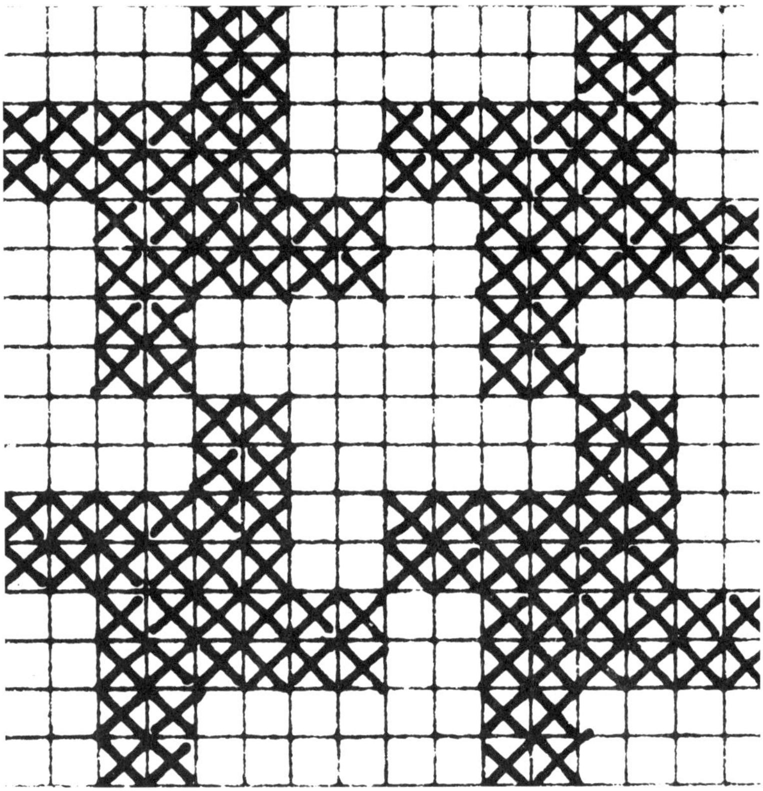

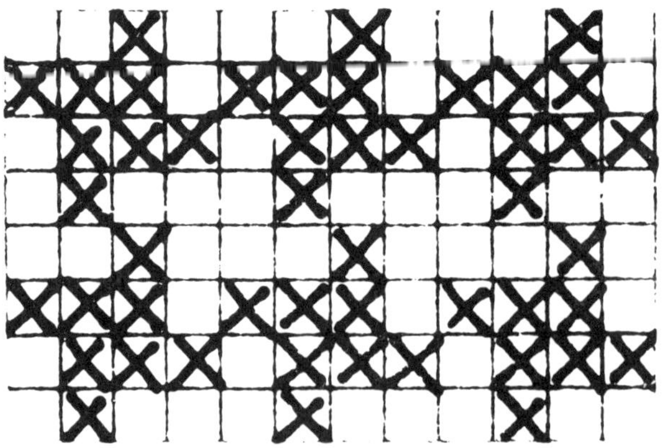

Einstrickschema für Twinset im Hahnentrittmuster. Jedes Kästchen bedeutet 1 Masche.

☒ = *gelb*

Nicht nur für Tour-de-France-Fahrer sind die praktischen Kinderpullis im Trikotstil mit Taschen für Feldflaschen und Butterstulle (Anl. S. 112)

Darin fühlen sich Kinder richtig wohl: ein schöner Pullover mit dickem Zopf aus naturfarbener Wolle (Anl. S. 97)

Eigenwillige Ausschnittformen und versetzte Farbkaros machen diese Kinderpullis zu etwas Besonderem (Anl. S. 108)

▲ *Feine Einstrickmuster zieren die Pullover für große und kleine Männer (Anl. S. 98)*

◀ *Dackel und Hirsche in kontrastierendem Braun und Beige laufen über die Pullover von Vater und Sohn (Anl. S. 98)*

Etwas Warmes für kleine Männer: ein blau-weißer Pullunder (Anl. S. 191) und ein Pullunder mit Karomuster (Anl. S. 119) ▶

Aus edler weicher Alpaka-Wolle ◀ in Beige und Tanne ist der Pullunder gestrickt. Das Fangmuster wirkt plastisch (Anl. S. 171)

Oben: Immer aktuell sind kleine verschlußlose Westen, die man das ganze Jahr hindurch tragen kann (Anl. S. 169)

Dieses Twinset mit Zopfmuster macht alles mit, ob Stadtbummel oder Bergtour (Anl. S. 156) ▶

Weste und Pullunder sind in vielen kleinen Musterstreifen in Norwegertechnik gestrickt. Für die Muster brauchen Sie etwas Geduld, damit sie auch schön werden (Anl. S. 160/185)

Männer-Twinset

Abb. S. 180

Ein dezentes Muster zieht sich über dieses Männer-Twinset in Grau-Blau-Tönen. Beide Teile können auch einzeln getragen werden. Diese Kombination paßt gut zu sportlichen Hemden und Hosen.

Für beide Modelle

GRÖSSEN: 50 und 54. Bei unterschiedlichen Angaben: Größe 54 in Klammern.
MATERIAL: Esslinger Wolle, Qualität Trockenwolle 4fach, reine Schurwolle, in den angegebenen Mengen in Grau Nr. 22 und Blau Nr. 32. Je 1 Paar INOX-Stricknadeln Nr. 2½ und 3.
BÜNDCHENMUSTER: Abwechselnd 1 M rechts, 1 M links.

Pullunder

MATERIAL: 200 g in Grau, 100 (150) g in Blau. Eine 40 cm lange Rundstricknadel Nr. 2½.
GRUNDMUSTER: M-Zahl teilbar durch 8 + 2 + 2 Randm. 1. R (Hinr): rechte M. 2. R (Hinr): rechte M. 3. R: Randm, 2 M links abheben, Faden hinter der Arbeit, * 6 M rechts, 2 M wie vorher abheben. Ab * wiederholen, Randm. 4. R: Randm, 2 M links abheben, Faden vor der Arbeit, * 6 M links, 2 M wie vorher abheben. Ab * wiederholen, Randm. 5.–8. R: wie 3. und 4. R. 9. und 10. R: wie 1. und 2. R. 11. R: Randm, 4 M rechts, 2 M links abheben, * 6 M rechts, 2 M abheben. Ab* wiederholen, am Ende 4 M rechts, Randm. 12. R: Randm, 4 M links, 2 M links abheben, * 6 M links, 2 M links abheben. Ab * wiederholen, am Ende 4 M links, Randm. 13.–16. R: wie 11. und 12. R. – Die 1.–16. R wiederholen.
STREIFENFOLGE: Abwechselnd 2 R grau und blau.
MASCHENPROBE: 28 M und 46 R = 10 cm.

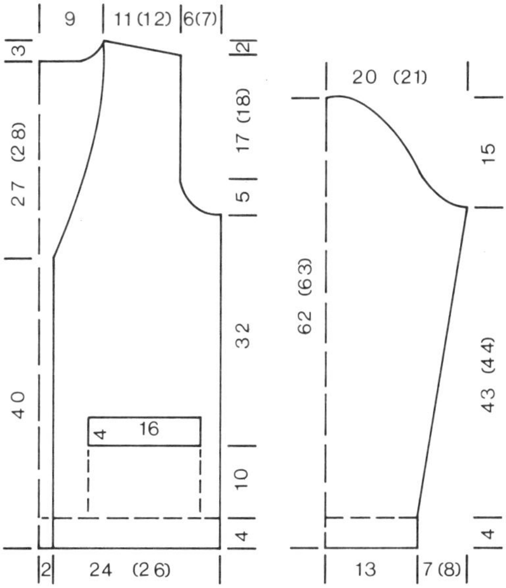

Schnittverkleinerung: ½ Rükken- bzw. linkes Vorderteil, ½ Ärmel für Jacke.

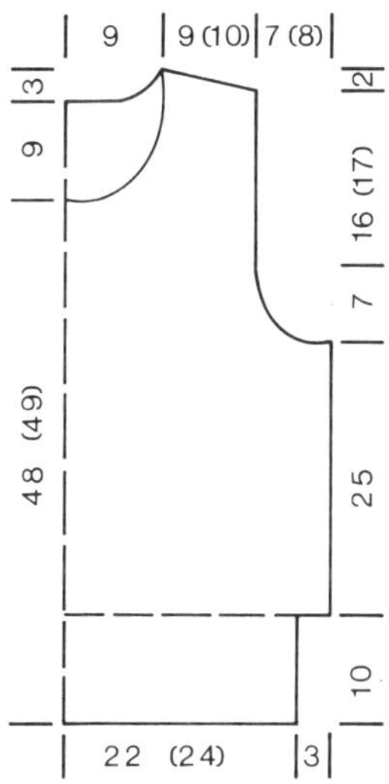

½ Rücken- bzw. Vorderteil für Pullunder. Für Herrengröße 50 und 54.

Arbeitsanleitung

RÜCKEN: 140 (152) M in Grau mit Nadeln Nr. 2½ anschlagen und 10 cm im Bündchenmuster stricken. Weiter mit Nadeln Nr. 3 im Grundmuster nach der Streifenfolge arbeiten, dabei für die 2. Größe das Muster in der 3. R neben der Randm mit 2 M rechts beginnen und beenden; geradeaus stricken. Ab 35 cm Höhe für die Armausschnitte beidseitig in jeder 2. R 2 × 3 (1 × 5, 1 × 3), 3 × 2, 4 × 1 M, in jeder 4. R 4 × 1 M abnehmen = 100 (108) M; geradeaus stricken. Für den Halsausschnitt in 57 (58) cm Höhe die mittleren 34 M in 1 R, beidseitig davon in jeder 2. R 2 × 2, 4 × 1 M abketten. Zugleich in 58 (59) cm Höhe für die Schulter in jeder 2. R 3 × 6, 1 × 7 (3 × 7, 1 × 8) M abketten.
VORDERTEIL: Bis auf den Halsausschnitt wie den Rükken arbeiten. Dafür in 48 (49) cm Höhe die mittleren 14 M in 1 R, an den Ausschnittseiten in jeder 2. R 2 × 3, 2 × 2, 5 × 1 M, in jeder 4. R 3 × 1 M abketten.
FERTIGSTELLUNG: Nähte schließen. Mit der Rundnadel aus dem Halsausschnitt 164 M in Grau aufnehmen und in Rd im Bündchenmuster 3 cm strikken; locker abketten. Aus den

Armausschnitten 114 (120) M in Grau aufnehmen und die Bündchen ebenso stricken.

Jacke

MATERIAL: 400 (450) g in Blau, 50 g in Grau. Eine 120 cm lange Rundstricknadel Nr. 2½. 5 Knöpfe.
GRUNDMUSTER: Glatt rechts = Hinr rechte M, Rückr linke M.
MASCHENPROBE: 26 M und 34 R = 10 cm.

Arbeitsanleitung

RÜCKEN: 136 (146) M in Blau mit Nadeln Nr. 2½ anschlagen, 4 cm im Bündchenmuster, weiter mit Nadeln Nr. 3 im Grundmuster geradeaus stricken. Ab 46 cm Höhe für die Armausschnitte beidseitig in jeder 2. R 3 × 3 (1 × 5, 2 × 3), 2 × 2, 3 × 1 M abnehmen = 104 (110) M; geradeaus stricken. In 67 (68) cm Höhe für den Halsausschnitt die mittleren 34 M in 1 R, beidseitig davon in jeder 2. R 2 × 2, 2 × 1 M abketten. Zugleich in 68 (69) cm Höhe für die Schulter in jeder 2. R 3 × 7, 1 × 8 (4 × 8) M abketten.
LINKES VORDERTEIL: 63 (68) M in Blau mit Nadeln Nr. 2½ anschlagen, 4 cm im Bündchenmuster, weiter mit Nadeln Nr. 3 im Grundmuster stricken und Seite, Armausschnitt und Schulter wie beim Rücken formen. Zugleich für die Tasche in 14 cm Höhe ab Seite 8 M stricken, die folgenden 42 M stillegen. Für den Taschenbeutel getrennt 42 M anschlagen, 10 cm im Grundmuster stricken und der Arbeit einfügen. Am vorderen Rand geradeaus stricken. Für die Ausschnittschräge in 40 cm Höhe 1 × 1 M, abwechselnd in jeder 2. und 4. R 8 × 1 M, in jeder 6. R 7 × 1 M, in jeder 8. R 2 × 1 M abnehmen. Die stillgelegten Taschen-M mit Nadeln Nr. 2½ aufnehmen und im Bündchenmuster 2 × abwechselnd je 2 R grau und blau, dann 7 R + Abkett-R grau stricken.
RECHTES VORDERTEIL: Gegengleich arbeiten.
ÄRMEL: 68 M in Grau mit Nadeln Nr. 2½ anschlagen und im Bündchenmuster 7 R grau, dann 2 × abwechselnd je 2 R blau und grau arbeiten. Weiter mit Nadeln Nr. 3 blau im Grundmuster stricken und beidseitig in jeder 8. R 18 × 1 M (abwechselnd in jeder 6. und 8. R 21 × 1 M) zunehmen = 104 (110) M. Ab 47 (48) cm Höhe für die Armkugel beidseitig in jeder 2. R 1 × 4 (5), 2 × 3, 3 × 2, 13 × 1, 3 × 2, 2 × 3, 1 × 4 (5) M, die restlichen 14 (16) M in 1 R abketten.
AUSSCHNITTBLENDE: 253 (257) M in Grau auf der Rundnadel anschlagen und in offenen R im Bündchenmuster mit Kettrandm 1 R grau, je 2 R blau, grau, blau, dann 7 R + Abkett-R grau stricken, dabei in der letzten blauen R die Knopflöcher 4 M breit einarbeiten: das erste 4 cm ab linkem unteren Rand, 4 weitere im Abstand von je 7 cm.
FERTIGSTELLUNG: Teile spannen, leicht dämpfen. Nähte schließen, Taschenbeutel annähen. Die Blende auf-, die Knöpfe annähen.

Krausgestricktes Damenwestchen, bestickt

Abb. S. 166

GRÖSSE: 34/36.
MATERIAL: Schewe-Wolle, Qualität Original Shetland extrem, 250 g in Ecru Nr. 1414. 1 Paar IMRA-Stricknadeln Nr. 7. Zum Sticken: Lurex und Wollreste in verschiedenen Farben.
GRUNDMUSTER: Kraus = Rückr und Hinr rechte M. 2 R = 1 Rippe.
MASCHENPROBE: 13 M und 26 R = 10 cm.

Arbeitsanleitung

STRICKEN: Die Weste wird in einem Stück quer gearbeitet. Mit der linken Seitennaht beginnend 100 M anschlagen und im Grundmuster 18 cm = 24 Rippen geradeaus stricken. Dann für das Vorderteil und Halsausschnitt in 1 Hinr am linken Rand 54 M abketten. Nun den Faden neu anlegen und mit 1 Rückr beginnend über die restlichen 46 M den Rücken 8 cm = 11 Rippen geradeaus stricken. Dann für das rechte Vorderteil mit Halsausschnitt in 1 Hinr wieder 54 M dazu anschlagen und über alle M noch 18 cm = 24 Rippen geradeaus stricken und ebenfalls in 1 Hinr alle M abketten.
STICKEN: Lurex und Wollreste verwenden, dünnere Qualitäten doppelt nehmen. Zuerst alle Außenkanten der Weste im Schlingstich besticken. Gestickt wird jeweils über Anschlag- bzw. Abkettreihe + 1 Rippe in der Senkrechten, da-

bei in jede M einstechen. In der Waagerechten immer zwischen je 2 Rippen einstechen, dabei 2 M in der Höhe erfassen. Anschließend in Lurex die 2. R um alle Außenkanten sticken, dabei mit Überwendlichstichen jede M bzw. jede Rippe umstechen. Nun die Weste mit den senkrechten Borten über Rücken und Vorderteil besticken. An der linken Seitennaht beginnend die erste freie Rippe mit Wolle, die zweite Rippe und je 1 Rippe zwischen den Borten mit Lurex im Überwendlichstich umsticken.
BORTE 1: 2 Rippen übergehen und über die folgenden 3 Rippen den Durchzug arbeiten. Dabei 1 Schlinge der 1. Rippe und 1 Schlinge der 3. Rippe erfassen, wenden und anschließend die danebenliegenden Schlingen der 3. Rippe, dann die der 1. Rippe durchstechen.

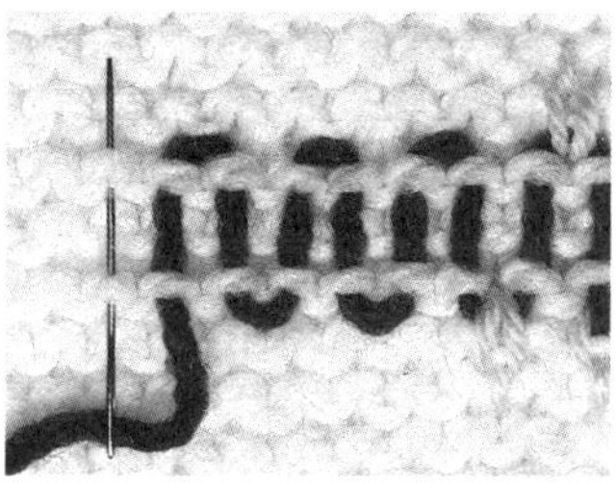

Danach in jede Außenschlinge der Schmuckfarbe 1 Margeritenstich über je 2 Rippen arbeiten. Borte 2: Die beiden nächsten Rippen werden im M-Stich überstickt. Dabei am Anfang zwischen den beiden Rippen ausstechen, dann je 1 nach unten liegende Schlinge durchstechen. In die Ausstichstelle des vorhergehenden Stiches wieder

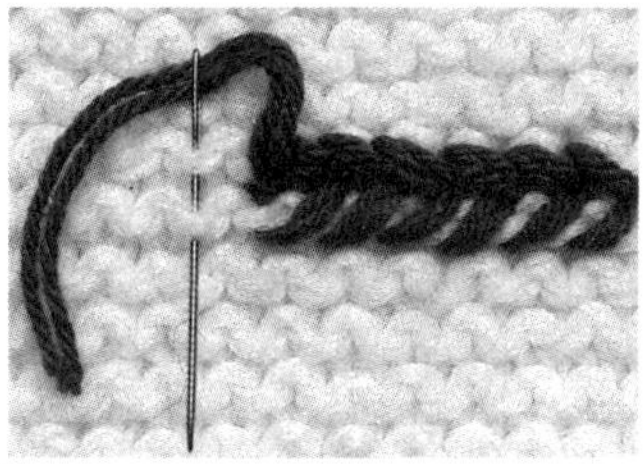

einstechen und vor dem senkrechten Schmuckfaden ausstechen.
Ist die Reihe beendet, in die Mitte eine Steppstichreihe in

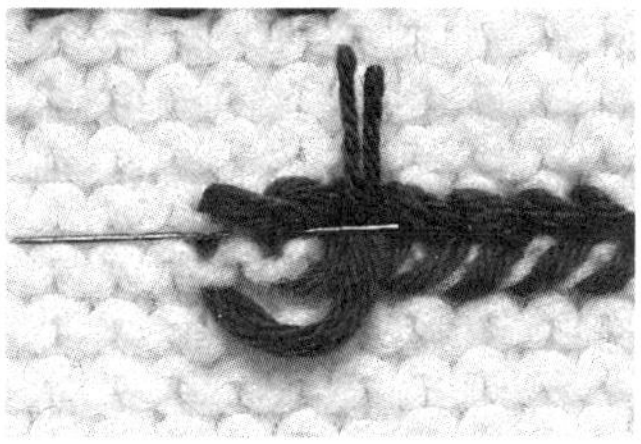

Lurex arbeiten, dabei jede gestickte M umstechen. Borte 3: Über die nächsten 3 Rippen den Durchzug im Zickzack arbeiten. Dafür 1 nach unten liegende Schlinge der 1. Rippe und je 1 nach unten liegende Schlinge der 2. und 3. Rippe nach links versetzt durchstechen. Wenden, dann die danebenliegende Schlinge der 3. Rippe und je 1 Schlinge der 2. und 1. Rippe nach links versetzt aufnehmen.

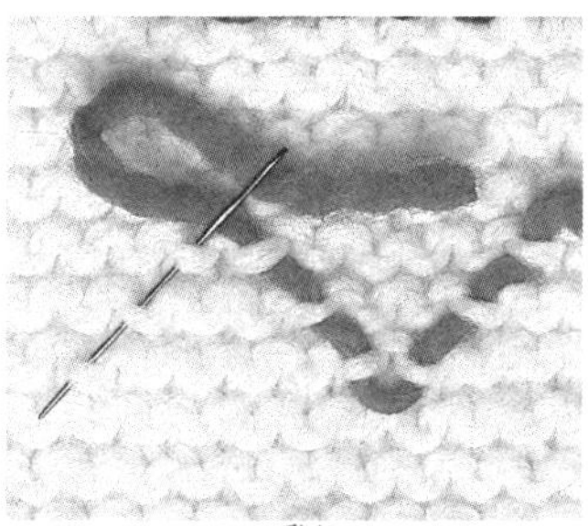

Ist die Reihe beendet, den zweiten Durchgang 1 Rippe höher genauso arbeiten. Anschließend in die innere Spitze des 1. Durchzugs je 1 Margaritenstich sticken. Borte 4: Die beiden nächsten Rippen wie bei Foto 1 sticken, dabei jedoch nur je 1 Schlinge der 1. und 2. Rippe erfassen. Am Reihenende den Durchzug durch die gleichen Schlingen gegengleich beenden.

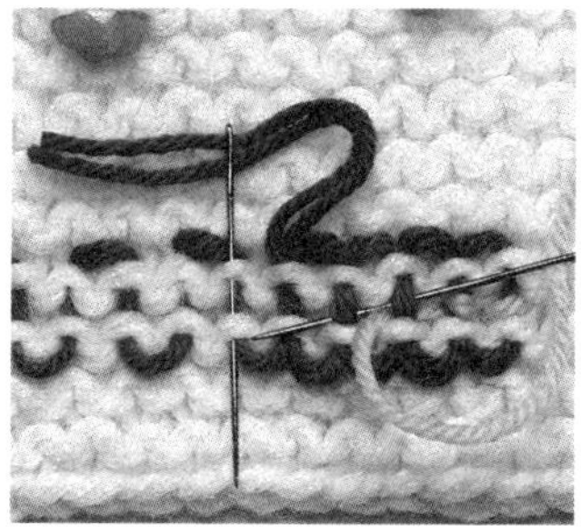

Anschließend noch eine Steppstichreihe über die senkrechten Fäden der Schmuckfarbe arbeiten. Nun für das Rückenteil die Borte 2 und anschließend Borte 1 wiederholen = Rückenmitte. Ab Rükkenmitte die andere Hälfte gegengleich besticken.
FERTIGSTELLUNG: Mit dem gleichen Material wie bei der Umrandung verwendet die Seitennähte 18 cm hoch mit Überwendlichstichen schließen.

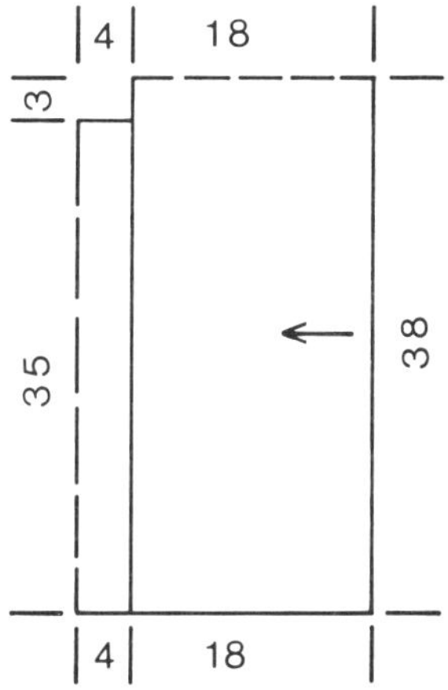

Grünes Damentwinset
Abb. S. 162 und S. 148

Twinsets sind Dauerbrenner. Man kann sie ebenso gut zu Röcken wie Hosen tragen. Dieses Modell wird aus Shetland-Wolle glatt rechts gestrickt und hat farblich abgesetzte Blenden.

GRÖSSEN: 40 und 44. Bei unterschiedlichen Angaben: Größe 44 in Klammern.
MATERIAL: Shetland-Wolle, reine Schurwolle, für die Jacke 300 (350) g in Grün, je 100 g in Ecru und Dunkelgrün, für den Pullunder 200 g in Grün, Reste in den Beifarben. Je 1 Paar INOX-Stricknadeln Nr. 2½ und 3, je eine 50 und 80 cm lange IMRA-Rundstricknadel Nr. 2½. 6 Knöpfe.
GRUNDMUSTER: Glatt rechts = Hinr rechte M, Rückr linke M.
STREIFENFOLGE: * 2 R écru, 2 R dunkelgrün, 6 R grün, 2 R écru, 6 R grün, 2 R dunkelgrün, 2 R écru, 6 R grün, 2 R dunkelgrün, 6 R grün, ab * wiederholen.
BÜNDCHENMUSTER: Abwechselnd 1 M rechts, 1 M links.
MASCHENPROBE: 26 M und 36 R = 10 cm im Quadrat.

Arbeitsanleitung
Jacke
RÜCKEN: 128 (138) M in Grün mit Nadeln Nr. 2½ anschlagen, 4 cm im Bündchenmuster, weiter mit Nadeln Nr. 3 im Grundmuster nach der Streifenfolge stricken, dabei beidseitig in jeder 10. R 7 × 1 M abnehmen = 114 (124) M, anschließend in jeder 14. R 5 × 1 M zunehmen = 124 (134) M. In 47 cm Höhe für die Armausschnitte beidseitig in jeder 2. R 1 × 3, 3 × 2, 6 × 1 M abnehmen = 94 (104) M, geradeaus stricken. In 66 (67) cm Höhe für die Schultern in jeder 2. R 4 × 6 (2 × 6, 2 × 7) M abketten. Zugleich für den Halsausschnitt die mittleren 36 (42) M in 1 R, beidseitig davon in jeder 2. R 2 × 2, 1 × 1 M abnehmen.
LINKES VORDERTEIL: 60 (65) M in Grün mit Nadeln Nr. 2½ anschlagen, 4 cm im Bündchenmuster, weiter mit Nadeln Nr. 3 im Grundmuster nach der Streifenfolge arbeiten, dabei Seite, Armausschnitt und Schulter wie beim Rücken formen. In 14 cm Höhe für die Tasche die 9.–52. (11.–54.) M ab vorderem Rand stillegen. Für den Taschenbeutel 44 M in Grün neu anschlagen und 10 cm hoch im Grundmuster stricken, dann diese M anstelle der stillgelegten M der Arbeit einfügen. Für die Ausschnittschräge in 45 cm Höhe 1 × 1 M, in jeder 2. R 5 (8) × 1 M, in jeder 4. R 7 × 1 M, in jeder 6. R 4 × 1 M abnehmen. Anschließend die stillgelegten M wieder aufnehmen und die Taschenblende in Grün mit Nadeln Nr. 2½ im Bündchenmuster mit Kettrandm 4 cm hoch stricken. Die Blende an den Schmalseiten aufnähen, den Taschenbeutel von links gegennähen.
RECHTES VORDERTEIL: Gegengleich arbeiten.
ÄRMEL: 66 (72) M mit Nadeln Nr. 2½ in Grün anschlagen, 8 cm im Bündchenmuster, weiter mit Nadeln Nr. 3 im Grundmuster nach der Streifenfolge arbeiten, dabei mit der 19. R der Streifenfolge beginnen. Beidseitig abwechselnd in jeder 8. und 10. R 14 × 1 M zunehmen = 94 (100) M. In 45 cm Höhe für die Armkugel beidseitig in jeder 2. R 1 × 4, 6 × 2, 9 (11) × 1, 6 × 2, 1 × 4 M abnehmen, die restlichen 12 (14) M in 1 R abketten.
BLENDE: Für die gesamte Blende auf der langen Rund-

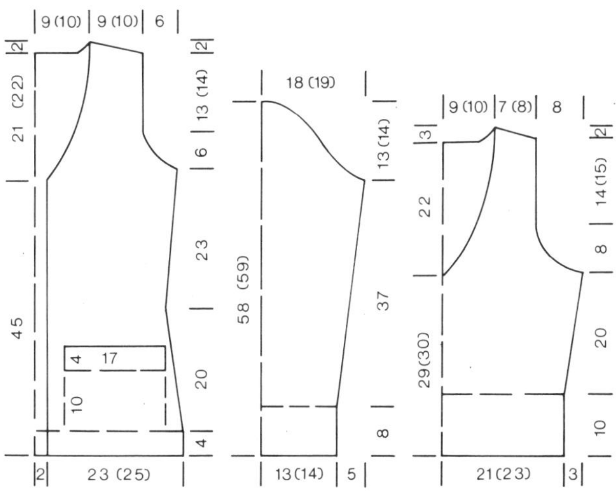

Schnitt für Jacke und Pullunder

nadel 451 (461) M in Grün anschlagen und in offenen R im Bündchenmuster mit Kettrandm stricken. In 2 cm Höhe die Knopflöcher über je 5 M einarbeiten: das erste 3 cm ab unterem re Rand, 5 weitere im Abstand von je 6 cm. In 4 cm Höhe M abketten.
FERTIGSTELLUNG: Teile spannen und leicht dämpfen. Die Nähte schließen und die Blende aufnähen. Die Knöpfe annähen.

Pullunder
RÜCKEN: 108 (118) M mit Nadeln Nr. 2½ in Grün anschlagen, 10 cm im Bündchenmuster, weiter mit Nadeln Nr. 3 im Grundmuster je 4 R dunkelgrün, écru und dunkelgrün, weiter einfarbig grün stricken. Beidseitig in jeder 12. R 5 × 1 M zunehmen = 118 (128) M. In 30 cm Höhe für die Armausschnitte beidseitig in jeder 2. R 1 × 4, 3 × 2, 4 × 1 M, in jeder 4. R 3 × 1 M abnehmen = 84 (94) M, dann geradeaus stricken. In 51 (52) cm Höhe für den Halsausschnitt die mittleren 30 (36) M in 1 R, beidseitig davon in jeder 2. R 3 × 2, 2 × 1 M abnehmen. Zugleich in 52 (53) cm Höhe für die Schultern in jeder 2. R 1 × 4, 3 × 5 (3 × 5, 1 × 6) M abketten.
VORDERTEIL: Bis auf den Halsausschnitt wie den Rükken formen. Dafür in 29 (30) cm Höhe die Arbeit in der Mitte teilen und an den Ausschnittkanten in jeder 2. R 1 (2) × 2, 10 (11) × 1 M, in jeder 4. R 7 × 1 M, in jeder 6. R 4 × 1 M abnehmen.
HALSBLENDE: Auf der kurzen Rundnadel 244 (250) M in Dunkelgrün anschlagen und im Bündchenmuster 3 Rd dunkelgrün, 4 Rd écru, 3 Rd dunkelgrün stricken, dann mit Dunkelgrün abketten. Zugleich 1 rechte M als vordere Mitte markieren und hier in jeder Rd 3 M mit obenaufliegender Mittel-M zusammenstricken.
ARMAUSSCHNITTBLENDEN: Auf der kurzen Rundnadel 160 (166) M in Grün anschlagen und 4 cm hoch ohne Abnahmen wie die Halsblende stricken.
FERTIGSTELLUNG: Teile spannen und leicht dämpfen. Die Nähte schließen und die Blenden aufnähen.

Schnitt unten: ½ Rücken- bzw. Vorderteil vom Pullunder. Für Herrengröße 50 (54).

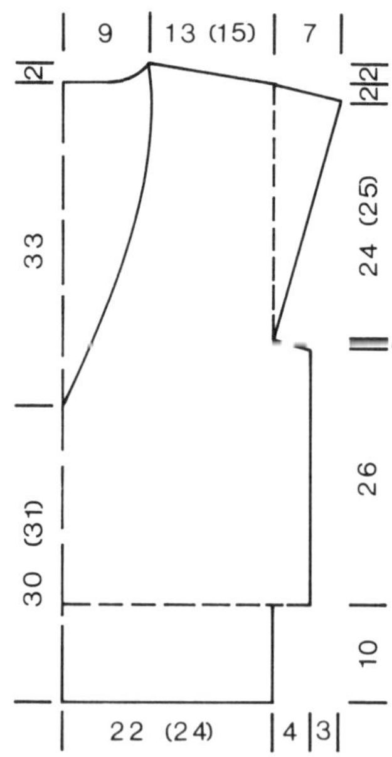

Herrenpullunder
Abb. S. 182

GRÖSSEN: 50 und 54. Bei unterschiedlichen Angaben Größe 54 in Klammern.
MATERIAL: aarlan-Wolle, Qualität royal, 40% Schurwolle, 40% Polyacryl, 20% Mohair, 300 (350) g in Blau Nr. 4305. Je 1 Paar INOX-Stricknadeln Nr. 3½ und 4½, eine 60 cm lange IMRA-Rundstricknadel Nr. 3½.
GRUNDMUSTER: Kraus = Rück- und Hinr rechte M; 2 R = 1 Rippe.
BÜNDCHENMUSTER: Abwechselnd 2 M rechts, 2 M links.
MASCHENPROBE: 16 M und 26 R = 10 cm.

Arbeitsanleitung
RÜCKEN: 84 (90) M mit Nadeln Nr. 3½ anschlagen und 10 cm im Bündchenmuster, weiter mit Nadeln Nr. 4½ im Grundmuster geradeaus stricken. In 36 cm Höhe für die Armausschnitte beidseitig in jeder 2. R 2 × 3 M abketten = 72 (78) M, dann in der folgenden 4. R 1 × 1 M, in jeder 8. R 10 × 1 M zunehmen = 94 (100) M. Ab 61 (62) cm Höhe für die Schultern beidseitig in jeder 2. R 4 × 3, 3 × 7 (8) M abketten. Zugleich für den Halsausschnitt in 63 (64) cm Höhe die mittleren 18 M in 1 R, beidseitig davon in jeder 2. R 2 × 2, 1 × 1 M abketten.
VORDERTEIL: Bis auf den Halsausschnitt wie den Rükken arbeiten. Dafür in 30 (31) cm Höhe die Arbeit in der Mitte teilen und an den

Ausschnittseiten abwechselnd in jeder 4. und 6. R 8 × 1 M, in jeder 10. R 6 × 1 M abnehmen.
HALSBLENDE: Auf der Rundnadel 236 M anschlagen. Im Bündchenmuster in Rd arbeiten, dabei in der 1. Rd für die vordere Spitze 2 rechte M markieren und in jeder Rd die 1. rechte M mit der davorliegenden M rechts, die 2. rechte M mit der folgenden M rechts überzogen zusammenstricken. Nach 8 Abnahmen in der nächsten Rd alle M abketten.
ÄRMELBLENDEN: 94 M mit Nadeln Nr. 3½ anschlagen und 4 cm im Bündchenmuster stricken; locker abketten.
FERTIGSTELLUNG: Nähte schließen. Die Blenden aufnähen.

Damenpullunder quergestrickt

Abb. S. 183

Diesen einfachen Pullunder schafft jeder. Bis auf die Passe ist er quer gestrickt. Durch verkürzte Reihen wird er auf Bundweite gebracht. Er ist so locker lässig weit, daß auch noch ein Rollkragenpullover darunter Platz findet.

GRÖSSEN: 40 und 44. Bei unterschiedlichen Angaben: Größe 44 in Klammern.
MATERIAL: Parley-Wolle, Qualität Nikrim, reine Schurwolle, 400 (500) g in Rost Nr. 121, 1 Paar INOX-Stricknadeln Nr. 3½.
GRUNDMUSTER: 1. R (Rückr) – 4. R (Hinr): Glatt rechts = Rückr linke M, Hinr rechte M. 5. R: Rechte M. 6.–10. R: Glatt rechts. Die 5.–10. R wiederholen.
BÜNDCHENMUSTER: Kraus = Rück- und Hinr rechte M.
MASCHENPROBE: 22 M und 36 R = 10 cm.

Arbeitsanleitung

RÜCKEN UND VORDERTEIL: Quer arbeiten. Zunächst für die Armausschnittblende 29 (31) M anschlagen und 2 cm im Grundmuster stricken, dann für die Seitennaht 98 M dazu anschlagen = 127 (129) M. Am linken Rand = Unterkante 22 M im Bündchenmuster, die übrigen M im Grundmuster stricken. Damit das Bündchen enger wird, muß jede 12. R als verkürzte R gearbeitet werden. Dazu in einer Hinr nur die Grundmuster-M stricken, mit 1 Umschlag wenden, zurückstricken und in der folgenden Hinr wieder über alle M stricken, dabei den Umschlag mit der 1. Bündchen-M rechts zusammenstricken. In 54 (58) cm Höhe am linken Rand für die andere Seitennaht 98 M abketten, die restlichen 29 (31) M noch 2 cm stricken, dann ebenfalls abketten.
PASSE: 95 (103) M anschlagen und im Bündchenmuster geradeaus stricken. In 10 cm Höhe für den Halsausschnitt in einer Rückr die mittleren 41 (45) M abketten, in der folgenden R wieder neu anschlagen und noch 10 cm stricken, dann abketten.
FERTIGSTELLUNG: Die Armausschnittblenden nach links umnähen, dann die Seitennähte schließen. Die Oberkanten leicht einhalten und die Passe auf die Kanten nähen.

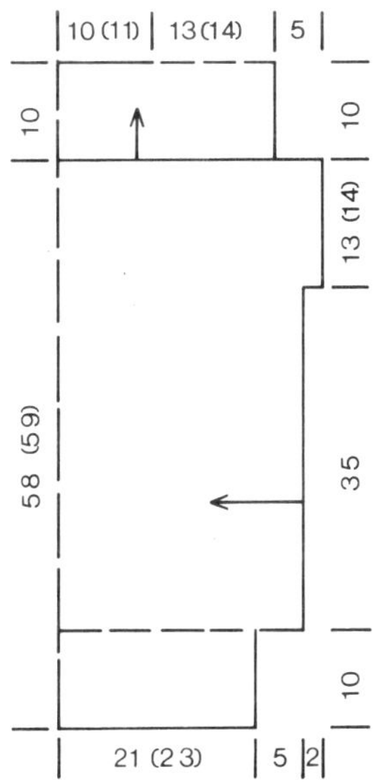

Schnitt für ½ Rücken- bzw. Vorderteil für Größe 40 (44).

Pullunder mit Fischnetzmuster

Abb. S. 167

Diese zeitlosen Pullunder kann man das ganze Jahr über tragen. Beide Modelle – für Männer und Kinder – sind im zweifarbigen Fischnetzmuster gestrickt. Das Muster scheint viel komplizierter, als es wirklich ist. Die Anleitung dazu finden Sie im Strickkurs. Die Blenden des Pullunders sind dreifarbig gestreift. Die Bündchen sind im Rippenmuster gestrickt. Das Material ist reine Schurwolle. Die Angaben gelten für Größe 48 bzw. 52 und für 12 bzw. 14 Jahre.

Für beide Pullunder

MATERIAL: Patons Wolle, Qualität Jumper Wool, reine Schurwolle, in den angegebenen Mengen und Farben. Je 1 Paar INOX-Stricknadeln Nr. 3 und 3½.

GRUNDMUSTER: Siehe Strickkurs

BÜNDCHENMUSTER: Abwechselnd 1 M rechts, 1 M links.

MASCHENPROBE: 26 M und 48 R = 10 cm.

Männerpullunder

GRÖSSEN: 48 und 52. Bei unterschiedlichen Angaben: Größe 52 in Klammern.

MATERIAL: Je 150 (200) g in Grün Nr. 5837 und Ecru Nr. 50, 50 g in Hellgrün Nr. 2632. Eine 60 cm lange IMRA-Rundstricknadel Nr. 3.

STREIFENFOLGE, Bündchenmuster: Anschlag + 1 R grün, * je 2 R écru, hellgrün, écru, grün, ab * wiederholen.

Arbeitsanleitung

RÜCKEN: 127 (139) M in Grün mit Nadeln Nr. 3 anschlagen. Im Bündchenmuster 4 × die Streifenfolge, weiter mit Nadeln Nr. 3½ im Grundmuster geradeaus stricken: Grün = Grundfarbe, Ecru = Beifarbe. Ab 41 cm Höhe für die Armausschnitte beidseitig in jeder 2. R 2 × 3, 2 × 2, 3 × 1 M, in jeder 4. R 5 × 1 M abnehmen = 91 (103) M; geradeaus stricken. In 62 (63) cm Höhe für den Halsausschnitt die mittleren 35 M in 1 R, beidseitig davon in jeder 2. R 2 × 2, 4 × 1 M abketten. In 63 (64) cm Höhe für die Schulter in jeder 2. R 5 × 4 (4 × 5, 1 × 6) M abketten.

VORDERTEIL: Bis auf den Ausschnitt wie den Rücken formen. Dafür in 40 (41) cm Höhe die Arbeit durch Abketten der Mittel-M teilen, an den Ausschnittseiten in jeder 2. R 13 × 1 M, in jeder 4. R 5 × 1 M, in jeder 6. R 4 × 1 M, in jeder 8. R 3 × 1 M abnehmen.

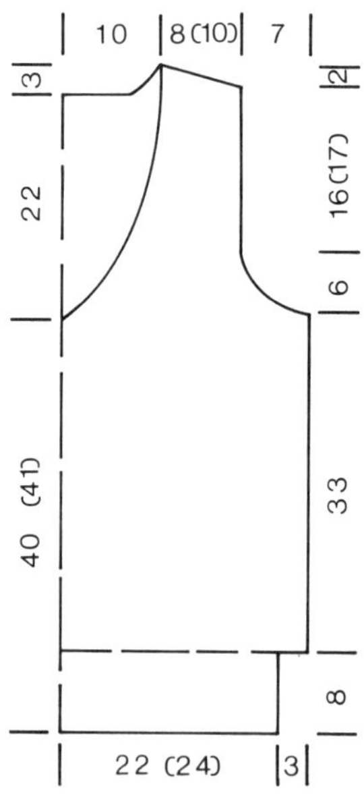

Links: Schnitt: ½ Rücken- bzw. Vorderteil für Größe 48 (52). Rechts: Schnitt: ½ Rücken- bzw. Vorderteil für 12 (14) Jahre.

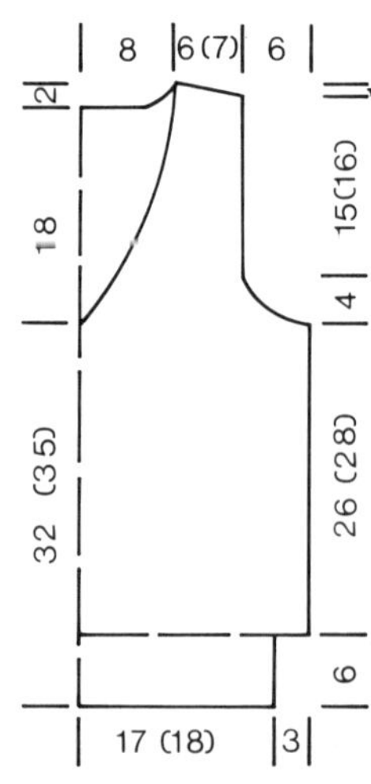

HALSBLENDE: Auf der Rundnadel 270 M in Grün anschlagen. In Rd im Bündchenmuster nach der Streifenfolge stricken, dabei für die vordere Spitze 1 rechte M markieren und hier in jeder 2. Rd je 3 M mit obenaufliegender Mittel-M zusammenstricken. Am Ende der 2. Streifenfolge in Grün nur 1 Rd + Abkett-Rd arbeiten.

ÄRMELBLENDEN: 180 M in Grün mit Nadeln Nr. 3 anschlagen und in offenen R im Bündchenmuster in der Streifenfolge wie bei der Halsblende beschrieben stricken. Zugleich beidseitig in jeder 2. R 8 × 1 M abnehmen.

FERTIGSTELLUNG: Teile spannen, unter einem feuchten Tuch trocknen lassen. Die Nähte schließen, Blenden aufnähen.

Kinderpullunder

GRÖSSEN: 12 und 14 Jahre = 152 und 164 cm Körpergröße. Bei unterschiedlichen

Angaben: Für 14 Jahre in Klammern.
MATERIAL: Je 100 g in Blau Nr. 11 und Ecru Nr. 50, 50 g in Rot Nr. 359. Eine 40 cm lange IMRA-Rundstricknadel Nr. 3.
STREIFENFOLGE, Bündchenmuster: Anschlag + 1 R blau, * je 2 R écru, rot, écru, blau, ab * wiederholen.

Arbeitsanleitung
RÜCKEN: 103 (111) M in Blau mit Nadeln Nr. 3 anschlagen. Im Bündchenmuster 3 × die Streifenfolge, weiter mit Nadeln Nr. 3½ im Grundmuster geradeaus stricken: Blau = Grundfarbe, Ecru = Beifarbe. Für die Armausschnitte ab 32 (34) cm Höhe beidseitig in jeder 2. R 2 × 3, 2 × 2, 6 × 1 M abketten = 71 (79) M; geradeaus stricken. Für den Halsausschnitt in 50 (53) cm Höhe die mittleren 29 M in 1 R, beidseitig davon in jeder 2. R 2 × 2, 2 × 1 M abketten. In 51 (54) cm Höhe für die Schulter in jeder 2. R 3 × 5 (2 × 6, 1 × 7) M abketten.
VORDERTEIL: Bis auf den Halsausschnitt wie den Rükken formen. Dafür in 32 (35) cm Höhe die Arbeit durch Abketten der Mittel-M teilen und an den Ausschnittseiten in jeder 2. R 10 × 1 M, in jeder 4. R 6 × 1 M, in jeder 6. R 4 × 1 M abnehmen.
HALSBLENDE: Auf der Rundnadel 184 M in Blau anschlagen. In Rd im Bündchenmuster 1 × die Streifenfolge arbeiten und in der 2. blauen Rd die M abketten. Zugleich für die vordere Spitze 1 rechte M markieren und hier in jeder 2. Rd 3 M mit obenaufliegender Mittel-M zusammenstricken.
ÄRMELBLENDEN: 124 M mit Nadeln Nr. 3 in Blau anschlagen und in offenen R im Bündchenmuster stricken in der Streifenfolge wie bei der Halsblende beschrieben. Beidseitig in jeder 2. R 4 × 1 M abnehmen.
FERTIGSTELLUNG: Siehe Männerpullunder.

Pullunder für Männer

Dieser Männerpullunder wird glatt rechts gestrickt. In Höhe der Taille ist ein Einstrickmuster in Grün eingearbeitet. Blenden und Bündchen sind im Rippenmuster gestrickt.

GRÖSSEN: 50 und 54. Bei unterschiedlichen Angaben: Größe 54 in Klammern.
MATERIAL: Mittelstarke

Schnittverkleinerung: ½ Rücken- bzw. Vorderteil für Größe 50 (54).

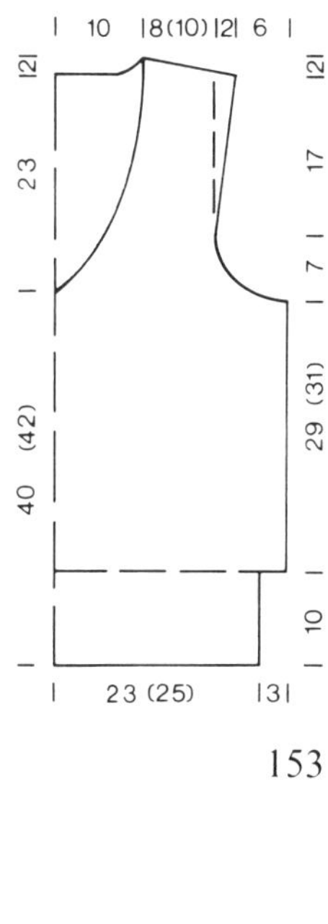

Sportwolle, 100% Schurwolle, 200 (250) g in Meliert, 150 g in Grün.
GRUNDMUSTER: Glatt rechts = Hinr rechte M, Rückr linke M.
EINSTRICKMUSTER: Gegeben ist 1 Rapport + End-M. Die 1.–14. R einmal arbeiten.
BÜNDCHENMUSTER: Abwechselnd 1 M rechts, 1 M links.
MASCHENPROBE: 22 M und 30 R = 10 cm.

Arbeitsanleitung
RÜCKEN: 115 (123) M in Grün mit Nadeln Nr. 3½ anschlagen und 10 cm im Bündchenmuster stricken. Anschließend mit Nadeln Nr. 4 im Grundmuster 6 R meliert, 6 R grün, dann die 14 R vom Einstrickmuster arbeiten, dabei nach der Randm mit der 1. (5.) M des Rapports beginnen. Weiter in Meliert arbeiten. In 39 (41) cm Höhe für die Armausschnitte beidseitig in jeder 2. R 2 × 3, 4 × 2, 4 × 1 M abnehmen = 79 (87) M, anschließend nach 4 R 1 × 1 M, in jeder 12. R 3 × 1 M wieder zunehmen = 87 (95) M. In 63 (65) cm Höhe für die Schultern in jeder 2. R 2 × 5, 2 × 6 (2 × 6, 2 × 7) M abketten. Zugleich für den Halsausschnitt die mittleren 33 M in 1 R, beidseitig davon in jeder 2. R 2 × 2, 1 × 1 M abnehmen.
VORDERTEIL: Bis auf den Halsausschnitt wie den Rükken arbeiten. Dafür in 40 (42) cm Höhe die Arbeit durch Abketten der Mittel-M teilen und an den Ausschnittkanten in jeder 2. R 5 × 2, 4 × 1 M, in jeder 4. R 4 × 1 M, in jeder 6. R 3 × 1 M abnehmen.
HALSBLENDE: 200 M in Grün mit Nadeln Nr. 3½ anschlagen und 4 cm hoch im Bündchenmuster stricken.
ÄRMELBLENDEN: 140 M in Grün mit Nadeln Nr. 3½ anschlagen, 4 cm hoch im Bündchenmuster stricken.
FERTIGSTELLUNG: Teile spannen und leicht dämpfen. Die Nähte schließen. Die Blenden auf die Kanten steppen, dabei die Enden der Halsblende in der vorderen Mitte links auf rechts übereinandernähen.

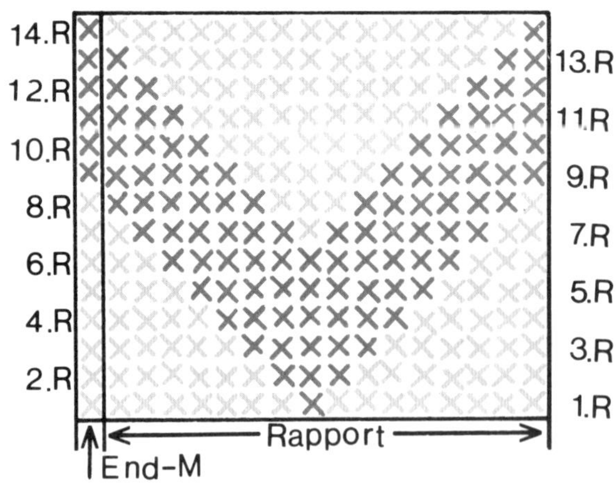

Einstrickmuster: Gegeben ist 1 Rapport = 1 End-M. Jedes Kreuz = 1 Masche.

Pullunder mit Flechtmuster

GRÖSSE: 38.
MATERIAL: Mittelstarke Schafswolle in ungleicher Ausspinnung, 650 g in Grün. Je 1 Paar INOX-Stricknadeln Nr. 5 und 6, eine 40 cm lange IMRA-Rundstricknadel Nr. 5.
GRUNDMUSTER: 1. R (Hinr): Rechte M. 2. R und alle folgenden Rückr: Linke M. 3. R: Randm, * 4 M auf 1 Hilfsnadel hinter die Arbeit legen, die nächsten 4 M rechts, dann die Hilfsnadel-M rechts stricken, ab * wiederholen, Randm. 5. und 7. R: Rechte M. 9. R: Randm, 4 M rechts, * 4 M auf 1 Hilfsnadel vor die Arbeit legen, die nächsten 4 M rechts, dann die Hilfsnadel-M rechts abstricken, ab * wiederholen. Am Ende 4 M rechts, Randm. 11. R: Rechte M. – Die 1.–12. R wiederholen.
MASCHENPROBE: 22 M und 20 R = 10 cm.
BÜNDCHENMUSTER: Abwechselnd 2 M rechts, 2 M links.

Arbeitsanleitung
RÜCKEN: 54 M mit Nadeln Nr. 5 anschlagen und im Bündchenmuster stricken. Ab 10 cm Höhe im Grundmuster mit Nadeln Nr. 6 stricken, dabei in der 1. R außer den Randm jede M verdoppeln = 106 M. Bis 26 cm Höhe geradeaus stricken, dann für die Armausschnitte beidseitig je 8 M abketten. Mit den restlichen 90 M bis 60 cm Höhe geradeaus stricken, dann abketten.
VORDERTEIL: Bis auf den Halsausschnitt wie den Rükken arbeiten. Dafür in 34 cm

Höhe die Arbeit in der Mitte teilen und an den Ausschnittseiten in jeder 2. R 24 × 1 M abnehmen. In 60 cm Höhe die restlichen 21 M für die Schultern abketten.
FERTIGSTELLUNG: Die Schulternähte schließen. Aus den Geraden der Armausschnitte mit Nadeln Nr. 5 M aufnehmen und 3 cm im Bündchenmuster stricken, dann abketten. Die Schmalseiten annähen. Mit der Rundnadel aus dem Halsausschnitt M aufnehmen, im Bündchenmuster stricken, dabei sollen in der Spitze 2 rechte M liegen. Für die Abnahmen die 1. rechte M mit der M davor rechts, die 2. rechte M mit der nächsten M rechts überzogen zusammenstricken. In 3 cm Höhe die M abketten. Die Seitennähte schließen.

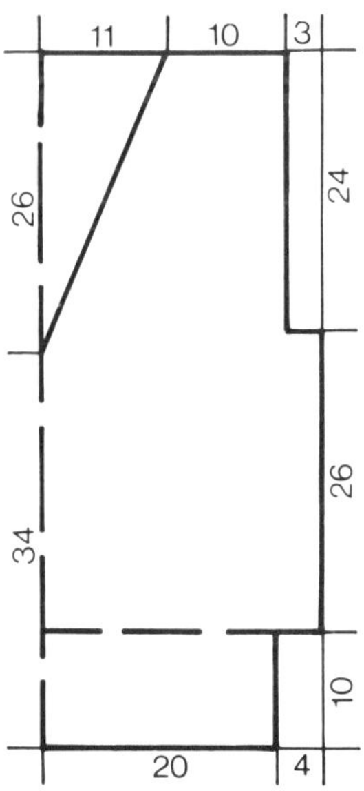

Schnittverkleinerung für Damenpullunder mit Flechtmuster: ½ Rücken- bzw. Vorderteil für Damengröße 38.

Damentwinset mit Zopfmuster

Abb. S. 143

Dieses Twinset macht alles mit, ob Stadtbummel oder Bergtour. Der kurze Pullunder hat nur einen dicken Zopf, die Jacke viele kleinere. Beide Teile sind aus dickem Sportgarn glatt rechts, unterbrochen von Zöpfen, gestrickt. Die Bündchen sind im Rippenmuster gearbeitet. Beide Teile kann man auch einzeln nacharbeiten. Die Angaben in Schnitt und Anleitung gelten für Damenkonfektionsgröße 40 und 44.

Für beide Modelle

GRÖSSEN: 40 und 44. Bei unterschiedlichen Angaben: Größe 44 in Klammern.
MATERIAL: Dickes Sportgarn, 100% Polyacryl, in den angegebenen Mengen in Oliv. Je 1 Paar IMRA-Stricknadeln Nr. 5 und 6.
BÜNDCHENMUSTER: Abwechselnd 1 M rechts, 1 M links.

Pullunder

MATERIAL: 300 (350) g Garn. Eine 50 cm lange Rundstricknadel Nr. 5.
GRUNDMUSTER: Glatt links = Hinr linke M, Rückr rechte M.
ZOPF: 1. R (Hinr): * 2 M rechts, 1 M rechts verschränkt aus dem Querdraht zunehmen, ab * noch 1 × wiederholen, dann 2 M rechts = 8 M. 2. R und alle folgenden Rückr: 8 M links. 3. R: 8 M rechts. 5. R: 4 M auf 1 Hilfsnadel vor die Arbeit legen, 4 M rechts, dann die Hilfsnadel-M rechts stricken. 7.–11. R: 8 M rechts. – Die 5.–12. R wiederholen.
MASCHENPROBE: 13 M und 19 R = 10 cm im Quadrat.

Arbeitsanleitung

RÜCKEN: 52 (58) M mit Nadeln Nr. 5 anschlagen und 8 cm im Bündchenmuster stricken. Weiter mit Nadeln Nr. 6 im Grundmuster arbeiten, dabei beidseitig in jeder 8. R 4 × 1 M zunehmen = 60 (66) M. In 27 cm Höhe für die Armausschnitte beidseitig je 10 M abketten = 40 (46) M; geradeaus stricken. In 47 (48) cm Höhe für den Halsausschnitt die mittleren 16 M in 1 R, beidseitig davon in jeder 2. R 1 × 2, 2 × 1 M abketten. Ab 49 (50) cm Höhe für die Schulter in jeder 2. R 2 × 4 (1 × 5, 1 × 6) M abketten.
VORDERTEIL: Bis auf den Zopf und den Halsausschnitt wie den Rücken arbeiten. Den Zopf über den mittleren 6 M wie beschrieben arbeiten = 54 (60) M. Für den Halsausschnitt in 25 (26) cm Höhe die Arbeit in der Mitte teilen und an den Ausschnittseiten in jeder 2. R 7 × 1 M, in jeder 4. R 3 × 1 M, in jeder 6. R 3 × 1 M abnehmen.
ARMBLENDEN. 97 (101) M mit Nadeln Nr. 5 anschlagen und im Bündchenmuster stricken, dabei für die Ecken die 12. M nach und vor den Randm markieren und hier in jeder 2. R je 3 M mit obenaufliegender Mittel-M zusammenstricken. In 3 cm Höhe alle M abketten.
HALSBLENDE: 108 M auf der Rundnadel anschlagen und im Bündchenmuster 4 cm stricken, dabei in der Ausschnittspitze in jeder Rd wie bei den Armblenden abnehmen.
FERTIGSTELLUNG: Nähte schließen. Die Blenden aufnähen.

Jacke

MATERIAL: 1100 (1150) g Garn. Eine 120 cm lange Rundnadel Nr. 5.
GRUNDMUSTER: 1. R (Hinr): Randm, * 1 M links, 2 M rechts, 1 M rechts verschränkt aus dem Querdraht zunehmen, 1 M rechts, 1 M links, ab * wiederholen, Randm. 2. R und alle folgenden Rückr: Die M stricken, wie sie erscheinen. 3. R: Randm, * 1 M links, 4 M rechts, 1 M links, ab * wiederholen, Randm. 5. R: Randm, * 1 M links, 2 M auf 1 Hilfsnadel vor die Arbeit legen, 2 M rechts stricken, 1 M links, ab * wiederholen, Randm. – Die 3.–6. R wiederholen.
MASCHENPROBE: 18 M und 18 R = 10 cm im Quadrat.

Arbeitsanleitung

RÜCKEN: 72 (77) M mit Nadeln Nr. 6 anschlagen und 5 R im Bündchenmuster, weiter im Grundmuster stricken = 86 (92) M. Ab 49 cm Höhe für die Armausschnitte beidseitig in jeder 2. R 2 × 3, 2 × 2, 2 × 1 M abnehmen = 62 (68) M; geradeaus stricken. In 67 (68) cm Höhe für den Halsausschnitt die mittleren 24 M in 1 R, beidseitig davon in jeder 2. R 2 × 2 M abketten.

Zugleich ab 68 (69) cm Höhe für die Schulter in jeder 2. R 1 × 7, 1 × 8 (2 × 9) M abketten.
LINKES VORDERTEIL: 32 (37) M mit Nadeln Nr. 6 anschlagen und das Bündchen wie beim Rücken arbeiten. Weiter im Grundmuster stricken = 38 (44) M und Seite, Armausschnitt und Schulter wie beim Rücken arbeiten. Für die Tasche in 20 cm Höhe ab Seite 31 M stillegen. Für den Taschenbeutel 24 M neu anschlagen, 17 cm glatt rechts stricken, dabei in der letzten R 7 × jede 3. M verdoppeln = 31 M. Diese M der Arbeit einfügen und wieder im Grundmuster arbeiten. Am vorderen Rand in 42 (43) cm Höhe für die Ausschnittschräge 1 × 1 M, in jeder 4. R 10 × 1 M (abwechselnd in jeder 2. und 4. R 13 × 1 M) abnehmen. Dann die stillgelegten Taschen-M aufnehmen, gegengleich zum Anfang bei den Zöpfen M abnehmen und 5 cm im Bündchenmuster stricken.
RECHTES VORDERTEIL: Gegengleich arbeiten.
ÄRMEL: 35 (38) M mit Nadeln Nr. 5 anschlagen und im Bündchenmuster stricken. In 6 cm Höhe 1 Rückr nur linke M stricken, dabei 17 (19) × jede 2. M verdoppeln = 52 (57) M. Weiter mit Nadeln Nr. 6 im Grundmuster arbeiten = 62 (68) M. Ab 46 cm Höhe für die Armkugel in jeder 2. R 1 × 3 (4), 2 × 2, 4 × 1 M, in jeder 4. R 4 × 1 M, in jeder 2. R 4 × 1, 2 × 2, 1 × 3 (4) M abnehmen, die restlichen 10 (12) M in 1 R abketten.
BLENDE: Auf der Rundnadel 241 (247) M anschlagen, im Bündchenmuster mit Kettrandm 5 cm stricken.
FERTIGSTELLUNG: Teile spannen, mit einem feuchten Tuch bedecken und trocknen lassen. Die Nähte schließen, dabei die Taschen in den Seitennähten mitfassen. Taschenblenden und Beutel annähen. Die Blende aufnähen.

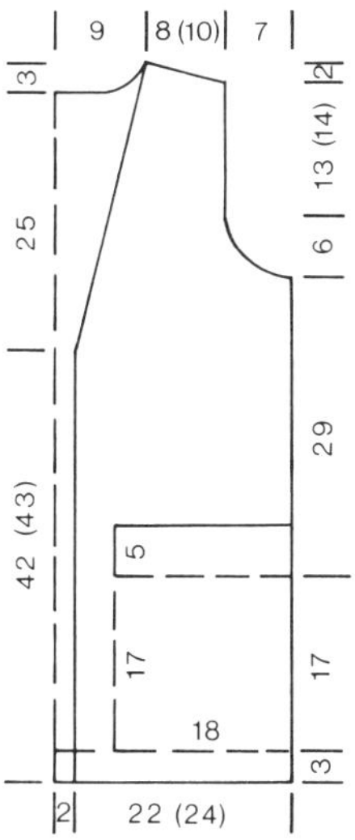

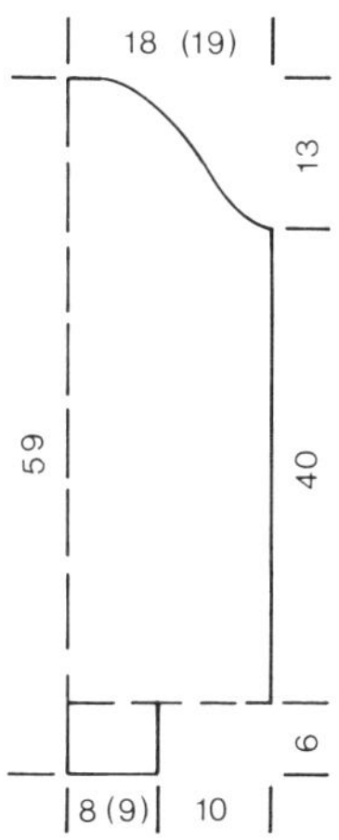

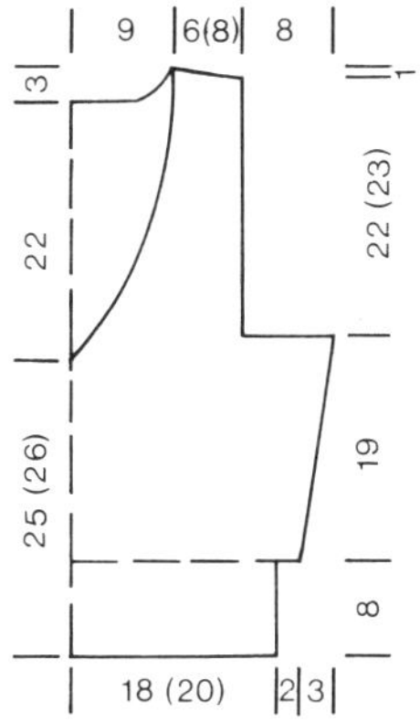

Schnitt für Jacke und Pullunder.

Leinenpullunder

Abb. S. 165

GRÖSSEN: 36 und 40. Bei unterschiedlichen Angaben: Größe 40 in Klammern.
MATERIAL: Feines Garn aus Baumwolle/Leinen-Gemisch für Nadelstärke 2½. 450 (500) g naturfarben oder 200 (250) g weiß und 250 (300) g braun. 1 Paar IMRA-Galalith-Stricknadeln Nr. 8.
GRUNDMUSTER: Mit 4fachem Faden glatt rechts = Hinr rechte M, Rückr linke Maschen.
STREIFENFOLGE: Abwechselnd je 2 R weiß und braun.
BÜNDCHENMUSTER: Abwechselnd 1 M rechts, 1 M links.
MASCHENPROBE: 11 M und 14 R = 10 cm.

Arbeitsanleitung

RÜCKEN: 48 (52) M in Naturfarben oder Braun anschlagen, 3 cm im Bündchenmuster, weiter im Grundmuster einfarbig oder nach der Streifenfolge stricken, dabei beidseitig in jeder 6. R 3 × 1 M abnehmen = 42 (46) M. Anschließend in jeder 10. R 2 × 1 M zunehmen = 46 (50) M. In 37 (36) cm Höhe für die Armausschnitte beidseitig in jeder 2. R 1 × 3, 2 × 2, 2 × 1 M abnehmen = 28 (32) M, weiter geradeaus stricken. In 55 cm Höhe für den Halsausschnitt die mittleren 14 (16) M in 1 R, beidseitig davon in der 2. R 1 × 2 M abnehmen. Zugleich in 56 cm Höhe für die Schultern in jeder 2. R 1 × 2, 1 × 3 (2 × 3) M abketten.
VORDERTEIL: Bis auf den

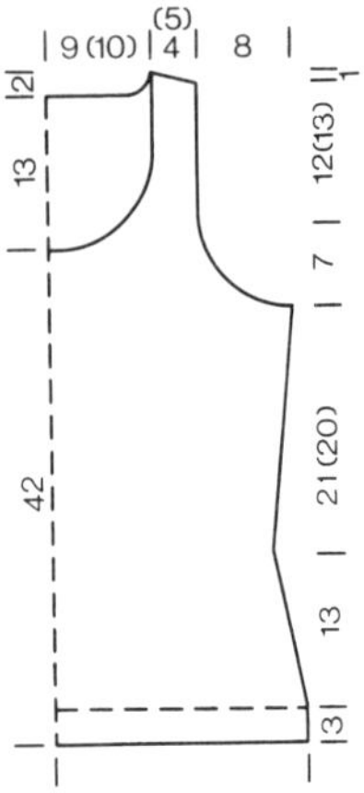

Schnitt für Leinenpullunder

Halsausschnitt wie den Rükken stricken. Dafür in 42 cm Höhe die mittleren 6 M in 1 R, beidseitig davon in jeder 2. R 2 × 2, 2 (3) × 1 M abketten. FERTIGSTELLUNG: Die Teile spannen, unter einem feuchten Tuch trocknen lassen. Aus den Halsausschnitten vorn 47 (49), hinten 19 (21) M aufnehmen, 2,5 cm im Bündchenmuster stricken. Schulternähte schließen. Aus den Armausschnitten je 44 (48) M aufnehmen, 2,5 cm im Bündchenmuster stricken. Seitennähte schließen.

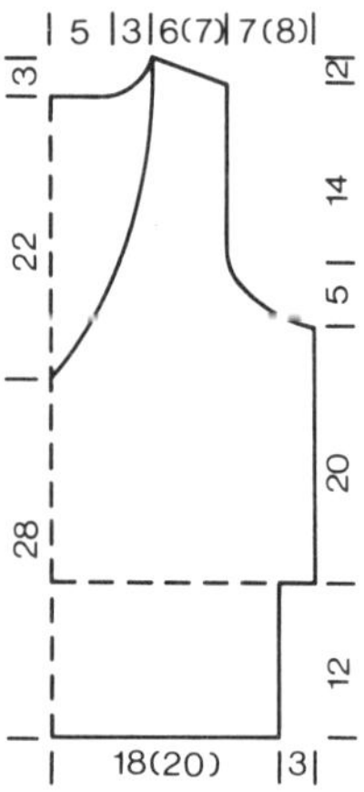

Schnitt für gemusterten Damenpullunder

Gemusterter Damenpullunder

Abb. S. 159 und S. 168

GRÖSSEN: 36 u. 40. Größe 40 in Klammern.
MATERIAL: Patons-Wolle, Qualität Piccadilly, 150 g in Anthrazit, 100 (150) g in Beige, Stricknadeln Nr. 3 und 3½, 40 cm lange Rundstricknadel Nr. 3.
GRUNDMUSTER: 1. R (Hinr), anthrazit: rechte M. 2. R und alle folgenden Rückr: linke M in der Farbe der vorhergehenden Hinr. 3. R, beige: rechte M. 5. R, anthrazit: rechte M. 7. R, beige: Randm, * 1 M links abheben, Faden hinter der Arbeit, 1 M rechts, 1 M rechts, dabei 1 R tiefer einstechen, 1 M rechts, ab * laufend wiederholen, 1 M links abheben, Randm. 9. R, beige: rechte M. 11. R, anthrazit: wie 7. R. 13. R, beige: rechte M. 15. R, anthrazit: rechte M. 17. R, anthrazit: rechte M. 19. R, beige: Randm, * 1 M rechts, dabei 1 R tiefer einstechen, 1 M rechts, 1 M links abheben, 1 M rechts, ab * laufend wiederholen, 1 M rechts, dabei 1 R tiefer einstechen, Randm. 21. R, anthrazit: wie 7. R. 23. R, anthrazit: rechte M. – 19.–24. R laufend für das Pünktchenmuster wiederholen.
BÜNDCHENMUSTER: 2 M rechts, 2 M links.
MASCHENPROBE: 23 M und 38 R = 10 cm.

Arbeitsanleitung

RÜCKEN: 99 (111) M mit Nadeln Nr. 3 in Anthrazit anschlagen und 12 cm im Bündchenmuster stricken. Anschließend mit Nadeln Nr. 3½ im Grundmuster gerade hochstricken. In 32 cm Höhe für die Armausschnitte beidseitig in jeder 2. R 1 × 3, 4 (5) × 2, 5 (6) × 1 M abnehmen = 67 (73) M; gerade hochstricken. In 50 cm Höhe für den Halsausschnitt die mittleren 21 M in 1 R, beidseitig davon in jeder 2. R 3 × 2, 2 × 1 M abnehmen. Zugleich ab 51 cm für die Schultern in jeder 2. R 1 × 3, 3 × 4 (2 × 4, 2 × 5) M abketten.
VORDERTEIL: Bis auf den Halsausschnitt wie den Rükken stricken. Dafür in 28 cm Höhe die Arbeit durch Abketten der Mittel-M teilen und an den Ausschnittseiten in jeder 2. R 6 × 1 M, in jeder 4. R 8 × 1 M, in jeder 6. R 4 × 1 M abnehmen.
FERTIGSTELLUNG: Nähte schließen. Mit der Rundnadel aus dem Halsausschnitt 162 M in Beige aufnehmen, 1 Rd rechte M, dann das Grundmuster wie 5.–14. R beschrieben stricken. Dabei statt der Rückr jeweils 1 Rd rechte M und die 7. Rd ab * beginnend stricken. Zugleich in der Ausschnittspitze die 3 Eck-M in jeder Rd mit obenaufliegender Mittel-M zusammenstricken. Nach der 14. Grundmuster-Rd in Beige für den Bruch 1 Rd linke M, 10 Rd rechte M stricken, dabei nach der linken Rd neben der Mittel-M in jeder Rd je 1 M zunehmen. Aus Armausschnitten je 104 M in Beige aufnehmen, ohne Ab- und Zunahmen wie beim Halsausschnitt stricken. Blenden in der Links-Rd nach innen umnähen.

Weste mit Einstrickmuster

Abb. S. 144

GRÖSSE: 42.
MATERIAL: Schewe-Wolle, Qualität Original Shetland, 300 g in Hellgrün Nr. 794, je 50 g in Rot Nr. 795, Grün Nr. 787, Blau Nr. 775, Gelb Nr. 800 und Dunkelrot Nr. 772. Je 1 Paar INOX-Stricknadeln Nr. 3 und 3½, je eine 40 cm und 100 cm lange IMRA-Rundstricknadel Nr. 3. 5 Knöpfe.
GRUNDMUSTER: Glatt rechts = Hinr rechte M, Rückr linke M.
EINSTRICKMUSTER: Gegeben ist 1 Rapport in der Breite. Die Randm sind nicht mit eingezeichnet.
MASCHENPROBE: 24 M und 27 R = 10 cm.
BÜNDCHENMUSTER: Abwechselnd 2 M rechts, 2 M links.

Arbeitsanleitung

RÜCKEN: 122 M in Hellgrün mit Nadeln Nr. 3 anschlagen und 8 cm im Bündchenmuster, weiter mit Nadeln Nr. 3½ im Grundmuster nach dem Einstrickmuster geradeaus arbeiten. In 38 cm Höhe für die Armausschnitte beidseitig in jeder 2. R 1 × 4, 3 × 2, 4 × 1 M abnehmen = 94 M. Ab 55 cm Höhe beidseitig in jeder 4. R 5 × 1 M wieder zu nehmen = 104 M. In 64 cm Höhe für die Schultern beidseitig in jeder 2. R 3 × 10 M, dann die restlichen 44 M für den Halsausschnitt abketten.
LINKES VORDERTEIL: 56 M mit Nadeln Nr. 3 in Hellgrün anschlagen und 8 cm im Bündchenmuster, weiter mit Nadeln Nr. 3½ im Grundmuster stricken, dabei Seite, Armausschnitt und Schulter wie beim Rücken arbeiten. Am vorderen Rand bis 39 cm Höhe geradeaus stricken, dann für die Ausschnittschräge 1 × 1 M, in jeder 4. R noch 16 × 1 M abnehmen.
RECHTES VORDERTEIL: Gegengleich stricken.

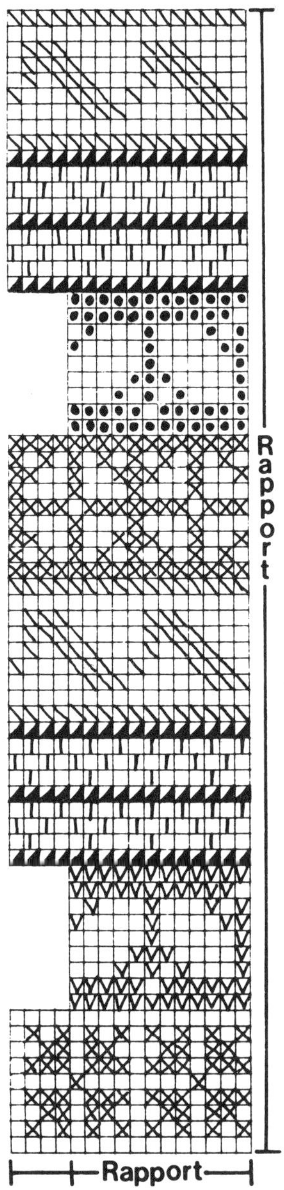

FERTIGSTELLUNG: Die Teile spannen, leicht dämpfen. Die Nähte schließen. Mit der kleinen Rundnadel aus den Armausschnitten M in Hellgrün aufnehmen und im Bündchenmuster 3 cm hoch stricken. Mit der längeren Rundnadel aus dem Halsausschnitt und den vorderen Rändern in Hellgrün M aufnehmen und im Bündchenmuster stricken. In 1 cm Höhe in 3, 12, 21, 30 und 39 cm Höhe je 1 Knopfloch einarbeiten. Dafür die Arbeit entsprechend teilen, getrennt 1 cm hoch stricken, danach die M wieder zusammenfügen. In 3 cm Höhe abketten. Die Knöpfe annähen.

☐ = *dunkelrot*
☒ = *gelb*
■ = *hellgrün*
☑ = *grün*
◪ = *rost*
⧅ = *blau*
◫ = *blau*

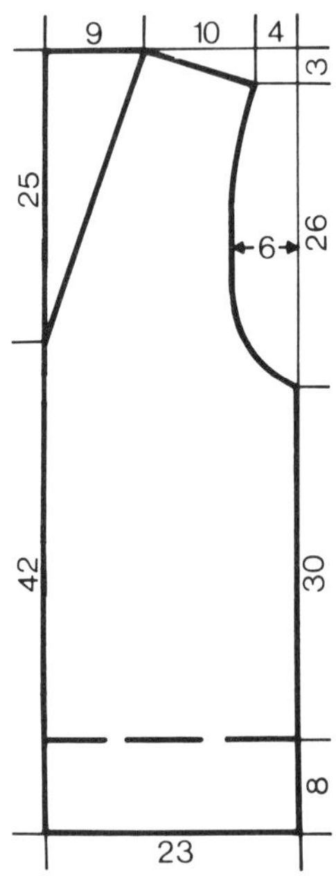

Ein klassisches Rhombenmuster schmückt diese Weste aus weicher Wolle, die man gut über Blusen tragen kann und die schön flauschig und warm ist (Anl. S. 192)

◀ *Das Twinset besteht aus glatt rechts gestricktem Pulli und hüftlanger, verschlußloser Jacke (Anl. S. 173)*

Zu jeder Jahreszeit paßt die buntgestreifte Weste mit großem Schalkragen: Sie ist weit und bequem (Anl. S. 129) ▶

Das Twinset unten hat eine rechts gestrickte hüftlange Jacke mit Farbstreifen (Anl. S. 149)

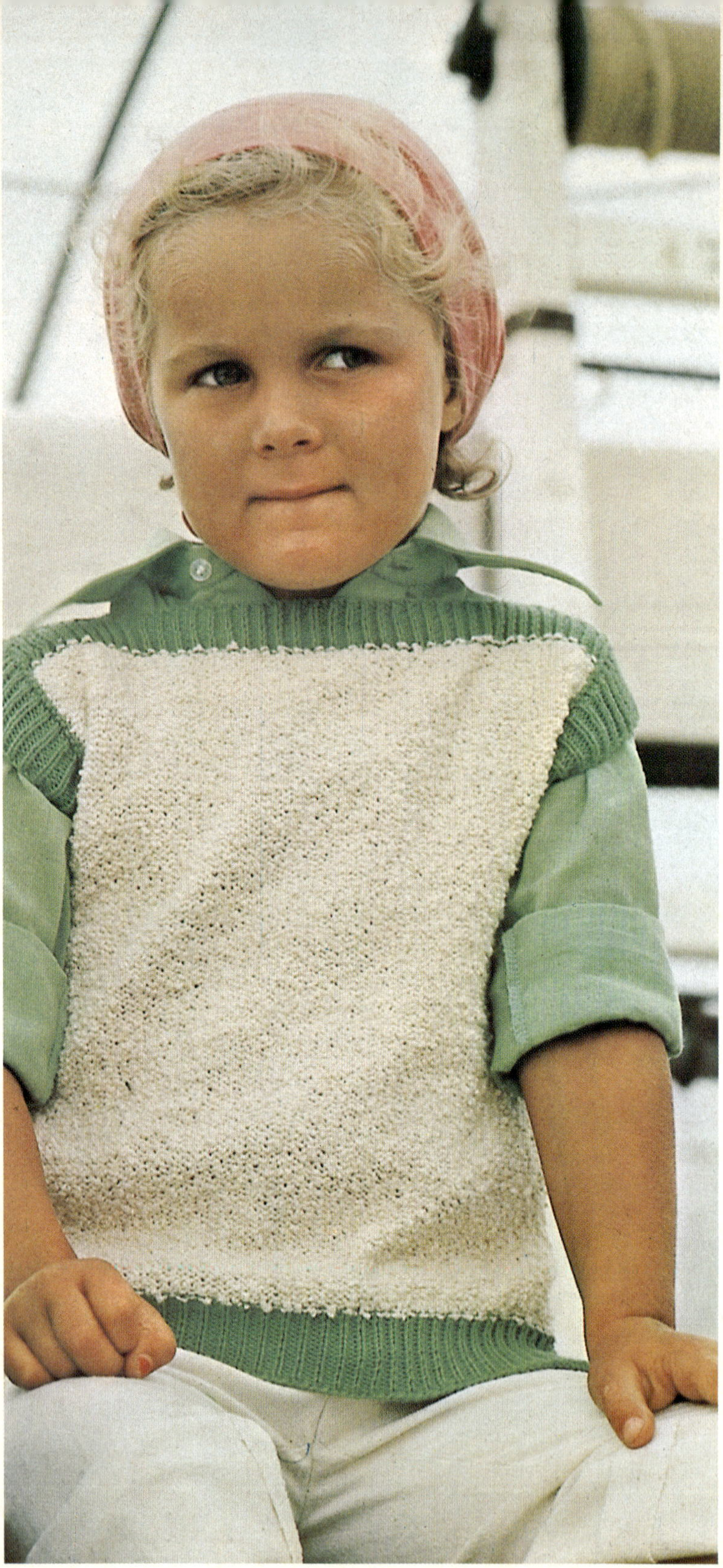

◀ *Der weiß-grüne Kinderpullunder aus weichem Baumwoll-Bouclé kratzt bestimmt nicht (Anl. S. 192)*

Diese Pullunder aus Leinengarnen in Braun, Weiß und Naturfarben sind mit vierfachem Faden glatt rechts gestrickt und schnell fertig (Anl. S. 157) ▶

▲

Dieses Westchen sieht aus wie handgewebt, ist aber aus dicker Wolle kraus gestrickt und mit bunten Wollresten überstickt. Das Sticken dauert etwas länger als das Stricken, macht aber bestimmt viel Spaß und ist eigentlich ganz einfach (Anl. S. 146)

Pullunder kann man das ganze Jahr hindurch tragen. Diese zeitlosen Modelle für kleine und große Männer sind im zweifarbigen Fischnetzmuster gestrickt, das sehr viel einfacher ist als es aussieht. Das Material ist reine Wolle (Anl. S. 152)

Munter gemustert ist der warme Damenpullunder im Shetland-Charakter: warm, leicht, bequem (Anl. S. 158)

Gemusterte Damenweste in Brauntönen

Abb. S. 143

GRÖSSEN: 38 und 42. Bei unterschiedlichen Angaben: Größe 42 in Klammern.
MATERIAL: Mittelstarke Sportwolle, 100% Schurwolle, 150 (200) g in Ecru, je 50 g in Beige und Braun. Je 1 Paar INOX-Stricknadeln Nr. 3 und 3½, eine 80 cm lange Rundstricknadel Nr. 3.
GRUNDMUSTER: Glatt rechts = Hinr rechte M, Rückr linke M.
EINSTRICKMUSTER: Gegeben ist 1 Rapport in der Breite.
STREIFENFOLGE: * 2 R beige, 2 R braun, 10 R Einstrickmuster, 2 R braun, 2 R écru, 6 R beige, 2 R écru, 10 R braun, 2 R beige, 2 R écru, 2 R braun, 6 R beige, 2 R écru, ab * wiederholen.
BÜNDCHENMUSTER: Abwechselnd 1 Masche rechts, 1 Masche links.
MASCHENPROBE: 19 M und 30 R = 10 cm.

Arbeitsanleitung

RÜCKEN: 76 (84) M in Ecru mit Nadeln Nr. 3 anschlagen, 4 cm im Bündchenmuster stricken, weiter mit Nadeln Nr. 3½ im Grundmuster nach der Streifenfolge arbeiten, dabei beidseitig in jeder 16. R 4 × 1 M zunehmen = 84 (92) M. Zugleich das 1. Einstrickmuster nach der Randm mit der 7. M des Rapports beginnen. In 30 (31) cm Höhe für die Armausschnitte beidseitig in jeder 2. R 1 × 6, 2 × 2, 2 × 1 M abnehmen = 60 (68) M, 4 R geradeaus stricken, dann beidseitig 1 × 1 M, in jeder 6. R noch 7 × 1 M zunehmen = 76 (84) M. In 49 (51) cm Höhe für die Schultern beidseitig in jeder 2. R 2 × 4, 3 × 5 (3 × 5, 2 × 6) M abketten. Zugleich in 50 (52) cm Höhe für den Halsausschnitt die mittleren 20 M in 1 R, beidseitig davon in jeder 2. R 2 × 2, 1 × 1 M abnehmen.
LINKES VORDERTEIL: 30 (34) M in Ecru mit Nadeln Nr. 3 anschlagen, 4 cm im Bündchenmuster, weiter mit Nadeln Nr. 3½ im Grundmuster nach der Streifenfolge arbeiten, dabei Seite, Armausschnitt und Schulter wie beim Rücken formen. Zugleich das 1. Einstrickmuster nach der Randm mit der 3. (7.) M des Rapports beginnen. Für die Ausschnittschräge in 25 (27) cm Höhe 1 × 1 M, in jeder 12. R 6 × 1 M abnehmen.
RECHTES VORDERTEIL: Gegengleich arbeiten.
FERTIGSTELLUNG: Teile spannen und leicht dämpfen. Die Nähte schließen. Aus den Armausschnitten 100 (104) M in Ecru mit Nadeln Nr. 3 aufnehmen und 4 cm im Bündchenmuster stricken. Mit der Rundnadel aus den vorderen Geraden 65 (68) M, aus den Ausschnittschrägen 68 M, aus dem Rückenausschnitt 31 M in Ecru aufnehmen und in offenen R 4 cm hoch im Bündchenmuster mit Kettrandm stricken, dann abketten.

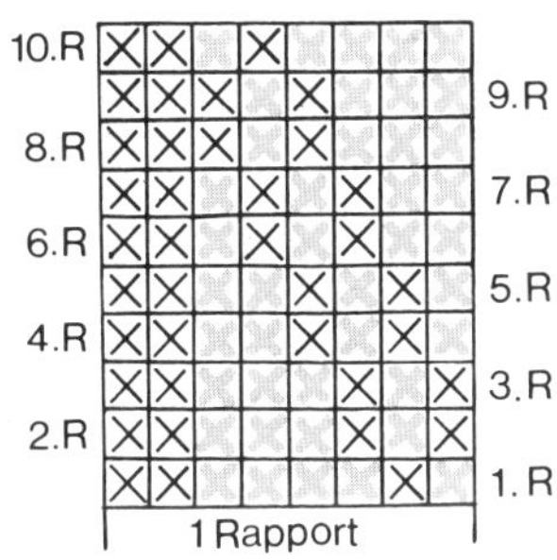

Einstrickmuster: Gegeben ist 1 Rapport in der Breite. Jedes Kästchen = 1 Masche.

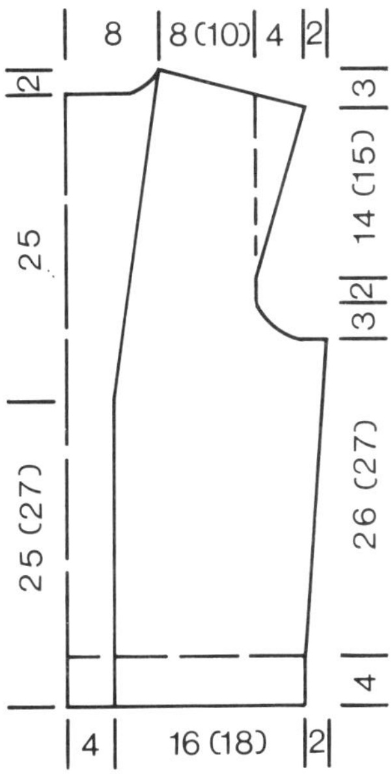

Schnittverkleinerung für Damenweste: ½ Rücken und linkes Vorderteil für Größe 38 (42).

Herrenweste gemustert

Abb. S. 181

Männer tragen gerne Westen, besonders, wenn sie wie dieses Modell aus weicher Wolle und anschmiegsam sind. Sie können zu jeder Jahreszeit getragen werden und lassen sportliche Hemden zur Geltung kommen. Diese lange schmale Weste ist aus dünner Wolle dreifarbig glatt rechts gestrickt. Sie hat geometrische Einstrickmuster, breite Bündchen und verbreiterte Schultern. Die Angaben gelten für Herrenkonfektionsgröße 48 und 52, können aber auch für andere Größen entsprechend umgerechnet werden.

GRÖSSEN: 48 und 52. Bei unterschiedlichen Angaben: Größe 52 in Klammern.

MATERIAL: Schachenmayr-Wolle, Qualität Nomotta Regia 4fach, 75% Schurwolle, 25% Polyamid, 250 (300) g in Hellgrau Nr. 1962, je 100 g in Grau Nr. 2929 und Schwarz Nr. 2066. Je 1 Paar INOX-Stricknadeln Nr. 2½ und 3. 6 Knöpfe.

GRUNDMUSTER: Glatt rechts = Hinr rechte M, Rückr linke M.

BÜNDCHENMUSTER: Abwechselnd 1 M rechts, 1 M links.

STREIFENFOLGE: Je 4 R in Grau, Hellgrau, Schwarz, Hellgrau und Grau.

EINSTRICKMUSTER: Gegeben ist 1 Rapport in der Breite. Die Muster I–III in Schwarz auf hellgrauem Grund arbeiten.

MASCHENPROBE: 29 M und 40 R = 10 cm.

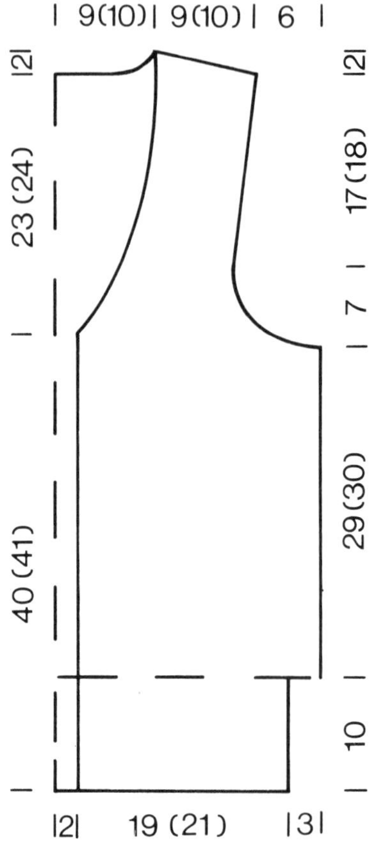

Schnittverkleinerung: ½ Rükken und linkes Vorderteil für Größe 48 (52).

Einstrickmuster:
Gegeben ist 1 Rapport in der Breite. Jedes Farbzeichen = 1 Masche

Arbeitsanleitung

RÜCKEN: 142 (152) M in Hellgrau mit Nadeln Nr. 2½ anschlagen und 10 cm im Bündchenmuster stricken. Anschließend mit Nadeln Nr. 3 im Grundmuster arbeiten, und zwar 1 × die Streifenfolge, Einstrickmuster I, 1 × die Streifenfolge, Einstrickmuster II, 1 × die Streifenfolge, Einstrickmuster III, 1 × die Strei-

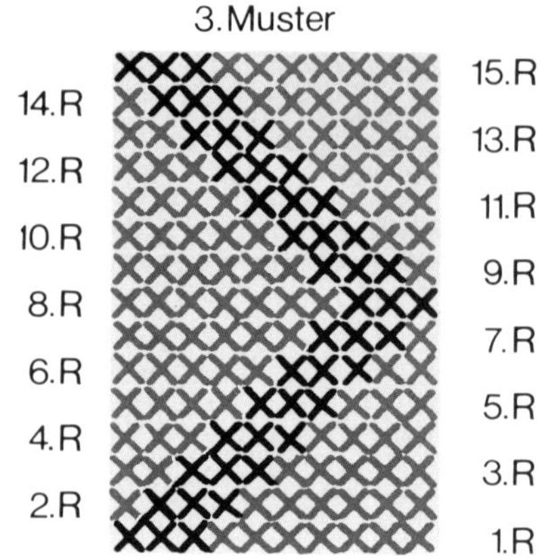

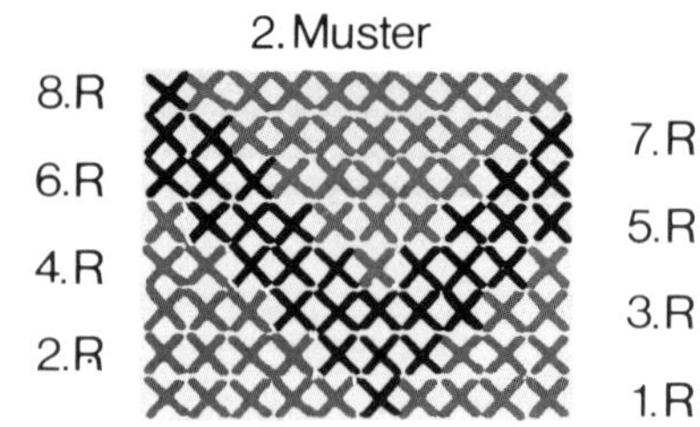

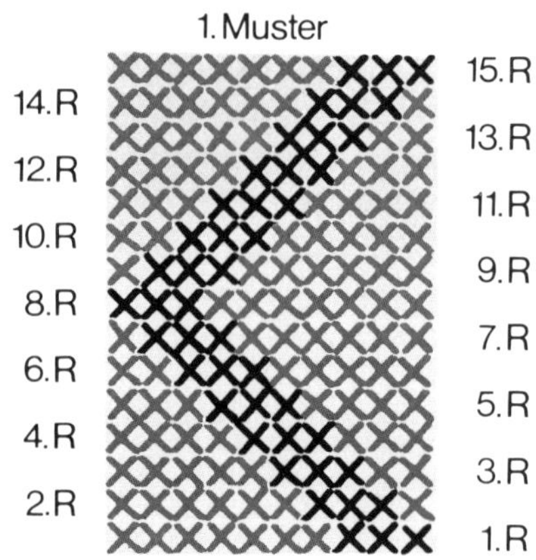

fenfolge, Einstrickmuster II, 1 × die Streifenfolge, Einstrickmuster I, 1 × die Streifenfolge, Einstrickmuster II, dann in der Streifenfolge beenden. Zugleich in 39 (40) cm Höhe für die Armausschnitte beidseitig in jeder 2. R 1 × 6 (5), 6 × 2, 7 × 1 M abnehmen = 92 (104) M, anschließend in jeder 10. R 6 × 1 M zunehmen =

104 (116) M. In 63 (65) cm Höhe für die Schultern in jeder 2. R 4 × 5, 1 × 6 (1 × 5, 4 × 6) M abketten. Zugleich für den Halsausschnitt die mittleren 42 (48) M in 1 R, beidseitig davon in jeder 2. R 2 × 2, 1 × 1 M abnehmen.
LINKES VORDERTEIL:
64 (69) M in Hellgrau mit Nadeln Nr. 2½ anschlagen und 10 cm im Bündchenmuster stricken. Weiter mit Nadeln Nr. 3 im Grundmuster die Streifen und Einstrickmuster wie beim Rücken arbeiten, dabei nach der Randm mit der 9. (4.) M des Rapports beginnen. Außerdem Seitennaht, Armausschnitt und Schulter wie beim Rücken formen. Für die Ausschnittschräge ab 40 (41) cm Höhe in jeder 2. R 7 (9) × 1 M, in jeder 4. R 8 (9) × 1 M, in jeder 6. R 4 × 1 M abnehmen.
RECHTES VORDERTEIL:
Gegengleich arbeiten.
ÄRMELBLENDEN:
172 (180) M mit Nadeln Nr. 2½ in Hellgrau anschlagen. 4 cm im Bündchenmuster stricken, dann die M nicht zu fest abketten.
BLENDE: 461 (479) M mit Nadeln Nr. 2½ in Hellgrau anschlagen. 4 cm im Bündchenmuster mit Kettrandm stricken. In 2 cm Höhe die Knopflöcher über je 5 M einarbeiten: Das erste 1 cm ab linkem Rand, das zweite im Abstand von 4 cm, 4 weitere im Abstand von je 6 cm.
FERTIGSTELLUNG: Teile spannen und leicht dämpfen. Die Nähte schließen. Die Blenden mit den Anschlagkanten auf die Ränder nähen.

Pullunder

Aus edler weicher Alpaka-Wolle in Beige und Tannengrün sind diese beiden Pullunder gestrickt. Das Fangmuster wirkt plastisch. Blenden und Bündchen sind im Rippenmuster gearbeitet. Bei dem einen Pullunder ist das Fangmuster einfach, bei dem anderen Pullunder ist das Muster doppelreihig. Beide Modelle haben einen V-Ausschnitt. Die Bündchen sind im Rippenmuster, eins rechts, eins links, gearbeitet. Die Angaben gelten für Herrenkonfektionsgröße 48 und 52. Die Abbildungen zu diesen Herrenpullundern befinden sich oben und auf S. 142.

Für beide Pullunder

GRÖSSEN: 48 und 52. Bei unterschiedlichen Angaben: Größe 52 in Klammern.
MATERIAL: Schewe/Picaud-Wolle, Qualität Alpaga, 100% Alpaka, in den angegebenen Mengen in Beige Nr. 36 und Grün Nr. 14. Je 1 Paar INOX-Stricknadeln Nr. 2½ und 3, je eine 40 cm und 60 cm lange Rundstricknadel Nr. 2½.
BÜNDCHENMUSTER: Abwechselnd 1 M rechts, 1 M links.
MASCHENPROBE, Grundmuster: 23 M und 44 R = 10 cm im Quadrat.

Arbeitsanleitung

RÜCKEN: 115 (123) M in

Beige mit Nadeln Nr. 2½ anschlagen. Im Bündchenmuster 12 cm stricken, dabei in der letzten Rückr mit Nadeln Nr. 3 nur rechte M stricken. Weiter mit Nadeln Nr. 3 im Grundmuster geradeaus arbeiten. In 40 (41) cm Höhe für die Armausschnitte beidseitig in jeder 2. R 1 × 3, 3 × 2, 5 × 1 M, in jeder 4. R 4 × 1 M abnehmen = 79 (87) M; geradeaus stricken. In 63 (65) cm Höhe für den Halsausschnitt die mittleren 33 M in 1 R, beidseitig davon in jeder 2. R 1 × 2, 3 × 1 M abketten. Zugleich für die Schulter in jeder 2. R 5 × abwechselnd 4 und 3 M (5 × abwechselnd 4 und 5 M) abketten.
VORDERTEIL: Bis auf den

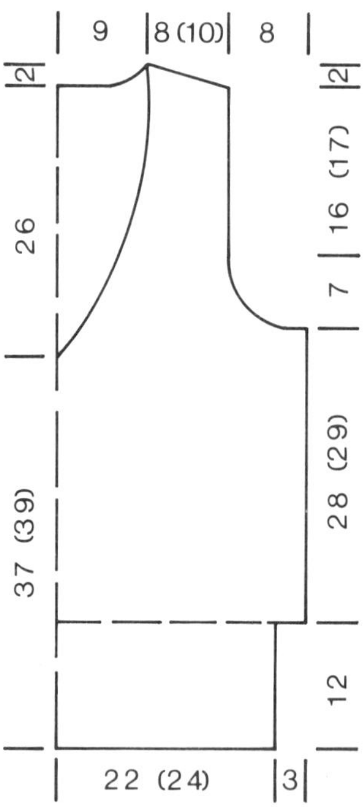

Schnittverkleinerung für Herren-Pullunder: ½ Vorder- bzw. ½ Rückenteil.

Halsausschnitt wie den Rükken arbeiten. Dafür in 37 (39) cm Höhe die Mittel-M abketten und an den Ausschnittseiten in jeder 2. R 7 × 1 M, in jeder 4. R 4 × 1 M, in jeder 6. R 10 × 1 M abnehmen.
HALSAUSSCHNITT-BLENDE: Auf der großen Rundnadel 244 M in Beige anschlagen und in Rd im Bündchenmuster stricken, dabei für die vordere Spitze 1 rechte M markieren und hier 14 × in jeder Rd 3 M mit obenaufliegender Mittel-M zusammenstrikken, dann abketten.
ARMAUSSCHNITTBLENDEN: Auf der kleinen Rundnadel 172 M in Beige anschlagen und im Bündchenmuster 3 cm stricken.
FERTIGSTELLUNG: Teile spannen, mit einem feuchten Tuch bedecken und trocknen lassen. Die Nähte schließen. Die Blenden aufnähen.

Pullunder

Abb. S. 142

MATERIAL: 200 (250) g in Beige, 50 (100) g in Grün.
GRUNDMUSTER: M-Zahl teilbar durch 4 + 1 + 2 Randm. 1. R (Hinr) – 6. R (Rückr): Glatt links = Hinr linke M, Rückr rechte M strikken. 7. R: Randm, * 3 M links, die folgende M 5 R tief fallenlassen, dann die 5 Querfäden mit der M auf die linke Nadel nehmen und die Fäden mit der M zusammen links abstricken. Ab * wiederholen, am Ende 1 M links, Randm. 8.–18. R: glatt links. 19. R: Randm, 1 M links, * die folgende M 5 R tief fallenlassen, dann mit den Querfäden wie vorher links abstricken, 3 M links. Ab * wiederholen, am Ende Randm. 20.–24. R: Glatt links. – Die 1.–24. R wiederholen.
STREIFENFOLGE: * 2 R grün, 4 R beige, ab * wiederholen.

Pullunder mit doppelreihigem Fangmuster

MATERIAL: 150 (200) g in Beige, 150 g in Grün.
GRUNDMUSTER: M-Zahl teilbar durch 4 + 1 + 2 Randm. 1. R (Hinr) – 6. R. (Rückr): Glatt links = Hinr linke M, Rückr rechte M strikken. 7. R: Randm, * 3 M links, die folgende M 5 R tief fallenlassen, dann die 5 Querfäden mit der M auf die linke Nadel nehmen und die Fäden und die M links abstricken. Ab * wiederholen, am Ende 1 M links, Randm. 8.–12. R: Glatt links. 13. R: Randm, 1 M links, * die folgende M 5 R tief fallenlassen, dann mit den Querfäden wie vorher links abstrikken, 3 M links. Ab * wiederholen, am Ende Randm. 14.–18. R: Glatt links. – Die 1.–18. R wiederholen.
STREIFENFOLGE: * 2 R beige, 4 R grün, ab * wiederholen.

Twinset mit langer Jacke
Abb. rechts und S. 162

GRÖSSEN: 42 und 46. Bei unterschiedlichen Angaben: Größe 46 in Klammern.
MATERIAL: Schewe/Picaud-Wolle, Qualität Kali mousse, für die Jacke 300 (350) g in Grün Nr. 79 und 350 (400) g in Dunkelgrün Nr. 15, für den Pulli 250 (300) g in Grün und 50 g in Dunkelgrün. 1 Paar INOX-Stricknadeln und je eine 50 und 100 cm lange IMRA-Rundstricknadel Nr. 3.
GRUNDMUSTER: Glatt rechts = Hinr rechte M, Rückr linke M.
EINSTRICKMUSTER: Abwechselnd 2 M grün und 2 M dunkelgrün; die Farben in den Hinr um 1 M nach links, in den Rückr um 1 M nach rechts versetzen.
BÜNDCHENMUSTER: Abwechselnd 1 M rechts, 1 M links.
MASCHENPROBE: 26 M und 38 R = 10 cm.

Arbeitsanleitung
PULLI, RÜCKEN:
110 (120) M in Dunkelgrün anschlagen und im Bündchenmuster 4 R grün, 26 R dunkelgrün, 4 R grün und 2 R dunkelgrün stricken. Weiter grün im Grundmuster arbeiten, dabei beidseitig in jeder 10. R 7 × 1 M zunehmen = 124 (134) M. In 31 (32) cm Höhe für die Armausschnitte beidseitig in jeder 2. R 2 × 3, 3 × 2, 8 × 1 M abnehmen = 84 (94) M, weiter geradeaus stricken. In 50 (52) cm Höhe für den Halsausschnitt die

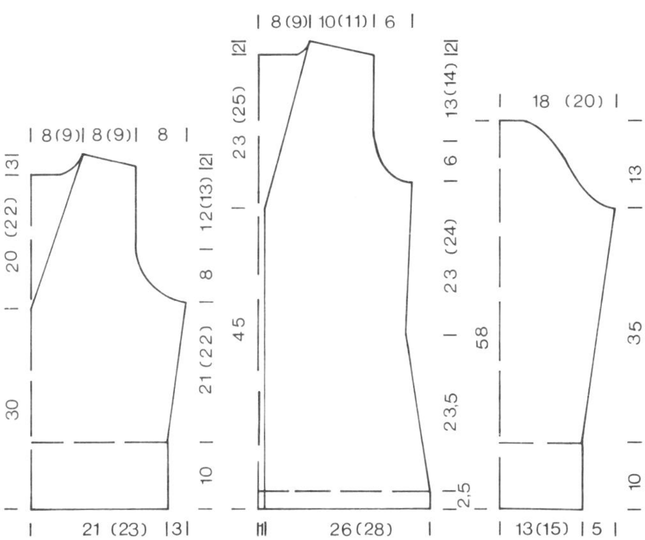

mittleren 26 (30) M abketten, beidseitig davon in jeder 2. R 3 × 2, 2 × 1 M abnehmen. Zugleich in 51 (53) cm Höhe für die Schultern in jeder 2. R 3 × 5, 1 × 6 M (4 × 6 M) abketten.
VORDERTEIL: Bis auf den Halsausschnitt wie den Rükken stricken. Dafür in 30 cm Höhe die Arbeit in der Mitte teilen und an den Ausschnittkanten in jeder 4. R 21 (23) × 1 M abnehmen.

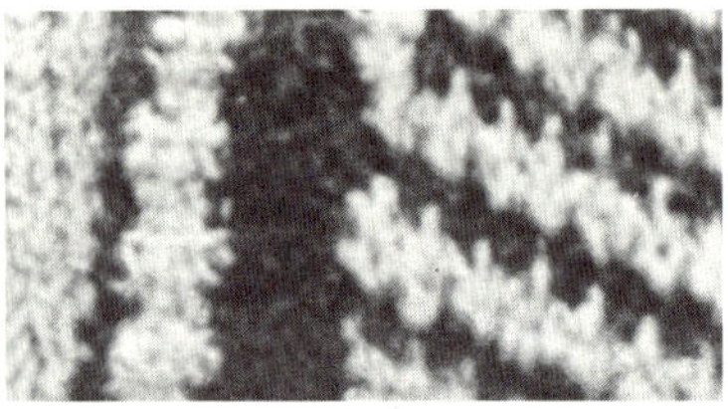

FERTIGSTELLUNG: Die Teile spannen und leicht dämpfen. Die Nähte schließen. Die Kanten im Bündchenmuster mit 6 Runden dunkelgrün und 4 Runden grün umranden, mit Dunkelgrün abketten; aus den Armausschnitten 124 (132) M, aus dem Halsausschnitt 180 (192) M aufnehmen. In der Ausschnittspitze in jeder Runde die 3 Mittel-M links zusammenstricken.
JACKE, RÜCKEN: 140 (150) M in Dunkelgrün anschlagen und im Bündchenmuster 4 R grün, 6 R dunkelgrün stricken. Weiter im Grundmuster nach dem Einstrickmuster arbeiten, dabei beidseitig in jeder 8. R 11 × 1 M abnehmen = 118 (128) M, anschließend in jeder 20. R 3 × 1 M zunehmen = 124 (134) M. In 49 (50) cm Höhe für die Armausschnitte beidseitig in jeder 2. R 1 × 3, 3 × 2, 6 × 1 M abnehmen = 94 (104) M, weiter geradeaus stricken. In 68 (70) cm Höhe für die Schultern in jeder 2. R 2 × 6, 2 × 7 M (4 × 7 M) abketten. Zugleich für den Halsausschnitt die mittleren 32 (38) M abketten, beidseitig davon in jeder 2. R 2 × 2, 1 × 1 M abnehmen.
LINKES VORDERTEIL: 68 (72) M in Dunkelgrün anschlagen, im Bündchenmuster 4 R grün und 6 R dunkelgrün, weiter im Grundmuster nach dem Einstrickmuster arbeiten, dabei Seite, Armausschnitt und Schulter wie beim Rücken formen. Für die Ausschnittschräge in 45 cm Höhe zum erstenmal 1 M, abwechselnd in jeder 4. und 6. R noch 18 (20) × 1 M abnehmen.
RECHTES VORDERTEIL: Gegengleich arbeiten.
ÄRMEL: 68 (78) M in Dunkelgrün anschlagen und im Bündchenmuster 4 R grün, weiter dunkelgrün stricken. Ab 10 cm Höhe im Grundmuster nach dem Einstrickmuster arbeiten, dabei beidseitig in jeder 10. R 13 × 1 M zunehmen = 94 (104) M. In 45 cm Höhe für die Armkugel beidseitig in jeder 2. R 2 × 3, 4 × 2, 14 × 1, 3 (4) × 2, 2 × 3 M abnehmen, die restlichen 14 (20) M auf einmal abketten.
FERTIGSTELLUNG: Die Teile dämpfen, Nähte schließen. Aus den vorderen Geraden 130 M, den Ausschnittschrägen 66 (72) M, dem Rükkenausschnitt 42 (48) M im Dunkelgrün aufnehmen und die Blende wie beim Pullunder stricken.

Herrenpullunder uni

Abb. S. 182

Der unifarbene Herrenpullunder aus feiner Wolle zeigt ein Streifenmuster aus rechten und linken Maschen, die vorn V-förmig, hinten quer verlaufen.

GRÖSSEN: 50 und 54. Bei unterschiedlichen Angaben: Größe 54 in Klammern.
MATERIAL: Parley-Wolle, Qualität Nikrim, reine Schurwolle 300 (350) g in Grau Nr. 516. Je 1 Paar INOX-Stricknadeln Nr. 2½ und 3, eine 40 cm lange IMRA-Rundstricknadel Nr. 2½.
GRUNDMUSTER: Glatt rechts = Hinr rechte M, Rückr linke M.
STRICKSCHRIFT: Gegeben ist das schräge Muster vom Vorderteil, und zwar nur die Hinr. In den Rückr die M strikken, wie sie erscheinen. Die 1.–24. R in der Höhe wiederholen, dabei die schrägen Streifen auf der rechten Hälfte weiter nach rechts, auf der linken Hälfte weiter nach links versetzen.
BÜNDCHENMUSTER: Abwechselnd 2 M rechts, 2 M links.

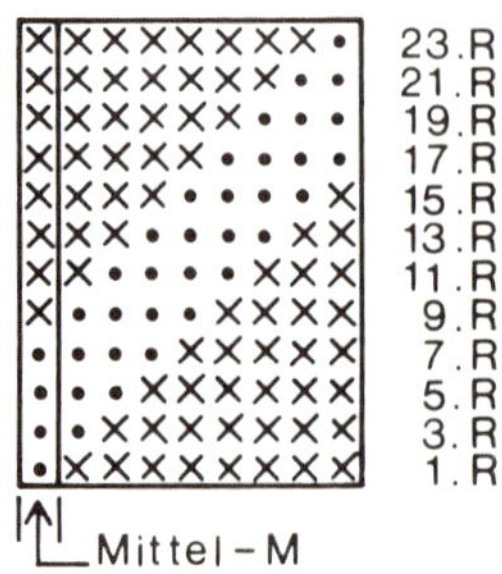

MASCHENPROBE: 26 M und 38 R = 10 cm.

Arbeitsanleitung

RÜCKEN: 130 (142) M mit Nadeln Nr. 2½ anschlagen und 13 cm im Bündchenmuster stricken, dabei in der letzten R vor der letzten Randm 1 M verschränkt zunehmen = 131 (143) M. Weiter mit Nadeln Nr. 3 im Grundmuster stricken. In 38 (39) cm Höhe beidseitig für die Armausschnitte je 19 (22) M abketten = 93 (99) M, weiter * abwechselnd 4 R obenauf links und 10 R im Grundmuster stricken, ab * noch 3 × wiederholen, dann obenauf links beenden. In 63 (66) cm Höhe alle M abketten.

VORDERTEIL: Das Bündchen wie beim Rücken stricken. Weiter mit Nadeln Nr. 3 arbeiten, dabei zuerst 2 R im Grundmuster, dann von der Mitte ausgehend nach der Strickschrift die schrägen

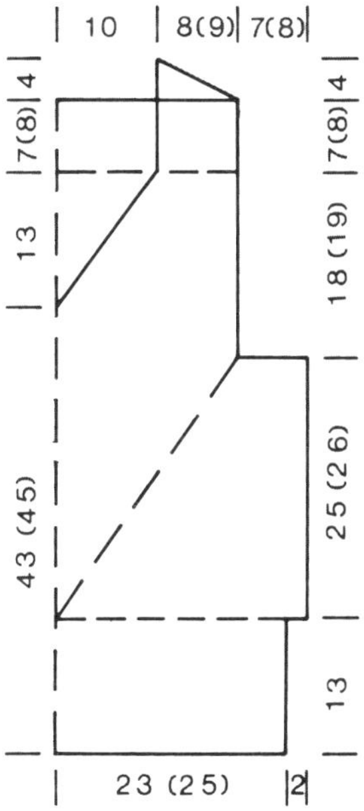

Streifen, beidseitig davon im Grundmuster stricken. In 38 (39) cm Höhe die Armausschnitte arbeiten. In 43 (45) cm Höhe mit dem Halsausschnitt beginnen. Dazu nach einer 2. (10.) R der Strickschrift die Mittel-M abnehmen und dadurch die Arbeit teilen. An den Ausschnittkanten in jeder 2. R 25 × 1 M abnehmen, bis nur noch 21 (24) M übrig sind. Von nun an obenauf links stricken. Für die Schulter ab 63 (66) cm Höhe in jeder 2. R 7 (8) × 3 M abketten.

ARMAUSSCHNITTBLENDEN: Auf der Rundnadel 180 (192) M anschlagen und im Bündchenmuster stricken, dabei beidseitig vom Rd-Wechsel mit 38 (46) M Abstand je 2 rechte M für die Ecken markieren und an diesen Stellen in jeder 2. Rd wie folgt abnehmen: Die 1. markierte M mit der M davor rechts, die 2. M mit der folgenden M rechts überzogen zusammenstricken. In 4 cm Höhe die M abketten.

HALSBLENDE: Auf der Rundnadel 200 (208) M anschlagen und im Bündchenmuster stricken. Für die vordere Mitte 2 rechte M und beidseitig davon im Abstand von 74 (78) M noch je 2 rechte M für die hinteren Ecken markieren und an diesen Stellen wie bei den Armausschnittblenden abnehmen. In 4 cm Höhe die M abketten.

FERTIGSTELLUNG: Teile spannen, mit einem feuchten Tuch bedecken und trocknen lassen. Die Nähte schließen und die Blenden mit dem Aufschlag aufnähen.

Gestreifter Damen-Pullunder

GRÖSSEN: 38 und 42. Bei unterschiedlichen Angaben: Größe 42 in Klammern.

MATERIAL: Esslinger Wolle, Qualität Trockenwolle, 4fach, 100% Schurwolle, 100 g in Grau Nr. 22, je 50 g in Schwarz Nr. 02, Rost Nr. 29, Oliv Nr. 30, Blau Nr. 32, Gelb Nr. 49. Je 1 Paar INOX-Stricknadeln Nr. 2½ und 3.

GRUNDMUSTER: Glatt rechts = Hinr rechte M, Rückr linke M.

STREIFENFOLGE MIT EINSTRICKMUSTER: * 2 R grau, 2 R Hauptfarbe, 4 R abwechselnd 1 M schwarz, 2 M Hauptfarbe, dabei in der 2.–4. dieser R die schwarzen M um 1 M nach links versetzen, 2 R Hauptfarbe. Ab * wiederholen, dabei die Hauptfarben in der Reihenfolge rost, blau, gelb, oliv arbeiten.

BÜNDCHENMUSTER: Abwechselnd 1 M rechts, 1 M links.

MASCHENPROBE: 27 M und 32 R = 10 cm.

Arbeitsanleitung

RÜCKEN: 123 (135) M in Grau mit Nadeln Nr. 2½ anschlagen und im Bündchenmuster 10 cm stricken. Weiter mit Nadeln Nr. 3 im Grundmuster nach der Streifenfolge geradeaus stricken. In 33 cm Höhe für die Armausschnitte beidseitig in jeder 2. R 1 × 4, 2 × 3, 3 × 2, 3 × 1 M abnehmen = 85 (97) M; geradeaus arbeiten. In 52 (53) cm Höhe für den Halsausschnitt die mittleren 33 M in 1 R, beidsei-

In harmonisch aufeinander abgestimmten Farben ist der Pullunder glatt rechts gestrickt. Die Farbstreifen haben zusätzlich ein kleines Einstrickmuster.

Schnitt unten: ½ Rücken- bzw. Vorderteil für Größe 38 (42).

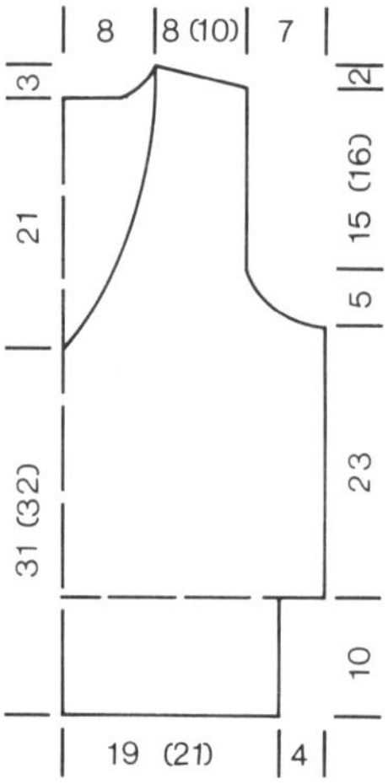

tig davon in jeder 2. R 2 × 2, 2 × 1 M abketten. Zugleich ab 53 (54) cm Höhe für die Schulter in jeder 2. R 1 × 6, 2 × 7 (1 × 8, 2 × 9) M abketten.

VORDERTEIL: Bis auf den Halsausschnitt wie den Rükken formen. Dafür in 31 (32) cm Höhe die Mittel-M abketten und an den Ausschnitträndern in jeder 2. R 16 × 1 M, in jeder 4. R 6 × 1 M abnehmen.

HALSBLENDE: 209 M in Grau mit Nadeln Nr. 2½ anschlagen und im Bündchenmuster stricken, dabei beidseitig in jeder 2. R 8 × 2 M abketten, 4 R geradeaus stricken, dann entsprechend wieder zunehmen. Danach alle M abketten.

ÄRMELBLENDEN: 152 M in Grau mit Nadeln Nr. 2½ anschlagen. Im Bündchenmuster stricken, dabei beidseitig in jeder 2. R 16 × 1 M abnehmen, dann alle M abketten.

FERTIGSTELLUNG: Teile spannen, leicht dämpfen. Die Nähte schließen, die Blenden aufnähen, dabei den Halsausschnitt doppelt einfassen.

▲
Alle, die gern mit zwei Fäden zugleich stricken, können sich bei diesem Twinset austoben (Anl. S. 134)

Jedes Teil kann für sich getragen werden. Zusammen bilden sie ein passendes Twinset (Anl. S. 188) ▶

Dieser Pullunder im Großformat wird aus Baumwolle gestrickt und bekommt durch einen eingestrickten Lurexfaden einen dezenten Goldschimmer. Das richtige für die kühle Brise am Strand (Anl. S. 134)

Aus Pullunder und kurzärmeliger Jacke besteht das vielseitig tragbare Twinset im Tennisstil. Die Ärmelaufschläge, das Bündchen und alle Kanten sind im Rippenmuster rot, weiß, blau gestrickt (Anl. S. 190) ▶

Die Jacke des Sets läßt sich auch zu anderen Pullis oder Hemden kombinieren (Anl. S. 145)

Der Pullunder ist warm genug, um ihn solo zu tragen (Anl. S. 145)

Die lange, schmale Weste (ganz rechts) ist aus dünner Wolle dreifarbig gestrickt (Anl. S. 170)

Der dezent gemusterte Pullunder in Grau paßt gut zu sportlichen, gemusterten Hemden. Halsblende und Bündchen sind im Rippenmuster gestrickt (Anl. S. 174)

Der blaue Pullunder ist kraus gestrickt und einfach zu arbeiten (Anl. S. 150)

Dieser schicke Damenpullunder ▸ *im einfachen Rippenmuster wird bis auf die Passe quer gestrickt. Durch verkürzte Reihen wird er auf Bundweite gebracht. Das schicke Rippenmuster entsteht ganz einfach durch zwei Reihen rechte Maschen. Mit Tüchern und Schals läßt er sich vielseitig variieren (Anl. S. 151)*

Immer aktuell: eine Weste mit Rhombenmuster in Rot-Grün-Tönen (Anl. S. 118)

Pullunder mit Einstrickmuster

Abb. S. 144

GRÖSSE: 38.
MATERIAL: Schewe-Wolle, Qualität Original Shetland, 250 g in Dunkelrot Nr. 772, je 50 g in Gelb Nr. 800, Grün Nr. 787, Hellgrün Nr. 794, Beige Nr. 762, Rost Nr. 790 und Blau Nr. 775.
Je 1 Paar INOX-Stricknadeln Nr. 3 und 3½, eine 40 cm lange IMRA-Rundstricknadel Nr. 3.
GRUNDMUSTER: Glatt rechts = Hinr rechte M, Rückr linke M.
EINSTRICKMUSTER: Gegeben ist 1 Rapport in der Breite.
Die Randm sind nicht mit eingezeichnet.
MASCHENPROBE: 24 M und 27 R = 10 cm.
BÜNDCHENMUSTER: Abwechselnd 2 M rechts, 2 M links.

Arbeitsanleitung

RÜCKEN: 114 M in Dunkelrot mit Nadeln Nr. 3 anschlagen und 8 cm im Bündchenmuster, weiter mit Nadeln Nr. 3½ im Grundmuster geradeaus stricken. Ab 38 cm Höhe für die Armausschnitte beidseitig in jeder 2. R 1 × 4, 3 × 2, 4 × 1 M abketten = 86 M. In 55 cm Höhe beidseitig 1 × 1 M, in jeder 4. R noch 4 × 1 M wieder zunehmen = 96 M. Ab 64 cm Höhe für die Schultern beidseitig in jeder 2. R 2 × 8, 1 × 9 M, dann die restlichen 46 M für den Halsausschnitt abketten.
VORDERTEIL: Bis auf den Halsausschnitt wie den Rücken arbeiten. Dafür in 39 cm Höhe die Arbeit in der Mitte teilen und an den Ausschnittseiten in jeder 2. R 5 × 1 M, weiter abwechselnd 1 × in der 4. R und 1 × in der folgenden 2. R noch 18 × 1 M abnehmen.
FERTIGSTELLUNG: Die Teile spannen und leicht dämpfen. Die Nähte schließen. Mit der Rundnadel aus dem Halsausschnitt M in Dunkelrot aufnehmen, dabei in der vorderen Spitze beginnen und enden. Im Bündchenmuster stricken und beidseitig in jeder 2. R je 2 M abketten. In 3 cm Höhe die M abketten und die Naht schließen. Aus den Armausschnitten mit der Rundnadel M in Dunkelrot aufnehmen und 3 cm im Bündchenmuster in Rd stricken.

Einstrickmuster:
◣ = *dunkelrot*
◬ = *gelb*
□ = *hellgrün*
◉ = *grün*
⊠ = *rost*
⧅ = *blau*

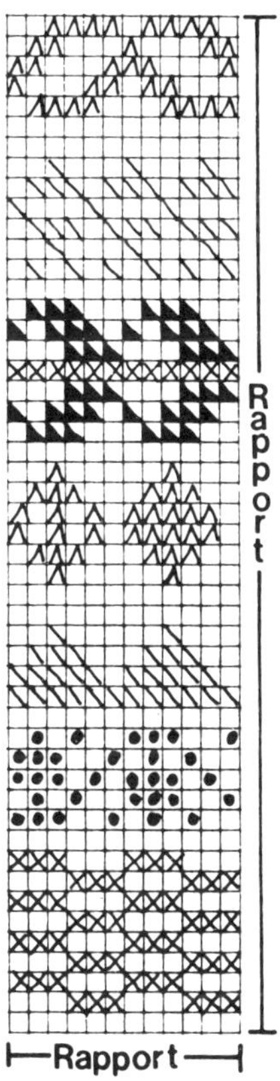

Schnitt: ½ Rücken- bzw. Vorderteil.

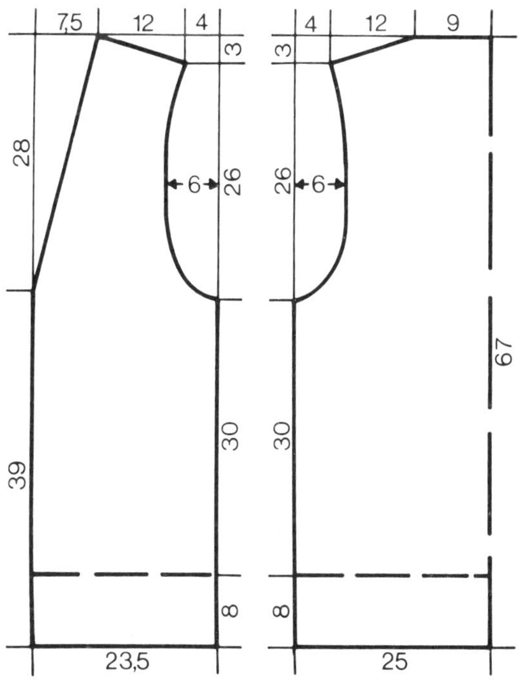

Damenwesten

Westen kann man immer gebrauchen: Sie sind die idealen Begleiter zu Blusen, manchmal auch zu Pullovern. Sie finden hier zwei verschiedene Modelle: eine Weste hat feine erdbeerfarbene und rosa Streifen, die andere ist einfarbig rosa und hat braun abgesetzte Blenden. Beide Modelle sind aus feinem Cablé-, oder Perlgarn gestrickt. Das Grundmuster besteht aus abwechselnd einer Reihe rechts verschränkter und einer Reihe linker Maschen. Das ergibt eine feine Oberflächenstruktur. Die Bündchen sind im Rippenmuster gestrickt. Beide Westen haben einen spitzen V-Ausschnitt und sind geknöpft. Die Angaben gelten für Damenkonfektionsgröße 40 und 44.

Weste, rosa
MATERIAL: Feines Perl- oder Cablé-Garn, je 100 g in Rosa und Erdbeer. 1 Paar Stricknadeln und eine 80 cm lange Rundstricknadel Nr. 2½. 4 Knöpfe.
STREIFENFOLGE: * je 2 R erdbeer und rosa *.

Weste, rosa/braun
MATERIAL: Feines Perl- oder Cablé-Garn, 150 (200) g in Rosa, 50 g in Braun. 1 Paar Stricknadeln und eine 80 cm lange Rundstricknadel Nr. 2½. 4 Knöpfe.

Das federleichte Westchen wird aus Synthetic-Garn gestrickt, wiegt nur 200 Gramm und hat ein zartes Streifenmuster.

Für beide Westen
GRÖSSEN: 40 und 44. Bei unterschiedlichen Angaben: Größe 44 in Klammern.
GRUNDMUSTER: 1. R (Hinr): re verschränkte M; 2. R (Rückr): li M. – 1. und 2. R laufend wiederholen.
BÜNDCHENMUSTER: * 1 M re verschränkt, 1 M li *.
MASCHENPROBE: 34 M und 44 R = 10 cm.

Arbeitsanleitung
RÜCKEN: 162 (176) M in Rosa bzw. Braun anschlagen und im Bündchenmuster 15 R rosa bzw. 3 R braun, 2mal abwechselnd 2 R rosa und 4 R braun stricken. Anschließend im Grundmuster nach der Farbfolge bzw. einfarbig rosa stricken, dabei beidseitig in jeder 6. R 7 × 1 M abnehmen = 148 (162) M, dann in jeder 20. R 4 × 1 M zunehmen = 156 (170) M. In 34 (33) cm Höhe für die Armausschnitte beidseitig in jeder 2. R 2 × 3, 6 × 2, 6 × 1 (3 × 3, 5 × 2, 8 × 1) M abnehmen = 108 (116) M; gerade hochstrikken. In 53 cm Höhe für die Schultern in jeder 2. R 3 × 5, 2 × 6 (4 × 6, 1 × 7) M abketten. Zugleich für den Halsausschnitt die mittleren 42 M in 1 R, beidseitig davon in jeder 2. R 2 × 2, 2 × 1 M abnehmen.
LINKES VORDERTEIL: 78 (85) M in Rosa bzw. Braun anschlagen und das Bündchen

Durch die Strickart bekommt das hübsche Damenwestchen eine feine Oberflächenstruktur. Die Blenden sind abgesetzt im kontrastierenden Braun.

wie beim Rücken stricken. Anschließend im Grundmuster nach der Farbfolge bzw. einfarbig rosa arbeiten, dabei Seite, Armausschnitt und Schulter wie beim Rücken formen. Für die Ausschnittschräge in 30 cm Höhe zum erstenmal, abwechselnd jede 4. und 5. R 23 × 1 M abnehmen.
RECHTES VORDERTEIL: gegengleich.
FERTIGSTELLUNG: Die Teile unter feuchtem Tuch spannen. Nähte schließen. Mit der Rundnadel aus den vorderen Geraden 99 M, den Ausschnittschrägen 79 M, dem Rückenausschnitt 57 M in Rosa bzw. Braun aufnehmen und in offenen R im Bündchenmuster 9 R + Abkettr rosa bzw. 3 R braun, 2 R rosa, 3 R + Abkettr braun stricken, dabei in der 4. R die Knopflöcher über je 6 M einarbeiten: das erste 1,5 cm ab unterem Rand, 3 weitere nach je 7 cm. Armausschnitte: mit je 140 (152) M in Rosa bzw. Braun wie Vorderblende stricken. Die Knöpfe annähen.

Schnittverkleinerung für Damenweste: ½ Rücken- bzw. Vorderteil für Größe 40 (44).

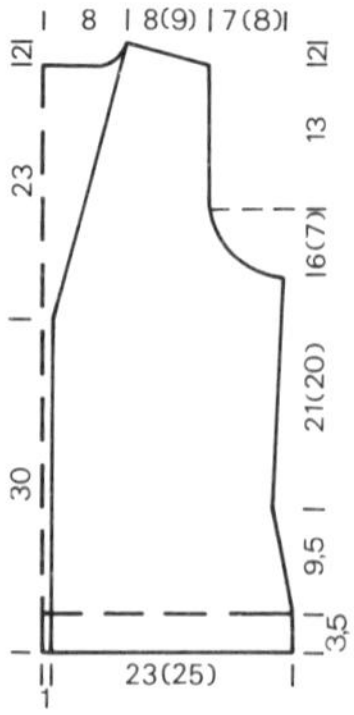

Twinset mit Karojacke

Abb. S. 177

Für beide Modelle

GRÖSSE: 40.
MATERIAL: Scheepjes-Wolle, Qualität Luzern, in den angegebenen Mengen in Grau Nr. 6483, Gelb Nr. 6487 und Flieder Nr. 6446. Je 1 Paar INOX-Stricknadeln Nr. 4 und 5.
GRUNDMUSTER: Glatt rechts = Hinr rechte M, Rüßckr linke M.
BÜNDCHENMUSTER: Abwechselnd 1 M rechts, 1 M links.

Pullover

MATERIAL: 350 g in Grau, je 100 g in Gelb und Flieder. Eine 60 cm lange Rundstricknadel Nr. 5. 3 Knöpfe.
FARBFOLGE: * 2 R grau, 1 R flieder, 2 R grau, 1 R gelb, ab * wiederholen, dabei mit der Rundnadel in offenen R stricken und die R jeweils dort beginnen, wo der entsprechende Farbfaden hängt.
MASCHENPROBE: 20 M und 26 R = 10 cm.

Arbeitsanleitung

RÜCKEN: 96 M in Grau mit Nadeln Nr. 4 anschlagen und 8 cm im Bündchenmuster, weiter im Grundmuster nach der Streifenfolge mit Nadeln Nr. 5 stricken. In 34 cm Höhe für die Armausschnitte beidseitig in jeder 2. R 1 × 4, 1 × 2, 5 × 1 M abnehmen = 74 M. In 37 cm Höhe beidseitig 1 × 1 M und nach 8 R nochmals 1 M wieder zunehmen = 78 M. In 51,5 cm Höhe für den Halsausschnitt die mittleren 20 M, beidseitig davon an den Ausschnittseiten in jeder 2. R 1 × 3, 1 × 2 M abketten. Die restlichen 24 M je Schulter in 53,5 cm Höhe abketten.
VORDERTEIL: Bis auf den Schlitz und Halsausschnitt wie den Rücken arbeiten. Für den Schlitz in 36 cm Höhe die mittleren 4 M abketten und an den Schlitzseiten 12 cm geradeaus stricken. Dann für den Halsausschnitt in jeder 2. R 1 × 6, 2 × 2, 3 × 1 M abketten.
ÄRMEL: 44 M in Grau mit Nadeln Nr. 4 anschlagen und 3 cm im Bündchenmuster, weiter mit Nadel Nr. 5 im Grundmuster nach der Streifenfolge stricken. Beidseitig im Abstand von je 3 cm 12 × 1 M zunehmen = 68 M. Ab 40 cm Höhe für die Armkugel in jeder 2. R 1 × 4, 1 × 2, 11 × 1, 2 × 2, 1 × 3, 1 × 4 M und die restlichen 12 M in 1 R abketten.
FERTIGSTELLUNG: Die Teile spannen, leicht dämpfen. Aus den Schlitzkanten mit Nadeln Nr. 4 M in Grau aufnehmen und 2 cm im Bündchenmuster stricken. Der rechten Blende in 1 cm Höhe die Knopflöcher je 2 M breit einarbeiten: das erste nach 2 cm ab unterem Rand, 2 weitere mit je 3 cm Abstand. Die Schulternähte schließen. Aus dem Halsausschnitt ohne Blenden mit Nadeln Nr. 4 M in Grau aufnehmen und den Kragen im Bündchenmuster mit Kettrandm 9 cm hoch anstricken. Den Pulli weiter wie üblich zusammennähen. Die Knöpfe annähen.

Jacke

MATERIAL: 350 g in Grau, je 150 g in Gelb und Flieder. 3 Knöpfe. Schulterpolster.
EINSTRICKMUSTER: Siehe Zeichnung. Leere Kästchen = grau, Punkte = gelb, Striche = flieder. Die Randm sind nicht mit eingezeichnet.
MASCHENPROBE: 21 M und 20 R = 10 cm.

Arbeitsanleitung

RÜCKEN: 100 M in Grau mit Nadeln Nr. 4 anschlagen und im Bündchenmuster 8 cm stricken. Weiter im Grundmuster nach dem Einstrickmuster mit Nadeln Nr. 5 geradeaus stricken. Ab 34 cm Höhe für die Armausschnitte beidseitig in jeder 2. R 1 × 4, 2 × 2, 4 × 1 M abnehmen = 76 M, dann in 45 cm Höhe beidseitig 1 × 1 M, nach 6 cm nochmals 1 M wieder zunehmen = 80 M. In 55 cm Höhe für den Halsausschnitt die mittleren 30 M, beidseitig davon in der 2. R 1 × 2 M abketten. Die restlichen 23 M je Schulter in 57 cm Höhe abketten.
LINKES VORDERTEIL: 48 M in Grau mit Nadeln Nr. 4 anschlagen und 8 cm im Bündchenmuster, weiter mit Nadeln Nr. 5 im Grundmuster nach dem Einstrickmuster arbeiten, dabei Seite, Armausschnitt und Schulter wie beim Rücken stricken. Am vorderen Rand bis 19 cm Höhe geradeaus arbeiten, dann für die Ausschnittschräge 1 × 1 M, abwechselnd 1 × in der 4. R und 1 × in der folgenden 6. R noch 14 × 1 M abnehmen.
RECHTES VORDERTEIL: Gegengleich arbeiten.

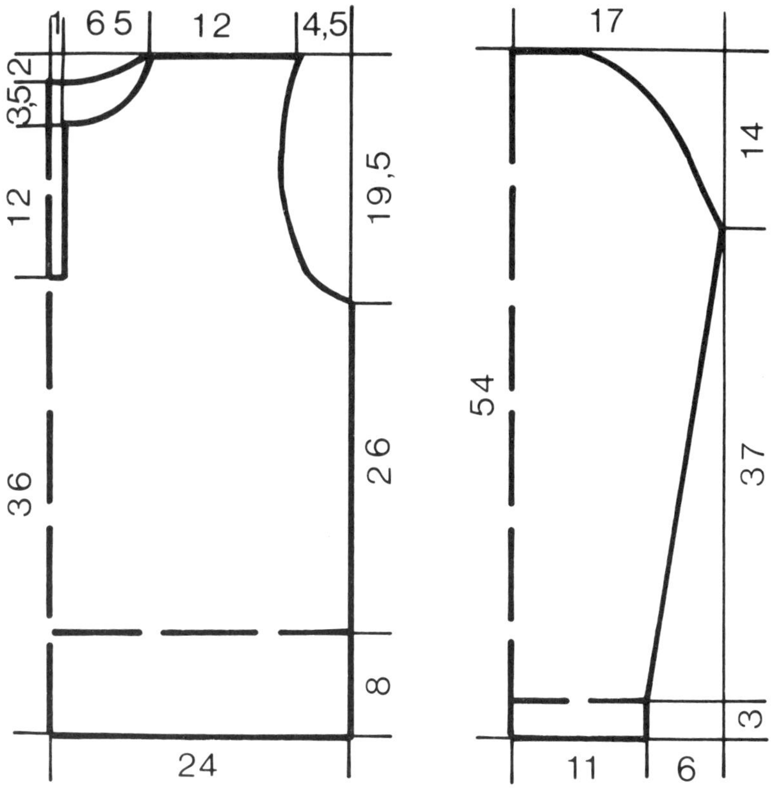

Oben Schnitt für ½ Rücken bzw. Vorderteil, ½ Ärmel für Pullover. Jackenschnitt: Siehe S. 135 (auf Größe 40 vergrößern).

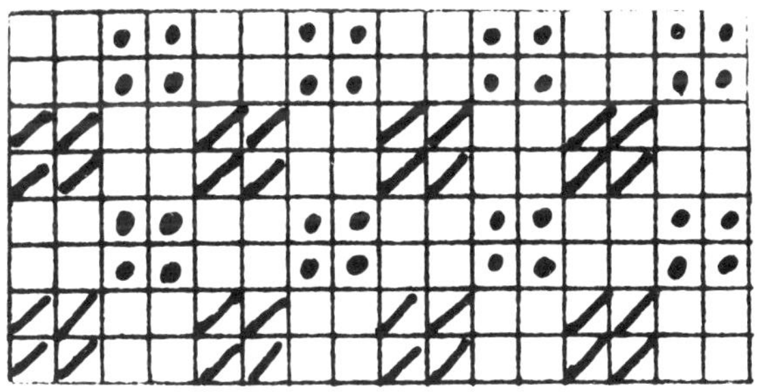

ÄRMEL: 42 M in Grau mit Nadeln Nr. 4 anschlagen und 5 cm im Bündchenmuster, weiter mit Nadeln Nr. 5 im Grundmuster nach dem Einstrickmuster arbeiten. Beidseitig in jeder 4. R 16 × 1 M zunehmen = 74 M. Ab 42 cm Höhe für die Armkugel beidseitig in jeder 2. R 1 × 4, 1 × 3, 1 × 2, 11 × 1, 2 × 2, 2 × 3 M und die restlichen 14 M in 1 R abketten.

BLENDE: 8 M in Grau mit Nadeln Nr. 4 anschlagen und im Bündchenmuster mit Kettrandm stricken. In 2, 10,5 und 19 cm Höhe je 1 Knopfloch über die mittleren 2 M einarbeiten. In 130 cm Höhe die M abketten.
FERTIGSTELLUNG: Die Teile spannen, leicht dämpfen. Die Nähte schließen und die Blende annähen. Knöpfe und Schulterpolster annähen.

Twinset im Tennisstil

Abb. S. 179

GRÖSSEN: 38 und 42. Bei unterschiedlichen Angaben: Größe 42 in Klammern.
MATERIAL: Mittelstarke Sportwolle, reine Schurwolle. Für den Pullover 250 (300) g in Weiß, je 50 g in Rot und Blau. Für die Jacke 350 (400) g in Weiß, Reste von den Beifarben. Je 1 Paar INOX-Stricknadeln Nr. 3 und 3½, je eine 40 cm und 100 cm lange IMRA-Rundstricknadel Nr. 3. 5 Knöpfe.
GRUNDMUSTER: 1. R (Hinr): Randm, * 1 M links, 7 M rechts, ab * wiederholen, am Ende der R 1 M links, Randm. 2. und 8. R (Rückr): Randm, * 1 M links, 1 M rechts, 5 M links, 1 M rechts, ab * wiederholen, am Ende der R 1 M links. Randm. 3. und 7. R: Randm, * 2 M rechts, 1 M links, 3 M rechts, 1 M links, 1 M rechts, ab * wiederholen, am Ende der R 2 M rechts, Randm. 4. und 6. R: Randm, * 3 M links, 1 M rechts, 1 M links, 1 M rechts, 2 M links, ab * wiederholen, am Ende der R 3 M links, Randm. 5. R: Randm, * 4 M rechts, 1 M links, 3 M rechts, ab * wiederholen, am Ende der R 4 M rechts. – 1.–8. R wiederholen.
STREIFENFOLGE: Anschlag in Weiß, weiter fortlaufend je 1 R in Blau, Weiß, Rot, Weiß.
MASCHENPROBE: 24 M und 38 R = 10 cm.
BÜNDCHENMUSTER: 1 M rechts, 1 M links.

Arbeitsanleitung
PULLOVER-RÜCKEN: 107 (115) M auf der Rundnadel in Weiß anschlagen und 8 cm im Bündchenmuster nach der Streifenfolge stricken, dabei die R jeweils dort beginnen, wo der entsprechende Farbfaden hängt. Weiter mit Nadeln Nr. 3½ weiß im Grundmuster geradeaus stricken. In 30 (31) cm Höhe für die Armausschnitte beidseitig in jeder 2. R 1 × 3, 4 × 2, 4 × 1 M abnehmen = 77 (85) M, anschließend in der 2. R 1 × 1 M, in jeder 6. R 8 × 1 M zunehmen = 95 (103) M. In 50 (52) cm Höhe für die Schultern beidseitig in jeder 2. R 4 × 7 (8) M abketten, die restlichen 39 M in 1 R abketten.
VORDERTEIL: Bis auf den Halsausschnitt wie den Rükken arbeiten. Dafür in 30 (32) cm Höhe die Arbeit durch Abketten der Mittel-M teilen, an den Ausschnitträndern in jeder 4. R 19 × 1 M abnehmen.
FERTIGSTELLUNG: Nähte schließen. Aus den Armausschnitten 128 (132) M in Weiß mit der Rundnadel aufnehmen, im Bündchenmuster 9 Rd nach der Streifenfolge strikken; weiß abketten. Aus dem Halsausschnitt in der vorderen Mitte beginnend 157 M in Weiß aufnehmen, in offenen R wie die Armausschnitte beranden, dann die Ränder rechts über links übereinandernähen.
JACKEN-RÜCKEN: 111 (119) M auf der Rundnadel in Weiß anschlagen, in offenen R im Bündchenmuster nach der Streifenfolge 10 cm stricken. Weiter mit Nadeln Nr. 3½ weiß im Grundmuster arbeiten, dabei beginnt und endet das Muster neben der Randm mit 6 M rechts; geradeaus stricken. In 34 (35) cm Höhe für die Armausschnitte beidseitig in jeder 2. R 1 × 3, 4 × 2, 4 × 1 M abnehmen = 81 (89) M, dann in der 2. R 1 × 1 M, in jeder 5. R 9 × 1 M zunehmen = 101 (109) M. In 51 (53) cm Höhe für den Hals-

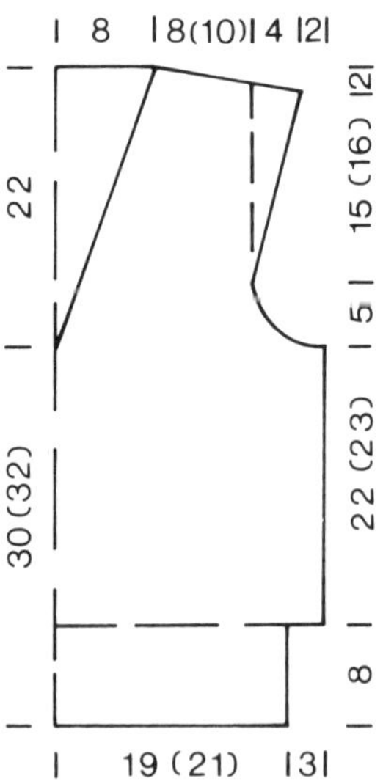

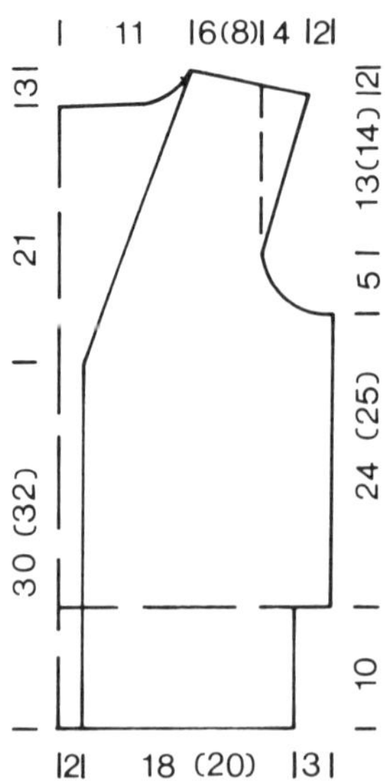

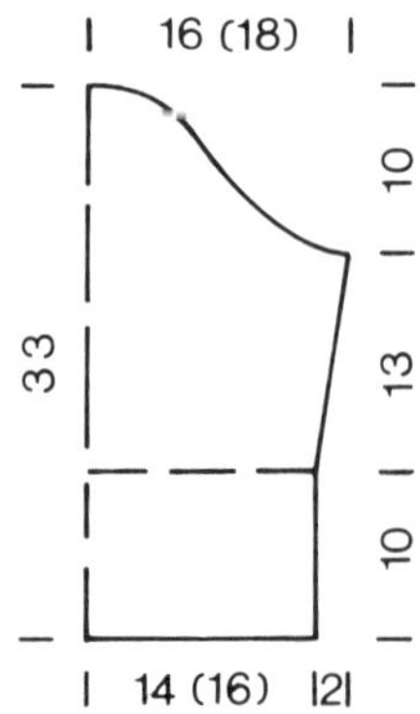

ausschnitt die mittleren 35 M in 1 R, beidseitig davon in jeder 2. R 3 × 2, 2 × 1 M abnehmen. Zugleich in 52 (54) cm Höhe für die Schultern in jeder 2. R 3 × 6, 1 × 7 (3 × 7, 1 × 8) M abketten.
LINKES VORDERTEIL: 51 (55) M auf der Rundnadel in Weiß anschlagen, 10 cm im Bündchenmuster wie beim Rücken, weiter mit Nadeln Nr. 3½ weiß im Grundmuster arbeiten, dabei Seite, Armausschnitt und Schulter wie beim Rücken formen. Für die Ausschnittschräge in 30 (32) cm Höhe 1 × 1 M, in jeder 4. R 20 × 1 M abnehmen. –
RECHTES VORDERTEIL: Gegengleich.
ÄRMEL: 67 (75) M auf der Rundnadel in Weiß anschlagen, 10 cm im Bündchenmuster wie beim Rücken, weiter mit Nadeln Nr. 3½ weiß im Grundmuster stricken, dabei beidseitig in jeder 8. R 5 × 1 M zunehmen = 77 (85) M. In 23 cm Höhe für die Armkugel beidseitig in jeder 2. R 2 × 3, 2 (3) × 2, 11 (9) × 1, 2 (3) × 2, 2 × 3 M abnehmen, die restlichen 15 (19) M in 1 R abketten.
BLENDE: Für die gesamte Länge 365 (377) M in Weiß auf der Rundnadel anschlagen, im Bündchenmuster in offenen R nach der Streifenfolge stricken. In 2 cm Höhe die Knopflöcher über je 5 M einarbeiten: Das erste 2 cm ab Rand, das zweite mit 3 cm, 3 weitere mit je 5 (5,5) cm Abstand. In 4 cm Höhe alle M abketten.
FERTIGSTELLUNG: Nähte schließen. Die Blende auf-, Knöpfe annähen.

Blau-weißer Pullunder

Abb. S. 141

GRÖSSE: Für 10 Jahre = 140 cm Körpergröße.
MATERIAL: Lana Grossa-Wolle, Qualität Chainette, 150 g in Blau, 50 g in Weiß. 1 Paar INOX-Stricknadeln und eine 40 cm lange IMRA-Rundstricknadel Nr. 5.
GRUNDMUSTER: M-Zahl teilbar durch 2 + 1. 1. R (Hinr), dunkelblau: Rechte M. 2. R (Rückr), dunkelblau: Linke M. 3. R, weiß: Randm, * 1 M rechts, 1 M links abheben, Faden hinter der Arbeit, ab * wiederholen. Am Ende 1 M rechts, Randm. 4. R, weiß: Randm, * 1 M rechts, 1 M links abheben, Faden vor der Arbeit, ab * wiederholen. Am Ende 1 M rechts, Randm. 5. und 6. R, dunkelblau: Wie 1. und 2. R. 7. und 8. R, weiß: Wie 3. und 4. R, dabei das Muster um 1 M versetzen. – Die 1.–8. R wiederholen.
MASCHENPROBE: 13 M und 26 R = 10 cm.
BÜNDCHENMUSTER: Abwechselnd 1 M rechts, 1 M links.

Arbeitsanleitung

RÜCKEN: 42 M in Blau anschlagen und im Bündchenmuster stricken. Ab 5 cm Höhe im Grundmuster arbeiten, dabei in der 1. R 7 × jede 6. M verdoppeln = 49 M. Geradeaus stricken. Ab 32 cm Höhe für die Armausschnitte beidseitig je 4 M abketten = 41 M und weiter geradeaus stricken. In 48 cm Höhe für den Halsausschnitt die mittleren 9 M und beidseitig davon in jeder 2. R 2 × 2, 1 × 1 M abketten. Die restlichen 11 M je Schulter in 50 cm Höhe abketten.
VORDERTEIL: Bis auf den Halsausschnitt wie den Rükken arbeiten. Dafür in 30 cm Höhe die Arbeit durch Abketten der Mittel-M teilen und an den Ausschnittseiten abwechselnd 1 × in der 4. R und 1 × in der folgenden 6. R insgesamt 9 × 1 M abnehmen.
FERTIGSTELLUNG: Die Schulternähte schließen. Aus den geraden Armausschnitträndern in Blau M aufnehmen und 2,5 cm im Bündchenmuster stricken, dann abketten. Die Schmalseiten annähen. Mit der Rundnadel aus dem Halsausschnitt in der vorderen Spitze beginnend in Blau M aufnehmen und im Bündchenmuster mit Kettrandm 3 cm stricken, dann abketten. Die Blende vorn übereinander nähen. Die Seitennähte schließen.

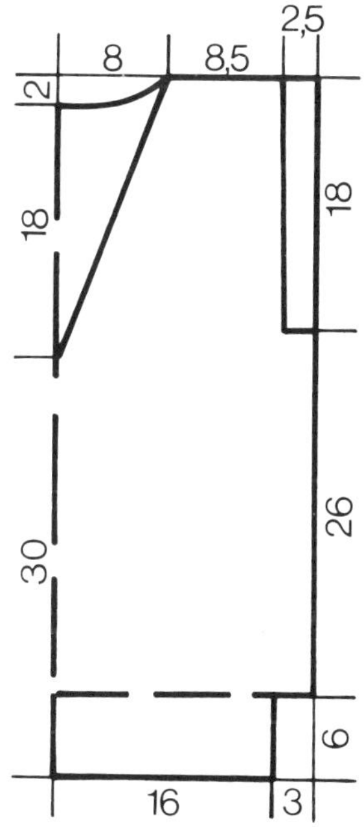

Kinderpullunder

Abb. S. 164

GRÖSSEN: 4 und 6 Jahre = 104 cm und 116 cm Körpergröße. Für 6 Jahre in Klammern.
MATERIAL: Phildar-Garn, Qualität Coton Bouclé, 100 (150) g in Ecru. Dazu dünnes Baumwollgarn, 50 g in Grün. Je 1 Paar INOX-Stricknadeln Nr. 2½ und 3.
GRUNDMUSTER: Glatt links = Hinr linke M, Rückr rechte M.
MASCHENPROBE: 23 M und 35 R = 10 cm im Quadrat.
BÜNDCHENMUSTER: 1 M rechts, 1 M links.

Arbeitsanleitung
RÜCKEN und VORDERTEIL: 70 (74) M mit Nadeln Nr. 2½ in Grün anschlagen und 4 cm im Bündchenmuster stricken. Weiter mit Nadeln Nr. 3 écru im Grundmuster geradeaus arbeiten. In 21 (23) cm Höhe für die Armausschnitte beidseitig 1 × 7 M abketten = 56 (60) M; geradeaus stricken. Ab 30 (33) cm Höhe grün mit Nadeln Nr. 2½ im Bündchenmuster arbeiten und nach 3 cm locker abketten.
ARMAUSSCHNITTBLENDEN: 75 (81) M mit Nadeln Nr. 2½ in Grün anschlagen und im Bündchenmuster 3 cm arbeiten. Dann 1 Rückr rechte M stricken, mit rechten M abketten.
FERTIGSTELLUNG: Schulternähte 4 (5) cm breit schließen. Die Armausschnittblenden mit der Abkett-R aufnähen. Seitennähte schließen.

Damenweste mit Einstrickmuster

Abb. S. 161

GRÖSSE: 38
MATERIAL: Mohair-Wolle für Nadelstärke 4–5, 150 g in Rot, 100 g in Dunkelbraun, je 50 g in Blau, Braun und Beige. Je 1 Paar INOX-Stricknadeln Nr. 5 und 7, je eine 40 cm und 100 cm lange IMRA-Rundstricknadel Nr. 4½. 4 Knöpfe.
GRUNDMUSTER I: Glatt rechts = Hinr rechte M, Rückr linke M.
EINSTRICKMUSTER: Siehe Musterzeichnung. Gegeben ist das linke Vorderteil. Jedes Kästchen 31 M in der entsprechenden Farbe.
MASCHENPROBE I: 17 M und 20 R = 10 cm.
GRUNDMUSTER II: Mit doppeltem Faden = je 1 roten und dunkelbraunen glatt rechts stricken.
MASCHENPROBE II: 12 M und 18 R = 10 cm.
BÜNDCHENMUSTER: Mit doppeltem Faden abwechselnd 2 M rechts, 2 M links stricken.

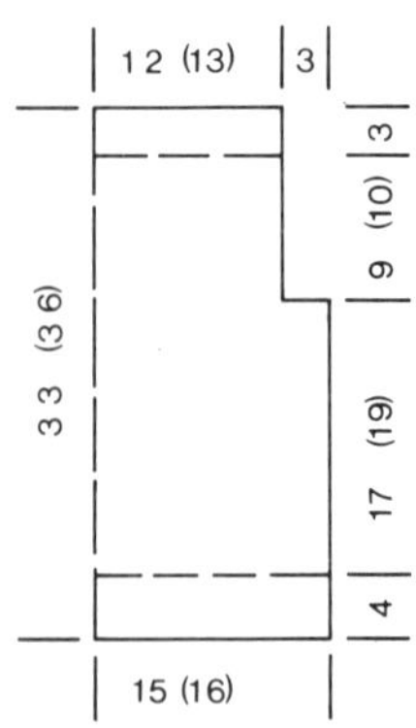

Schnitt des Kinderpullunders: ½ Rücken- bzw. Vorderteil.

Arbeitsanleitung
RÜCKEN: 50 M mit je 1 roten und dunkelbraunen Faden anschlagen mit Nadeln Nr. 7 und im Grundmuster II stricken. Beidseitig im Abstand von je 6 cm 3 × 1 M zunehmen = 56 M. Ab 22 cm Höhe für die Armausschnitte beidseitig in jeder 2. R 2 × 2, 2 × 1 M abnehmen = 44 M und weiter geradeaus stricken. In 42 cm Höhe für den Halsausschnitt die mittleren 12 M, in der 2. R beidseitig davon 1 × 5 M abketten. Zugleich ab 43 cm Höhe für die Schultern in jeder 2. R 1 × 5, 1 × 6 M abketten.
LINKES VORDERTEIL: 3 M in Beige mit Nadeln Nr. 5 anschlagen und im Grundmuster I stricken, dabei beidseitig in jeder 2. R in Blau 3 × 3 M zunehmen. Nach der Musterzeichnung arbeiten, dabei mit einzelnen Knäulen arbeiten und beim Farbwechsel die Fäden verkreuzen. Am linken Rand geradeaus stricken, am rechten in jeder 2. R 1 × 2 M in Blau, 1 × 2 M in Beige zunehmen, dann in Beige 11 M dazu anschlagen = 36 M. Für die Seitennaht am rechten Rand in jeder 10. R 4 × 1 M zunehmen = 40 M. In 26 cm Höhe am linken Rand für die Ausschnittschräge 1 × 1 M, in jeder 3. R noch 14 × 1 M abnehmen. Zugleich ab 27 cm Höhe am linken Rand für den Armausschnitt in jeder 2. R 2 × 3, 1 × 2 M abketten, dann weiter geradeaus stricken. In 48 cm Höhe für die Schulter in jeder 2. R 1 × 8, 1 × 9 M abketten.
RECHTES VORDERTEIL: Gegengleich arbeiten.

FERTIGSTELLUNG: Die Vorderteile nach der Musterzeichnung im Maschenstich besticken. Die Nähte schließen. Mit der kleinen Rundnadel aus den Armausschnitten je 76 M mit doppeltem Faden (rot und dunkelbraun) aufnehmen und 2,5 cm im Bündchenmuster stricken. Aus dem gesamten Westenrand mit der langen Rundnadel 300 M mit doppeltem Faden aufnehmen und im Bündchenmuster stricken. In 1 cm Höhe am rechten Vorderteil die Knopflöcher je 2 M breit einarbeiten: das erste 5 cm ab Ecke, 3 weitere mit je 5 cm Abstand. In 2 cm Höhe an den unteren Ecken und an den Spitzen je 1 M zunehmen, zugleich am Spitzenende zur Seitennaht hin je 1 M abnehmen. In 2,5 cm Höhe die M abketten. Knöpfe annähen.

Musterzeichnung für das linke Vorderteil:

◙ = *blau*
⊠ = *braun*
□ = *beige*
☑ = *1 M beige mit Rot überstickt*
⩒ = *1 M 2 R hoch mit Rot überstickt*

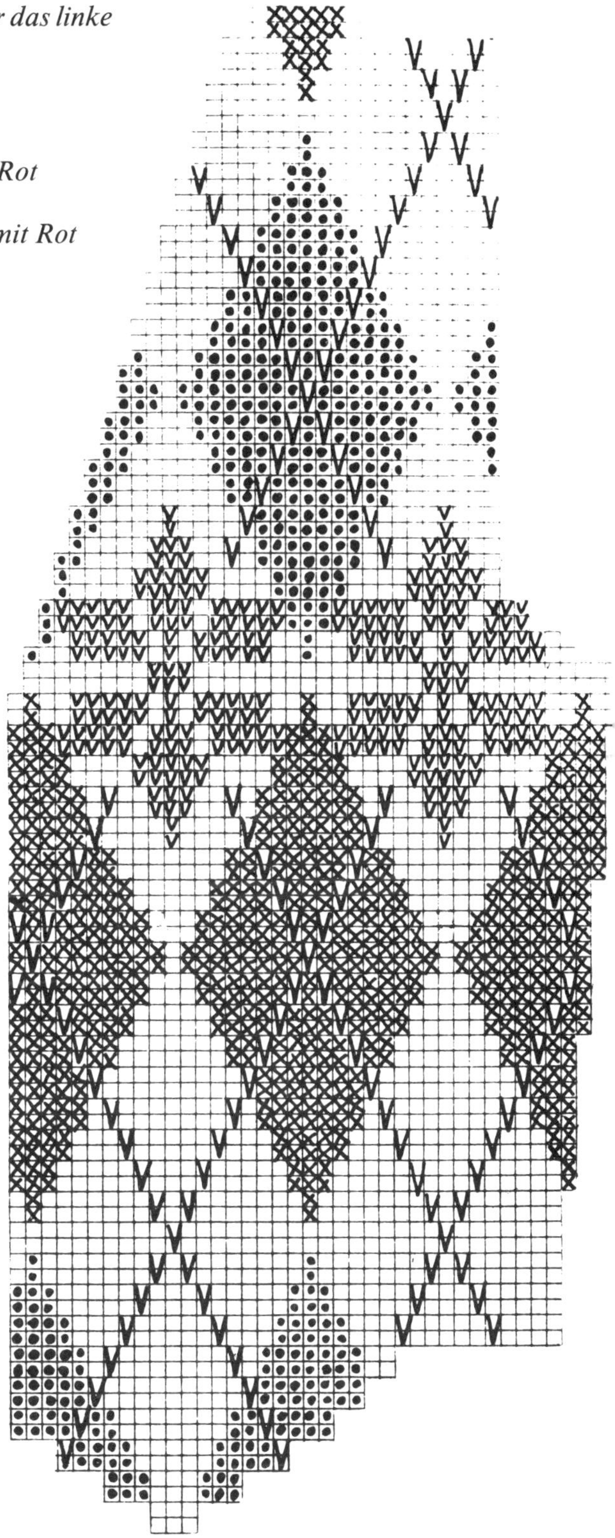

Schnittverkleinerung: linkes Vorderteil, ½ Rücken für Größe 38.

Schnittverkleinerung: linkes Vorderteil, ½ Rücken für Größe 38.

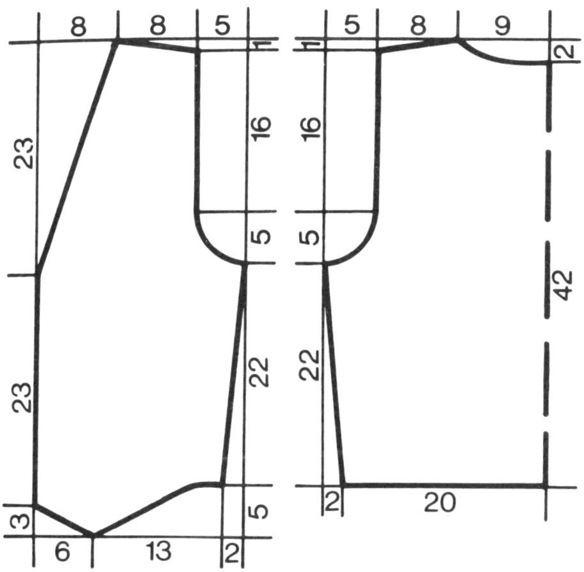

Kurze und lange Jacken

Jacken sind äußerst praktisch. Über den Arm geworfen, kann man sie beim Spaziergang mitnehmen und dann, wenn's kühl wird, anziehen. Es gibt sie lang oder kurz, sportlich und elegant, aus dickem oder dünnem Garn, mit und ohne Muster. Sie passen zu allem: zu langen Hosen, zu Röcken und zu Kleidern.
Wie beim Pullover beginnen Sie beim Stricken einer Jacke mit dem Rückenteil und fertigen dann die beiden Vorderteile und die Ärmel. Etwas Schwierigkeiten bereiten Passe, Knopflöcher und Taschen, aber der Strickkurs hilft Ihnen diese Klippen umschiffen. Sie finden aber in dem folgenden Kapitel auch Jacken ohne Knopflöcher und Taschen, die einfach mit Bindegürtel zusammengehalten und für Anfänger etwas einfacher zu fertigen sind.

Strickjacke mit Strukturmuster

Abb. S. 221

Diese graue Damenstrickjacke aus reiner Shetlandwolle hat ein dekoratives kleines Strickmuster. Alle Bündchen und Kanten sind im Rippenmuster gestrickt. Kleidsam zu Blusen ist der V-Ausschnitt. Die Jacke wird vorn geknöpft.

GRÖSSEN: 42 und 46. Bei unterschiedlichen Angaben: Größe 46 in Klammern.
MATERIAL: Schewe-Wolle, Qualität Original Shetland-Wolle, reine Schurwolle, 450 (500) g in Flanellgrau Nr. 741. Je 1 Paar INOX-Stricknadeln Nr. 3 und 3½. 6 Knöpfe.
GRUNDMUSTER: Maschenzahl teilbar durch 4. 1. R (Hinr): Randm, * 2 M links, 2 M rechts, ab * wiederholen, 2 M links, Randm. 2. R (Rückr): Randm, * 2 M rechts, 2 M links, ab * wiederholen, 2 M rechts, Randm. 3. R: Randm, * 2 M links, 2 M rechts zusammenstricken, die M noch auf der linken Nadel lassen und aus der 1. rechten M 1 M rechts herausstricken, ab * wiederholen, 2 M links, Randm. 4. R: Wie 2. R. 5. R: Wie 2. R. 6. R: Wie 1. R. 7. R: Randm, * 2 M rechts zusammenstricken, die M noch auf der linken Nadel lassen und aus der 1. rechten M 1 M rechts herausstricken, 2 M links, ab * wiederholen, 2 M rechts zusammenstricken und aus der 1. rechten M 1 M rechts herausstricken. Randm. 8. R: Wie 1. R. 1.–8. R laufend wiederholen.
BÜNDCHENMUSTER: Abwechselnd 1 M rechts, 1 M links.
MASCHENPROBE: 26 M und 36 R = 10 cm.

Arbeitsanleitung
RÜCKEN: 112 (124) M mit Nadeln Nr. 3 anschlagen, 10 cm im Bündchenmuster, weiter mit Nadeln Nr. 3½ im Grundmuster stricken, dabei beidseitig in jeder 14. R 6 × 1 M zunehmen = 124 (136) M. In 35 cm Höhe für die Armausschnitte beidseitig in jeder 2. R 2 × 3, 3 × 2, 4 (6) × 1 M abnehmen = 92 (100) M, weiter geradeaus stricken. In 54 (55) cm Höhe für die Schultern in jeder 2. R 3 × 6 (7), 1 × 7 (8) M abketten. Zugleich für den Halsausschnitt die mittleren 32 M in 1 R, beidseitig davon in jeder 2. R 2 × 2, 1 × 1 M abnehmen.
RECHTES VORDERTEIL: 67 (73) M mit Nadeln Nr. 3 anschlagen und im Bündchenmuster mit Kettrandm am rechten Rand stricken, dabei in 2 cm und 8 cm Höhe je 1 Knopfloch über die 8.–10. Blenden-M einarbeiten. Ab 10 cm Höhe mit Nadeln Nr. 3½ die rechten 16 M für die Blende weiter im Bündchenmuster stricken, dabei im Abstand von je 6 cm noch 4 Knopflöcher über den anderen einarbeiten. Die übrigen M im Grundmuster stricken, dabei Seite, Armausschnitt und Schulter wie beim Rücken formen. In 32 cm Höhe für die Ausschnittschräge zum erstenmal die letzte Blenden-M mit der folgenden Grundmuster-M rechts überzogen zusammenstricken, diesen Vorgang in jeder 4. R noch 5 ×, in jeder 6. R noch 10 × wiederholen. Nach Schluß der Schulterabnahmen die Blende noch 8 cm geradeaus stricken, dann die M stilllegen.
LINKES VORDERTEIL: Ohne Knopflöcher gegengleich arbeiten. Bei den Abnahmen für die Schräge je 2 M rechts zusammenstricken.
ÄRMEL: 68 (72) M mit Nadeln Nr. 3 anschlagen, 10 cm im Bündchenmuster, weiter mit Nadeln Nr. 3½ im Grundmuster stricken, dabei beidseitig abwechselnd in jeder 8. und 10. R 13 × 1 M zunehmen = 94 (98) M. In 44 cm Höhe für die Armkugel beidseitig in jeder 2. R 2 × 3, 4 × 2, 11 (13) × 1, 4 × 2, 2 × 3 M abnehmen, die restlichen 16 M auf einmal abketten.
FERTIGSTELLUNG: Nähte schließen. Die Blenden im Rücken im M-Stich verbinden und gegen den Halsausschnitt nähen. Knöpfe annähen.

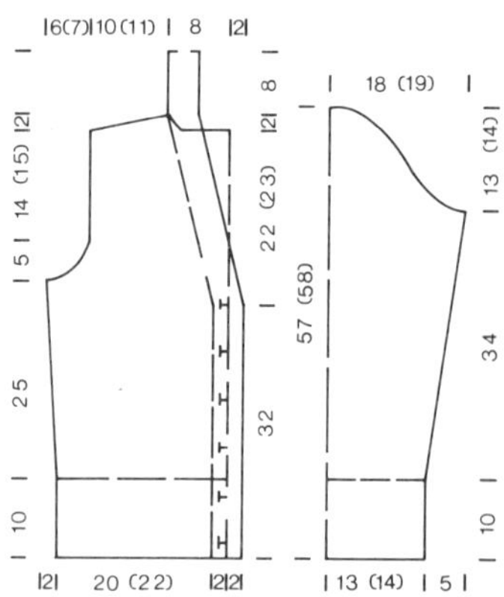

Schnittverkleinerung für Damenjacke: ½ Rücken, rechtes Vorderteil und ½ Ärmel für Größe 42 (46).

Männerjacken gerippt

Abb. S. 220

Zwei klassische Herrenjacken mit einem dekorativen Rippenmuster.

Für beide Modelle

MATERIAL: Mittelstarkes Garn aus 65% Polyacryl, 35% Kamelhaar, in den angegebenen Mengen und Farben. Je 1 Paar INOX-Stricknadeln Nr. 3 und 3½. 6 Knöpfe, Futterstoff für die Taschenbeutel.

GRUNDMUSTER: M-Zahl teilbar durch 8 + 2 Randm. 1. R (Hinr): Randm, 3 M rechts, * 2 M links, 6 M rechts, ab * wiederholen, 2 M links, 3 M rechts, Randm. 2. R (Rückr): Randm, 3 M links, * 2 M rechts, 6 M links, ab * wiederholen, 2 M rechts, 3 M links, Randm. 1. und 2. R wiederholen.

BÜNDCHENMUSTER: Abwechselnd 1 M rechts, 1 M links.

MASCHENPROBE, leicht gedehnt gemessen: 26 M und 34 R = 10 cm.

Braune Jacke

GRÖSSEN: 48 und 52. Bei unterschiedlichen Angaben: Größe 52 in Klammern.

MATERIAL: 500 (550) g in Kamelhaar.

Arbeitsanleitung

RÜCKEN: 130 (146) M mit Nadeln Nr. 3 anschlagen, 5 cm im Bündchenmuster, weiter mit Nadeln Nr. 3½ im Grundmuster stricken. In 44 cm Höhe für die Armausschnitte beidseitig in jeder 2. R 1 × 3, 3 (4) × 2, 4 (5) × 1 M abnehmen = 104 (114) M, anschließend in jeder 8. R 7 × 1 M, wieder zunehmen = 118 (128) M. In 65 cm Höhe für den Halsausschnitt die mittleren 36 M in 1 R, beidseitig davon in jeder 2. R 3 × 2, 2 × 1 M abnehmen. Zugleich in 66 cm Höhe für die Schultern in jeder 2. R 3 × 8, 1 × 9 (2 × 9, 2 × 10) M abketten.

LINKES VORDERTEIL: 63 (71) M mit Nadeln Nr. 3 anschlagen, 5 cm im Bündchenmuster, weiter mit Nadeln Nr. 3½ im Grundmuster stricken = am vorderen Rand 2 M links, Randm. Seite, Armausschnitt und Schulter wie beim Rücken formen. Für die Taschen in 13 cm Höhe die 5.–46. M ab Seitenrand stilllegen, dafür 42 M neu anschlagen und der Arbeit einfügen. Für den Halsausschnitt ab 43 cm Höhe in jeder 2. R 2 × 2, 8 × 1 M, in jeder 4. R 12 × 1 M abnehmen. Die Taschen-M aufnehmen und 5 cm hoch mit Nadeln Nr. 3 im Bündchenmuster stricken. Die Taschenblende aufnähen.

RECHTES VORDERTEIL: Gegengleich arbeiten.

ÄRMEL: 74 (82) M mit Nadeln Nr. 3 anschlagen, 12 cm im Bündchenmuster, weiter mit Nadeln Nr. 3½ im Grundmuster stricken, dabei beidseitig abwechselnd in jeder 8. und 10. R 15 × 1 M zunehmen = 104 (112) M. In 54 cm Höhe für die Armkugel beidseitig in jeder 2. R 2 × 3, 16 (17) × 2, 2 × 3 M abnehmen, die restli-

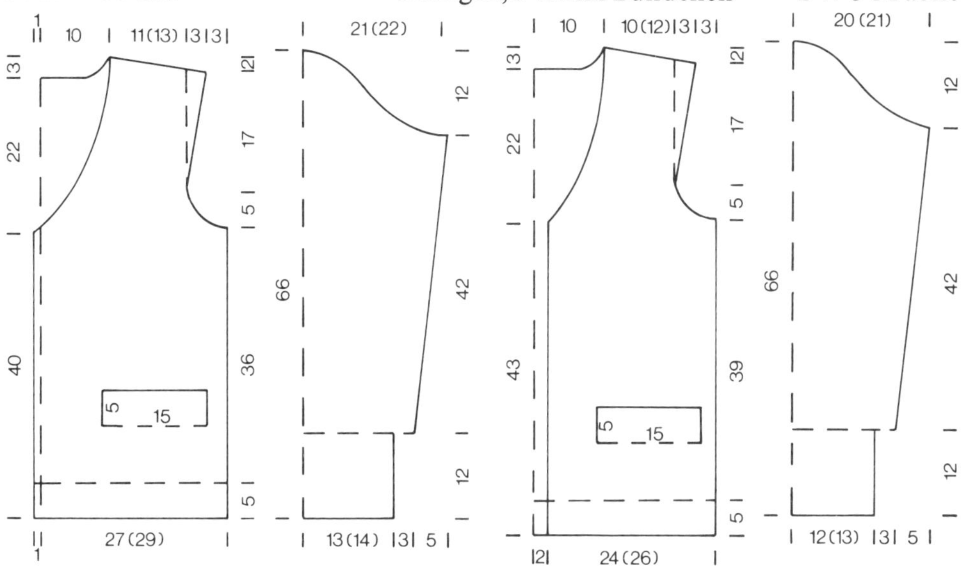

Schnittverkleinerung: ½ Rükken, linkes Vorderteil und ½ Ärmel. Links für Größe 54 (58), rechts für Größe 48 (52).

chen 16 (20) M in 1 R abketten.

BLENDE: Für die doppelte Breite 23 M mit Nadeln Nr. 3½ anschlagen und glatt rechts = Hinr rechte M, Rückr linke M stricken, dabei die Mittel-M als Hebe-M arbeiten = Hinr mit hinter der Arbeit laufendem Faden abheben, Rückr links stricken. In 3 cm Höhe das 1. Doppel-Knopfloch über die 3.–8. M beidseitig der Hebe-M einarbeiten, 5 weitere folgen im Abstand von je 8 cm. Blende insgesamt 160 cm hoch stricken, abketten.

FERTIGSTELLUNG: Teile spannen, mit einem feuchten Tuch bedecken und trocknen lassen. Taschenbeutel aus Futterstoff anfertigen und einnähen. Die Nähte schließen, dabei die unteren 8 cm der Ärmelnähte für den Aufschlag nach rechts nähen. Vorderkanten und Halsausschnitt sauber mit der doppelten Blende einfassen und die Knopflöcher schürzen. Die Knöpfe annähen.

Grüne Jacke

GRÖSSEN: 54 und 58. Bei unterschiedlichen Angaben: Größe 58 in Klammern.

MATERIAL: 550 (600) g in Grün.

Arbeitsanleitung

RÜCKEN: 138 (154) M mit Nadeln Nr. 3 anschlagen, 5 cm im Bündchenmuster, weiter mit Nadeln Nr. 3½ im Grundmuster stricken.

In 41 cm Höhe für die Armausschnitte beidseitig in jeder 2. R 1 × 4, 4 (5) × 2, 3 (4) × 1 M abnehmen = 108 (118) M, anschließend abwechselnd in jeder 6. und 8. R 8 × 1 M wieder zunehmen = 124 (134) M. In 62 cm Höhe für den Halsausschnitt die mittleren 36 M in 1 R, beidseitig davon in jeder 2. R 3 × 2, 2 × 1 M abnehmen. Zugleich in 63 cm Höhe für die Schultern in jeder 2. R 4 × 9 (3 × 10, 1 × 11) M abketten.

LINKES VORDERTEIL: 71 (79) M mit Nadeln Nr. 3 anschlagen, 5 cm im Bündchenmuster, weiter mit Nadeln Nr. 3½ im Grundmuster stricken = am vorderen Rand 2 M links, Randm. Seite, Armausschnitt und Schulter wie beim Rücken formen. Die Tasche wie bei der braunen Jacke arbeiten. Für den Halsausschnitt ab 40 cm Höhe in jeder 2. R 2 × 2, 12 × 1 M, in jeder 4. R 12 × 1 M abnehmen.

RECHTES VORDERTEIL: Gegengleich arbeiten.

ÄRMEL: (82) 90 M mit Nadeln Nr. 3 anschlagen, 12 cm im Bündchenmuster, weiter mit Nadeln Nr. 3½ im Grundmuster stricken, dabei beidseitig in jeder 10. R 13 × 1 M zunehmen = 108 (116) M. In 54 cm Höhe für die Armkugel beidseitig in jeder 2. R 2 × 3 (4), 17 (16) × 2, 2 × 3 (4) M abnehmen, die restlichen 16 (20) M auf einmal abketten.

BLENDE: Bis auf die Knopflöcher wie die braune Blende stricken. Das erste Knopfloch in 2,5 cm Höhe, 5 weitere im Abstand von je 7,5 cm einarbeiten. Die M in 158 cm Höhe abketten.

FERTIGSTELLUNG: Siehe braune Jacke.

Männerjacke mit Zöpfen

Abb. S. 222

Diese sportliche Männerjacke in den Größen 48 und 50 wird aus grau-beiger Wolle gestrickt. Ein schönes Zopfmuster zieht sich über die Jacke. Vorn wird die Jacke mit Knöpfen geschlossen. Passend ist diese rustikale Männerjacke für alle Freizeitaktivitäten: zum Wandern und Kraxeln, zum Spazierengehen und zum Sport. Darunter kann man gut ein Flanellhemd anziehen.

GRÖSSEN: 48 und 50. Bei unterschiedlichen Angaben: Größe 50 in Klammern.

MATERIAL: Lana Grossa-Wolle, Qualität Cortina, 900 (1000) g in Grau/beige Nr. 307. 1 Paar INOX-Stricknadeln Nr. 6. 7 Knöpfe.

GRUNDMUSTER: 1. R (Hinr): Randm, * 2 M links, 2 M Zopfstreifen = die 1. M vor der 2. M vorbei rechts stricken, dann die übergangene M rechts stricken, 2 M links, 4 M rechts = schmaler Zopf, 2 M links, 2 M Zopfstreifen, 2 M links, 8 M rechts = breiter Zopf, ab * wiederholen. 2. R und alle folgenden Rückr: Die M stricken, wie sie erscheinen. 3. R: Randm, * 2 M links, 2 M Zopfstreifen, 2 M links, 4 M vom schmalen Zopf nach links kreuzen = 2 M auf 1 Hilfsnadel vor die Arbeit legen, die nächsten 2 M rechts, dann die Hilfsnadel-M rechts stricken, 2 M Links, 2 M Zopfstreifen, 2 M links, 8 M vom breiten Zopf zur Hälfte = 4 M nach rechts kreuzen = 2 M auf 1 Hilfsnadel hinter die Arbeit legen, die

nächsten 2 M rechts, dann die Hilfsnadel-M rechts stricken, anschließend zur Hälfte über 4 M wie beim schmalen Zopf nach links kreuzen, ab *wiederholen, Randm. – Die 1. – 4. R wiederholen.
MASCHENPROBE: 17 M und 20 R = 10 cm.
Bündchenmuster: Abwechselnd 1 M rechts, 1 M links.

Arbeitsanleitung
RÜCKEN: 90 (94) M anschlagen und 5 cm im Bündchenmuster stricken. Weiter im Grundmuster arbeiten, dabei das Muster wie gegeben (mit 4 M links) beginnen. Außerdem bildet der 2. breite Zopf die Mitte. Ab hier die schmalen Zöpfe nach rechts kreuzen. Geradeaus stricken. Ab 39 cm Höhe für die Armausschnitte beidseitig in jeder 2. R 1 × 3, 2 (3) × 2, 3 × 1 M abketten = 70 M und weiter geradeaus stricken. Ab 63 cm Höhe für die Schultern beidseitig in jeder 2. R 2 × 11 M, dann die restlichen 26 M für den Halsausschnitt abketten.
LINKES VORDERTEIL: 52 (54) M anschlagen und im Bündchenmuster stricken, dabei in 4 cm Höhe das 1. Knopfloch über die 4. und 5. M ab vorderem Rand einarbeiten. 6 weitere folgen im Abstand von je 9 cm. In 5 cm Höhe über 46 (48) M im Grundmuster, die restlichen M für die Blende weiter im Bündchenmuster stricken, dabei die M ab Seitennaht wie beim Rücken einteilen und vor der Blende nur 1 schmalen Zopf nach links kreuzen und 2 M links stricken, siehe Strickkurs, Armausschnitt und Schulter wie beim Rücken stricken. Am vorderen Rand bis 56 cm Höhe geradeaus stricken, dann die 6 Blenden-M stillegen, daneben für den Halsausschnitt in jeder 2. R 2 × 3, 2 × 2, 4 × 1 M abketten.
RECHTES VORDERTEIL: Ohne Knopflöcher gegengleich arbeiten und die schmalen Zöpfe nach rechts kreuzen.
ÄRMEL: 42 M anschlagen und im Bündchenmuster stricken. Ab 5 cm Höhe im Grundmuster arbeiten, dabei nach dem mittleren breiten Zopf die schmalen Zöpfe nach rechts kreuzen. Beidseitig in jeder 4. R 17 × 1 M zunehmen und dem Muster einfügen = 76 M. Ab 46 cm Höhe für die Armkugel beidseitig in jeder 2. R 2 × 4, 1 × 3, 2 × 2, 4 × 1, 2 × 2, 1 × 3, 2 × 4 M und die restlichen 8 M in 1 R abketten.
FERTIGSTELLUNG: Die Schulternähte schließen. Zu den stillgelegten M aus dem Halsausschnitt M aufnehmen und im Bündchenmuster stricken, dabei nach 2 cm das letzte Knopfloch einarbeiten. In 4 cm Höhe die M abketten. Die Jacke weiter wie üblich zusammennähen. Die Knöpfe annähen.

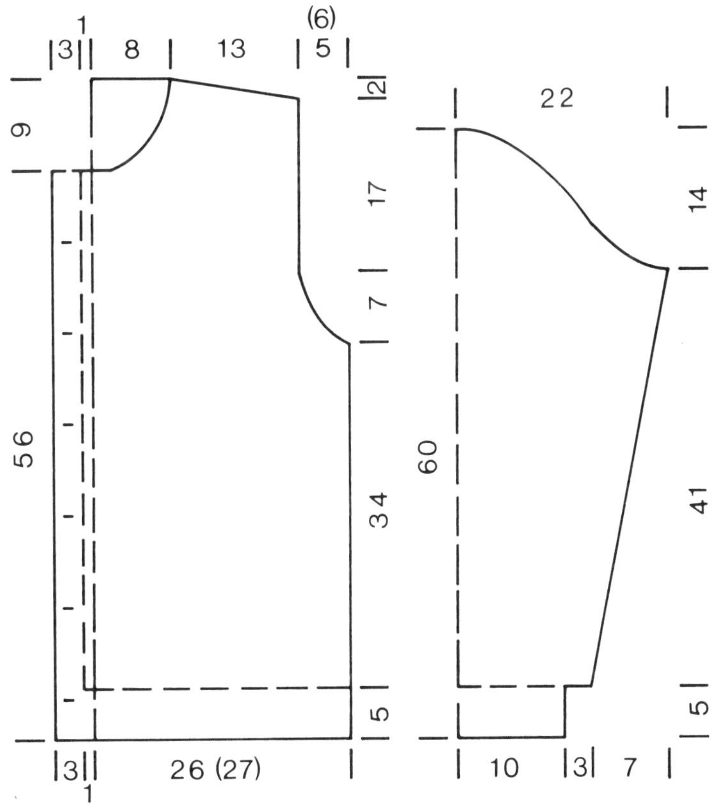

Schnittverkleinerung für Männerjacke mit Zöpfen: ½ Rükken- bzw. Vorderteil, ½ Ärmel. Für Herrengröße 48 bis 50.

Herrenjacke mit Knebelverschlüssen

Diese robuste Strickjacke für Männer kann zu jeder Jahreszeit getragen werden. Sie wird aus dickem, meliertem Sportgarn im Netzpatent-Muster gestrickt. Die Anleitung dazu befindet sich im Strickkurs. Die Ärmelbündchen sind krausgestrickt und können umgeschlagen werden. Die dreiviertellange Jacke hat zwei aufgesetzte Taschen und einen Kragen, beide im Krausmuster gestrickt. Vorn wird die Jacke mit Knebelverschlüssen geschlossen. Die Angaben in Schnitt und Anleitung gelten für Herrenkonfektionsgröße 50 und 54.

GRÖSSEN: 50 und 54. Bei unterschiedlichen Angaben: Größe 54 in Klammern.

MATERIAL: Dickes Sportgarn, 75% Acryl, 25% Wolle, 1500 (1600) g in Grün-rost-weiß meliert. 1 Paar Stricknadeln und eine 80 cm lange Rundstricknadel Nr. 6. 5 Paar Knebelverschlüsse.

GRUNDMUSTER: Netzpatent, siehe Strickkurs.

BÜNDCHENMUSTER: Kraus = Rückr- und Hinr rechte M.

MASCHENPROBE: 11 M und 28 R = 10 cm.

Arbeitsanleitung

RÜCKEN: 60 (64) M anschlagen und im Grundmuster geradeaus stricken. In 55 (54) cm Höhe für die Armausschnitte beidseitig in jeder 2. R 2 × 1 (1 × 2, 1 × 1) M, in jeder 4. R 2 × 1 M abnehmen = 52 (54) M. Nach 4 R beidseitig 1 × 1 M, nach je 20 R noch 2 × 1 M zunehmen = 58 (60) M. Ab 77 cm Höhe für die Schultern beidseitig in jeder 2. R 2 × 4, 2 × 5 (1 × 4, 3 × 5) M abketten. Zugleich in 77 cm Höhe für den Halsausschnitt die mittleren 12 M in 1 R, beidseitig davon in jeder 2. Reihe 2 × 2, 1 × 1 Masche abketten.

LINKES VORDERTEIL: 28 (30) M anschlagen. Im Grundmuster stricken und Seitennaht, Armausschnitt und Schulter wie beim Rücken formen. Am vorderen Rand geradeaus stricken. In 70 cm Höhe für den Halsausschnitt in jeder 2. R 1 × 3, 1 × 2, 2 × 1 M, in jeder 4. R 2 × 1 M abnehmen. Aus dem vorderen Rand mit der Rundstricknadel 90 M aufnehmen. In offenen R im Bündchenmuster 5 cm geradeaus stricken.

RECHTES VORDERTEIL: Gegengleich arbeiten.

ÄRMEL: 45 (49) M anschlagen. Im Bündchenmuster stricken, dabei beidseitig in jeder 10. R 2 × 1 M abnehmen = 41 (45) M. Ab 10 cm Höhe im Grundmuster weiterstricken, dabei in der 1. R gleichmäßig verteilt 5 M abnehmen = 36 (40) M. Beidseitig in jeder 20. R 6 × 1 M zunehmen = 48 (52) M. Ab 55 cm Höhe für die Armkugel beidseitig in jeder 2. R 1 (2) × 3, 1 × 2, 11 (10) × 1, 3 × 2 M, die restlichen 4 Maschen in 1 Reihe abketten.

KRAGEN: 24 M anschlagen, im Bündchenmuster stricken und beidseitig in jeder 2. R 4 × 6 M zunehmen = 72 M. Weiter mit Kettrandm stricken und in jeder 8. R auf beiden Seiten 4 × 1 M nach bzw. vor der Randm zunehmen = 80 M. In 16 cm Gesamthöhe alle M abketten.

TASCHEN: 26 M anschlagen, im Bündchenmuster 24 cm mit Kettrandm geradeaus stricken.

FERTIGSTELLUNG: Die Nähte schließen, dabei die unteren 10 cm der Ärmel für den Umschlag von rechts nähen. Die Taschen neben der Seitennaht und am unteren Rand annähen. Den Kragen einnähen. Die Knebelverschlüsse 3 cm ab oberem Rand und mit je 11 cm Abstand aufnähen.

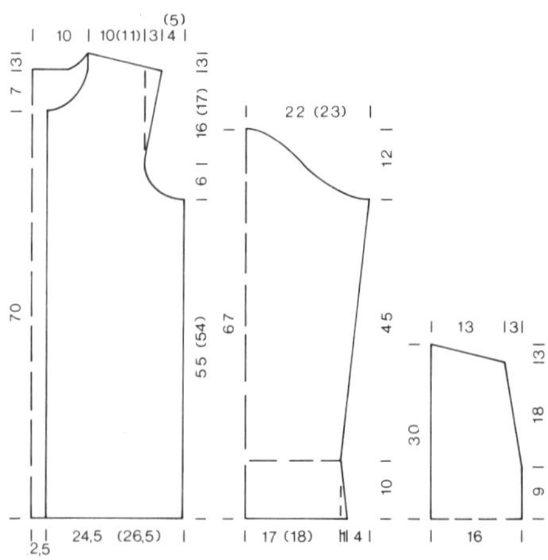

Schnittverkleinerung für rustikale Männerjacke: ½ Rücken, linkes Vorderteil, ½ Ärmel, ½ Kragen für Größe 50 (54)

Ein plastisches Rhombenmuster mit Lochmaschen zeigt die Jacke (Anl. S. 234)

▲ *Sportlich wirken die Blouson-jacken (Anl. S. 268)*
◂ *Diese Cardiganjacke mit breiten Blenden kann jeder gut tragen (Anl. S. 250)*

Diese Jacken im Dirndlstil mit bunter Stickerei erfordern schon etwas Geduld (Anl. S. 214–216)

Noch ein Dirndljäckchen, das sicher nicht nur Bayernherzen erfreut. Es paßt zu Kleidern, Röcken, Hosen (Anl. S. 266) ►

Nicht nur die bayrischen Dirndl, auch die norddeutschen Deerns sehen schmuck in solch einem Jäckchen aus (Anl. S. 238)

Sehr kleidsam und feminin ist ▶ die klassische Dirndljacke in Schwarz. Die jungen Mädchen haben sie wiederentdeckt (Anl. S. 267)

Bei dieser Damenjacke wechseln sich feine Einstrick-Muster mit dünnen Streifen ab. Das Vorderteil ist voll durchgemustert, die Ärmel haben nur einen kleinen Streifenapport. Die Verschlußblenden sind doppelt *(Anl. S. 280)*

Buntgemusterte Damenjacke mit Einstrickmuster

Kräftig und leuchtend sind die Farben der Strickjacke, die man gut zu Röcken, Hosen und Kleidern tragen kann. Das Vorderteil zeigt einfache geometrische Einstrickmuster: Kästchen, Karos und Rauten. Rücken, Ärmel und Bündchen sind einfarbig gehalten. Die Knopfleiste und die Bündchen sind im Rippenmuster eins rechts, eins links gestrickt. Die Jacke hat einen V-Ausschnitt und ein breites Taillen-Bündchen. Sie wird aus reiner Schurwolle in der Grundfarbe Blau gestrickt. Dazu kommen Wollreste in Ecru, Schwarz, Grün und Rost.
Die Angaben in Schnitt und Anleitung gelten für Damenkonfektionsgröße 36 und 40.

GRÖSSEN: 36 und 40. Bei unterschiedlichen Angaben: Größe 40 in Klammern.
MATERIAL: Schoeller-Wolle, Qualität Woll-Spass, reine Schurwolle, 400 (450) g in Blau Nr. 10, 100 g in Ecru Nr. 09, je 50 g in Schwarz Nr. 02, Grün Nr. 41, Rost Nr. 11. Je 1 Paar INOX-Stricknadeln Nr. 3 und 3½. 5 Knöpfe.
GRUNDMUSTER: Glatt rechts = Hinr rechte M, Rückr linke M.
EINSTRICKMUSTER: Gegeben ist von jedem Muster 1 Rapport in der Breite.
STREIFENFOLGE: * 1 R schwarz, 10 R Muster 1, 1 R schwarz, 2 R blau, 1 R schwarz, 8 R Muster 2, 2 R blau, je 1 R schwarz und grün, 8 R Muster 3, 1 R écru, 2 R blau, je 1 R schwarz, rost, schwarz und rost, 9 R Muster 4, je 1 R grün, schwarz und grün, ab * wiederholen.
BÜNDCHENMUSTER: Abwechselnd 1 M rechts, 1 M links.
MASCHENPROBE: 23 M und 29 R = 10 cm.

Arbeitsanleitung
RÜCKEN: 100 (110) M mit Nadeln Nr. 3 in Blau anschlagen, 10 cm im Bündchenmuster, weiter mit Nadeln Nr. 3½ im Grundmuster einfarbig blau geradeaus stricken. In 35 (36) cm Höhe für die Armausschnitte beidseitig in jeder 2. R 1 × 4, 2 × 2, 3 × 1 M abnehmen = 78 (88) M, weiter geradeaus stricken. In 53 (55) cm Höhe für die Schultern in jeder 2. R 3 × 7 (1 × 8, 2 × 9) M abketten. Zugleich für den Halsausschnitt die mittleren 30 M in 1 R, beidseitig davon in jeder 2. R 1 × 2, 1 × 1 M abnehmen.

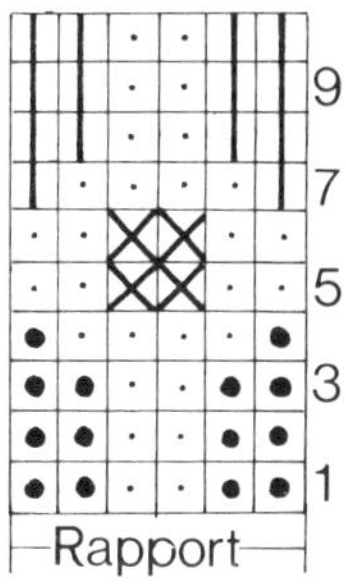

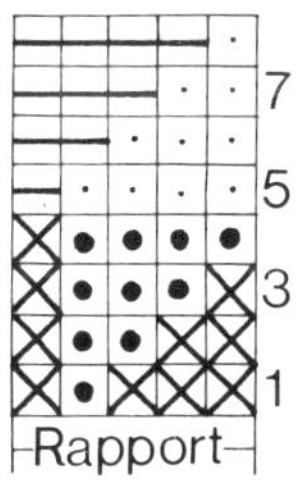

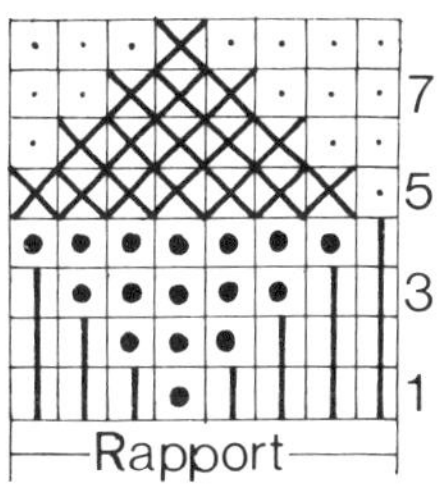

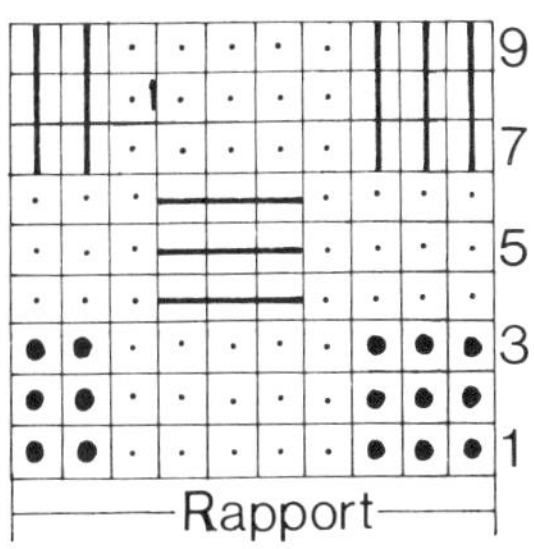

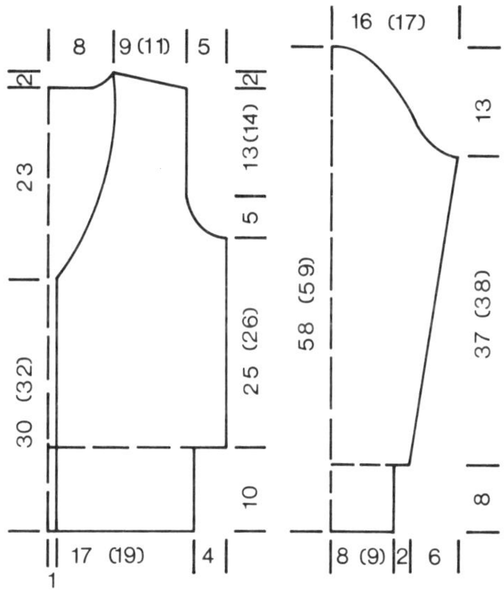

Oben Schnitt: ½ Rücken, linkes Vorderteil, ½ Ärmel für Größe 36 (40).

Einstrickmuster links:
= *schwarz*
= *rost*
= *grün*
= *blau*
= *écru*

LINKES VORDERTEIL: 48 (53) M mit Nadeln Nr. 3 in Blau anschlagen und 10 cm im Bündchenmuster stricken. Weiter mit Nadeln Nr. 3½ im Grundmuster nach der Streifenfolge arbeiten, dabei Seitennaht, Armausschnitt und Schulter wie beim Rücken formen. Für die Ausschnittschräge in 30 (32) cm Höhe
1 × 1 M, in jeder 2. R
7 × 1 M, in jeder 4. R
6 × 1 M, in jeder 6. R 2 × 1 M abnehmen, dann bis zum Schluß geradeaus stricken.
RECHTES VORDERTEIL: Gegengleich arbeiten.
ÄRMEL: 46 (50) M in Blau mit Nadeln Nr. 3 anschlagen, 10 cm im Bündchenmuster stricken. Weiter mit Nadeln Nr. 3½ in Blau im Grundmuster arbeiten, dabei beidseitig abwechselnd in jeder 6. und 8. R 14 × 1 M zunehmen = 74 (78) M. In 45 (46) cm Höhe für die Armkugel beidseitig in jeder 2. R 1 × 4, 4 × 2, 10 × 1, 3 × 2, 1 × 4 M abnehmen, die restlichen 10 (14) M in 1 R abketten.
BLENDE: Für die gesamte Länge 291 (303) M mit Nadeln Nr. 3 in Blau anschlagen und 3 cm im Bündchenmuster mit Kettrandm stricken. Zugleich in 1,5 cm Höhe die Knopflöcher über je 4 M einarbeiten: das erste 1,5 cm ab rechtem unteren Rand, das zweite im Abstand von 4,5 cm, 3 weitere im Abstand von je 5,5 (6) cm.
FERTIGSTELLUNG: Teile spannen, befeuchten und trocknen lassen. Nähte schließen und die Blende mit der Anschlagkante auf die Ränder nähen. Knöpfe annähen.

Freizeitjacken

Abb. S. 244

Vater und Sohn können sich so richtig wohl fühlen in diesen lässigen Freizeitjacken. Sie werden aus einem Dralon-Alpaka-Gemisch gearbeitet. Schön und praktisch zugleich sind die Braun-Beige-Töne. Die Jacken werden im Rippenmuster gestrickt, das schnell und einfach nachzuarbeiten ist. Bei der Herrenjacke sind die Rippen etwas breiter. Beide Jacken haben einen V-Ausschnitt, eine geknöpfte Blende und praktische Taschen. An der Blende und über die Schulter verlaufen konstrastierende Farbstreifen, bei der Herrenjacke in Dunkelbraun, bei der Jungenjacke in Hellbraun. Die Angaben in Schnitt und Anleitung gelten für 9 und 11 Jahre, und für Herrenkonfektionsgröße 48 und 52.

Jungenjacke

GRÖSSEN: 9 und 11 Jahre = Körpergröße 134 und 146 cm. Bei verschiedenen Angaben: Größe 11 Jahre in Klammern.
MATERIAL: Dralon-Alpaka-Garn, 300 (350)g in Dunkelbraun, 50 g in Braun. Stricknadeln, 80 cm lange Rundstricknadeln Nr. 3½. 4 Knöpfe.
GRUNDMUSTER: 1. R (Hinr): Randm, 2 M links, * 2 M rechts, 4 M links, ab * wiederholen, 2 M rechts, 2 M links, Randm. 2. R (Rückr): Randm, 2 M rechts, * 2 M links, 4 M rechts, ab * wiederholen, 2 M links, 2 M rechts, Randm. – 1. und 2. R laufend wiederholen.
BÜNDCHENMUSTER: Abwechselnd 1 M rechts, 1 M links.
MASCHENPROBE, gedehnt gemessen: 24 M und 32 R = 10 cm.

Arbeitsanleitung
RÜCKEN: 80 (86) M in Dunkelbraun anschlagen, 8 cm im Bündchenmuster, weiter im Grundmuster geradeaus stricken. In 29 (32) cm Höhe für die Armausschnitte beidseitig in jeder 2. R 3 × 3 M abnehmen = 62 (68) M, weiter gerade hochstricken.
In 44 (48) cm Höhe für die Schultern in jeder 2. R 1 × 4, 2 × 5 (1 × 5, 2 × 6) M abketten. Zugleich für den Halsausschnitt die mittleren 28 M in 1 R, beidseitig davon in jeder 2. R 1 × 2, 1 × 1 M abnehmen.
LINKES VORDERTEIL: 36 (40) M in Dunkelbraun anschlagen, 8 cm im Bündchenmuster, weiter im Grundmuster stricken, dabei endet die 1. R am vorderen Rand vor der Randm mit 2 M rechts (4 M links). Seite, Armausschnitt und Schulter wie beim Rücken formen. Für die Ausschnittschräge in 17 (20) cm Höhe zum erstenmal, in jeder 7. R noch 12 (13) × 1 M abnehmen.
RECHTES VORDERTEIL: Gegengleich. Das Grundmuster beginnt in der 1. R ab vorderem Rand nach der Randm mit 2 M rechts (4 M links).
ÄRMEL: 44 (50) M in Dunkelbraun anschlagen, 6 cm im Bündchenmuster, weiter im Grundmuster stricken, dabei beidseitig in jeder 8. R

14 × 1 M (in jeder 9. R 13 × 1 M) zunehmen = 72 (76) M. Ab 43 (46) cm Höhe je 4 R braun, dunkelbraun, braun stricken, zugleich beidseitig in jeder 2. R 6 × 1 M abnehmen, die restlichen 60 (64) M in 1 R abketten.
TASCHE: 20 M in Dunkelbraun anschlagen und im Grundmuster stricken. Ab 6 cm Höhe noch je 2 R braun, dunkelbraun, braun im Bündchenmuster stricken, abketten.
FERTIGSTELLUNG: Die Teile spannen, mit einem feuchten Tuch bedecken und trocknen lassen. Die Nähte schließen. Mit der Rundnadel aus den vorderen Geraden 41 (49) M, den Ausschnittschrägen 80 M, dem Rückenausschnitt 46 M in Braun aufnehmen und im Bündchenmuster 3 R braun, 2 R dunkelbraun, 3 R braun stricken, mit braun abketten. Zugleich in der 1. dunkelbraunen R der linken Blende die Knopflöcher über je 2 M einarbeiten: das erste 2,5 cm ab Unterkante, 3 weitere nach je 3,5 (4,5) cm. Knöpfe annähen.
Die Tasche auf das linke Vorderteil 5 cm über dem Bündchen mustergerecht aufnähen.

Herrenjacke

GRÖSSEN: 48 und 52. Bei unterschiedlichen Angaben: Größe 52 in Klammern.
MATERIAL: Dralon-Alpaka-Garn, 500 (550) g in Braun, 50 g in Dunkelbraun. 1 Paar Stricknadeln und eine 100 cm lange Rundstricknadel Nr. 3½. 3 Knöpfe.
GRUNDMUSTER: 1. R (Rückr): Randm, 2 M rechts, * 3 M links, 5 M rechts, ab * wiederholen, 3 M links, 2 M rechts, Randm. 2. R (Hinr): Randm, 2 M links, * 3 M rechts, 5 M links, ab * wiederholen, 3 M rechts, 2 M links, Randm. – 1. und 2. R laufend wiederholen.
BÜNDCHENMUSTER: 2 M rechts, 2 M links.
MASCHENPROBE, gedehnt gemessen: 24 M und 32 R = 10 cm.

Arbeitsanleitung
RÜCKEN: 113 (121) M in Braun anschlagen und im Grundmuster geradeaus stricken. In 34 (35) cm Höhe für die Armausschnitte beidseitig in jeder 2. R 6 × 2 M abnehmen = 89 (97) M; gerade hochstricken. In 55 (57) cm Höhe für die Schultern in jeder 2. R 3 × 4, 2 × 5 (1 × 4, 4 × 5) M abketten. Zugleich in 56 (58) cm Höhe für den Halsausschnitt die mittleren 35 (39) M in 1 R, beidseitig davon in jeder 2. R 2 × 2, 1 × 1 M abnehmen.
LINKES VORDERTEIL: 52 (60) M in Braun anschlagen und im Grundmuster stricken, dabei das Muster in der 1. R ab vorderem Rand nach der Randm mit 5 M rechts beginnen. Seite, Armausschnitt und

Schnittverkleinerung: ½ Rücken, linkes Vorderteil, ½ Ärmel. Links für 9 (11) Jahre, rechts für Größe 48 (52).

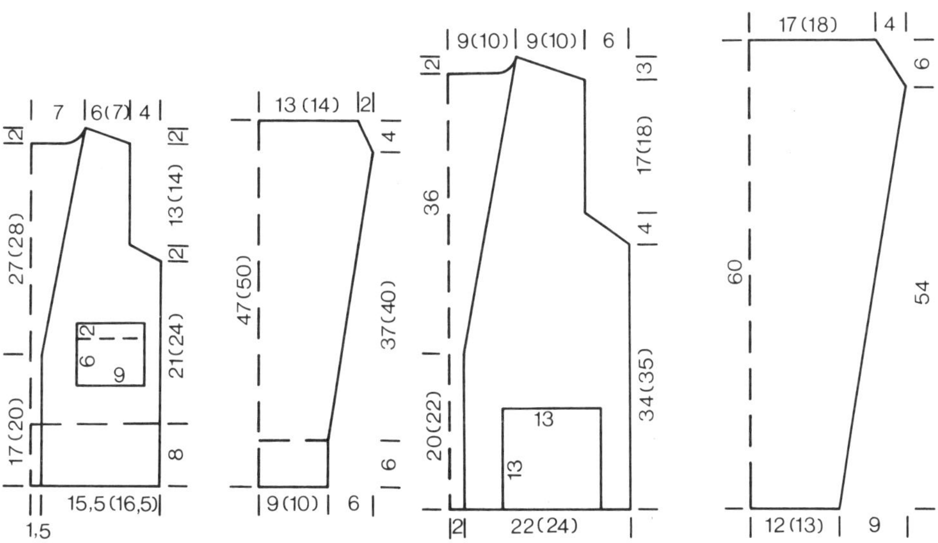

Schulter wie beim Rücken formen. Für die Ausschnittschräge in 20 (22) cm Höhe zum erstenmal, in jeder 7. R noch 17 × 1 M (in jeder 5. R noch 23 × 1 M) abnehmen.
RECHTES VORDERTEIL: Gegengleich. Das Muster endet in der 1. R am vorderen Rand mit 5 M rechts, Randm.
ÄRMEL: 57 (65) M in Braun anschlagen und im Grundmuster stricken, dabei beidseitig in jeder 8. R 21 × 1 M zunehmen = 99 (107) M. Ab 54 cm Höhe je 6 R dunkelbraun, braun, dunkelbraun stricken, zugleich beidseitig in jeder 2. R 9 × 1 M abnehmen, die restlichen 81 (89) M in 1 R abketten.
TASCHEN: 31 M in Braun anschlagen und im Grundmuster mit Kettrand-M stricken, dabei die 1. R mit Randm und 5 M rechts beginnen. Ab 11,5 cm Höhe je 2 R dunkelbraun, braun, dunkelbraun stricken, abketten.
FERTIGSTELLUNG: Die Teile spannen, mit einem feuchten Tuch bedecken und trocknen lassen. Die Nähte schließen. Mit der Rundnadel aus den vorderen Geraden 50 (54) M, den Ausschnittschrägen 94 M, dem Rückenausschnitt 52 M in Dunkelbraun aufnehmen und im Bündchenmuster 2 R dunkelbraun, 6 R braun, 2 R dunkelbraun stricken, mit dunkelbraun abketten.
Zugleich in der 3. braunen R der linken Blende die Knopflöcher über je 4 M einarbeiten: das erste 2 cm ab Unterkante, 2 weitere nach je 6 (7) cm. Knöpfe annähen. Die Taschen mustergerecht aufnähen.

Lumberjacke mit Kapuze

Abb. S. 241

Ideal für Sport und Freizeit ist der gestrickte Lumberjack. Er paßt am besten zu Hosen. Das Muster ist ganz einfach: Eins rechts, eins links, alle zwei Reihen versetzt. Die sportliche Form wird neben der Kapuze vor allem durch die verbreiterten Schultern betont.

GRÖSSEN: 38 und 42. Bei unterschiedlichen Angaben: Größe 42 in Klammern.
MATERIAL: Dickere Sportwolle, 100% Schurwolle, 1150 (1200) g in Grün. Je 1 Paar IMRA-Stricknadeln Nr. 4 und 5. Ein 45 cm langer Reißverschluß, teilbar.
GRUNDMUSTER: 1. R (Hinr): Randm, * 1 M rechts, 1 M links, ab * wiederholen. Randm. 2. und alle folgenden Rückr: M stricken, wie sie erscheinen. 3. R: Randm, * 1 M links, 1 M rechts, ab * wiederholen, Randm. – Die 1.–4. R wiederholen.
BÜNDCHENMUSTER: Abwechselnd 1 M rechts, 1 M links.
MASCHENPROBE: 16 M und 22 R = 10 cm.

Arbeitsanleitung

RÜCKEN: 74 (80) M mit Nadeln Nr. 4 anschlagen und 10 cm im Bündchenmuster stricken. Weiter mit Nadeln Nr. 5 im Grundmuster geradeaus arbeiten. In 36 cm Höhe für die Armausschnitte beidseitig in jeder 2. R 1 × 3, 1 × 2, 3 × 1 M abnehmen = 58 (64) M, dann nach 2 R beidseitig 1 × 1 M, in jeder 6. R 5 × 1 M zunehmen = 70 (76) M. Ab 53 (54) cm Höhe für die Schultern beidseitig in jeder 2. R 1 × 9, 1 × 10 (2 × 11) M abketten, die restlichen 32 M für den Halsausschnitt stillegen.
LINKES VORDERTEIL: 39 (42) M mit Nadeln Nr. 4 anschlagen, im Bündchenmuster am vorderen Rand mit Kettrandm stricken. Ab 10 cm Höhe mit Nadeln Nr. 5 im Grundmuster weiterarbeiten und am vorderen Rand die Kettrandm, dann 1 M rechts, 1 M links, 1 M rechts bis zum Schluß heraufführen. Seitennaht, Armausschnitt und Schulter wie beim Rücken formen. In 12 cm Höhe die Arbeit 23 M ab vorderem Rand für den Tascheneingriff teilen und mit diesen M 16 cm geradeaus stricken, dabei am Teilungsrand über 4 M genauso stricken wie am vorderen Rand. Dann diese M stillegen. Zu den seitlichen 16 (19) M für den Taschenbeutel 20 M dazu anschlagen und im Grundmuster 16 cm geradeaus stricken, dann die 20 M vom Taschenbeutel abketten und die restlichen 16 (19) M mit den vorher stillgelegten M vereinen; weiter wie vorher im Grundmuster stricken. In 47 (48) cm Höhe ab vorderem Rand 9 M stillegen, weiter für den Halsausschnitt in jeder 2. R 1 × 3, 1 × 2, 4 × 1 M abketten.
RECHTES VORDERTEIL: Gegengleich arbeiten.
ÄRMEL: 40 (43) M mit Nadeln Nr. 4 anschlagen und 10 cm im Bündchenmuster stricken. Weiter mit Nadeln arbeiten, dabei in der 1. R ver-

teilt 18 M zunehmen = 58 (61) M; geradeaus stricken. Ab 46 cm Höhe für die Armkugel in jeder 2. R 1 × 4, 1 × 3, 5 × 2, 1 × 3, 1 × 4 M, die restlichen 10 (13) M in 1 R abketten.

KAPUZE: Die Schulternähte schließen. Mit Nadeln Nr. 5 zu den stillgelegten Rücken-M aus den vorderen Halsausschnitten je 20 M aufnehmen und die stillgelegten Vorderteil-M anschließen = 90 M. Im Grundmuster geradeaus stricken, dabei am vorderen Rand die M wie bei den Vorderteilen hochführen. In 28 cm Kapuzenhöhe beidseitig je 4 M stillegen und die folgenden 28 M abketten. Mit den mittleren 26 M das Kopfteil 19 cm geradeaus stricken; abketten. Dann an einer Seite der Kapuze die stillgelegten M aufnehmen, nach innen 1 Randm dazu anschlagen und 16 cm in dem Muster wie bisher geradeaus stricken. Die innere Randm abketten und die 4 M mit den 4 stillgelegten M im M-Stich verbinden.

FERTIGSTELLUNG: Nähte schließen. Die Taschenbeutel annähen. Die Kapuze zusammennähen, den Randstreifen annähen. Den Reißverschluß einnähen.

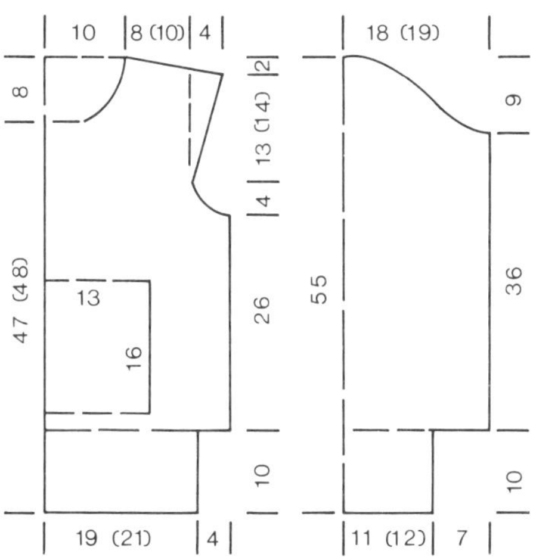

Dieser Lumberjack ist eine gestrickte Version des Kleidungsstücks für rauhe Holzfäller im hohem Norden. Er hat eine Kapuze mit Reißverschluß und Eingriffstaschen. Links: Schnittverkleinerung: ½ Rücken, linkes Vorderteil und ½ Ärmel für Größe 38 (42).

Türkisfarbene Jacke

Abb. S. 204

GRÖSSE: 40.
MATERIAL: Dicke Sportwolle, 900 g in Türkis. Zum Sticken Wollreste in Pink, Gelb, Grün und Rot. Je 1 Paar INOX-Stricknadeln Nr. 5 und 7. 7 Knöpfe, Schulterpolster.
GRUNDMUSTER: Perlmuster = abwechselnd 1 M rechts, 1 M links, in jeder R um 1 M versetzt stricken.
MASCHENPROBE: 14 M und 23 R = 10 cm.
BLÜTE: Aus 1 M 5 × abwechselnd 1 M rechts verschränkt und 1 M rechts herausstricken. Diese M 7 R hoch glatt rechts stricken und in der folgenden R die 1. der 5 M abheben, die folgenden 4 M rechts zusammenstricken und die abgehobene M überziehen.
BÜNDCHENMUSTER: Abwechselnd 1 M rechts, 1 M links.

Arbeitsanleitung

RÜCKEN: 57 M mit Nadeln Nr. 5 anschlagen und im Bündchenmuster 8 cm stricken. Dann im Grundmuster mit Nadeln Nr. 7 stricken, dabei in der 1. R 14 × jede 4. M verdoppeln = 71 M. Geradeaus stricken. Ab 34 cm Höhe für die Armausschnitte beidseitig in jeder 2. R 1 × 3, 1 × 2, 1 × 1 M abnehmen = 59 M und weiter geradeaus stricken. In 40 cm Höhe in die mittlere M 1 Blüte einstricken und in der folgenden 4. R je 5 M vor und nach dieser Blüte je 1 weitere Blüte beginnen. In 56 cm Höhe für den Halsausschnitt die mittleren 19 M, beidseitig davon in jeder 2. R 1 × 2, 1 × 1 M abketten. Zugleich für die Schultern in jeder 2. R 1 × 9, 1 × 8 M abketten.
LINKES VORDERTEIL: 36 M mit Nadeln Nr. 5 anschlagen und im Bündchenmuster am vorderen Rand mit Kettrandm stricken. In 8 cm Höhe für die Blende die vorderen 8 M stillegen. Mit den übrigen 28 M mit Nadeln Nr. 7 im Grundmuster stricken, dabei in der 1. R 7 × jede 4. M verdoppeln = 35 M. Seite, Armausschnitt und Schulter wie beim Rücken arbeiten. In 39 cm Höhe ab Seite 15 M stricken, in die folgende M 1 Blüte arbeiten. In der folgenden 4. R je 5 M vor und nach dieser Blüte je 1 weitere Blüte beginnen. In 52 cm Höhe für den Halsausschnitt in jeder 2. R 1 × 5, 1 × 3, 4 × 1 M abketten. Die stillgelegten Blenden-M aufnehmen und mit Nadeln Nr. 5 bis 52 cm Höhe im Bündchenmuster stricken, dann stillegen.
RECHTES VORDERTEIL: Bis auf die Knopflöcher gegengleich arbeiten. Dafür in 2 cm Höhe die Arbeit 4 M ab vorderem Rand teilen, getrennt 2 cm hoch stricken, dann die M wieder vereinen. Später der Blende im Abstand von je 6 cm noch 5 weitere Knopflöcher einarbeiten.
ÄRMEL: 30 M mit Nadeln Nr. 5 anschlagen und im Bündchenmuster 8 cm stricken. Weiter im Grundmuster mit Nadeln Nr. 7 stricken, dabei in der 1. R jede 2. M verdoppeln = 45 M. Beidseitig für die Ärmelschräge in jeder 12. R 6 × 1 M zunehmen = 57 M. Zugleich in der 12. Grundmuster-R in die mittlere M 1 Blüte stricken. Nach Beendigung der Blüte 4 R stricken, dann 3 M nach der 1. Blüte die nächste Blüte beginnen. Alle folgenden Blüten werden im Wechsel 3 M vor bzw. nach der vorigen Blüte gearbeitet. Zwischen je-

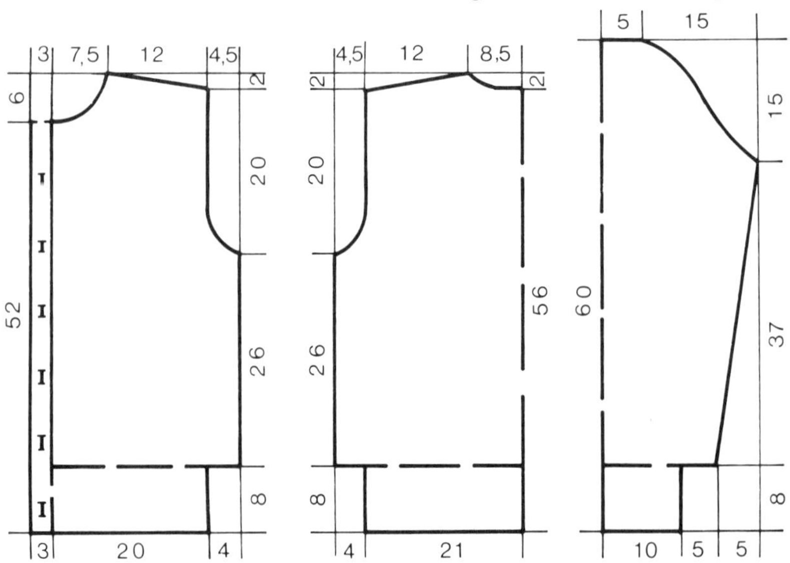

Schnittverkleinerung: linkes Vorderteil und ½ Rückenteil, ½ Ärmel.

der Blüte liegen 4 R im Perlmuster. Ab 45 cm Höhe für die Armkugel beidseitig in jeder 2. R 1 × 3, 1 × 2, 12 × 1, 1 × 2, 1 × 3, dann die restlichen 13 M abketten.
FERTIGSTELLUNG: Die Teile spannen, mit feuchten Tüchern bedecken und trocknen lassen. Die Schulternähte schließen. Zwischen den stillgelegten Blenden-M mit Nadeln Nr. 5 aus dem Halsausschnitt M aufnehmen und 3 cm im Bündchenmuster stricken, dabei ab der 2. R das letzte Knopfloch einarbeiten. Die Blenden annähen. Jeweils am unteren Ende einer Blüte in Pink 3 überwendliche Stiche sticken, darunter in Rot 4 Margeritenstiche sticken. Bei den vorderen und hinteren Blüten über die mittlere Blüte 7 Kettenstiche in Grün über je 1 R sticken. Die seitlichen Stengel zur Mitte hin sticken. Über der mittleren Blüte 2 Blätter, über den seitlichen je 1 Blatt in Gelb im Margeritenstich sticken. Bei den Ärmeln den Stiel in Grün rankenförmig von einer Blüte zur anderen im Kettenstich sticken. Die Jacke weiter wie üblich zusammennähen. Die Knöpfe annähen. Schulterpolster einnähen.

Gelbe Jacke

Abb. S. 204

GRÖSSE: 38.
MATERIAL: Mittelstarke Sportwolle, 550 g in Gelb. Zum Sticken Wollreste in Türkis, Pink, Flieder, Erika, Gelb und Grün. Je 1 Paar INOX-Stricknadeln Nr. 4 und 5. 7 Knöpfe. Schulterpolster.
GRUNDMUSTER: Wabenmuster. M-Zahl teilbar durch 2. 1. R (Hinr): Rechte M. 2. R (Rückr): Rechte M. 3. R: Randm, * 1 M rechts, 1 M rechts, dabei 1 R tiefer einstechen, ab * wiederholen, Randm rechts, dabei 1 R tiefer einstechen, ab * wiederholen, Randm. 4. R: Rechte M. 5. R: Randm, * 1 M rechts, dabei 1 R tiefer einstechen, 1 M rechts, ab * wiederholen, Randm. 6. R.: Rechte M. – Die 3. – 6. R wiederholen.
MASCHENPROBE: 13 M und 30 R = 10 cm.
MUSTERSTREIFEN: 18 M breit. 1. R (Hinr): 1 M links, 1 M rechts, 2 M links, 2 M rechts, 10 M links, 1 M rechts, 1 M links. 2. R und alle folgenden Rückr: Die M stricken, wie sie erscheinen. 3. R: 1 M links, 1 M rechts, 2 M links, die folgenden 2 rechten M auf 1 Hilfsnadel vor die Arbeit legen, 1 M links, dann die Hilfsnadel-M rechts stricken (= 2 M nach links kreuzen), 9 M links, 1 M rechts, 1 M links.
5. R: 1 M links, 1 M rechts, 3 M links, 2 rechte und 1 linke M nach links kreuzen, 8 M links, 1 M rechts, 1 M links
7. R: 1 M links, 1 M rechts, 4 M links, 2 rechte und 1 linke M nach links kreuzen, dabei die linke M rechts abstricken, 7 M links, 1 M rechts, 1 M links.
9. R: 1 M links, 1 M rechts, 4 M links, 1 M rechts, 2 rechte und 1 linke M nach links kreuzen, dabei die linke M wieder links abstricken, 7 M links, 1 M rechts, 1 M links.
11. R: 1 M links, 1 M rechts, 4 M links, aus dem folgenden Querdraht 1 M rechts verschränkt herausstricken, 1 M rechts, aus dem nächsten Querdraht 1 M rechts verschränkt herausstricken, 1 M links, 2 rechte und 1 linke M nach links kreuzen, 5 M links, 1 M rechts, 1 M links.
13. R: 1 M links, 1 M rechts, 4 M links, 1 M aus dem Querdraht herausstricken, 1 M rechts, 1 M aus dem Querdraht herausstricken, 1 M rechts, 2 M links, 2 rechte und 1 linke M nach links kreuzen, 4 M links, 1 M rechts, 1 M links.
15. R: 1 M links, 1 M rechts, 4 M links, 2 M rechts, 1 M aus dem Querdraht herausstrikken, 1 M rechts, 1 M aus dem Querdraht herausstricken, 2 M rechts, 2 rechte und 1 linke M nach links kreuzen, 3 M links, 1 M rechts, 1 M links.
17. R: 1 M links, 1 M rechts, 4 M links, 1 M abheben, 1 M rechts und die abgehobene M überziehen, 3 M rechts, 2 M rechts zusammenstricken, 4 M links, 2 rechte M und 1 linke M nach links kreuzen, 2 M links, 1 M rechts, 1 M links.
19. R: 1 M links, 1 M rechts, 4 M links, 1 M abheben, 1 M rechts und die abgehobene M überziehen, 1 M rechts, 2 M rechts zusammenstricken, 4 M links, 1 linke M auf 1 Hilfsnadel hinter die Arbeit legen, die

folgenden 2 M rechts, dann die Hilfsnadel-M links stricken (= 2 M nach rechts kreuzen), 2 M links, 1 M rechts, 1 M links.
21. R: 1 M links, 1 M rechts, 4 M links, 1 M abheben, 2 M rechts zusammenstricken und die abgehobene M überziehen, 3 M links, 1 linke und 2 rechte M nach rechts kreuzen, 3 M links, 1 M rechts, 1 M links.
23. R: 1 M links, 1 M rechts, 7 M links, 1 linke M und 2 rechte M nach rechts kreuzen, dabei die linke M rechts abstricken, 4 M links, 1 M rechts, 1 M links.
25. R: 1 M links, 1 M rechts, 6 M links, 1 linke und 2 rechte M nach rechts kreuzen und die linke M wieder links abstrikken, 1 M rechts, 4 M links, 1 M rechts, 1 M links.
27. R: 1 M links, 1 M rechts, 5 M links, 1 linke und 2 rechte M nach rechts kreuzen, 1 M links, aus dem folgenden Querdraht 1 M rechts verschränkt herausstricken, 1 M rechts, 1 M aus dem Querdraht herausstrikken, 4 M links, 1 M rechts, 1 M links.
29. R: 1 M links, 1 M rechts, 4 M links, 1 linke und 2 rechte M nach rechts kreuzen, 2 M links, 1 M rechts, 1 M aus dem Querdraht herausstricken, 1 M rechts, 1 M aus dem Querdraht herausstricken, 1 M rechts, 4 M links, 1 M rechts, 1 M links.
31. R: 1 M links, 1 M rechts, 3 M links, 1 linke und 2 rechte M nach rechts kreuzen, 3 M links, 2 M rechts, 1 M aus dem Querdraht herausstricken, 1 M rechts, 1 M aus dem Querdraht herausstricken, 2 M rechts, 4 M links, 1 M rechts, 1 M links.
33. R: 1 M links, 1 M rechts, 2 M links, 1 linke und 2 rechte M nach rechts kreuzen, 4 M links, 1 M abheben, 1 M rechts, und die abgehobene M überziehen, 3 M rechts, 2 M rechts zusammenstricken, 4 M links, 1 M rechts, 1 M links.
Ab 3. R wiederholen, dabei das Blatt so beenden wie das 1. Blatt.
BÜNDCHENMUSTER: Perlmuster = abwechselnd 1 M rechts, 1 M links, in jeder R um 1 M versetzt stricken.

Arbeitsanleitung
RÜCKEN: 66 M mit Nadeln Nr. 4 anschlagen und im Bündchenmuster stricken. In 10 cm Höhe in 1 Rückr 12 × jede 4. und 5. M rechts zusammenstricken und 1 Umschlag arbeiten. In der nächsten R alle M und Umschläge wieder im Perlmuster arbeiten. In der folgenden Rückr nur linke M stricken, dabei 12 × jede 5. M verdoppeln = 78 M. Nun wie folgt mit Nadeln Nr. 5 weiter stricken: 10 M im Grundmuster, 18 M Musterstreifen, 22 M im Grundmuster, 18 M Musterstreifen, 10 M Grundmu-

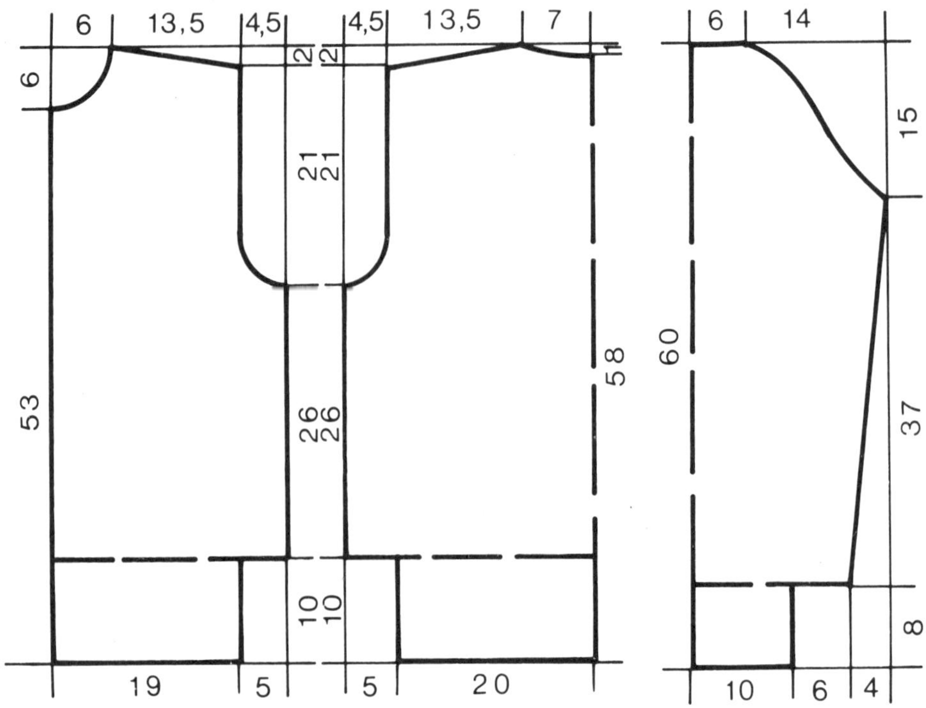

Schnitt: linkes Vorderteil, ½ Rücken, ½ Ärmel.

Nur über der Brust verläuft das Einstrickmuster dieser ganz gestreiften Jacke (Anl. S. 280)

Wie günstig der Cardigan-Schnitt für jedes Lebensalter ist, zeigen diese beiden Jacken mit Rippenmuster (Anl. S. 229)

Mit zwei Fäden wird diese dreiviertellange Jacke (Abb. S. 219) in Blau-Grün-Tönen gestrickt (Anl. S. 240)

Die Jacken haben einen tiefen V-Ausschnitt und sehen sehr schick zu sportlichen Hemden aus. In den dezenten Farben Grün und Beige sind sie aus Kamelhaargarn gestrickt. Sie haben breite Rippen und doppelt aufgesetzte Blenden. Die Taschen haben eingesetzte Stoffbeutel und aufgenähte Blenden (Anl. S. 197)

Die graue Jacke hat ein dekoratives Strickmuster und paßt gut zu Röcken (Anl. S. 196)

Diese rustikale Jacke mit Zopfmuster ist das richtige für eine Wanderung (Anl. S. 198)

In sich gemustert ist diese Herrenjacke mit Schalkragen und seitlichen Taschen (Anl. S. 228) ▶

Die kleine knappe Jacke ist aus reinem Synthetikmaterial gearbeitet. Sie ist kraus gestrickt und hat seitliche Eingrifftaschen (Anl. S. 265)

ster. Dabei die Ranken gegengleich stricken, d. h. in der linken Hälfte die M-Angaben der R rückwärts lesen. Ab 36 cm Höhe für die Armausschnitte beidseitig in jeder 2. R 1 × 3, 1 × 2, 1 × 1 M abketten = 66 M und weiter geradeaus stricken. Ab 57 cm Höhe für die Schultern beidseitig in jeder 2. R 3 × 8 M abketten. Zugleich in 58 cm Höhe für den Halsausschnitt die mittleren 14 M, beidseitig davon in jeder 2. R 1 × 2 M abketten.
LINKES VORDERTEIL: 33 M mit Nadeln Nr. 4 anschlagen und im Bündchenmuster stricken. In 10 cm Höhe die Loch-R wie beim Rücken arbeiten, jedoch nur 6 Löcher einarbeiten. In der übernächsten R 6 × jede 5. M verdoppeln = 39 M. Dann mit Nadeln Nr. 5 wie folgt stricken: ab Seite 10 M im Grundmuster, 18 M Musterstreifen, 11 M im Grundmuster. Seite, Armausschnitt und Schulter wie beim Rücken arbeiten. Am vorderen Rand bis 53 cm Höhe geradeaus stricken, dann für den Halsausschnitt in jeder 2. R 1 × 3, 1 × 2, 4 × 1 M abketten.
RECHTES VORDERTEIL: Gegengleich arbeiten.
ÄRMEL: 28 M mit Nadeln Nr. 4 anschlagen und 8 cm im Bündchenmuster stricken. Weiter mit Nadeln Nr. 5 im Grundmuster arbeiten, dabei in der 1. R 14 × jede 2. M verdoppeln = 42 M . Beidseitig für die Ärmelschrägung nach je 7 cm 5 × 1 M zunehmen = 52 M. Ab 45 cm Höhe für die Armkugel beidseitig in jeder 2. R 2 × 2, 4 × 1 M, in jeder 4. R 5 × 1 M, in jeder 2. R 4 × 1, 2 × 2 M und die restlichen 10 M abketten.
FERTIGSTELLUNG: Die Teile spannen, mit feuchten Tüchern bedecken und trocknen lassen. Die Schulternähte schließen. Mit Nadeln Nr. 4 aus dem Halsausschnitt M aufnehmen und im Bündchenmuster stricken, dabei beidseitig in jeder 2. R je 1 M zunehmen. In 2 cm Höhe die M abketten. Aus den vorderen Rändern mit Nadeln Nr. 4 M aufnehmen und im Bündchenmuster 2 cm stricken, dabei für die obere Ecke in jeder 2. R je 1 M zunehmen. Die Naht schließen. An die rechte vordere Blende gleichmäßig verteilt 7 Schlingen aus Luftm anhäkeln. Die Knöpfe annähen. Die Blätter abwechselnd in Türkis und Grün mit doppeltem Faden von der unteren rechten M ausgehend nach oben hin besticken. In jeden inneren Knick der gekreuzten M kleine Punkte in Pink und Gelb sticken. An jeden äußeren Knick kleine Blüten im Wechsel jeweils in Grün/Erika und Grün/Flieder im Margeritenstich sticken. Die Jacke weiter wie üblich zusammennähen. Eine Kordel drehen und durch die Loch-R ziehen. Schulterpolster einnähen.

Damenjacke mit irischem Muster

Aus reiner Wolle ist die Damenjacke mit irischem Muster; gestrickte Rhomben und Zöpfe klettern von der Taille bis zum Halsausschnitt. Die Jacke hat einen Reißverschluß und Kragen. Die Ärmel sind zwei links, zwei rechts gestrickt. Die Angaben in Schnitt und Anleitung gelten für Damengröße 38 und 42.

GRÖSSEN: 38 und 42. Bei unterschiedlichen Angaben: Größe 42 in Klammern.
MATERIAL: Dickere Sportwolle, reine Schurwolle, 800 g in Ecru. Je 1 Paar Stricknadeln Nr. 4 und 5. 1 Spiel Nadeln Nr. 4. Ein 60 cm langer Reißverschluß, teilbar.
GRUNDMUSTER I: Siehe Strickschrift. Die M sind auch in der 1. R = Rückr so gezeichnet, wie sie auf der Oberseite der Arbeit erscheinen. Gegeben sind dann nur die Hinr, in allen Rückr die M stricken, wie sie erscheinen. Bei den Zöpfen die 2.–17. R, beim Rhombenmuster die 2.–23. R wiederholen.
2 rechte und 1 linke M nach links kreuzen = 2 M auf 1 Hilfsnadel vor die Arbeit legen, dann 1 M links, die M von der Hilfsnadel rechts stricken.
1 linke und 2 rechte M nach rechts kreuzen = 1 M auf 1 Hilfsnadel hinter die Arbeit legen, die nächsten 2 M rechts, dann die Hilfsnadel-M links stricken.
6 M nach rechts kreuzen = 3 M auf 1 Hilfsnadel hinter die

Arbeit legen, 3 M rechts, dann die Hilfsnadel-M rechts stricken.
6 M nach links kreuzen = 3 M auf 1 Hilfsnadel vor die Arbeit legen, 3 M rechts, dann die Hilfsnadel-M rechts stricken.
5 M nach rechts kreuzen = 2 rechte und 1 linke M auf 1 Hilfsnadel hinter die Arbeit legen, 2 M rechts stricken. Die linke M auf die linke Nadel zurückheben, die 2 rechten M auf der Hilfsnadel vor die Arbeit legen. Die linke M links, die 2 Hilfsnadel-M rechts stricken. – Bei der gegengleichen Wiederholung die 5 M nach links kreuzen = 2 M auf 1 Hilfsnadel vor die Arbeit legen, die linke M auf 1 Hilfsnadel hinter die Arbeit legen, die nächsten 2 M rechts stricken, die linke Hilfsnadel-M links, die 2 letzten Hilfsnadel-M rechts stricken.
GRUNDMUSTER II: Abwechselnd 2 M rechts, 2 M links.
MASCHENPROBE I und II: 21 M und 26 R = 10 cm.
GERSTENKORNMUSTER: 1. R (Hinr): * 1 M rechts, 1 M links, ab * wiederholen. 2. und 4. R (Rückr): M stricken, wie sie erscheinen. 3. R: * 1 M links, 1 M rechts, ab * wiederholen. Die 1.–4. R wiederholen.
BÜNDCHENMUSTER: Abwechselnd 1 M rechts, 1 M links.

Arbeitsanleitung
RÜCKEN: 89 (97) M mit Nadeln Nr. 4 anschlagen und nach der Randm mit 1 M links beginnend im Bündchenmuster stricken. Ab 12 cm Höhe

Rücken und Vorderteil dieser Damenjacke sind mit Zöpfen und Rauten irisch gemustert. Die Ärmel sind im Rippenmuster gestrickt.

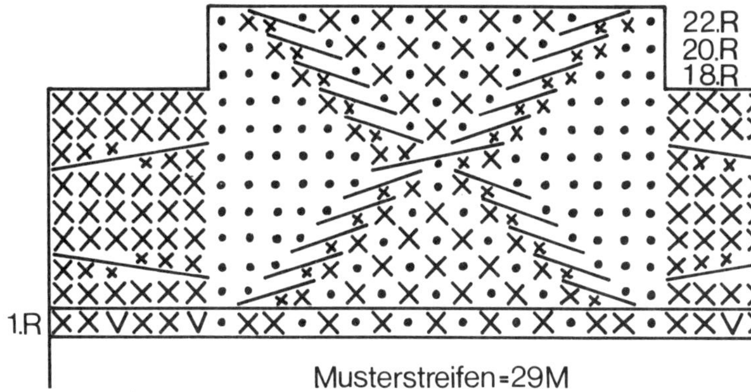

*Strickschrift: × = 1 M rechts, ● = 1 M links, ∨ = 1 M verschränkt zunehmen, = 2 rechte und 1 linke M nach links kreuzen *, = 1 linke und 2 rechte M nach rechts kreuzen *, = 6 M nach rechts kreuzen *, = 6 M nach links kreuzen *, = 5 M nach rechts kreuzen *.*
** = siehe Grundmuster I. Gegeben ist ein Musterstreifen in der Breite.*

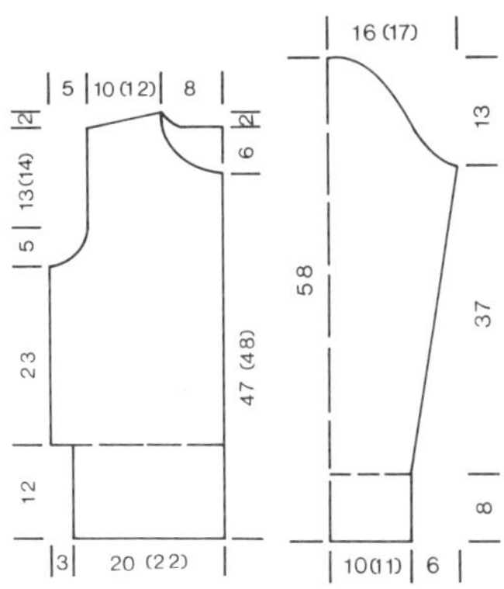

Schnittverkleinerung für irische Jacke: ½ Rücken- bzw. Vorderteil und ½ Ärmel.

mit Nadeln Nr. 5 arbeiten und die M in der 1. Rückr so einteilen: Randm, 12 M Bündchenmuster, 2 M obenauf links, 25 + 4 zugenommene M nach der Strickschrift, dabei darauf achten, daß die M so gezeichnet sind, wie sie auf der Oberseite der Arbeit erscheinen. 2 M obenauf links *, 5 (13) M im Bündchenmuster = Rückenmitte, dann die M ab * gegengleich anfügen = 97 (105) M. Ab der folgenden R am Anfang und Ende der R neben der Randm 9 M im Gerstenkornmuster arbeiten; geradeaus stricken. Ab 35 cm Höhe beidseitig für die Armausschnitte in jeder 2. R 1 × 3, 2 × 2, 4 × 1 M abnehmen = 75 (83) M; geradeaus stricken. Ab 53 (54) cm Höhe für die Schultern beidseitig in jeder 2. R 3 × 7 (2 × 8, 1 × 9) M abketten. Zugleich für den Halsausschnitt die mittleren 23 M in 1 R, beidseitig davon in jeder 2. R 1 × 3, 1 × 2 M abketten.

RECHTES VORDERTEIL: 46 (50) M mit Nadeln Nr. 4 anschlagen und nach der Randm mit 1 M links beginnend im Bündchenmuster stricken. Ab 12 cm Höhe mit Nadeln Nr. 5 arbeiten und die M in der Rückr ab Seitennaht wie beim Rücken bis * einteilen, dann 3 (7) M Bündchenmuster, Randm = 50 (54) M. Seitennaht, Armausschnitt und Schulter wie beim Rücken formen. Am vorderen Rand bis 47 (48) cm Höhe geradeaus arbeiten, dann für den Halsausschnitt in jeder 2. R 1 × 6, 1 × 3, 3 × 2, 3 × 1 M abnehmen.

LINKES VORDERTEIL: Gegengleich arbeiten.

ÄRMEL: 42 (46) M mit Nadeln Nr. 4 anschlagen und 8 cm im Bündchenmuster stricken. Weiter mit Nadeln Nr. 5 im Grundmuster II arbeiten, dabei beidseitig in jeder 6. und 8. R 12 × 1 M zunehmen = 66 (70) M. Ab 45 cm Höhe für die Armkugel beidseitig in jeder 2. R 1 × 4 (5), 1 × 3, 2 × 2, 1 × 1 M, in jeder 4. R 3 × 1 M, in jeder 2. R 1 × 1, 2 × 2, 1 × 3, 1 × 4 (5) M, die restlichen 12 M in 1 R abketten.

FERTIGSTELLUNG: Teile spannen, mit einem feuchten Tuch bedecken und trocknen lassen. Die Nähte schließen. Mit Nadeln Nr. 4 aus dem Halsausschnitt 81 M aufnehmen und 26 cm im Bündchenmuster stricken. Den Reißverschluß einnähen, dabei den Kragen zur Hälfte nach außen umschlagen und den Reißverschluß zwischennähen.

Männerjacke mit Schalkragen

Abb. S. 223

GRÖSSEN: 48, 50 und 52. Bei unterschiedlichen Angaben: Größe 50 und 52 in Klammern und durch Schrägstriche getrennt.

MATERIAL: Lana Grossa-Wolle, Qualität Old England, 650 (700) g in Rotmeliert Nr. 3013, 250 (300) g in Rot Nr. 3021. Je 1 Paar INOX-Stricknadeln Nr. 4 und 5, eine 100 cm lange IMRA-Rundstricknadel Nr. 4. 5 Knöpfe.

GRUNDMUSTER: Gerstenkornmuster. 1. R (Hinr): Randm, * 1 M rechts, 1 M links, ab * wiederholen, Randm. 2. R und alle folgenden Rückr: Die M stricken, wie sie erscheinen. 3. R: Randm, 1 M links, 1 M rechts, ab * wiederholen, Randm. – Die 1. – 4. R wiederholen.

MASCHENPROBE: 16 M und 22 R = 10 cm.

BÜNDCHENMUSTER: Abwechselnd 1 M rechts, 1 M links.

Arbeitsanleitung

RÜCKEN: 70 (73/76) M in Rot mit Nadeln Nr. 4 anschlagen und im Bündchenmuster stricken. In 10 cm Höhe 1 Rückr linker M in Rotmeliert stricken, dabei verteilt 19 M zunehmen = 89 (92/95) M. Weiter mit Nadeln Nr. 5 im Grundmuster in Rotmeliert geradeaus stricken. Ab 42 cm Höhe für die Armausschnitte beidseitig in jeder 2. R 1 × 2, 4 × 1 M abnehmen = 77 (80/83) M und weiter geradeaus stricken. Ab 60 cm Höhe mit Nadeln Nr. 5 in Rot im Bündchenmuster stricken. In 65 cm Höhe für den Halsausschnitt die mittleren 19 (20/21) M in 1 R abketten, beidseitig davon in jeder 2. R 1 × 3, 1 × 2, 1 × 1 M abketten. Die restlichen je 23 (24/25) M für die Schultern in 68 cm Höhe abketten.

LINKES VORDERTEIL: 32 (34/36) M mit Nadeln Nr. 4 in Rot anschlagen und im Bündchenmuster stricken. In 10 cm Höhe in Rotmeliert 1 Rückr linker M stricken, dabei verteilt 10 M zunehmen = 42 (44/46) M. Weiter mit Nadeln Nr. 5 in Rotmeliert im Grundmuster stricken, dabei gleich zu Beginn am rechten Rand für den Tascheneingriff 16 (18/20) M stillegen und über die restlichen 26 M 17 cm hoch stricken. Diese M stillegen. Die unteren M wieder aufnehmen, für den Taschenbeutel 26 M dazu anschlagen und über alle 42 (44/46) M 17 cm hoch stricken. Nun die ersten 16 (18/20) M abstricken, die stillgelegten Vorderteil-M auf die Taschenbeutel-M legen und je 1 Vorderteil-M und 1 Taschen-M

Schnitt: Linkes Vorderteil, ½ Rücken, ½ Ärmel und ½ Schalkragenblende.

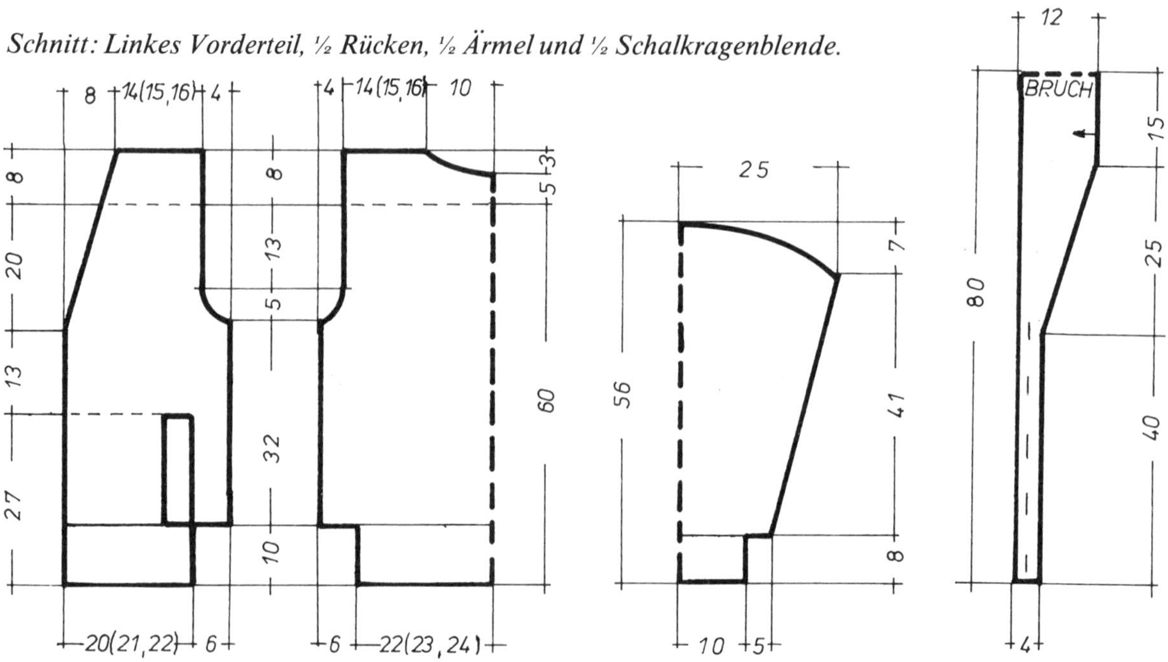

zusammenstricken. Weiter geradeaus arbeiten, dabei Seite, Armausschnitt, Passe und Schulter wie beim Rücken arbeiten. Am vorderen Rand in 40 cm Höhe für die Ausschnittschräge 1 × 1 M, weiter in jeder 4. R 6 × 1 M, in jeder 6. R 6 × 1 M abnehmen.
RECHTES VORDERTEIL: Gegengleich arbeiten.
ÄRMEL: 32 M mit Nadeln Nr. 4 in Rot anschlagen und im Bündchenmuster stricken. In 8 cm Höhe in Rotmeliert 1 Rückr linker M stricken, dabei jede 2. M verdoppeln = 48 M. Weiter mit Nadeln Nr. 5 in Rotmeliert im Grundmuster stricken, dabei beidseitig in jeder 6. R 8 × 1 M, in jeder 4. R 8 × 1 M zunehmen = 80 M. Ab 49 cm Höhe für die Armkugel beidseitig in jeder 2. R 1 × 5, 1 × 4, 2 × 3, 1 × 7 M, dann die restlichen 20 M in 1 R abketten.
FERTIGSTELLUNG: Die Schulternähte schließen. Für den Schalkragen mit Nadeln Nr. 4 aus dem Rückenausschnitt 43 M in Rot aufnehmen und im Bündchenmuster stricken. Weiter beidseitig aus den Ausschnittschrägen in jeder 2. R 10 × je 5 M mehr aufnehmen, dann beidseitig je 68 M dazu anschlagen. Weiter mit der Rundnadel in offenen R stricken, dabei nach 2 cm an der linken Seite die Knopflöcher 3 M breit einarbeiten: das erste 1 cm ab unterem Rand, das 2. nach 5 cm, 4 weitere nach je 6 cm. In 12 cm mittlerer Kragenhöhe alle M nicht zu fest abketten. Die Jacke weiter wie üblich zusammennähen. Die Knöpfe annähen.

Cardigan-Jacken

Abb. S. 218

Diese Cardiganjacken für Damen und Herren sind in einem besonders breiten Rippenmuster gearbeitet und haben Eingriffstaschen. Die Männerjacke hat oben links noch eine kleine eingestrickte Tasche. Alle Bündchen und Blenden sind im Rippenmuster gestrickt.

Für beide Modelle
MATERIAL: Phildar-Garn, Qualität Hacienda, 85% Acryl, 12% Mohair, 3% Wolle, in den angegebenen Mengen und Farben. Je 1 Paar INOX-Stricknadeln Nr. 3 und 3½, eine 80 cm lange IMRA-Rundstricknadel Nr. 3. 5 Knöpfe.
BÜNDCHENMUSTER: Abwechselnd 1 M rechts, 1 M links.
MASCHENPROBE: 22 M und 33 R = 10 cm im Quadrat.

Damenjacke

GRÖSSEN: 42 und 46. Bei unterschiedlichen Angaben: Größe 46 in Klammern.
MATERIAL: 500 (550) g in Blau-Meliert Nr. 74, 50 g in Blau Nr. 32.
GRUNDMUSTER: 1. R (Hinr): Randm, * 7 M links, 1 M rechts, 3 M links, 1 M rechts, ab * wiederholen. Am R-Ende 7 M links, Randm. 2. R (Rückr): Die M stricken, wie sie erscheinen. 3. R: Randm, * 7 M links, 1 M rechts, dabei 1 R tiefer einstechen, 3 M links, 1 M rechts, dabei 1 R tiefer einstechen, ab * wiederholen. Am R-Ende 7 M links, Randm. Die 2. und 3. R wiederholen.

Arbeitsanleitung
RÜCKEN: 109 (117) M in Meliert mit Nadeln Nr. 3 anschlagen, 4 cm im Bündchenmuster, weiter mit Nadeln Nr. 3½ im Grundmuster stricken, dabei nach der Randm mit 3 (7) M links beginnen. Beidseitig in jeder 8. R 7 × 1 M abnehmen = 95 (103) M, dann in jeder 8. R 5 × 1 M zunehmen = 105 (113) M. In 42 (43) cm Höhe für die Armausschnitte beidseitig in jeder 2. R 1 × 4, 2 (3) × 2, 5 × 1 M abnehmen = 79 (83) M, weiter geradeaus stricken. In 61 (63) cm Höhe für die Schultern in jeder 2. R 2 × 5, 2 × 6 (4 × 6) M abketten. Zugleich für den Halsausschnitt die mittleren 25 M in 1 R, beidseitig davon in jeder 2. R 2 × 2, 1 × 1 M abnehmen.
LINKES VORDERTEIL: 53 (57) M mit Nadeln Nr. 3 in Meliert anschlagen, 4 cm im Bündchenmuster, weiter mit Nadeln Nr. 3½ im Grundmuster stricken, dabei Seite, Armausschnitt und Schulter wie beim Rücken formen. Für die Tasche in 14 cm Höhe die 12. bis 44. (16.–48.) M ab vorderem Rand stillegen. 33 M neu anschlagen und 10 cm im Grundmuster stricken, dann der Arbeit anstelle der stillgelegten M einfügen. In 35 cm Höhe den Abnäher arbeiten: Dafür am rechten Rand in 1 Rückr 5 (4) M unbearbeitet lassen, mit 1 Umschlag wenden, in den folgenden Rückr noch 4 (6) × je 5 (4) M mehr

unbearbeitet lassen. Anschließend wieder über alle M arbeiten, dabei die Umschläge mit den danebenliegenden M zusammenstricken. In 38 cm Höhe am linken Rand für die Ausschnittschräge 1 × 1 M, in jeder 6. R noch 15 × 1 M abnehmen. Die stillgelegten M aufnehmen und die Blende stricken: 1 Hinr rechte M in Blau, dann im Bündchenmuster 1 R blau, 10 R meliert, 2 R blau.
RECHTES VORDERTEIL: Gegengleich arbeiten.
ÄRMEL: 53 (57) M mit Nadeln Nr. 3 in Blau anschlagen, im Bündchenmuster 1 R blau, 10 R meliert, 2 R blau stricken, weiter mit Nadeln Nr. 3½ in Meliert im Grundmuster arbeiten, dabei neben der Randm mit 5 (7) M links beginnen. Beidseitig in jeder 10. R 13 × 1 M zunehmen = 79 (83) M. In 45 cm Höhe für die Armkugel beidseitig in jeder 2. R 1 × 4, 4 × 2, 11 (13) × 1, 4 × 2, 1 × 4 M abnehmen, die restlichen 9 M in 1 R abketten.
BLENDE: Auf der Rundnadel für die gesamte Länge 359 (371) M in Blau anschlagen, in offenen R im Bündchenmuster mit Kettrandm 1 R blau, 10 R meliert, 2 R blau stricken. Zugleich in der 5. melierten R die Knopflöcher über je 3 M einarbeiten: das erste 1,5 cm ab rechtem unteren Rand, 4 weitere im Abstand von je 7,5 cm.
FERTIGSTELLUNG: Taschenblenden und -beutel annähen. Die Teile spannen, mit einem feuchten Tuch bedekken und trocknen lassen. Die Nähte schließen. Die Blende mit der Anschlagkante auf die Ränder nähen. Die Knöpfe annähen.

Herrenjacke

GRÖSSEN: 50 und 54. Bei unterschiedlichen Angaben: Größe 54 in Klammern.
MATERIAL: 550 (600) g in Oliv Nr. 92.
GRUNDMUSTER: 1. R (Hinr): Randm, * 5 M links, 1 M rechts, ab * wiederholen, 5 M links, Randm. 2. R (Rückr): Die M stricken, wie sie erscheinen. 3. R: Randm, * 5 M links, 1 M rechts, dabei 1 R tiefer einstechen, ab * wiederholen, 5 M links, Randm. Die 2. und 3. R wiederholen.

Arbeitsanleitung
RÜCKEN: 115 (121) M mit Nadeln Nr. 3 anschlagen, 6 cm im Bündchenmuster, weiter im Grundmuster geradeaus strikken. In 41 cm Höhe für die Armausschnitte beidseitig in jeder 2. R 1 × 4, 3 × 2, 4 (5) × 1 M abnehmen = 87 (91) M, weiter geradeaus stricken. In 63 (64) cm Höhe für die Schultern in jeder 2. R 4 × 6 (2 × 6, 2 × 7) M abketten. Zugleich für den Halsausschnitt die mittleren 29 M in 1 R, beidseitig davon in jeder 2. R 2 × 2, 1 × 1 M abnehmen.
LINKES VORDERTEIL: 55 (58) M mit Nadeln Nr. 3 anschlagen, 6 cm im Bündchenmuster, weiter mit Nadeln Nr. 3½ im Grundmuster stricken, dabei Seite, Armausschnitt und Schulter wie beim Rücken formen. In 18 cm Höhe für die

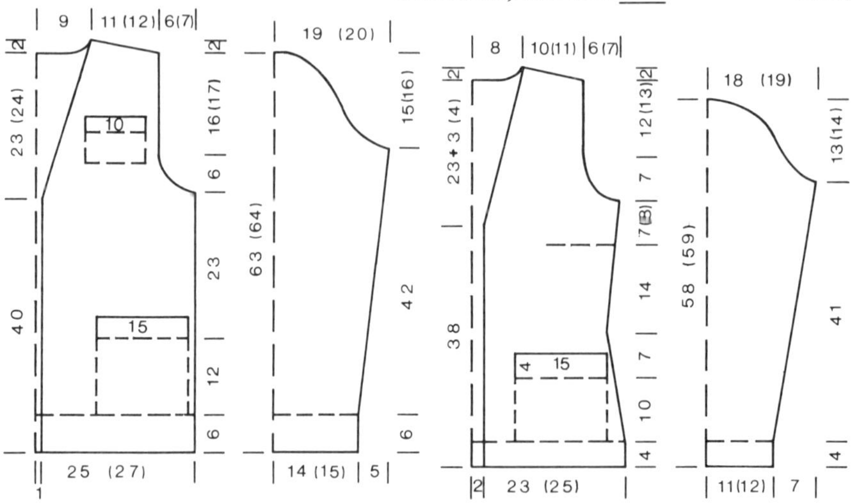

Schnittverkleinerung: ½ Rücken, linkes Vorderteil und ½ Ärmel. Links für Größe 50 (54), rechts für Größe 42 (46).

Tasche die 3.–35. M ab rechtem Rand stillegen. 33 M neu anschlagen, 12 cm im Grundmuster stricken und der Arbeit anstelle der stillgelegten M einfügen. Für die Ausschnittschräge in 40 cm Höhe
1 × 1 M, in jeder 4. R
10 × 1 M, in jeder 6. R
6 × 1 M abnehmen. Zugleich in 50 cm Höhe für die Brusttasche die 5.–27. M ab Armausschnitt stillegen. 23 M neu anschlagen, 5 cm im Grundmuster stricken und der Arbeit anstelle der stillgelegten M einfügen. Anschließend die M der großen Tasche aufnehmen und die Blende 3,5 cm im Bündchenmuster stricken, bei der Brusttasche die Blende 2,5 cm im Bündchenmuster stricken.
RECHTES VORDERTEIL: Ohne Brusttasche gegengleich arbeiten.
ÄRMEL: 61 (67) M mit Nadeln Nr. 3 anschlagen, 6 cm im Bündchenmuster, weiter mit Nadeln Nr. 3½ im Grundmuster stricken, dabei beidseitig in jeder 12. R 11 × 1 M zunehmen = 83 (89) M. In 48 cm Höhe für die Armkugel beidseitig in jeder 2. R 1 × 4, 3 × 2, 17 (19) × 1, 3 × 2, 1 × 4 M abnehmen, die restlichen 9 (11) M in 1 R abketten.
BLENDE: Auf der Rundnadel 327 (333) M anschlagen und in offenen R im Bündchenmuster mit Kettrandm 4 cm hoch stricken. Zugleich in 2 cm Höhe die Knopflöcher über je 4 M einarbeiten: das erste 2 cm ab linkem unteren Rand, 4 weitere im Abstand von je 7 cm.
FERTIGSTELLUNG: Siehe Damenjacke.

Männerjacke

Abb. S. 242

GRÖSSEN: 48/50 und 52/54. Bei unterschiedlichen Angaben: Größe 52/54 in Klammern.
MATERIAL: Lana Grossa-Wolle, Qualität Filcrosa, 900 (1000) g in Braun Nr. 307. 1 Paar INOX-Stricknadeln Nr. 6. 7 Knöpfe.
GRUNDMUSTER: M-Zahl teilbar durch 4 + 1 + 2 Randm. 1, R (Rückr): Randm. * 1 M mit 1 Umschlag zusammen links abheben, 3 M rechts, ab * wiederholen. Am Ende 1 M mit 1 Umschlag zusammen links abheben, Randm. 2. R und alle folgenden Hinr: Die gehobenen M mit dem Umschlag rechts zusammenstricken, die übrigen M links stricken. 3. und 5. R: Wie 1. R 7. R: Randm, 2 M rechts, * 1 M mit 1 Umschlag zusammen abheben, 3 M rechts, ab * wiederholen. Am Ende 1 M mit 1 Umschlag abheben, 2 M rechts. 9. und 11. R: Wie 7. R. – Die 1.–12. R wiederholen.
MASCHENPROBE: 13 M und 20 R = 10 cm.
BÜNDCHENMUSTER: Abwechselnd 1 M rechts, 1 M links.

Arbeitsanleitung
RÜCKEN: 71 (75) M anschlagen und im Bündchenmuster stricken. Ab 5 cm Höhe weiter im Grundmuster geradeaus stricken. Ab 39 cm Höhe für die Armausschnitte beidseitig in jeder 2. R 2 (3) × 2, 1 × 1

Schnitt: ½ Rücken und linkes Vorderteil, ½ Ärmel.

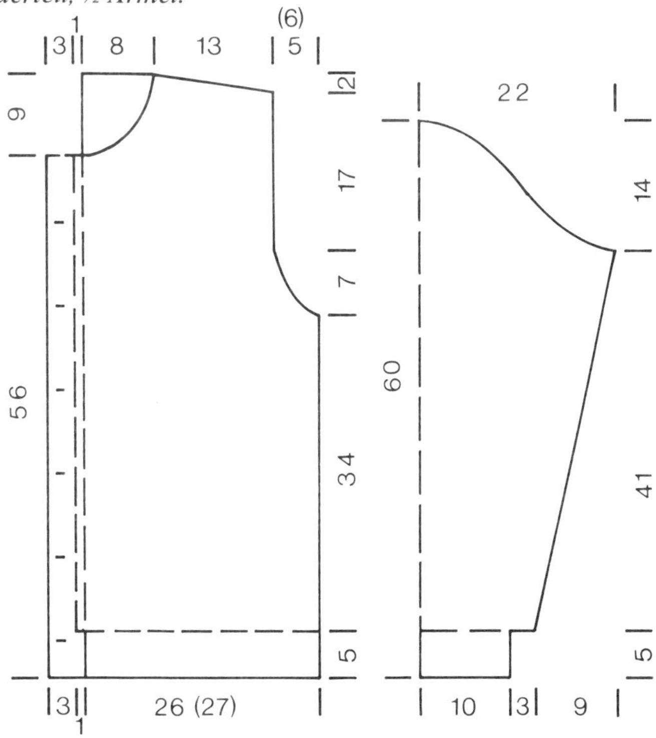

M, in jeder 4. R 2 × 1 M abnehmen = 57 M und weiter geradeaus stricken. Ab 63 cm Höhe für die Schultern beidseitig in jeder 2. R 2 × 9 M, dann die restlichen 21 M für den Halsausschnitt abketten.
LINKES VORDERTEIL: 40 (42) M anschlagen und im Bündchenmuster stricken. In 4 cm Höhe das erste Knopfloch über die 3. und 4. M am vorderem Rand einarbeiten, 6 weitere folgen im Abstand von je 9 cm. Ab 5 cm Höhe über die vorderen 6 M für die Blende weiter im Bündchenmuster, über die restlichen M im Grundmuster stricken und Seite, Armausschnitt und Schulter wie beim Rücken arbeiten. In 56 cm Höhe die 6 Blenden-M stillegen, weiter für den Halsausschnitt in jeder 2. R 1 × 3, 1 × 2, 4 × 1 M abketten.
RECHTES VORDERTEIL: Ohne Knopflöcher gegengleich arbeiten.
ÄRMEL: 35 M anschlagen und im Bündchenmuster stricken. Ab 5 cm Höhe im Grundmuster arbeiten, dabei beidseitig in jeder 8. R 9 × 1 M zunehmen = 53 M. Ab 46 cm Höhe für die Armkugel beidseitig in jeder 2. R 1 × 3, 3 × 2, 5 × 1, 3 × 2, 1 × 3 M und die restlichen 7 M abketten.
FERTIGSTELLUNG: Die Schulternähte schließen. Zu den stillgelegten Blenden-M aus dem Halsausschnitt ca. 55 M aufnehmen und 4 cm im Bündchenmuster stricken, dabei das letzte Knopfloch einarbeiten. Die Jacke weiter wie üblich zusammennähen und die Knöpfe annähen.

Rote Trachtenjacke für Damen

GRÖSSEN: 38 und 42. Bei unterschiedlichen Angaben: Größe 42 in Klammern.
MATERIAL: Lana Grossa-Garn, Qualität Turnier 4fach, 50% Polyacryl, 50% Wolle, 400 (450) g in Rot Nr. 642. Je 1 Paar INOX-Stricknadeln Nr. 3 und 3½. 6 Knebelknöpfe.
GRUNDMUSTER: Glatt rechts = Hinr rechte M, Rückr linke M.
ZOPF: 1. R (Rückr): 2 M rechts, * 2 M links, 1 M links verschränkt aus dem Querdraht zunehmen, ab * noch 1 × wiederholen, dann 2 M links, 2 M rechts = aus 10 M werden 12 M. 2. R (Hinr): 2 M links, 8 M rechts, 2 M links.
3. R und alle folgenden Rückr: 2 M rechts, 8 M links, 2 M rechts. 4. R: Wie 2. R. 6. R: 2 M links, 4 M nach links kreuzen (= 2 M auf 1 Hilfsnadel vor die Arbeit legen, die folgenden beiden M rechts, dann die Hilfsnadel-M rechts stricken), 4 M nach rechts kreuzen (= 2 M auf der Hilfsnadel hinter die Arbeit legen, 2 M rechts, dann die Hilfsnadel-M rechts stricken), 2 M links. 8. R: 2 M links, 2 M rechts, 4 M nach links kreuzen, 2 M rechts, 2 M links. 10. R: 2 M links, 4 M nach rechts kreuzen, 4 M nach links kreuzen, 2 M links. 12., 14. und 16. R: Wie 2. R. – Die 6.–17. R wiederholen.
BÜNDCHENMUSTER: 1. R (Rückr): Rechte M. 2. R und alle folgenden Hinr: Die M stricken, wie sie erscheinen. 3. und 5. R: Linke M. – Die 1.–6. R wiederholen.
MASCHENPROBE: 22 M und 31 R = 10 cm im Quadrat.

Arbeitsanleitung

RÜCKEN: 100 (110) M mit Nadeln Nr. 3 anschlagen und zuerst 6 R = 3 Rippen rechte M stricken. In der folgenden Rückr die M einteilen: ab Rand 20 (23) M im Grundmuster, dann 10 + 2 M Zopf, weiter 15 (17) M im Grundmuster, in der Rückenmitte 10 + 2 M Zopf, die andere Hälfte gegengleich = 106 (116) M. In dieser Einteilung mit Nadeln Nr. 3½ geradeaus stricken. In 10 cm Höhe 1 Hinr rechter M stricken, dabei zuerst die 6. und 7. (8. und 9.) M, dann 31 (33) × jede 2. und 3. M rechts zusammenstricken = 74 (82) M. Nun mit Nadeln Nr. 3 im Bündchenmuster 20 R hoch stricken, dann wieder mit Nadeln Nr. 3½ 1 Hinr rechter M stricken, dabei zuerst die 6. (8.) M, dann 31 (33) × jede 2. M verdoppeln = 106 (116) M. Die M wie vor dem Bündchen einteilen und geradeaus stricken. In 35 cm Höhe für die Armausschnitte beidseitig in jeder 2. R 1 × 4, 3 × 2, 3 × 1 M abnehmen = 80 (90) M, weiter geradeaus stricken. In 48 (49) cm Höhe 1 Hinr rechter M stricken, dabei bei jedem Zopf gegengleich zum Anfang je 2 M abnehmen = 74 (84) M, dann mit Nadeln Nr. 3½ das Teil im Bündchenmuster beenden. In 52 (53) cm Höhe für den Halsausschnitt die mittleren 26 (28) M abketten, beidseitig davon in jeder 2. R 2 × 2 M abnehmen. Anschließend die restlichen je

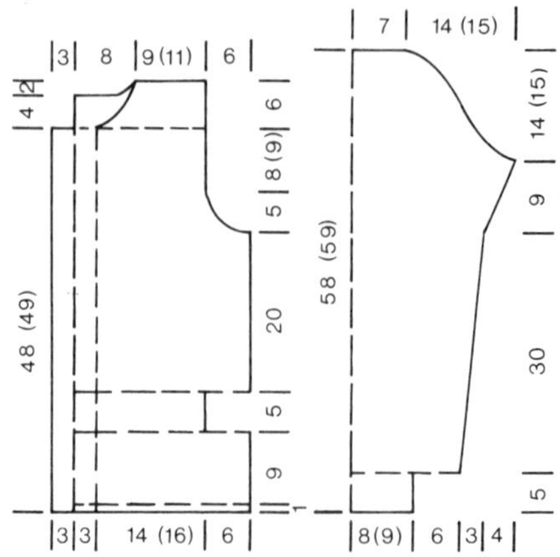

Schnittverkleinerung für Trachtenjacke: ½ Rücken, linkes Vorderteil und ½ Ärmel für Größe 38 (42).

20 (24) M für die Schultern abketten.
LINKES VORDERTEIL: 58 (62) M mit Nadeln Nr. 3 anschlagen. Für die Blende die linken 13 M bis zum Schluß im Grundmuster stricken, daneben zuerst 6 R rechte M, dann wie folgt arbeiten: In der Rückr neben der Blende 10 + 2 M Zopf, 9 (12) M im Grundmuster, 10 + 2 M Zopf, die restlichen 16 (17) M wieder im Grundmuster stricken = 62 (66) M. Seitennaht, Armausschnitt und Schulter wie beim Rücken formen. Damit die Blende nicht durchhängt, müssen alle 20 R verkürzte R gearbeitet werden. Dazu in den Hinr nur bis zur Blende stricken, mit 1 Umschlag wenden und zurückstricken. In der folgenden R wieder über alle M arbeiten, dabei die 1. Blenden-M mit dem Umschlag rechts zusammenstricken. In 10 cm Höhe für den Taillenbund in einer Hinr rechter M 16 (17) × jede 2. und 3. M rechts zusammenstricken = 46 (49) M, mit Nadeln Nr. 3 im Bündchenmuster 20 R arbeiten, dann wieder mit Nadeln Nr. 3½ in einer Hinr 16 (17) × jede 2. M verdoppeln = 62 (66) M. In 48 (49) cm Höhe wie beim Rücken je 2 Zopf-M abnehmen, zugleich am linken Rand die ersten 6 Blenden-M abketten, die folgenden 7 M stillegen, dann für den Halsausschnitt in jeder 2. R 1 × 3, 2 × 2, 5 × 1 M abnehmen. Zugleich das Teil im Bündchenmuster beenden.
RECHTES VORDERTEIL: Gegengleich stricken.
ÄRMEL: 34 (36) M mit Nadeln Nr. 3 anschlagen und im Bündchenmuster 20 R hoch stricken. Weiter mit Nadeln Nr. 3½ arbeiten, dabei in der 1. Rückr zuerst die 4. (5.) M, dann 25 (27) × jede M verdoppeln. Gleichzeitig das Muster einteilen: ab Rand 14 (13) M im Grundmuster, 2 M rechts, 9 (12) M im Grundmuster, in der Mitte 10 + 2 M Zopf stricken, die andere Hälfte gegengleich einteilen = 62 (66) M. In dieser Einteilung arbeiten, dabei beidseitig in jeder 12. R 7 × 1 M, dann abwechselnd in jeder 4. und 2. R 9 × 1 M zunehmen = 94 (98) M. In 44 cm Höhe für die Armkugel beidseitig in jeder 2. R 1 × 3, 3 × 2, 13 (15) × 1, 2 × 2, 2 × 3 M abnehmen, die restlichen 30 M in 1 R abketten.
FERTIGSTELLUNG: Teile spannen, mit einem feuchten Tuch bedecken und trocknen lassen. Die Nähte schließen. Mit Nadeln Nr. 3 die stillgelegten Blenden-M und dazwischen aus dem Halsausschnitt 70 M aufnehmen und 8 R im Bündchenmuster, dann 7 R im Grundmuster stricken, abketten. Die Blenden und das Halsbündchen zur Hälfte nach links umnähen. Die Ärmelweite auf der Schulter stark einhalten. Für die Schlingen 6 je 10 cm lange Schnüre knüpfen und doppelt gelegt auf die rechte Blende nähen. Die Knöpfe annähen.

Damenjacke mit plastischem Muster

Abb. S. 201

Zu Hosen und sportlichen Röcken paßt diese gestrickte Jacke aus reiner Wolle. Sie hat ein plastisches Rhombenmuster aus rechten und linken Maschen. Die aufgesetzten Taschen, Blende und Bündchen sind im Rippenmuster. Die Angaben in Schnitt und Anleitung gelten für Damenkonfektionsgröße 40 und 44.
GRÖSSEN: 40 und 44. Bei unterschiedlichen Angaben: Größe 44 in Klammern.
MATERIAL: Dickere Sportwolle, reine Schurwolle, 1000 (1100) g in Blau. Je 1 Paar INOX-Stricknadeln Nr. 4 und 5, eine 100 cm lange IMRA-Rundstricknadel Nr 4. 5 Knöpfe.

GRUNDMUSTER: Siehe Strickschrift. M-Zahl teilbar durch 14 + 1 + 2 Randm. Gegeben sind die Hinr, in allen Rückr die M stricken, wie sie erscheinen, die Umschläge links stricken. 1.–16. R laufend wiederholen.
BÜNDCHENMUSTER: Abwechselnd 1 M rechts, 1 M links.
MASCHENPROBE: 17 M und 24 R = 10 cm.

Arbeitsanleitung
RÜCKEN: 87 (101) M mit Nadeln Nr. 5 anschlagen, 3 R kraus = Rück- und Hinr rechte M, weiter im Grundmuster stricken = 6 (7) Rapporte, dabei beidseitig in jeder 28. (14.) R 3 (6) × 1 M abnehmen = 81 (89) M. Weiter geradeaus stricken. In 49 cm Höhe für die Armausschnitte beidseitig in jeder 2. R 1 × 3, 2 × 2, 3 (4) × 1 M abnehmen = 61 (67) M, gerade hochstricken. In 68 (69) cm Höhe für die Schultern in jeder 2. R 3 × 5 (1 × 5, 2 × 6) M abketten. Zugleich für den Halsausschnitt die mittleren 25 (27) M in 1 R, beidseitig davon in jeder 2. R 1 × 2, 1 × 1 M abnehmen.
LINKES VORDERTEIL: 38 (45) M mit Nadeln Nr. 5 anschlagen, 3 R kraus, weiter im Grundmuster stricken = 2½ (3) Rapporte, dabei Seite, Armausschnitt und Schulter wie beim Rücken formen. Für die Ausschnittschräge ab 40 cm Höhe in jeder 6. R 10 (11) × 1 M abnehmen.
RECHTES VORDERTEIL: Wie linkes Vorderteil, nur gegengleich arbeiten.

ÄRMEL: 38 M mit Nadeln Nr. 4 anschlagen, 8 cm im Bündchenmuster, weiter mit Nadeln Nr. 5 im Grundmuster stricken, dabei in der 1. R verteilt 7 M zunehmen = 45 M = 3 Rapporte. Weiter beidseitig in jeder 10. (8.) R 8 (10) × 1 M zunehmen = 61 (65) M. In 45 cm Höhe für die Armkugel beidseitig in jeder 2. R 1 × 3, 3 × 2, 7 (8) × 1, 3 × 2, 1 × 3 M abnehmen, die restlichen 11 (13) M auf einmal abketten.
TASCHEN: 27 M mit Nadel Nr. 4 anschlagen und 18 cm hoch im Bündchenmuster mit Kettrandm stricken.

BLENDE: Für die gesamte Länge auf der Rundnadel 263 (271) M anschlagen und in offenen R im Bündchenmuster mit Kettrandm stricken. In 2 cm Höhe die Knopflöcher über je 4 M einarbeiten: das erste 3,5 cm ab unterem rechten Rand, 4 weitere im Abstand von je 6 cm. In 4 cm Höhe alle M abketten.
FERTIGSTELLUNG: Teile spannen, mit einem feuchten Tuch bedecken und trocknen lassen. Die Nähte schließen. Die Blende mit der Anschlagkante aufnähen. Die Taschen schnittgerecht aufnähen. Knöpfe annähen.

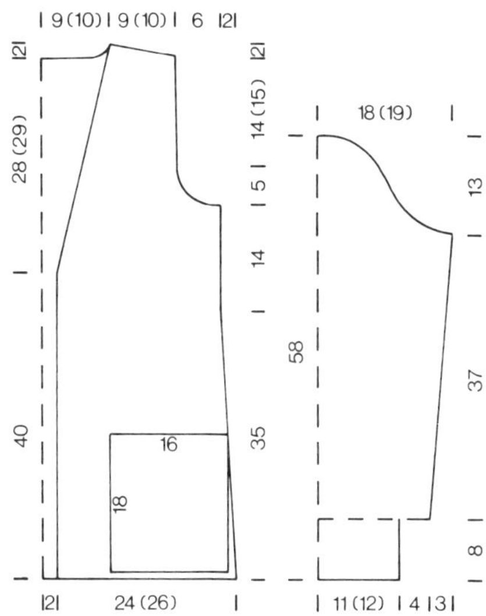

Schnittverkleinerung: Jeweils ½ Rücken, linkes Vorderteil und ½ Ärmel.

Strickschrift: Gegeben sind die Hinreihen. In allen Rückreihen die Maschen stricken, wie sie erscheinen, die Umschläge links stricken.

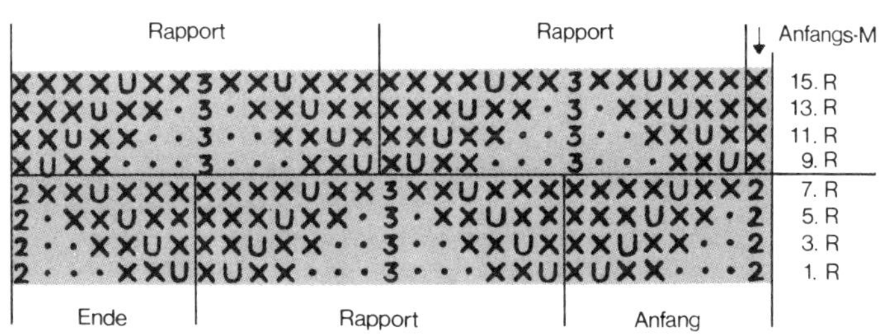

X = 1 Masche rechts
• = 1 Masche links
U = 1 Umschlag
2 = 2 Maschen links zusammenstricken
3 = 3 Maschen links zusammenstricken

Jacken aus dicker Wolle

Die beiden rechts zu sehenden Freizeitjacken sind das richtige für Vater und Sohn: Aus dicker, melierter, unregelmäßig gesponnener Wolle werden sie glatt rechts gestrickt. Mit den dicken Nadeln sind sie schnell gefertigt. Sie haben einen breiten Kragen und können zugeknöpft werden. Kragen und Bündchen sind im Rippenmuster gestrickt. Man kann sie zu jeder Jahreszeit gut tragen.

Für beide Jacken

MATERIAL: Dicke Wolle in Dick/Dünn-Ausspinnung, 75% Schurwolle, 25% Polyacryl, in den angegebenen Mengen und Farben. 1 Paar Stricknadeln Nr. 10.
GRUNDMUSTER: Glatt rechts = Hinr rechte M, Rückr linke M.
BÜNDCHENMUSTER: Abwechselnd 1 M rechts, 1 M links.
MASCHENPROBE: 7 M und 12 R = 10 cm im Quadrat.

Männerjacke

GRÖSSEN: 52 und 56. Bei unterschiedlichen Angaben: Größe 56 in Klammern.
MATERIAL: 1500 (1700) g in Ecru-rost meliert. 8 Knöpfe.

Arbeitsanleitung

RÜCKEN: 38 (42) M anschlagen, 5 cm im Bündchenmuster, weiter im Grundmuster geradeaus stricken. Ab 52 (51) cm Höhe für die Armausschnitte beidseitig in jeder 2. R 2 × 2, 1 × 1 M abnehmen = 28 (32) M, dann nach 2 R 1 × 1 M und nach 8 R noch 1 × 1 M zunehmen = 32 (36) M. Ab 73 cm Höhe für die Schultern beidseitig in jeder 2. R 2 × 5 (6) M abketten. Zugleich für den Halsausschnitt die mittleren 8 M in 1 R abketten, beidseitig davon in der 2. folgenden R 1 × 2 M abnehmen.
LINKES VORDERTEIL: 24 (26) M anschlagen und im Bündchenmuster am vorderen Rand mit Kettrandm stricken. In 3 cm Höhe das 1. Knopfloch über die 4. und 5. M ab vorderem Rand einarbeiten, 7 weitere folgen im Abstand von je 9 cm. Ab 5 cm Höhe über die vorderen 6 M für die Blende weiter im Bündchenmuster, über die restlichen M im Grundmuster stricken. Seitennaht, Armausschnitt und Schulter wie beim Rücken formen. In 68 cm Höhe ab vorderem Rand 8 M stillegen, weiter für den Halsausschnitt in der 2. R 1 × 2 M, nach 4 R 1 × 1 M abnehmen.
RECHTES VORDERTEIL: Ohne Knopflöcher gegengleich arbeiten.
ÄRMEL: 20 (22) M anschlagen, 10 cm im Bündchenmuster, weiter im Grundmuster stricken und beidseitig in jeder 10. R 4 × 1 M zunehmen = 28 (30) M. Ab 49 cm Höhe für die Armkugel beidseitig in jeder 2. R 1 × 3, 1 × 2, 2 × 1, 1 × 2, 1 × 3 M abnehmen, die restlichen 4 (6) M in 1 R abketten.
TASCHEN: 14 M anschlagen und mit Kettrandm 15 cm im Grundmuster, dann 5 cm im Bündchenmuster stricken.

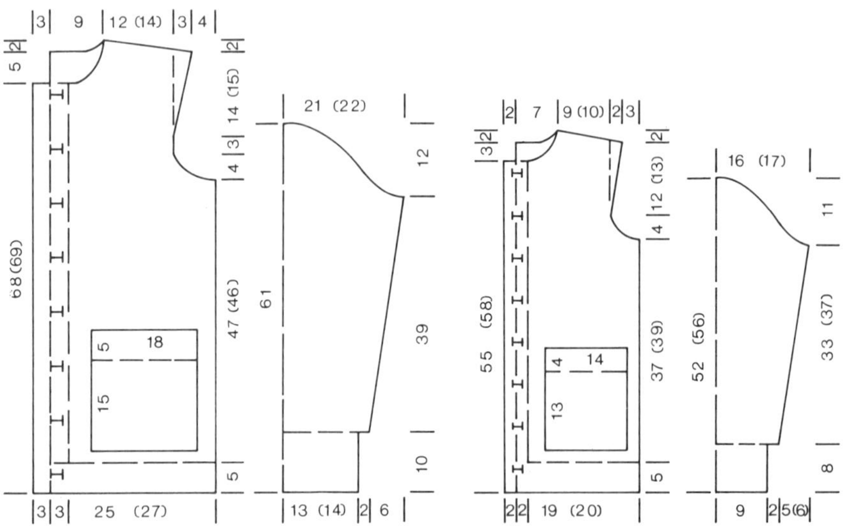

Schnittverkleinerung: Jeweils ½ Rücken, linkes Vorderteil und ½ Ärmel. Links für Größe 52 (56), rechts für 12 (14) Jahre.

FERTIGSTELLUNG: Schulternähte schließen. Zu den stillgelegten Vorderteil-M aus dem Halsausschnitt 39 M für den Kragen aufnehmen. Im Bündchenmuster mit Kettrandm stricken. In 5 cm Höhe jede 2. linke M verdoppeln, in 9 cm Höhe jede übergangene linke M verdoppeln, dann bis 16 cm Höhe geradeaus stricken; elastisch abketten. Die Jacke weiter wie üblich zusammennähen. Die Taschen 2 cm über dem Bündchen und 3 cm ab Seitennaht aufnähen. Die Knöpfe annähen.

Jungenjacke

GRÖSSEN: 12 und 14 Jahre = 152 und 164 cm Körpergröße. Bei unterschiedlichen Angaben: Für 14 Jahre in Klammern.
MATERIAL: 1100 (1200) g in Ecru-grün meliert. 8 Knöpfe.

Arbeitsanleitung

RÜCKEN: 29 (31) M anschlagen, 5 cm im Bündchenmuster, weiter im Grundmuster geradeaus stricken. Ab 42 (44) cm Höhe für die Armausschnitte beidseitig in jeder 2. R 1 × 2, 2 × 1 M abnehmen = 21 (23) M, dann nach 2 R 1 × 1 M, nach 6 R noch 1 × 1 M zunehmen = 25 (27) M. Ab 58 (61) cm Höhe für die Schultern beidseitig in jeder 2. R 1 × 3, 1 × 4 (2 × 4) M abketten, zugleich für den Halsausschnitt die mittleren 7 M in 1 R, beidseitig davon in der 2. folgenden R 1 × 2 M abketten.
LINKES VORDERTEIL: 17 (18) M anschlagen, im Bündchenmuster am vorderen Rand mit Kettrandm stricken. In 4 cm Höhe das 1. Knopfloch über die 3. M ab Rand einarbeiten, 7 weitere folgen im Abstand von 7 (7,5) cm. Ab 5 cm Höhe über die vorderen 4 M für die Blende weiter im Bündchenmuster, über die restlichen M im Grundmuster stricken. Seitennaht, Armausschnitt und Schulter wie beim Rücken formen. In 55 (58) cm Höhe die 4 Blenden-M stilllegen, für den Halsausschnitt in jeder 2. R 1 × 2, 2 × 1 M abnehmen.
RECHTES VORDERTEIL: Ohne Knopflöcher gegengleich.
ÄRMEL: 15 M anschlagen, 8 cm im Bündchenmuster, weiter im Grundmuster stricken und beidseitig in jeder 8. R 4 (5) × 1 M zunehmen = 23 (25) M. Ab 41 (45) cm Höhe für die Armkugel beidseitig in jeder 2. R 2 × 2, 2 × 1, 2 × 2 M, die restlichen 3 (5) M in 1 R abketten.
TASCHEN: 10 M anschlagen und 13 cm im Grundmuster, dann 4 cm im Bündchenmuster mit Kettrandm stricken.
FERTIGSTELLUNG: Schulternähte schließen. Zu den stillgelegten Blenden-M aus dem Halsausschnitt 33 M aufnehmen und mit Kettrandm im Bündchenmuster stricken. In 4 cm Höhe jede 2. linke M verdoppeln und in 8 cm Höhe jede übergangene linke M verdoppeln. In 12 cm Höhe alle M elastisch abketten. Die Jacke weiter wie üblich zusammennähen. Die Taschen 2 cm über dem Bündchen und 2 cm ab Seitennaht aufnähen. Die Knöpfe annähen.

Dirndl-Jacken für Kinder

Abb. S. 206

Nicht nur bayerische Dirndln, auch die norddeutschen Deerns sehen in den Dirndl-Jacken gut aus. Sie finden hier zwei Variationen: die eine Jacke ist weiß mit grüner Passe und Bündchen, die andere Jacke ist rot und hat einen weißen Halsausschnitt. Beide Modelle sind am Ausschnitt mit Blümchen im Kettstich bestickt. Am Halsausschnitt und in der Taille sind Wollkordeln durchgezogen. Sie sind im Rippenmuster gearbeitet. Die Angaben in Schnitt und Anleitung gelten für 3, 5, 7 und 9 Jahre.

GRÖSSEN: 3, 5, 7 und 9 Jahre = 98, 110, 122 und 134 cm Körpergröße. Die Angaben für die 2.–4. Größe sind in Klammern in der richtigen Reihenfolge und durch Schrägstriche getrennt.
MATERIAL: Schachenmayr-Wolle, Qualität Nomotta Regia 4fach, 75% Schurwolle, 25% Polyamid, 150 (200/250/300) g in Weiß Nr. 600 bzw. Rot Nr. 1953, je 50 g in Rot bzw. Weiß und Grün Nr. 1989. 1 Paar INOX-Stricknadeln Nr. 3, eine 60 cm lange Rundstricknadel Nr. 2½, eine Häkelnadel Nr. 2. 5 (6/6/7) kleine Knöpfe.
GRUNDMUSTER: Abwechselnd 1 M rechts, 1 M links.
MASCHENPROBE: 36 M und 38 R = 10 cm.

Arbeitsanleitung

RÜCKEN: 101 (107/113/119) M in Rot

bzw. Grün und im Grundmuster 2 R rot bzw. grün, weiter in Weiß bzw. Rot stricken. In 5 (5/6/6) cm Höhe 1 Loch-R wie folgt stricken: * 4 M stricken, 1 Umschlag, 2 M zusammenstricken, ab * wiederholen. In der folgenden R die M und Umschläge wieder im Grundmuster stricken. In 18 (21/23/26) cm Höhe für die Armausschnitte beidseitig in jeder 2. R 1 (1/2/2) × 3, 3 (3/2/2) × 2, 2 (2/3/3) × 1 M abnehmen = 79 (85/87/93) M, 1 cm geradeaus stricken, dann beidseitig 1 × 1 M, weiter in jeder 6. (8./8./10.) R noch 3 × 1 M zunehmen = 87 (93/95/101) M. Zugleich in 25 (29/32/36) cm Höhe für den Halsausschnitt die mittleren 35 (35/41/41) M stillegen, beidseitig davon in jeder 2. R 2 × 3, 4 × 2, 4 × 1 M abnehmen. In 30 (34/37/41) cm Höhe restliche 2 × 8 (11/9/12) M für die Schultern abketten.

RECHTES VORDERTEIL: 54 (58/62/66) M in Rot bzw. Grün anschlagen und im Grundmuster 2 R rot bzw. grün stricken, weiter in Weiß bzw. Rot arbeiten. In 5 (5/6/6) cm Höhe die Loch-R wie beim Rücken arbeiten. In 6 (6/8/8) cm Höhe das erste Knopfloch über die 5.–7. M ab vorderem Rand einarbeiten, 4 (5/5/6) weitere folgen im Abstand von je 3 cm. Seitennaht, Armausschnitt und Schulter wie beim Rücken formen. Für den Halsausschnitt in 19 (22/25/28) cm Höhe am vorderen Rand 8 (8/10/10) M stillegen, daneben in jeder 2. R 1 × 4, 3 × 3, 5 (5/6/6) × 2, 8 (9/9/10) × 1 M abnehmen.

LINKES VORDERTEIL: Ohne Knopflöcher gegengleich arbeiten.

ÄRMEL: 60 (64/66/70) M in Rot bzw. Grün anschlagen und im Grundmuster 2 R rot bzw. grün, 12 R grün bzw. rot, 3 R rot bzw. grün stricken. Weiter in Weiß bzw. Rot arbeiten, dabei in 5 cm Höhe beidseitig 1 × 1 M, weiter in jeder 8. R noch 9 (10/13/14) × 1 M zunehmen = 80 (86/94/100) M. In 27 (30/33/36) cm Höhe für die Armkugel beidseitig in jeder 2. R 4 (3/2/1) × 3, 6 (10/14/17) × 2, 3 (2/1/1) × 3 M abnehmen, die restlichen 14 (16/20/20) M abketten.

FERTIGSTELLUNG: Nähte schließen. Aus dem Halsausschnitt mit der Rundnadel einschließlich der stillgelegten M 162 (166/174/178) M in Grün bzw. Weiß aufnehmen, dabei beim Abstricken der stillgelegten M die 4. und 5. (und 9. und 10.) M zusammenstricken. Nun kraus = Rück- und Hinr rechte M 1 R grün bzw. weiß, 2 R rot bzw. grün, 14 R grün bzw. rot, 2 R rot bzw. grün, 8 R weiß, 1 R rot bzw. grün stricken und mit Rot bzw. Grün abketten. Zugleich in der Mitte des weißen Streifens 1 Loch-R arbeiten. Außerdem in jeder 6. R der Blende gleichmäßig verteilt 4 × je 14 M abnehmen = 106 (110/118/122) M. Auf die vorderen Ränder neben der Randm in Rot bzw. Grün 1 R Kettm häkeln, darauf 1 Rückr feste M arbeiten. Sticken: In die Mitte des grünen bzw. roten Streifens der Blende im Abstand von je 3 cm kleine Kreuzstiche in Rot bzw. Grün sticken, um die Kreuze herum in Weiß je 6 Blütenblätter aus Kettenstichen arbeiten. 2 Kordeln in Rot bzw. Grün drehen und durch die Loch-R ziehen. Die Knöpfe annähen.

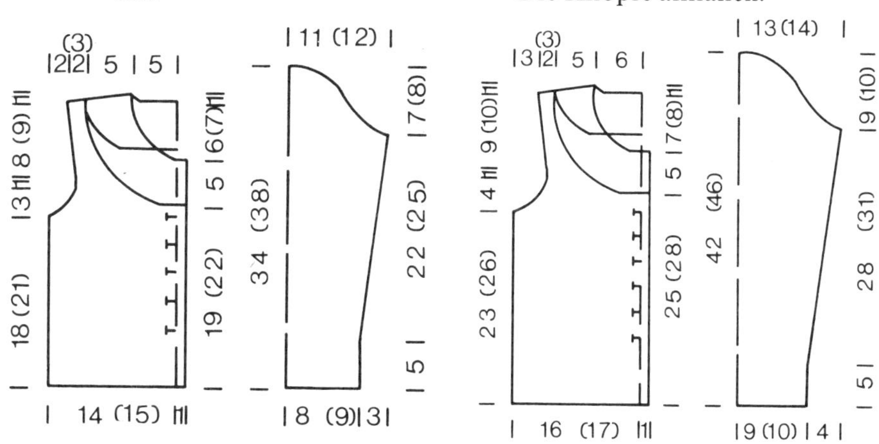

Schnittverkleinerung für Dirndl-Jäckchen: ½ Rücken, rechtes Vorderteil und ½ Ärmel. Links für 3 (5) Jahre, rechts für 7 (9) Jahre.

Dreiviertellange Strickjacke

Abb. S. 219

Diese schöne dreiviertellange Jacke kann man ruhig draußen anziehen, wenn's mal etwas kühler ist. Sie hat ein Streifenmuster in Grün und Blau und ist aus Wolle im Perlmuster mit doppeltem Faden gestrickt. Sie hat einen kleinen Kragen und wird vorn mit Haken und Ösen verschlossen. Die Angaben in Schnitt und Anleitung gelten für Damengröße 42. Der Schnitt kann für andere Größen verändert werden.

MATERIAL: Scheepjes Wolle, Qualität Luzern, je 700 g in Grün Nr. 6436 und Blau Nr. 6438. 1 Paar INOX-Stricknadeln und 1 INOX-Häkelnadel Nr. 7. 3 Haken mit Ösen.
GRUNDMUSTER: Mit doppeltem Faden Perlmuster = abwechselnd 1 M rechts, 1 M links, in jeder R um 1 M versetzt stricken.
STREIFENFOLGE: Anschlag + 5 R grün/blau, * 4 R grün, 6 R grün/blau, 4 R blau, 6 R grün/blau, ab * wiederholen.
MASCHENPROBE: 13 M und 21 R = 10 cm.

Arbeitsanleitung

RÜCKEN: 68 M mit je 1 Faden grün und blau anschlagen und im Grundmuster nach der Streifenfolge geradeaus stricken. Ab 54 cm Höhe für die Armausschnitte beidseitig in jeder 2. R 1 × 3, 1 × 2, 1 × 1 M abnehmen = 56 M. In 70 cm Höhe beidseitig je 1 M wieder zunehmen = 58 M. In 77 cm Höhe für den Halsausschnitt die mittleren 12 M, weiter an den Ausschnittseiten in der 2. R 1 × 3 M abketten. Die restlichen 20 M je Schulter in 79 cm Höhe abketten.
LINKES VORDERTEIL: 34 M mit je 1 Faden grün und blau anschlagen und im Grundmuster nach der Streifenfolge stricken. Am vorderen Rand in jeder 2. R 1 × 3, 1 × 2, 6 × 1 M zunehmen = 45 M und geradeaus stricken. Armausschnitt und Schulter wie beim Rücken arbeiten. Für den Halsausschnitt in 72 cm Höhe ab vorderem Rand 6 M stricken und die folgenden 5 M abketten. Nun jedes Teil für sich beenden. Beim vorderen Teil ab Innenkante in jeder 2. R 3 × 2 M abketten. Beim anderen Teil an der Innenkante in jeder 2. R 1 × 3, 2 × 2, 2 × 1 M abketten.
RECHTES VORDERTEIL: Gegengleich arbeiten.
ÄRMEL: 40 M mit je 1 Faden grün und blau anschlagen und im Grundmuster nach der Streifenfolge stricken. Beidseitig im Abstand von je 8 cm 5 × 1 M zunehmen = 50 M. Ab 40 cm Höhe für die Armkugel beidseitig in jeder 2. R 1 × 3, 1 × 2, 13 × 1, 1 × 2 M und die restlichen 10 M in 1 R abketten.
FERTIGSTELLUNG: Die Nähte schließen. Aus dem Halsausschnitt mit je 1 Faden grün und blau M aufnehmen und im Grundmuster 5 R grün/blau und 6 R blau stricken, dann abketten. Dann die Jacke rundherum in Grün/Blau mit 1 R festen M behäkeln. Haken und Ösen verteilt annähen.

Schnitt: ½ Rücken, linkes Vorderteil und ½ Ärmel.

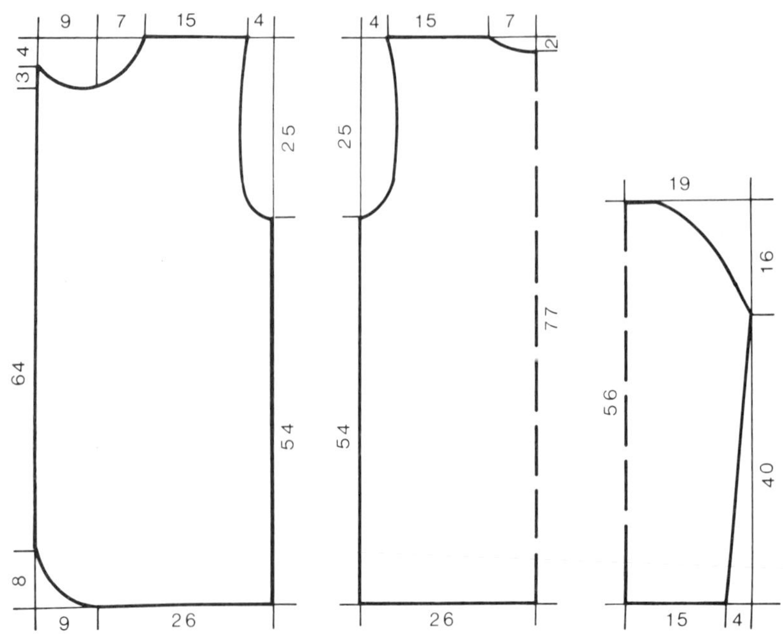

Ideal für Sport und Freizeit ist der gestrickte Lumberjack mit Kapuze (Anl. S. 212)

Ideal zum Spazierengehen und Wandern sind diese rustikalen Jacken (Anl. S. 231 und 270)

Solche dicken Jacken aus reiner Schurwolle in Naturfarben tragen Jungen gern (Anl. S. 276) ▶

◂ *Die Jungenjacke bietet kaum Schwierigkeiten (Anl. S. 210)*

Dieses glatt gestrickte Strickkleid hat schmale Streifen und Eingrifftaschen (Anl. S. 320)

Vorder- und Rückenteil werden im Norweger-, Ärmel im Rippenmuster gestrickt (Anl. S. 336)

FASSBIER
& BELEGTE BROT

Pulloverkleider sind immer sehr gefragt. Diese beiden haben einen geraden einfachen Schnitt. Das grüne Kleid ist glatt rechts gestrickt, im Oberteil sind Linksrippen eingearbeitet. Es hat einen weichen Rollkragen (Anl. S. 305)

Dieses Pulloverkleid in einem sanften Braun ist glatt links gestrickt und hat einen runden Ausschnitt (Anl. S. 306)

Patent sind alle, die es schaffen, sich so einen Mantel aus weichem Mohairgarn im Patentmuster zu stricken (Anl. S. 337)

Damenjacke mit Rippenmuster

GRÖSSEN: 38 und 42. Bei unterschiedlichen Angaben: Größe 42 in Klammern.
MATERIAL: Schachenmayr-Wolle, Qualität Beatrice Silber, 350 (400) g in Grau. 1 Paar Stricknadeln und eine 100 cm lange Rundstricknadel Nr. 3½. 6 Knöpfe.
GRUNDMUSTER: Abwechselnd 4 M rechts, 4 M links.
BÜNDCHENMUSTER: Abwechselnd 2 M rechts, 2 M links.
MASCHENPROBE, gedehnt gemessen: 24 M und 40 R = 10 cm.

Arbeitsanleitung
RÜCKEN: 110 (118) M anschlagen, Randm und im Grundmuster stricken. In 8 cm Höhe beidseitig zum erstenmal, in jeder 8. R noch 6 × 1 M abnehmen = 96 (104) M; gerade hochstrikken. Ab 27 cm Höhe beidseitig in jeder 14. R 5 × 1 M zunehmen = 106 (114) Maschen. In 47 (46) cm Höhe für die Armausschnitte beidseitig in jeder 2. R 1 × 3, 2 × 2, 7 × 1 M abnehmen = 78 (86) M; weiter geradeaus stricken.
In 65 cm Höhe für die Schultern in jeder 2. R 2 × 4, 2 × 5 (2 × 5, 2 × 6) M abketten. Zugleich für den Halsausschnitt die mittleren 32 M in 1 R, beidseitig davon in jeder 2. R 2 × 2, 1 × 1 M abnehmen.
LINKES VORDERTEIL: 54 (58) M anschlagen, Randm und im Grundmuster stricken, dabei Seite, Armausschnitt und Schulter wie beim Rücken formen. Für die Ausschnittschräge in 40 cm Höhe zum erstenmal, abwechselnd in jeder 5. und 6. R noch 19 × 1 M abnehmen.
RECHTES VORDERTEIL: Gegengleich.
ÄRMEL: 54 (62) M anschlagen, Randm und im Grundmuster stricken, dabei beidseitig in jeder 14. R 12 × 1 M zunehmen = 78 (86) M. In 45 cm Höhe für die Armkugel beidseitig in jeder 2. R 1 × 3, 2 (3) × 2, 20 (18) × 1, 2 (3) × 2, 1 × 3 M abnehmen, die restlichen 10 (14) M in 1 R abketten.
FERTIGSTELLUNG: Die Teile spannen und leicht dämpfen. Die Nähte schließen. Mit der Rundnadel aus den vorderen Geraden je 114 M, aus den Ausschnittschrägen je 79 M, dem Halsausschnitt 48 M aufnehmen = 434 M. In offenen Reihen mit Kettrandmasche 3 cm im Bündchenmuster stricken, dabei der rechten Blende in 1 cm Höhe die Knopflöcher über je 3 M einarbeiten: das erste 2 cm ab Unterkante, 5 weitere nach je 6 cm. Knöpfe annähen.

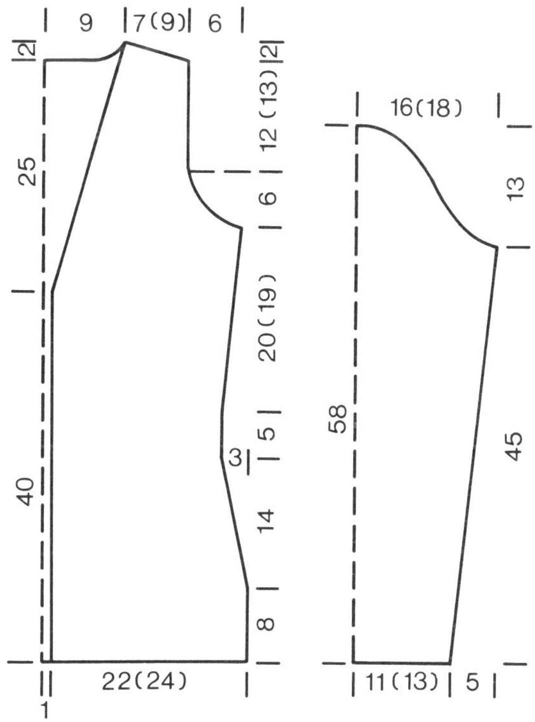

Schnittverkleinerung für Damenjacke im Rippenmuster: ½ Rükken, linkes Vorderteil, ½ Ärmel für Größe 38 (42).

Cardigan-Jacke

Abb. S. 202

GRÖSSEN: 42 und 46. Bei unterschiedlichen Angaben: Größe 46 in Klammern.
MATERIAL: Schewe/Picaud-Garn, Qualität 100% Coton. Für die einfarbige Jacke 400 (450) g in Blau Nr. 37 und 200 (250) g in Weiß Nr. 2, für die gestreifte Jacke 300 (350) g in Weiß, 300 (350) g in Grün Nr. 33 und 200 (250) g in Hellgrün Nr. 53. 1 Paar INOX-Stricknadeln Nr. 3.
GRUNDMUSTER: Glatt rechts = Hinr rechte M, Rückr linke M.
STREIFENFOLGE: * 6 R grün, 4 R hellgrün, 2 R weiß, ab * wiederholen.
MASCHENPROBE: 28 M und 40 R = 10 cm.

Arbeitsanleitung

RÜCKEN: 146 (158) M in Weiß anschlagen, 5 cm im Grundmuster, dann 1 R obenauf links für den Bruch, weiter im Grundmuster stricken. Ab 10 cm Höhe einfarbig blau bzw. nach der Streifenfolge arbeiten, dabei beidseitig 1 × 1 M, in jeder 20. R 5 × 1 M abnehmen = 134 (146) M, weiter geradeaus stricken. In 72 (74) cm Höhe für den Halsausschnitt die mittleren 50 M in 1 R, beidseitig davon in jeder 2. R 3 × 2, 2 × 1 M abnehmen. Anschließend in 75 (77) cm Höhe die restlichen 2 × 34 (40) M für die Schultern auf einmal abketten.
LINKES VORDERTEIL: 59 (65) M in Weiß anschlagen, 5 cm im Grundmuster, dann 1 R obenauf links für den Bruch, weiter im Grundmuster stricken. Ab 10 cm Höhe einfarbig blau bzw. nach der Streifenfolge arbeiten, dabei Seitennaht bis auf den Abnäher und Schulter wie beim Rücken formen. Für die Ausschnittschräge in 36 (38) cm Höhe 1 × 1 M, abwechselnd in jeder 8. und 10. R 18 × 1 M abnehmen. Zugleich in 50 (51) cm Höhe für den Abnäher am rechten Rand die ersten 5 (3) M stillegen, in jeder folgenden 2. R noch 5 (11) × je 5 (3) M mehr stillegen, dabei jedesmal mit 1 Umschlag wenden = insgesamt 30 (36) stillgelegte M nach 12 (24) R. Anschließend wieder über alle M stricken, dabei die Umschläge mit den danebenliegenden M zusammenstricken.
RECHTES VORDERTEIL: Gegengleich arbeiten.
LINKE TASCHE: 59 (65) M in Blau bzw. Grün anschlagen und im Grundmuster einfarbig blau bzw. nach der Streifenfolge stricken, dabei am rechten Rand in jeder 16. R 3 × 1 M abnehmen = 56 (62) M. Ab 13 cm Höhe in Weiß 5 cm im Grundmuster, dann 1 R obenauf links für den Bruch, weiter im Grundmuster stricken. In 23 cm Höhe alle M abketten.
RECHTE TASCHE: Gegengleich arbeiten.
ÄRMEL: 124 (130) M in Weiß anschlagen, 5 cm im Grundmuster, dann 1 R obenauf links für den Bruch, weiter im Grundmuster stricken. Ab 10 cm Höhe einfarbig blau bzw. nach der Streifenfolge geradeaus stricken und in 30 cm bzw. 55 cm Höhe alle M abketten.
BLENDE: Für die gesamte Länge 430 (442) M in Weiß anschlagen und 5 cm im Grundmuster, 1 R obenauf links für den Bruch, weiter im Grundmuster stricken. In 10 cm Höhe alle M locker abketten.
FERTIGSTELLUNG: Die Teile spannen und leicht dämpfen. Die Taschen mit den Unterkanten auf die Vorderteile nähen. Die Nähte schließen, dabei die Taschen mitfassen. Die weißen Kanten zur Hälfte nach links umnähen. Die Blende mit der Abkett-R auf die Vorderkanten steppen, dabei den anderen Taschenrand mitfassen; Blende zur Hälfte nach links umnähen.

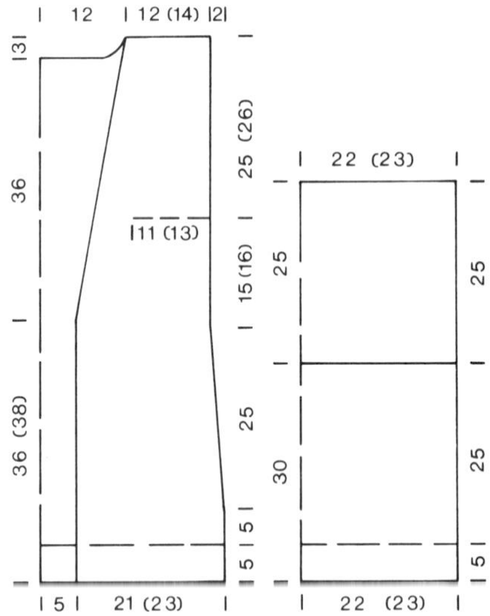

Schnittverkleinerung: ½ Rükken- bzw. Vorderteil, ½ Ärmel.

Die Cardiganjacke (rechts) hat eine weiße Blende und grüne Streifen.

Cardigan-Jacken in Gelb und Blau

Cardigan-Jacken sind zeitlos. Die einfache gerade Form wirkt streckend und ist für Leute mit Figurproblemen sehr geeignet. Diese Jacken passen sehr gut zu Kleidern und sind sehr leicht. Die Technik ist einfach: alles wird glatt rechts gestrickt. Aber die Wolle ist fein. Es braucht etwas Zeit und Geduld, diese Strickstücke fertigzustellen. Die Angaben in Schnitt und Anleitung gelten für Damenkonfektionsgröße 36 und 40.

GRÖSSEN: 36 und 40. Bei unterschiedlichen Angaben: Größe 40 in Klammern.
MATERIAL: Feine Sportwolle, 350 (400) g in Gelb bzw. Blau, 50 g in Weiß. 1 Paar INOX-Stricknadeln und eine 120 cm lange IMRA-Rundstricknadel Nr. 2½. 5 Knöpfe.
GRUNDMUSTER: Glatt rechts = Hinr rechte M, Rückr linke M.
BÜNDCHENMUSTER: Abwechselnd 1 M rechts, 1 M links.
MASCHENPROBE: 28 M und 40 R = 10 cm.

Arbeitsanleitung
RÜCKEN: 130 (140) M in Gelb bzw. Blau anschlagen, 4 cm im Bündchenmuster, weiter im Grundmuster geradeaus stricken. In 8 cm Höhe beidseitig 1 × 1 M, in jeder 12. R 5 × 1 M abnehmen = 118 (128) M, anschließend in jeder 20. R 3 × 1 M zunehmen = 124 (134) M. Ab 46 (44) cm Höhe für die Armausschnitte beidseitig in jeder 2. R 1 × 4. 1 × 3, 2 × 2, 4 × 1 M, in jeder 4. R 2 × 1 M abnehmen = 90 (100) M; geradeaus stricken. In 62 cm Höhe für den Halsausschnitt die mittleren 34 M in 1 R, beidseitig davon in jeder 2. R 3 × 2, 2 × 1 M abketten. Zugleich in 63 cm Höhe für die Schulter in jeder 2. R 4 × 5 (3 × 6, 1 × 7) M abketten.
LINKES VORDERTEIL: 60 (65) M in Gelb bzw. Blau anschlagen, 4 cm im Bündchenmuster, weiter im Grundmuster stricken und Seitennaht, Armausschnitt und Schulter wie beim Rücken formen. Am vorderen Rand geradeaus stricken. Bei der gelben Jacke in 16 cm Höhe für die Tasche die 9.–48. M ab vorderem Rand stillegen. 40 M anschlagen, im Grundmuster 12 cm stricken, dann diese M anstelle der stillgelegten M Arbeit einfügen. In 40 cm Höhe für die Ausschnitt-

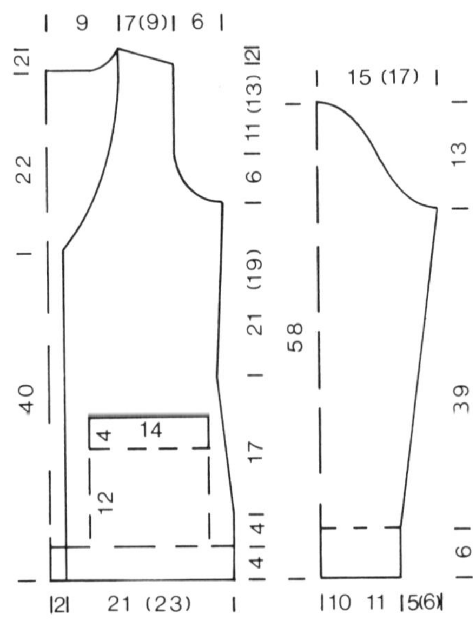

Schnittverkleinerung für Cardigan-Jacken: ½ Rücken, linkes Vorderteil, ½ Ärmel für Größe 36 (40).

schräge 1 × 1 M, in jeder 2. R 5 × 1 M, in jeder 4. R 8 × 1 M, in jeder 6. R 6 × 1 M abnehmen. Die stillgelegten Taschen-M aufnehmen und die Blende weiß 4 cm im Bündchenmuster stricken.
RECHTES VORDERTEIL: Gegengleich.
ÄRMEL: 56 (62) M in Weiß anschlagen und im Bündchenmuster 6 cm weiß bzw. 3 R weiß, 16 R blau, 4 R weiß stricken. Weiter gelb bzw. blau im Grundmuster arbeiten und beidseitig in jeder 10. (8.) R 14 (17) × 1 M zunehmen = 84 (96) M. Ab 45 cm Höhe für die Armkugel beidseitig in jeder 2. R 1 × 4 (6), 1 × 3 (4), 3 × 2, 4 × 1 M, in jeder 4. R 4 × 1 M, in jeder 2. R 4 × 1, 3 × 2, 1 × 3 (4), 1 × 4 M abnehmen, die restlichen 8 (12) M in 1 R abketten.
AUSSCHNITTBLENDE: Auf der Rundnadel 505 M in Weiß anschlagen, in offenen R im Bündchenmuster 4 cm weiß bzw. 3 R weiß, 8 R blau, 4 R weiß stricken. Zugleich in 2 cm Höhe die Knopflöcher 6 M breit einarbeiten. Das erste 2 cm ab rechtem Rand, 4 weitere im Abstand von je 7 cm.
FERTIGSTELLUNG: Teile spannen, leicht dämpfen. Die Nähte schließen. Die Blende aufnähen. Taschenblende und -säckchen annähen. Die Knöpfe annähen.

Jacken mit abgesetzten Blenden

Für beide Jacken

MATERIAL: Schachenmayr-Garn, Qualität Nomotta Rapid, 55% Polyacryl, 45% Schurwolle, in den angegebenen Mengen in Ecru Nr. 680. Je 1 Paar IMRA-Stricknadeln Nr. 4 und 6, eine 120 cm lange IMRA-Rundstricknadel Nr. 4. 6 Knöpfe.
GRUNDMUSTER: M-Zahl teilbar durch 4 + 3. 1. R (Rückr): linke M. 2. R (Hinr): Randm, 2 M rechts, * 3 M rechts zusammenstricken, die M aber auf der linken Nadel lassen, dann 1 Umschlag und die 3 M nochmals rechts zusammenstricken, 1 M rechts, ab * wiederholen. Am Ende 3 M wie beschrieben zusammenstricken, Randm. 3. R: linke M. 4. R: Randm, * 3 M wie beschrieben zusammenstricken, 1 M rechts, ab * wiederholen. Am Ende 3 M wie beschrieben zusammenstricken, 2 M rechts, Randm. – Die 1.–4. R wiederholen.
BÜNDCHENMUSTER: Abwechselnd 1 M rechts, 1 M links.
MASCHENPROBE: 19 M und 18 R = 10 cm im Quadrat.
TASCHENBLENDE: 39 M in der Beifarbe mit Nadeln Nr. 4 anschlagen und im Bündchenmuster 8 R écru, 1 R und Abkett-R in der Beifarbe arbeiten.
FERTIGSTELLUNG: Nähte schließen. Die Blenden aufnähen. Taschenbeutel aus Stoff anfertigen und einnähen. Die Knöpfe annähen.

Männerjacke

GRÖSSEN: 50 und 54. Bei unterschiedlichen Angaben: Größe 54 in Klammern.
MATERIAL: 800 (850) g in Ecru, 50 g in Blau Nr. 654.

Arbeitsanleitung

RÜCKEN: 99 (107) M in Blau mit Nadeln Nr. 4 anschlagen und im Bündchenmuster 10 R écru, 2 R blau stricken. Weiter mit Nadeln Nr. 6 écru im Grundmuster geradeaus arbeiten. In 50 cm Höhe für die Armausschnitte beidseitig in jeder 2. R 1 × 4, 1 × 3, 2 × 2, 1 × 1 M abnehmen = 75 (83) M. Anschließend in der 2. R 1 × 1 M, in jeder 10. R 3 × 1 M zunehmen = 83 (91) M. In 72 (73) cm Höhe für den Halsausschnitt die mittleren 23 M in 1 R, beidseitig davon in jeder 2. R 1 × 3, 1 × 2 M abketten. Zugleich in 73 (74) cm Höhe für die Schulter in jeder 2. R 1 × 12, 1 × 13 M (1 × 14, 1 × 15 M) abketten.
LINKES VORDERTEIL: 47 (51) M in Blau mit Nadeln Nr. 4 anschlagen und Bündchen- und Grundmuster, sowie Seite, Armausschnitt und Schulter wie beim Rücken arbeiten. Für den Tascheneingriff die Arbeit in 8 cm Höhe nach der 18. M ab Seite teilen, an den Rändern je 1 Randm zunehmen und beide Teile getrennt 18 cm hoch stricken. Dann die Randm abketten und weiter über alle M im Grundmuster stricken. Am vorderen Rand geradeaus arbeiten. In 45 (46) cm Höhe für die Ausschnittschräge 1 × 2 M, in je-

der 2. R 1 × 2, 5 × 1 M, in jeder 4. R 3 × 1 M, in jeder 6. R 2 × 1 M abnehmen.
RECHTES VORDERTEIL: Gegengleich arbeiten.
ÄRMEL: 59 M in Blau mit Nadeln Nr. 4 anschlagen und im Bündchenmuster 20 R écru und 2 R blau stricken. Weiter mit Nadeln Nr. 6 im Grundmuster arbeiten und beidseitig abwechselnd in jeder 6. und 8. R 10 × 1 M (in jeder 6. R 12 × 1 M) zunehmen = 79 (83) M. Ab 48 (49) cm Höhe für die Armkugel beidseitig in jeder 2. R 2 × 5 (1 × 6, 1 × 5), 1 × 3, 5 × 2, 1 × 3, 2 × 4 (1 × 4, 1 × 5) M, die restlichen 11 M in 1 R abketten.
JACKENBLENDE: 335 M in Blau auf der Rundnadel anschlagen und in offenen R mit Kettrandm im Bündchenmuster 8 R écru, 1 R + Abkett-R blau stricken. Zugleich in der 4. écrufarbenen R die Knopflöcher 3 M breit einarbeiten: das erste 2 cm ab linkem Rand, das 2. im Abstand von 5 cm, 4 weitere im Abstand von je 7 cm.

Damenjacke

GRÖSSEN: 42 und 46. Bei unterschiedlichen Angaben: Größe 46 in Klammern.
MATERIAL: 550 (600) g in Ecru, 50 g in Rot Nr. 656.

Arbeitsanleitung

RÜCKEN: 95 (103) M in Rot mit Nadeln Nr. 4 anschlagen und im Bündchenmuster 10 R écru, 2 R rot stricken. Weiter mit Nadeln Nr. 6 écru im Grundmuster geradeaus arbeiten. In 48 cm Höhe für die Armausschnitte beidseitig in jeder 2. R 2 × 3 (1 × 5, 1 × 3), 2 × 2, 1 × 1 M abnehmen = 73 (77) M. Anschließend in der 2. R 1 × 1 M, in jeder 6. R 3 × 1 M zunehmen = 81 (85) M. In 67 (68) cm Höhe für den Halsausschnitt die mittleren 21 M in 1 R, beidseitig davon in jeder 2. R 1 × 3, 1 × 2 M abketten. Zugleich in 68 (69) cm Höhe für die Schulter in jeder 2. R 1 × 12, 1 × 13 M (1 × 13, 1 × 14 M) abketten.
LINKES VORDERTEIL: 43 (47) M in Rot mit Nadeln Nr. 4 anschlagen und Bündchen- und Grundmuster, sowie Seite, Armausschnitt und Schulter wie beim Rücken arbeiten. Den Tascheneingriff wie bei der Männerjacke stricken. Am vorderen Rand geradeaus arbeiten. In 42 (43) cm Höhe für die Ausschnittschräge 1 × 1 M, in jeder 2. R 5 × 1 M, in jeder 4. R 3 × 1 M, in jeder 6. R 2 × 1 M abnehmen.
RECHTES VORDERTEIL: Gegengleich arbeiten.
ÄRMEL: 47 (51) M in Rot mit Nadeln Nr. 4 anschlagen und im Bündchenmuster 20 R écru und 2 R rot stricken. Weiter mit Nadeln Nr. 6 im Grundmuster arbeiten und beidseitig in jeder 6. R 11 × 1 M (abwechselnd in jeder 4. und 6. R 13 × 1 M) zunehmen = 69 (77) M. Ab 45 (46) cm Höhe für die Armkugel beidseitig in jeder 2. R 1 × 4 (6), 7 × 3, 1 × 4 (6), die restlichen 11 M in 1 R abketten.
JACKENBLENDE: 315 M in Rot auf der Rundnadel anschlagen und in offenen R mit Kettrandm im Bündchenmuster 8 R écru, 1 R + Abkett-R rot stricken. Zugleich in der 4. écrufarbenen R die Knopflöcher 3 M breit einarbeiten: das erste 2 cm ab rechtem Rand, noch 5 im Abstand von je 6 cm.

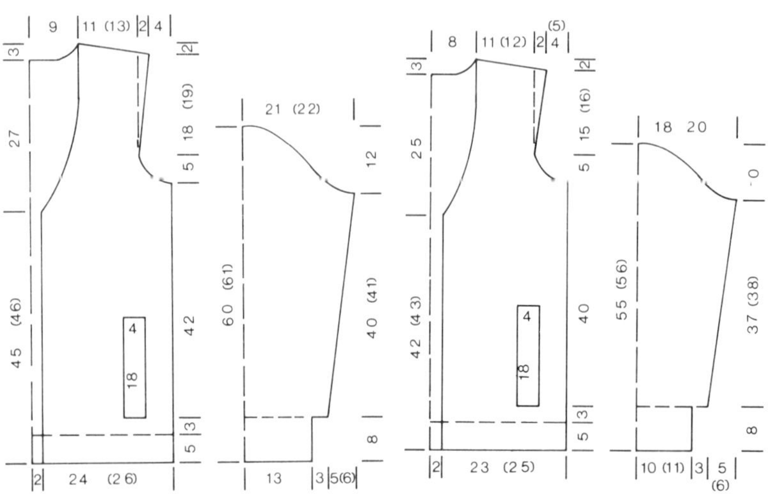

Schnitt: ½ Rücken, linkes Vorderteil, ½ Ärmel für Herren (links) und Damen (rechts).

Mit feinem Garn und dünnen Nadeln brauchen Sie schon Geduld zum Stricken der Kleider (Anl. S. 312/313)

◄ *Eine traumhafte Berglandschaft unter Mondschein zeigt dieser bildschöne Mantel (Anl. S. 338)*

Große dicke Strickmäntel mit dekorativer Geometrie halten bei einem kühlen Lüftchen schön warm (Anl. S. 318, 330, 332)

Schmal, gerade und lang ist dieser Kapuzenmantel geschnitten. Die Vorderkanten sind verschlußlos (Anl. S. 334)

Dieses Kleid aus melierter Wolle ist glatt links gestrickt mit Farbstreifen. Blenden und Bündchen sind im Rippenmuster gearbeitet (Anl. S. 320)

Jack Kerouac

▲ *Auch dieses Kleid aus Feinstrick ist in zwei Teilen auf dem Handstrickapparat glatt rechts gestrickt (Anl. S. 302)*

◀ *Das schmale sommerliche Kleid ist auf dem Handstrickapparat glatt rechts gestrickt. Das Oberteil besteht aus vier Schrägteilen (Anl. S. 304)*

Schmuseweich und ganz leicht nachzuarbeiten: kuscheliges Pullikleid für Superschmale, die sonst ewig frieren (Anl. S. 315)

Krausgestricktes Damenjäckchen

Abb. S. 224

Diese kleine knappe Jacke ist aus reinem Synthetikmaterial gearbeitet. Sie ist kraus gestrickt, die Bündchen sind im Rippenmuster, der Kragen ist wiederum kraus gearbeitet. Die Jacke ist vorn geknöpft und hat seitliche Eingrifftaschen. Sie ist wegen des Krausmusters einfach und schnell zu arbeiten und paßt gut zu sportlichen Hosen und Röcken. Die Angaben in Schnitt und Anleitung gelten für Damenkonfektionsgröße 36 und 40. Dieses Modell kann ebensogut aus reiner Wolle gearbeitet werden. Denn viele ziehen doch die Naturfaser den künstlichen Garnen vor.

GRÖSSEN: 36 und 40. Bei unterschiedlichen Angaben: Größe 40 in Klammern.
MATERIAL: Mittelstarkes Sportgarn, 100% Synthetics, 450 (500) g in Ecru. Je 1 Paar INOX-Stricknadeln Nr. 3 und 3½. 9 Knöpfe.
GRUNDMUSTER: Kraus = Rück- und Hinr rechte M.
BÜNDCHENMUSTER: Abwechselnd 2 m rechts, 2 M links.
MASCHENPROBE: 21 M und 38 R = 10 cm.

Arbeitsanleitung

RÜCKEN: 80 (88) M mit Nadeln Nr. 3 anschlagen und 7 cm im Bündchenmuster stricken. Weiter mit Nadeln Nr. 3½ im Grundmuster arbeiten, dabei beidseitig 4 × nach je 6 cm 1 M zunehmen = 88 (96) M. Ab 37 (36) cm Höhe für die Armausschnitte beidseitig in jeder 2. R 1 × 3, 2 (3) × 2, 2 × 1 M, in jeder 4. R 2 × 1 M abnehmen = 66 (70) M; geradeaus stricken. Ab 55 cm Höhe für die Schultern beidseitig in jeder 2. R 4 × 4, 1 × 5 (2 × 4, 3 × 5) M abketten, die restlichen 24 M in 1 R abketten.

RECHTES VORDERTEIL: 46 (50) M mit Nadeln Nr. 3 anschlagen. Im Bündchenmuster stricken, dabei in 3 cm Höhe das 1. Knopfloch über die 5.–7. M ab rechtem Rand einarbeiten, 8 weitere Knopflöcher folgen im Abstand von je 5,5 cm. Ab 7 cm Höhe mit Nadeln Nr. 3½ im Grundmuster arbeiten, dabei Seitennaht, Armausschnitt und Schulter wie beim Rücken formen, am vorderen Rand geradeaus stricken. In 10 cm Gesamthöhe für den Tascheneingriff nach der 30. M ab vorderem Rand teilen und beide Teile getrennt 13 cm hochstricken, dann die M wieder vereinen. In 49 cm Höhe für den Halsausschnitt 8 M in 1 R abketten, weiter in jeder 2. R 6 × 1 M, in jeder 4. R 2 × 1 M, in jeder 6. R 2 × 1 M abnehmen. Aus dem linken Taschenrand 26 M aufnehmen und das Säckchen glatt rechts = Hinr rechte M, Rückr linke M 10 cm lang anstricken. Aus dem rechten Taschenrand 48 M aufnehmen und den Beleg 2 cm breit im Bündchenmuster anstricken.

LINKES VORDERTEIL: Ohne Knopflöcher gegengleich.

ÄRMEL: 46 (50) M mit Nadeln Nr. 3 anschlagen und 7 cm im Bündchenmuster stricken. Weiter mit Nadeln Nr. 3½ im Grundmuster arbeiten und beidseitig in jeder 16. R 8 × 1 M (in jeder 14. R 10 × 1 M) zunehmen = 62 (70) M. Ab 45 cm Höhe für die Armkugel beidseitig in jeder 2. R 1 × 3 (4), 2 × 2, 2 × 1 M, in jeder 4. R 7 × 1 M, in jeder 2. R 2 × 1, 2 × 2, 1 × 3 (4) M abnehmen, die restlichen 12 (16) M in 1 R abketten.

KRAGEN: 18 M mit Nadeln Nr. 3½ anschlagen und 36 cm im Grundmuster geradeaus stricken; mit 1 Rückr abketten.

FERTIGSTELLUNG: Taschensäckchen und -blenden annähen. Alle Nähte schließen. Den Kragen 4 cm ab vorderen Rändern in den Ausschnitt nähen. Die Knöpfe annähen.

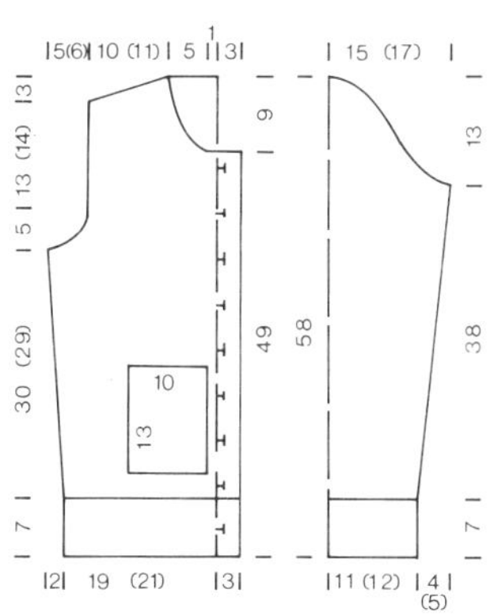

Schnittverkleinerung: ½ Rükken, rechtes Vorderteil und ½ Ärmel.

Dirndl-Jacke für Damen

Abb. S. 205

GRÖSSEN: 36 und 40. Bei unterschiedlichen Angaben: Größe 40 in Klammern.
MATERIAL: Mittelstarke Sportwolle, 450 (500) g in Rohweiß, ein Rest in Rot.
1 Paar INOX-Stricknadeln Nr. 4.
Zum Sticken: MEZ Tauben-Zephir, je 1 Strg in Blau Nr. 4670, Rot Nr. 3836 und Grün Nr. 4447. 5 Knöpfe.
GRUNDMUSTER: 1. R (Rückr): Randm, * 3 M rechts, 1 M links, ab * laufend wiederholen, am Ende der R 3 M rechts, Randm. 2. R (Hinr): Randm, 1 M rechts, 1 M links, * 3 M rechts, 1 M links, ab * laufend wiederholen, am Ende der R 1 M rechts, Randm. – 1. und 2. R wiederholen.
NOPPENMUSTER: Siehe Strickschrift, die Kreuze bedeuten rechte M, Punkte linke M, N = Noppe. Für die Noppen aus 1 M abwechselnd rechts verschränkt und rechts insgesamt 8mal den Faden zur Schlinge durchholen, dann die Schlingen auf die linke Nadel zurückheben und rechts verschränkt abstricken oder den Arbeitsfaden mit einer Häkelnadel durch die Schlingen ziehen (siehe auch Strickkurs). Gegeben sind die Hinr. In allen Rückr die M des Grundmusters wie bisher, die M innerhalb der Noppe rechts stricken. 3.–26. R wiederholen, dabei die M innerhalb der Noppen-Rhomben glatt links stricken.
MASCHENPROBE: 20 M und 32 R = 10 cm.

Arbeitsanleitung

RÜCKEN: 85 (93) M in Rot anschlagen und in Rohweiß im Grundmuster geradeaus stricken. In 30 cm Höhe für die Armausschnitte beidseitig in jeder 2. R 1 × 3, 2 × 2, 5 × 1 M abnehmen = 61 (69) M, weiter geradeaus stricken. In 48 (49) cm Höhe für die Schultern in jeder 2. R 1 × 5, 2 × 6 (3 × 7) M abketten. Zugleich für den Halsausschnitt die mittleren 17 M in 1 R, beidseitig jede 2. R 2 × 2, 1 × 1 M abnehmen.
LINKES VORDERTEIL: 39 (43) M in Rot anschlagen und in Rohweiß im Grundmuster stricken. Seite, Armausschnitt und Schulter wie beim Rücken arbeiten, zugleich ab 24 (25) cm Höhe das Noppenmuster in der letzten linken M vor dem vorderen Rand beginnen = 1. R der Strickschrift. Weiter nach der Strickschrift arbeiten, dabei ab 15. R das Muster wie bisher weiter in das Grundmuster versetzen. Für den Halsausschnitt ab 42 (43) cm Höhe in jeder 2. R 3 × 2, 4 × 1 M abnehmen. – RECHTES VORDERTEIL: Gegengleich.
ÄRMEL: 45 (53) M in Rot anschlagen und in Rohweiß im Grundmuster stricken, dabei beidseitig in jeder 16. R 8 × 1 M zunehmen = 61 (69) M. Zugleich ab 41 cm Höhe das Noppenmuster in

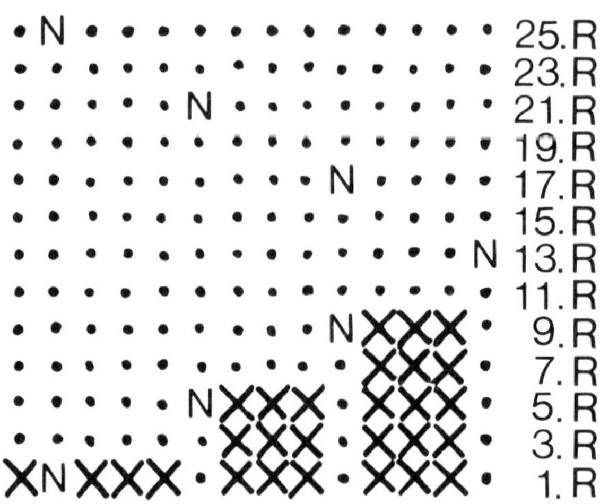

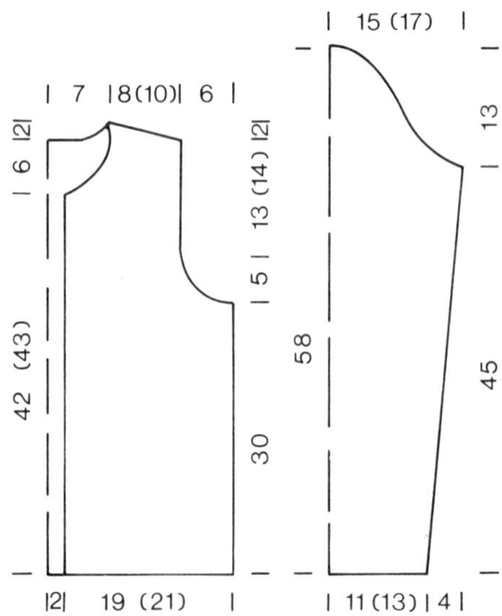

der Mittel-M beginnend nach der Strickschrift arbeiten, dabei das Muster ab 3. R nach beiden Seiten in das Grundmuster hinein versetzen. In 45 cm Höhe für die Armkugel beidseitig in jeder 2. R 1 × 3, 2 (3) × 2, 3 × 1 M, in jeder 4. R 4 (3) × 1 M, in jeder 2. R 4 × 1, 3 (4) × 2 M abnehmen, die restlichen 13 (15) in 1 R abketten.
KNOPFLOCHBLENDE: 99 (101) M in Rohweiß anschlagen, abwechselnd 1 M rechts, 1 M links stricken. In 2 cm Höhe die Knopflöcher über je 4 M einarbeiten: das erste 2 cm ab rechtem Rand, 4 weitere nach je 7 cm. In 4 cm Höhe alle M mit Rot abketten.
KNOPFBLENDE: Ohne Knopflöcher genauso arbeiten.
FERTIGSTELLUNG: Die Teile spannen, mit einem feuchten Tuch bedecken und trocknen lassen. In die vollständigen Noppen-Rhomben die großen, in die halben Rhomben die kleinen Blumen wie folgt einsticken: Die Blumenblätter mit geschlossenen Kettenstichen, die mit einem Spannstich gefüllt werden, dabei die Farben variieren (siehe Foto). Die Mitte der großen Blüten mit einigen Plattstichen in der gegenteiligen Farbe stikken, bei den kleinen Blüten die Stiche immer aus der gleichen Stelle herausholen. Blätter im Plattstich grün arbeiten. Die Nähte schließen. Aus dem Halsausschnitt 81 M in Rohweiß aufnehmen, 1 R abwechselnd 1 M rechts, 1 M links stricken, rot abketten. Blenden auf-, Knöpfe annähen.

Dirndl-Jacke

Abb. S. 207

GRÖSSEN: 40 und 44. Bei unterschiedlichen Angaben: Größe 44 in Klammern.
MATERIAL: Pingouin-Wolle, Qualität Super 4, reine Schurwolle, 450 (500) g in Schwarz Nr. 41 bzw. Weiß Nr. 136, je 50 g in Rot Nr. 43 und Grün Nr. 265.
1 Paar INOX-Stricknadeln Nr. 3. 8 Knöpfe.
GRUNDMUSTER: Abwechselnd 1 M rechts, 1 M links.
BÜNDCHENMUSTER: Kraus = Rück- und Hinr rechte M. 2 R = 1 Rippe.
MASCHENPROBE: 30 M und 40 R = 10 cm, leicht gedehnt gemessen.

Arbeitsanleitung

RÜCKEN: 137 (149) M in Grün bzw. Rot anschlagen und im Grundmuster 1 R grün bzw. rot, weiter in Schwarz bzw. Weiß geradeaus stricken. In 10 cm Höhe 1 Loch-R einarbeiten. Dazu * 4 M stricken, 2 M dem Muster entsprechend zusammenstricken, 1 Umschlag, ab * wiederholen. Weiter im Grundmuster arbeiten. In 32 (33) cm Höhe für die Armausschnitte beidseitig in jeder 2. R 2 × 3, 3 × 2,

6 × 1 M abnehmen = 101 (113) M, 4 R geradeaus stricken, dann beidseitig 1 × 1 M, in jeder 8. R noch 5 × 1 M zunehmen = 113 (125) M. Für den Halsausschnitt in 46 (48) cm Höhe die mittleren 29 (35) M in 1 R, beidseitig davon in jeder 2. R 3 × 3, 5 × 2, 2 × 1 M abnehmen. Zugleich in 50 (52) cm Höhe für die Schultern in jeder 2. R 3 × 7 (8) M abketten.

RECHTES VORDERTEIL: 73 (79) M in Grün bzw. Rot anschlagen und im Grundmuster mit Kettrandm am rechten Rand 1 R grün bzw. rot, weiter in Schwarz bzw. Weiß stricken, dabei die Loch-R ab vorderem Rand beginnend, Seitennaht, Armausschnitt und Schultern wie beim Rücken formen. Zugleich in 11 (12) cm Höhe das erste Knopfloch über die 5.–7. M ab rechtem Rand einarbeiten, 7 weitere im Abstand von je 3 cm. In 33 (34) cm Höhe für den Halsausschnitt 10 M stillegen, daneben in jeder 2. R 7 (8) × 2, 13 (14) × 1 M, in jeder 4. R 3 × 1 M abnehmen.

LINKES VORDERTEIL: Ohne Knopflöcher wie rechtes Vorderteil, nur gegengleich arbeiten.

ÄRMEL: 74 (80) M in Grün bzw. Rot anschlagen und im Grundmuster 1 R grün bzw. rot, weiter in Schwarz bzw. Weiß stricken. In 10 cm Höhe beidseitig 1 × 1 M, in jeder 10. R noch 13 × 1 M zunehmen = 102 (108) M. In 45 cm Höhe für die Armkugel beidseitig in jeder 2. R 2 (3) × 3, 18 × 2 M abnehmen, die restlichen 18 M in 1 R abketten.

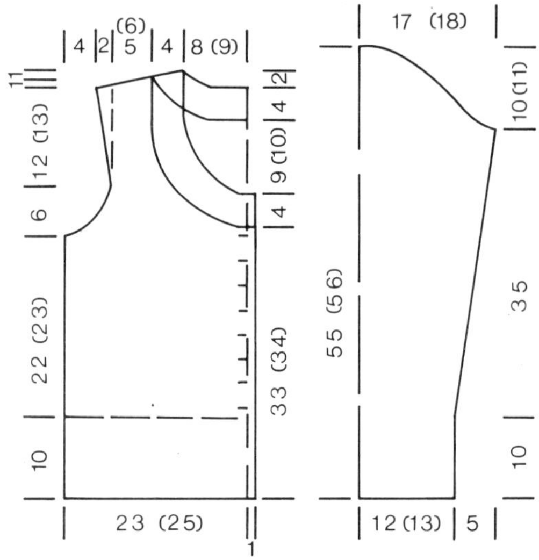

Schnittverkleinerung für Dirndl-Jacken: ½ Rücken, rechtes Vorderteil und ½ Ärmel für Größe 40 (44).

FERTIGSTELLUNG: Nähte schließen. Die stillgelegten M der Vorderteile, dazwischen aus den vorderen Rundungen je 54 (59) M, aus dem Rückenausschnitt 68 (72) M in Grün bzw. Rot aufnehmen = 196 (210) M und im Bündchenmuster mit Kettrandm 2 Rippen grün bzw. rot, 6 Rippen rot bzw. grün, 2 Rippen grün bzw. rot stricken und in der letzten Rückr abketten. Zugleich für die Abnahmen innerhalb der Passe die 10. (9.) M ab Rand, weiter jede 16. M markieren und an diesen Stellen zuerst in der 3. Rückr, dann noch 3 × in jeder 2. Rückr je 2 M zusammenstricken. Außerdem nach der 3. roten bzw. grünen Rippe 1 Loch-R einarbeiten. Zwei 120 (130) cm lange Kordeln in Grün bzw. Rot drehen und durch die Loch-R ziehen. Die Knöpfe annähen.

Blouson-Jacken

Abb. S. 203

Für beide Blousons

MATERIAL: Mittelstarke Sportwolle, 100% Schurwolle. Je 1 Paar INOX-Stricknadeln Nr. 4½ und 5.

GRUNDMUSTER I: Gerstenkornmuster. 1. R (Hinr): Abwechselnd 1 M rechts, 1 M links. 2. R und alle folgenden Rückr: Die M stricken, wie sie erscheinen. 3. R: Abwechselnd 1 M links, 1 M rechts. – Die 1.–4. R wiederholen.

GRUNDMUSTER II: Kraus = Hin- und Rückr rechte M.

BÜNDCHENMUSTER: Abwechselnd 2 m rechts, 2 M links.

MASCHENPROBE I: 16 M und 22 R = 10 cm im Quadrat.

MASCHENPROBE II: 14 M und 28 R = 10 cm im Quadrat.

Männerblouson

GRÖSSEN: 50 und 54. Bei unterschiedlichen Angaben: Größe 54 in Klammern.

MATERIAL: 900 (1000) g in Blau. 8 Knebelknöpfe.

Arbeitsanleitung

RÜCKEN: 74 (80) M mit Nadeln Nr. 4½ anschlagen und 10 cm im Bündchenmuster, weiter mit Nadeln Nr. 5 im Grundmuster I geradeaus stricken, dabei in der 1. R 12 × jede 6. M verdoppeln = 86 (92) M. Ab 38 cm Höhe mit Nadeln Nr. 5 eine Hinr linke M und 4 cm im Bündchenmuster stricken, dabei beidseitig in jeder 2. R 4 × 1 M zunehmen = 94 (100) M; locker abketten.

LINKES VORDERTEIL: 40 (43) M mit Nadeln Nr. 4½ anschlagen und im Bündchenmuster mit Kettrandm am linken Rand stricken, dabei in 2 cm und 10 cm Höhe je 1 Knopfloch 2 M breit und 3 M ab linkem Rand einarbeiten. Ab 10 cm Höhe mit Nadeln Nr. 5 am linken Rand für die Blende 7 M weiter im Bündchenmuster stricken, dabei noch 6 Knopflöcher nach je 8 cm über den anderen einarbeiten. Daneben im Grundmuster I arbeiten, dabei in der 1. R 6 × jede 5. (6.) M verdoppeln = 46 (49) M. Ab 38 cm Höhe am rechten Rand für die Raglanschräge in jeder 2. R 25 (28) × abwechselnd 1 und 2 M, dann noch 2 × 1 (keine) M abnehmen. Die restlichen 7 Blenden-M stillegen.

RECHTES VORDERTEIL: Ohne Knopflöcher gegengleich arbeiten.

ÄRMEL mit PASSE: Am linken Ärmel beginnend 40 (44) M mit Nadeln Nr. 4½ anschlagen und 8 cm im Bündchenmuster stricken. Weiter mit Nadeln Nr. 5 im Grundmuster II stricken, dabei in der 1. R die 3. (5.) und 17 × jede 2. M verdoppeln = 58 (62) M. Beidseitig in jeder 10. R 10 × 1 M zunehmen = 78 (82) M. Ab 46 cm Höhe am rechten Rand für die Rückennaht geradeaus stricken, am linken Rand für die Raglanschräge in jeder 2. R 30 (31) × 1 M, in jeder 4. R 2 (3) × 1 M abnehmen. Zugleich in 68 (70) cm Höhe ab rechtem Rand 39 (41) M für den Rücken stillegen, weiter ab neuem rechten Rand für den Halsausschnitt in jeder 2. R 2 × 2, 1 × 3 M abnehmen. Dann die stillgelegten Rücken-M aufnehmen und 7 cm geradeaus stricken = Rückenmitte. Das rechte Passenteil mit Ärmel gegengleich anstrikken.

FERTIGSTELLUNG: Teile spannen, mit feuchten Tüchern bedecken und trocknen lassen. Aus den vorderen Raglanschrägen je 54 (58) M mit Nadeln Nr. 5 aufnehmen und 4 cm im Bündchenmuster strikken, dabei am Halsrand geradeaus stricken, an der Seitennaht in jeder 2. R 4 × 1 M abnehmen. Die Nähte schließen, dabei die Passe so unter die Blenden nähen, daß die Abkett-R obenauf liegt. Dazu in die dahinter querliegenden M-Stege einstechen. Mit Nadeln Nr. 5 die stillgelegten Blenden-M und dazwischen aus

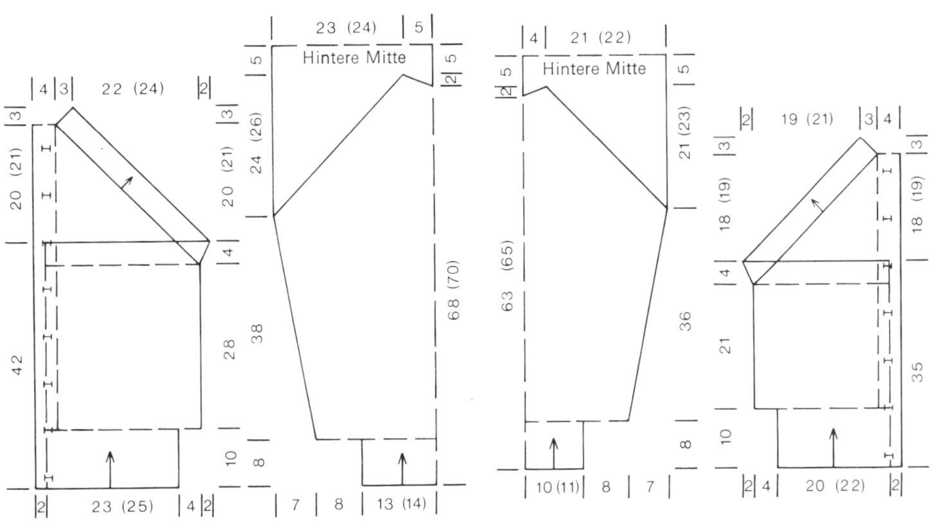

Links Schnitt für Herrenblouson: ½ Rücken, linkes Vorderteil und ½ Ärmel mit Rükkenpasse für Größe 50 (54). Rechts Schnitt für Damenblouson: ½ Ärmel mit Rückenpasse, ½ Rücken, rechtes Vorderteil für Größe 38 (42).

dem Halsausschnitt 86 M aufnehmen und den Kragen im Bündchenmuster mit Kettrandm 14 cm hoch stricken, locker abketten. Die Knöpfe annähen.

Damenblouson

GRÖSSEN: 38 und 42. Bei unterschiedlichen Angaben: Größe 42 in Klammern.
MATERIAL: 750 (850) g in Rot. 7 Knebelknöpfe.

Arbeitsanleitung
RÜCKEN: 66 (72) M mit Nadeln Nr. 4½ anschlagen und 10 cm im Bündchenmuster stricken. Weiter mit Nadeln Nr. 5 im Grundmuster I arbeiten, dabei in der 1. R 12 × jede 5. (6.) M verdoppeln = 78 (84) M. Ab 31 cm Höhe mit Nadeln Nr. 5 eine Hinr linker M, weiter 4 cm im Bündchenmuster stricken, dabei beidseitig in jeder 2. R 4 × 1 M zunehmen = 86 (92) M; locker abketten.
RECHTES VORDERTEIL: 37 (40) M mit Nadeln Nr. 4½ anschlagen und im Bündchenmuster mit Kettrandm am rechten Rand stricken. In 2 cm und 10 cm Höhe je 1 Knopfloch 2 M breit und 3 M ab rechtem Rand einarbeiten. Ab 10 cm Höhe mit Nadeln Nr. 5 am rechten Rand über 7 M weiter im Bündchenmuster stricken, dabei nach je 8 cm noch 5 Knopflöcher über den anderen einarbeiten. Daneben im Grundmuster I stricken und 6 × jede 5. (abwechselnd jede 5. und 6.) M verdoppeln = 43 (46) M. Ab 31 cm Höhe am linken Rand in jeder 2. R 24 (26) × abwechselnd 1 und 2 M abnehmen, die restlichen 7 Blenden-M stillegen.
LINKES VORDERTEIL: Ohne Knopflöcher gegengleich arbeiten.
ÄRMEL mit PASSE: Am rechten Ärmel beginnend 34 (38) M mit Nadeln Nr. 4½ anschlagen und 8 cm im Bündchenmuster stricken. Weiter mit Nadeln Nr. 5 im Grundmuster II arbeiten, dabei in der 1. R 16 × jede 2. M (die 4. und 15 × jede 2. M) verdoppeln = 50 (54) M. Weiter beidseitig in jeder 10. R 10 × 1 M zunehmen = 70 (74) M. Ab 44 cm Höhe links für die Rückennaht geradeaus stricken, rechts für die Raglanschräge in jeder 2. R 29 (30) × 1 M (nach 4 R noch 1 × 1 M) abnehmen. Zugleich in 63 (65) cm Höhe die Arbeit in der Mitte teilen und 35 (37) M für den Rücken stilllegen, weiter ab neuem linken Rand für den Halsausschnitt in jeder 2. R × 2 M abketten. Dann die stillgelegten Rükken-M aufnehmen und 7 cm geradeaus stricken = Rückenmitte. Das linke Passenteil mit Ärmel gegengleich anstrikken.
FERTIGSTELLUNG: Teile spannen, mit feuchten Tüchern bedecken und trocknen lassen. Weiter wie beim Männerblouson beschrieben fertigstellen, dabei aus den vorderen Raglanschrägen je 42 (46) M aufnehmen und an der Seitennaht in jeder 2. R 4 × 1 M abnehmen. Für den Kragen die stillgelegten Blenden-M und dazwischen aus dem Halsausschnitt 82 M aufnehmen und den Kragen 12 cm hoch stricken.

Damenjacke im Trachtenstil
Abb. S. 242

Diese sportliche Damenjacke im Trachtenstil ist aus brauner Wolle gestrickt. Sie ist in sich gemustert. Die genaue Musterbeschreibung finden Sie in der Anleitung. Die Bündchen sind im Rippenmuster gestrickt. Die rustikal wirkende Jacke wird vorn mit 6 Knebelknöpfen verschlossen. Sie paßt gut zu Trachtenröcken und Wanderhosen und hält bei kaltem Wetter schön warm. Da kann der Wind schon ordentlich pfeifen, ohne daß Sie frieren müssen. Darunter kann man bequem eine Bluse oder einen dünnen Pulli tragen. Die Angaben für Schnitt und Anleitung gelten für Damenkonfektionsgröße 38/40 und 42/44. Den Schnitt finden Sie auf der gegenüberliegenden Seite.

GRÖSSEN: 38/40 und 42/44. Bei unterschiedlichen Angaben: Größe 42/44 in Klammern.
MATERIAL: Lana Grossa-Wolle, Qualität Cortina, 800 (900) g in Braun Nr. 306.
1 Paar INOX-Stricknadeln Nr. 6.
6 Knebelknöpfe.
GRUNDMUSTER: M-Zahl teilbar durch 10 + 6 + 2 Randm. 1. R (Hinr): Randm, * 6 M rechts, 2 M nach rechts kreuzen = die 2. M vor der 1. M vorbei rechts, dann die übergangene M rechts stricken, dann 2 M nach links kreuzen = die 2. M hinter der 1. M vorbei rechts, dann die übergangenen M rechts stricken, ab

* wiederholen. Am Ende 6 M rechts, Randm. 2. und alle folgenden Rückr: Linke M. 3. R: Randm, 5 M rechts, * 2 M nach rechts kreuzen, 2 M rechts, 2 M nach links kreuzen, 4 M rechts, ab * wiederholen. Am Ende 5 M rechts, Randm. 5. R: Randm, 1 M rechts, * 2 M nach rechts kreuzen, 2 M nach links kreuzen, 6 M rechts, ab * wiederholen. Am Ende 2 M nach rechts kreuzen, 2 M nach links kreuzen, 1 M rechts, Randm. 7. R: Randm, * 2 M nach rechts kreuzen, 2 M rechts, 2 M nach links kreuzen, 4 M rechts, ab * wiederholen. Am Ende 2 M nach rechts kreuzen, 2 M rechts, 2 M nach links kreuzen, Randm. – Die 1. – 8. R wiederholen.
MASCHENPROBE: 14 M und 16 R = 10 cm.
BÜNDCHENMUSTER: Abwechselnd 1 M rechts, 1 M links.

Arbeitsanleitung
RÜCKEN: 68 (78) M anschlagen und 3 cm im Bündchenmuster, weiter im Grundmuster geradeaus arbeiten. Ab 35 cm Höhe für die Armausschnitte beidseitig in jeder 2. R 1 × 3, 1 × 2, 3 × 1 M abnehmen = 52 (62) M und weiter geradeaus stricken. Ab 58 (59) cm Höhe für den Halsausschnitt die mittleren 18 M, beidseitig davon in jeder 2. R 2 × 2 M abketten. Zugleich für die Schultern in jeder 2. R 1 × 6, 1 × 7 (2 × 9) M abketten.
LINKES VORDERTEIL: 38 (43) M anschlagen und 3 cm im Bündchenmuster, weiter im Grundmuster geradeaus stricken, dabei Seite, Armausschnitt und Schulter wie beim Rücken arbeiten. Am vorderen Rand bis 54 (55) cm Höhe geradeaus stricken, dann für den Halsausschnitt in jeder 2. R 1 × 6, 2 × 3, 2 × 2, 1 × 1 M abketten.
RECHTES VORDERTEIL: wie linkes Vorderteil, nur gegengleich arbeiten.
ÄRMEL: 28 (32) M anschlagen und 3 cm im Bündchenmuster, weiter im Grundmuster arbeiten und beidseitig in jeder 4. R 15 × 1 M zunehmen = 58 (62) M. Ab 41 cm Höhe für die Armkugel beidseitig in jeder 2. R 2 × 3, 3 × 2, 2 × 1, 3 × 2, 2 × 3 M und die restlichen 6 (10) M abketten.
FERTIGSTELLUNG: Die Schulternähte schließen. Die vorderen Ränder und den Halsausschnitt mit 3 R fester M und 1 R Krebs-Stich = feste M von links nach rechts behäkeln, dabei dem rechten Rand die Knopflöcher je 2 M breit einarbeiten mit jeweils 8 cm Abstand. Die Jacke weiter wie üblich zusammennähen. Knöpfe anbringen.

Schnittverkleinerung für Damenjacke im Trachtenstil: ½ Rücken- und linkes Vorderteil, ½ Ärmel. Für Größe 38/40 (42/44).

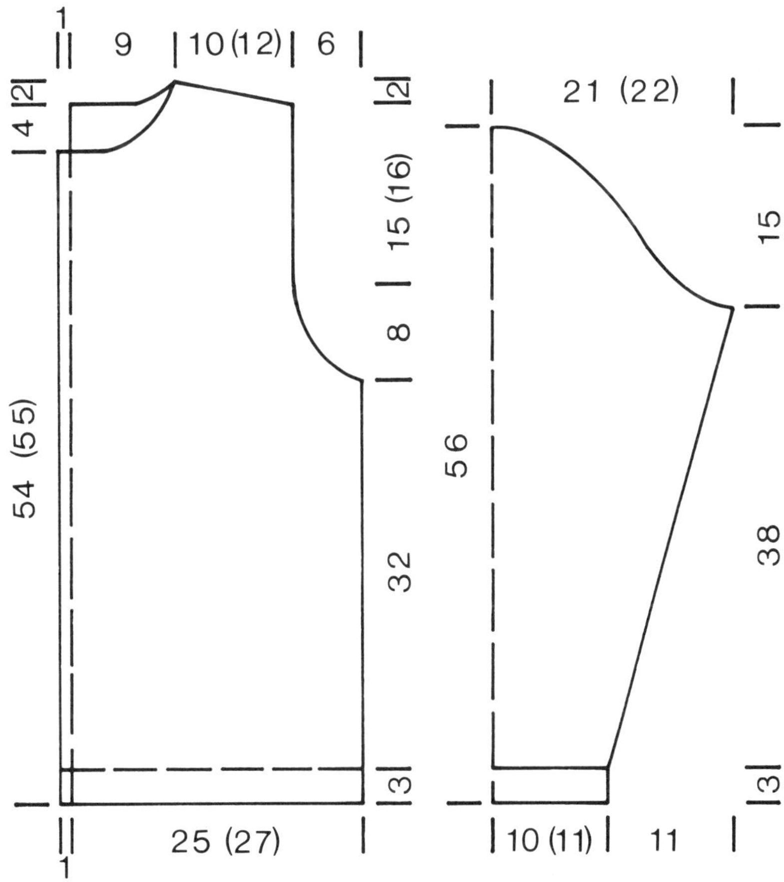

Janker für die ganze Familie

Auch für Anfänger leicht zu stricken sind diese Janker für die ganze Familie. Der Janker, der bayerische Name für die Trachtenjacke, hat auch in anderen Gegenden seine Liebhaber gefunden. Er ist nämlich nicht nur praktisch, sondern auch kleidsam. Zu Röcken und Hosen aus Loden paßt er besonders gut. Aber auch zu Leder, Kord und Tweed sieht er schick aus. Die Janker für die ganze Familie sind kraus gestrickt und haben farblich abgesetzte Blenden. Am Hals werden sie mit zwei Trachtenknöpfen und einer Kette zusammengehalten. Und sie haben zwei praktische Taschen zum Reinfassen. Und egal, ob jung oder alt, klein oder groß, ein Janker steht jedem.

Für alle Janker

MATERIAL: Busse-Wolle, Qualität Landwolle, in den angegebenen Mengen und Farben. 1 Paar INOX-Stricknadeln und eine 100 cm lange IMRA-Rundstricknadel Nr. 3½. 1 Paar Trachtenknöpfe mit Kette.
GRUNDMUSTER: Kraus = Rück- und Hinr rechte M.
MASCHENPROBE: 19 M und 36 R = 10 cm.

Herren-Janker

GRÖSSEN: 52 und 56. Bei unterschiedlichen Angaben: Größe 56 in Klammern.
MATERIAL: 700 (800) g in Grau, 100 g in Grün.

Arbeitsanleitung
RÜCKEN: 102 (110) M in Grün anschlagen, im Grundmuster geradeaus stricken. Ab 2 cm Höhe grau weiterarbeiten. In 36 cm Höhe für die Armausschnitte beidseitig in jeder 2. R 1 × 3, 2 × 2, 3 × 1 M, in jeder 4. R 3 × 1 M abnehmen = 76 (84) M; geradeaus stricken. In 59 (60) cm Höhe für die Schultern beidseitig in jeder 2. R 5 × 3, 1 × 4 (5 × 4, 1 × 3) M abketten. Zugleich in 60 (61) cm Höhe für den Halsausschnitt die mittleren 28 M in 1 R, beidseitig davon in jeder 2. R 2 × 2, 1 × 1 M abketten.
LINKES VORDERTEIL: 48 (52) M in Grün anschlagen, im Grundmuster 2 cm grün, weiter grau stricken. In 16 cm Höhe ab Seitennaht 7 (9) M stricken, die folgenden 30 M für die Tasche stillegen. Getrennt 30 M in Grau für das Taschensäckchen anschlagen, 13 cm im Grundmuster geradeaus stricken, dann der Arbeit anstelle der stillgelegten M einfügen. Seitennaht, Armausschnitt und Schulter wie beim Rücken formen. Am vorderen Rand geradeaus stricken. In 53 (54) cm Höhe für den Halsausschnitt 1 × 4 M, in jeder 2. R 1 × 3, 2 × 2, 2 × 1 M, in jeder 4. R 3 × 1 M abketten. Die stillgelegten Taschen-M aufnehmen und grün im Grundmuster 2 cm stricken.
RECHTES VORDERTEIL: Gegengleich arbeiten.
ÄRMEL: 46 (50) M in Grün anschlagen, im Grundmuster stricken. Ab 2 cm Höhe grau weiterarbeiten, dabei beidseitig abwechselnd in jeder 8. und 10. R 17 × 1 M zunehmen = 80 (84) M. Ab 45 (46) cm Höhe für die Armkugel beidseitig in jeder 2. Reihe 2 × 3, 2 × 2, 7 × 1 M, in jeder 4. R 3 × 1 M, in jeder 2. R 7 × 1, 2 × 2, 2 × 3 M, die restlichen 6 (10) M in 1 R abketten.
FERTIGSTELLUNG: Die Schulternähte schließen. Mit der Rundnadel mit Grün aus den vorderen Rändern je 102 (104) M, dem Halsausschnitt 84 M aufnehmen = 288 (292) M. Im Grundmuster in offenen R stricken, dabei an den Ecken in jeder 2. R beidseitig eine Eck-M je 1 M zunehmen. In 2 cm Höhe alle M abketten. Die Jacke weiter wie üblich zusammennähen. Taschensäckchen und -blende annähen. Die Knöpfe annähen.

Damen-Janker

GRÖSSE: 40 und 44. Bei unterschiedlichen Angaben Größe 44 in Klammern.
MATERIAL: 600 (700) g in Rot, 100 g in Grün.

Arbeitsanleitung
RÜCKEN: 92 (100) M in Grün anschlagen, im Grundmuster geradeaus stricken. Ab 2 cm Höhe rot weiter arbeiten. In 33 cm Höhe für die Armausschnitte beidseitig in jeder 2. R 1 × 3 (5), 2 × 2, 2 × 1 M, in jeder 4. R 2 × 1 M abnehmen = 70 (74) M; geradeaus strik-

Vaters Janker ist grau mit grünen Blenden, Mutters Janker ist rot mit grünen Kanten, und der Kinderjanker ist grün mit rot abgesetzten Blenden.

Links: Mutters Janker im kräftigem Rot paßt gut zu sportlichen Blusen. Die Blenden sind grün angestrickt, die Taschen eingearbeitet.

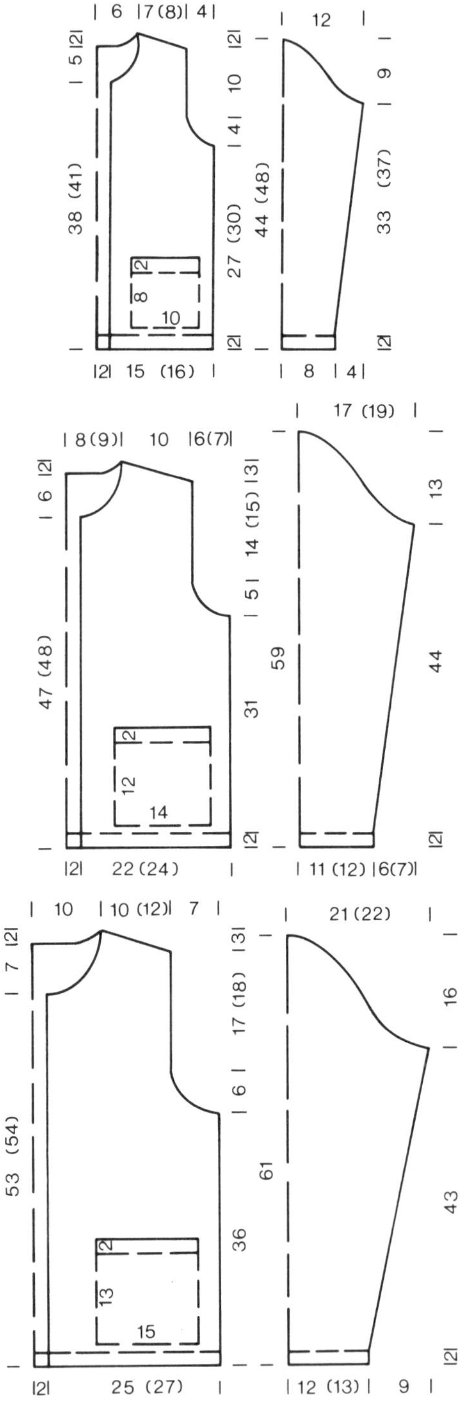

Rechts Schnittverkleinerung für die Janker: ½ Rücken, linkes Vorderteil, ½ Ärmel.
Rechts oben Kinder-Janker für 8 (10) Jahre.
In der Mitte Damen-Janker für Größe 40 (44).
Rechts unten Herrenjanker für Größe 52 (56).

ken. In 52 (53) cm Höhe für die Schultern beidseitig in jeder 2. R 5 × 4 M abketten. Zugleich in 53 (54) cm Höhe für den Halsausschnitt die mittleren 20 (24) M in 1 R, beidseitig davon in jeder 2. R 1 × 3, 1 × 2 M abketten.

LINKES VORDERTEIL: 42 (46) M in Grün anschlagen, im Grundmuster 2 cm grün, weiter rot stricken. In 15 cm Höhe ab Seitennaht 6 (8) M stricken, die folgenden 28 M für die Tasche stillegen. Getrennt 28 M in Rot für das Taschensäckchen anschlagen, 12 cm im Grundmuster geradeaus stricken, dann der Arbeit anstelle der stillgelegten M einfügen. Seitennaht, Armausschnitt und Schulter wie beim Rücken formen. Am vorderen Rand geradeaus stricken. In 47 (48) cm Höhe für den Halsausschnitt 1 × 3 (5) M, in jeder 2. R 2 × 2, 2 × 1 M, in jeder 4. R 2 × 1 M abketten; bis zum Schluß geradeaus strikken. Die stillgelegten Taschen-M aufnehmen und grün im Grundmuster 2 cm strikken.

RECHTES VORDERTEIL: Gegengleich arbeiten.

ÄRMEL: 42 (46) M in Grün anschlagen, im Grundmuster stricken. Ab 2 cm Höhe rot weiterarbeiten, dabei beidseitig an jeder 14. (12.) R 11 (13) × 1 M zunehmen = 64 (72) M. Ab 46 cm Höhe für die Armkugel beidseitig in jeder 2. R 1 × 3 (5), 3 × 2, 4 × 1 M, in jeder 4. R 3 × 1 M, in jeder 2. R 4 × 1, 3 × 2, 1 × 3 (5) M abnehmen, die restlichen 6 M in 1 R abketten.

Vaters Janker (in Größe 52 und 56) ist aus grauer Wolle kraus gestrickt und hat dunkelgrün abgesetzte Kanten. Der Kinderjanker (für 8 und 10 Jahre) ist grün und hat rot abgesetzte Kanten. Er kann von Jungen ebenso gut wie von Mädchen getragen werden. Ein Paar Trachtenknöpfe halten die Janker am Hals zusammen und geben dem Janker das bayrische Element.

FERTIGSTELLUNG: Die Schulternähte schließen. Mit der Rundnadel mit Grün aus den vorderen Rändern je 90 (92) M, dem Halsausschnitt 80 (82) M aufnehmen = 260 (266) M. Im Grundmuster in offenen R stricken, dabei an den Ecken in jeder 2. R beidseitig einer Eck-M je 1 M zunehmen. In 2 cm Höhe alle M abketten. Die Jacke weiter wie üblich zusammennähen. Taschensäckchen und -blende annähen. Die Knöpfe annähen.

Kinder-Janker

GRÖSSEN: 8 und 10 Jahre = 128 und 140 cm Körpergröße. Bei unterschiedlichen Angaben: für 10 Jahre in Klammern.
MATERIAL: 400 (500) g in Grün, 100 g in Rot.

Arbeitsanleitung
RÜCKEN: 66 (70) M in Rot anschlagen, im Grundmuster geradeaus stricken. Ab 2 cm Höhe grün weiterarbeiten. In 29 (32) cm Höhe für die Armausschnitte beidseitig in jeder 2. R 1 × 3, 1 × 2, 1 × 1 M, in jeder 4. R 2 × 1 M abnehmen = 50 (54) M; geradeaus stricken. Ab 43 (46) cm Höhe für die Schultern beidseitig in jeder 2. R 3 × 3, 1 × 4 (1 × 3, 3 × 4) M abketten. Zugleich für den Halsausschnitt die mittleren 14 M in 1 R, beidseitig davon in jeder 2. R 1 × 3, 1 × 2 M abketten.
LINKES VORDERTEIL: 30 (32) M in Rot anschlagen, im Grundmuster 2 cm rot, weiter grün stricken. In 11 cm Höhe ab Seitennaht 5 M stricken, die folgenden 19 M für die Tasche stillegen. Getrennt 19 M in Grün für das Taschensäckchen anschlagen, 8 cm im Grundmuster geradeaus stricken, dann anstelle der stillgelegten M der Arbeit einfügen. Seitennaht, Armausschnitt und Schulter wie beim Rücken formen. Am vorderen Rand geradeaus stricken. In 38 (41) cm Höhe für den Halsausschnitt 1 × 3 M, in jeder 2. R 1 × 2, 2 × 1 M, in jeder 4. R 2 × 1 M abnehmen. Die stillgelegten Taschen-M aufnehmen und grün im Grundmuster 2 cm stricken.
RECHTES VORDERTEIL: Gegengleich arbeiten.
ÄRMEL: 30 M in Rot anschlagen, im Grundmuster stricken. Ab 2 cm Höhe grün weiterarbeiten, dabei beidseitig in jeder 14. (16.) R 8 × 1 M zunehmen = 46 M. Ab 35 (39) cm Höhe für die Armkugel beidseitig in jeder 2. R 1 × 3, 2 × 2, 2 × 1 M, in jeder 4. R 3 × 1 M, in jeder 2. R 2 × 1, 2 × 2, 1 × 3 M abnehmen, die restlichen 4 M in 1 R abketten.
FERTIGSTELLUNG: Die Schulternähte schließen. Mit der Rundnadel mit Rot aus den vorderen Rändern je 76 (82) M, dem Halsausschnitt 60 M aufnehmen = 212 (224) M. Im Grundmuster in offenen R stricken, dabei an den Ecken in jeder 2. R beidseitig einer Eck-M je 1 M zunehmen. In 2 cm Höhe alle M abketten. Die Jacke weiter wie üblich zusammennähen. Taschensäckchen und -blende annähen. Knöpfe annähen.

Jacken für Jungen
Abb. S. 243

Solch dicke Jacken aus reiner Schurwolle tragen Jungens gern. Sie sind bequem, warm und lassen besonders viel Bewegungsfreiheit. Beide Modelle haben das gleiche Muster und den gleichen Schnitt. Sie werden mit doppeltem Faden gestrickt. Die eine ist einfarbig weiß, die andere mit Farbstreifen, bei denen der eine Faden aus brauner Wolle besteht. Blende und Schalkragen sind in einem Stück im Rippenmuster gearbeitet. Beide Jacken haben Taschen und einen Gürtel. Aus dicker Naturwolle werden sie abwechselnd kraus und glatt rechts in breiten Streifen gestrickt. Die Bündchen haben auch Rippenmuster. Die Angaben gelten für 8 und 10 Jahre.

GRÖSSE: 8 und 10 Jahre = 128 und 140 cm Körperlänge. Bei unterschiedlichen Angaben: für 10 Jahre in Klammern.
MATERIAL: Dickere Sportwolle für Nadelstärke 3½–4 passend. Für die zweifarbige Jacke 650 (700) g in Ecru, 250 (300) g in Braun; für die einfarbige Jacke 900 (1000) g in Ecru. 1 Paar IMRA-Galalith-Stricknadeln und eine 80 cm lange IMRA-Rundstricknadel Nr. 8. 5 Knöpfe.
GRUNDMUSTER I: Glatt links = Hinr linke M, Rückr rechte M.
GRUNDMUSTER II: Glatt rechts = Hinr rechte M, Rückr linke M.
BÜNDCHENMUSTER: Ab-

wechselnd 1 M rechts, 1 M links.
MASCHENPROBE: Mit doppeltem Faden arbeiten: 11 M und 17 R = 10 cm.

Arbeitsanleitung
RÜCKEN: 40 (42) M in Meliert (= je 1 Faden braun und écru) bzw. Ecru (doppelter Faden) anschlagen. 4 cm im Bündchenmuster, weiter im Grundmuster I geradeaus stricken. Ab 19 cm Höhe bei der zweifarbigen Jacke mit doppeltem Faden écru strikken. Ab 24 cm Höhe im Grundmuster II meliert bzw. écru 9 R arbeiten, dann 1 Rückr rechte M stricken. Anschließend écru 9 R Grundmuster II, danach meliert bzw. écru 7 R Grundmuster I. Die Jacken dann écru beenden, dabei immer abwechselnd 9 R im Grundmuster II und 1 R = Rückr rechte M stricken. Zugleich in 35 (36) cm Höhe für die Armausschnitte beidseitig in jeder 2. R 1 (2) × 2, 3 (2) × 1 M abnehmen = 30 M; geradeaus stricken. Ab 49 (52) cm Höhe für die Schultern beidseitig in jeder 2. R 1 × 2, 2 × 3 M abketten. Zugleich in 50 (53) cm Höhe für den Halsausschnitt die mittleren 10 M in 1 R abketten, beidseitig davon in der 2. folgenden R 1 × 2 M abnehmen.
LINKES VORDERTEIL: 18 (19) M in Meliert bzw. Ecru anschlagen. Farben, Muster sowie Seitennaht, Armausschnitt und Schulter wie beim Rücken arbeiten. Am vorderen Rand geradeaus stricken. Für die Tasche in 14 cm Höhe die 4.–16. M ab vorderem Rand stillegen. Für den Taschenbeutel getrennt 13 M in Meliert bzw. Ecru anschlagen, 10 cm im Grundmuster I geradeaus stricken, dann der Arbeit anstelle der stillgelegten M einfügen. Für die Ausschnittschräge in 32 (35) cm Höhe zum erstenmal 1 M, in jeder 6. R noch 4 × 1 M abnehmen. Die stillgelegten Taschen-M aufnehmen. Meliert bzw. écru 3 cm im Bündchenmuster stricken, dann abketten.
RECHTES VORDERTEIL: Gegengleich arbeiten.
ÄRMEL: 16 (18) M in Meliert bzw. Ecru anschlagen, 6 cm im Bündchenmuster, weiter glatt links stricken und ab 19 bzw. 24 cm Gesamthöhe Farben und Muster wie beim Rücken arbeiten. Zugleich beidseitig in jeder 6. (8.) R 6 × 1 M zunehmen = 28 (30) M. Ab 33 (37) cm Höhe für die Armkugel beidseitig in jeder 2. R 2 × 2, 1 × 1 M, in jeder 4. R 2 × 1 M, in jeder 2. R 1 × 1, 2 × 2 M abnehmen, die restlichen 4 (6) M in 1 R abketten. Zugleich in der Armkugel nur 7 statt 9 R glatt rechts zwischen den Linksm-Rippen stricken.
SCHALKRAGENBLENDE: Ecru im Bündchenmuster stricken. 17 M anschlagen und beidseitig in jeder 2. R 8 × 4, 1 × 44 (48) M dazu anschlagen = 169 (177) M; mit Kettrandm geradeaus stricken. In 12 cm Gesamthöhe der linken Blende die Knopflöcher 2 M breit einarbeiten. Das erste 2 (3) cm ab Rand, 4 weitere im Abstand von je 5 (5,5) cm. In 14 cm Gesamthöhe alle M lokker abketten.
GÜRTEL: 6 M in Ecru anschlagen, im Bündchenmuster 120 cm geradeaus stricken, abketten.
FERTIGSTELLUNG: Die Nähte schließen. Die Taschenblenden und -beutel annähen. Die Schalkragenblende schmalkantig aufnähen und an den Ausschnittschrägen leicht einhalten. Die Knöpfe annähen.

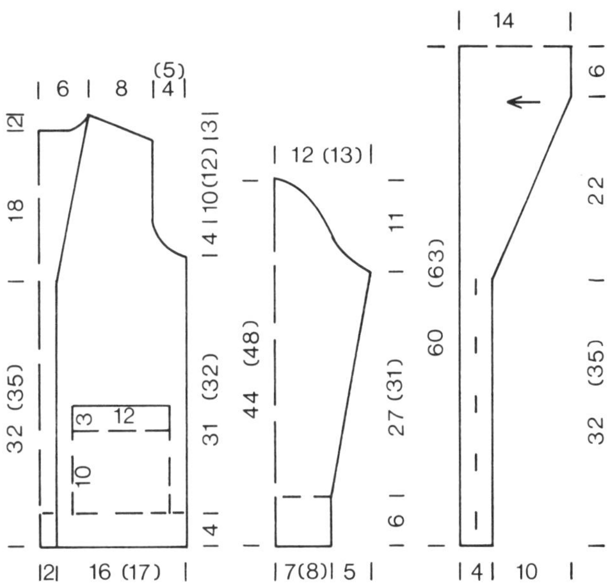

Schnittverkleinerung: ½ Rücken, linkes Vorderteil, ½ Ärmel, ½ Kragenblende. Für 8 (10) Jahre.

Damenjacke mit Zopfmuster

GRÖSSEN: 42 und 46. Bei unterschiedlichen Angaben: Größe 46 in Klammern.
MATERIAL: Pingouin-Wolle, Qualität Super 4, 100% Schurwolle, 700 (750) g in Ecru Nr. 136. Je 1 Paar INOX-Stricknadeln Nr. 2½ und 3.
GRUNDMUSTER: 1. R (Hinr): Randm, * 8 + 4 M Zopf = 4 × abwechselnd aus 1 M 1 M rechts verschränkt und 1 M rechts herausstricken und die folgende M rechts stricken, dann 6 (7) M links, *, von * bis * wiederholen, Randm. 2. R und alle folgenden Rückr: Randm, * 6 (7) M rechts, 12 M links *, von * bis * wiederholen, Randm. 3. R: Randm, * 4 M auf 1 Hilfsnadel vor die Arbeit legen, die folgenden 4 M rechts stricken, dann die M der Hilfsnadel rechts stricken, 4 M rechts, 6 (7) M links *, von * bis * wiederholen, Randm. 5. und 7. R: M stricken, wie sie erscheinen. 9. R: Randm, * 4 M rechts, die folgenden 4 M auf 1 Hilfsnadel hinter die Arbeit legen, die nächsten 4 M rechts stricken, dann die M der Hilfsnadel rechts stricken 6 (7) M links *, von * bis * wiederholen, Randm. 11. und 13. R: M strikken wie sie erscheinen. Die 3.–14. R wiederholen.
BÜNDCHENMUSTER: Abwechselnd 2 M rechts, 2 M links.
BLENDENMUSTER: Abwechselnd 1 M rechts, 1 M links.
MASCHENPROBE: 36 M und 38 R = 10 cm.

Arbeitsanleitung
RÜCKEN: 156 (172) M mit Nadeln Nr. 2½ anschlagen und 4 cm im Bündchenmuster stricken. Weiter mit Nadeln Nr. 3 im Grundmuster arbeiten, dabei die M in der 1. R wie folgt einteilen: Randm, 3 M links, 10 × von * bis * der 1. R, dann 8 + 4 M Zopf, 3 M links, Randm (Randm, 6 M links, 10 × von * bis * der 1. R, dann 8 + 4 M Zopf, 6 M links, Randm) = 200 (216) M; geradeaus stricken. In 17 cm Höhe im Anfangs-Randstreifen und in jedem folgenden Links-M-Streifen (in jedem Links-M-Streifen) die letzten 2 M links zusammenstricken = 189 (204) M; geradeaus stricken. In 30 cm Höhe in jedem Links-M-Streifen und im End-Randstreifen (in jedem Links-M-Streifen) die ersten 2 M links zusammenstricken = 178 (192) M; geradeaus stricken. Ab 50 (49) cm Höhe für die Armausschnitte beidseitig in jeder 2. R 1 × 4 (6), 2 × 3, 4 × 2, 4 (5) × 1 M abnehmen = 134 (142) M; geradeaus stricken. In 70 cm Höhe für die Schultern beidseitig in jeder 2. R 2 × 9, 2 × 10 (2 × 10, 2 × 11) M abketten. Zugleich für den Halsausschnitt die mittleren 48 M in 1 R abketten, beidseitig davon in jeder 2. R 2 × 2, 1 × 1 M abnehmen.
LINKES VORDERTEIL: 72 (82) M mit Nadeln Nr. 2½ anschlagen, 4 cm im Bündchenmuster, dann mit Nadeln Nr. 3 im Grundmuster stricken, dabei die M ab Seitennaht wie beim Rücken einteilen = 92 (102) M. Die Abnahmen innerhalb der Arbeit, Armausschnitt und Schulter wie beim Rücken arbeiten. Am vorderen Rand geradeaus stricken. In 50 cm Höhe für die Ausschnittschräge 1 × 2 M abketten, weiter in jeder 4. R 20 (21) × 1 M abnehmen.
RECHTES VORDERTEIL: Gegengleich arbeiten.
ÄRMEL: 64 (69) M mit Nadeln Nr. 2½ anschlagen und 4 cm im Bündchenmuster stricken. Weiter mit Nadeln Nr. 3 im Grundmuster arbeiten: Randm, 6 (7) M links, 4 × von * bis *, Randm = 80 (85) M. Beidseitig abwechselnd in jeder 4. und 6. R 25 (28) × 1 M zunehmen = 130 (141) M. Ab 45 cm Höhe für die Armkugel beidseitig in jeder 2. R 1 × 4 (5), 2 (3) × 3, 19 (17) × 2, 2 (3) × 3, 1 × 4 (5) M abnehmen, die restlichen 14 (17) M in 1 R abketten.
SCHALKRAGENBLENDE: 22 M mit Nadeln Nr. 2½ anschlagen und im Blendenmuster mit Kettrandm geradeaus stricken. In 44 cm Höhe aus der 3. rechten M ab rechtem Rand 1 M rechts, 1 M links, 1 M rechts herausstricken. Diese Zunahmen nach je 4 R noch 11 × wiederholen. Zugleich ab 50 cm Höhe am linken Rand in jeder 2. R 28 × 1 M zunehmen = 74 M. Ab 70 cm Höhe mit verkürzten R arbeiten: * Ab rechtem Rand je 1 Hin- und Rückr über 60 M, dann 4 R über alle M stricken, ab * noch 9 × wiederholen. Die M stillegen und ein 2. Teil gegengleich arbeiten, dann die M im M-Stich verbinden.
GÜRTEL: 17 M mit Nadeln Nr. 2½ anschlagen, im Blendenmuster mit Kettrandm 130 cm geradeaus stricken.
FERTIGSTELLUNG: Alle Teile spannen, mit einem feuchten Tuch bedecken und trocknen lassen. Sämtliche Nähte schließen. Die Schalkragenblende gegen die vorderen Ränder und den Halsausschnitt mit feinen Stichen nähen.

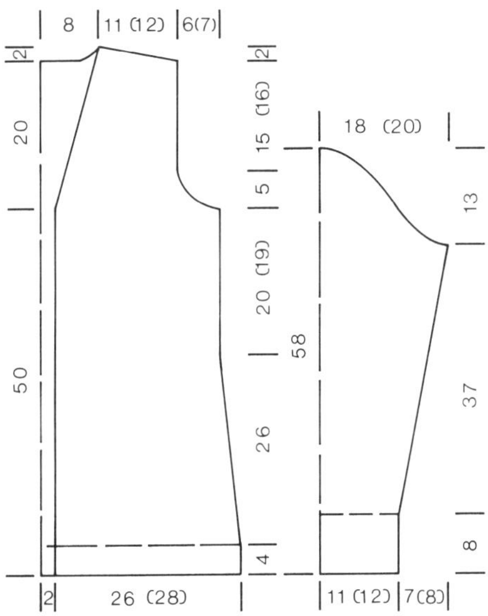

Links: Die lange Damenjacke mit Zopfmuster wird mit einem Bindegürtel zusammengehalten.
Rechts: Schnittverkleinerung für Damenjacke: ½ Rücken und linkes Vorderteil, ½ Ärmel für Damengröße 42 und 46.

Jacken mit Einstrickmuster
Abb. S. 217

Diese beiden kleinen Jacken sind aus leichten, edlen Alpaka-Garnen gearbeitet. Die Einstrickmuster erfordern allerdings etwas Geduld und einiges Können. Jacke 1 hat nur über der Brust ein Einstrickmuster, Jacke 2 ein voll durchgemustertes Vorderteil.

Jacke 1 Abb. S. 217

MATERIAL: Schewe/Picaud-Garn, Qualität Alpaga, 100% Alpaka. 120 (150) g in Hellblau Nr. 8, je 90 g in Dunkelblau Nr. 9 und Ecru Nr. 18. 1 Paar INOX-Stricknadeln und eine 120 cm lange IMRA-Rundstricknadel Nr. 3. 5 Knöpfe.
FARBFOLGE: Abwechselnd je 2 R dunkelblau, écru und hellblau.
EINSTRICKMUSTER: Die 1.–37. R 1 × stricken. Jedes X = 1 M in der entsprechenden Farbe, grau = écru.

Jacke 2 Abb. S. 208

MATERIAL: Schewe/Picaud-Garn, Qualität Alpaga, 100% Alpaka. 240 (270) g in Rot Nr. 12, 60 g in Hellgrün Nr. 73, je 30 g in Grün Nr. 14 und Ecru Nr. 18. 1 Paar INOX-Stricknadeln und je eine 60 und 120 cm lange IMRA-Rundstricknadel Nr. 3. 5 Knöpfe.
EINSTRICKMUSTER: Jedes X = 1 M in der entsprechenden Farbe, grau = écru. Mit der kleinen Rundnadel in hin und her gehenden R stricken. R dort beginnen, wo entsprechender Farbfaden hängt.

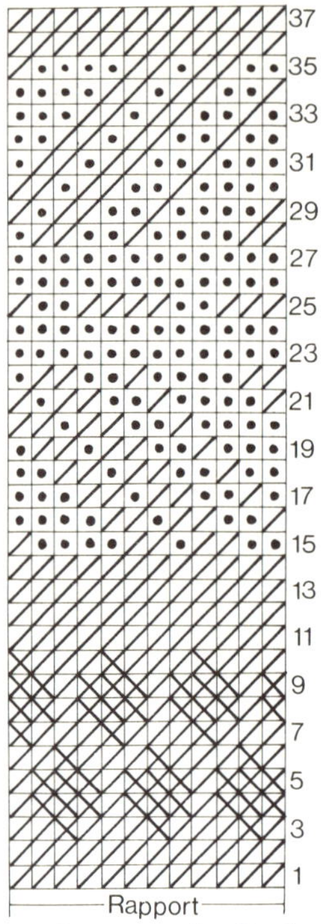

Einstrickmuster für Jacke 1: Jedes Farbzeichen bedeutet eine Masche.
⊡ = *écru*
▨ = *hellblau*
⊠ = *dunkelblau*

Für beide Jacken
GRÖSSEN: 36 und 40. Bei unterschiedlichen Angaben: Größe 40 in Klammern.
GRUNDMUSTER: Glatt rechts = Hinr rechte M, Rückr linke M.
BÜNDCHENMUSTER: Abwechselnd 1 M rechts, 1 M links.
MASCHENPROBE: 24 M und 38 R = 10 cm.

Arbeitsanleitung
RÜCKEN: 100 (110) M in Hellblau bzw. Rot anschlagen, 10 cm im Bündchenmuster, weiter im Grundmuster nach der Farbfolge bzw. rot strikken. In 30 cm Höhe für die Armausschnitte beidseitig in jeder 2. R 2 (3) × 3, 2 × 2, 1 × 1 M, in jeder 4. R 3 × 1 M abnehmen = 72 (76) M; geradeaus stricken. In 47 (48) cm Höhe für die Schultern beidseitig in jeder 2. R 3 × 4, 1 × 5 (1 × 4, 3 × 5) M abketten. Zugleich in 48 (49) cm

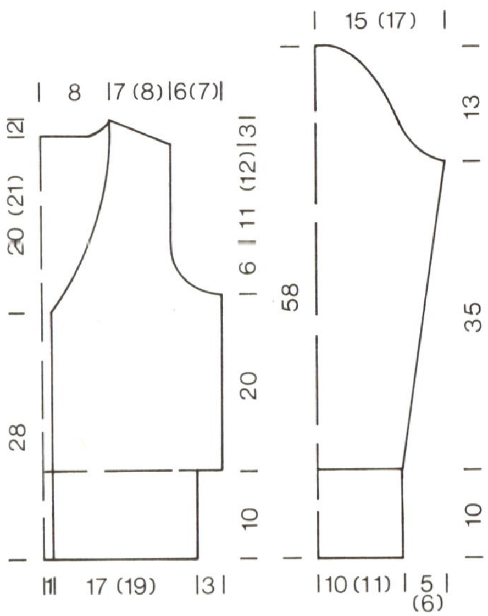

Schnittverkleinerung: ½ Rücken, linkes Vorderteil, ½ Ärmel für Größe 36 (40)

Mit diesem leichten Pulli ist man gut auf heiße Sommertage vorbereitet (Anl. S. 352)

Weich und anschmiegsam sind diese Badeanzüge aus Mohairgarn, mit denen man garantiert auffallen wird. Beide Modelle sind glatt rechts gestrickt. Der grüne Anzug hat extra gestrickte und angenähte Halsträger. Praktisch sind die verschlußlosen Strandjacken, die auch zu anderen Sachen getragen werden können. Die Farben sind aufeinander abgestimmt. Die Jacken sind mit doppeltem Faden – Mohair und glattem Garn – gestrickt. Die doppelte Blende wird extra gestrickt und dann angenäht (Badeanzug und Strandjacke Anl. S. 342)

So ein Hemdchen ist sehr schnell gearbeitet. Es wird glatt links gestrickt, das Lochmuster ist nicht schwierig. Die Bündchen und die im Rücken gekreuzten Träger werden eins links, eins rechts gestrickt (Anl. S. 343)

Dieses hochsommerliche Modell hat ein Lochmuster und ist aus weißer Baumwolle gestrickt. Der Pulli mit dem viereckigen Ausschnitt hat rundherum gleichmäßige Zickzackstreifen und läßt viel Luft ran (Anl. S. 345) ▶

Das Strickhemdchen mit Lochmusterkante und im Rücken gekreuzten Trägern läßt viel Sonne an die Haut (Anl. S. 344, Modell 2)

Die Brustteile des Hemdchens aus reinem Synthetik-Seidengarn sind glatt links gestrickt, das Bündchen, der Rücken und das Vorderteil im Rippenmuster (Anl. S. 348) ►

Für Sport und Spiel im Sommer ist der grün-weiß gestreifte Pulli ideal. Er ist glatt rechts in einem Stück gestrickt (Anl. S. 351)

Höhe für den Halsausschnitt die mittleren 28 M in 1 R, beidseitig davon in jeder 2. R 2 × 2, 1 × 1 M abketten.
LINKES VORDERTEIL: 48 (53) M in Hellblau bzw. Rot anschlagen, 10 cm im Bündchenmuster, weiter im Grundmuster stricken, und zwar Jacke 1: Bis 28 cm Höhe nach der Farbfolge, dann 1 × die 1.–37. R des Einstrickmusters, weiter nach der Farbfolge. Jacke 2: Mit der Rundstricknadel in offenen R zuerst die 35.–60. R vom Einstrickmuster, daran das Muster ab 1.–93. R anschließen, 1 R rot und noch einmal die Streifenfolge von der 35. bis 60. R wiederholen, danach uni rot bis zum Ende. Zugleich Seitennaht, Armausschnitt und Schulter wie beim Rücken formen. Am vorderen Rand bis 28 cm Höhe geradeaus stricken, dann für den Ausschnitt zum erstenmal 1 M, in jeder 3. R 7 ×, in jeder 4. R 5 ×, in jeder 6. R 4 × 1 M abnehmen; bis zum Schluß geradeaus stricken.

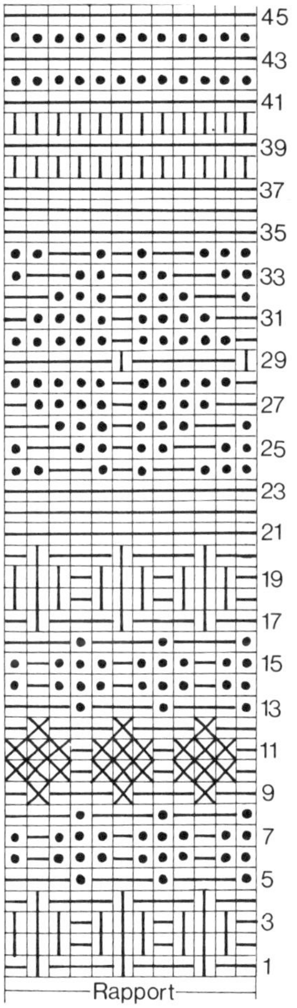

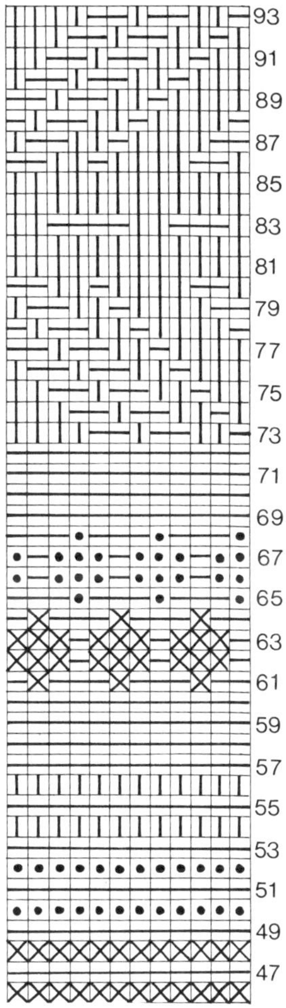

Einstrickmuster für Jacke 2 (Vorderteile):

⊟ = *rot*

◫ = *hellgrün*

⊠ = *grün*

⊡ = *ecrú*

RECHTES VORDERTEIL: Gegengleich arbeiten.
ÄRMEL: 48 (54) M in Hellblau bzw. Rot anschlagen, 10 cm im Bündchenmuster, weiter im Grundmuster stricken, und zwar Jacke 1: Nach der Farbfolge. Jacke 2: Die 37.–56. R vom Einstrickmuster, weiter einfarbig rot. Zugleich beidseitig in jeder 10. R 12 × (abwechselnd in jeder 8. und 10. R 14 ×) 1 M zunehmen = 72 (82) M. In 45 cm Höhe für die Armkugel beidseitig in jeder 2. R 1 × 4 (6), 1 × 3, 2 × 2, 2 × 1 M, in jeder 4. R 6 × 1 M, in jeder 2. R 2 × 1, 2 × 2, 1 × 3, 1 × 4 (6) M abnehmen, die restlichen 8 (10) M in 1 R abketten.
AUSSCHNITTBLENDE: Auf der Rundnadel 286 (290) M in Hellblau bzw. Rot anschlagen. Im Grundmuster in offenen R 4 cm geradeaus stricken, dabei in 1 cm und 3 cm Höhe die Knopflöcher 3 M breit einarbeiten. Das erste 3 cm ab rechtem Rand, 4 weitere im Abstand von je 5 cm.
FERTIGSTELLUNG: Nähte schließen. Die Ausschnittränder mit der doppelten Blende einfassen. Die Knopflöcher mit Knopflochstich zusammennähen. Die Knöpfe annähen.

Jacken im Tennisstil

Damenjacke

GRÖSSEN: 40 und 44. Größe 44 in Klammern.
MATERIAL: Mittelstarke Schnellstrickwolle, 700 (800) g rohweiß, 50 g rot. 1 Paar Stricknadeln und eine 90 cm lange Rundstricknadel Nr. 4. 1 INOX-Zopfmusternadel. 5 Knöpfe.
GRUNDMUSTER: Glatt re = Hinr re M, Rückr li M.
ZOPFMUSTER: 1. R (Hinr): Randm, 1 M li, * 4 M re, 2 M li, ab *wiederholen, am Ende der R nur 1 M li, Randm. 2. R und alle folgenden Rückr: M strikken, wie sie erscheinen. 3. R: Randm. 1 M li, * 4 M nach li kreuzen, 2 M li, ab *wiederholen, am Ende der R nur 1 M li. 5. und 7. R: M stricken, wie sie erscheinen. – 1.–8. R wiederholen.
BÜNDCHENMUSTER: Abwechselnd 2 M re, 2 M li.
MASCHENPROBE: 22 M und 30 R = 10 cm.

Arbeitsanleitung

RÜCKEN: 102 (110) M in Rot anschlagen und im Bündchenmuster 1 R rot, 20 R weiß, 2 R rot, weiter weiß im Grundmuster stricken, dabei beidseitig in jeder 11. R 4 × 1 M abnehmen = 94 (102) M, geradeaus stricken. In 28 cm Höhe beidseitig zum erstenmal, in jeder 12. R noch 3 × 1 M zunehmen = 102 (110) M. In 44 (43) cm Höhe für die Armausschnitte beidseitig in jeder 2. R 1 × 3, 3 × 2, 5 × 1 M abnehmen = 74 (82) M, weiter geradeaus stricken. In 63 cm Höhe für die Schultern in jeder 2. R 1 × 6, 2 × 7 (2 × 7, 1 × 8) M abketten. Zugleich für den Halsausschnitt die mittleren 22 (26) M in 1 R, beidseitig davon in jeder 2. R 2 × 3 M abketten.
LINKES VORDERTEIL: 47 (51) M in Rot anschlagen, das Bündchen wie beim Rükken, weiter weiß im Grundmuster stricken, dabei Seite, Armausschnitt und Schulter wie beim Rücken formen. Für die Ausschnittschräge in 40 cm Höhe zum erstenmal, in jeder 3. R noch 12 (14) × 1 M abnehmen. Die restlichen 20 (22) M im Zopfmuster stricken = 3 Zöpfe + beidseitig am Rand 1 (2) linke M, Randm.
RECHTES VORDERTEIL: Gegengleich.
ÄRMEL: 48 (56) M in Rot anschlagen und im Bündchenmuster 1 R rot, 12 R weiß, 2 R rot, weiter weiß im Grundmuster stricken, dabei beidseitig in jeder 8. R 14 × 1 M zunehmen = 76 (84) M. In 45 cm Höhe für die Armkugel beidseitig in jeder 2. R 2 × 3, 4 (5) × 2, 8 (7) × 1, 4 (5) × 2, 1 × 3 M abnehmen, die restlichen 10 (12) M in 1 R abketten.
TASCHEN: 38 M in Weiß anschlagen und im Zopfmuster

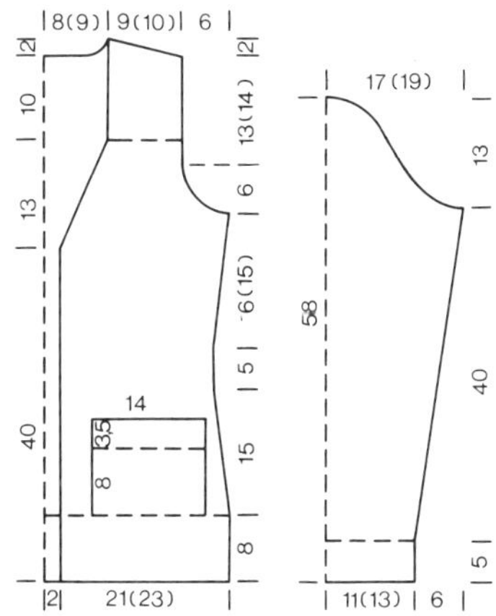

stricken = 6 Zöpfe. Nach 24 R in Rot 1 Rückr linke M strikken, dann im Bündchenmuster 1 R rot, 6 R weiß, 1 R rot arbeiten, mit Rot abketten.
FERTIGSTELLUNG: Teile spannen, unter einem feuchten Tuch trocknen lassen. Nähte schließen. Aus den vorderen Geraden 88 M, den Ausschnittschrägen 56 M, dem Rückenausschnitt 32 (36) M in Rot aufnehmen, im Bündchenmuster 1 R rot, 10 R weiß, 1 R rot stricken, mit Rot abketten. Zugleich der rechten Blende in der 5. weißen R die Knopflöcher über je 4 M einarbeiten: Das erste 2 cm ab Unterkante, 4 weitere nach je 7 cm. Taschen und Knöpfe annähen.

Herrenjacke

GRÖSSEN: 48 und 52. Bei unterschiedlichen Angaben: Größe 52 in Klammern.
MATERIAL: Mittelstarke Schnellstrickwolle, 850 (900) g in Blau. 1 Paar Stricknadeln und eine 90 cm lange Rundstricknadel Nr. 4, 1 INOX-Zopfmusternadel. 4 Knöpfe.
GRUNDMUSTER: 1. R (Hinr): Randm, 5 M li, * 4 M re, 10 M li, ab * wiederholen, am Ende der R 4 M re, 5 M li, Randm. 2. R und alle folgende Rückr: M stricken, wie sie erscheinen. 3. R: Randm, 5 M li, * 4 M nach li kreuzen, 10 M li, ab * wiederholen, am Ende der R 4 M nach li kreuzen, 5 M li, Randm. 5. und 7. R: M strikken, wie sie erscheinen. – 1.–8. R laufend wiederholen.
BÜNDCHENMUSTER: Abwechselnd 2 M re, 2 M li.
MASCHENPROBE: 22 M und 30 R = 10 cm.

Arbeitsanleitung
RÜCKEN: 98 (110) M anschlagen, 10 cm im Grundmuster stricken, dabei in der 1. R (Rückr) nach der Randm mit 1 M re beginnen. Anschließend im Grundmuster arbeiten, dabei die 1. R wie folgt stricken: Randm, 5 M li, vor und nach dem folgenden Rechts-M-Streifen des Bündchens je 1 M re verschränkt aus dem Querdraht zunehmen = 4 M re für den Zopf. Weiter abwechselnd 10 M li und 4 M re für den Zopf stricken, dabei wie beschrieben zunehmen = 114 (128) M = 8 (9) Zöpfe. Im Grundmuster geradeaus stricken. In 37 cm Höhe für die Armausschnitte beidseitig in jeder 2. R 1 (2) × 3, 4 × 2, 3 (4) × 1 M abnehmen = 86 (92) M, weiter gerade hochstricken. In 57 cm Höhe für die Schultern in jeder 2. R 4 × 6 (1 × 6, 3 × 7) M abketten. Zugleich für den Halsausschnitt die mittleren 28 M in 1 R, beidseitig davon in jeder 2. R 2 × 2, 1 × 1 M abnehmen.
LINKES VORDERTEIL: 42 (50) M anschlagen, 10 cm im Bündchenmuster, weiter im Grundmuster stricken, dabei für die Zöpfe in der 1. R wie beim Rücken beschrieben zunehmen = 48 (58) M = 3 Zöpfe + am vorderen Rand 9 M li, Randm (4 Zöpfe). Seite, Armausschnitt und Schulter wie beim Rücken formen. Für die Taschenblende in 19 cm Höhe die 7.–38. (13.–46.) M auf 1 Hilfsnadel nehmen und 4 cm hoch im Bündchenmuster stricken, abketten. Für den Taschenbeutel 32 (34) M neu anschlagen, 9 cm glatt li stricken und der Arbeit anstelle der Blenden-M einfügen. In 32 cm Höhe für die Ausschnittsschräge am vorderen Rand zum erstenmal, in jeder 8. (6.) R noch 9 (12) × 1 M abnehmen.
RECHTES VORDERTEIL: Gegengleich.
ÄRMEL: 58 (62) M anschlagen, im Bündchenmuster stricken, dabei ab 8 cm Höhe beidseitig in jeder 6. R 15 × 1 M zunehmen = 88 (92) M. In 45 cm Höhe für die Armkugel beidseitig in jeder 2. R 2 × 3, 5 × 2, 9 (10) × 1, 4 × 2, 2 × 3 M abnehmen, die restlichen 10 (12) M in 1 R abketten.
FERTIGSTELLUNG: Teile spannen, unter einem feuchten Tuch trocknen lassen. Nähte schließen. Aus den vorderen Geraden 70 M, den Ausschnittschrägen 62 m, dem Rückenausschnitt 42 M aufnehmen, 4 cm im Bündchenmuster stricken, dabei dem linken Rand in 2 cm Höhe die Knopflöcher über je 3 M einarbeiten: Das erste 4 cm ab Unterkante, 3 weitere nach je 6,5 cm. Knöpfe annähen.

Schnitt für Herrenjacke

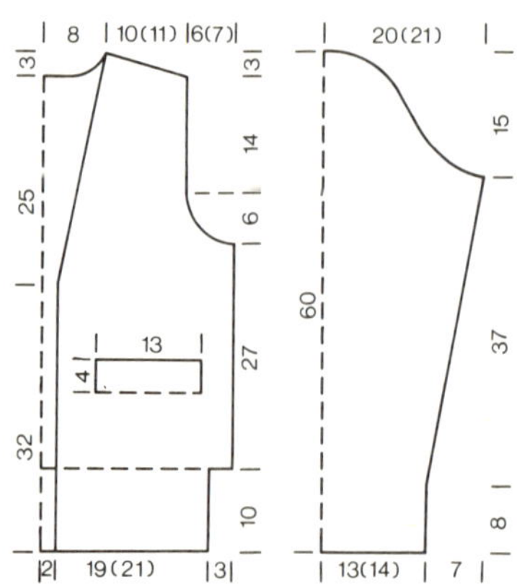

Damenjacke mit V-Ausschnitt

GRÖSSEN: 40 und 44. Bei verschiedenen Angaben: Größe 44 in Klammern.
MATERIAL: Mittelstarke Cablé-Wolle, 400 (500) g in Rot. Stricknadeln und 1 Rundstricknadel, 100 cm lang, Nr. 3½. 5 Knöpfe.
GRUNDMUSTER: Glatt re = Hinr re M, Rückr li M.
BÜNDCHENMUSTER: Abwechselnd 1 M re, 1 M li.
MASCHENPROBE: 25 M und 34 R = 10 cm.

Arbeitsanleitung
RÜCKEN: 102 (112) M anschlagen, 15 cm im Bündchenmuster, dann im Grundmuster stricken. Beidseitig jede 10. R 6 × 1 M zunehmen = 104 (124) M. Armausschnitt in 35 cm Höhe: beidseitig jede 2. R 1 × 3, 4 × 2, 4 × 1 M abnehmen = 84 (94) M; geradeaus stricken. Schultern in 46 (48) cm Höhe: beidseitig jede 2. R 5 × 5 (3 × 5, 2 × 6) M, restliche 34 (40) M abketten.
LINKES VORDERTEIL:
49 (53) M anschlagen, 15 cm im Bündchenmuster, dann im Grundmuster stricken. Seite und Armausschnitt wie beim Rücken.
Zugleich in 20 cm Höhe für die Taschenblende die 11. bis 35. M im Bündchenmuster, daneben im Grundmuster stricken. Nach 3 cm die M der Tasche abketten, übrige M stillegen. Für den Taschenbeutel 25 M neu anschlagen, 10 cm im Grundmuster stricken, dann die M der Arbeit anstelle der abgeketteten M einfügen und

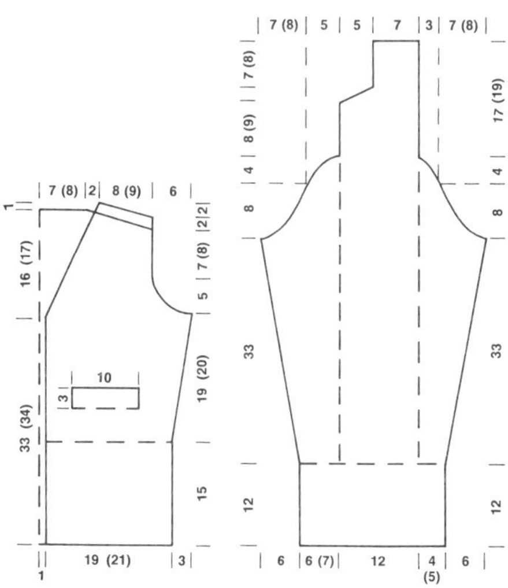

Schnittverkleinerung für Damenjacke mit V-Ausschnitt: ½ Rücken, linkes Vorderteil, Ärmel.

weiterstricken. Ausschnittschräge ab 33 (34) cm Höhe: zum erstenmal, abwechselnd jede 2. und 4. R, insg. 19 × (abwechselnd 2 × jede 2. R und 1 × jede 4. R insg. 21 ×) 1 M abnehmen. Zugleich in 48 (50) cm Höhe für die Schulter jede 2. R 4 × 5 (2 × 5, 2 × 6) M abketten.

RECHTES VORDERTEIL: Gegengleich arbeiten.

LINKER ÄRMEL: 55 (61) M anschlagen, 12 cm im Bündchenmuster, weiter ab re Rand 10 (13) M im Grundmuster, 31 M im Bündchenmuster, restliche 14 (17) M im Grundmuster stricken. Beidseitig jede 7. R 15 × 1 M zunehmen = 85 (92) M. Armkugel in 45 cm Höhe: beidseitig jede 2. R 1 × 3, 2 × 2, 10 × 1 (2 × 3, 3 × 2, 8 × 1) M abnehmen. Weiter am re Rand jede 2. R 6 × 1, 1 × 2, zugleich am li Rand 3 × 1, 3 × 2, 1 × 3 M abnehmen. Die 31 M im Bündchenmuster geradeaus stricken. In 65 (66) cm Höhe am linken Rand jede 2. R 1 × 4, 3 × 3 M abnehmen, restliche 18 M bis 74 (76) cm Höhe gerade stricken, abketten.

RECHTER ÄRMEL: Gegengleich.

FERTIGSTELLUNG: Teile spannen, dämpfen, Nähte schließen. Ärmelpassen mit Naht verbinden, gegen Rücken und Vorderteil nähen. Mit der Rundnadel aus den Ausschnitträndern 317 (337) M aufnehmen, 3 cm im Bündchenmuster stricken, dabei in 1,5 (2,57 cm Höhe das erste Knopfloch über 3 M einarbeiten. 4 weitere nach je 6 cm. Knöpfe annähen.

Herrenjacke mit Zopfmuster

GRÖSSE: 52/54
MATERIAL: Pingouin-Wolle, Qualität Sport, 100% Schurwolle, 1050 g in Écru Nr. 40, 100 g in Blau Nr. 44. Je 1 Paar Stricknadeln Nr. 4½ und 5, eine 120 cm lange Rundstricknadel Nr. 4 ½. 5 Knöpfe.
GRUNDMUSTER: 1 Reihe (Hinr): Randm, * 3 M rechts, 5 M links, ab * wiederholen, am Ende der R 3 M rechts, Randm. 2. R (Rückr): Randm, * 3 M links, 5 M rechts, ab * wiederholen, am Ende der R 3 M links, Randm. – Die 1. und 2. R wiederholen.
ZOPF: 15 M breit. 1. R (Hinr): 5 M rechts, 5 M links, 5 M rechts. 2.–10. R: M stricken, wie sie erscheinen. 11. R: Erste 5 M mit Hilfsfaden 8 R glatt rechts mit Kettrandm stricken. Faden abschneiden, M auf Sicherheitsnadel stillegen. Die 5 linken M auf 1 Hilfsnadel hinter die Arbeit legen. Nächste 5 M 6 R hoch glatt rechts stricken. M auf Sicherheitsnadel nehmen. Nun den längeren Streifen 1 × von oben nach unten um den kürzeren herumschlingen. Die M des kürzeren Streifens vor die linken M auf die Hilfsnadel nehmen und die M abstricken. Dann die 5 M vom längeren Streifen rechts abstricken. 12.–24. R: M stricken, wie sie erscheinen. – 1.–24. R wiederholen.
BÜNDCHENMUSTER: 1 M rechts, 1 M links.
MASCHENPROBE: 19 M und 25 R = 10 cm.

Arbeitsanleitung
RÜCKEN: 101 M in Blau mit Nadeln Nr. 4½ anschlagen, 1 Rückr blau, 11 R écru. 2 R blau im Bündchenmuster stricken. Weiter mit Nadeln Nr. 5 écru 1 Rückr linke M, dann im Grundmuster arbeiten. In 49 cm Höhe für die Armausschnittschrägen am Anfang der Hinr die 3. rechte M mit der folgenden M rechts verschränkt zusammenstricken, am Ende der R die 1. der 3 rechten M mit der davorliegenden M rechts zusammenstricken, dann * in der folgenden Rückr keine Abnahmen arbeiten und in der nächsten Hinr am Anfang der R die 3 rechte M mit den 2 folgenden M rechts verschränkt, am Ende der R die 1. der 3 rechten M mit den 2 davorliegenden M rechts zusammenstricken. Ab * noch 3 × wiederholen, danach in der nächsten Hinr am Anfang und Ende der R die 3 rechten M links verschränkt bzw. links zusammenstricken = 79 M; geradeaus stricken. In 67 cm Höhe für die Schulterschrägen beidseitig 1 × 3 M abketten, weiter in jeder 2. R * 2 × 2, 1 × 3 M abketten, ab * noch 2 × wiederholen, die restl. 31 M in 1 R abketten.
LINKES VORDERTEIL: 49 M mit Nadeln Nr. 4½ in Blau anschlagen und das Bündchen arbeiten. Dann mit Nadeln Nr. 5 écru 1 Rückr linke M stricken, danach die M ab Seitennaht wie folgt einteilen: Randm, 3 × von * bis * der 1. Grundmuster-R, 15 M Zopf, 5 M links, 3 M rechts, Randm. In dieser Einteilung geradeaus stricken, dabei in der 11. R die 1. Zopfdrehung arbeiten. In 22 cm Gesamthöhe = 3 R nach der 2. Zopfdrehung für den Tascheneingriff die 10. bis 40. M ab Seitennaht stillegen. Getrennt 25 M anschlagen und glatt rechts = Hinr rechte M, Rückr linke M 15 cm geradeaus stricken und in der letzten R verteilt 6 M zunehmen = 31 M. Dann diese M der Arbeit einfügen und wieder in der bisherigen M-Einteilung arbeiten. In 49 cm Höhe beginnen die Abnahmen für die Armausschnittschräge: * In der Rückr am Ende der R die 1. der 3 linken M mit der davorliegenden M links verschränkt zusammenstricken. In der nächsten R = Hinr am Anfang der R

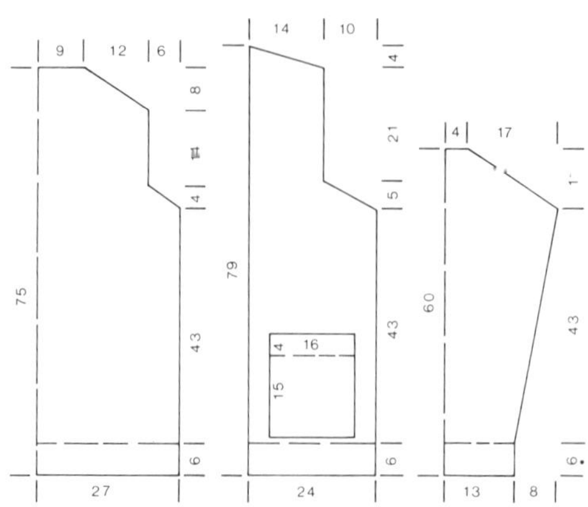

Ein großzügiges Zopfmuster ziert die Herrenjacke. ▶

Schnittverkleinerung: ½ Rücken, linkes Vorderteil, ½ Ärmel für Größe 52 bis 54

die 3. rechte M mit den 2 folgenden M rechts verschränkt zusammenstricken, ab * noch 5 × wiederholen. Dann 1 Rückr ohne Abnahmen arbeiten, in der nächsten Hinr 1 Randm, 2 M links zusammen, 1 M links stricken, weiter im Muster wie bisher arbeiten = 30 M. Bis 75 cm Höhe geradeaus arbeiten, dann für die Schulter in jeder 2. R 5 × 6 M abketten. Die stillgelegten Taschen-M mit Nadeln Nr. 4½ aufnehmen und écru 4 cm im Bündchenmuster stricken.

RECHTES VORDERTEIL:
Gegengleich arbeiten.

ÄRMEL: 51 M in Blau mit Nadeln Nr. 4½ anschlagen und das Bündchen wie beim Rükken beschrieben arbeiten. Weiter mit Nadeln Nr. 5 nach einer écru Rückr linker M im Grundmuster arbeiten, dabei beginnt die 1. R nach der Randm mit 2 M rechts. Beidseitig in jeder 6. R 17 × 1 M zunehmen = 85 M. Ab 49 cm Höhe für die Armkugel wie bei den Vorderteilen beschrieben abnehmen, und zwar mit 1 Rückr beginnend * 5 × je 2 M, 1 × 3 M zusammenstrikken, ab * noch 3 × wiederholen, dann noch 4 × je 2 M zusammenstricken, die restlichen 21 M in 1 R abketten.
SCHALKRAGEN: Auf der Rundnadel in Blau 395 M anschlagen, in offenen R mit Kettrandm im Bündchenmuster 1 R blau, 11 R écru strikken, dabei nach 6 R écru die Knopflöcher 6 M breit einarbeiten: Das erste 2 cm ab rechtem Rand, 4 weitere im Abstand von je 7 cm. Außerdem nach 9 R écru beidseitig je 104 M stillegen und über die übrigen 187 M die Schalkragenerhöhung mit verkürzten R arbeiten. Dafür beidseitig in jeder 2. R 12 × über je 6 M weniger stricken, jeweils mit Umschlag wenden. Dann noch 2 R écru über alle M stricken, dabei die Umschläge mit der danebenliegenden M verschränkt zusammenstricken. Noch 2 R blau stricken; abketten.
FERTIGSTELLUNG: Die Taschenblenden und -beutel annähen. Die Nähte schließen. Die Schalkragenblende in der Abkett-R aufnähen. Die Knöpfe annähen.

Jacken mit Kettenzöpfen

Zwei dicke Jacken für Sie und Ihn mit dickem Zopfmuster: die Damenjacke (Abb. rechts) hat nur je einen Zopf vorn und an den Ärmeln und zwei im Rückenteil, die Herrenjacke zeigt viele Zöpfe. Für Damengröße 38 und 42 und für Herrengröße 52 und 56.

Für beide Jacken
MATERIAL: Hjerte-Wolle, Qualität Gulfoss, 100% Schurwolle, in den angegebenen Mengen in Natur Nr. 1. 1 Paar INOX-Stricknadeln Nr. 7.
GRUNDMUSTER: 1. R (Hinr): Randm, 1 M links, * 1 Hebe-M = 1 M links abheben, Faden liegt dabei hinter der Arbeit, 2 M links, ab * wiederholen, am Ende der R nur 1 M links, Randm. 2. R (Rückr): Randm, 1 M rechts, * 1 M links, 2 M rechts, ab * wiederholen, am Ende der R nur 1 M rechts, Randm. – 1. und 2. R laufend wiederholen.
ZOPF: Siehe S. 297.
BÜNDCHENMUSTER: Abwechselnd 1 M rechts, 1 M links.
MASCHENPROBE: 18 M und 22 R = 10 cm.

Herrenjacke Abb. S. 298

GRÖSSEN: 52 und 56. Bei unterschiedlichen Angaben: Größe 56 in Klammern.
MATERIAL: 1700 (1800) g. 6 Knöpfe.

Arbeitsanleitung
RÜCKEN: 93 (95) M anschlagen, 5 cm im Bündchenmuster, weiter wie folgt stricken: Nach der Randm 10 M im Grundmuster (1 M links), * 1 Hebe-M, 2 M links, 5 + 4 M Zopf, 2 M links, ab * noch 6 (8) × wiederholen, dann 1 Hebe-M, 10 M im Grundmuster (1 Hebe-M, 1 M links), Randm = 121 (131) M = 7 (9) Rapporte + beidseitig je 4 (1) Hebe-M. In dieser Einteilung geradeaus stricken, dabei in der 3. R die Zöpfe abwechselnd wie in der 3. und 11. R beschrieben kreuzen, dadurch werden sie gegeneinander versetzt. In 50 cm Höhe für die Armausschnitte beidseitig in jeder 2. R 1 × 4, 3 (4) × 2, 2 (3) × 1 M abnehmen = 97 (101) M, weiter geradeaus stricken. In 73 cm Höhe für die Schultern in jeder 2. R 3 × 10 (1 × 10, 2 × 11) M abketten. Zugleich für den Halsausschnitt die mittleren 29 M in 1 R, beidseitig davon in jeder 2. R 2 × 2 M abnehmen.
LINKES VORDERTEIL: 51 (52) M anschlagen, die vorderen 8 M für die Blende kraus = jede R rechte M mit Kettrandm stricken, daneben 1 M obenauf links, die übrigen 42 (43) M 5 cm hoch im Bündchenmuster, dann ab seitlichem Rand wie beim Rücken einteilen = 63 (68) M. In dieser Einteilung geradeaus stricken, dabei Seite, Armausschnitt und Schulter wie beim Rücken formen. Zugleich in 5 cm Höhe das 1. Knopfloch über die 4.–6. M ab vorderem Rand einarbeiten, 5 weitere folgen im Abstand von je 12 cm. Für den Halsausschnitt in 68 cm Höhe am vorderen Rand 5 M stillegen, daneben in jeder 2. R 2 × 4, 3 × 2, 2 × 1 M abnehmen.

ZOPF: 1. R (Hinr): 4 × abwechselnd 1 M rechts stricken und 1 M rechts verschränkt aus dem Querdraht zunehmen, noch 1 M rechts stricken = 9 M. 2. R und alle folgenden Rückr: 9 M links. 3. R: 6 M auf 1 Hilfsnadel vor die Arbeit legen, 7.–9. M rechts stricken. Dann die 4.–6. M von der Hilfsnadel auf die linke Nadel zurückheben. Die 1.–3. M auf die Hilfsnadel hinter die Arbeit legen, dann die 4.–6. M, danach die restlichen 3 M von der Hilfsnadel rechts stricken. 4.–10. R: M stricken, wie sie erscheinen.
11. R: 6 M auf 1 Hilfsnadel hinter die Arbeit legen, nächste 3 M rechts stricken. Nun die 4.–6. M von der Hilfsnadel auf die linke Nadel heben. Die 1.–3. M auf 1 Hilfsnadel vor die Arbeit legen, dann die 4.–6. M, anschließend die letzten 3 Hilfsnadel-M rechts stricken.
12.–18. R: Wie 4.–10. R. – Die 3.–18. R bis zum Ende der Arbeit fortlaufend wiederholen.

RECHTES VORDERTEIL: Ohne Knopflöcher gegengleich arbeiten.
ÄRMEL: 57 (63) M anschlagen und 14 cm im Bündchenmuster stricken. Anschließend ab Rand 26 (29) M im Grundmuster, die mittleren 5 + 4 M als Zopf, die übrigen 26 (29) M wieder im Grundmuster strikken = 61 (67) M. Weiter beidseitig in jeder 10. R 9 × 1 M zunehmen = 79 (85) M. In 56 cm Höhe für die Armkugel beidseitig in jeder 2. R 2 × 3, 4 × 2, 4 (5) × 1, 4 × 2, 2 × 3 M abnehmen, die restlichen 15 (19) M in 1 R abketten.
TASCHEN: Für 19 (21) cm Breite 41 (44) M anschlagen und im Grundmuster mit Kettrandm 20 cm hoch stricken.
FERTIGSTELLUNG: Nähte schließen, dabei die unteren 8 cm der Ärmelnähte für den Aufschlag nach rechts nähen. Die stillgelegten Blenden-M und dazwischen aus dem Halsausschnitt 63 M aufnehmen und den Kragen 20 cm hoch kraus mit Kettrandm stricken, locker abketten. Die Taschen aufnähen, dabei am vorderen Rand 1 Zopf frei lassen. Die Knöpfe annähen.

Damenjacke

GRÖSSEN: 38 und 42. Bei unterschiedlichen Angaben: Größe 42 in Klammern.
MATERIAL: Für die Jacke 1200 (1300) g, 1 Spiel INOX-Strumpfstricknadeln Nr. 7. 4 große Knöpfe.

Arbeitsanleitung
RÜCKEN: 91 (97) M anschlagen, 5 cm im Bündchenmuster, weiter wie folgt stricken: Ab Rand 26 (29) M im Grundmuster, 5 + 4 M Zopf, 29 M im Grundmuster, 5 + 4 M Zopf, die restlichen 26 (29) M wieder im Grundmuster = 99 (105) M. In dieser Einteilung arbeiten, dabei beidseitig in jeder 8. R 3 × 1 M abnehmen = 93 (99) M, gerade hochstricken. In 49 cm Höhe für die Armausschnitte beidseitig in jeder 2. R 1 × 3, 2 × 2, 2 (3) × 1 M abnehmen = 75 (79) M, weiter geradeaus stricken. In 68 (69) cm Höhe für die Schultern in jeder 2. R 2 × 8, 1 × 9 (3 × 9) M abketten. Zugleich für den Halsausschnitt die mittleren 17 M in 1 R, beidseitig davon in jeder 2. R 2 × 2 Maschen abnehmen.
RECHTES VORDERTEIL: 52 (55) M anschlagen, die vorderen 8 M für die Blende kraus = jede R rechte M mit Kettrandm stricken, daneben 1 M obenauf links, die übrigen 43 (46) M 5 cm im Bündchenmuster, weiter von der Seite her wie beim Rücken einteilen = 56 (59) M. In dieser Einteilung stricken, dabei Seite, Armausschnitt und Schulter wie beim Rücken formen. Zugleich in 9 cm Höhe das 1. Knopfloch über die 4.–6. M ab vorderem Rand einarbeiten, 3 weitere folgen im Abstand von je 12 cm. Für die Ausschnittschrägung in 45 cm Höhe zum er-

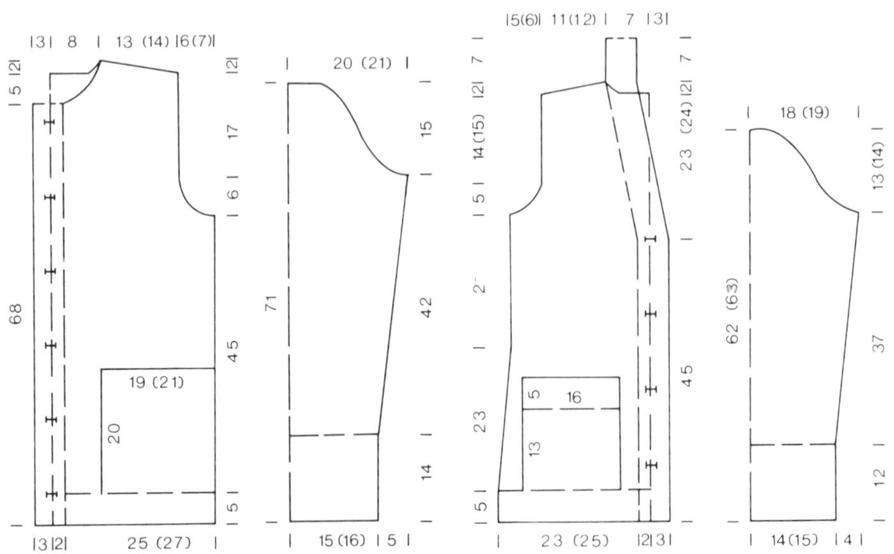

Links Schnittverkleinerung: ½ Rükken-, linkes Vorderteil und ½ Ärmel für Größe 52 (56); rechts Schnittverkleinerung: ½ Rükken, rechtes Vorderteil und ½ Ärmel für Größe 38 (42)

Die Jacke ist vorn durchgeknöpft. Der große Kragen und die Verschlußblende sind krausgestrickt. Die dicken, plastisch wirkenden Zöpfe sind gegeneinander versetzt.

Die Damenjacke hat nur je einen Zopf vorn und an den Ärmeln und zwei im Rückenteil. Der vordere Zopf läuft über die aufgesetzten Taschen.

stenmal die letzte Blenden-M mit der folgenden Grundmuster-M rechts zusammenstrikken, dies in jeder 6. R noch 7 × wiederholen. Nach Schluß der Schulterabnahmen die 8 Blenden-M noch 7 cm geradeaus stricken, dann stilllegen.

LINKES VORDERTEIL: Ohne Knopflöcher gegengleich arbeiten.

ÄRMEL: 51 (57) M anschlagen, 12 cm im Bündchenmuster, weiter ab Rand 23 (26) M im Grundmuster, 5 + 4 M Zopf, 23 (26) M im Grundmuster stricken = 55 (61) M. Weiter beidseitig zum Rand in jeder 10. R 7 × 1 M zunehmen = 69 (75) M. In 49 cm Höhe für die Armkugel beidseitig in jeder 2. R 2 × 3, 3 × 2, 5 (7) × 1, 2 × 2, 2 × 4 M abnehmen, die restlichen 11 (13) M auf einmal abketten.

TASCHEN: Für 16 cm Breite 30 M anschlagen und ab vorderen Rand 5 M im Grundmuster, 5 + 4 M Zopf, 20 M im Grundmuster stricken. In dieser Einteilung 13 cm hocharbeiten, dann noch 5 cm im Bündchenmuster stricken, dabei in der 1. R beim Zopf gegengleich zum Beginn 4 M abnehmen.

FERTIGSTELLUNG: Teile spannen, mit einem feuchten Tuch bedecken und trocknen lassen. Die Nähte schließen, dabei die unteren 8 cm der Ärmelnähte für den Aufschlag nach rechts nähen. Die Blenden verbinden und gegen den Rückenausschnitt nähen. Die Taschen mustergerecht aufnähen. Die Knöpfe ans rechte Vorderteil nähen.

Mäntel und Kleider für alle Gelegenheiten

Das Stricken von Kleidern und Mänteln erfordert viel Geduld und Ausdauer. Einfache Pullover-Kleider sind bequem, angenehm zu tragen und herrlich warm und kuschelig. Da das Garn relativ fein sein muß, sind die einzelnen Teile nicht so schnell fertig. Es sei denn, Sie arbeiten mit einem Handstrick-Apparat. Dann ist das Stück im Nu fertig. Trotz all der Mühe lohnt sich der Aufwand, denn selbstgestrickte Kleider können elegant und sportlich zugleich wirken. Wollen Sie sich einen Mantel stricken, was auch viele Stunden Zeit kostet, so sollten Sie sich für eine Farbe entscheiden, die möglichst zu einem Großteil Ihrer übrigen Garderobe paßt. Wenn Sie aber Mut zum Ausgefallenen haben, suchen Sie sich eins der bildschönen Modelle mit eingestrickter Landschaft aus. Sie werden damit garantiert auffallen.

Sommerkleid mit Lochmuster

Abb. S. 263

Dieses Sommerkleid ist in zwei Teilen auf dem Handstrickapparat glatt rechts gestrickt. Das Vorderteil zeigt ein zartes Lochmuster. Ein schmaler Gürtel gehört mit zum Set.

Nur für Handstrick-Apparat
GRÖSSEN: 38 und 42. Bei unterschiedlichen Angaben: Größe 42 in Klammern.
MATERIAL: Feines Strickgarn, 50% Acryl, 50% Viscose, 450 g in Hellblau. 1 INOX-Häkelnadel Nr. 2. 5 Knöpfe, 1 Gürtelschnalle, ein 25 cm langer Reißverschluß.
GRUNDMUSTER: Glatt rechts = Hinr rechte M, Rückr linke M.
LOCHMUSTER: Abwechselnd 1 Umschlag, 2 M zusammenstricken.
MASCHENPROBE: 30 M und 38 R = 10 cm.

Arbeitsanleitung
Oberteil und Rock getrennt arbeiten.
RÜCKEN: 132 (142) M anschlagen, im Grundmuster geradeaus stricken. In 26 cm Höhe = 100 R für die Zunahmen innerhalb der Arbeit am Anfang der R nach der 7. M, am Ende vor der 7. M ab Rand je 1 M zunehmen. Diese Zunahmen nach je 8 R noch 4 × wiederholen. Zugleich in 27 cm Höhe = 104 R beidseitig neben der 4. M ab Rand 1 Loch arbeiten (daneben keine M zusammenstricken) und damit je 1 M zunehmen. Diese Zunahmen noch 10 (11) ×

Das Oberteil des Kleides aus Kunstfasergarn hat ein Lochmuster. Der Ausschnitt ist mit einer Kante umhäkelt und hat einen Knopfverschluß mit Schlingen. Alle Angaben in Schnitt und Anleitung gelten für Konfektionsgrößen 38 und 42.

Schnittverkleinerung: ½ Rükken, linkes Vorderteil vom Kleid-Oberteil bzw. Pullover, 1/10 Rock für Größe 38 (42).

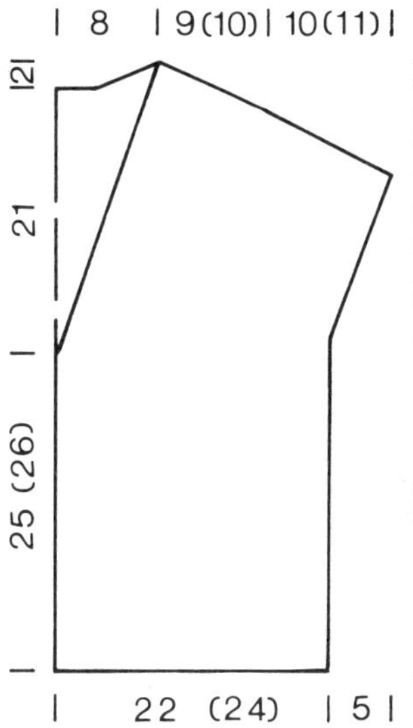

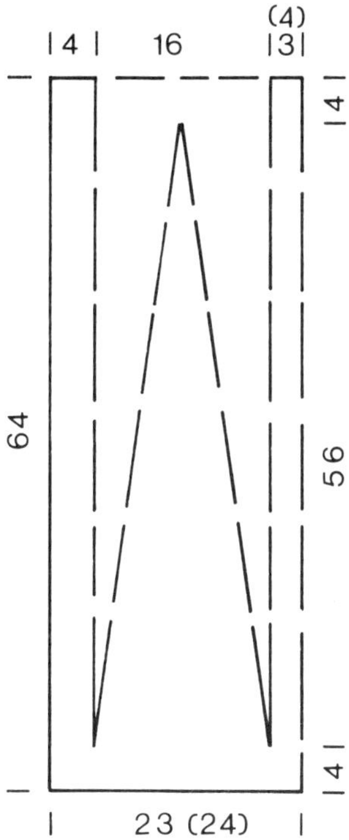

nach je 4 R wiederholen = 164 (176) M. Ab 39 (40) cm Höhe = 148 (152) R für die Schultern beidseitig in jeder 2. R 10 × 3, 7 × 4 (14 × abwechselnd 3 und 4 M, 3 × 5 M) abketten. Zugleich in 46 (47) cm Höhe = 176 (180) R für den Halsausschnitt die mittleren 20 M in 1 R, beidseitig davon in jeder 2. R 2 × 5, 1 × 4 M abketten.

LINKES VORDERTEIL: 66 (71) M anschlagen, im Grundmuster stricken, dabei Seite, Armausschnitt mit Lochzunahmen und Schulter wie beim Rücken formen. Am vorderen Rand geradeaus stricken. In 24 cm Höhe = 92 R im Lochmuster 1 waagerechte R von 11 Löchern arbeiten, das erste 20 (22) M ab vorderem Rand beginnend. Dann nach je 4 R über dem ersten und letzten Loch noch 2 × 1 Loch senkrecht darüber arbeiten. Zuletzt 4 R darüber 1 R Lochmuster über alle M stricken. Zugleich in 25 (26) cm Höhe = 96 (100) R für die Ausschnittschräge 1 × 1 M, abwechselnd nach je 3 und 4 R noch 23 × 1 M abnehmen. –

RECHTES VORDERTEIL: Gegengleich arbeiten.

GÜRTEL: 25 M anschlagen, abwechselnd 1 M rechts, 1 M links 120 cm = 560 R geradeaus stricken.

FERTIGSTELLUNG: Teile spannen, mit einem feuchten Tuch bedecken und trocknen lassen. Die Nähte bis auf 8 cm der linken Seitennaht schließen. Die Armausschnitte mit 84 festen M 4 Rd hoch behäkeln; nach innen umschlagen. Die vorderen Geraden mit je 72 (76), die Ausschnittschrägen mit je 62, den Halsausschnitt mit 48 festen M 4 R hoch behäkeln. Für die Knopflochschlingen den Faden 4 (5) cm ab rechtem unterem Rand befestigen, 6 Luftm häkeln, damit 4 feste M übergehen, 1 Kettm in die folgende M, dann den Bogen mit 13 festen M behäkeln; Faden vernähen. 4 weitere Schlingen im Abstand von je 4 cm arbeiten. Die vorderen Ränder 2 cm breit übereinanderstecken und die Knöpfe annähen.

ROCK: In einem Stück quer arbeiten. 180 M anschlagen, im Grundmuster stricken, und zwar * 14 R geradeaus dann den Keil mit verkürzten R arbeiten. Dafür ab linkem Rand 168 M in Wartestellung bringen und über die restlichen 12 M von rechts stricken. Weiter in jeder 2. R 6 × 11 und 9 × 10 M mehr auffassen. Es verbleiben 12 M. Zurückgehen und in jeder 2. R 9 × 10 und 6 × 11 mehr in Wartestellung bringen. Weiter über alle M 12 (16) R geradeaus stricken Ab * noch 9 × wiederholen, dann alle M abketten.

FERTIGSTELLUNG: Den Rock spannen, mit einem feuchten Tuch bedecken und trocknen lassen. Die Naht bis auf die oberen 16 cm schließen. Rock und Oberteil zusammennähen. Den Reißverschluß einnähen. Den unteren Rand schmal nach links umnähen.

Sommerkleid mit V-Ausschnitt
Abb. S. 262

Ein schmales sommerliches Kleid, das auf dem Handstrickapparat glatt rechts gestrickt wird. Der Rock ist ohne Nähte quergestrickt, das Oberteil besteht aus vier schräggestrickten Teilen. Das Kleid wird aus feiner lavendelfarbener Schurwolle gearbeitet. Der tiefe V-Ausschnitt ist mit einer weißen Streifenblende eingefaßt. Die Bündchen des kurzen Ärmels sind auch weiß gestrickt. Das Rockteil ist lang und schmal geschnitten. Das sommerliche Modell für den Nachmittag kann mit einem weißen Ledergürtel verschönt werden.

GRÖSSEN: 36 und 40. Bei unterschiedlichen Angaben: Größe 40 in Klammern.
MATERIAL: Feine Cablé-Wolle, reine Schurwolle, 450 (500) g in Lavendel, 50 g in Weiß. 1 Paar INOX-Stricknadeln Nr. 2.
HANDSTRICK-APPARAT: PASSAP-Duomatic. Reihen-Höhen sind gegeben.
GRUNDMUSTER, EINSTELLUNG 6¼: Glatt rechts = Hinr rechte M, Rückr linke M.
BÜNDCHENMUSTER: Abwechselnd 1 M rechts, 1 M links.
MASCHENPROBE: 29 M und 40 R = 10 cm.

Arbeitsanleitung
LINKES RÜCKENTEIL: Schräg arbeiten. In der seitlichen unteren Ecke beginnend 3 M in Lavendel anschlagen und im Grundmuster stricken, dabei zwischen der 1. und 2. M ab linkem Rand 1 Hilfsfaden mitführen bzw. die Nadelstellung auf dem Apparat markieren. Am rechten Rand = Seitennaht in jeder 2. R * 2 × 5, 1 × 4 M zunehmen, ab * noch 3 × wiederholen, dann für den Ärmel 46 M dazu anschlagen = 104 M rechts des Fadens, weiter geradeaus stricken. Am linken Rand = Unterkante in jeder 4. R 18 (20) × 1 M zunehmen = 19 (21) M links vom Faden nach 74 (82) R. Nun 2 R geradeaus darüberstricken, dann für die hintere Mitte in jeder 2. R * 6 (4) × 4, 1 × 5 M abnehmen, ab * noch 2 (4) × wiederholen, dann noch 5 (1) × 4 M abnehmen. Zugleich ab 80 (88) R Höhe 2 R weiß, 6 R Lavendel, 2 R weiß, weiter in Lavendel stricken, dabei in jedem weißen Streifen am rechten Rand je 1 M abnehmen = 102 M rechts des Fadens. In 24 (26) cm = 96 (104) R Höhe am rechten Rand für den Halsausschnitt in jeder 2. R 1 × 3, 2 × 2, 2 × 1 M, in jeder 4. R 5 × 1 M abnehmen.
RECHTES RÜCKENTEIL: Gegengleich arbeiten.
RECHTES VORDERTEIL: Bis auf den Halsausschnitt wie das linke Rückenteil stricken. Dafür nach 96 (104) R die restlichen 80 (81) M stillegen.
LINKES VORDERTEIL: Gegengleich arbeiten.
ROCK: In einem Stück quer arbeiten. An einer »Seitennaht« beginnend 210 M in einer Kontrastfarbe anschlagen bzw. einen »offenen Anschlag« arbeiten und einfarbig lavendel im Grundmuster halbrund stricken: * Nach 20 (22) über alle M gestrickten R mit verkürzten R einen Keil einarbeiten. Dazu am linken Rand der Arbeit = Rock-Oberkante 26 M in Ruhestellung schieben, 1 R über die übrigen M stricken, dann den Faden um die letzte stillgelegte M

Schnittverkleinerung: ½ Rücken- bzw. Vorderteil und ⅟₁₆ Rock für Größe 36 (40).

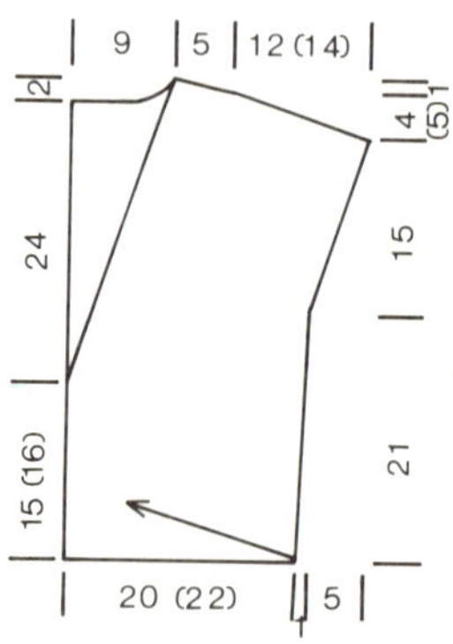

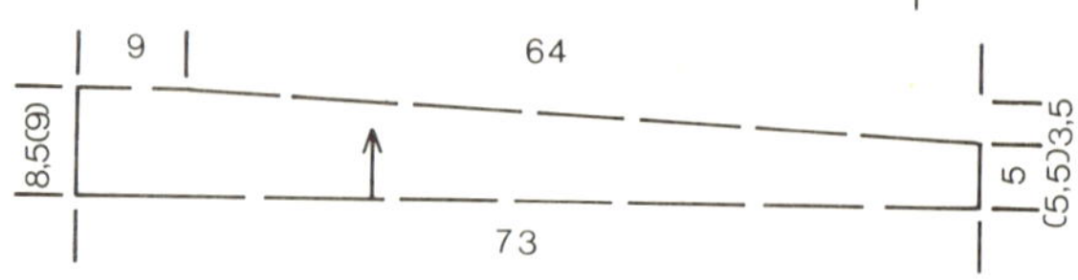

legen und zurückstricken. Diesen Vorgang noch 6 × wiederholen, so daß die letzten 2 R über nur noch 28 M gearbeitet werden. Anschließend alle M wieder in Arbeitsstellung schieben und über alle M stricken. Ab * noch 15 × wiederholen = 320 (352) R am oberen Rand, 544 (576) R am unteren Rand des Rockes. Einige R in einer Kontrastfarbe darüberstricken, Gestrick vom Apparat abwerfen.
FERTIGSTELLUNG: Teile spannen und leicht dämpfen. Die M der ersten und der letzten lavendelfarbigen R vom Rock im M-Stich verbinden, dann den Anschlag und die zusätzlichen R in der Kontrastfarbe auftrennen. Den Rocksaum 3 cm nach links umnähen. Beim Oberteil die Schulternähte und die Rückennaht schließen. Aus den Ärmelkanten 93 M in Weiß aufnehmen und mit Nadeln Nr. 2 im Bündchenmuster 2 cm hoch stricken. Die stillgelegten M der Vorderteile und dazwischen aus dem rückwärtigen Halsausschnitt 51 M in Weiß aufnehmen und 3 cm weiß im Bündchenmuster stricken, dabei für die Ausschnittspitze beidseitig in jeder 2. R je 2 M abnehmen. Nähte schließen. Den Rock annähen.

Pulloverkleider für den Winter

Für beide Kleider
GRÖSSEN: 38 und 42. Bei unterschiedlichen Angaben: Größe 42 in Klammern.
MATERIAL: Esslinger Garn, Qualität Geisha, 85% Polyacryl, 15% Mohair, in den angegebenen Mengen und Farben. 1 Paar INOX-Stricknadeln Nr. 3½, je eine 100 cm lange IMRA-Rundstricknadel Nr. 3½ und 4.
BÜNDCHENMUSTER: Abwechselnd 1 M rechts, 1 M links.
MASCHENPROBE, Grundmuster: 22 M und 34 R bzw. Rd = 10 cm.

Grünes Kleid
Abb. S. 246
MATERIAL: 500 (600) g in Grün Nr. 43.
GRUNDMUSTER: Glatt rechts = Hinr rechte M, Rückr links, in Rd rechte M.
Arbeitsanleitung
KLEID: Am unteren Rand beginnend in einem Teil in Rd stricken. 238 254) M auf der Rundnadel Nr. 4 anschlagen und in Rd im Bündchenmuster stricken. Weiter mit Nadel Nr. 3½ im Grundmuster in Rd geradeaus stricken. In 88 cm Höhe die Arbeit teilen. Für die Armausschnitte vor und nach dem Rd-Wechsel je 9 M abketten, 101 (109) M stricken, 18 M abketten, mit den restlichen 101 (109) M das Rückenteil fertigstellen; geradeaus arbeiten. Ab 9 cm Rückenhöhe 2 × abwechselnd je 7 R glatt links und glatt rechts, dann noch 7 R glatt links stricken. Ab 20 (21) cm Rückenhöhe für die Schultern beidseitig in jeder 2. R 2 × 4 (5), 1 × 3, 1 × 2, 5 × 1 M abnehmen, die restlichen 65 (69) M stillegen. Das Vorderteil genauso arbeiten, dann die stillgelegten M mit den Vorderteil-M vereinen und den Rollkragen im Grundmuster in Rd 22 cm geradeaus stricken.
ÄRMEL: 44 (48) M mit Nadeln Nr. 3½ anschlagen und im

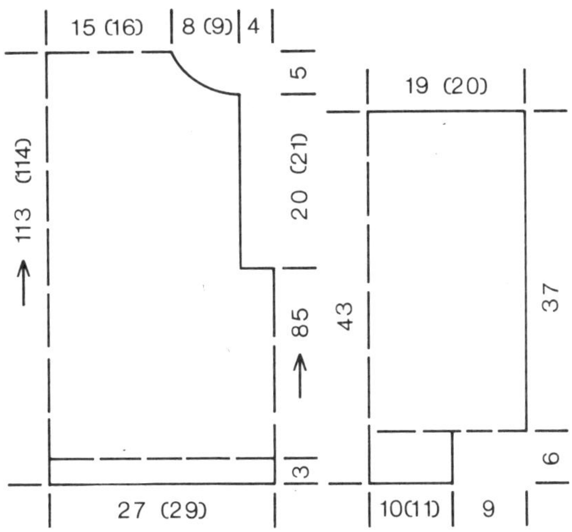

Schnitt: ½ Rücken- bzw. Vorderteil vom Kleid mit Rollkragen. Auf angegebene Maße verlängern. ½ Ärmel.

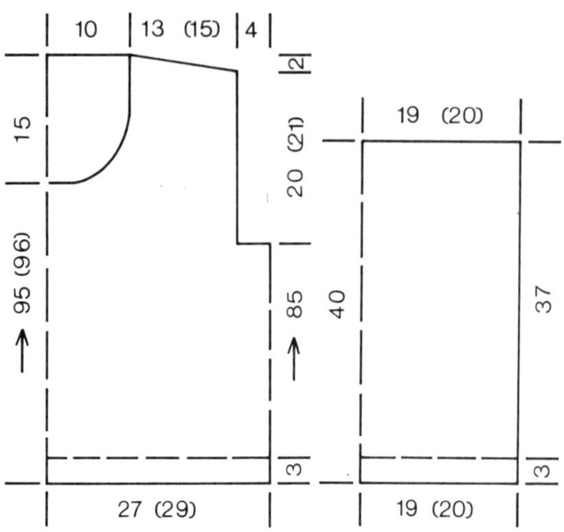

Schnitt: ½ Rücken- bzw. Vorderteil vom Kleid mit rundem Ausschnitt. Auf angegebene Maße verlängern. ½ Ärmel.

Bündchenmuster 6 cm stricken. Weiter im Grundmuster arbeiten, dabei in der 1. R mit der 3. (5.) M beginnend 40 × jede M verdoppeln = 84 (88) M; geradeaus stricken. Nach 7 R die 3 Links-M-Streifen wie beim Rückenteil beschrieben arbeiten, dann im Grundmuster beenden. In 43 cm Höhe alle M abketten.
FERTIGSTELLUNG: Teile spannen, mit einem feuchten Tuch bedecken und trocknen lassen. Die Nähte schließen.

Braunes Kleid
Abb. S. 247

MATERIAL: 450 (550) g in Braun Nr. 42. 1 Paar Stricknadeln Nr. 4
GRUNDMUSTER: Glatt links = Hinr linke M, Rückr rechte M; in Rd linke M.

Arbeitsanleitung
KLEID: Bis nach der Teilung für die Armausschnitte wie beim grünen Kleid beschrieben arbeiten = je 101 (109) M. Das Rückenteil noch 20 (21) cm im Grundmuster geradeaus arbeiten, dann für die Schultern beidseitig in jeder 2. R 4 × 7 (8) M, die restlichen 45 M für den Halsausschnitt in 1 R abketten. Dann die Vorderteil-M aufnehmen und Armausschnittseiten und Schultern wie beim Rücken formen. Für den Halsausschnitt nach 7 cm = 95 (96) cm Gesamthöhe die mittleren 13 M in 1 R abketten, beidseitig davon in jeder 2. R 1 × 3, 3 × 2, 4 × 1 M, in jeder 4. R 3 × 1 M abnehmen; bis zum Schluß gerade stricken.
ÄRMEL: 84 (88) M mit Nadeln Nr. 4 anschlagen, 3 cm im Bündchenmuster, weiter mit Nadeln Nr. 3½ im Grundmuster geradeaus stricken und in 40 cm Höhe alle M abketten.
HALSBLENDE: 123 M mit Nadeln Nr. 3½ anschlagen und im Bündchenmuster 3 cm stricken.
FERTIGSTELLUNG: Wie beim grünen Kleid. Die Halsblende aufnähen.

Sommerkleid aus Baumwolle

Ein Strickkleid kann man zu jeder Jahreszeit und bei fast allen Gelegenheiten tragen. Dieses Modell wird aus reiner Baumwolle glatt rechts gestrickt. Es ist aus rosenholzfarbenem Garn. Das wirkt sehr elegant und ist besonders für den Nachmittag geeignet. Es hat kurze Ärmel mit Bündchen, der Rock ist quer gestrickt. Das Oberteil wird mit einem dekorativen, diagonal verlaufenden Lochmuster versehen. Der V-Ausschnitt folgt den Musterreihen. Er hat einen Bündchenrand im Rippenmuster. Sehr gut paßt zu diesem feschen Modell ein schmaler Ledergürtel. Die Angaben in Schnitt und Anleitung gelten für Damenkonfektionsgröße 40 und 44.

GRÖSSEN: 40 und 44. Bei unterschiedlichen Angaben: Größe 44 in Klammern.
MATERIAL: Feines, glänzendes Baumwollgarn, 100% Baumwolle, 800 (850) g in Altrosa. Eine 40 cm lange IMRA-Rundstricknadel Nr. 2. Ein 25 cm langer Reißverschluß.
GRUNDMUSTER: Glatt rechts = Hinr rechte M, Rückr linke M.
STRICKSCHRIFT: Gegeben sind die Hinr, in allen Rückr die Umschläge und M links stricken. Die 1.–16. R wiederholen.
BÜNDCHENMUSTER: Abwechselnd 1 M re, 1 M li.
MASCHENPROBE: 30 M und 40 R = 10 cm.

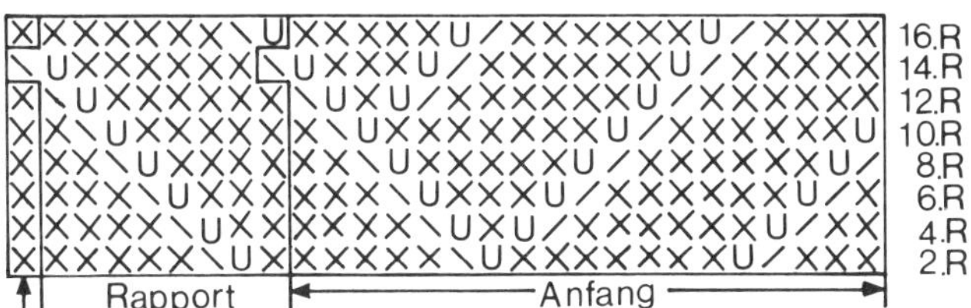

X = **1 M rechts**
U = **1 Umschlag**
/ = **2 M rechts zusammenstricken**
\ = **2 M rechts überzogen zusammenstricken**

Oben das dekorative Lochmuster des Oberteils. Der V-Ausschnitt folgt den Musterreihen und hat einen Bündchenrand. Darunter ist die Strickschrift für das Lochmuster des rosenholzfarbenen Teils. Gegeben sind die Hinreihen. In den Rückreihen Maschen und Umschläge links stricken.

Arbeitsanleitung

RÜCKEN: 136 (150) M anschlagen. Im Grundmuster stricken, dabei beidseitig 6 × nach je 14 R 1 M zunehmen = 148 (162) M. Ab 23 (22) cm Höhe = 92 (88) R für die Armausschnitte beidseitig in jeder 2. R 1 × 4 (5), 3 (4) × 2, 3 × 1 M, in jeder 4. R 2 × 1 M abnehmen = 118 (126) M; geradeaus stricken. Für die Schultern ab 42 cm Höhe = 168 R beidseitig in jeder 2. R 1 × 4, 5 × 5 (6 × abwechselnd 5 und 6 M abnehmen). Zugleich in 43 cm Höhe = 172 R für den Halsausschnitt die mittleren 48 M in 1 R, beidseitig davon in jeder 2. R 3 × 2 M abketten.

VORDERTEIL: 136 (150) M anschlagen und nach der Strickschrift arbeiten, dabei beginnt das Muster nach einer links gestrickten Rückr in der 2. R nach der Randm mit der 7. (1.) M des Anfangsteils, anschließend den Rapport fortlaufend wiederholen. Seitennaht, Armausschnitt und Schulter wie beim Rücken formen. Für den Halsausschnitt die Arbeit in 29 cm Höhe = 116 R in der Mitte teilen. An der linken Ausschnittseite kein Lochmuster mehr arbeiten, sondern nach der Randm weiter in jeder 2. R 2 M rechts überzogen zusammenstricken. An der rechten Ausschnittseite vor der Randm in jeder 2. R 2 M rechts zusammenstricken. Nach 30 Abnahmen bis zum Schluß geradeaus stricken.

ÄRMEL: Für den Ärmel 84 (96) M anschlagen. Mit kleinerer Einstellung im Bündchenmuster 10 cm hoch = 46 R

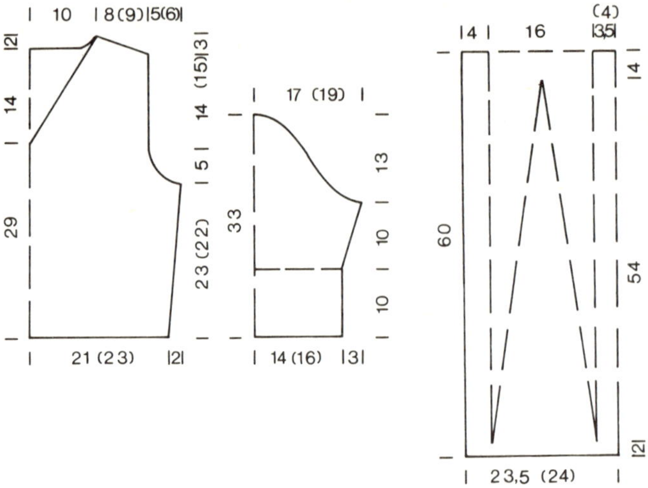

Schnittverkleinerung für das Sommerkleid: ½ Rücken- bzw. Vorderteil, ½ Ärmel, ¹⁄₁₀ Rock. Alle Angaben gelten für Größe 40 (44).

stricken. Anschließend mit normaler Einstellung im Grundmuster arbeiten und beidseitig 9 × nach je 4 R 1 M zunehmen = 102 (114) M. Ab 20 cm Höhe = 86 R für die Armkugel beidseitig in jeder 2. R 1 × 4 (5), 2 × 3 (4), 3 × 2, 12 × 1, 3 × 2, 2 × 3 (4), 1 × 4 (5) M, die restlichen 14 M in 1 R abketten.
FERTIGSTELLUNG: Die Nähte schließen. In der linken Seitennaht die unteren 8 cm für den Reißverschluß offenlassen. Bei den Ärmeln die unteren 5 cm zum Umschlagen von rechts nähen. Mit der Rundstricknadel aus dem Halsausschnitt 184 M aufnehmen. Je 1 Rd linke und rechte M, weiter 10 Rd im Bündchenmuster stricken, dabei in der vorderen Mitte 1 rechte M heraufführen und in jeder Rd 3 M mit obenaufliegender Mittel-M zusammenstricken.
ROCK: In einem Stück quer arbeiten. 180 M anschlagen, im Grundmuster stricken, und zwar * 16 R geradeaus, dann den Keil mit verkürzten R arbeiten. Dafür ab linkem Rand 174 M in Wartestellung bringen und über die restlichen 6 M von rechts stricken. Weiter in jeder 2. R 3 × 10 und 12 × 11 M auffassen. Es verbleiben 12 M. Zurückgehen und in jeder 2. R 12 × 11 und 3 × 10 M mehr in Wartestellung bringen. Dann über alle M 14 (16) R geradeaus stricken. Ab * noch 9 × wiederholen, dann alle M abketten.
FERTIGSTELLUNG: Die Naht bis auf die oberen 16 cm schließen. Den unteren Rand mit einem Baumwoll-Schrägstreifen versäubern. Rock und Oberteil zusammennähen. Reißverschluß einnähen.

Damenkleid, weiß

GRÖSSEN: 38/40 und 42/44. Bei unterschiedlichen Angaben: Größe 42/44 in Klammern.
MATERIAL: Lana Grossa-Wolle, Qualität Diana Cablé 6fach, 100% Baumwolle, 850 (900) g in Weiß. Qualität Lamé Frisé, 40 g in Silber. 1 Paar INOX-Stricknadeln Nr. 2½, 1 INOX-Häkelnadel Nr. 3.
GRUNDMUSTER: Glatt rechts = Hinr rechte M, Rückr linke M.
EINSTRICKMUSTER: 1. und 2. R alle M in Silber, * 3. R 4 M weiß, 1 M silber *, 4 R die M stricken, wie sie erscheinen, 5. R alle M in Silber, 6.–7. R Muster versetzt stricken, 8. R und 9 R alle M in Silber, 10.–14. R wie *, 15. R alle M in Silber. 8 R glatt rechts in Weiß stricken, dann Kästchenmuster: 1. R 2 M weiß, 2 M silber, 2. R die M stricken, wie sie erscheinen. 3. R 2 M silber, 2 M weiß, 4. R die M stricken, wie sie erscheinen. In den nächsten Reihen das Kästchenmuster noch einmal versetzt arbeiten.
MASCHENPROBE: 26 M und 40 R = 10 cm.
BÜNDCHENMUSTER: Abwechselnd 1 M rechts, 1 M links.

Arbeitsanleitung
RÜCKEN: 146 (154) M in Weiß anschlagen und im Grundmuster stricken. Nach 11 R die Bruch-R arbeiten. Dafür zwischen den Randm abwechselnd je 2 M rechts zusammenstricken und 1 Umschlag arbeiten. In der folgen-

Das weiße Damenkleid trägt ein dezentes Einstrickmuster in Silbergrau. Es wird aus Baumwolle gestrickt und ist locker geschnitten.

den R die M und Umschläge links abstricken. Weiter ab Bruch-R 7 cm in Weiß, dann Einstrickmuster arbeiten. Zugleich in 6 cm Höhe für den Schlitzbeleg beidseitig je 10 M dazu anschlagen, 14 cm geradeaus stricken, diese 10 M wieder abketten. In 91 cm Höhe beginnend noch 1 × das Einstrickmuster arbeiten, das Teil in Weiß beenden. In 107 cm Höhe für den Halsausschnitt die mittleren 40 M und beidseitig davon in jeder 2. R 1 × 3, 1 × 2, 1 × 1 M abketten. Restliche je 47 (51) Schulter-M in 110 cm Höhe abketten.
VORDERTEIL: Bis auf den Halsausschnitt wie den Rükken arbeiten. Dafür in 101 cm Höhe die mittleren 30 M abketten, weiter an den Ausschnittseiten in jeder 2. R 1 × 3, 2 × 2, 2 × 1 M, in jeder 4. R 2 × 1 M abnehmen.
ÄRMEL: 46 (50) M in Weiß anschlagen und 8 cm im Bündchenmuster stricken. Weiter im Grundmuster arbeiten, dabei in der 1. R 68 M zunehmen = 114 (118) M, Geradeaus strikken und in 10 cm Höhe 1 × das Einstrickmuster arbeiten. Den Ärmel weiß beenden. In 46 cm Höhe alle M abketten.
FERTIGSTELLUNG: Die Schulternähte schließen. Die Ärmel je zur Hälfte an Rücken und Vorderteil nähen. Den unteren Saum im Bruch und den Schlitzbeleg nach links umnähen. Den Halsausschnitt umhäkeln, Nähte schließen.

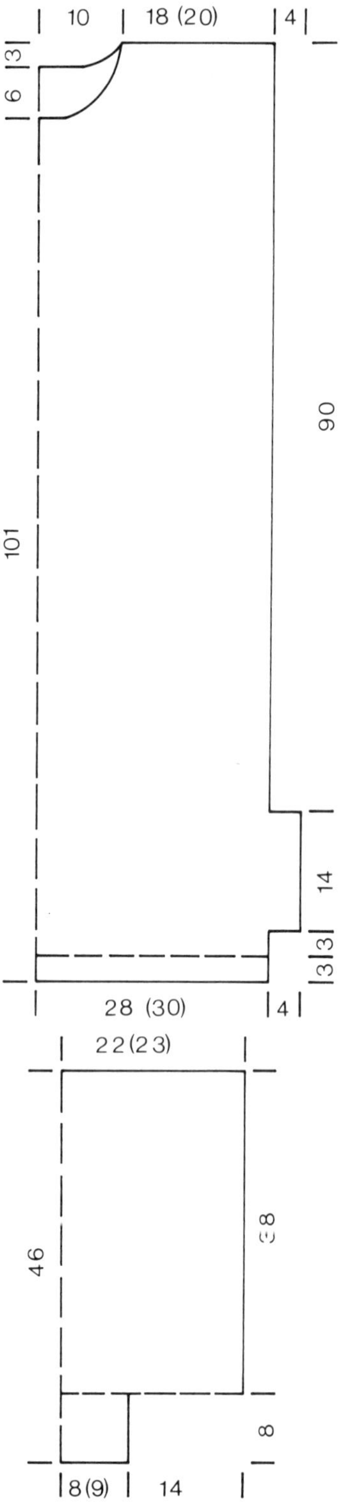

Schnitt: ½ Rücken- bzw. Vorderteil, ½ Ärmel.

Zweiteiliges Damenkleid

GRÖSSEN: 38/40 und 42. Bei unterschiedlichen Angaben: Größe 42 in Klammern.
MATERIAL: Lana Grossa-Garn, Qualität Intimo, 100% Baumwolle, 400 (450) g in Blau Nr. 33, 200 g in Rosé Nr. 25, 150 g in Khaki Nr. 15, 100 g in Grau Nr. 19. 1 Paar INOX-Stricknadeln und eine 40 cm lange IMRA-Rundstricknadel Nr. 3. Gummiband.
GRUNDMUSTER: Glatt rechts = Hinr rechte M, Rückr linke M.
STREIFENFOLGE I: * 10 R blau, 2 R grau, ab * wiederholen.
STREIFENFOLGE II: * 10 R Farbe, 2 R grau , ab * wiederholen, dabei die Farbstreifen jeweils 4 × in Rosé, Khaki und Blau arbeiten.
MASCHENPROBE: 27 M und 34 R = 10 cm.
BÜNDCHENMUSTER: 1 M rechts, 1 M links.

Arbeitsanleitung
PULLOVER-RÜCKEN: 136 (142) M in Blau anschlagen, 5 cm im Bündchenmuster, weiter im Grundmuster nach der Streifenfolge I geradeaus strikken. Für den Halsausschnitt in 54 cm Höhe die mittleren 38 M in 1 R, beidseitig davon in jeder 2. R 2 × 3, 1 × 2 M abketten. Die restlichen 41 (44) M je Schulter in 56 cm Höhe abketten.
VORDERTEIL: Bis auf den Halsausschnitt wie den Rükken arbeiten. Dafür in 50 cm Höhe die mittleren 22 M, beidseitig davon in jeder 2. R 2 × 3, 4 × 2, 3 × 1 M abketten.

FERTIGSTELLUNG: Die Schulternähte schließen. Mit der Rundnadel aus dem Halsausschnitt ca. 132 M in Blau aufnehmen und 2 cm im Bündchenmuster stricken, dann abketten. Jeweils 19 cm ab Schulter beginnend und endend für die Armblenden ca. 111 M in Blau aufnehmen und im Bündchenmuster 2 cm stricken, dann abketten. Den Pulli weiter wie üblich zusammennähen.

ROCK, RÜCKEN- UND VORDERTEIL: Für 70 cm Breite in Rosé 190 M anschlagen und im Grundmuster stricken. Nach 8 R für den Bruch 1 Rückr rechter M stricken, weiter nach der Streifenfolge II arbeiten. In 71 cm Höhe ab Bruch nach 8 R rosé ab Rand 13 M stricken, 3 × abwechselnd 3 M rechts zusammenstricken und 1 M stricken, dann 28 × abwechselnd 4 M zusammenstricken und 1 M stricken, weiter 3 × abwechselnd 3 M zusammenstricken und 1 M stricken, danach die R beenden. In der nächsten R die abketten.

FERTIGSTELLUNG: Die Seitennähte schließen. Für den Taillenbund 200 M in Rosé anschlagen und 6 cm im Grundmuster stricken, dann abketten. Die Naht schließen, dann den Bund auf den oberen Rockrand nähen, Gummiband einlegen und den Bund zur Hälfte nach links umnähen. Den unteren Saum im Bruch nach links umnähen.

Dieses gestreifte, zweiteilige Damenkleid ist aus Baumwolle glatt rechts gestrickt.

Strickkleid

Abb. S. 257

GRÖSSE: 40.
MATERIAL: Schachenmayr-Wolle, Qualität Show, 300 g in Lila Nr. 594, 100 g in Pink Nr. 588, 50 g in Messing Nr. 598. 1 Paar INOX-Stricknadeln Nr. 2½. 1 Reißverschluß, 55 cm lang. Schulterpolster.
GRUNDMUSTER: Glatt rechts = Hinr rechte M, Rückr linke M.
EINSTRICKMUSTER: Siehe Zeichnungen. Jedes Kästchen = 1 M in der entsprechenden Farbe (ohne Randm).
MASCHENPROBE: 25 M und 34 R = 10 cm.
BÜNDCHENMUSTER: Abwechselnd 1 M rechts, 1 M links.

Arbeitsanleitung

RÜCKEN: 156 M in Lila anschlagen, 2 cm im Bündchenmuster, weiter im Grundmuster nach dem Einstrickmuster I stricken. In 7 cm Höhe beidseitig 1 × 1 M, in jeder 12. R 17 × 1 M abnehmen = 120 M. In 60 cm Höhe die Arbeit für den Reißverschluß in der Mitte teilen = je 60 M und geradeaus stricken. Ab 69 cm Höhe nach dem Einstrickmuster II weiter stricken. Ab 92 cm Höhe für den Armausschnitt in jeder 2. R 1 × 4, 2 × 2, 4 × 1 M abnehmen = 48 M. In 105 cm Höhe für die Passe in Lila im Bündchenmuster stricken, dabei in der 1. R verteilt 5 M abnehmen = 43 M. In 112 cm Höhe für den Halsausschnitt ab Schlitzrand 1 × 14 M abketten, in jeder 2. R 1 × 2, 2 × 1 M abnehmen, dann in jeder 6. R 3 × 1 M wieder zunehmen. Zugleich in 112 cm Höhe beim Armausschnitt 1 × 1 M, in jeder 4. R 3 × 1 M zunehmen. Ab 117 cm Höhe für die Passenschrägung in jeder 2. R 3 × 6, 2 × 7 M abketten.
VORDERTEIL: Ohne Schlitz und Passenmuster bis 106 cm Höhe wie den Rücken stricken, dann für den Halsausschnitt die mittleren 10 M, beidseitig an den Ausschnittseiten in jeder 2. R 1 × 5, 1 × 3, 1 × 2 M abketten. Ab 107 cm Höhe für die Passenschrägung in jeder 2. R 3 × 11 M abketten.
ÄRMEL: 45 M anschlagen in Lila und 2 cm im Bündchenmuster stricken. Weiter im Grundmuster nach dem Einstrickmuster II arbeiten, dabei in der 1. R 9 × jede 5. M verdoppeln = 54 M. Beidseitig abwechselnd 1 × in der 6. R und 1 × in der folgenden 8. R insgesamt 18 × 1 M zunehmen = 90 M. Ab 42 cm Höhe für die Armkugel beidseitig in jeder 2. R 1 × 3, 2 × 2 M, in jeder 4. R 5 × 1 M, in jeder 2. R 14 × 1, 2 × 2, 1 × 3 M, dann die restlichen 24 M abketten.
FERTIGSTELLUNG: Teile spannen, mit feuchten Tüchern bedecken und trocknen lassen. Die Nähte schließen. Für 1 Kragenhälfte aus dem Halsausschnitt M in Lila aufnehmen, dabei in der Vorderteil-Mitte beginnen. Im Bündchenmuster mit Kettrandm 8 cm hoch stricken, dann abketten. Die 2. Hälfte genauso arbeiten. Den Reißverschluß einnähen, dann den Kragen zur Hälfte nach innen umnähen. Schulterpolster einnähen.

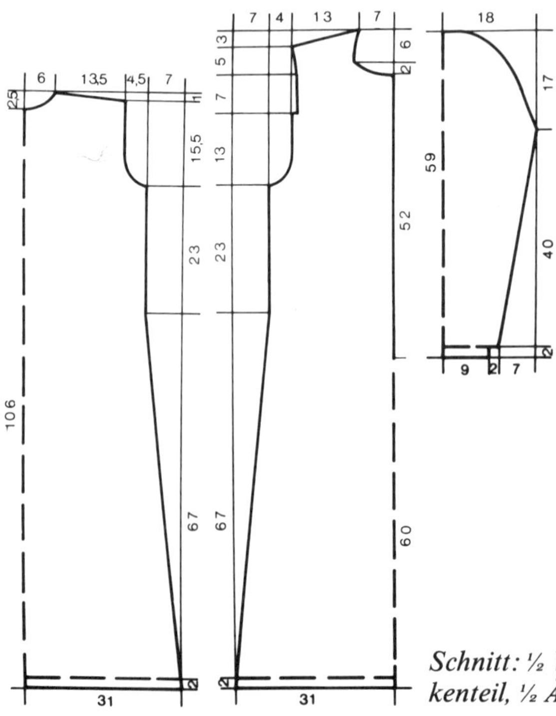

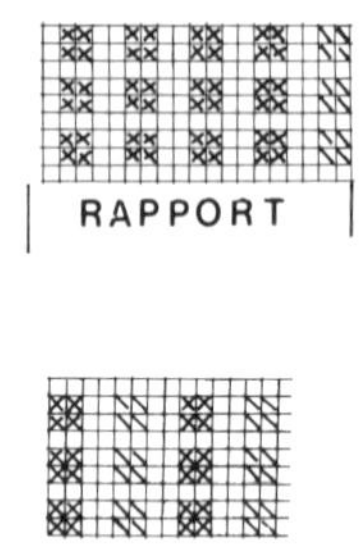

Einstrickmuster

☐ = *lila*
⧅ = *messing*
☒ = *pink*

Schnitt: ½ Vorderteil, ½ Rückenteil, ½ Ärmel.

Zweiteiliges Strickkleid, feingemustert

Abb. S. 257

Ein kleines feines Muster schmückt dieses zweiteilige Strickkleid. Die dezent aufeinander abgestimmten Farben pink, messing und lila geben dem Kleid eine elegante Note. Die Angaben gelten für Damenkonfektionsgröße 38. Das Strickmuster bedarf etwas Zeit und Geduld, aber es lohnt sich.

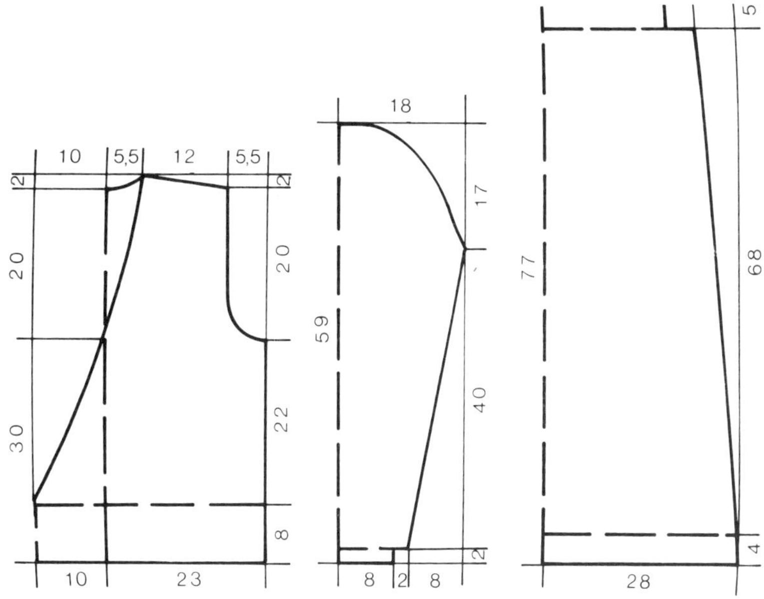

Schnitt: ½ Rücken und linkes Vorderteil, ½ Ärmel vom Pullover. ½ Rücken- bzw. Vorderteil vom Rock.

GRÖSSE: 38.
MATERIAL: Schachenmayr-Wolle, Qualität Show, 200 g in Messing Nr. 598, je 150 g in Pink Nr. 588 und Lila Nr. 594. 1 Paar INOX-Stricknadeln Nr. 2½, eine 80 cm lange IMRA-Rundstricknadel Nr. 2½. 70 cm Gummiband, Schulterpolster.
GRUNDMUSTER: 1. R (Hinr): Randm, * 3 M rechts, 1 M mit 1 Umschlag links abheben, ab * wiederholen. Am Ende 3 M rechts, Randm. 2. R und alle folgenden Rückr: Die M stricken, wie sie erscheinen, die gehobenen M wieder mit Umschlag links abheben. 3. R: Randm, 1 M rechts, * 1 M mit Umschlag links abheben, 3 M rechts, ab * wiederholen. Am Ende nur 1 M rechts, Randm. – Die 1.–4. R wiederholen.
STREIFENFOLGE: * 2 R pink, 2 R lila, 2 R messing, ab * wiederholen.
MASCHENPROBE: 22 M und 42 R = 10 cm.
BÜNDCHENMUSTER: Abwechselnd 1 M rechts, 1 M links.

Arbeitsanleitung
Pullover

RÜCKEN: 101 M in Messing anschlagen und 1 Rückr linker M stricken, weiter im Grundmuster nach der Streifenfolge arbeiten. Ab 22 cm Höhe für die Armausschnitte beidseitig in jeder 2. R 1 × 4, 1 × 3, 1 × 2, 3 × 1 M abnehmen = 77 M und weiter geradeaus stricken. In 42 cm Höhe für die Schultern beidseitig in jeder 2. R 2 × 6, 2 × 7 M abketten. Zugleich für den Halsausschnitt die mittleren 13 M, beidseitig davon in jeder 2. R 3 × 2 M abketten.
LINKES VORDERTEIL: 73 M in Messing anschlagen und 1 Rückr linker M, weiter im Grundmuster nach der Streifenfolge arbeiten, dabei Seite, Armausschnitt und Schulter wie beim Rücken formen. Zugleich ab Musterbeginn am vorderen Rand in jeder 4. R 22 × 1 M, in jeder 6. R. 13 × 1 M abnehmen.

RECHTES VORDERTEIL: Gegengleich arbeiten.
ÄRMEL: 40 M in Messing anschlagen und 2 cm im Bündchenmuster, weiter im Grundmuster nach der Streifenfolge stricken, dabei in der 1. R 4 × jede 10. M verdoppeln = 44 M. Beidseitig abwechselnd 1 × in der 8. R und 1 × in der folgenden 10. R insgesamt 18 × 1 M zunehmen = 80 M. Ab 42 cm Höhe für die Armkugel beidseitig in jeder 2. R 1 × 3, 2 × 2, 2 × 1 M, in jeder 4. R 13 × 1 M, in jeder 2. R 2 × 1, 2 × 2, 1 × 3 M, die restlichen 22 M in 1 R abketten.
FERTIGSTELLUNG: Die Teile spannen, mit feuchten Tüchern bedecken und trocknen lassen. Die Schulternähte schließen. Mit der Rundnadel

aus den Vorderteilschrägen und dem Halsausschnitt in Messing M aufnehmen. In offenen R im Bündchenmuster stricken und in 2 cm Höhe abketten. Aus dem unteren Rand vom Rückenteil M in Messing aufnehmen und 8 cm in Bündchenmuster stricken. Die Vorderteile 20 cm breit übereinanderlegen und beim Aufnehmen der M beide Teile verbinden. Das Bündchen 8 cm hoch anstricken. Die Pulli weiter wie üblich zusammennähen.

Rock

RÜCKEN und VORDERTEIL: Je 125 M in Messing anschlagen, 1 Rückr linker M, dann im Grundmuster nach der Streifenfolge stricken. In 10 cm Höhe beidseitig
1 × 1 M, in jeder 20. R
10 × 1 M, in jeder 10. R
3 × 1 M abnehmen = 97 M.
Ab 72 cm Höhe in Messing glatt rechts weiterstricken, dabei in der 1. R gleichmäßig verteilt 14 M abnehmen = 83 M. In 5 cm Höhe die M abketten.
FERTIGSTELLUNG: Die Teile spannen, mit feuchten Tüchern bedecken und trocknen lassen. Die Seitennäthe schließen. Das Bündchen zur Hälfte nach innen umnähen, dabei das Gummiband einlegen. Den unteren Rand 4 cm breit nach links umnähen.

Gestreiftes Polokleid

Geradezu ideal für den Sommer ist dieses sportlich-elegante Kleid im Polostil. Es ist lang und eng geschnitten und hat lange Ärmel, die man auch gut mal hochschieben kann. Auf der Brust befindet sich eine kleine Tasche. Das Sommerkleid hat feine weiße, gelbe und hellblaue Streifen. Es wird glatt rechts gestrickt. Die Bündchen sind im Rippenmuster gearbeitet. Das Stricken mit den dünnen Nadeln ist zwar etwas mühsam, doch das Ergebnis ist überzeugend. Denn Polokleider sind klassisch: sie sind immer modern. Die Angaben in Schnitt und Anleitung gelten für Damenkonfektionsgröße 36/38 bzw. 40/42.

GRÖSSEN: 36/38 und 40/42. Bei unterschiedlichen Angaben: Größe 40/42 in Klammern.
MATERIAL: Phildar-Garn, Qualität Phildar Luxe, 250 (300) g in Weiß Nr. 10, 200 (250) g in Blau Nr. 69, 100 g in Gelb Nr. 79. Je 1 Paar INOX-Stricknadeln Nr. 2 und 2½, eine 40 cm lange IMRA-Rundstricknadel Nr. 2. 1 Rest Futterstoff.
GRUNDMUSTER: Glatt rechts = Hinr rechte M, Rückr linke M.
STREIFENFOLGE: * 2 R gelb, 6 R weiß, 4 R blau, ab * wiederholen.
MASCHENPROBE: 30 M und 40 R = 10 cm.
BÜNDCHENMUSTER: Abwechselnd 1 M rechts, 1 M links.

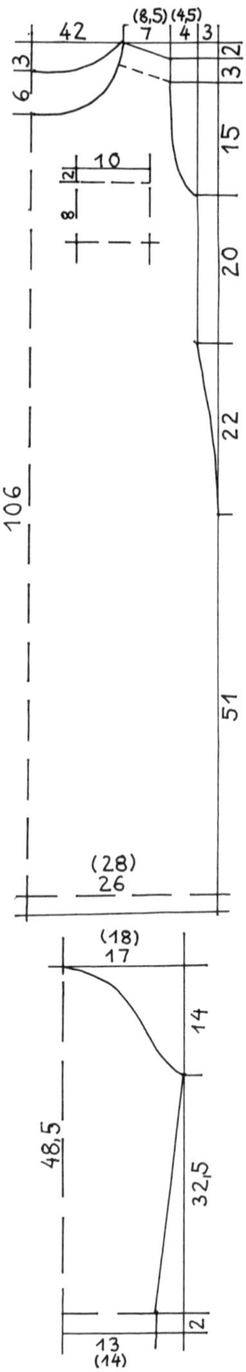

Schnitt für Polokleid: ½ Rücken- bzw. Vorderteil, ½ Ärmel für Größe 36/38 bzw. 40/42.

Arbeitsanleitung

RÜCKEN: 156 (168) M mit Nadeln Nr. 2 in Blau anschlagen und im Bündchenmuster stricken. Weiter mit Nadeln Nr. 2½ im Grundmuster nach der Streifenfolge geradeaus stricken. In 53 cm Höhe beidseitig 1 × 1 M, in jeder 14. R 2 × 1 M, in jeder 10. R 6 × 1 M abnehmen = 138 (150) M und weiter geradeaus stricken. Ab 95 cm Höhe für die Armausschnitte beidseitig in jeder 2. R 1 × 4, 1 × 3, 2 × 2, 1 (3) × 1 M abnehmen = 114 (122) M. Geradeaus stricken. In 112 cm Höhe für den Halsausschnitt die mittleren 36 M in 1 R, beidseitig davon in jeder 2. R 1 × 5, 1 × 4, 2 × 3, 1 × 2, 1 × 1 M abketten. Gleichzeitig in 113 cm Höhe für die Schultern in jeder 2. R 1 × 6 (7), 3 × 5 (6) M abketten.

VORDERTEIL: Bis auf die Tasche, den Halsausschnitt und die Schulterblenden wie den Rücken arbeiten. Für die Tasche in 97 cm Höhe die 14.–35. M (18.–39. M) als Blende in Blau im Bündchenmuster stricken. Nach 2 cm die Blenden-M abketten und die Arbeit stillegen. Für den Taschenbeutel 30 M in Weiß anschlagen und 10 cm im Grundmuster stricken, dann die M der Arbeit einfügen. Für den Halsausschnitt in 106 cm Höhe die mittleren 24 M in 1 R, beidseitig davon in jeder 2. R 1 × 4, 2 × 3, 4 × 2, 6 × 1 M abketten. Gleichzeitig in 110 cm Höhe die Schulter-M nicht abketten, sondern stillegen. Danach über diese M 1 R im Grundmuster stricken, dabei verteilt 6 M zunehmen. Für die Schulterpasse mit Nadeln Nr. 2 in Blau 2 R nur rechte M, dann im Bündchenmuster stricken. In 3 cm Blendenhöhe noch 2 R nur rechte M stricken, dann die M abketten.

ÄRMEL: 78 (84) M mit Nadeln Nr. 2 in Blau anschlagen und 2 cm im Bündchenmuster stricken. Dann mit Nadeln Nr. 2½ im Grundmuster nach der Streifenfolge weiter arbeiten. Dabei für die Ärmelnähte beidseitig in jeder 10. R 12 × 1 M zunehmen = 102 (108) M. Ab 34,5 cm Höhe für die Armkugel beidseitig in jeder 2. R 1 × 4, 1 × 3, 2 × 2, 17 (16) × 1, 4 × 2, 2 × 3 (noch 1 × 4) M, die restlichen 18 M in 1 R abketten.

FERTIGSTELLUNG: Teile spannen, mit feuchten Tüchern bedecken und trocknen lassen. Aus dem Stoffrest 1 Taschenteil zuschneiden, mit dem gestrickten Taschenteil verstürzen und an der unteren Blendenkante festnähen. Die Nähte schließen, dabei die Armkugel etwas einhalten. Mit der Rundnadel aus dem Halsausschnitt M in Blau aufnehmen und in 1 Rd rechte M, 1 Rd linke M, dann im Bündchenmuster stricken. In 3 cm Höhe die M abketten.

Pullikleid aus Angora

Abb. S. 264

Dieses Pullikleid ist genau das richtige für alle, die leicht frieren. Es ist aus kuscheliger Angorawolle glatt rechts gestrickt. Kein billiges Stück (denn Angorawolle ist recht teuer), dafür aber unheimlich schön. Das Kleid wird nach dem Schnitt auf der nächsten Seite gefertigt. Zum Schluß wird das gesamte Kleid mit rosafarbenen Perlen bestickt und an den Schultern gepolstert. Die Angaben in Schnitt und Anleitung für dieses sportlich-elegante Modell gelten für Größe 38.

GRÖSSE: 38.

MATERIAL: Bouton d'Or-Angorawolle, 37 Knäule in Rosa. 1 Paar INOX-Stricknadeln Nr. 3½. Etwa 430 rosafarbene Wachsperlen, 8 mm groß. Schulterpolster.

GRUNDMUSTER: Glatt rechts = Hinr rechte M, Rückr linke M.

MASCHENPROBE: 22 M und 36 R = 10 cm.

BÜNDCHENMUSTER: Abwechselnd 1 M rechts, 1 M links.

Arbeitsanleitung

RÜCKEN: 159 M anschlagen und 4 cm im Bündchenmuster, weiter im Grundmuster stricken, dabei in der 1. R 53 × jede 2. und 3. M zusammenstricken = 106 M. Geradeaus stricken. In 45 cm Höhe beidseitig 1 × 1 M, weiter in jeder 16. R 3 × 1 M, in jeder 14. R 3 × 1 M abnehmen = 92 M und weiter geradeaus stricken. Ab

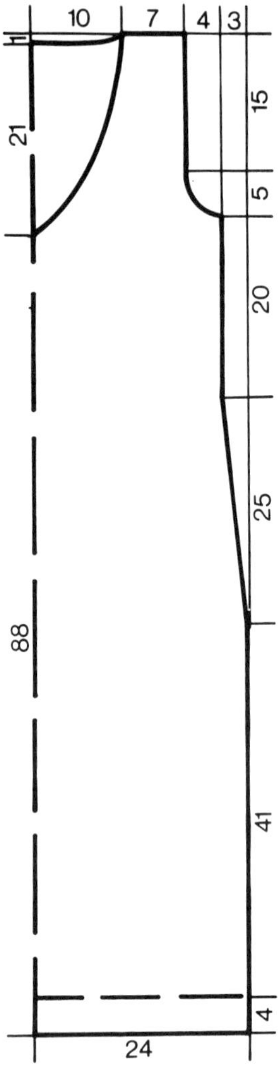

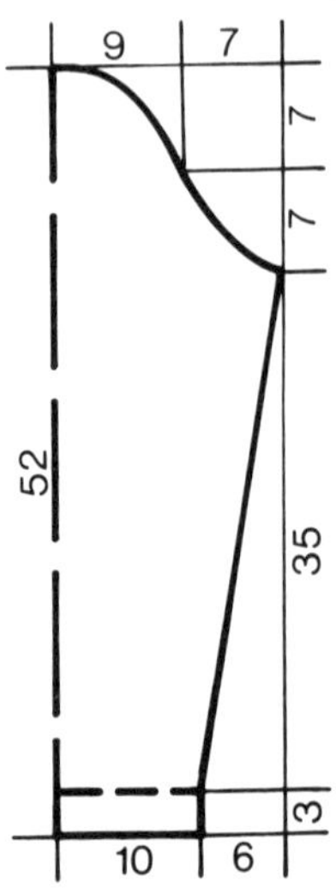

90 cm Höhe für die Armausschnitte beidseitig in jeder 2. R 1 × 3, 1 × 2, 3 × 1 M abnehmen = 76 M. Geradeaus stricken. In 109 cm Höhe für den Halsausschnitt die mittleren 34 M, beidseitig davon in jeder 2. R 1 × 3, 1 × 2 M abketten. Die restlichen 16 M je Schulter in 1 R abketten.

VORDERTEIL: Bis auf den Halsausschnitt wie den Rükken arbeiten. Dafür in 88 cm Höhe die Arbeit in der Mitte teilen und an den Ausschnittseiten in jeder 2. R 6 × 1 M, in jeder 4. R 16 × 1 M abnehmen.

ÄRMEL: 44 M anschlagen und 3 cm im Bündchenmuster, weiter im Grundmuster arbeiten, dabei beidseitig in jeder 10. R 7 × 1 M, in jeder 8. R 6 × 1 M zunehmen = 70 M. Ab 38 cm Höhe für die Armkugel beidseitig in jeder 2. R 1 × 3, 2 × 2, 18 × 1, 2 × 2, 1 × 3 M und die restlichen 6 M abketten.

FERTIGSTELLUNG: Die Schulternähte schließen. Mit der Rundnadel aus dem Halsausschnitt M aufnehmen und im Bündchenmuster stricken, dabei in der vorderen Spitze in jeder Rd 3 M mit obenaufliegender Mittel-M zusammenstricken. In 3 cm Höhe die M abketten. Das gesamte Kleid im Abstand von etwa 7,5 cm mit den Perlen besticken. Die Nähte schließen und die Schulterpolster einnähen.
Schnitt: ½ Rücken- bzw. Vorderteil und ½ Ärmel.

Schnittverkleinerung für Pullikleid: ½ Rücken- bzw. Vorderteil und ½ Ärmel.

Pulloverkleid, schwarz

GRÖSSEN: 36 und 40. Bei unterschiedlichen Angaben: Größe 40 in Klammern.
MATERIAL: Phildar-Garn, Qualität Pronostic, 80% Acryl, 20% Wolle, 600 (700) g in Schwarz. Passende Reste in Grün, Blau, Lila und Rot. Je 1 Paar Stricknadeln Nr. 2½ und 3. 3 Knöpfe.
GRUNDMUSTER: Glatt rechts = Hinr rechte M, Rückr linke M.
BÜNDCHENMUSTER: 1 M rechts, 1 M links.
MASCHENPROBE: 21 M und 32 R = 10 cm im Quadrat.

Arbeitsanleitung

RÜCKEN: 126 (134) M mit Nadeln Nr. 3 anschlagen und im Grundmuster geradeaus stricken. In 4 cm = 12 R Höhe für den Bruch 1 Rückr rechter M, dann weiter im Grundmuster stricken. In 8 cm = 26 R Höhe beidseitig 1 × 1 M, abwechselnd in jeder 14. und 15. R (in jeder 15. R) 16 × 1 M abnehmen = 92 (100) M; geradeaus stricken. In 112 cm = 358 R (114 cm = 364 R) Höhe für den Halsausschnitt die mittleren 28 M in 1 R abketten, beidseitig davon in jeder 2. R 1 × 3, 1 × 2 M abnehmen. Zugleich für die Schultern in jeder 2. R 3 × 9 (2 × 10, 1 × 11) M abketten.

VORDERTEIL: Bis auf den Halsausschnitt wie den Rükken arbeiten. Dafür in 89 cm = 286 R (91 cm = 292 R) Höhe die mittleren 6 M in 1 R abketten. An den Ausschnittseiten 15 cm = 48 R geradeaus stricken, dann 1 × 5 M abket-

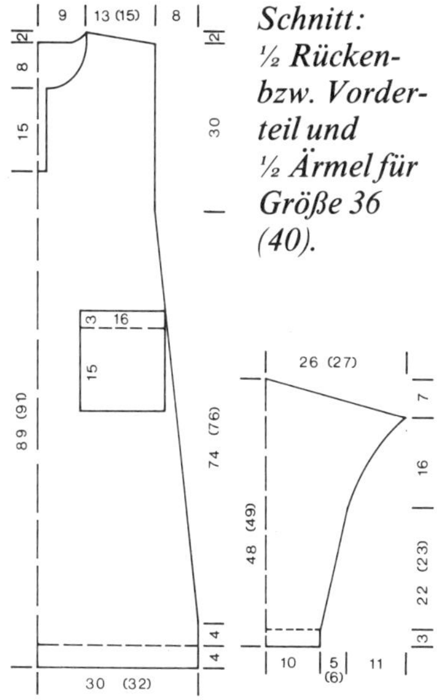

Schnitt: ½ Rücken- bzw. Vorderteil und ½ Ärmel für Größe 36 (40).

ten, in jeder 2. R 3 × 2, 1 × 1 M, in jeder 4. R 4 × 1 M abnehmen.

ÄRMEL: 42 M mit Nadeln Nr. 2½ in Schwarz anschlagen. Im Bündchenmuster 5 R schwarz, 2 R grün, 2 R schwarz stricken, weiter mit Nadeln Nr. 3 im Grundmuster schwarz weiter arbeiten. Beidseitig abwechselnd in jeder 6. und 7. R 11 × 1 M (in jeder 5. R 4 × 1 M, in jeder 6. R 9 × 1M) zunehmen = 64 (68) M, weiter in jeder 4. R 6 × 1 M, in jeder 2. R 7 × 1 M, 5 × 2 M zunehmen = 110 (114) M in 41 cm = 130 R (42 cm = 134 R) Höhe. Für die Armkugel beidseitig in jeder 2. R 10 × 5 M abketten, die restlichen 10 (14) M in 1 R abketten.

TASCHEN: 34 M in Schwarz mit Nadeln Nr. 3 anschlagen und im Grundmuster 15 cm = 48 R stricken. Weiter im Bündchenmuster 2 R schwarz, 2 R lila, 5 R + Abkett-R schwarz stricken.

HALSBLENDE: 111 M in Schwarz mit Nadeln Nr. 2½ anschlagen und im Bündchenmuster 1 R schwarz, 2 R rot, 5 R + Abkett-R schwarz stricken.

RECHTE BLENDE: 43 M in Schwarz mit Nadeln Nr. 2½ anschlagen und im Bündchenmuster 1 R schwarz, 2 R blau, 1 R schwarz stricken, dann die Knopflöcher 3 M breit einarbeiten: das erste 1 cm ab rechtem Rand, 2 weitere im Abstand von je 5 cm. Dann noch 4 R + Abkett-R schwarz stricken.

LINKE BLENDE: Einfarbig blau ohne Knopflöcher 9 R + Abkett-R wie die rechte Blende stricken.

FERTIGSTELLUNG: Teile spannen, mit einem feuchten Tuch bedecken und trocknen lassen. Die Nähte schließen. Den Saum nach links umnähen. Taschen ab 42 cm Höhe aufnähen; die Blenden auf-, Knöpfe annähen.

Damenmantel im Perlmuster

GRÖSSE: 38–40.
MATERIAL: Schoeller Wolle »Terra«, 1200 g in Graumeliert Nr. 27. 1 Paar INOX-Stricknadeln Nr. 4. Schulterpolster.
GRUNDMUSTER: Perlmuster = abwechselnd 1 M rechts, 1 M links, in jeder R um 1 M versetzt stricken.
MASCHENPROBE: 15 M und 27 R = 10 cm.

Arbeitsanleitung

RÜCKEN: 120 M anschlagen und im Grundmuster stricken. In 9 cm Höhe beidseitig ab Rand die 15. – 17. M dem Muster entsprechend zusammenstricken. Diese Abnahme nach je 9 cm darüber noch 9 × wiederholen = 80 M. Ab 90 cm Höhe für die Armausschnitte beidseitig in jeder 2. R 1 × 3, 1 × 2, 2 × 1 M, in jeder 4. R 2 × 1 M abnehmen = 62 M und weiter geradeaus stricken. In 112 cm Höhe alle M abketten.
LINKES VORDERTEIL: 60 M anschlagen und im Grundmuster stricken, dabei die Abnahme ab Seite und den Armausschnitt wie beim Rücken arbeiten. Am vorderen Rand geradeaus stricken und in 112 cm Höhe alle 31 M abketten.
RECHTES VORDERTEIL: Gegengleich stricken.
ÄRMEL: 33 M anschlagen und kraus = Rück- und Hinr rechte M stricken. In 4 cm Höhe die 1. und 16 × jede 2. M verdoppeln = 50 M. Weiter im Grundmuster stricken und beidseitig in jeder 10. R 8 × 1 M zunehmen = 66 M. Ab 41 cm Höhe für die Armkugel beidseitig in jeder 2. R. 1 × 3, 4 × 2, 8 × 1, 4 × 2, 1 × 3 M, dann die restlichen 6 M abketten.
TASCHEN: 23 M anschlagen und 18 cm hoch im Grundmuster stricken, dann abketten.
FERTIGSTELLUNG: Die Schulternähte 12 cm breit schließen. Aus dem Halsausschnitt M aufnehmen und kraus stricken. Nach 6 R die M abketten. Dann aus den vorderen Rändern M aufnehmen und ebenfalls 6 R kraus stricken, dann abketten. Die Taschen 55 cm ab unterem Rand und 3 cm ab Seitennaht beginnend schräg aufnähen. Den Mantel weiter wie üblich zusammennähen. Die Schulterpolster einnähen, dabei die Schultern auf 10 cm Breite einhalten.

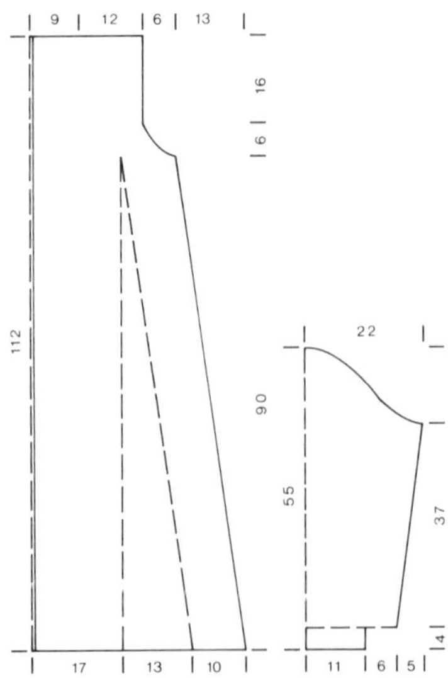

Schnittverkleinerung für den locker geschnittenen grünen Damenmantel: ½ Rücken und linkes Vorderteil, ½ Ärmel. Die Angaben gelten für Damenkonfektionsgrößen 38–40.

Mantel mit gestreiftem Oberteil

Abb. S. 259

Dieser Strickmantel zeigt ein dekoratives, diagonal verlaufendes Streifenmuster auf dem Oberteil. In den fein abgestimmten Farben (Oliv und Khaki, Erika und Lila, Türkis und Hellblau) wird das Muster zum Blickfang. Die Angaben gelten für die Damenkonfektionsgröße 38/40 sowie 36 und 42.

GRÖSSEN: 38/40 sowie 36 und 42. Bei unterschiedlichen Angaben: Größen 36 und 42 in Klammern und durch Schrägstriche getrennt.
MATERIAL: Horstia-Wolle, Qualität Handwebwolle 1/1, 600 g in Oliv Nr. 47, je 200 g in Erika Nr. 19 und Khaki Nr. 48, je 100 g in Hellblau Nr. 53, Türkis Nr. 33 und Lila Nr. 40. 1 Paar INOX-Stricknadeln und 1 Häkelnadel Nr. 6. 1 Knopf, Haken und Öse, Schulterpolster.

GRUNDMUSTER: Glatt rechts = Hinr rechte M, Rückr linke M.

EINSTRICKMUSTER: Siehe Schemazeichnung. Jedes Kästchen = 1 M.

MASCHENPROBE: 11 M und 17 R = 10 cm

Arbeitsanleitung

RÜCKEN: 65 (63/69) M in den aus der Schemazeichnung ersichtlichen Farben anschlagen (dabei die Farben von der Mittel-M ausgehend einteilen). Im Grundmuster mit ein-

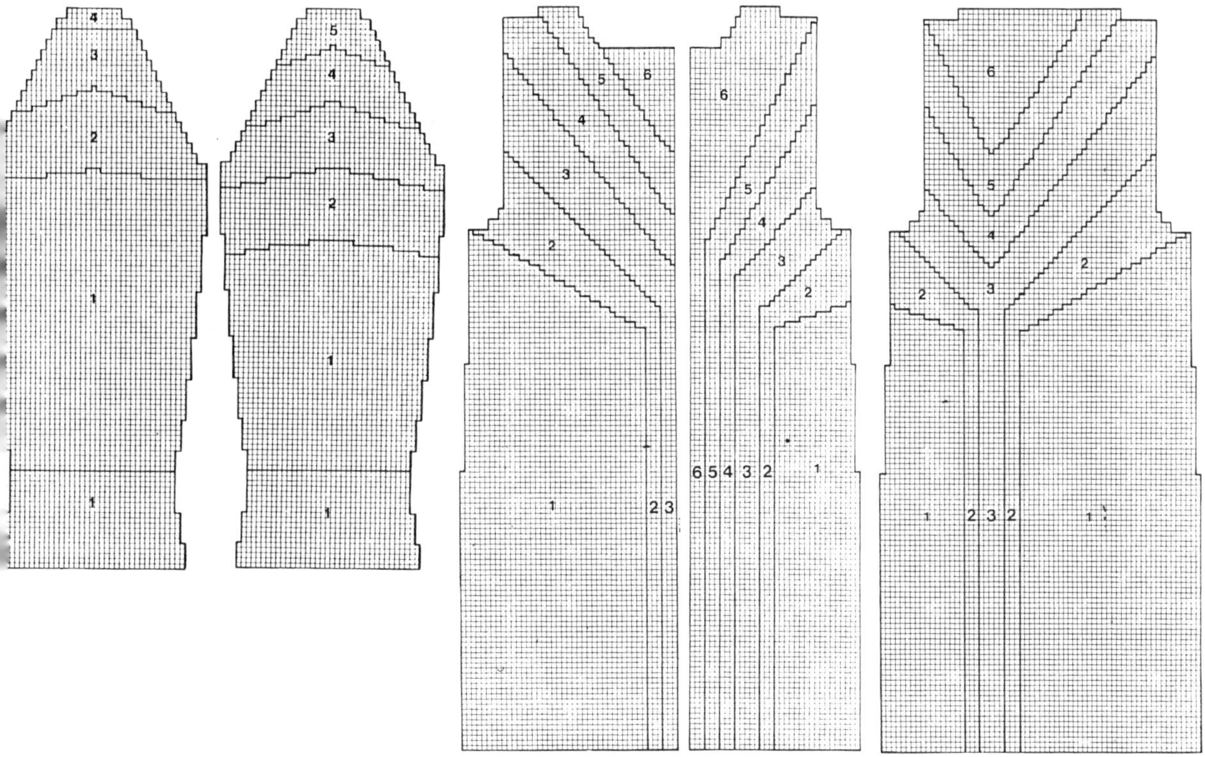

Schemazeichnung für Mantel mit gestreiftem Oberteil: rechter Ärmel, linker Ärmel, rechtes Vorderteil, linkes Vorderteil und Rückenteil (von links nach rechts).
Farben: 1 = oliv, 2 = khaki, 3 = erika, 4 = lila, 5 = türkis, 6 = hellblau

zelnen Farbknäulen arbeiten und beim Farbwechsel die Fäden verkreuzen. Die Abnahmen nach der Schemazeichnung arbeiten. In 90 cm Höhe, nach Ende der Zeichnung, ist die Arbeit beendet.

RECHTES VORDERTEIL: 43 (42/45) M in den aus der Schemazeichnung ersichtlichen Farben anschlagen (dabei die Farben ab vorderem Rand einteilen). Nach der Schemazeichnung arbeiten.

LINKES VORDERTEIL: 34 (33/36) M in den aus der Schemazeichnung ersichtlichen Farben anschlagen (dabei die Farben ab vorderem Rand einteilen). Nach der Schemazeichnung arbeiten.

ÄRMEL: 37 (35/39) M in Oliv anschlagen und bis zur Linie in der Schemazeichnung glatt links = Hinr linke M, Rückr rechte M stricken. Weiter im Grundmuster nach der Schemazeichnung arbeiten.

FERTIGSTELLUNG: Teile spannen, mit feuchten Tüchern bedecken und trocknen lassen. Nähte schließen, dabei an den Seitennähten für die Taschenbeutel an den markierten Stellen einen Schlitz lassen. Aus Strickstoff in passender Farbe einen ca. 15 cm × 18 cm großen Taschenbeutel zuschneiden, verstürzt in die Seitennaht fügen, annähen und ringsherum schließen. Für den Stehkragen 18 M in Hellblau anschlagen und leicht gedehnt gemessen 48 cm hoch abwechselnd 1 M rechts, 1 M links stricken, dabei in 42 cm Höhe die Arbeit für das Knopfloch teilen, getrennt je 4 R stricken, dann wieder über alle M stricken. Den Kragen gedehnt aufnähen. Alle Ränder mit 1 R Krebsstich = feste M von links nach rechts gearbeitet behäkeln, dabei die Kragenkanten etwas einhalten. Den Knopf und außerdem Haken und Öse annähen. Schulterpolster einnähen.

Melierte Kleider

Für beide Kleider

GRÖSSEN: 38 und 42. Bei unterschiedlichen Angaben: Größe 42 in Klammern.
BÜNDCHENMUSTER: 1 M rechts, 1 M links.
MASCHENPROBE: 21 M und 27 R = 10 cm.

Rostfarbenes Kleid

Abb. S. 245

MATERIAL: Mittelstarke Sportwolle, reine Schurwolle, 650 (700) g in Rostmeliert, je 50 g in Grün und Rost. Je 1 Paar INOX-Stricknadeln Nr. 3, 4 und 4½. 4 Knöpfe.
GRUNDMUSTER: Glatt rechts = Hinr rechte M, Rückr linke M.
STREIFENFOLGE: * 2 R grün, 14 R meliert, 2 R rost, 14 R meliert, ab * wiederholen.

Beigefarbenes Kleid

Abb. S. 261

MATERIAL: Mittelstarke Sportwolle, reine Schurwolle, 650 (700) g in Beigemeliert, je 50 g in Blau und Ocker. Je 1 Paar Stricknadeln Nr. 3, 4 und 4½. 4 Knöpfe.
GRUNDMUSTER: links = Hinr linke M, Rückr rechte M.
STREIFENFOLGE: * 2 R ocker, 14 R meliert, 2 R blau, 14 R meliert, ab * wiederholen.

Arbeitsanleitung

RÜCKEN: 126 (134) M mit Nadeln Nr. 4½ in Meliert anschlagen und 4 cm im Bündchenmuster stricken. Weiter mit Nadeln Nr. 4 im Grundmuster zuerst 6 R meliert, dann nach der Streifenfolge arbeiten, dabei beidseitig in jeder 20. R 9 × 1 M abnehmen = 108 (116) M. In 79 cm Höhe für die Armausschnitte beidseitig in jeder 2. R 2 × 4 M abnehmen = 92 (100) M, weiter geradeaus stricken. In 106 (107) cm Höhe für die Schulter in jeder 2. R 2 × 8 (10), 1 × 9 M abketten. Zugleich für den Halsausschnitt die mittleren 36 M in 1 R, beidseitig in jeder 2. R 1 × 2, 1 × 1 M abnehmen.
VORDERTEIL: Bis auf den Halsausschnitt wie den Rükken arbeiten, dabei in 60 cm Höhe für die Tascheneingriffe beidseitig die 3.–35. M abketten, in der folgenden R dafür 33 M neu anschlagen. In 73 (74) cm Höhe für den Schlitz

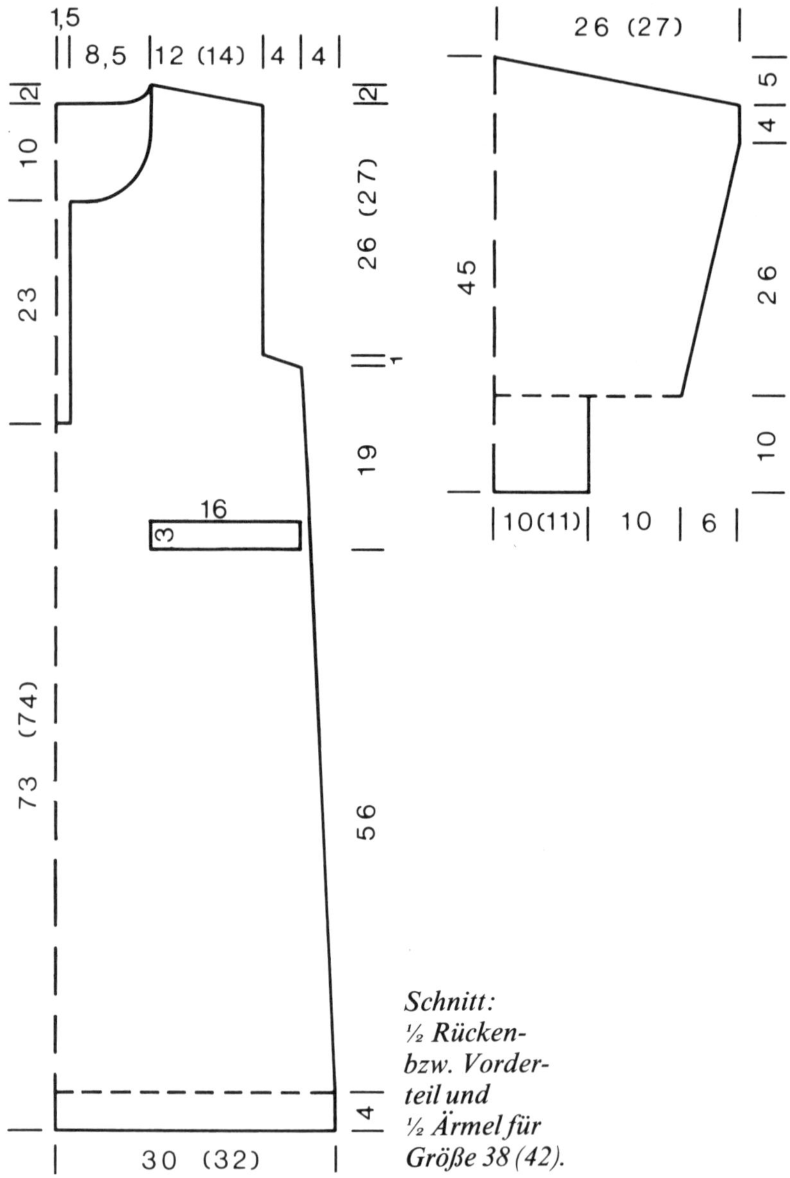

Schnitt: ½ Rücken- bzw. Vorderteil und ½ Ärmel für Größe 38 (42).

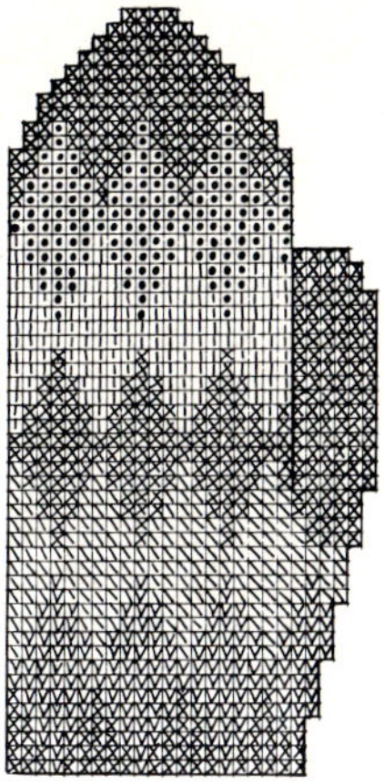

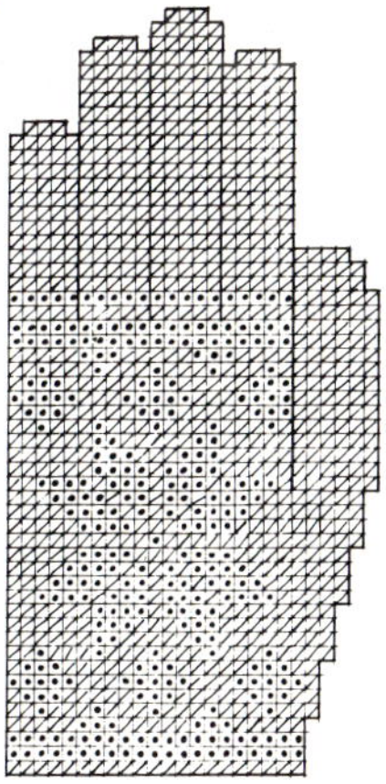

Diese Handschuhe können sich sehen lassen. Ob einfach gestreift, mit eingestrickten Rhomben oder mit einem Norwegerstern – sie gefallen jedem und halten die Finger im Winter schön warm (Anl. S. 356, 360, 381)

◄ *Groß und weich ist das mit Mustern übersäte Schultertuch (Anl. S. 392)*

Nicht nur herrlich weich und warm, sondern auch schick ist dieser lange Schal (Anl. S. 387)

◀ *Mütze und Fäustlinge mit Einstrickmuster sind das richtige für frostige Tage (Anl. S. 385)*

▶ *Weiß wie Schnee ist das warme Strickset, bestehend aus Mütze, Schal und Handschuhen im dekorativen Smokmuster (Anl. S. 393)*

Lange Schals aus reiner Wolle, eins rechts, eins links gestrickt, kann man nie genug haben (Anl. S. 375)

Das sportliche Set aus Mütze, Schal und Handschuhen in warmen Herbsttönen trägt ein Einstrickmuster aus Rhomben und Streifen (Anl. S. 381) ▶

Eine lustige Socken-Parade: Da fällt die Wahl schwer. Aber Socken hat man ja nie genug, ob aus kühler Baumwolle oder warmer Schafwolle gestreift oder uni (Anl. S. 359)

die mittleren 6 M abketten, beidseitig davon geradeaus stricken. In 96 (97) cm Höhe für den Halsausschnitt in jeder 2. R 1 × 8, 3 × 2, 4 × 1 M abnehmen.
ÄRMEL: 42 (44) M mit Nadeln Nr. 3 in Meliert anschlagen und 10 cm im Bündchenmuster stricken. Anschließend mit Nadeln Nr. 4 im Grundmuster arbeiten, dabei in der 1. R jede M verdoppeln = 84 (88) M. Nach 14 R meliert weiter nach der Streifenfolge arbeiten. Zugleich ab Bündchen beidseitig abwechselnd in jeder 4. und 6. R 12 × 1 M zunehmen = 108 (112) M. Ab 40 cm Höhe beidseitig in jeder 2. R 7 × 7 M abnehmen, die restlichen 10 (14) M in 1 R abketten.
HALSBLENDE: 243 M mit Nadeln Nr. 3 in Meliert anschlagen und im Bündchenmuster mit Kettrandm stricken, dabei die 56. M beidseitig ab Rand als Eck-M markieren und in jeder 2. R beidseitig dieser M je 1 M aus dem Querdraht zunehmen. In 1,5 cm Höhe die Knopflöcher über je 3 M einarbeiten: das erste 10 M ab rechtem Rand, 3 weitere im Abstand von je 11 M. In 3 cm Höhe abketten.
TASCHENBLENDEN: 39 M mit Nadeln Nr. 3 in Meliert anschlagen und im Bündchenmuster mit Kettrandm 3 cm hoch stricken.
FERTIGSTELLUNG: Teile spannen und leicht dämpfen. Die Nähte schließen und die Blenden mit den Anschlagkanten aufnähen. Taschenbeutel aus Stoff anfertigen und einnähen. Die Knöpfe annähen.

Damenmantel in Ecru

Der weitschwingende Damenmantel wird aus ecrufarbener Wolle im »falschen Patent« gestrickt. Die Anleitung dazu finden Sie unter Grundmuster I. Die Angaben in Schnitt und Anleitung gelten für Damenkonfektionsgröße 38 bis 40.

GRÖSSE: 38/40.
MATERIAL: Lana Grossa-Wolle, Qualität Chainette, 1100 g in Ecru Nr. 6978. 1 Paar INOX-Stricknadeln und eine 100 cm lange IMRA-Rundstricknadel Nr. 6.
GRUNDMUSTER I: Falsches Patent. M-Zahl teilbar durch 4 + 1. 1. R (Hinr): Randm, 1 M rechts, * 1 M links, 3 M rechts, ab * wiederholen. Am Ende 1 M links, 1 M rechts, Randm. 2. R (Rückr): Randm, * 3 M rechts, 1 M links, ab * wiederholen. Am Ende 3 M rechts, Randm. – Die 1. und 2 R wiederholen.
GRUNDMUSTER II: M-Zahl teilbar durch 6 + 5. 1. R (Hinr): Randm, 1 M rechts, * 1 M links, 5 M rechts, ab * wiederholen. Am Ende 1 M links, 1 M rechts, Randm. 2. R (Rückr): Randm, 4 M rechts, * 1 M links, 5 M rechts, ab * wiederholen. Am Ende 1 M links, 4 M rechts, Randm. – Die 1. und 2. R wiederholen.
MASCHENPROBE: 16 M und 24 R = 10 cm.
Bündchenmuster: Abwechselnd 1 M rechts, 1 M links.

Arbeitsanleitung

RÜCKEN UND VORDERTEILE: Von oben nach unten stricken. Für den Rücken 65 M anschlagen und im Grundmuster I stricken. In 14 cm Höhe in einer Hinr beidseitig der 1. und letzten obenauf rechten M für die Erweiterung wie folgt zunehmen: vor der rechten M 1 M rechts verschränkt aus dem Querdraht zunehmen, die rechte M rechts stricken, dann wieder 1 M rechts verschränkt aus dem Querdraht zunehmen. Diese zugenommenen M in allen R rechts stricken. In der folgenden 4. R beidseitig der nächsten obenauf rechten M wie vorher je 1 M zunehmen und dem Muster einfügen. So weiter in jeder 4. R beidseitig der obenauf rechten M je 1 M zunehmen, bis in 24 cm Höhe alle M im Grundmuster II gestrickt werden = 95 M. Nun beidseitig je 2 M abketten und die restlichen 91 M stillegen.
Für das linke Vorderteil 22 M anschlagen. Im Grundmuster I arbeiten, dabei ab rechtem Rand in der 1. R nach der Randm das Muster ab * beginnen. In 5 cm Höhe am rechten Rand für den Halsausschnitt und die Blende 16 M dazu anschlagen = 38 M. Ab vorderem Rand für die Blende 9 M im Bündchenmuster, die übrigen M im Grundmuster I stricken. Ab 14 cm Höhe ab linkem Rand beginnend die Zunahmen beidseitig der 1. obenauf rechten M wie beim Rücken beschrieben arbeiten = 52 M in 24 cm Höhe. Nun ab linkem Rand 1 M abketten und die restlichen 51 M stillegen.
Rechtes Vorderteil gegengleich.
Nun mit dem linken Vorderteil beginnend alle M auf die Rundnadel übernehmen =

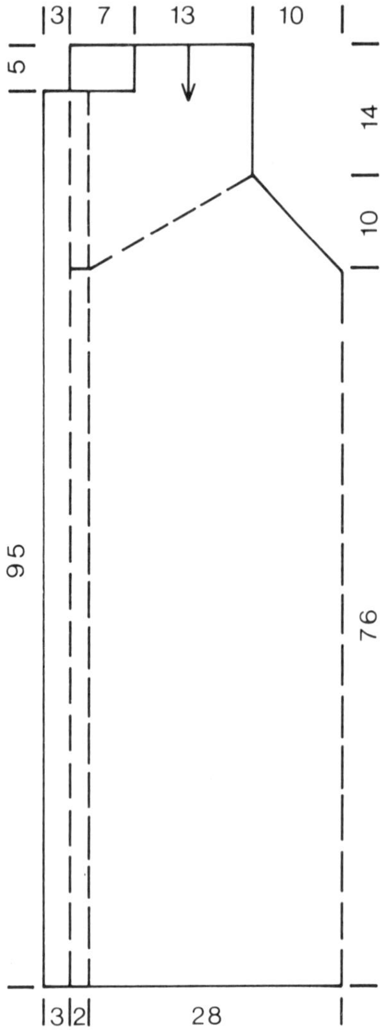

Schnittverkleinerung: ½ Rücken und linkes Vorderteil, ½ Ärmel für Größe 38/40.

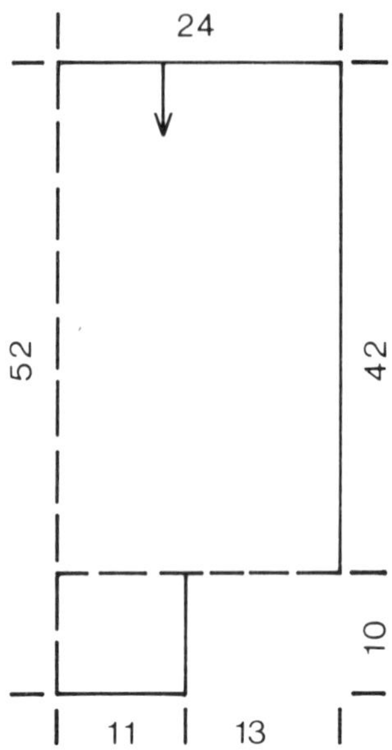

175 Muster-M und beidseitig je 9 Blenden-M. In offenen R bis 100 cm Höhe im Grundmuster II geradeaus stricken, dann die M abketten.
ÄRMEL: 71 M mit doppeltem Faden anschlagen und weiter mit einfachem Faden im Grundmuster II 42 cm geradeaus stricken. Anschließend in 1 R fortlaufend je 2 M zusammenstricken = 36 M und noch 10 cm im Bündchenmuster stricken. Die M nicht zu fest abketten.

FERTIGSTELLUNG: Die Schulternähte schließen. Aus dem Halsausschnitt bis Blendenbeginn 67 M aufnehmen und 4 cm im Bündchenmuster stricken. Die vorderen Blenden mit doppeltem Faden jeweils 1 cm breit umstechen, damit die Blende sich nicht auslängt. Den Mantel ab Passe leicht anfeuchten, auf einen Bügel hängen und trocknen lassen. Dadurch längst er sich beim Tragen nicht mehr. Danach die Ärmel einnähen.

Mantel mit Rhomben

Abb. S. 259

Das Rhombenmuster aus fein abgestuften Farbtönen macht diesen Strickmantel zum wahren Schmuckstück. Die einzelnen Teile werden nach nebenstehendem Schnittmuster gefertigt. Die Schemazeichnung für das Einstrickmuster ist dort ebenfalls angegeben (1 Kästchen bedeutet 1 Masche). Der Mantel wird glatt rechts gestrickt, die Blenden sind im Perlmuster gearbeitet. Der auffallende Mantel ist locker geschnitten und wird offen getragen. Er besitzt zwei Taschen und gepolsterte Schultern. Die Angaben gelten für Größe 38/40 sowie 36 und 42.

GRÖSSEN: 38/40, sowie 36 und 42. Bei unterschiedlichen Angaben: Größe 36 und 42 in Klammern und durch Schrägstriche getrennt.

MATERIAL: Horstia-Wolle, Qualität Handwebwolle 1/1, je 150 g in Türkis Nr. 33, Hellblau Nr. 34, Lila Nr. 35 und Khaki Nr. 36, je 100 g in Blau Nr. 37, Oliv Nr. 38 und Gelb Nr. 39. 1 Paar INOX-Stricknadeln Nr. 6, eine 120 cm lange IMRA-Rundstricknadel Nr. 5. Schulterpolster.

GRUNDMUSTER: Glatt rechts = Hinr rechte M, Rückr linke M.

Einstrickmuster: Siehe Schemazeichnung. 1 Kästchen = 1 M.

MASCHENPROBE: 11 M und 17 R = 10 cm.

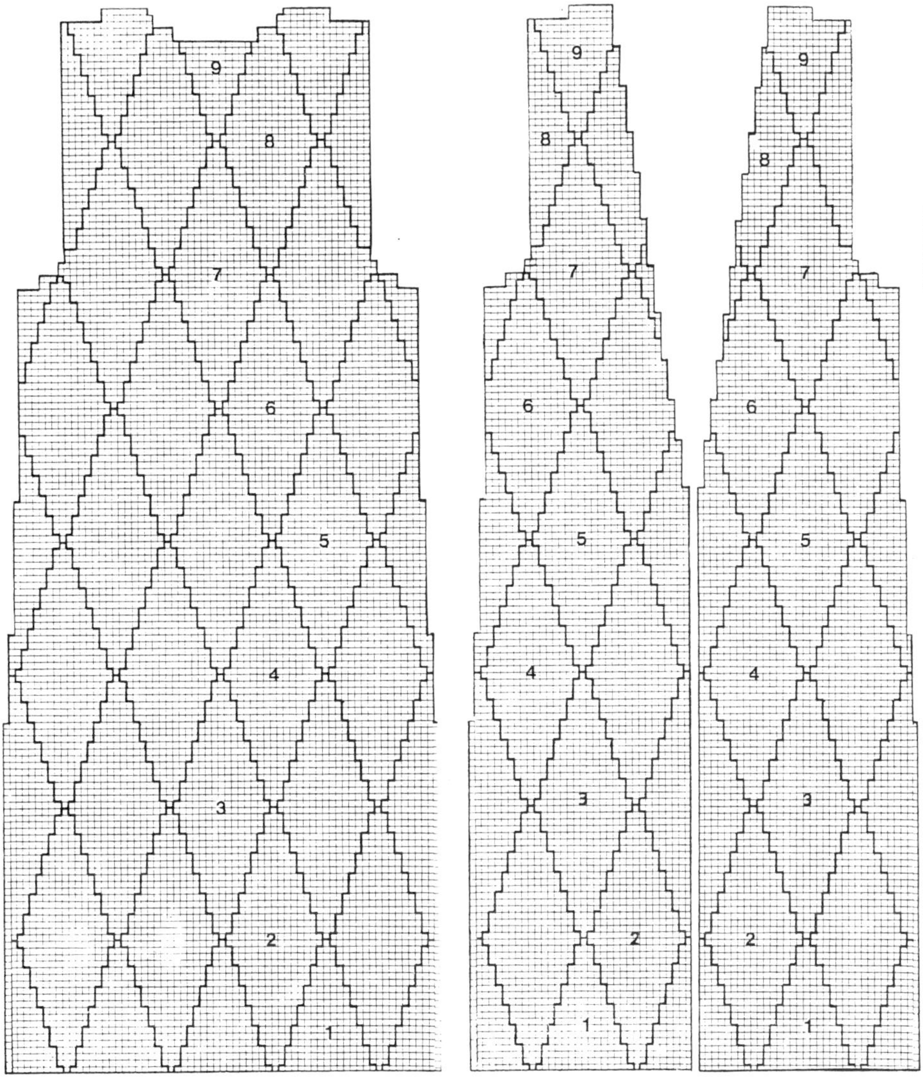

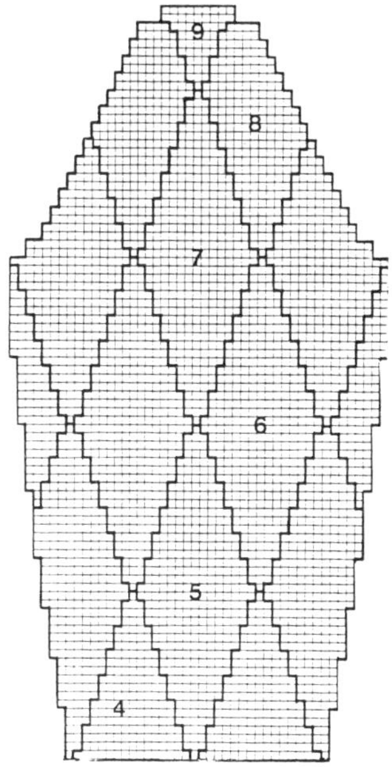

Schemazeichnung für Farbgebung: Rücken, linkes und rechtes Vorderteil, Ärmel.
1 = blau
2 = türkis
3 = hellblau
4 = lila
4 = rosé
6 = erika
7 = khaki
8 = gelb
9 = oliv

Arbeitsanleitung

RÜCKEN: Für das Rückenteil 67 (65/71) M in Blau anschlagen und 3 R im Perlmuster = abwechselnd 1 M rechts, 1 M links, in jeder R um 1 M versetzt stricken. Weiter im Grundmuster nach der Schemazeichnung arbeiten, dabei mit einzelnen Knäulen stricken und beim Farbwechsel die Fäden verkreuzen (die M von der Mittel-M ausgehend einteilen). Nach Ende der Schemazeichnung ist die Arbeit beendet.

LINKES VORDERTEIL: 34 (33/36) M in Blau anschlagen und 3 R im Perlmuster, weiter im Grundmuster nach der Schemazeichnung arbeiten (dabei die M ab vorderem Rand einteilen).

RECHTES VORDERTEIL: Gegengleich arbeiten.

ÄRMEL: 33 (31/35) M in Lila anschlagen und 3 R im Perlmuster, weiter nach der Schemazeichnung arbeiten (dabei die M ab Mitte einteilen).

FERTIGSTELLUNG: Die Teile spannen, mit feuchten Tüchern bedecken und trocknen lassen. Die Nähte schließen, dabei an den Seitennähten für die Taschenbeutel an den markierten Stellen einen Schlitz lassen. Aus Strickstoff in passender Farbe einen ca. 15 cm × 18 cm großen Taschenbeutel zuschneiden, verstürzt in die Seitennaht fügen,

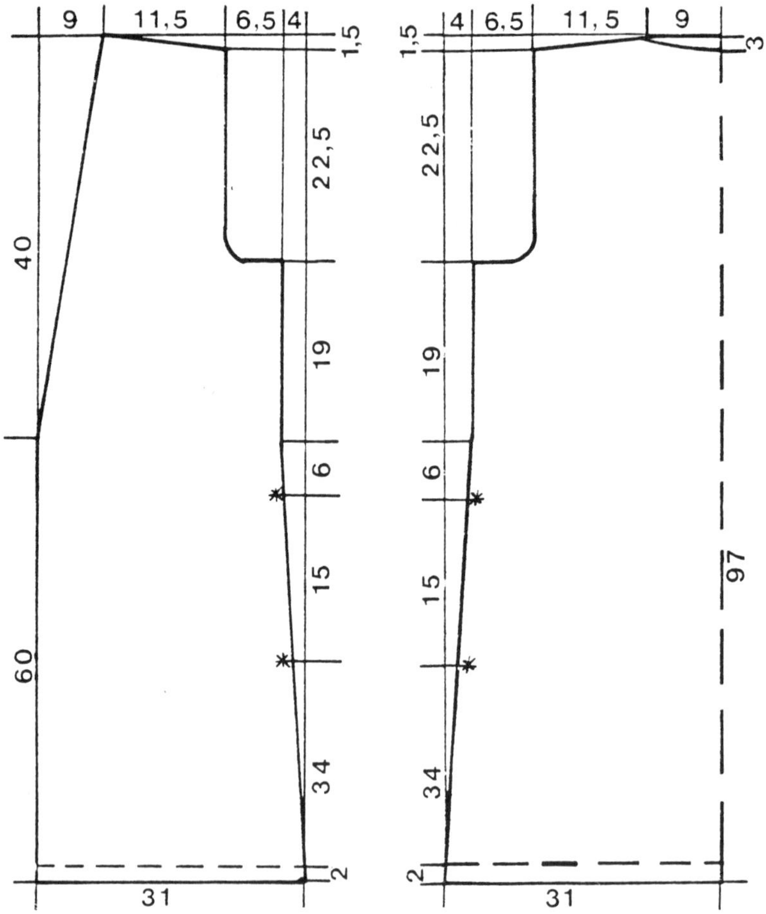

Schnittverkleinerung für Mantel mit Rhombenmuster: ½ Vorderteil, ½ Rückenteil, ½ Ärmel. Die Angaben gelten für Damenkonfektionsgröße 38 bis 40.

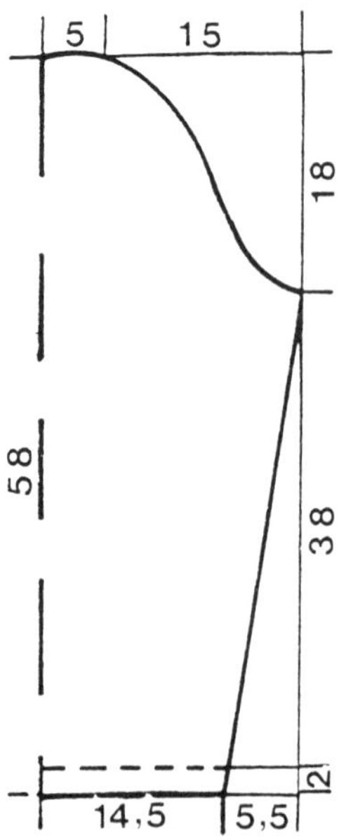

annähen und ringsherum schließen. Mit der Rundnadel aus den Vorderteilen und dem Halsausschnitt ca. 221 M in Blau aufnehmen und im Perlmuster mit Kettrandm 5 R blau, 5 R hellblau, 4 R türkis stricken, dann alle M rechts abketten. Die Schulterpolster einnähen.

Strickmantel

Abb. S. 259

Dieser attraktive Strickmantel zeigt ein fein abgestuftes, in breiten diagonalen Streifen verlaufendes Muster.

GRÖSSEN: 38/40 sowie 36 und 42. Bei unterschiedlichen Angaben: Größen 36 und 42 in Klammern und durch Schrägstriche getrennt.

MATERIAL: Horstia-Wolle, Qualität Handwebwolle 1/1, 300 g in Lila Nr. 35, je 200 g in Rosé Nr. 31, Erika Nr. 32 und Khaki Nr. 36, 150 g in Hellblau Nr. 34, 100 g in Türkis Nr. 33. 1 Paar INOX-Stricknadeln und 1 Häkelnadel Nr. 6. Ein 90 cm langer Reißverschluß, aushakbar, Schulterpolster.

GRUNDMUSTER: Glatt rechts = Hinr rechte M, Rückr linke M.

EINSTRICKMUSTER: Siehe Schemazeichnung. Jedes Kästchen = 1 M.

MASCHENPROBE: 11 M und 17 R = 10 cm.

Arbeitsanleitung

RÜCKEN: 65 (63/69) M in den aus der Schemazeichnung ersichtlichen Farben anschlagen (dabei die Farben von der Mittel-M ausgehend einteilen). Mit einzelnen Farbknäueln arbeiten und beim Farbwechsel die Fäden verkreuzen. Erst 3 R im Perlmuster = abwechselnd 1 M rechts, 1 M links, in jeder R um 1 M versetzt stricken, weiter im

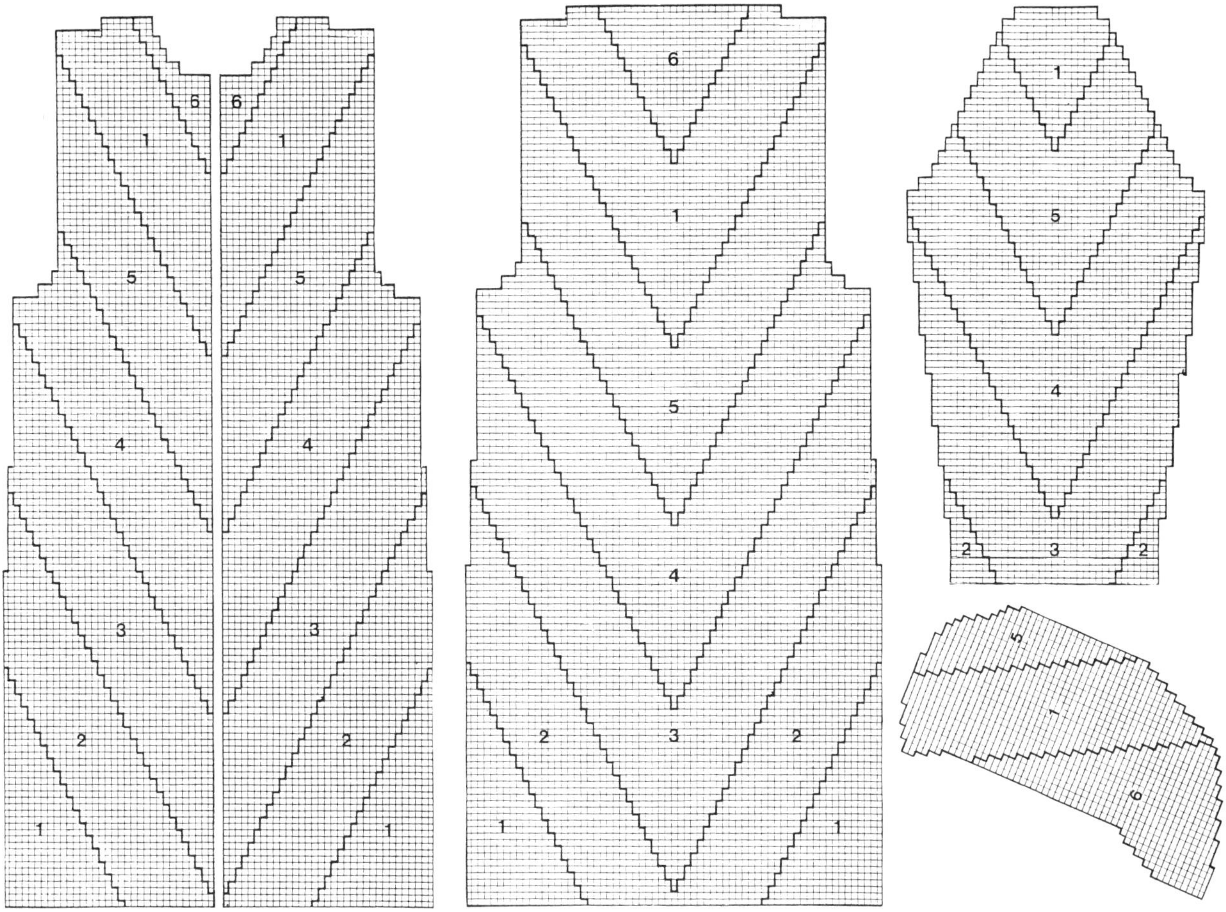

Schemazeichnung für linkes und rechtes Vorderteil, Rücken, Ärmel und Kapuze. 1 = lila, 2 = hellblau, 3 = erika, 4 = khaki, 5 = rosé, 6 = türkis.

Grundmuster nach der Schemazeichnung arbeiten. Nach Ende der Schemazeichnung ist in 87 cm Höhe die Arbeit beendet.

LINKES VORDERTEIL: 33 (32/35) M in den aus der Schemazeichnung ersichtlichen Farben anschlagen (dabei die Farben vom vorderen Rand ausgehend einteilen). Erst 3 R im Perlmuster, weiter im Grundmuster nach der Schemazeichnung arbeiten.

RECHTES VORDERTEIL: Gegengleich arbeiten.

ÄRMEL: 33 (31/35) M in den aus der Schemazeichnung ersichtlichen Farben anschlagen und 3 R im Perlmuster, weiter im Grundmuster nach der Schemazeichnung arbeiten (dabei die Farben von der Mittel-M ausgehend einteilen).

KAPUZE: 2 Teile, 1 × wie gegeben, 1 × gegengleich arbeiten. 5 M in Türkis anschlagen und im Grundmuster nach der Schemazeichnung stricken.

FERTIGSTELLUNG: Die Teile spannen, mit feuchten Tüchern bedecken und trocknen lassen. Die Nähte schließen, dabei an den Seitennähten für die Taschenbeutel an den markierten Stellen einen Schlitz lassen. Aus Strickstoff in passender Farbe einen ca. 15 cm × 18 cm großen Taschenbeutel zuschneiden, verstürzt in die Seitennaht fügen, annähen und ringsherum schließen. Den Halsausschnitt mit Kettm abhäkeln, dann die Kapuzennaht schließen und die Kapuze einnähen. Die vorderen Ränder und die Kapuze mit 1 R Kettm in der jeweiligen Farbe behäkeln. Den Reißverschluß einnähen. Die Schulterpolster einnähen.

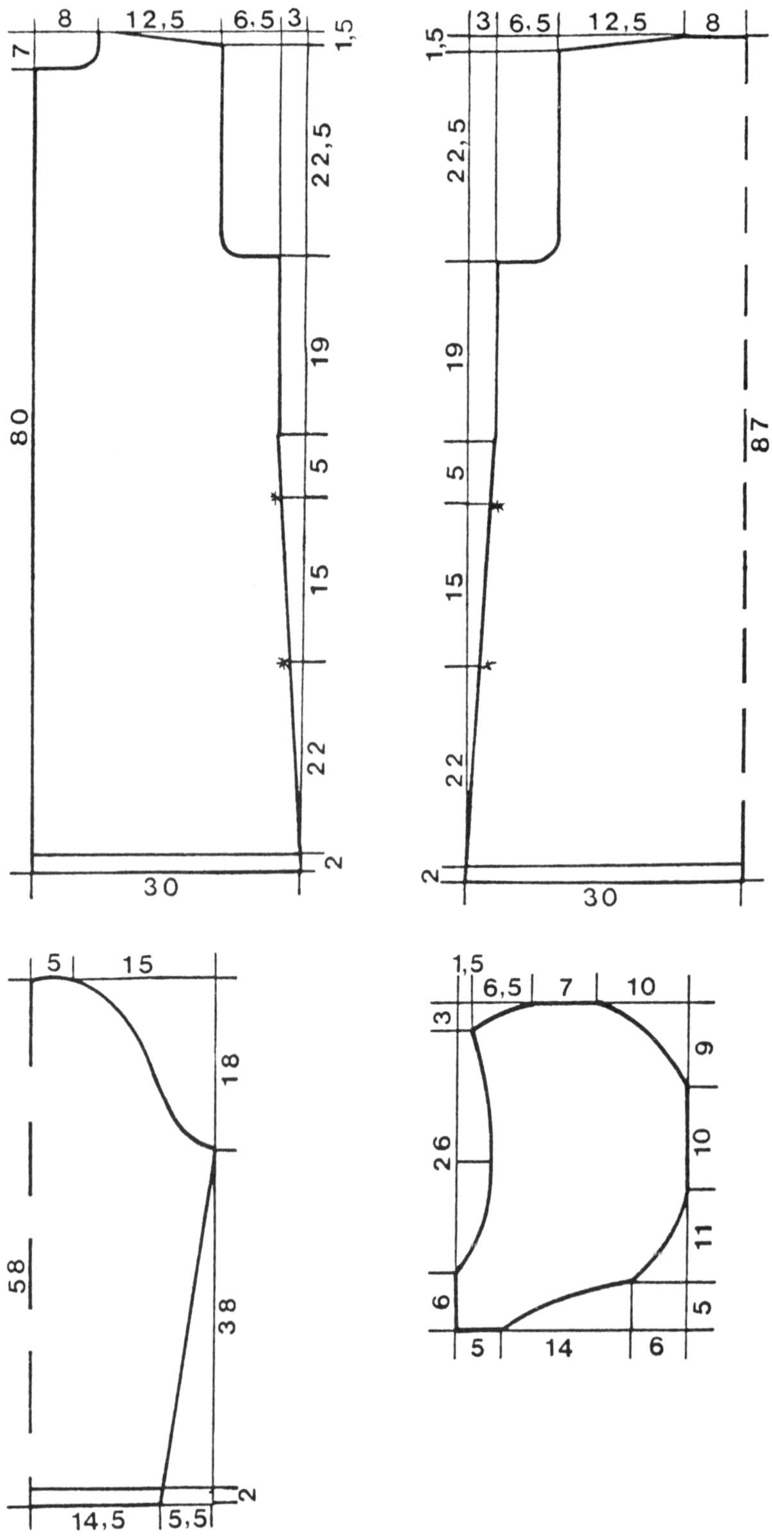

Mantel mit Kapuze

Abb. S. 260

Schmal, gerade und lang ist dieser Kapuzenmantel geschnitten. Die Vorderkanten sind verschlußlos. Er ist aus so dicker Tweedwolle und in einem so einfachen Rippenmuster gestrickt, daß er in kurzer Zeit fertig sein kann. Er paßt besonders gut zu Hosen. Die Angaben in Schnitt und Anleitung gelten für Damenkonfektionsgröße 40 bzw. 44.

GRÖSSEN: 40 und 44. Bei unterschiedlichen Angaben: Größe 44 in Klammern.
MATERIAL: Dicke Noppenwolle, 100% Wolle, 1400 (1500) g in Beige. 1 Paar INOX-Stricknadeln Nr. 6.
GRUNDMUSTER: 1. R (Rückr): Randm 2 M links, * 2 M rechts, 6 M links, ab * wiederholen, am Ende der R 2 M rechts, 2 M links, Randm. 2. R (Hinr): Randm, 2 M rechts, * 2 M links, 6 M rechts, ab * wiederholen, am Ende der R 2 M links, 2 M rechts, Randm. 1. und 2. R wiederholen.
BÜNDCHENMUSTER: Kraus = Rück- und Hinr rechte M.
MASCHENPROBE: 11 M und 18 R = 10 cm.

Arbeitsanleitung

RÜCKEN: 68 (74) M anschlagen und im Grundmuster strik-

Links die Schnittverkleinerung für den Strickmantel mit Streifenmuster: linkes Vorderteil, ½ Rücken, ½ Ärmel und ½ Kapuze. Für Größe 38/40.

ken. In 10 cm Höhe beidseitig 1 × 1 M, weiter in jeder 18. R noch 6 × 1 M abnehmen = 54 (60) M, weiter geradeaus stricken. Zugleich in 45 cm Höhe beidseitig am Rand für die Tascheneingriffe je 3 M dazu anschlagen, am neuen Rand wie bisher abnehmen. In 62 cm Höhe diese 3 M wieder abketten. In 88 cm Höhe für die Armausschnitte beidseitig in jeder 2. R 2 × 2, 2 (3) × 1 M abnehmen = 42 (46) M, anschließend in jeder 8. R 2 × 1 M wieder zunehmen = 46 (50) M. In 108 (110) cm Höhe für die Schultern in jeder 2. R 2 × 7 (8) M abketten. Zugleich für den Halsausschnitt die mittleren 14 M in 1 R, beidseitig davon in der folgenden 2. R 1 × 2 M abnehmen.

LINKES VORDERTEIL: 40 (43) M anschlagen. Die vorderen 7 M für die Blende im Bündchenmuster mit Kettrandm. die übrigen M im Grundmuster stricken, dabei Seitennaht, Tascheneingriff, Armausschnitt und Schulter wie beim Rücken formen. Für den Halsausschnitt ab 102 (104) cm Höhe in jeder 2. R 1 × 10, 1 × 2, 3 × 1 M abnehmen, dann bis zum Schluß gerade hochstricken.

RECHTES VORDERTEIL: Gegengleich arbeiten.

ÄRMEL: 38 (40) M anschlagen, 24 cm im Bündchenmuster, weiter im Grundmuster stricken, dabei beidseitig in jeder 18. R 2 × 1 M zunehmen = 42 (44) M. In 57 (58) cm Höhe für die Armkugel beidseitig in jeder 2. R 1 × 3, 2 × 2, 3 (4) × 1, 3 × 2 M abnehmen, die restlichen 10 M auf einmal abketten.

KAPUZE: 32 M anschlagen, die linken 14 M für die doppelte Blende im Bündchenmuster mit Kettrandm, die übrigen M im Grundmuster stricken. Am rechten Rand in jeder 6. R 6 × 1 M zunehmen = 68 M, dann geradeaus stricken. In 30 cm Höhe am rechten Rand 1 × 1 M, nach 4 R 1 × 1 M, dann in jeder 2. R 5 × 1, 1 × 2 M abnehmen = 29 M in 40 cm Höhe = Kopfmitte. Nun das Teil gegengleich beenden, d. h. am rechten Rand in jeder 2. R 1 × 2, 5 × 1 M, in jeder 4. R 2 × 1 M zunehmen = 38 M und ab 55 cm Höhe in jeder 6. R 6 × 1 M abnehmen = 32 M. In 80 cm Höhe alle M abketten.

FERTIGSTELLUNG: Teile spannen, mit einem feuchten Tuch bedecken und trocknen lassen. Die Seitennähte bis auf die Tascheneingriffe und die übrigen Nähte schließen, dabei die unteren 14 cm der Ärmelnähte für den Aufschlag nach rechts nähen. Die Kapuzenblende zur Hälfte nach außen umschlagen, dann die Kapuze an den Halsausschnitt nähen. 2 Taschenbeutel aus Futterstoff nähen, die Tascheneingriffe nach innen klappen und die Beutel daran festnähen.

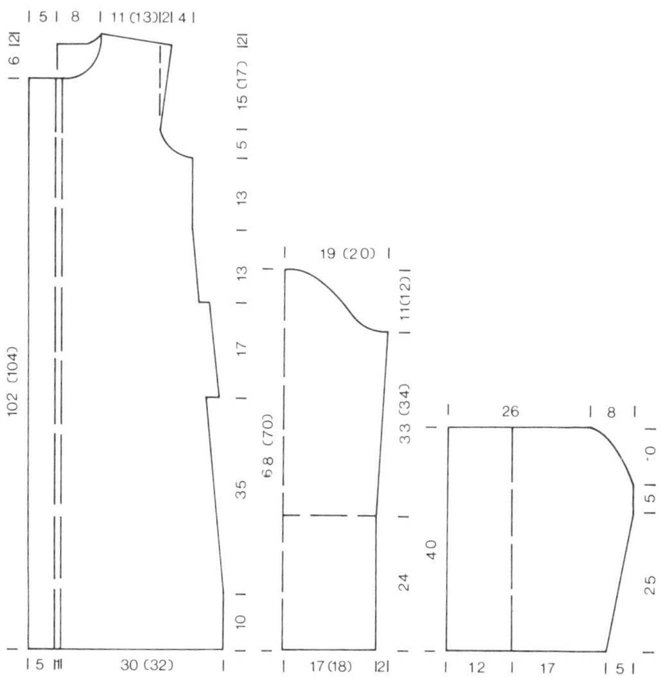

Schnittverkleinerung für den Kapuzenmantel aus dickem Tweedgarn: ½ Rücken, linkes Vorderteil, ½ Ärmel und ½ Kapuze für Größe 40 bzw. 44.

Strickmantel in Norwegerart

Abb. S. 245

GRÖSSE: 42.

MATERIAL: Schachenmayr-Garn, Qualität Super Show, 350 g in Graugrün Nr. 954, 100 g in Braun Nr. 920, je 50 g in Rost Nr. 921, Oliv Nr. 955, Graublau Nr. 953 und Hellgrau Nr. 905. 1 Paar INOX-Stricknadeln Nr. 3½.

GRUNDMUSTER I: Glatt rechts = Hinr rechte M, Rückr linke M.

EINSTRICKMUSTER: Siehe Dreiecktuch, S. 392.

MASCHENPROBE I: 20 M und 25 R = 10 cm,

GRUNDMUSTER II: 1. R (Hinr): Rechte M. 2. M (Rückr): Randm, * 1 M links, 3 M rechts, 1 M links, ab * wiederholen, Randm. – Die 1. und 2. R wiederholen.

MASCHENPROBE II: 18 M und 33 R = 10 cm.

BÜNDCHENMUSTER: Abwechselnd 1 M rechts, 1 M links.

Arbeitsanleitung

RÜCKEN: 110 M in Graugrün anschlagen und 3 cm im Bündchenmuster, weiter im Grundmuster I nach dem Einstrickmuster stricken. Beidseitig in jeder 18. R 6 × 1 M abnehmen = 98 M, dann geradeaus stricken. Ab 65 cm Höhe für die Armausschnitte beidseitig in jeder 2. R 1 × 3, 3 × 2, 3 × 1 M abnehmen = 74 M. Weiter geradeaus stricken. Ab 79 cm Höhe für die Schultern beidseitig in jeder 2. R 2 × 9 M abketten, dann 38 M für Ausschnitt abketten.

LINKES VORDERTEIL: 61 M in Graugrün anschlagen und 3 cm im Bündchenmuster stricken, dabei am vorderen Rand mit Kettrandm arbeiten. Dann die vorderen 10 M für die Blende stillegen, über die restlichen 51 M im Grundmuster nach dem Einstrickmuster arbeiten, dabei in der 1. R am vorderen Rand 1 Randm zunehmen = 52 M. Seite und Armausschnitt wie beim Rükken arbeiten. In 52 cm Höhe am vorderen Rand für die Ausschnittschräge 1 × 1 M, weiter in jeder 10. R noch 7 × 1 M abnehmen. In 78 cm Höhe für die Schulter in jeder 2. R 2 × 13 M abketten. Dann die stillgelegten Blenden-M aufnehmen, am Innenrand 1 Randm dazu anschlagen und über alle M im Bündchenmuster geradeaus stricken. In 96 cm Höhe die M abketten.

RECHTES VORDERTEIL: Gegengleich arbeiten.

LINKER ÄRMEL: 47 M in Graugrün anschlagen und 3 cm im Bündchenmuster, weiter im Grundmuster II stricken. Beidseitig an den Ärmelschrägen in jeder 10. R 13 × 1 M zunehmen = 73 M. Ab 45 cm Höhe für die Armkugel beidseitig in jeder 2. R 1 × 2, 4 × 1 M, in jeder 4. R 6 × 1 M, in jeder 2. R 5 × 1, 1 × 2 M abnehmen. Mit den restlichen 35 M die Passe geradeaus stricken. In 72 cm Höhe für den Halsausschnitt ab linkem Rand 17 M abketten, dann in jeder 2. R 1 × 2, 3 × 1 M abnehmen. Mit den restlichen 13 M geradeaus stricken und in 78 cm Höhe abketten.

RECHTER ÄRMEL: Gegengleich arbeiten.

TASCHE: 29 M in Graugrün anschlagen und im Grundmuster II in der 2. R mit 2 M links beginnend geradeaus stricken. Ab 15 cm Höhe noch 2 cm im Bündchenmuster stricken, dann die M abketten.

FERTIGSTELLUNG: Die Teile spannen, befeuchten und trocknen lassen. Die Passenteile annähen, dann die übrigen Nähte schließen. Taschen und Blenden annähen.

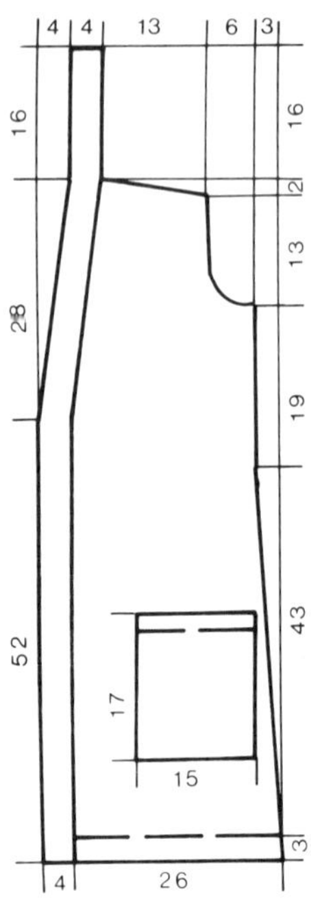

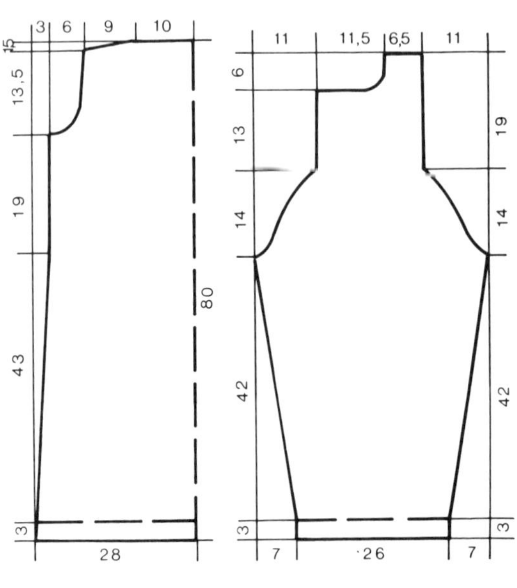

Schnitt: Linkes Vorderteil, ½ Rücken, linker Ärmel.

Mantel im Patentmuster

Abb. S. 248

Ein patenter Mantel für alle, die es schaffen, sich so einen winterfesten Mantel aus weichem Mohairgarn im Patentmuster zu stricken. Vorn erhält der verschlußlose Mantel eine breite angestrickte Blende. Alle Angaben gelten für Damenkonfektionsgröße 40.

GRÖSSE: 40.
MATERIAL: Lana Grossa-Wolle, Qualität Chainette, 1300 g in Kamelhaarfarben Nr. 6053. 1 Paar INOX-Stricknadeln und eine 120 cm lange IMRA-Rundstricknadel Nr. 6.
GRUNDMUSTER: Patent. M-Zahl teilbar durch 2. 1. R (Rückr): Randm, * die folgende M mit 1 Umschlag links abheben, die nächste M rechts stricken, ab * wiederholen, Randm. 2. R (Hinr): Randm, * die linke M mit 1 Umschlag links abheben, die nächste M mit dem Umschlag rechts zusammenstricken, ab * wiederholen, Randm. – Die 2. R wiederholen.
MASCHENPROBE: 10 M und 26 R = 10 cm.

Arbeitsanleitung

RÜCKEN: 68 M anschlagen und im Grundmuster stricken, dabei beidseitig im Abstand von je 10 cm 7 × 1 M abnehmen = 54 M. Weiter bis 110 cm Höhe geradeaus stricken, dann die M abketten.
Linkes Vorderteil: 30 M anschlagen und im Grundmuster stricken, dabei am rechten Rand die Abnahmen wie beim Rücken arbeiten. Am linken Rand bis 80 cm Höhe geradeaus stricken, dann für die Ausschnittschräge 1 × 1 M, weiter im Abstand von je 5 cm noch 5 × 1 M abnehmen. Die restlichen 17 M für die Schulter in 110 cm Höhe abketten.
RECHTES VORDERTEIL: Wie linkes Vorderteil nur gegengleich arbeiten.
ÄRMEL: 32 M anschlagen und im Grundmuster 22 cm geradeaus stricken. Dann beidseitig 1 × 1 M, weiter im Abstand von je 9 cm noch 3 × 1 M zunehmen = 40 M. In 58 cm Höhe die M abketten.
GÜRTEL: 6 M anschlagen und kraus = Rück- und Hinr rechte M 180 cm hoch strikken.
FERTIGSTELLUNG: Die Schulternähte schließen. Aus dem Rückenausschnitt 20 M aufnehmen und im Grundmuster stricken, dabei beidseitig in jeder 2. R aus den Ausschnittschrägen immer bis zur Abnahmestelle M aufnehmen, danach aus den vorderen Geraden M aufnehmen. Im Grundmuster stricken und bei größerer M-Zahl auf die Rundnadel übergehen. In 13 cm Höhe die M locker abketten.

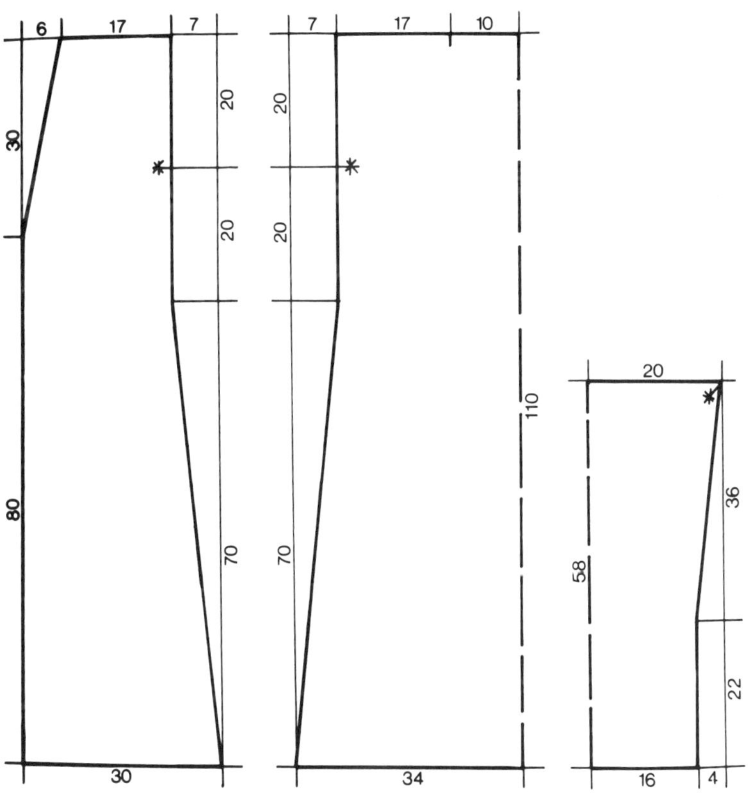

Schnittverkleinerung für den weichen Mantel im Patentmuster: linkes Vorderteil, ½ Rükken, ½ Ärmel. Die Angaben in der Schnittzeichnung gelten für Damenkonfektionsgröße 40.

Strickmantel mit Landschaft

Abb. S. 258

GRÖSSE: 38/40.
MATERIAL: Wollservice-Wolle, Qualität Grazia, 900 g in Lila Nr. 546, 300 g in Flieder Nr. 510, je 200 g in Petrol Nr. 569, Blau Nr. 568, Türkis Nr. 566, Dunkelblau Nr. 532 und Rot Nr. 522, je 100 g in Schwarz Nr. 520, Grau Nr. 515, Oliv Nr. 514, je 50 g in Gelb Nr. 548 und Braun Nr. 508.
Je 1 Paar INOX-Stricknadeln Nr. 6 und 7.
GRUNDMUSTER: Mit doppeltem Faden glatt rechts = Hinr rechte M, Rückr linke M.
EINSTRICKMUSTER: Gegeben ist der Rücken und die beiden Vorderteile. Bei größeren Farbflächen mit einzelnen Knäulen arbeiten und beim Farbwechsel die Fäden verkreuzen. Kleine Motive nachträglich im M-Stich aufstikken.
MASCHENPROBE: 12 M und 18 R = 10 cm.
BÜNDCHENMUSTER: Abwechselnd 1 M rechts, 1 M links.

Arbeitsanleitung

RÜCKEN: 87 M in Petrol mit doppeltem Faden und Nadeln Nr. 6 anschlagen und 3,5 cm im Bündchenmuster, weiter mit Nadeln Nr. 7 im Grundmuster nach dem Einstrickmuster stricken. In 80 cm Höhe für die Raglanschrägen beidseitig je 3 M abketten, dann am Anfang der R die 2. und 3. M rechts überzogen, die zweit- und drittletzte M rechts zusammenstricken. Diese Abnahmen in jeder 2. R insgesamt 24 × arbeiten. In 107 cm Höhe die restlichen 33 M für den Halsausschnitt abketten.
LINKES VORDERTEIL: 44 M in Petrol mit doppeltem Faden und Nadeln Nr. 6 anschlagen. Im Bündchenmuster 3,5 cm, anschließend mit Nadeln Nr. 7 im Grundmuster nach dem Einstrickmuster stricken. Ab 80 cm Höhe für die Raglanschräge 1 × 3 M, in jeder 2. R 24 × 1 M abketten. Zugleich am vorderen Rand ab 102 cm Höhe für den Halsausschnitt in jeder 2. R 1 × 8, 1 × 4, 2 × 2, 1 × 1 M abketten.
RECHTES VORDERTEIL: Nach dem entsprechenden Einstrickmuster wie linkes Vorderteil, nur gegengleich stricken.
ÄRMEL: 28 M in Lila mit doppeltem Faden und Nadeln Nr. 6 anschlagen und 8 cm im Bündchenmuster stricken.

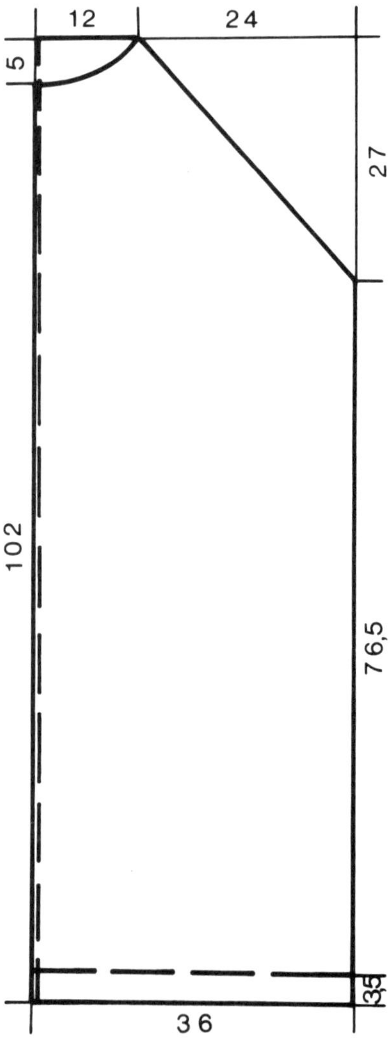

Schnittverkleinerung: ½ Rücken- bzw. Vorderteil und ½ Ärmel.

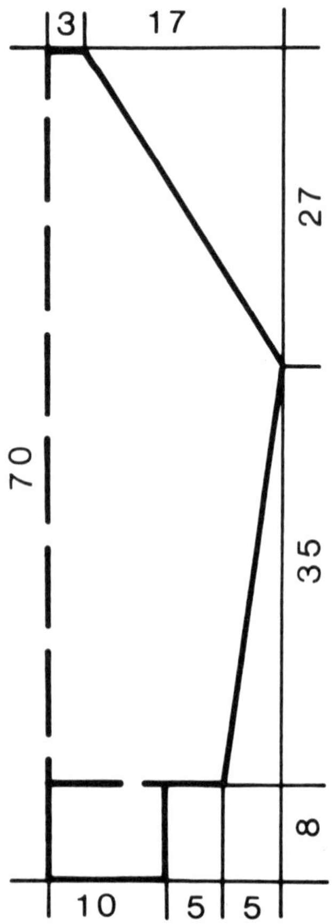

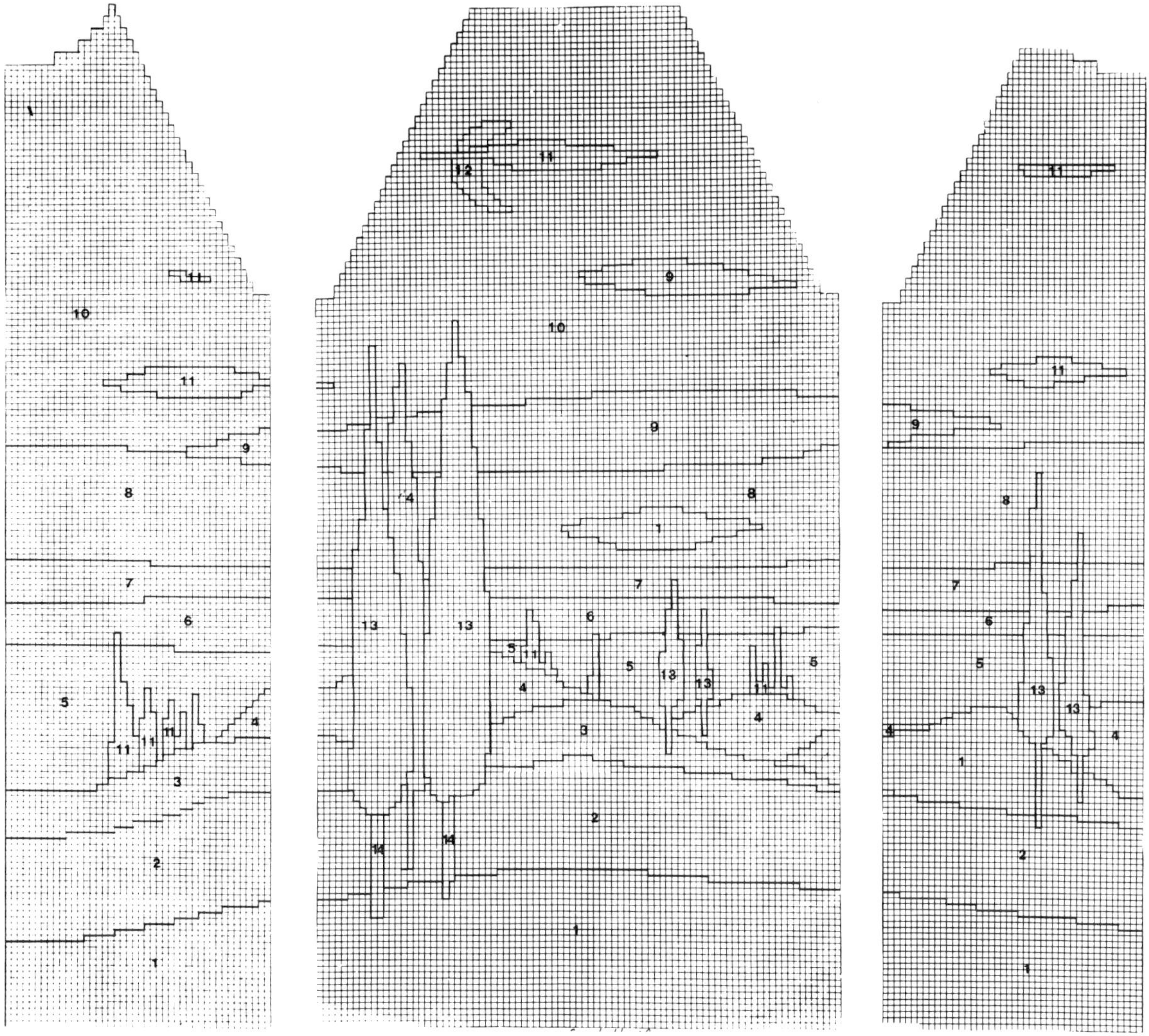

Weiter mit Nadeln Nr. 7 im Grundmuster stricken, dabei in der 1. R 10 M gleichmäßig verteilt zunehmen = 38 M. Weiter beidseitig in jeder 10. R 6 × 1 M zunehmen = 50 M. Ab 43 cm Höhe für die Raglanschrägen beidseitig je 3 M abketten. Weiter abwechselnd 1 × in der 2. R und 1 × in der folgenden 4. R noch 17 × 1 M abnehmen wie beim Rücken beschrieben. Die restlichen 10 M in 70 cm Höhe abketten.

FERTIGSTELLUNG: Die Nähte schließen. Mit Nadeln Nr. 6 aus dem Halsausschnitt M in Lila mit doppeltem Faden aufnehmen, dabei den Ausschnitt etwas einhalten, und 16 cm im Bündchenmuster stricken. Aus den vorderen Rändern und Kragenrändern jeweils M mit Nadeln Nr. 6 und doppeltem Faden in Lila aufnehmen und im Bündchenmuster 4 cm stricken. Den Kragen zur Hälfte nach links umnähen.

Farbschema:
1 = petrol
2 = blau
3 = türkis
4 = grau
5 = rot
6 = rot/flieder
7 = flieder
8 = lila/flieder
9 = dunkelblau
10 = lila
11 = schwarz
12 = gelb
13 = oliv
14 = braun

Luftiges für heiße Tage

Auch wenn draußen die Sonne scheint, und es mal so richtig heiß ist, brauchen Sie nicht auf Selbstgestricktes zu verzichten. Sie können sich mit Stricken sogar die Zeit am Urlaubsstrand vertreiben. Für die heißen Tage bieten sich leichte und luftige Sachen aus kühler Baumwolle an: kleine Sonnentops, die viel von der gebräunten Haut zeigen, kühle Pullis oder auch ein Badeanzug oder Bikini. Selbstgestrickte Badekleidung muß nicht hausbacken aussehen. Das beweisen die ausgesprochen flotten Modelle in diesem Buch. Nur einen Nachteil haben sie: Sie sind mehr fürs Sonnen als zum Schwimmen gedacht, im Wasser verlieren sie etwas an Form.

Strandjacken mit Badeanzug
Abb. S. 282/283

Für beide Jacken
GRÖSSEN: 38 und 42. Bei unterschiedlichen Angaben: Größe 42 in Klammern.
MASCHENPROBE: 10 M und 16 R = 10 cm.

Rosa Jacke

MATERIAL: Phildar-Mohair, Qualität Falbalas, 400 g Farbnr. 47. 1 Paar IMRA-Stricknadeln und eine 100 cm lange IMRA-Rundstricknadel Nr. 8.
GRUNDMUSTER: Glatt rechts = Hinr rechte M. Rückr linke M.
BÜNDCHENMUSTER: Abwechselnd 1 M rechts, 1 M links.

Grüne Jacke

MATERIAL: Phildar-Mohair, Qualität Falbalas, 50% Mohair, 31% Wolle, 19% Acrylic. 350 g Farbnr. 03, dazu feines Kunstfaser-Garn, 200 g in passender Farbe. Sie brauchen 1 Paar IMRA-Stricknadeln und eine 100 cm lange IMRA-Rundstricknadel Nr. 7.
GRUNDMUSTER, mit je 1 Faden Mohair und glattem Garn: Glatt rechts = Hinr rechte M, Rückr linke M.
BÜNDCHENMUSTER, ebenfalls mit doppeltem Faden: Abwechselnd 1 M rechts, 1 M links.

Arbeitsanleitung
RÜCKEN: 50 (54) M anschlagen, 3 cm im Bündchenmuster, weiter im Grundmuster stricken und beidseitig in jeder 22. R 3 × 1 M abnehmen = 44 (48) M. Ab 52 cm Höhe für die Armausschnitte beidseitig in jeder 2. R 2 × 2, 2 × 1 M abnehmen = 32 (36) M. Dann in der 2. R 1 × 1 M, in jeder 8. R 2 × 1 M zunehmen = 38 (42) M. In 73 (75) cm Höhe für den Halsausschnitt die mittleren 14 M in 1 R, beidseitig davon in der 2. folgenden R 1 × 2 M abketten. Zugleich für die Schulter in jeder 2. R 2 × 5 (6) M abketten.
LINKES VORDERTEIL: 23 (25) M anschlagen, 3 cm im Bündchenmuster, weiter im Grundmuster stricken und Seitennaht, Armausschnitt und Schulter wie beim Rücken formen. Am vorderen Rand bis 50 (51) cm Höhe geradeaus stricken, dann für die Ausschnittschräge 1 × 1 M, in jeder 6. R 6 × 1 M abnehmen.
RECHTES VORDERTEIL: Gegengleich arbeiten.
ÄRMEL: 36 (40) M anschlagen, 3 cm im Bündchenmuster, weiter im Grundmuster und beidseitig in jeder 10. R 2 × 1 M abnehmen = 32 (36) M. Ab 20 cm Höhe für die Armkugel beidseitig in jeder 2. R 1 × 3 (4), 1 × 2, 4 × 1, 1 × 2, 1 × 3 (4) M, die restlichen 4 M in 1 R abketten.
BLENDE: 180 (184) M auf der Rundnadel anschlagen. Im Grundmuster mit Kettrandm 14 cm geradeaus stricken; locker abketten.
FERTIGSTELLUNG: Nähte schließen, dabei die unteren 10 cm der Ärmel zum Umschlagen von rechts nähen. Die Blende so an vordere Ränder und Halsausschnitt nähen, daß das Linksgestrick von Jacke und Blende aufeinanderliegt. Blende etwa zur Hälfte nach außen umschlagen und annähen.

Badeanzug

GRÖSSEN: 38 und 42. Bei unterschiedlichen Angaben: Größe 42 in Klammern.
MATERIAL: Feines Kunstfasergarn, 150 g in Grün oder Rost. 1 Paar INOX-Stricknadeln Nr. 2.
GRUNDMUSTER: Glatt rechts = Hinr rechte M, Rückr linke M.
BÜNDCHENMUSTER: Abwechselnd 1 M rechts, 1 M links.
MASCHENPROBE: 34 M und 50 R = 10 cm.

Arbeitsanleitung
RÜCKEN: 20 M anschlagen und im Grundmuster stricken, dabei für die Beinausschnitte beidseitig in jeder 2. R 6 (4) × 2, 8 (5) × 3, 6 (11) × 4 M zunehmen = 140 (154) M; geradeaus stricken. In 15 cm Höhe beidseitig 1 × 1 M, in jeder 12. R 5 × 1 M abnehmen. Zugleich in 22 (23) cm Höhe für den Abnäher jeweils die 31. M beidseitig der Mitte markieren und diese M zum erstenmal mit der M davor rechts zusammenstricken. Weiter in jeder 6. R noch 6 × diese M abwechselnd mit der folgenden M rechts überzogen und mit der M davor rechts zusammenstricken = 114 (128) M in Taillenhöhe. Anschließend in jeder 6. R abwechselnd vor und hinter den markierten M 7 × je 1 M rechts verschränkt aus dem Querdraht zunehmen. Zugleich in 33 (34) cm Höhe beid-

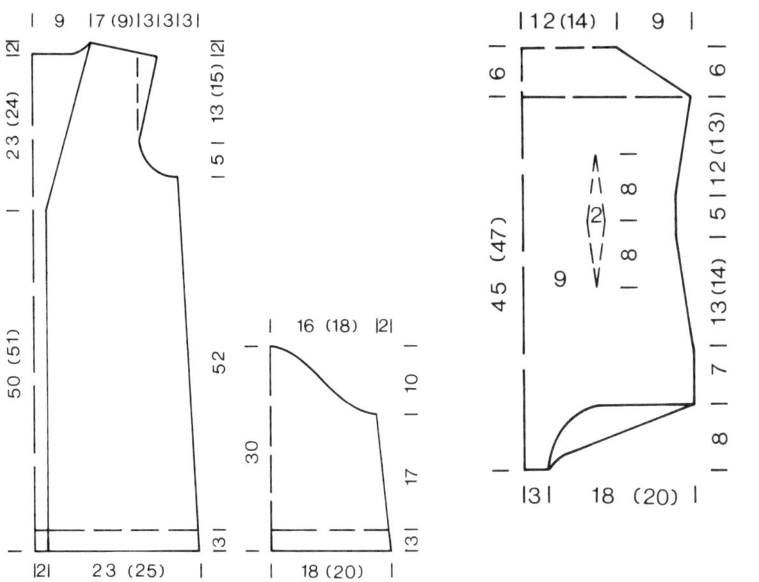

seitig 1 × 1 M, in jeder 10. R 5 × 1 M zunehmen = 140 (154) M. Ab 45 (47) cm Höhe noch 2 cm im Bündchenmuster stricken, locker abketten.

VORDERTEIL: 20 M anschlagen und im Grundmuster stricken, dabei für die Beinausschnitte beidseitig in jeder 4. R 3 × 1 m, in jeder 2. R 4 × 1, 2 × 2, 4 (2) × 3, 3 (5) × 4, 1 × 25 (30) M zunehmen = 140 (154) M, weiter wie den Rücken stricken. Für den Anzug mit dem Kordelträger in der Mitte in 45 (47) cm Höhe die mittleren 2 M abketten, darüber neu anschlagen.

Ab 45 (47) cm Höhe beidseitig in jeder 2. R 15 × 2 M abnehmen, die restlichen 80 (94) M stillegen. Aus den seitlichen Schrägungen je 34 M aufnehmen, die stillgelegten M dazwischenfügen und über alle M 2 cm im Bündchenmuster stricken. Dabei über beiden Seitennähten in jeder 2. R je 1 M abnehmen und an den Ecken neben dem geraden Mittelteil in jeder 4. R je 1 M zunehmen.

Schnitt für Strandjacke (links) und ½ Rücken- bzw. Vorderteil für Badeanzug (rechts).

TRÄGER: Für 4 cm (doppelte Breite) 14 M anschlagen und 50 cm im Grundmuster geradeaus stricken. Zum Schlauch zusammennähen.

FERTIGSTELLUNG: Die Seitennähte schließen. Aus den Beinausschnitten je 120 (132) M aufnehmen und 2 cm im Bündchenmuster stricken. Die Schrittnaht schließen. Bei dem Trägeranzug die Trägerenden unter die Vorderteilecken nähen. Für den Kordelträger-Anzug mit 8fachem Faden eine 120 cm lange Kordel drehen. Im Vorderteil durchziehen, 1 × verschlingen und die Enden verkreuzt an den Rückenausschnitt knapp neben den Seitennähten annähen. Im oberen Bündchenrand 1–2 Rd Gummi einziehen.

Sonnentops

Für alle Modelle

GRÖSSEN: 36 und 40. Größe 40 in Klammern.

MATERIAL: Melchior-Baun wollgarn, Qualität Bambino, 150 (200) g in Ecru Nr. 005. Je 1 Paar INOX-Stricknadeln Nr. 2 und 2½. Häkelnadel Nr. 2½.

GRUNDMUSTER: Glatt links.

LOCHMUSTER: 1. R. (Rückr): Randm,* 2 M rechts zusammenstricken, 1 Umschlag, ab * wiederholen, 1 M rechts, Randm 2. R (Hinr): Alle M und Umschläge links stricken. Diese beiden R so oft wiederholen, wie in den Anleitungen angegeben ist.

BÜNDCHENMUSTER: 1 M rechts, 1 M links.

MASCHENPROBE: 30 Maschen und 44 Reihe = 10 cm.

Modell 1

Abb. S. 284

STRICKSCHRIFT: Gegeben ist 1 Rapport. In allen Rückr die M und Umschläge links stricken. Die 1.–12. Reihe 1 × arbeiten.

X = 1 rechte M
U = 1 Umschlag
/ = 2 M rechts zusammenstricken
\ = 2 M rechts überzogen zusammenstricken
3 = 3 M rechts überzogen zusammenstricken

HÄKELMUSTER: 1. R (Hinr): Auf die gestrickte Abkett-R häkeln. Den Faden am Anfang der R anschließen, * mit 3 Luftm 2 Abkett-M übergehen, 1 feste M in die folgende M, ab * wiederholen,

3 Luftm zum Wenden. 2. R (Rückr). * 1 feste M um den Bogen der Vor-R, 3 Luftm, ab * wiederholen, am Ende der R 1 feste M um den Bogen, 3 Luftm zum Wenden. – 2. R wiederholen.

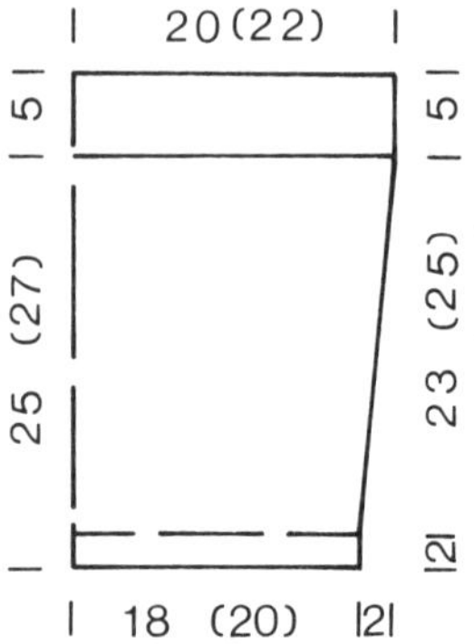

Modell 1
½ Rücken- bzw. Vorderteil.

Arbeitsanleitung

RÜCKEN und VORDERTEIL: 107 (119) M mit Nadeln Nr. 2 anschlagen, 2 cm im Bündchenmuster, weiter mit Nadeln Nr. 2½ im Grundmuster stricken, dabei beidseitig in jeder 14. R 6 × 1 M zunehmen = 119 (131 M. Zugleich in 6 (8) cm Höhe und 3 × mit je 15 R Abstand 2 R Lochmuster arbeiten. Nach dem 4. Lochmusterstreifen 5 R im Grundmuster stricken, dann die 12 R der Strickschrift arbeiten, dabei das Muster nach der Randm mit der 2. (13.) M des Rapports beginnen. Nach Ende der Strickschrift 5 R Grundmuster und 2 R Lochmuster, weiter im Grundmuster stricken. In 25 (27) cm Höhe alle M abketten und auf den oberen Rand 5 cm das Häkelmuster arbeiten.

TRÄGER: 8 M mit Nadeln Nr. 2 anschlagen. 35 cm im Bündchenmuster mit Kettrandm stricken.

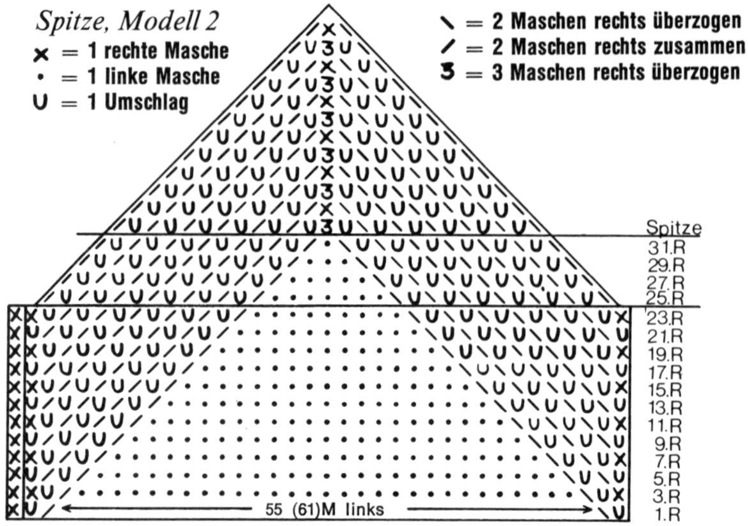

FERTIGSTELLUNG: Die Nähte schließen. Die Träger am Vorderteil 11 cm ab Mitte, am Rücken 8 cm ab Mitte verkreuzt annähen.

Modell 2

Abb. S. 286

STRICKSCHRIFT: Gegeben ist der Beginn des Lochmusters in der linken Vorderteilhälfte und die Mittel-M. Das Muster für die rechte Vorderteilhälfte ab 1. M noch 1 × anschließen. Gegeben sind die

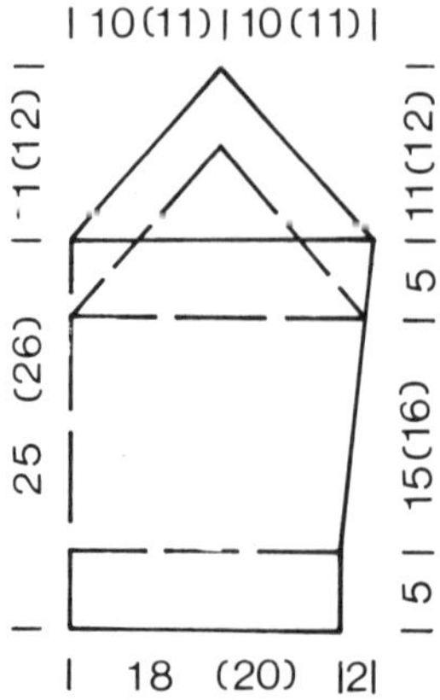

Hinr, in allen Rückr beim Lochmuster M und Umschläge links, beim Grundmuster rechts stricken.

Arbeitsanleitung

RÜCKEN: 109 (121) M mit Nadeln Nr. 2 anschlagen, 5 cm im Bündchenmuster, weiter mit Nadeln Nr. 2½ im Grundmuster stricken, dabei beidseitig in jeder 10. R 6 × 1 M zunehmen = 121 (133) M. Ab 20 (21) cm Höhe 24 R im Lochmuster arbeiten; abketten.

VORDERTEIL: Bis 20 (21) cm Höhe wie den Rücken stricken, dann mit Randm nach der Strickschrift arbeiten. Die 1.–24. R 1 × arbeiten, dann die Arbeit teilen und die 25.–32. R so oft wiederholen, bis die Links-M zwischen dem Lochmuster aufgebraucht sind. Die Spitze anschließen und die restlichen 3 M in 1 R abketten.

TRÄGER: Siehe Modell 1.

FERTIGSTELLUNG: Die Träger vorn an die Spitzen, hinten verkreuzt annähen.

Sommermodelle mit Lochmuster

Diese hochsommerlichen Modelle aus weißer Baumwolle haben alle ein Lochmuster. Der Pulli hat einen viereckigen Ausschnitt mit Zacken-Lochmuster, der rückenfreie Trägerpulli und das dazugehörende Jäckchen mit kurzen Ärmeln haben ein Lochmuster aus Rauten und Zacken.

Für alle Modelle

MATERIAL: Feine Cablé-Wolle, reine Schurwolle, in den angegebenen Mengen in Ecru. Je 1 Paar INOX-Stricknadeln Nr. 2 und 2½.
GRUNDMUSTER I: Siehe Strickschriften Muster A und B. Gegeben sind die Hinr, in allen Rückr die M und Umschläge links stricken.
GRUNDMUSTER II: Glatt rechts = Hinr rechte M, Rückr linke M.
BÜNDCHENMUSTER: 1 M rechts, 1 M links.

MASCHENPROBE I und II: 27 M und 44 R = 10 cm.

Pullover
Abb. S. 285

GRÖSSEN: 40 und 44. Größe 44 in Klammern.
MATERIAL: 150 (200) g Wolle. Eine 50 cm lange Rundstricknadel Nr. 2.

Arbeitsanleitung
RÜCKEN: 123 (135) M mit Nadeln Nr. 2 anschlagen, 8 cm im Bündchenmuster, weiter mit Nadeln Nr. 2½ mit Randm nach Muster A der Strickschrift arbeiten. Geradeaus stricken. Ab 27 cm Höhe für die Armausschnitte beidseitig in jeder 2. R 1 × 3, 2 × 2, 4 × 1 M abnehmen = 101 (113) M. Im Grundmuster II weiterarbeiten und in 34 cm Höhe beidseitig 1 × 1 M, in jeder 3. R noch 13 × 1 M zunehmen = 129 (141) M. Ab 43 (44) cm Höhe für die Schultern beidseitig in jeder 2. R. 2 × 3, 4 × 4, 3 × 5 (2 × 3, 2 × 4, 3 × 5, 2 × 6) M abketten. Zugleich in 45 (46) cm Höhe für den Halsausschnitt die mittleren 45 (49) M in 1 R, beidseitig davon in jeder 2. R 2 × 2, 1 × 1 M abketten.

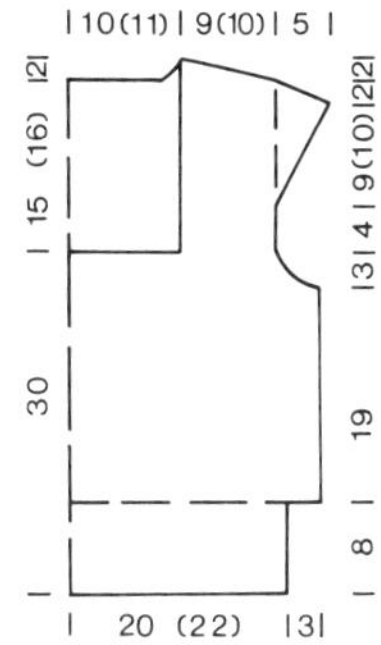

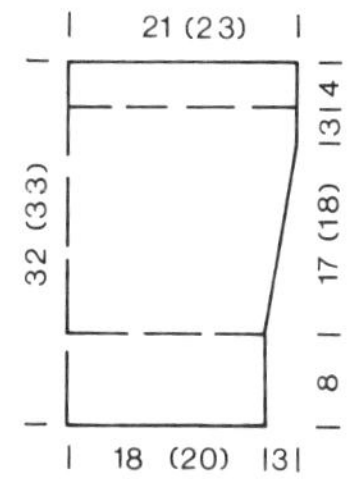

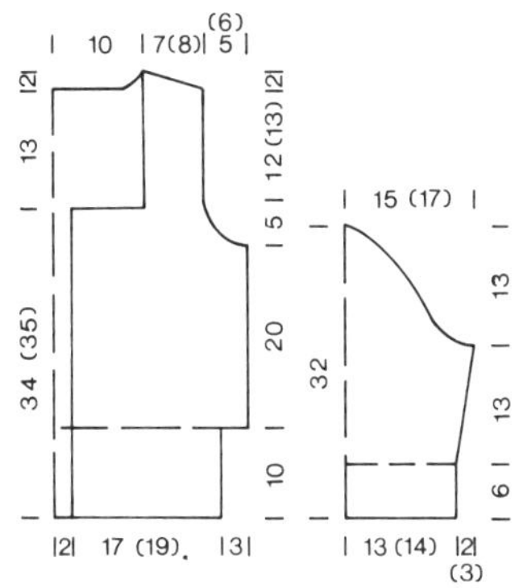

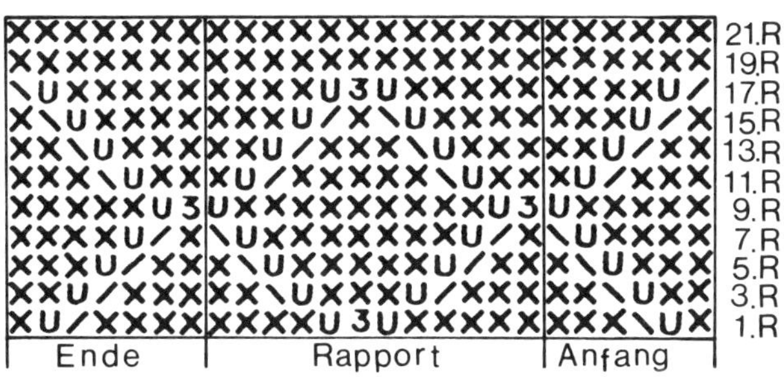

X = 1 M rechts
U = 1 Umschlag
/ = 2 M rechts zusammenstricken
\ = 2 M rechts überzogen zusammenstricken
3 = 3 M rechts überzogen zusammenstricken

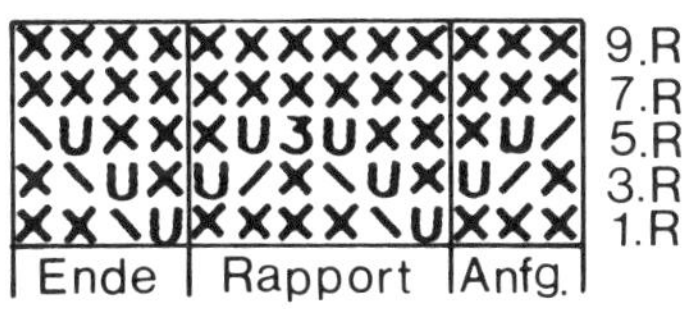

Links: Strickschrift für Lochmuster: Oben Muster B, unten Muster A. Oben: Schnittverkleinerung für Pullover (Größe 40/44), darunter für Trägerpulli (Größe 36/40), unten für Jacke (Größe 36/40).

VORDERTEIL: Bis auf den Halsausschnitt wie den Rükken arbeiten. Dafür in 30 cm Höhe die mittleren 55 (59) M abketten, an den Ausschnittseiten gerade hoch stricken.
FERTIGSTELLUNG: Schulternähte schließen. Aus den Armausschnitten 116 (124) M mit Nadeln Nr. 2 aufnehmen, 4 cm im Bündchenmuster strikken. Seitennähte schließen. Mit der Rundnadel aus dem Rückenausschnitt 60 (66) M, den Ausschnittseiten je 54 (58) M, dem vorderen Ausschnitt 60 (66) M aufnehmen. Im Bündchenmuster in Rd stricken, dabei in den vorderen Ecken je 1 rechte M heraufführen und beidseitig davon in jeder 2. Rd 4 × 1 M ab-, anschließend im gleichen Rhythmus wieder zunehmen; abketten. Die Blenden zur Hälfte nach links umnähen.

Twinset

GRÖSSEN: 36 und 40. Bei unterschiedlichen Angaben: Größe 40 in Klammern.
MATERIAL: Für den Trägerpulli 150 g, für die Jacke 250 (300) g. Eine 80 cm lange IMRA-Rundstricknadel Nr. 2 und 5 Knöpfe.

Arbeitsanleitung

TRÄGERPULLI, RÜCKEN und VORDERTEIL: 99 (111) M mit Nadeln Nr. 2 anschlagen, 8 cm im Bündchenmuster stricken. Weiter mit Nadeln Nr. 2½ von Muster A 5 × die 1.–10. R, dann von Muster B 1 × die 1.–22. R, von Muster A 1 × die 1.–10. R mit Randm arbeiten. Zugleich beidseitig in jeder 12. R 6 × 1 M zunehmen = 111 (123) M. Ab 28 (29) cm Höhe mit Nadeln Nr. 2 noch 4 cm im Bündchenmuster stricken, abketten.
TRÄGER: 14 M mit Nadeln Nr. 2 anschlagen, 35 cm im Bündchenmuster stricken.
FERTIGSTELLUNG: Nähte schließen. Den oberen Rand 2 cm nach links nähen. Die Träger zum Schlauch nähen und 11 cm ab Mitte annähen.
JACKEN-RÜCKEN: 123 (135) M mit Nadeln Nr. 2 anschlagen, 10 cm im Bündchenmuster, weiter mit Nadeln Nr. 2½ wie folgt stricken: 4 R glatt rechts, * mit Randm 10 R Muster A, 22 R Muster B, 10 R Muster A, 18 R glatt rechts, ab * wiederholen. Beidseitig geradeaus stricken. Ab 30 cm Höhe für die Armausschnitte beidseitig in jeder 2. R 1 × 3 (5), 3 × 2, 3 × 1 M, in jeder 4. R 2 × 1 M abnehmen = 95 (103) M; geradeaus stricken. In 47 (48) cm Höhe für die Schultern beidseitig in jeder 2. R 4 × 5 (6) M abketten. Zugleich für den Halsausschnitt die mittleren 45 M in 1 R abketten, beidseitig davon in jeder 2. R 2 × 2, 1 × 1 M abnehmen.
LINKES VORDERTEIL: 56 (63) M mit Nadeln Nr. 2 anschlagen, 10 cm im Bündchenmuster, weiter mit Nadeln Nr. 2½ die Muster wie beim Rükken beschrieben arbeiten. Dabei endet das Muster B nach der 4. Wiederholung des Rapports in der Breite am vorderen Rand mit 2 M rechts zusammenstricken, 1 Umschlag, Randmasche (wie gegeben). Seite, Armausschnitt und Schulter wie beim Rücken formen. Am vorderen Rand geradeaus stricken. In 34 (35) cm Höhe für den Ausschnitt 22 (23) M in 1 R abketten, weiter bis zum Schluß gerade hoch stricken.
RECHTES VORDERTEIL: Gegengleich arbeiten.
ÄRMEL: 100 (110) M mit Nadeln Nr. 2 anschlagen, 6 cm im Bündchenmuster, weiter mit Nadeln Nr. 2 ½ im Grundmuster II stricken, dabei in der 1. R verteilt 30 (34) M abnehmen = 70 (76) M. Beidseitig in jeder 10. R 5 × 1 M (in jeder 6. R 8 × 1 M) zunehmen = 80 (92) M. Ab 19 cm Höhe für die Armkugel beidseitig in jeder 2. R 1 × 4 (5), 1 × 3 (4), 2 (3) × 2, 4 (3) × 1 M, in jeder 4. R 6 × 1 M, in jeder 2. R 4 (3) × 1, 2 (3) × 2, 1 × 3 (4), 1 × 4 (5) M abnehmen, die restlichen 8 M in 1 R abketten.
FERTIGSTELLUNG: Schgulternähte schließen. Mit der Rundnadel aus den vorderen Geraden 110 (116) M, dem waagerechten Ausschnitt 28 M, dem senkrechten Ausschnitt 56 M, dem Rückenausschnitt 61 M aufnehmen, im Bündchenmuster stricken, dabei an allen Ecken 1 rechte M heraufführen und in jeder 2. R beidseitig davon je 1 M zubzw. abnehmen. In 2 cm Höhe die Knopflöcher 5 M breit einarbeiten. Das erste 3 cm ab rechtem Rand, das nächste mit 3 cm, 3 weitere mit je 7 cm Abstand. In 4 cm Höhe alle M abketten.
Die Nähte schließen, dabei die unteren 6 cm der Ärmel zum Umschlagen von rechts nähen. Die Knöpfe annähen.

Ein hübsches Twinset aus naturfarbener Wolle: der kleine Trägerpulli ist ganz und gar im Lochmuster gestrickt. Auch das dazu passende Jäckchen hat ein feines Lochmuster.

Sonnentop

Abb. S. 286/287

Das naturfarbene Stricktop aus reinem Synthetikgarn läßt viel Sonne an die Haut. Die Brustteile sind glatt links gestrickt, das Bündchen, der Rücken und das Vorderteil im Rippenmuster. Die Träger sind einzeln gestrickt.

GRÖSSEN: 36 und 40. Bei unterschiedlichen Angaben: Größe 40 in Klammern.
MATERIAL: Feines, glänzendes Garn aus 100% Triacetat, 150 g in Beige. Je 1 Paar INOX-Stricknadeln Nr. 2½ und 3.
GRUNDMUSTER I: Abwechselnd 1 M rechts verschränkt, 1 M links.
GRUNDMUSTER II: Glatt links = Hinr linke M, Rückr rechte M.
BÜNDCHENMUSTER: Abwechselnd 1 M re, 1 M li.
MASCHENPROBE I: Ungedehnt gemessen: 50 M und 50 R = 10 cm.
MASCHENPROBE II: 33 M und 42 R = 10 cm.

Arbeitsanleitung

RÜCKEN: 120 (132) M mit Nadeln Nr. 2½ anschlagen und 30 cm im Grundmuster I geradeaus stricken; abketten.
VORDERTEIL: Bis 30 cm Höhe wie den Rücken arbeiten, dann beidseitig in jeder 2. R 1 × 9 (7), 12 (14) × 4 M, die restlichen 6 M zum Schluß in 1 R abketten.
LINKES BRUSTTEIL: Am Ausschnittrand beginnend 40 (46) M mit Nadeln Nr. 2½ anschlagen und 2 cm im Bündchenmuster stricken. Anschließend mit Nadeln Nr. 3 im Grundmuster II arbeiten, dabei beidseitig in jeder 4. R 12 (17) × 1 M, in jeder 6. R 7 (5) × 1 M abnehmen, die restlichen 2 M zum Schluß zusammen abketten.
RECHTES BRUSTTEIL: Gegengleich arbeiten.
TRÄGER: 2 × arbeiten. Mit Nadeln Nr. 2½ für 2 cm Breite 13 M anschlagen und im Bündchenmuster 85 (90) cm hoch stricken.
FERTIGSTELLUNG: Die Seitennähte schließen. Die Brustteile so an die Oberkante nähen, daß sie 4 cm über die Seitennähte hinweg nach hinten reichen. Die Träger 38 (40) cm frei hängenlassen, dann als Blende an die Brustteile nähen, dabei diese leicht einhalten. Die Blende bis 2 cm vor der Rückenmitte annähen, die Enden verknoten. Die freien Enden von den Enden der Brustteile als Träger unter die Blende nähen.

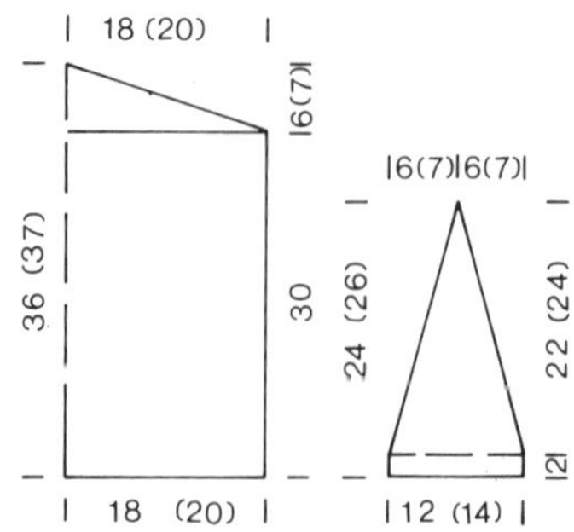

Schnittverkleinerung für Sonnentop: ½ Rücken- bzw. Vorderteil, rechtes bzw. linkes Brustteil. Alle Angaben gelten für Damenkonfektionsgröße 36 (40).

Strandoberteile

Für beide Modelle

GRÖSSEN: 36 und 40. Bei unterschiedlichen Angaben: Größe 40 in Klammern.
MATERIAL: Création-Hübner-Garn, Qualität Linron, 83% Acryl, 17% Leinen, in den angegebenen Mengen und Farben. Je 1 Paar INOX-Stricknadeln Nr. 2½ und 3.
GRUNDMUSTER I: Glatt rechts = Hinr rechte M, Rückr linke M.
GRUNDMUSTER II: M-Zahl teilbar durch 4, + 2 Randm. 1. R (Hinr): Rechte M. 2. R (Rückr): Linke M. 3.–5. R: Wie 1. und 2. R. 6. R: Randm, dann linke M stricken, dabei am Anfang der R die 3. M, weiter jede folgende 4. M 5 R tief fallenlassen, dann die 5 Querfäden mit der M auf die linke Nadel nehmen und zusammen links abstricken. 7.–11. R: Wie 1.–5. R. 12. R: Randm, dann linke M stricken, dabei am Anfang der R die 5. M, weiter jede 4. folgende M wie in der 6. R beschrieben abstricken. 1.–12. R wiederholen.
BÜNDCHENMUSTER: Abwechselnd 1 M rechts, 1 M links.
MASCHENPROBE I: 24 M und 36 R = 10 cm.
MASCHENPROBE II: 22 M und 66 R = 10 cm.

Blau-weißes Oberteil

MATERIAL: 100 g in Weiß Nr. 1, 50 g in Blau Nr. 34.

Arbeitsanleitung

RÜCKEN: Für das Bündchen 86 (94) M mit Nadeln Nr. 2½ in Blau anschlagen, 8 cm im

Bei diesem blau-weißen Oberteil ist das Wabenmuster nur ganz sparsam als Blendenverzierung eingestrickt. Bündchen und Trägerteile sind blau, der Rest ist weiß. Ideal für heiße Tage am Strand.

Bündchenmuster, weiter in Weiß mit Nadeln Nr. 3 im Grundmuster I stricken, dabei beidseitig in jeder 16. R 3 × 1 M abnehmen = 80 (88) M. Ab 25 (27) cm Höhe mit Nadeln Nr. 2½ noch 3 cm in Blau im Bündchenmuster stricken, dann alle M abketten.
VORDERTEIL: 86 (94) M mit Nadeln Nr. 2½ in Blau anschlagen und 8 cm im Bündchenmuster stricken. Weiter mit Nadeln Nr. 3 in Weiß im Grundmuster arbeiten, dabei beidseitig abwechselnd in jeder 8. und 10. R (in jeder 10. R) 6 × 1 M zunehmen = 98 (106) M. In 25 (27) cm Höhe beidseitig in jeder 2. R 2 × 4, 1 × 3 M abnehmen = 74 (82) M, dann im Grundmuster II Reihe 1–12 noch 3 × wie folgt stricken: 1.–5. R weiß, 6. + 7. R blau, 8.–11. R weiß, 12. + 1. R blau, 2.–5. R weiß,

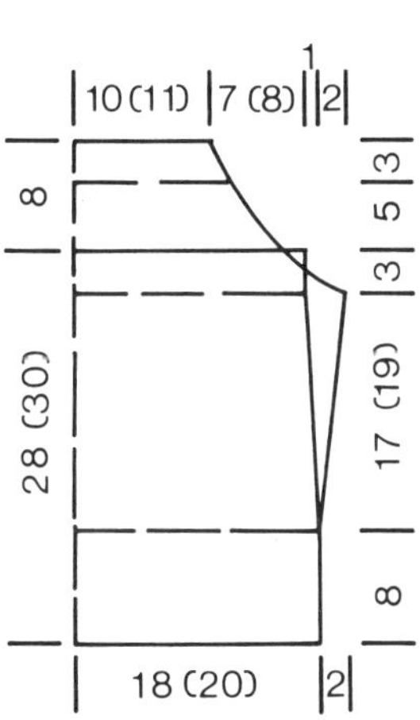

6. + 7. R blau, 8. – 11. R weiß, 12–5. R blau, 6.–11. R weiß, 12. – 6. R blau. Weiter in Blau mit Nadeln Nr. 2½ noch 3 cm im Bündchenmuster stricken. Zugleich ab Muster-Beginn beidseitig in jeder 2. R 5 × 1 M (1 × 2, 6 × 1 M), in jeder 4. R 10 (9) × 1 M abnehmen, die restlichen 44 (48) M nach 3 cm Bündchen abketten.
HALSBLENDE: 13 M mit Nadeln Nr. 2½ in Blau anschlagen und im Bündchenmuster mit Kettrandm 65 cm hoch stricken, abketten.
FERTIGSTELLUNG: Nähte schließen. Die Schmalseiten der Halsblende an die Seitenkanten der Rückenblende nähen und an den Armausschnitten leicht gedehnt aufnähen.

Besonders frisch sieht das kleine Sonnen-Oberteil in Rot-Weiß aus. Der Rücken bleibt frei und kann so ungehindert gebräunt werden.

Rot-weißes Oberteil

MATERIAL: 100 g in Weiß, 50 (100) g in Rot Nr. 5.
STREIFENFOLGE: 5 R rot, * 2 R weiß, 4 R rot, ab * wiederholen.

Arbeitsanleitung:
RÜCKEN: 86 (94) M mit Nadeln Nr. 2½ in Weiß anschlagen und 8 cm im Bündchenmuster stricken. Weiter mit Nadeln Nr. 3 im Grundmuster II nach der Streifenfolge arbeiten, dabei in der 1. R verteilt 6 M abnehmen = 80 (88) M, weiter beidseitig in jeder 30. R 3 × 1 M abnehmen = 74 (82) M. Ab 25 (27) cm Höhe mit Nadeln Nr. 2½ noch 3 cm in Weiß im Bündchenmuster stricken, dann alle M abketten.
VORDERTEIL: Das Bündchenmuster und die 1. Grundmuster-R wie beim Rücken stricken = 80 (88) M, weiter im Grundmuster nach der Streifenfolge arbeiten, dabei beidseitig in jeder 22. (24.) R 4 × 1 M zunehmen = 88 (96) M. In 25 (27) cm Höhe beidseitig in jeder 2. R 2 × 2, 3 × 1 M abnehmen = 74 (82) M, weiter wie beim blauweißen Pulli ab »Muster-Beginn« beschrieben abnehmen. Zugleich ab 33 (35) cm Höhe das Bündchen in Weiß stricken.
HALSBLENDE: Wie beim blau-weißen Oberteil beschrieben in Weiß arbeiten.
FERTIGSTELLUNG: Siehe blau-weißes Oberteil

Der grüne Schlauchpullover mit Trägern läßt viel Luft an den Körper

Schlauchpullover mit Trägern

GRÖSSEN: 36 und 40. Bei unterschiedlichen Angaben: Größe 40 in Klammern.
MATERIAL: Feine Sportwolle, 80% Schurwolle, 20% Polyamid, in den angegebenen Mengen in Grün. 1 Paar Stricknadeln Nr. 2½.
MATERIAL: 200 (250) g Wolle.
Eine 60 cm lange Rundstricknadel Nr. 2½.
GRUNDMUSTER: Abwechselnd 1 M rechts, 1 M links.
MASCHENPROBE, ungedehnt: 36 M und 36 Rd bzw. R = 10 cm im Quadrat.

Arbeitsanleitung

RÜCKEN und VORDERTEIL: In Rd in einem Stück arbeiten. Auf der Rundnadel für 68 (72) cm Weite 246 (260) M anschlagen und im Grundmuster in Rd 45 cm geradeaus stricken; elastisch abketten.
TRÄGER: 15 M anschlagen und im Grundmuster mit Kettrandm 60 cm geradeaus stricken.
Fertigstellung: Den oberen Rand 4 cm nach außen umschlagen, dabei Gummigurtband unterlegen und mit Hexenstichen festnähen. Die Trägerenden mit 16 cm Abstand voneinander unter den Rand nähen.

Sommerpulli gestreift

Abb. S. 288

GRÖSSEN: 36 und 40. Bei unterschiedlichen Angaben: Größe 40 in Klammern.
MATERIAL: Feine Wolle in Cablé- oder Perl-Ausspinnung, 50% Wolle, 50% Acryl, je 100 g in Weiß und Grün. Je 1 Paar INOX-Stricknadeln Nr. 2½ und 3.
GRUNDMUSTER: Glatt rechts = Hinr rechte M, Rückr linke M.
STREIFENFOLGE: Abwechselnd 8 R weiß und 16 R grün glatt rechts stricken.
BÜNDCHENMUSTER: Abwechselnd 1 M rechts, 1 M links.
MASCHENPROBE: 28 M und 44 R ergeben 10 cm im Quadrat.

Arbeitsanleitung

Der Pullover wird in einem Stück über die Schultern hinweg gearbeitet. Dafür am Vorderteil beginnend 116 (126) M in Grün mit Nadeln Nr. 2½ anschlagen und im Bündchenmuster stricken. Ab 8 cm Höhe mit Nadeln Nr. 3 im Grundmuster nach der Streifenfolge arbeiten. In 32 cm Höhe für die Ärmel beidseitig in jeder 2. R. 6 × abwechselnd 1 und 2 M zunehmen, dann je 23 M dazu anschlagen = 180 (190) M, weiter geradeaus stricken. In 53 cm Höhe in der Mitte des 9. weißen Streifens die mittleren 56 (60) M stillegen, dafür neue M anschlagen und den Rücken gegengleich zum Vorderteil anstricken, dafür statt Zunahmen jetzt nur Abnahmen arbeiten.

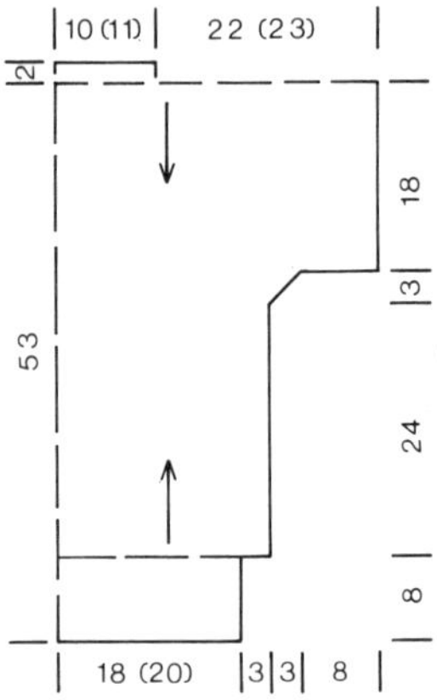

FERTIGSTELLUNG: Die stillgelegten M des Vorderteils aufnehmen und noch 2 cm in Weiß im Grundmuster stricken. Aus den Anschlagm vom Rücken ebenfalls die M aufnehmen und wie beim Vorderteil 2 cm stricken. Das Teil spannen, mit einem feuchten Tuch bedecken und trocknen lassen. Die Nähte schließen. Die weißen Kanten am Halsausschnitt nach links umnähen und die Ärmelkanten 2 cm nach links umnähen.

Pullover mit spitzem Ausschnitt

Abb. S. 281

GRÖSSEN: 38 und 42. Bei unterschiedlichen Angaben: Größe 42 in Klammern.
GRUNDMUSTER: Glatt rechts = Hinr rechte M, Rückr linke M.
MASCHENPROBE: 26 M und 44 R = 10 cm.
MATERIAL: Stahl'sche Amore, je 100 g rot 626, und weiß, 50 g gelb 693. 1 Paar Stricknadeln Nr. 2½.
FARBFOLGE: * 3 × abwechselnd 4 R weiß, 4 R gelb, 3 × abwechselnd 4 R weiß, 4 R rot, ab * laufend wiederholen.

Arbeitsanleitung

RÜCKEN: 120 (130) M in Rot anschlagen und im Grundmuster 4 cm rot, weiter nach der Farbfolge stricken. In 4 cm Höhe beidseitig zum erstenmal 1 M, in jeder 10. R noch 4 × 1 M abnehmen = 110 (120) M, anschließend in jeder 22. R 3 × 1 M zunehmen = 116 (126) M. In 36 cm Höhe für die Armausschnitte beidseitig in jeder 2. R 2 × 3, 3 (4) × 2, 10 × 1 M abnehmen = 72 (78) M, weiter geradeaus stricken. In 51 cm Höhe für den Halsausschnitt die mittleren 36 M in 1 R, beidseitig davon in jeder 2. R 3 × 2, 2 × 1 M abnehmen. In 53 cm Höhe für die Schultern in jeder 2. R 2 × 3, 1 × 4 (2 × 4, 1 × 5) M abketten.
VORDERTEIL: Bis auf den Halsausschnitt genauso stricken. Dafür in 32 cm Höhe die Arbeit in der Mitte teilen und an den Ausschnittseiten abwechselnd in jeder 3. und 4. R 26 × 1 M abnehmen.

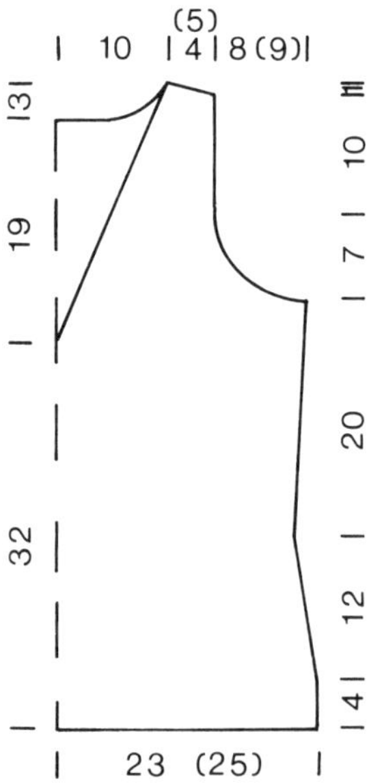

HALSBLENDE: 180 M in Rot anschlagen und im Grundmuster stricken, dabei für die Ausschnittspitze beidseitig in jeder 2. R 4 × 2 M abnehmen, anschließend 4 × 2 M zunehmen. Nach 4 cm abketten.
ÄRMELBLENDEN: 114 (120) M in Rot anschlagen und im Grundmuster stricken. In 4 cm Höhe alle M abketten.
FERTIGSTELLUNG: Teile spannen, unter einem feuchten Tuch trocknen lassen. Nähte schließen. Die Blenden annähen. Die Unterkante 2 cm nach links umnähen.

Pullover mit rundem Ausschnitt

GRÖSSEN: 36 und 40. Bei unterschiedlichen Angaben: Größe 40 in Klammern.
GRUNDMUSTER: Glatt rechts = Hinr rechte M, Rückr linke M.
MASCHENPROBE: 26 M und 44 R = 10 cm.
MATERIAL: Stahl'sche Amore, je 100 g rot 626 und weiß, 50 g grün 645. 1 Paar Stricknadeln Nr. 2½.
FARBFOLGE: * 3 × abwechselnd 4 R weiß, 4 R grün, 3 × abwechselnd 4 R weiß, 4 R rot, ab * laufend wiederholen.

Arbeitsanleitung

RÜCKEN- und VORDERTEIL: 114 (124 M) in Rot anschlagen und im Grundmuster 4 cm rot, weiter nach der Farbfolge stricken. In 4 cm Höhe beidseitig zum erstenmal 1 M, in jeder 10. R. noch 4 × 1 M abnehmen = 104 (114) M, anschließend in jeder 22. R 3 × 1

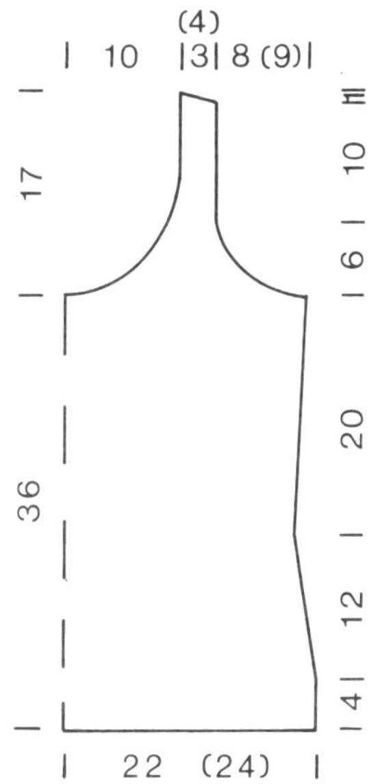

M zunehmen = 110 (120) M. In 36 cm Höhe für die Armausschnitte beidseitig in jeder 2. R 2 × 3, 4 (5) × 2, 7 (8) × 1 M abnehmen = 68 (72) M, weiter gerade hochstricken. Zugleich in 36 cm Höhe für den Halsausschnitt die mittleren 8 M in 1 R, beidseitig davon in jeder 2. R 5 × 2, 8 × 1 M, in jeder 4. R 4 × 1 M abnehmen, dann geradeaus stricken. In 52 cm Höhe für die Schultern in jeder 2. R 2 × 4 (2 × 5) M abketten.

HALSBLENDE: Für Rücken und Vorderteil je 116 M in Rot anschlagen und im Grundmuster stricken. In 4 cm Höhe alle M locker abketten.

ÄRMELBLENDEN: 110 (116) M in Blau bzw. Rot anschlagen und im Grundmuster stricken. In 4 cm Höhe alle M locker abketten.

FERTIGSTELLUNG: Die Teile spannen, mit einem feuchten Tuch bedecken und trocknen lassen. Die Nähte und die Blendennähte schließen. Die Blenden annähen. Die Unterkante 2 cm nach links umnähen.

Begleiter für kalte Tage

Viele Anfänger haben eine ausgesprochene Angst vor dem Stricken eines Strumpfes oder einer Socke, weil sie sich das komplizierter vorstellen, als es ist. Ebenso schrecken sie vor den Fingerhandschuhen und Fäustlingen zurück. Dabei ist der Fäustling am einfachsten zu stricken. Denn er bietet, abgesehen vom Daumen, kaum Schwierigkeiten. Bis zum Ende des kleinen Fingers wird er einfach glatt hochgestrickt, und dann wird der Daumen extra gefertigt. Im Strickkurs dieses Buches können Sie nachschauen, wie das gemacht wird.
Wenn Ihnen das doch zu mühevoll erscheint, stricken Sie einfach einen Schal: krausgestrickt, mit Streifen – oder wenn Sie etwas geübter sind – gemustert.
Auch eine Stola oder ein Dreieckstuch ist leicht gestrickt und immer zu gebrauchen. Und wenn Sie etwas Mut gefaßt haben, wagen Sie sich an ein Paar Socken oder Fäustlinge, die im Winer schön warm halten. Es wird schon nicht schiefgehen.

Fäustlinge im Rhombenmuster

Abb. S. 321

GRÖSSE: 27 cm lang.
MATERIAL: Feines Mohair-Garn, Mohair/Polyacryl-Gemisch, Reste oder je 50 g in Ecru, Beige, Rosa, Rot und Blau. Je 1 INOX-Nadelspiel Nr. 2½ und 3.
GRUNDMUSTER: Glatt rechts = in Rd nur rechte M.
MASCHENPROBE: 21 M Und 24 Rd = 10 cm.
BÜNDCHENMUSTER: 1 M rechts, 1 M links.

Arbeitsanleitung

40 M in Rot anschlagen. Nach der Anleitung (S. 390) im Grundmuster nach dem Einstrickmuster arbeiten. Den Daumen einfarbig stricken. Andersfarbige Spannfäden vom Handschuh mehrmals mitfassen.

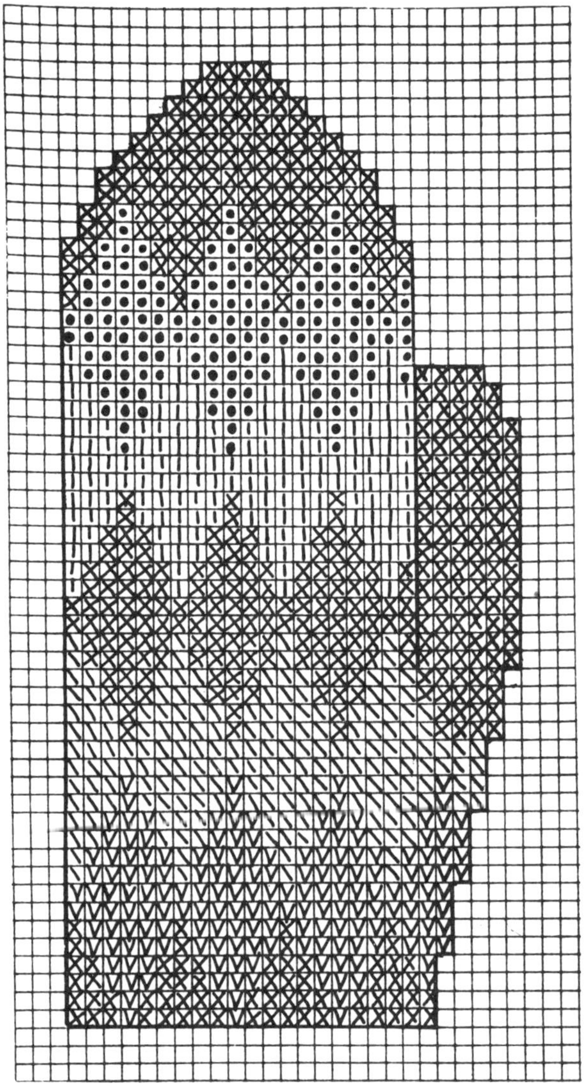

Einstrickmuster für die Fäustlinge mit Rhombenmuster:

- = *natur*
- = *beige*
- = *rosa*
- = *rot*
- = *blau*

Schultertuch

Aus naturfarbener, handgesponnener Wolle ist dieses Dreieckstuch im Perlmuster gestrickt. Am Rand sind rundum Fransen eingeknüpft. Es ist 150 × 90 cm und wird, mit dikken Nadeln gestrickt, schnell fertig, so daß Sie sich bald darin einkuscheln können.

GRÖSSE: 150 × 90 cm.
MATERIAL: Kühlmann-Wolle, Qualität Skiullr, 100% Schurwolle, handgesponnen, 500 g in Natur.
Ein Paar Jet-Stricknadeln Nr. 20.
GRUNDMUSTER: Perlmuster = abwechselnd 1 M rechts, 1 M links, die M in jeder R versetzen.
MASCHENPROBE: 5 M und 8 R = 10 cm.

Arbeitsanleitung

Für 150 cm Breite 75 M anschlagen. Im Grundmuster stricken, dabei beidseitig in jeder 2. R 36 × 1 M abnehmen, dann die restlichen 3 M zusammenstricken. Für die Fransen 40 cm lange Fäden schneiden und je 1 Faden in jede Reihe einknüpfen.

Das Dreieckstuch ist leicht und weich und hat am Rand eingeknüpfte Fransen. Handgesponnene, naturfarbene Wolle macht aus dem Tuch ein rustikales Stück, das man gut draußen bei kühlem Wetter umwerfen kann und das auch ordentlich warm hält. Die Dreiecksform entsteht durch Abnehmen. Das Tuch wird im Perlmuster gestrickt.

Mütze und Handschuhe

Abb. oben und S. 364

MATERIAL: Dünnes Dralon-Garn, je 100 g in Weiß mit blauen Tupfen und in Weiß, 50 g in Marine. 1 Paar INOX-Stricknadeln, 1 Spiel INOX-Strumpfstricknadeln, je eine 40 und 80 cm lange IMRA-Rundstricknadel Nr. 3.
GRUNDMUSTER: Glatt rechts = Hinr rechte M, Rückr linke M; in Rd rechte M.
EINSTRICK- bzw. STICK-MUSTER: Gegeben ist 1 Rapport in der Breite.
BÜNDCHENMUSTER: Abwechselnd 1 M rechts, 1 M links.
RIPPENMUSTER: 1 Rippe = je 1 Hin- und Rückr rechte M; in Rd 1 Rd rechte M, 1 Rd linke M.
MASCHENPROBE: 26 M und 38 R bzw. Rd = 10 cm.

Arbeitsanleitung

SCHAL: Für den Mittelstreifen 36 M in getupftem Garn anschlagen und im Grundmuster 200 cm hoch stricken. Anschließend mit der langen Rundnadel aus den Längskanten je 520 M in Marine aufnehmen und 2 Rippen marine, 2 R weiß im Grundmuster, 2 Rippen marine, dann 2 cm weiß im Bündchenmuster stricken, abketten. In Marine 40 cm lange Fäden schneiden und für die Fransen je 4 Fäden in die Schmalseiten einknüpfen.
MÜTZE: Auf der kurzen Rundnadel für 54 cm Kopfweite 144 M in Weiß anschlagen und in Rd 2 cm weiß im Bündchenmuster, 2 Rippen marine, 2 Rd weiß im Grundmuster, 2 Rippen marine, 2 Rd getupft im Grundmuster, dann im Grundmuster die 11 Rd des Einstrickmusters, 2 Rd getupft im Grundmuster, 2 Rippen marine, 2 Rd weiß im Grundmuster, 2 Rippen marine, 4 cm weiß im Bündchenmuster stricken. Nun die Arbeit wenden und weiß im Grundmuster arbeiten. In 24 cm Höhe jede 12. M markieren und diese M mit der davorliegenden M rechts zusammenstricken. Diesen Vorgang in jeder 2. R darüber noch 10 × wiederholen, die restlichen 12 M zusammenziehen.
HANDSCHUHE: Auf dem Nadelspiel 48 M in Weiß anschlagen und 7 cm im Bündchenmuster, dann 2 Rippen marine, 2 Rd weiß im Grundmuster, 2 Rippen marine stricken. Weiter mit dem getupften Garn im Grundmuster arbeiten, dabei in der 1. Rd am Anfang der 1. Nadel 1 M rechts verschränkt aus dem Querdraht zunehmen. Weiter für den Daumenkeil in jeder 3. Rd noch 7 × je 2 M wie beschrieben zunehmen. Dafür bei der zweiten Zunahme vor und nach der zuerst zugenommenen M je 1 M zunehmen, alle weiteren Zunahmen jeweils vor und nach den zuletzt zugenommenen M arbeiten = 63 M. In 15 cm Höhe nach 23 getupften Rd die 15 Daumen-M stillegen, über der Öffnung 2 M dazu anschlagen = 50 M und 2 Rippen marine, 2 Rd weiß im Grundmuster, 2 Rippen marine stricken, dann die Finger weiß im Grundmuster arbeiten:
Für den kleinen Finger vom Handrücken (rechter Handschuh: 3. und 4. Nadel, linker Handschuh: 2. und 1. Nadel) 6 M, von der Handfläche 6 M abteilen, dazwischen für den Steg 2 M dazu anschlagen = 14 M, auf 3 Nadeln verteilen und in Rd 4,5 cm stricken, dann für die Spitze am Anfang jeder Nadel in jeder Rd 2 M rechts zusammenstricken, die restlichen 5 M mit dem Ar-

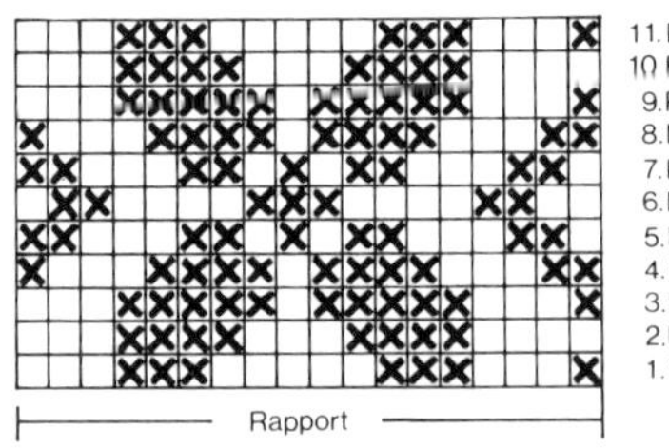

Einstrickmuster bzw. Stickmuster. Kreuze = 1 M in Marine, leere Kästchen = 1 M aus getupftem Garn. S. 359

beitsfaden zusammenziehen. Die Spitze bei allen anderen Fingern genauso arbeiten. Ringfinger: Aus Handrücken und -fläche je 6 M abteilen, aus dem kleinen Finger 2 M aufnehmen, über der Öffnung zum Mittelfinger 2 M dazu anschlagen = 16 M und 5,5 cm bis zur Spitze stricken. Den Mittelfinger genauso stricken. Zeigefinger: Aus Handrücken und -fläche je 7 M, aus dem Mittelfinger 2 M aufnehmen = 16 M und 5 cm bis zur Spitze stricken. Anschließend die Daumen-M wieder aufnehmen, aus dem Handschuh 2 M aufnehmen = 17 M, dann 2 Rippen marine, weiter weiß im Grundmuster stricken. In 4 cm Höhe die Spitze arbeiten. Zuletzt auf den Handrücken im M-Stich in Marine das Mittelmotiv des Stickmusters, beidseitig davon je 1 Rhombus aufsticken.

Socken

Abb. S. 328

Verschiedene Socken haben wir hier für Sie aufgereiht; sie sind mal uni, mal bunt geringelt. Aus den Resten der einfarbigen können Sie sich also auch noch bunte Socken anfertigen oder weitere Reste verwenden.

Sie können die Farbstreifen auch noch nachträglich im Maschenstich besticken. Für das Kästchenmuster muß der Farbstreifen 6 Runden hoch sein. Besticken Sie ab 2. Runde 2 Maschen in der Breite und Höhe in der einen, versetzt darüber in der anderen Farbe. Das Zickzackmuster wird auf einen 6 Runden hohen Streifen gestickt. Beginnen Sie mit 1 Masche in der 1. Runde und sticken Sie immer 1 Masche versetzt bis zur 6. Runde, dann wieder zurück. Für das Dreieckmuster besticken Sie in der 1. Runde jede Masche, in der nächsten Runde je 3 Maschen und übergehen 1 Masche; über die 3 Maschen dann jeweils noch 1 Masche sticken. Wenn Sie die Socken vergrößern oder verkleinern wollen, können Sie entweder die Woll- oder Nadelstärke verändern oder die Maschenzahl. Wichtig ist, daß die Anzahl der Maschen durch 4 teilbar bleibt, damit die Maschen gleichmäßig auf dem Nadelspiel verteilt werden können. Probieren Sie die Socken an; so können Sie am besten entscheiden, wann mit der Abnahme für die Spitze begonnen werden muß.

GRÖSSE: 38/39.

MATERIAL: Schachenmayr-Wolle, Qualität Nomotta Regia 4fach, 75% Schurwolle, 25% Polyamid, 100 g je Paar. Je 1 Spiel INOX-Strumpfstricknadeln Nr. 2½ und 3.

GRUNDMUSTER: Glatt rechts = in Rd rechte M.

BÜNDCHENMUSTER: Abwechselnd 1 M rechts, 1 M links.

MASCHENPROBE: 30 M und 40 Rd = 10 cm im Quadrat.

Arbeitsanleitung

64 M mit Nadeln Nr. 2½ anschlagen, im Bündchenmuster = 16 M je Nadel stricken. Ab 8 cm Höhe mit Nadeln Nr. 3 im Grundmuster 7 cm stricken, dann die M der 2. und 3. Nadel ruhen lassen und mit den M der 1. und 4. Nadel = 32 M die Ferse glatt rechts mit Kettrandm 6 cm = 24 R geradeaus stricken. Dann für das dreiteilige Käppchen die M in 3 Teile teilen = Mitte 12 M, Seiten je 10 M. Nun das 1. Drittel ganz, das 2. Drittel bis auf die letzte M rechts abstricken. Diese M mit der 1. M des letzten Drittels rechts verschränkt zusammenstricken, 1 M nachstrikken, wenden, die 1. M abheben, links weiterstricken und die letzte M der Mitte mit der 1. M des 1. Drittels links zusammenstricken, 1 M nachstricken, wenden, die 1. M abheben. Weiter jeweils die letzte M der Mitte mit der 1. M der Seite wie beschrieben zusammenstricken, bis die M der Seiten aufgebraucht sind. Zu den restlichen 22 Käppchen-M aus den Randm der Ferse je 12 M aufnehmen = 78 M und in Rd arbeiten, dabei in der 1. Rd die neu aufgefaßten M rechts verschränkt, später rechts strikken. In der folgenden Rd mit den Spickelabnahmen beginnen. Dafür die zweit- und drittletzte M der 1. Nadel rechts, die 2. und 3. M der 4. Nadel rechts verschränkt zusammenstricken. Diese Abnahmen in jeder 3. Rd noch 6 × wiederholen. Mit den restlichen 64 M etwa 20 cm (einschließlich Ferse) geradeaus arbeiten, dann in Höhe des kleinen Zehs beginnend für die Spitze in jeder 2. Rd 6 ×, in jeder Rd 8 × die zweit- und drittletzte M der 1. und 3. Nadel rechts, die 2. und 3. M der 2. und 4. Nadel rechts verschränkt zusammenstricken. Die restlichen 8 M im M-Stich verbinden.

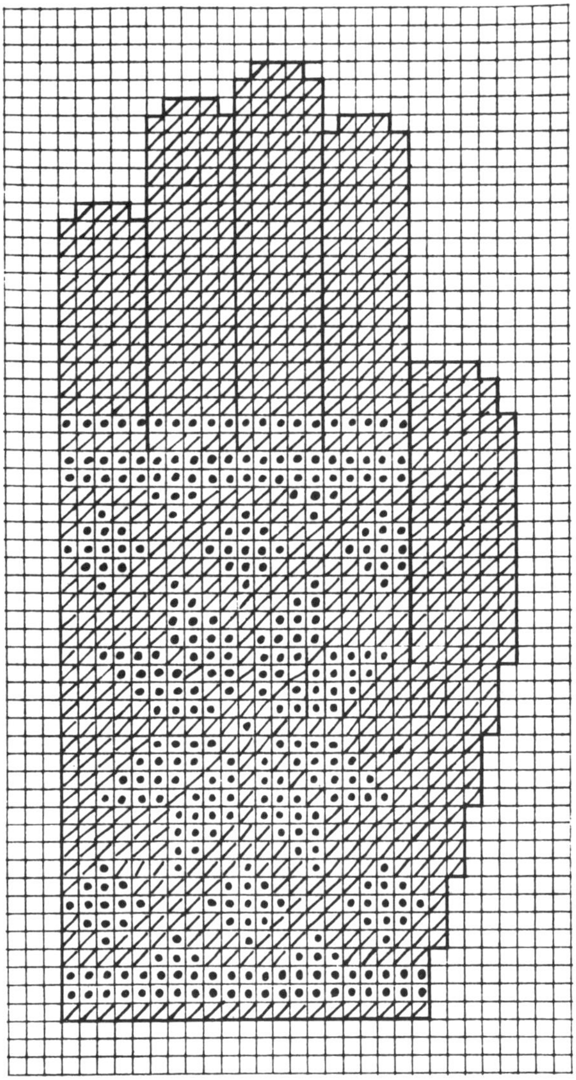

Fingerhandschuhe mit Norwegerstern

Abb. S. 321

Ein klassisches Motiv – der Norwegerstern – taucht auf diesem Handschuh auf. Nach unserem Einstrickmuster oben dürfte das Nachstricken nicht allzu schwierig sein.
Nur Geduld braucht man.

GRÖSSE: 28 cm lang.
MATERIAL: Schewe-Wolle, Qualität Original Shetland, je 50 g in Beige und Rost. Je 1 INOX-Nadelspiel Nr. 3 und $3^{1}/_{2}$.
GRUNDMUSTER: Glatt rechts = in Rd nur rechte M.
EINSTRICKMUSTER: Gegeben ist der Handrücken. Jedes Zeichen = 1 M in der entsprechenden Farbe.
MASCHENPROBE: 22 M und 25 Rd = 10 cm.
BÜNDCHENMUSTER: Abwechselnd 1 M rechts, 1 M links.

Arbeitsanleitung
40 M in Beige anschlagen und nach der Anleitung arbeiten. Nach dem Bündchen das Einstrickmuster über alle M wie gegeben stricken. Das Muster vom Norwegerstern jedoch nur auf dem Handrücken, über die M der Innenhand dabei abwechselnd 1 M beige und rot, in jeder Rd versetzt stricken. Daumen und Finger in Beige stricken, dabei die Finger mit je 1 Rd rost, beige und rost beginnen.

So stricken Sie Fingerhandschuhe

Mit den dünneren Nadeln 40 M anschlagen, zur Rd schließen und 6 cm im Bündchenmuster stricken. Mit den dickeren Nadeln im Grundmuster weiter stricken.
Für den Daumenspickel vor und hinter der 1. M der 1. Nadel in der 1. Rd und noch 5 × in jeder 3. Rd 1 M zunehmen. Danach den Daumen arbeiten. Dafür die 13 Spickel-M in Arbeit nehmen, dazwischen 3 M neu anschlagen = 16 M. 5 cm geradeaus stricken.
Für die Daumenspitze jeweils die 2. M der 1. und 3. Nadel abheben, die 3. M rechts stricken und die abgehobene M überziehen. Gleichzeitig die zweit- und drittletzte M der 2. und 4. Nadel rechts zusammenstricken. 1 Rd ohne Abnahme stricken, dann noch 1 × die Abnahme-Rd wiederholen.

Forts. S. 369.

Für Kinder genau richtig sind Mütze und Schal in Signalfarben. Sie halten warm und geben Kindern größere Sicherheit auf dem Schulweg (Anl. S. 388)

Herrlich für alle Kinder: lustig bestickte Strümpfe aus reiner Wolle (Anl. S. 380)

Fäustlinge sind besonders praktisch, denn sie passen zu allem. Auch zum Ski- oder Eislaufen sind sie das richtige (Anl. S. 390) ▶

▲ *Schnell zu stricken sind diese Kinderjäckchen (Anl. S. 450)*

◀ *Getupftes Garn ist die Grundfarbe für das Norwegermuster an Mütze und Fingerhandschuhen (Anl. S. 358)*

Leuchtende Regenbogenfarben zieren Krabbeldecke und Jäckchen fürs Jüngste (Anl. S. 414)

Aufgestickt sind die Motive in den Kästchen des niedlichen Karrensacks (Anl. S. 412)

Glatt rechts gestrickt ist der abendblaue Anzug mit klarem Sternenhimmel und aufgestickter Mondsichel (Anl. S. 400)

Restliche 8 M mit Arbeitsfaden zusammenziehen. Nun die M für die Hand, dazu aus den neu angeschlagenen M 3 M aufnehmen = 42 M und in Rd ca. 5 cm geradeaus stricken. Dann mit den Fingern beginnen.
Zeigefinger: Die ersten 6 M der 1. Nadel, dazu für den Steg 2 M anschlagen und die letzten 6 M der 4. Nadel in Arbeit nehmen, die restlichen M stilllegen. 6 cm geradeaus stricken, dann die Spitze wie beim Daumen arbeiten.
Mittelfinger: 5 M der Innenhand, 2 M aus den Steg-M, 5 M des Handrückens und 2 neu angeschlagene Steg-M in Arbeit nehmen. 7 cm geradeaus stricken, dann die Spitze wie beim Daumen arbeiten.
Ringfinger: 6 cm hoch wie den Mittelfinger arbeiten.
Kleiner Finger: 2 M aus dem Steg und die restlichen 10 M in Arbeit nehmen. 4,5 cm geradeaus arbeiten, dann die Spitze wie beim Daumen stricken.
Den 2. Hanschuh gegengleich stricken.
TIP: Probieren Sie die Fingerhandschuhe zwischendurch öfter einmal an. Sie müssen sich natürlich nicht genau an die Anleitungen halten, wenn Ihre Fingerlänge davon abweicht. Die Arbeit mit dem Nadelspiel ist bei der geringen Maschenzahl für die Finger etwas anstrengend, aber nach einer Weile hat man den Bogen heraus.

Fingerhandschuhe im Rhombenmuster

GRÖSSE: 27 cm lang.
MATERIAL: Mohair-Garn, für Nadelstärke 2½–3, je 50 g in Beige und Blau, Reste in Weiß und Rot. Je 1 INOX-Nadelspiel Nr. 2½ und 3.
GRUNDMUSTER: Glatt rechts = in Rd nur rechte M.
EINSTRICKMUSTER: Gegeben ist der Handrücken bzw. die Innenfläche.
Jedes Zeichen = 1 M in entsprechender Farbe.
MASCHENPROBE: 23 M und 25 Rd = 10 cm.
BÜNDCHENMUSTER: Abwechselnd 1 M rechts, 1 M links.

Arbeitsanleitung
40 M in Beige anschlagen. Nach der Anleitung S. 360 stricken. Nach dem Bündchen nach dem Einstrickmuster arbeiten. Daumen und Finger werden einfarbig blau gestrickt. Beim Daumen den weißen Faden zwischendurch um den blauen Arbeitsfaden schlingen.

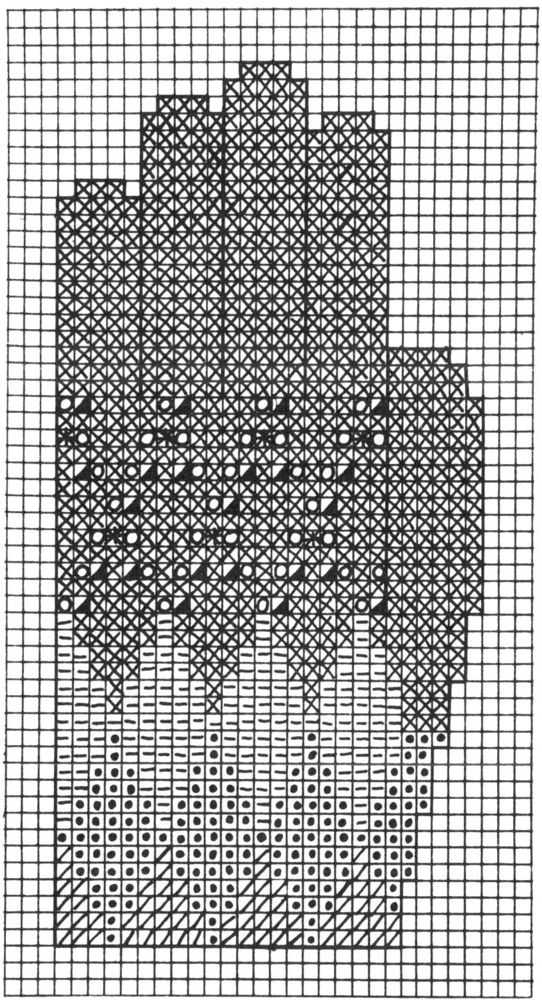

Einstrickmuster:
◩ = *beige*
⊠ = *blau*
⊟ = *weiß*
⊡ = *rot*
◙ = *blau, Umschlag*
◪ = *blau, 2 M zus.str.*

Stola in warmen Brauntönen

GRÖSSE: 250 cm lang und 70 cm breit.
MATERIAL: Kid Mohair-Wolle mit 20% Kunstfaser-Beimischung, 200 g in Beige, je 150 g in Hellbraun und Dunkelbraun. 1 Paar IMRA-flex-Stricknadeln Nr. 10.
GRUNDMUSTER, mit doppeltem Faden: Kraus = Rück- und Hinr rechte M.
MASCHENPROBE: 7 M und 22 R = 10 cm.

Arbeitsanleitung
175 M in Dunkelbraun anschlagen, im Grundmuster stricken, und zwar * 5 R dunkelbraun, 2 R hellbraun, 6 R dunkelbraun, 2 R beige, 6 R dunkelbraun, 6 R hellbraun, 2 R beige, 6 R hellbraun, 2 R dunkelbraun, 6 R hellbraun, 6 R beige, 2 R dunkelbraun, 6 R beige, 2 R hellbraun, 6 R beige, 2 R hellbraun, 6 R beige, 2 R dunkelbraun *. Dann noch 6 R beige arbeiten = Mitte. Anschließend die Farbstreifen von * bis * in umgekehrter Reihenfolge anschließen.
Nach den letzten 5 R dunkelbraun alle M locker abketten.
FERTIGSTELLUNG: Für die Fransen in allen Farben 50 cm lange Fäden schneiden und an den Schmalseiten der Stola in jede 2. R je 3 Fäden in der entsprechenden Farbe einknüpfen.

Links: In dieser Stola sind Fransen der jeweiligen Farbe eingeknüpft. Rechts: Mohairstola (Anl. S. 372).

Mohairstola

GRÖSSE: 200 cm × 80 cm.
MATERIAL: Dicke Mohair-Wolle, 100% Mohair, 550 g in Blau/Beige/Gelb-Ombriert. 1 Paar INOX-Stricknadeln Nr. 6.
GRUNDMUSTER: Glatt rechts = Hinr rechte M, Rückr linke M.
MASCHENPROBE: 14 M und 18 R = 10 cm.

Arbeitsanleitung
Für 80 cm Breite 110 M anschlagen und im Grundmuster mit Kettrandm 200 cm hoch stricken, locker abketten. In die Anschlag- und Abkett-R 35 cm lange Fransen einknüpfen.

Mütze

Gestrickte Mützen halten schön warm und sind leicht zu arbeiten. Farblich gut abgestimmt mit einem dicken Pullover oder einem Wintermantel, ergibt sich eine gute Ausrüstung für kalte Tage. Und wenn es Ihnen zu warm wird unter der Mütze stecken Sie sie einfach in die Tasche.

MATERIAL: Patons-Wolle, Qualität Britanica-Express, reine Schurwolle, 100 g in Rost Nr. 2965 bzw. Grün Nr 4906, 50 g in Ecru Nr. 2512. 1 Spiel INOX-Stricknadeln Nr. 6.
GRUNDMUSTER: Kraus = Abwechselnd 1 Rd rechts, 1 Rd links.
STREIFENFOLGE: Anschlag + 1 R in der Hauptfarbe, * 2 R écru, 2 R in der Hauptfarbe, ab * wiederholen.
MASCHENPROBE: 14 M und 28 R = 10 cm im Quadrat.

Arbeitsanleitung
72 M in Rost bzw. Grün auf dem Nadelspiel anschlagen. In Rd im Grundmuster nach der Streifenfolge geradeaus stricken. Ab 10 cm Höhe einfarbig rost weiterarbeiten. In 24 cm Höhe zum erstenmal ab Rd-Beginn die 3. und 4. M und 7 × jede folgende 8. und 9. M rechts zusammenstricken. In jeder 2. Rd noch 7 × darüber je 2 M zusammenstricken, die restlichen 8 M zusammenziehen.

Hüttenschuhe

Für alle Modelle

MATERIAL: Dünne Sportwolle, 100% Schurwolle, in den angegebenen Mengen in Grün, Gelb, Rot, Weiß, Blau, Hellblau.
1 Spiel INOX-Strumpfstricknadeln Nr. 3.
1 Paar Leder-Hüttenschuh-Sohlen.
Diese eine Schuhnummer größer kaufen, weil das Gestrick in den Sohlen entsprechend Platz fortnimmt.
GRUNDMUSTER: Glatt rechts = in Rd rechte M.
BÜNDCHENMUSTER: Abwechselnd 1 M rechts, 1 M links.
FUSS: Nach Fertigstellung des Schaftes die M der 2. und 3. Nadel für das Fußblatt ruhen lassen und die Ferse mit den M der 1. und 4. Nadel glatt rechts mit Kettrandm geradeaus stricken. Dann für das 3teilige Käppchen die M in 3 Teile teilen. Nun das 1. Drittel ganz, das 2. Drittel bis auf die letzte M rechts abstricken. Diese M mit der 1. M des letzten Drittels rechts verschränkt zusammenstricken, 1 M nachstrikken, wenden, die 1. M abheben, links weiterstricken und die letzte M der Mitte mit der 1. M dfes 1. Drittels links zusammenstricken, 1 M nachstricken, wenden, die 1. M abheben. Weiter jeweils die letzte M der Mitte mit der 1. M der Seite wie beschrieben zusammenstricken, bis die M der Seiten aufgebraucht sind. Zu den restlichen Käppchen-M aus den Randm der Ferse M aufnehmen und wieder in Rd arbeiten, dabei in der 1. Rd die neu aufgefaßten M rechts verschränkt, später rechts stricken. In der folgenden Rd mit den Spickelabnahmen beginnen. Dafür die zweit- und drittletzte M der 1. Nadel rechts, die 2. und 3. M der 4. Nadel rechts verschränkt zusammenstricken. Diese Abnahmen in jeder Rd so oft wiederholen wie angegeben. Mit den restlichen M geradeaus arbeiten. Dann für die Spitze in jeder Rd die zweit- und drittletzte M der 1. und 3. Nadel rechts, die 2. und 3. M der 2. und 4. Nadel rechts verschränkt zusammenstricken. Die restlichen 8 M im M-Stich verbinden. Socken mit Kreuzstichen an die Sohlen nähen.
MASCHENPROBE: 30 M und 40 Rd = 10 cm.

Herren-Socken

GRÖSSE: 42/43.

MATERIAL: 100 g in Grün, je 50 g in Rot, Gelb und Weiß.
EINSTRICKMUSTER: Siehe Zeichnung S. 375. Die 1.–26. Rd wiederholen.

Arbeitsanleitung
In Grün 72 M anschlagen, im Bündchenmuster stricken = 18 M je Nadel. Ab 6 cm Höhe im Grundmuster 1 × die 26 Rd des Einstrickmusters arbeiten. Dann die Ferse grün mit 36 M 6 cm = 24 R strik ken. Dreiteiliges Käppchen: je 12 M. Zu den restlichen 24 M aus der Ferse je 12 M aufnehmen, grün in Rd arbeiten = 84 M und 6 Spickelabnahmen ausführen = 72 M. Weiter nach dem Einstrickmuster mit der 4. Muster-Rd beginnend stricken. Ab 22 cm Fußlänge (einschließlich Ferse) die Spitze einfarbig grün arbeiten: 8 × in jeder 2. Rd, 8 × in jeder Rd abnehmen.

Damen-Socken

GRÖSSE: 38/39.
MATERIAL: 100 g in Blau, je 50 g in Rot, Weiß, Hellblau.
STREIFENFOLGE: * 4 Rd blau, je 2 Rd weiß, hellblau, rot, weiß, 4 Rd blau, 10 Rd nach dem Einstrickmuster, ab * wiederholen.

Arbeitsanleitung
In Blau 64 M anschlagen, im Bündchenmuster stricken = 16 M je Nadel. Ab 12 cm Höhe 1 × die Streifenfolge arbeiten. Dann die Ferse blau mit 32 M 6 cm = 20 R stricken. Dreiteiliges Käppchen: Mitte 12, Seiten je 10 M. Zu den restlichen 22 M aus der Ferse je 10 M aufnehmen, blau in Rd arbeiten = 74 M und 5 Spickelabnahmen ausführen = 64 M. Weiter 2 × die Streifenfolge arbeiten. Ab 20 cm Fußlänge (einschließlich Ferse) die Spitze blau arbeiten: 6 × in jeder 2. Rd, 8 × in jeder Rd abnehmen.

Kinder-Kniestrümpfe

GRÖSSE: 34/35.
MATERIAL: 100 g in Gelb, je 50 g in Rot, Blau und Hellblau.
STREIFENFOLGE: * 6 Rd gelb, 10 Rd im Einstrickmuster, ab * wiederholen.

Arbeitsanleitung
In Gelb 72 M anschlagen, im Bündchenmuster stricken =

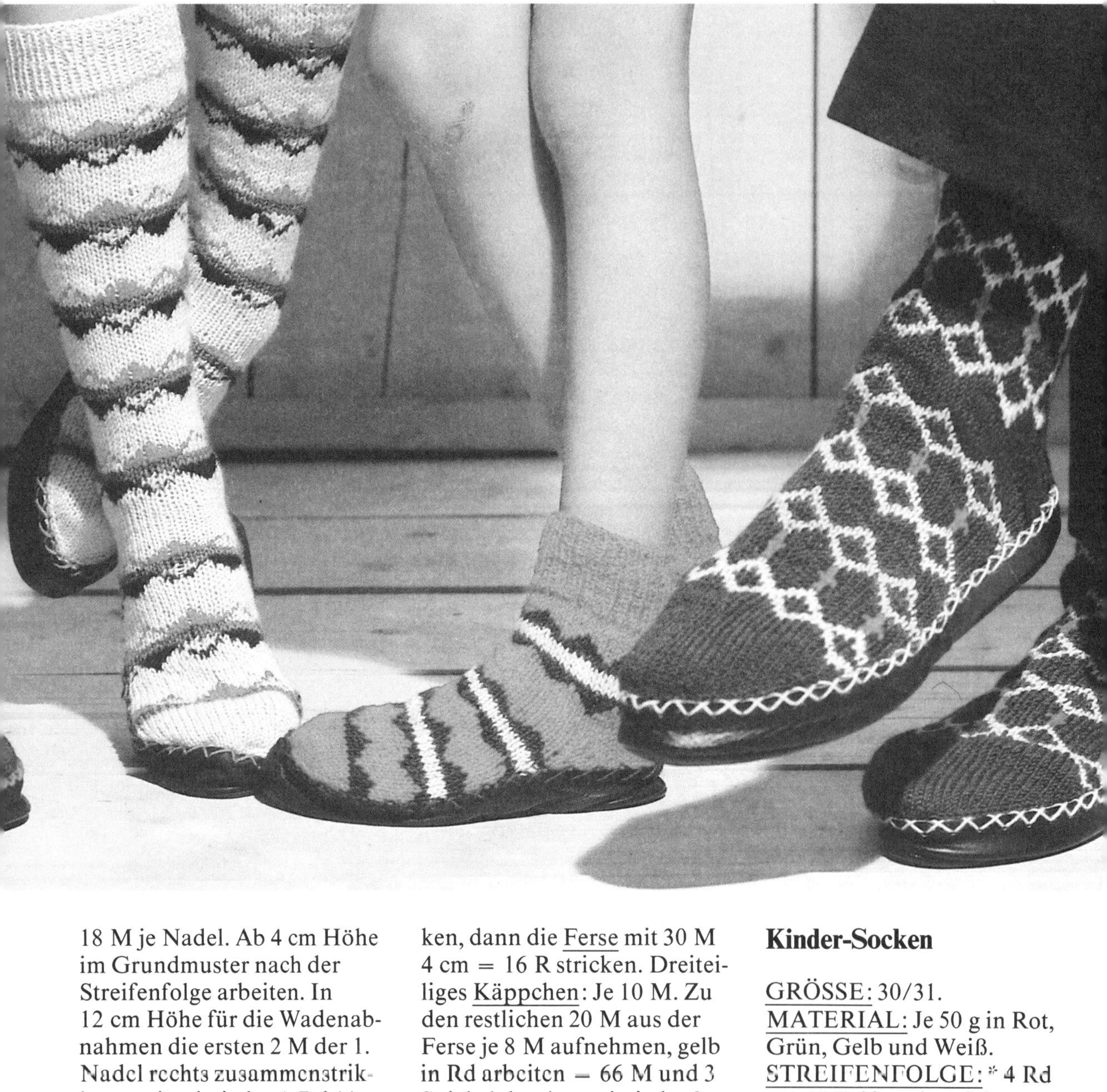

18 M je Nadel. Ab 4 cm Höhe im Grundmuster nach der Streifenfolge arbeiten. In 12 cm Höhe für die Wadenabnahmen die ersten 2 M der 1. Nadel rechts zusammenstrikken, weiter in jeder 4. Rd 11 × abwechselnd die letzten 2 M der 4. Nadel rechts verschränkt und die ersten 2 M der 1. Nadel rechts zusammenstricken = 60 M. Die M neu verteilen = 15 M je Nadel; geradeaus stricken. Nach der 5. Streifenfolge gelb 4 Rd stricken, dann die Ferse mit 30 M 4 cm = 16 R stricken. Dreiteiliges Käppchen: Je 10 M. Zu den restlichen 20 M aus der Ferse je 8 M aufnehmen, gelb in Rd arbeiten = 66 M und 3 Spickelabnahmen in jeder 2. Rd ausführen = 60 M. Mit dem Einstrickmuster beginnend weiter die Streifenfolge arbeiten. Ab 18 cm Fußlänge (einschließlich Ferse) die Spitze gelb arbeiten: 4 × in jeder 2. Rd, 10 × in jeder Rd abnehmen.

Kinder-Socken

GRÖSSE: 30/31.
MATERIAL: Je 50 g in Rot, Grün, Gelb und Weiß.
STREIFENFOLGE: * 4 Rd rot, 11 Rd im Einstrickmuster, ab * wiederholen.

Arbeitsanleitung
In Rot 48 M anschlagen, im Bündchenmuster stricken = 12 M je Nadel. Ab 3 cm Höhe im Grundmuster 1 × die Streifenfolge und 2 Rd rot stricken.

Dann die Ferse rot mit 24 M 3,5 cm = 14 R stricken. Dreiteiliges Käppchen: Je 8 M. Zu den restlichen 16 M aus der Ferse je 7 M aufnehmen, rot in Rd arbeiten = 54 M und 3 Spickelabnahmen in jeder 2. Rd ausführen = 48 M. Mit dem Einstrickmuster beginnend weiter die Streifenfolge arbeiten. Ab 15 cm Fußlänge (einschließlich Ferse) die Spitze arbeiten: 2 × in jeder 2. Rd, 8 × in jeder Rd abnehmen.

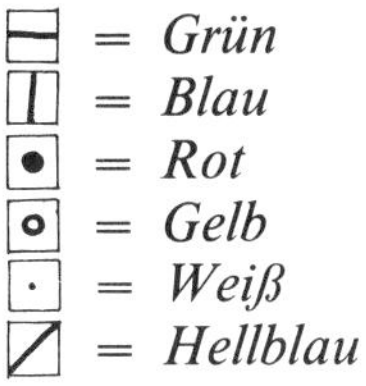

Kindersocken

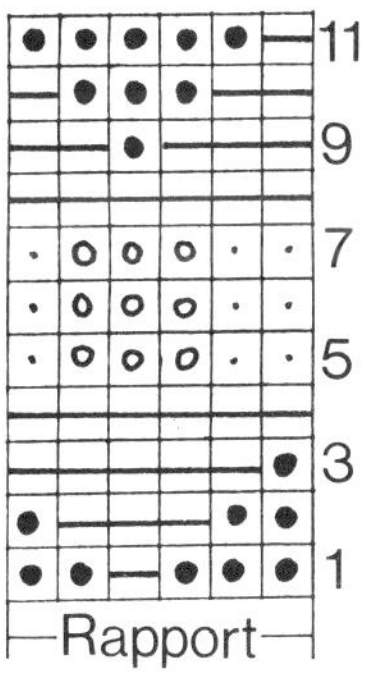

Damensocken

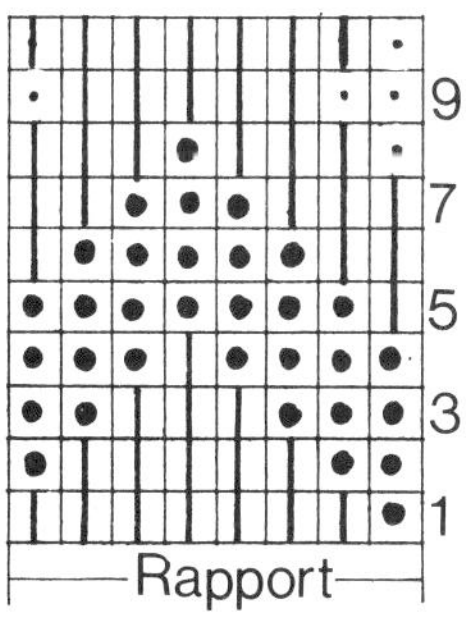

Herrensocken

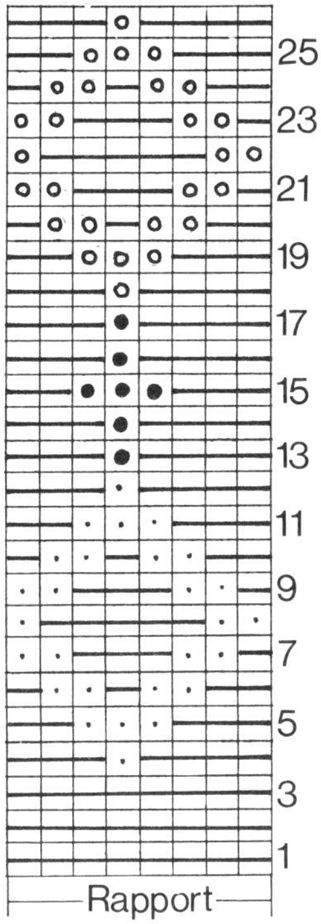

Kinderkniestrümpfe

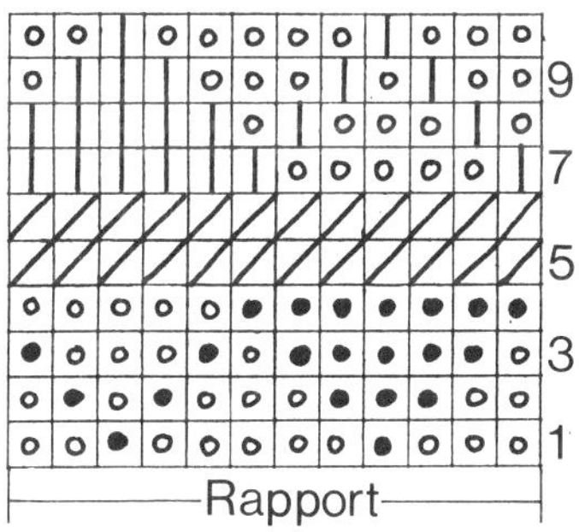

Schals gestreift mit langen Fransen

Abb. S. 326

GRÖSSE: 25 cm breit, 194 cm lang (ohne Fransen).
MATERIAL: Mittelstarke Sportwolle, für den Damenschal 300 g in Türkis, 100 g in Weiß, je 50 g in Grün und in Rot. Für den Herrenschal 300 g in Grün, 100 g in Türkis, 50 g in Rot, 1 Paar INOX-Stricknadeln Nr. 4.
GRUNDMUSTER: 1 M rechts, 1 M links im Wechsel.
FARBFOLGE, Damen-Schal: Anschlag + 1 R rot, * 18 R türkis, 2 R rot, 3 × abwechselnd 2 R weiß und grün, dann 2 R weiß, 2 R rot, ab * wiederholen.
FARBFOLGE, Herren-Schal: Anschlag + 29 R grün, * je 4 R türkis, rot und türkis, 30 R grün stricken, ab * wiederholen.
MASCHENPROBE: 32 M und 30 R = 10 cm.

Arbeitsanleitung
86 M in Rot bzw. Grün anschlagen, mit Kettrandm im Grundmuster nach der Farbfolge geradeaus stricken. Ab 84 cm Höhe = 7 bzw. 6 Farbrapporte, einfarbig türkis bzw. grün weiterstricken, dabei in der 2. einfarbigen R für das schmale Mittelteil nach und vor der Randm abwechselnd immer 2 M rechts und 2 M links zusammenstricken = 44 M. Mit dieser M-Zahl 25 cm geradeaus stricken, dann in 1 R nach und vor der Randm aus jeder M 1 M links verschränkt und 1 M rechts verschränkt dem Muster-Rhythmus entsprechend herausstricken = 86 M. Noch 1 R türkis bzw. grün darüberstricken, weiter nach der Farbfolge noch 84 cm geradeaus strikken, abketten.
FERTIGSTELLUNG: Für die Fransen brauchen Sie 40 cm lange Fäden in Türkis. Nehmen Sie jeweils 6 Fäden, und arbeiten Sie, wie auf S. 387 beschrieben.

Silbergrauer Schal

Schals sind nicht nur zum Wärmen da. Diese feinen Schals aus glänzenden Synthetikgarnen schmücken Kleid oder Bluse. Sie sind sehr lang und können ganz beliebig geschlungen und gebunden werden.

GRÖSSE: 15 cm × 200 cm.
MATERIAL: Garn aus 100% Polyacryl in Perlgarndrehung, 150 g in Grau. 1 Paar Stricknadeln Nr. 3.
GRUNDMUSTER: 1. R (Hinr): 3 M links, * 1 M rechts, 2 × abwechselnd 1 Umschlag arbeiten und 2 M rechts überzogen zusammenstricken, dann 1 M rechts. Weiter 2 × abwechselnd 2 M rechts zusammenstricken und 1 Umschlag, ab * wiederholen, R endet mit 1 M rechts, 3 M links. 2. und alle folgenden Rückr: M und Umschläge links stricken. 3. R: 3 M links, * 2 M rechts, 1 Umschlag, 2 M rechts überzogen zusammenstricken, 1 Umschlag, 3 M rechts zusammenstricken, 1 Umschlag, 2 M rechts zusammenstricken, 1 Umschlag, 1 M rechts, ab * wiederholen, R endet mit 1 M rechts, 3 M links. 1.–4. R wiederholen.
MASCHENPROBE: 32 M und 48 R = 10 cm.

Arbeitsanleitung
47 M anschlagen, 5 R linke M, dann im Grundmuster 198 cm stricken. Mit 5 R linke M abschließen.

Lila Schal

GRÖSSE: 15 cm × 200 cm.
MATERIAL: Garn aus 100% Polyacryl in Perlgarndrehung, 150 g in Lila. 1 Paar Stricknadeln Nr. 3.
GRUNDMUSTER: 1. R (Hinr): 3 M links, * 2 M links, 4 M rechts, 2 M rechts zusammenstricken, 2 Umschläge (Faden 2 × um die Nadel schlingen), 2 M rechts überzogen zusammenstricken, 4 M rechts, ab * wiederholen. Die R endet mit 5 M links. 2. R (Rückr): 3 M links, 2 M rechts, * 3 M links, 2 M links verschränkt zusammenstricken, 2 Umschläge, den doppelten Umschlag der Vorr links abheben (1 Umschlag löst sich dabei auf), 2 M links zusammenstricken, 3 M links, 2 M rechts, ab * wiederholen, R endet mit 3 M links. 3. R: 3 M links, * 2 M links, 2 M rechts, 2 M rechts zusammenstricken, 2 Umschläge, die Umschläge der 1. und 2. R links abheben (es liegen jetzt 2 lange Spannfäden über der Nadel), 2 M rechts überzogen zusammenstricken, 2 M rechts, ab * wiederholen. Die R endet mit 5 M links. 4. R: 3 M links, 2 M rechts, * 1 M links, 2 M links verschränkt zusammenstricken, 2 Umschläge, die Umschläge der 1.–3. R zusammen links abheben, 2 M links zusammenstricken, 1 M links, 2 M rechts, ab * wiederholen, R endet mit 3 M links. 5. R: 3 M links, * 2 M links, 2 M rechts zusammenstricken, 2 Umschläge, die Umschläge der 1.–4. R zusammen links abheben, 2 M rechts überzogen zusammenstricken,

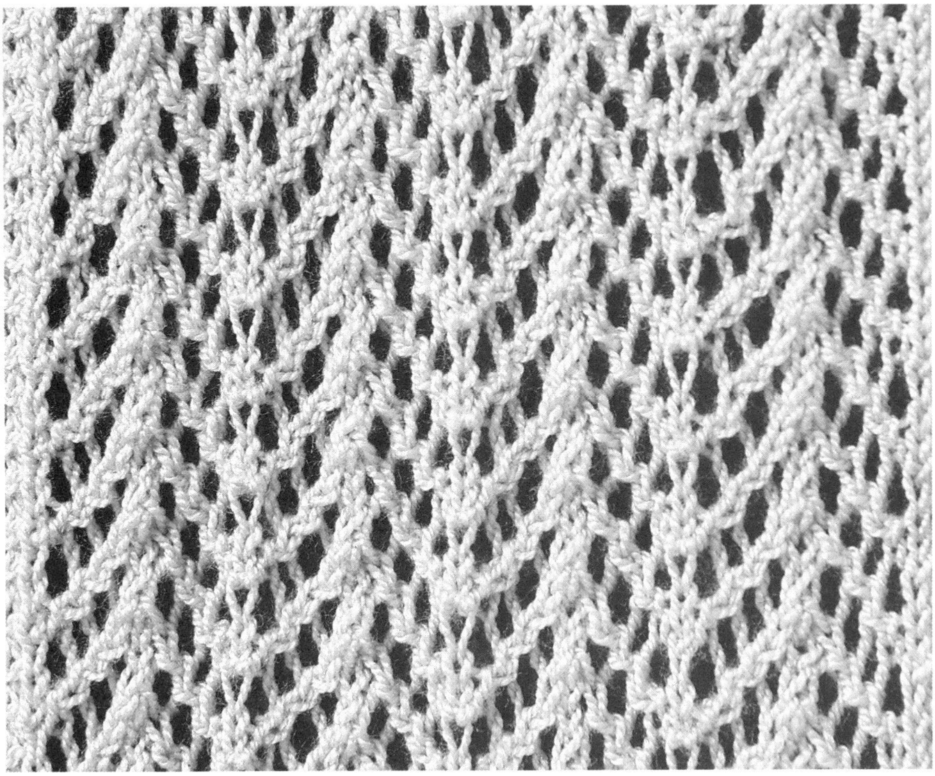

Zart und fein wirkt das Muster des grauen Schals aus Synthetikgarn

Die zarten Muster in Lochstikkerei wirken wie Filigran.

Dieser Schal wirkt elegant und ausgefallen. Er ist nicht ganz einfach zu stricken.

ab * wiederholen. Die R endet mit 5 M links. 6. R: 3 M links, 2 M rechts, * 1 M links, 4 Umschläge, die Umschläge der 1.–5. R 1 × links und 1 × rechts zusammenstricken, 4 Umschläge, 1 M links, 2 M rechts, ab * wiederholen, R endet mit 3 M links. 7. R: 3 M links, * 2 M links, 1 M rechts, aus den 4 Umschlägen 4 M rechts herausstricken, 2 M rechts, aus den nächsten 4 Umschlägen 4 M rechts herausstricken, 1 M rechts, ab * wiederholen. Die R endet mit 5 M links. 8. R: 3 M links, 2 M rechts, * 12 M links, 2 M rechts, ab * wiederholen, R endet mit 3 M links. 9. R: 3 M links, * 2 M links, 12 M rechts, ab * wiederholen, die R endet mit 5 M links. 10. R: wie 8. R. 1.–10. R wiederholen.
MASCHENPROBE: 32 M und 40 R = 10 cm.

Arbeitsanleitung
50 M anschlagen, 5 R linke M, dann im Grundmuster 198 cm stricken. Mit 5 R linke M abschließen.
FERTIGSTELLUNG: Den Schal spannen, unter feuchtem Tuch trocknen lassen.

Socken

Weich, warm und bequem, so sollen Socken sein. Diese Socken aus nicht filzender Wolle sind außerdem strapazierfähig und in der Maschine zu waschen. Sie können sie auch selbst besticken nach den angegebenen Mustern.

Für alle Socken
GRÖSSE: Schuhgröße 43.
MATERIAL: Schachenmayr Regia, 75% Schurwolle, 25% Polyamid, je 100 g in Rot, Grün, Schwarz oder Beige. Zum Stricken MEZ-Tauben-Zephir, 4 Stränge je Farbe. 1 Spiel Strumpfstricknadeln Nr. 3.
GRUNDMUSTER: Glatt rechts = In Rd rechte M.
BÜNDCHENMUSTER: * 1 M rechts, 1 M links *.
MASCHENPROBE: 30 M und 43 Rd = 10 cm.

Arbeitsanleitung
76 M anschlagen = 19 M je Nadel. Im Bündchenmuster 10 cm (für den Umschlag 20 cm) stricken. Dann die M der 2. und 3. Nadel für das Fußblatt ruhen lassen, mit den M der 1. und 4. Nadel die Ferse in offenen R glatt rechts (Hinr rechte M, Rückr linke M) stricken und am Ende jeder R 1 M unbearbeitet lassen, insgesamt 14 × je Seite = Rest 10 M. Dann am Ende jeder R wieder über 1 M mehr stricken, bis alle M in Arbeit sind (siehe Strickkurs). In Rd im Grundmuster 22 cm geradeaus stricken.
Für die Spitze zum erstenmal abnehmen: die zweit- und

drittletzte M der 1. und 3. Nadel rechts, die 2. und 3. M der 2. und 4. Nadel rechts überzogen zusammenstricken. Weiter in jeder 3. Rd 2 ×, in jeder 2. Rd 4 ×, in jeder Rd 10 × so abnehmen, die restlichen 8 M zusammenziehen.
Das Fußblatt im Maschenstich besticken. In der 7. Rd ab Ende der Spitze beginnen und das Muster von der Mittelmasche (mit Doppelstrich begrenzt) ausgehend einteilen; andere Seite ergänzen. Bei Muster 1 den Rapport in der Höhe ab mittlerer Rapport-Reihe (mit Doppelstrich begrenzt) nach oben ergänzen, bei Muster 2 den Rapport in der Höhe fortführen.

Muster 1 und 2 ►

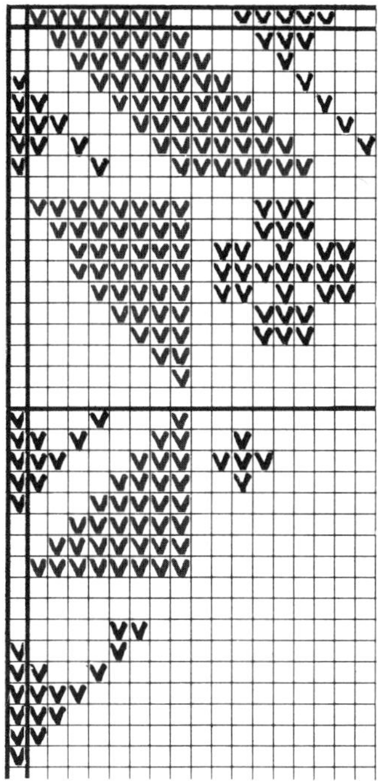

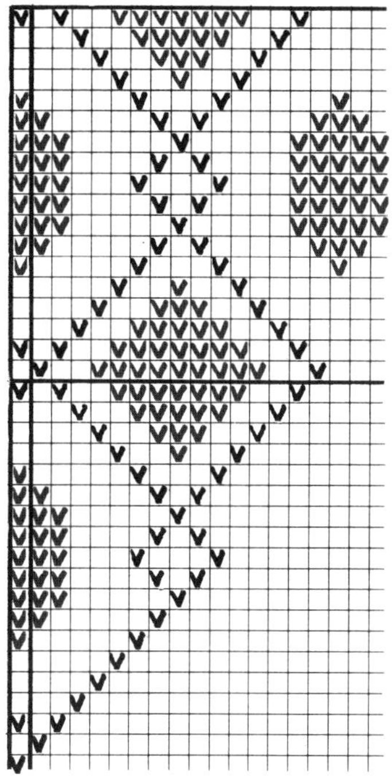

Stricken Sie doch gleich mehrere Socken in verschiedenen Farben und unterschiedlichen Mustern.

Strümpfe buntbestickt

Abb. S. 362

Das finden Kinder herrlich: lustig buntbestickte Strümpfe. Sie sind aus reiner Wolle, eins rechts, eins links gestrickt und strapazierfähig, was ja bei Kindern wichtig ist.

GRÖSSEN: 5 und 7 Jahre = 110 und 122 cm Größe. Bei unterschiedlichen Angaben: für 7 Jahre in Klammern.
MATERIAL: Schachenmayr-Wolle, Qualität Regia 4fach. 100 g in Gelb Nr. 1961 oder Dunkelblau 324 oder Rot 1953. Zum Sticken MEZ Tauben-Zephir. Äpfel: 3 Strg in Rot Nr. 3836, 1 Strg in Grün 4447. Pilze: 3 Strg in Rot Nr. 3836, 2 Strg in Weiß. Schiffe: je 2 Strg in Dunkelblau Nr. 3377 und Weiß. 1 Spiel INOX-Strumpfstricknadeln Nr. 3.
GRUNDMUSTER I: Abwechselnd 1 M rechts, 1 M links.
GRUNDMUSTER II: Glatt rechts = in Runden nur rechte M.
STICKMUSTER: Jedes Farbzeichen = 1 M.
MASCHENPROBE: 28 M und 40 Rd = 10 cm.

Arbeitsanleitung
60 (68) M anschlagen = 15 (17) M je Nadel. 2 cm im Grundmuster I, 8 cm = 32 Rd im Grundmuster II, weiter im Grundmuster I geradeaus stricken. In 25 (29) cm Gesamthöhe die M der 2. und 3. Nadel für das Fußblatt ruhen lassen. Mit den M der 1. und 4. Nadel die Ferse in offenen R glatt rechts (Hinr rechte M, Rückr linke M) stricken und am Ende jeder R 1 M unbearbeitet lassen, insgesamt 10 (12) × je Seite = Rest 10 M. Dann am Ende jeder R wieder über 1 M mehr stricken, bis alle M in Arbeit sind (siehe Strickkurs). Anschließend wieder in Rd stricken, und zwar die M der 2. und 3. Nadel im Grundmuster I, die M der 1. und 4. Nadel im Grundmuster II. Ab 15 (18) cm Fußlänge (einschließlich Ferse) über alle M im Grundmuster II stricken. Nach 2 Rd für die Spitze zum erstenmal abnehmen: die zweit- und drittletzte M der 1. und 3. Nadel rechts, die 2. und 3. M der 2. und 4. Nadel rechts überzogen zusammenstricken. Weiter nach 4 Rd 1 ×, in jeder 2. Rd 2 ×, in jeder Rd 9 (11) × so abnehmen, die restlichen 8 M zusammenziehen.
FERTIGSTELLUNG: Den glatten oberen Rand mit den Motiven im Maschenstich besticken.

Einstickmuster:
▭ = *Dunkelblau*
I = *Weiß*
• = *Rot*
V = *Gelb*
X = *Grün*

▶

Oben: Fußspitze. Am Anfang einer Nadel die 2. und 3. Masche, am Ende der nächsten Nadel die zweit- und drittletzte Masche zusammenstricken. Darunter: Die einfache Ferse mit verkürzten Reihen: Zuerst am Anfang jeder Reihe 1 Masche unbearbeitet lassen, anschließend wieder mitstricken. Rechte Seite: Der glatt rechts gestricke Streifen ist bei allen Strümpfen gleich breit. Sie können die Motive untereinander austauschen. Ein Stickmotiv steht jeweils in der vorderen Mitte, markieren Sie dafür zuerst Maschenhöhe und Rundenhöhe. Die seitlichen Motive folgen mit gleichmäßigen Abständen. Gestickt wird mit Maschenstich. Jedes Farbzeichen des Stickmusters bedeutet eine Masche.

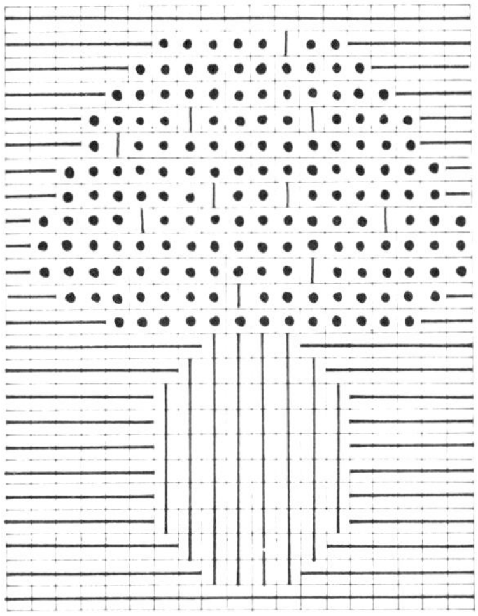

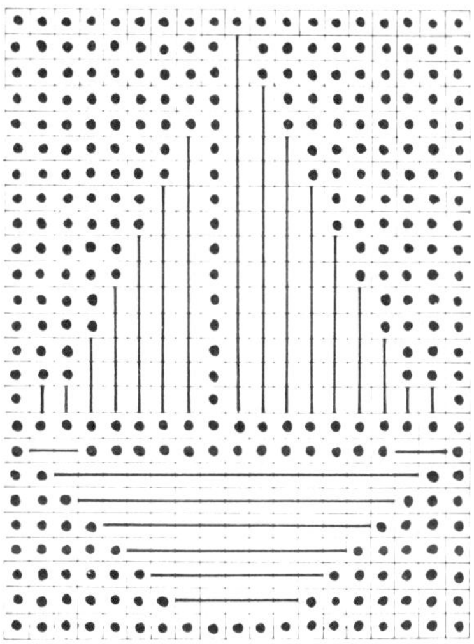

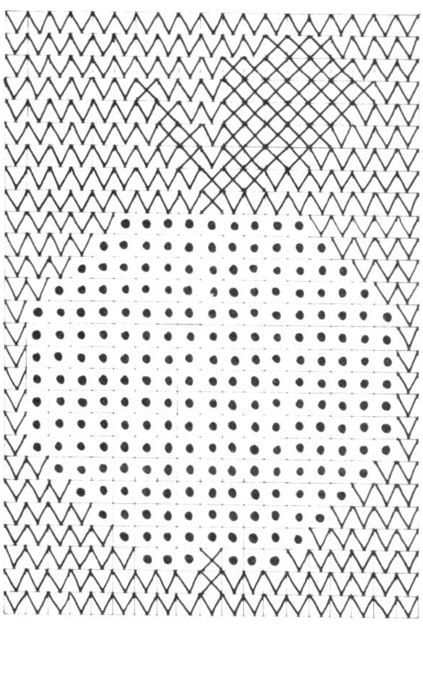

Buntgeringelte Fingerhandschuhe

Abb. S. 321

Warme Herbsttöne zieren diese Ringelhandschuhe.

GRÖSSE: 26 cm lang.
MATERIAL: Synthetic/Mohair-Gemisch für Nadelstärke 3–3½, 50 g in Khaki, Reste in Ocker, Pink, Eisblau, Violett und Rost. Je 1 INOX-Nadelspiel Nr. 3 und 3½.
GRUNDMUSTER: Glatt rechts = in Rd nur rechte M.
MASCHENPROBE: 22 M und 28 Rd = 10 cm.
BÜNDCHENMUSTER: Abwechselnd 1 M rechts, 1 M links.

Arbeitsanleitung
40 M in Ocker anschlagen und nach der Anleitung, s. S. 360, arbeiten, dabei die Streifen wie folgt stricken: 2 Rd ocker, 5 Rd khaki, je 2 Rd rost und violett, 6 Rd eisblau, 3 Rd rost = Ende des Bündchens. Nach 3 Rd khaki und 2 Rd pink die Hand in Khaki stricken. Für den Daumen nach 8 Rd in Khaki noch je 2 Rd pink und khaki, die Spitze in Ocker stricken. Zeigefinger: Je 2 Rd khaki und ocker, 3 Rd violett, 2 Rd khaki, 3 Rd eisblau, je 2 Rd khaki und pink, 1 Rd khaki und die Spitze violett stricken. Mittelfinger: 14 Rd khaki, je 2 Rd ocker und khaki, die Spitze in Pink stricken. Ringfinger: 13 Rd khaki, je 2 Rd rost und khaki, die Spitze in Eisblau stricken. Kleiner Finger: 6 Rd khaki, je 2 Rd violett und khaki, Spitze in Rost stricken. stricken.

Winterset

Abb. S. 327

GRÖSSEN: Mütze = Kopfweite 52 cm, Handschuhe = 6½–7.
MATERIAL: Karstadt-Wolle, Qualität Original Shetlandwolle, für den Schal 200 g, für Mütze und Handschuhe je 50 g in Braun Nr. 37. Für alle Teile zusammen je 50 g in Dunkelgrün Nr. 27, Gelb Nr. 52, Rot Nr. 15, Lila Nr. 62, Hellgrün Nr. 22. 1 Paar INOX-Stricknadeln und 1 Nadelspiel Nr. 3½.
GRUNDMUSTER: Glatt rechts = Hinr rechte M, Rückr linke M. In Rd nur rechte M.
STREIFENFOLGE: 1 R gelb, 2 R dunkelgrün, 9 R braun, 2 R dunkelgrün, 1 R gelb, 2 R braun, dabei in beiden R jede 4. gelbe M abheben, Faden auf der Rückseite der Arbeit weiterführen, 1 R rot, 2 R lila, dabei jede 4. rote M versetzt zu den gelben M abheben, 1 R rot, 2 R braun, 1 R gelb, 2 R dunkelgrün = 26 R.
STICKMUSTER: Gegeben ist 1 Rapport in der Breite. Kreuze = 1 Maschenstich, leere Felder = Maschengrund.
BÜNDCHENMUSTER: 1 M rechts, 1 M links.
MASCHENPROBE: 22 M und 30 R bzw. Rd = 10 cm.

Arbeitsanleitung
SCHAL: Für 18 cm Breite 68 M in Braun mit Nadeln Nr. 3½ anschlagen und mit Kettrandm im Bündchenmuster stricken. In 38 cm Höhe die M für den Durchzug teilen: Die rechten M von der Oberseite und von der Unterseite ge-

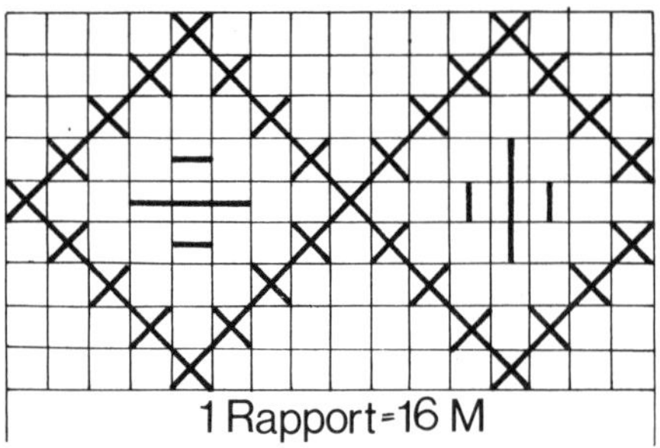

Stickmuster: Gegeben ist ein Rapport in der Breite. Kreuze gleich 1 Maschenstich, leere Kästchen gleich Maschengrund.

□ = *Maschengrund*
☒ = *grün*
⊟ = *rot*
◫ = *gelb*

trennt stricken = 34 M. Beide Teile einzeln im Grundmuster stricken, dabei in der 1. R 7 × jede 4. M verdoppeln = 41 M. 4 cm braun, dann 1 × die Streifenfolge, weiter 4 cm braun stricken, dabei in der letzten R verteilt 7 M abnehmen = 34 M. Nun die M wieder vereinen = 68 M und im Bündchenmuster mit Kettrandm stricken. In 75 cm Höhe ist die Schalmitte erreicht. Das Teil gegengleich mit gegengleicher Streifenfolge beenden und nach 150 cm abketten.

FERTIGSTELLUNG: Die Grundmusterkanten mit 1 R fester M in Braun abhäkeln. Den braunen Streifen der Streifenfolge nach dem Stickmuster besticken. In die Schalenden in Braun 20 cm lange Fransen aus je 4 Fäden in jede 4. M. einknüpfen.

MÜTZE: 112 M auf dem Nadelspiel in Braun anschlagen und in Rd 3 cm im Bündchenmuster, weiter im Grundmuster 1 × die Streifenfolge stricken. Danach einfarbig braun arbeiten, dabei in der 1. Rd 8 × jede 14. M für die Abnahmen kennzeichnen. In der folgenden Rd zum erstenmal vor der gekennzeichneten M 2 M rechts zusammenstricken, danach 2 M rechts überzogen zusammenstricken = 96 M. Diese Abnahmen in jeder 3. Rd noch 4 × wiederholen = 32 M. Dann in der 2. Rd die dazwischenliegenden 3 M rechts überzogen zusammenstricken. Mit den restlichen 16 M noch 2 Rd stricken, dann die M zusammenziehen. Den braunen Streifen der Streifenfolge besticken.

HANDSCHUHE: 40 M in Braun auf dem Nadelspiel anschlagen und im Bündchenmuster in Rd stricken = 10 M je Nadel. Ab 10 cm Höhe im Grundmuster 1 Rd braun, dann 1 × die Streifenfolge stricken, dabei in der 3. Rd mit den Zunahmen für den Daumenspickel beginnen: Für den rechten Handschuh nach der 1. M der 1. Nadel, für den linken Handschuh vor der letzten M der 4. Nadel 1 M rechts verschränkt aus dem Querdraht zunehmen. Weiter in jeder 3. Rd rechts und links davon noch 7 × 1 M zunehmen = 55 M. Nach insgesamt 23 Grundmuster-Rd die 15 Daumen-M stillegen, darüber 5 M mit 1 Hilfsfaden für den Spickel anschlagen und mit den 45 M geradeaus stricken, dabei 2 × in jeder 2. Rd die 1. Spickel-M mit der M davor rechts überzogen, die letzte Spickel-M mit der folgenden M rechts zusammenstricken, dann darüber 3 M rechts überzogen zusammenstricken = 40 M. Zugleich nach Ende der Streifenfolge braun weiterarbeiten. Nach 5 braunen Rd den kleinen Finger arbeiten: Von Handrücken und -innenfläche je 5 M nehmen, dazwischen mit 1 Hilfsfaden 2 M für den Steg anschlagen = 12 M. Auf 3 Nadeln verteilen und 5 cm geradeaus stricken, dann für die Spitze in jeder Rd die letzten 2 M jeder Nadel rechts zusammenstricken, die restlichen 3 M zusammenziehen. Den Hilfsfaden aus den Steg-M herauslösen und über alle M 2 Rd stricken. Dann für den Ringfinger von Handrükken und -innenfläche je 4 M nehmen, dazu 2 M aus dem Steg des kleinen Fingers und 2 neu angeschlagene Steg-M = 12 M. 7 cm stricken, dann die Spitze wie beim kleinen Finger arbeiten. Für den Mittelfinger je 5 M und je 2 Steg-M nehmen = 14 M, dann wie den Ringfinger stricken. Mit den restlichen 12 + 2 Steg-M = 14 M den Zeigefinger 6 cm stricken. Zum Schluß den Daumen stricken. Dafür die stillgelegten 15 M aufnehmen, den Hilfsfaden aus den neu angeschlagenen M herauslösen und über alle 20 M stricken, dabei die neu angeschlagenen M wie bei der Hand wieder abnehmen. Ab 5 cm Daumenlänge die Spitze arbeiten. Den braunen Streifen der Streifenfolge besticken, dabei nach dem Daumenspickel beginnen und auf die Spickel-M nur einen grünen Rhombus sticken.

Mütze und Handschuhe bunt geringelt

MATERIAL: Dünne Sportwolle in den angegebenen Farben und Mengen. (S. 385) Eine 40 cm lange IMRA-Rundstricknadel und 1 Spiel INOX-Strumpfstricknadeln Nr. 2½.
GRUNDMUSTER: Glatt rechts = in Rd nur rechte M.
BÜNDCHENMUSTER: Abwechselnd 1 M re, 1 M li.
MASCHENPROBE: 28 M und 40 Rd = 10 cm.

Arbeitsanleitung
MÜTZE: Für 52–54 cm Kopfweite 144 M auf der Rundnadel anschlagen und 4 cm geradeaus stricken. Dann 12 × jede 12. M kennzeichnen und in jeder 3. Rd vor der gekennzeichneten M je 1 M rechts verschränkt aus dem Maschendraht zunehmen. Nach 8 Zunahmen = 240 M noch 3 Rd geradeaus stricken. Nun 6 × jede 40. M kennzeichnen und in jeder 2. Rd die gekennzeichnete M mit der M davor rechts zusammenstricken. Nach 18 Abnahmen = 132 M weiter in jeder Rd wie beschrieben abnehmen. Bei kleinerer M-Zahl auf die Strumpfstricknadeln übergehen. Die restlichen 6 M zusammenziehen.
FERTIGSTELLUNG: Die Mütze leicht dämpfen. Den Rand 2 cm nach links umnähen und Gummiband einziehen.

Diese Variation ist in kräftigen lebhaften Farben gestrickt.

FINGERHANDSCHUHE:
48 M anschlagen und auf 4 Nadeln verteilen = 12 M je Nadel, dann 15 cm im Bündchenmuster stricken. Für den Umschlag des Bündchens die Arbeit nun wenden und im Grundmuster stricken. Nach 3 Rd mit den Zunahmen für den Daumenspickel beginnen: Für den rechten Handschuh nach der 1. M der 1. Nadel, für den linken Handschuh vor der letzten M der 4. Nadel 1 M rechts verschränkt aus dem Maschendraht zunehmen

(siehe Strickkurs), weiter in jeder 3. Rd rechts und links davon noch 7 × 1 M zunehmen = 61 M (siehe Strickkurs). Nach insgesamt 26 Grundmuster-Rd die 15-Daumen-M stilllegen, darüber 5 M mit 1 Hilfsfaden neu anschlagen und mit den 53 M im Grundmuster geradeaus stricken, dabei die neu angeschlagenen M wieder abnehmen (siehe Strickkurs). Nach insgesamt 46 Grundmuster-Rd mit dem kleinen Finger beginnen. Vom Handrükken (rechter Handschuh: 3. und 4. Nadel, linker Handschuh: 2. und 1. Nadel) 7 M, von der Handfläche 6 M aufnehmen, dazwischen 2 M für den Steg dazu anschlagen = 15 M, auf 3 Nadeln verteilen und in Rd 5,5 cm geradeaus stricken, dann für die Spitze abnehmen. Die restlichen M vernähen. Die Spitze bei allen anderen Fingern genauso arbeiten. Aus den Steg-M den Hilfsfaden herausziehen, die freigewordenen M aufnehmen und mit den M von Handrükken und -fläche zusammen 2 Rd stricken. Dann die anderen Finger arbeiten. Ringfinger: Vom Handrücken 5 M, von der -fläche 6 M, dazu die 2 Steg-M vom kleinen Finger und zum Mittelfinger hin 2 Steg-M neu anschlagen, 7 cm geradeaus stricken, dann zur Spitze abnehmen. Mittelfinger: Wie Ringfinger, jedoch 7,5 cm geradeaus stricken. Zeigefinger: mit je 7 M von Handrücken und -fläche + 2 Steg-M vom Mittelfinger 7 cm stricken. Die

Hier sehen Sie das sportlich-geringelte Winterset.

Die Abnahmen an der bunt-geringelten Mütze verlaufen spiralförmig.

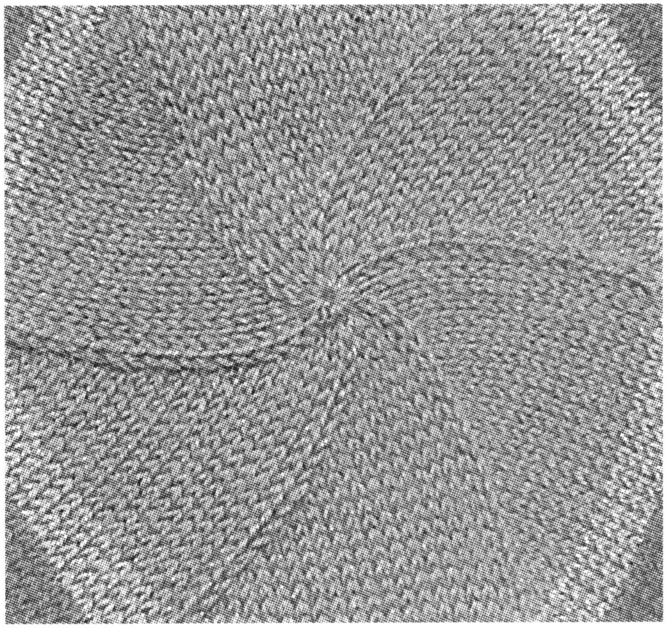

Daumen-M, dazu die vorher angeschlagenen 5 M aufnehmen und geradeaus stricken, dabei die 5 M wieder abnehmen (siehe Strickkurs). Ab 6 cm Höhe für die Spitze abnehmen.

Set blau-grau-rot
MATERIAL. Je 50 g dunkelblau, hellblau, grau, weinrot.
MÜTZE: Anschlag + 11 cm weinrot, weiter 4 Rd hellblau, 6 Rd dunkelblau, 4 Rd grau, 6 Rd dunkelblau, 4 Rd hellblau, 8 Rd weinrot, 4 Rd hellblau, dann dunkelblau.
HANDSCHUHE: Anschlag + Bündchen dunkelblau, weiter im Grundmuster 6 Rd weinrot, 4 Rd hellblau, 6 Rd dunkelblau, 4 Rd grau, 2 Rd dunkelblau, je 4 Rd hellblau, dunkelblau, grau, 2 Rd weinrot, 4 Rd hellblau, 2 Rd weinrot, 4 Rd grau. Finger und Daumen dunkelblau.

Set rot-grün-blau-weiß
MATERIAL: Je 50 g rot, grün, blau, weiß.
MÜTZE: Anschlag + 11 cm rot, weiter 4 Rd grün, 6 Rd blau, 4 Rd weiß, 6 Rd blau, 4 Rd grün, 8 Rd rot, 4 Rd grün, dann blau beenden .
HANDSCHUHE: Anschlag + Bündchen blau, weiter im Grundmuster 6 Rd rot, 4 Rd grün, 6 Rd blau, 4 Rd weiß, 2 Rd blau, je 4 Rd grün, blau, weiß, 2 Rd rot, 4 Rd grün, 2 Rd rot, 4 Rd weiß. Finger und Daumen blau.

Mütze und Fäustlinge

Abb. S. 324

MATERIAL: Esslinger Wolle, Qualität Jumbo Quick, 200 g in Blau, je 100 g in Weiß und Rot. 1 Spiel Strumpfstricknadeln Nr. 7.
GRUNDMUSTER: In Rd glatt rechts nach der Strickschrift. Jedes Farbzeichen = 1 M in der entsprechenden Farbe. Kreuze = rechte M, Punkte = linke M.
BÜNDCHENMUSTER: 1 M rechts, 1 M links im Wechsel.
MASCHENPROBE: 12 M und 16 Rd = 10 cm.

Arbeitsanleitung
FAUSTHANDSCHUHE: 24 M in Blau anschlagen, je 6 M auf 4 Nadeln verteilen und nach der Strickschrift im Grundmuster, jedoch die 11.–16. Rd im Bündchenmuster stricken. In der 27. Rd ist der Daumenbeginn. Dafür 5 M am Anfang der 3. Nadel stillegen, mit einem Hilfsfaden 5 M neu anschlagen (siehe Strickkurs), weiter im Grundmuster arbeiten. Für die Spitze in jeder Rd am Anfang der 1. und 3. Nadel 2 M rechts verschränkt und am Ende der 2. und 4. Nadel 2 M rechts zusammenstricken. Die restlichen 4 M mit dem Faden vernähen. Für den Daumen die 5 stillgelegten M und die M unter dem Hilfsfaden aufnehmen. Hilfsfaden herausziehen, aus dem seitlichen Gestrick je 1 M aus dem Querdraht zunehmen, 7 cm im Grundmuster in Blau stricken. Für die Spitze die M auf 2 Nadeln nehmen, in jeder Rd am Anfang jeder Nadel 2 M rechts verschränkt, am Ende rechts zusammenstrikken, die restlichen 4 M zusammenziehen (siehe Strickkurs).
MÜTZE: 64 M in Blau anschlagen und auf 4 Nadeln gleichmäßig verteilen und nach der Strickschrift in den

gegebenen Farben im Grundmuster stricken, dabei nach 12 Rd die Arbeit für den Aufschlag wenden. Weiter nach der Strickschrift im Grundmuster arbeiten. Danach in Blau die Kopfabnahmen stricken: M-Zahl durch 8 teilen und 3 × in jeder 2. Rd, 5 × in jeder Rd 2 M rechts zusammenstricken.

MATERIAL: Schnellstrickwolle, 200 g in Braun, 100 g in Beige und 100 g in Ecru. 1 Spiel Strumpfstricknadeln Nr. 7.

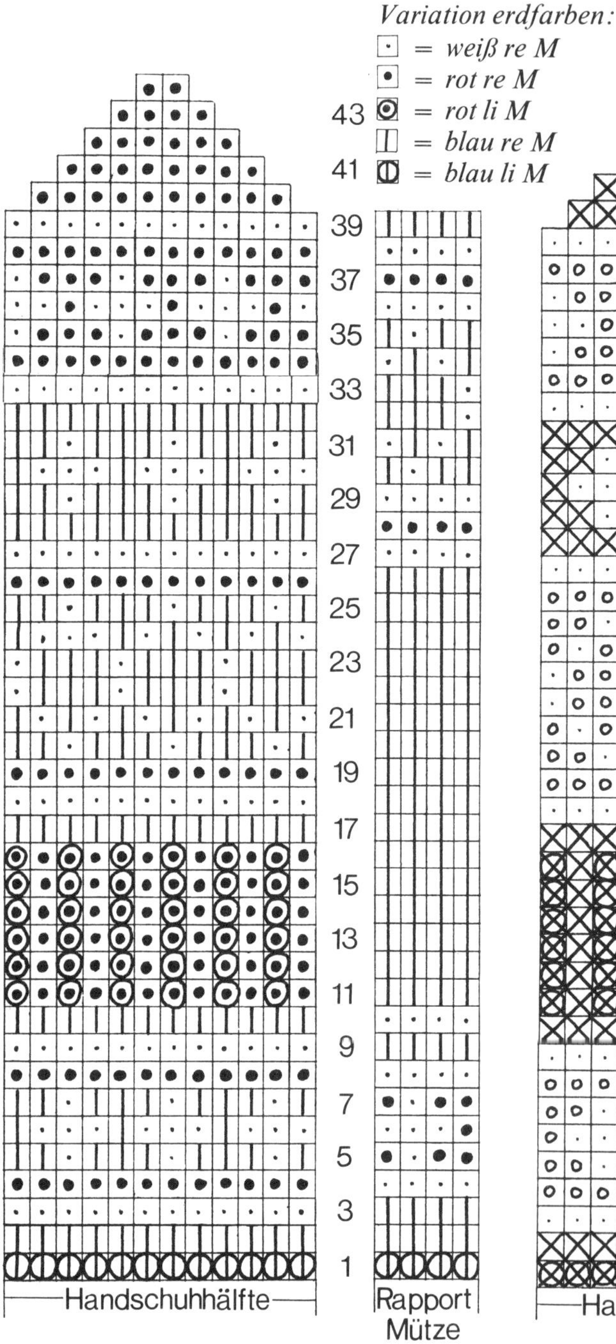

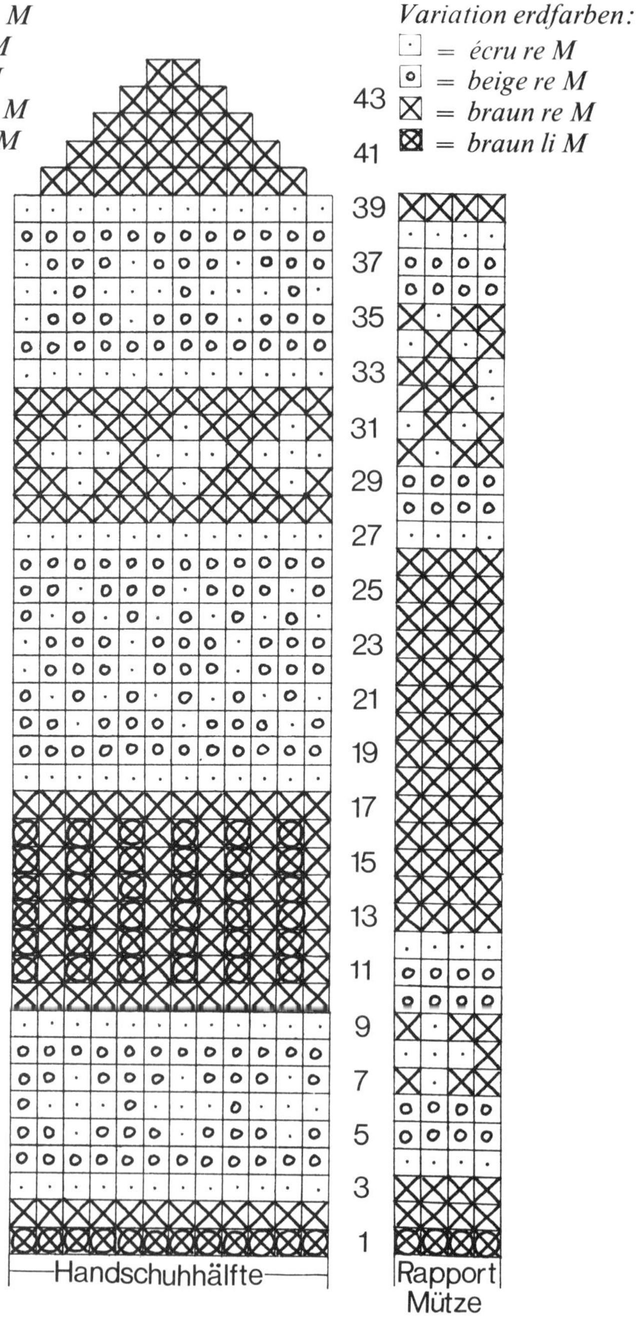

Zu dieser Variation in Erdtönen: Wer sich Mütze und Handschuhe lieber in sanften Erdtönen nacharbeiten möchte, findet hier die Anleitung und Musterzeichnung in den entsprechenden Farben. Man kann das Set auch in einem flauschigem Material nacharbeiten, daß allerdings für Nadelstärke 6–7 geeignet sein muß und die gleiche Maschenprobe ergibt.
Beim Material ist die Hauptfarbe braun, die Beifarben beige und natur.
Bei den Fausthandschuhen werden die Maschen in Braun angeschlagen, das weitere Muster ergibt sich aus dem Einstrickmuster. Der Daumen wird auch einfarbig braun gearbeitet.
Der Anschlag für die Mütze ist ebenfalls in Braun. Man arbeitet weiter nach dem Einstrickmuster und beendet die Mütze in Braun.

Gestreifte Schals

Abb. S. 323

Schal 1

MATERIAL: Melierte dünne Tweedwolle, 80% Wolle, 20% Polyacryl, je 150 g in den Melangen Grüngrau, Weißgrün, Weißrost. Stricknadeln Nr. 5.
GRUNDMUSTER: Mit 3 Fäden, je Farbe einen:
Kraus = Rück- und Hinreihe rechte Maschen.
MASCHENPROBE: 15 M und 15 R = 10 cm.

Arbeitsanleitung
24 M anschlagen, im Grundmuster mit Kettrandm 150 cm geradeaus stricken. Fransen: 30 cm lange Fäden von allen 3 Farben schneiden und in jede 3. M (1 Franse = 15 Fäden) einknüpfen.

Schal 2

MATERIAL: Dickere Shetland-Wolle, je 50 g oliv, hellgrün, türkis, dunkelgrün, grau, hellblau, mittelblau, dunkelblau, rosa, pink, lila. Stricknadeln Nr. 4.
GRUNDMUSTER: Kraus = Rück- und Hinr rechte Maschen.
FARBFOLGE: Anschlag + 2 R oliv, * je 3 R hellgrün, türkis, dunkelgrün, grau, hellblau, mittelblau, dunkelblau, rosa, pink, lila, oliv, ab * wiederholen.
MASCHENPROBE: 22 M und 37 R = 10 cm.

Arbeitsanleitung
33 M anschlagen im Grundmuster mit Kettrandm nach der Farbfolge arbeiten.
FARBWECHSEL: Am Ende der einen Farbe bei den letzten 5 M der Reihe die neue Farbe bereits mitstricken (also mit doppeltem Faden arbeiten), am Anfang der neuen Reihe und Farbe den Faden der vorigen Farbe ebenfalls 5 M mitführen. Die Farbfolge insgesamt 14 × arbeiten, bei der letzten oliv fortlassen.
FRANSEN: Mit Ausnahme von Mittelblau von allen Farben 30 cm lange Fäden zuschneiden und in jede 3. M einknüpfen (jede Franse: 5 Fäden). Und zwar in die Anschlag-R: oliv, hellgrün, türkis, dunkelgrün, hellblau; in die Abkett-R: lila, pink, rosa, dunkelblau, grau.

Schal 3 + 4
MATERIAL: Mittelstarke Wolle aus Mohair und Schurwoll-Mischung, 100 g in Grün oder Braun. Fransen: Für den grünen Schal Baumwolle, 50 g in Grün; für den braunen

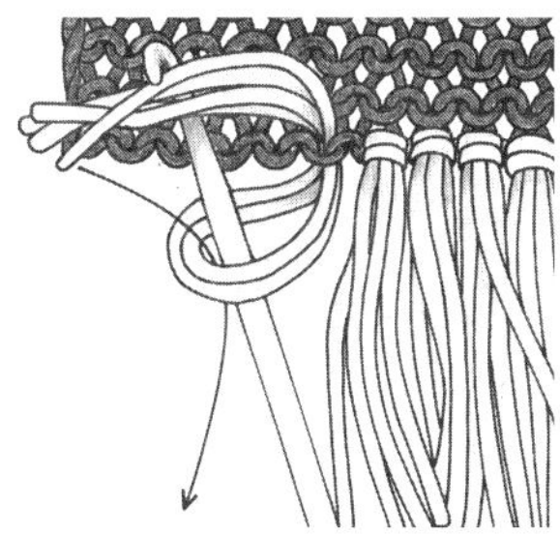

Das Fransenbündel zur Hälfte zusammenlegen. Mit der Häkelnadel von unten nach oben durch die Masche stechen, die Mitte des Fadenbündels fassen und zur Schlinge durch die Masche ziehen. Anschließend mit der Häkelnadel das Fadenbündel durch die Schlinge holen. Den Knoten anziehen.

Schal 1 ist meliert.

Schal Seidengarn, 50 g in Beige. Stricknadeln Nr. 4.
GRUNDMUSTER: Kraus = Rück- und Hinr rechte M.
MASCHENPROBE: 20 M und 34 R = 10 cm.

Arbeitsanleitung
30 M anschlagen, im Grundmuster mit Kettrandm 150 cm geradeaus stricken. Für die

Schal 3 ist geflammt.

Schal 2 ist gestreift.

Fransen ca. 40 cm lange Fäden schneiden und in jede 2. M einknüpfen; jede Frase besteht aus 4 Fäden.
Beim braunen Schal: Die Seidenfransen doppelt einhäkeln: die Schlinge wie üblich durch die M ziehen, das Fadenbündel zur Schlinge holen, dann alle Fäden durch diese Schlinge ziehen; fest anziehen.

Schal 4 ebenso.

Mützen und Schals
Abb. S. 361

Für alle Mützen und Schals
MATERIAL: Sportgarn, 100% Polyacryl, in den jeweils angegebenen Farben und Mengen. 1 Paar INOX-Stricknadeln Nr. 3
GRUNDMUSTER: Abwechselnd 1 M rechts, 1 M links stricken.
MASCHENPROBE: Mütze, leicht gedehnt gemessen: 22 M und 33 R = 10 cm.
MASCHENPROBE: Schal, ungedehnt gemessen: 25 M und 32 R = 10 cm.

Arbeitsanleitung
MÜTZE: 106 M anschlagen, im Grundmuster geradeaus stricken. Ab 24 cm Höhe für die 1. Abnahme fortlaufend jede 3. und 4. M (1 rechte und 1 linke M) rechts überzogen zusammenstricken = 80 M. In allen folgenden Rückr die M stricken, wie sie erscheinen. 2. Abnahme in der nächsten Hinr: Jede rechte M mit der folgenden linken M rechts überzogen zusammenstricken = 54 M. 3. Abnahme in der nächsten Hinr: Jede 5. und 6. M rechts überzogen zusammenstricken. Weiter in jeder folgenden 2. R über der letzten Abnahmestelle 2 M zusammenstricken, die restlichen 9 M mit dem Arbeitsfaden zusammenziehen. Naht schließen, dabei die unteren 9 cm für den Umschlag nach rechts nähen.
SCHAL: 43 M anschlagen, im Grundmuster mit Kettrand-M 100 cm geradeaus stricken. In die Schmalseiten mit rotem

Garn und 5fachem Faden 10 cm lange Fransen einknüpfen.

Mütze und Schal, blau-weiß-rot

MATERIAL: Für die Mütze 30 g rot, je 20 g blau und weiß. Für den Schal 70 g rot, je 20 g blau und weiß.

MÜTZE: Maschen in Rot anschlagen, 13 cm stricken, dann je 8 R weiß, blau, rot, weiß, blau, weiter die Abnahmen für den Kopf einfarbig rot stricken.

SCHAL: Maschen in Rot anschlagen, * je 8 R rot, weiß, blau stricken, ab * 1 x wiederholen, dann 69 cm rot und zum Schluß die Streifen gegengleich arbeiten.

Mütze und Schal, grün-rot-gelb

MATERIAL: Für die Mütze je 10 g grün, gelb und rot. Für den Schal je 40 g grün und rot, 30 g gelb.

MÜTZE: Maschen in Grün anschlagen, 12 cm grün, anschließend 3 x abwechselnd je 6 R gelb und rot stricken, noch 6 R gelb arbeiten. Die Knopfabnahmen rot stricken.

SCHAL: Maschen in Rot anschlagen, * 2 x abwechselnd je 6 R rot und gelb, dann 6 R rot, 20 R grün, ab * 6 × wiederholen, dann noch 1 × die roten und gelben Streifen anfügen.

Mütze und Schal, blau-gelb-rot

MATERIAL: Für die Mütze je 20 g rot und gelb, 10 g blau. Für den Schal je 30 g blau und gelb, 60 g rot.

MÜTZE: Maschen in Rot anschlagen, 11 cm rot stricken, dann 16 R blau, 2 × abwechselnd je 8 Rd gelb und rot, Kopfabnahmen gelb arbeiten.

SCHAL: Maschen in Rot anschlagen und fortlaufend je 8 R rot und gelb, 16 R blau stricken, zum Schluß gelb.

So stricken Sie die Fäustlinge von S. 356

Mit den dünneren Nadeln 40 M anschlagen, zur Rd schließen und 6 cm im Bündchenmuster stricken. Mit den dickeren Nadeln im Grundmuster weiter stricken und für den Daumenspickel vor und hinter der 1. M der 1. Nadel in der 1. Rd und noch 5 × in jeder 3. Rd jeweils 1 M zunehmen.
Daumen: Dafür die 13 Spikkel-M in Arbeit nehmen, dazwischen 3 M neu anschlagen = 16 M. 5 cm geradeaus.
Für die Daumenspitze Bandabnahmen arbeiten. Dafür jeweils die 2. M der 1. und 3. Nadel abheben, die 3. M rechts stricken und die abgehobene M überziehen. Gleichzeitig die zweit- und drittletzte M der 2. und 4. Nadel rechts zusammenstricken. 1 Rd ohne Abnahme stricken, dann noch 1 × die Abnahme-Rd wiederholen. Restliche 8 M mit Arbeitsfaden zusammenziehen.
Nun die M für die Hand, dazu aus den neu angeschlagenen M 3 M aufnehmen = 42 M. Wieder in Rd stricken, dabei in der 2. Rd die 1. der 3 aufgenommenen M mit der davorliegenden M überzogen, die letzte der 3 M mit der folgenden M rechts zusammenstricken = 40 M. Etwa 9 cm geradeaus stricken.
Für die Spitze wieder Bandabnahmen arbeiten wie beim Daumen. Abnahme-Rd in jeder 2. Rd noch 2 ×, in jeder Rd 5 × wiederholen. Restliche 8 M zusammenziehen.
Den 2. Handschuh gegengleich stricken.

Fäustlinge für die ganze Familie

Abb. S. 363

Die richtige Masche für die ganze Familie finden Sie hier: Vaters Handschuhe sind grün mit gelben und roten Rhomben, Mutters sind gelb mit roten, grünen und blauen Rhomben, und Tochter trägt rote mit gelben und blauen Rhomben und die ganz Kleinen einen blauen Handschuh mit einem roten Rhombus. Handschuhe kann man gar nicht genug haben, sie sind praktisch, warm und passen zu allem. Auch fürs Skilaufen oder fürs Eislaufen sind sie das richtige. Alle vier Fäustlinge sind glatt rechts gestrickt. Bis zum Ende des kleinen Fingers wird einfach glatt hoch gestrickt und dann abgenommen. Der Daumen wird extra gefertigt. Wie das gemacht wird, zeigt der Strickkurs am Anfang des Buches. Nach dem Stricken werden die Rhomben im Maschenstich ganz einfach aufgestickt. Es gibt also keine Schwierigkeiten mit Einstrickmustern.

GRÖSSEN: Alle Angaben stehen in dieser Reihenfolge: Vater, Mutter, Kind 7–8 Jahre, Kind 3–4 Jahre
MATERIAL: Dünne Sportwolle. Für IHN: 100 g in Grün. Für SIE: 100 g in Gelb. Für ES: 50 g in Rot bzw. Blau. 1 Spiel Strumpfstricknadeln Nr. 3. Zum Sticken Reste in Grün, Blau und Rot.
GRUNDMUSTER: glatt rechts = in Runden rechte Maschen.
BÜNDCHENMUSTER: abwechselnd 1 M rechts, 1 M links.
MASCHENPROBE: 30 M und 40 R ergeben 10 cm im Quadrat.

Arbeitsanleitung
RECHTER HANDSCHUH: 60 (Er) / 52 (Sie) / 44 (7–8 J.) / 36 (3–4 J.). Maschen anschlagen und gleichmäßig auf den Strumpfstricknadeln verteilen. In Runden 10/8/6/5 cm im Bündchenmuster stricken, anschließend im Grundmuster arbeiten.
Für den Daumen nach 2 Grundmuster-Runden nach der 1. M der 1. Nadel 1 M rechts hochgezogen (siehe Strickkurs) zunehmen. Weiter in jeder 4./4./3./3. Rd noch 7/6/5/4 × 1 M zunehmen. Dafür bei der folgenden Zunahme vor und nach der zuerst zugenommenen M je 1 M zunehmen. Die folgenden Zunahmen jedoch jeweils nach und vor den zuletzt zugenommenen M arbeiten, so daß ein Keil entsteht = 75/65/55/45 M.
Anschließend die 15/13/11/9 Daumen-M stillegen und über der Öffnung 7/6/4/4 M neu anschlagen. Weiter in Rd stricken und bei den ersten 3 Größen in jeder folgenden 2. Rd diese neuen M darüber wieder abnehmen = 60/52/44/40 M. In 25/21/16/13 cm Gesamthöhe für die Spitze in jeder 2. Rd 5/5/4/4 × die 2. und 3. M der 1. und 3. Nadel rechts verschränkt, die beiden vorletzten M der 2. und 4. Nadel rechts zusammenstricken. Anschließend in jeder Rd 8/6/5/4 ×

wie beschrieben abnehmen. Die restlichen 8 M mit dem Arbeitsfaden zusammenziehen. Die Daumen-M wieder aufnehmen, dazu aus den über der Öffnung angeschlagenen M 8/7/6/4 M aufnehmen = 23/20/17/13 M und in Runden stricken. Nach 5,5/5/3,5/3 cm die ersten 2 M jeder Nadel rechts zusammenstricken. In jeder 2. Rd wiederholen und die restlichen 3–5 M mit dem Arbeitsfaden zusammenziehen.

LINKER HANDSCHUH: gegengleich, d. h., die Zunahmen für den Daumen beginnen bei der vorletzten M der 2. Nadel.

FERTIGSTELLUNG: Auf die Hand-Oberfläche die Rhomben im M-Stich aufstikken. Die M sind nach dem nebenstehenden Foto gut auszuzählen.

Für IHN 4 cm ab Bündchen beginnend 2 gelbe Rhomben mit 3 R Abstand in der Höhe und versetzt dazwischen 2 rote Rhomben mit 3 M Abstand sticken.

Für SIE 4 cm ab Bündchen beginnend je 1 blauen und roten Rhombus mit 1 M Abstand in der Mitte, dazwischen 3 R über der Mittel-M 1 grünen Rhombus arbeiten.

Für ES (rot) 2 cm ab Bündchen beginnend 1 blauen Rhombus, darüber mit 3 R Abstand 1 gelben Rhombus sticken; für ES (blau) 3 cm ab Bündchen 1 roten Rhombus arbeiten.

Zuerst gestrickt und dann bestickt sind diese Fausthandschuhe. Hier ist der kleinste Handschuh in Originalgröße abgebildet.

Dreiecktuch

Abb. S. 322

Schön groß und weich, daß man sich darin gut einhüllen kann, ist das mit vielen Mustern übersäte Dreieckstuch. Die Dreiecksform entsteht durch ständiges Abnehmen. Die Fransen am Rand werden nachher eingeknüpft. Das Einstrickmuster hat seine Tücken, doch mit Geduld und Ausdauer ist es zu schaffen.

GRÖSSE: ca. 75 cm hoch, 206 cm breit.
MATERIAL: Schachenmayr-Garn, Qualität Super Show, 100 g in Rost Nr. 921, je 50 g in Graugrün Nr. 954, Braun Nr. 920, Oliv Nr. 955, Graublau Nr. 953 und Hellgrau Nr. 905. Eine 120 cm lange IMRA-Rundstricknadel und 1 INOX-Häkelnadel Nr. 3½.
GRUNDMUSTER: Glatt rechts = Hinr rechte M, Rückr linke M.
EINSTRICKMUSTER: Siehe Zeichnung. Jedes Kästchen = 1 M in der entsprechenden Farbe.
MASCHENPROBE: 20 M und 25 R = 10 cm.

Arbeitsanleitung

Das Tuch wird am unteren Rand begonnen. 500 M in Rost anschlagen, 3 R kraus = Rück- und Hinr rechte M stricken, dabei die 2 Mittel-M markieren. Weiter im Grundmuster nach dem Einstrickmuster arbeiten, dabei für die Abnahmen in der Spitze * in jeder R 3 × 1 M abnehmen, 1 × keine M abnehmen, ab * bis zum Schluß wiederholen. Für die Abnahmen in den Hinr die 2 M vor der Mitte rechts verschränkt, nach der Mitte rechts zusammenstricken. In den Rückr die 2 M vor der Mitte links, nach der Mitte links verschränkt zusammenstricken. Außerdem die Muster ab Mitte gegengleich arbeiten.
Zugleich: Ab Grundmusterbeginn am oberen Rand in jeder 2. R beidseitig je 2 M abketten. Die restlichen 6 M in 1 R abketten.
FERTIGSTELLUNG: Das Tuch nach Schnitt spannen, mit feuchten Tüchern bedekken und trocknen lassen. Die obere Kante mit 1 R fester M in Rost abhäkeln. Für die Fransen aus dem rostfarbenen Garn je Franse 3 ca. 20 cm lange Fäden schneiden und von der Spitze ausgehend im Abstand von 3 cm einknüpfen.

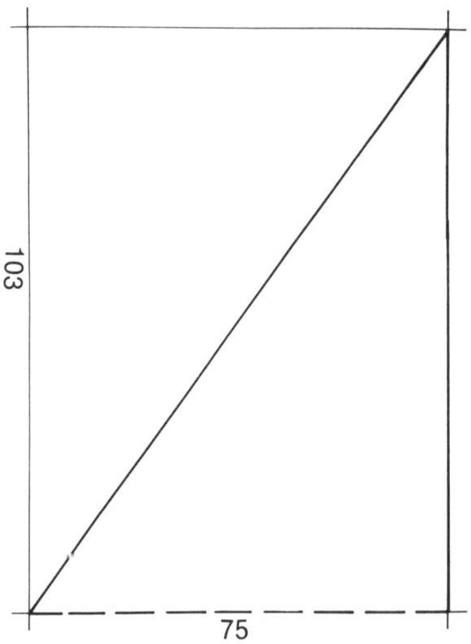

Einstrickmuster rechts:
□ = *graugrün*
⊟ = *braun*
⊡ = *oliv*
☒ = *rost*
⧄ = *hellgrau*
◫ = *graublau*

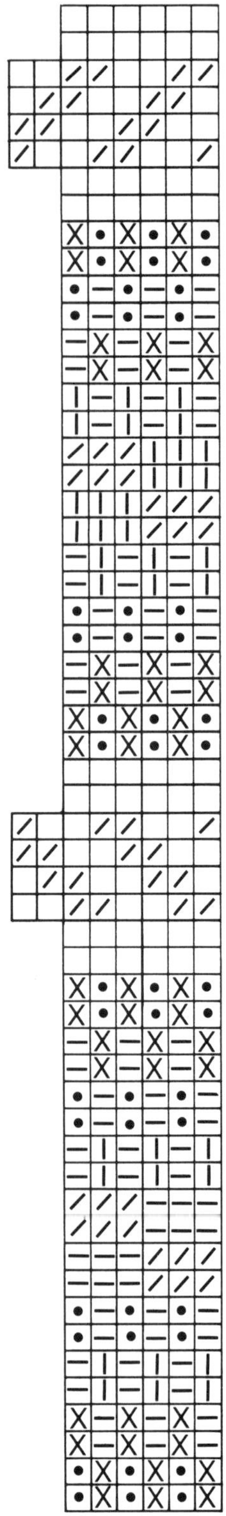

Winter-Set im Smokmuster

Abb. S. 325

Mollig warm ist das Strickset aus Mütze, Schal und Handschuhen. Es ist weiß wie Schnee und ist im Smokmuster gearbeitet.

GRÖSSE: Schal = 20 cm breit, 150 cm lang; Mütze = Kopfweite 52 cm.
MATERIAL: aarlan-Wolle, Qualität royal, 40% Schurwolle, 40% Polyacryl, 20% Mohair, für den Schal 450 g, die Mütze 150 g, die Handschuhe 100 g in Ecru Nr. 4324. 1 Paar INOX-Stricknadeln und 1 Nadelspiel Nr. 4.
GRUNDMUSTER: Mit doppeltem Faden stricken. 1. R (Rückr): Randm, abwechselnd 2 M rechts, 2 M links. Am Ende 2 M rechts, Randm. 2. R (Hinr): Die M stricken, wie sie erscheinen. Die 1. und 2. Reihe wiederholen.
SMOKMUSTER: siehe Strickkurs.
MASCHENPROBE: 20 M und 20 R = 10 cm.

Arbeitsanleitung
SCHAL: Mit doppeltem Faden für 20 cm Breite 44 M anschlagen und 27 cm im Smokmuster arbeiten = 9 Smok-R, weiter im Grundmuster arbeiten und ab 123 cm Höhe wieder im Smokmuster stricken. Dann für dic Franscn 40 cm lange Fäden schneiden und 4fädig in jeden Rechts-M-Streifen einknüpfen.
MÜTZE: Für 52 cm Kopfweite 104 M mit doppeltem Faden anschlagen und in Rd den Aufschlag 10 cm hoch im Smokmuster stricken. Dann die Arbeit wenden und noch 13 cm im Grundmuster geradeaus arbeiten. Anschließend in 1 Rd jeweils die 2 linken M links zusammenstricken = 78 M. 4 Rd darüberstricken, dann * 1 linke und 1 rechte M rechts zusammenstricken, 1 M rechts, ab * wiederholen = 52 M. Nach 4 Rd 13 × jede 3. und 4. M rechts zusammenstricken = 39 M und nach je 2 Rd darüber noch 2 × abnehmen, die restlichen 13 M zusammenziehen.
RECHTER HANDSCHUH: 32 M mit doppeltem Faden auf dem Nadelspiel anschlagen = 8 M je Nadel und in Rd 10 cm im Smokmuster stricken. Weiter mit den M der 1. und 2. Nadel die Handinnenfläche glatt rechts, mit den M der 3. und 4. Nadel den Handrücken weiter im Smokmuster stricken, dabei beginnt und endet das Muster mit 1 M links. In 11 cm Höhe für den Daumenkeil nach der 1. M der 1. Nadel 1 M rechts verschränkt aus dem Querdraht zunehmen, weiter 3 × in jeder 3. Rd vor und nach dieser M noch je 1 M genauso zunehmen. Dann diese 7 Daumen-M stillegen, über der Öffnung 6 M neu anschlagen und weiter in Rd arbeiten, dabei die neu angeschlagenen M in jeder Rd keilförmig wieder abnehmen. In 24 cm Höhe für die Spitzc in jcdcr Rd dic erstcn 2 M der 1. und 3. Nadel rechts überzogen, die letzten 2 M der 2. und 4. Nadel rechts zusammenstricken, die restlichen 8 M zusammenziehen. Die Daumen-M aufnehmen, dazu aus den neu angeschlagenen M 6 M aufnehmen = 13 M und in Rd glatt rechts 4 cm geradeaus stricken. Dann für die Spitze wie bei der Handschuhspitze abnehmen.
LINKER HANDSCHUH: Gegengleich arbeiten.

Schal und Mütze

MATERIAL: Scheepjes-Wolle, Qualität Mohair, 66% Mohair, 28% Wolle, 6% Nylon. Für den Schal 150 g, für die Mütze 100 g in Grau Nr. 3759. 1 Paar INOX-Stricknadeln und eine 40 cm lange IMRA-Rundstricknadel Nr. 5.
GRUNDMUSTER: 1. R (Hinr): Randm, * 2 M links, 8 M rechts, ab * wiederholen, 2 M links, Randm. 2. R (Rückr): Randm, * 2 M rechts, 8 M links, ab * wiederholen, 2 M rechts, Randm. – 1. und 2. R wiederholen.
BÜNDCHENMUSTER: Kraus = Rück- und Hinr rechte M. In Rd abwechselnd 1 Rd rechte M, 1 Rd linke M.
MASCHENPROBE: 15 M und 22 R = 10 cm.

Arbeitsanleitung
SCHAL: 34 M anschlagen und im Grundmuster mit Kettrandm 130 cm geradeaus stricken. Für die Fransen 50 cm lange Fäden schneiden und 2fädig in die Schmalseiten einknüpfen.
MÜTZE: Auf der Rundnadel im Bündchenmuster stricken. 80 M anschlagen. 32 cm geradeaus stricken, dann 8 × jede 9. und 10. M rechts zusammenstricken und diese Abnahme in jeder 2. Rd darüber noch 8 × wiederholen. Die restlichen 8 M zusammenziehen.

Allerlei für die Jüngsten

Wenn Sie Lust haben, können Sie Babies und Kleinkinder von Kopf bis Fuß bestricken: mit Mützchen, Pullis, Strampelanzügen und Söckchen. Da Baby- und Kinderkleidung größeren Belastungen standhalten muß als die Bekleidung von Erwachsenen, sollten Sie möglichst Baumwolle verwenden, die auch mal eine Kochwäsche aushält. Von der Krabbeldecke bis zum Ringelkleid finden Sie alles, was Kinder brauchen und was ihnen sicher auch gefallen wird. Die ganz Kleinen sind ebenso bedacht wie die etwas Größeren.

Strampelanzüge

Für beide Anzüge
GRÖSSE: 9–12 Monate.
MATERIAL: Karstadt-Baumwolle, Qualität Rot-Garn. 1 Paar INOX-Stricknadeln Nr. 2½.
GRUNDMUSTER: Glatt rechts.
BÜNDCHENMUSTER: 1 M rechts, 1 M links.
MASCHENPROBE: 28 M und 40 R = 10 cm.

Blauer Anzug
Abb. S. 401
MATERIAL: 200 g in Blau, 50 g in Ecru. 10 Knöpfe.
STREIFENFOLGE: 20 R blau, 2 × abwechselnd 2 R écru und 18 R blau, 2 × abwechselnd 4 R écru und 17 R blau, 2 × abwechselnd 4 R écru und 16 R blau, 1 R écru, 6 R blau, 2 R écru, 5 R blau, 3 R écru, 4 R blau, 4 R écru, 3 R blau, 5 R écru, 2 R blau, 6 R écru, 1 R blau.

Arbeitsanleitung
ANZUG-RÜCKEN: Für das rechte Hosenbein 34 M in Blau anschlagen, 2 cm im Bündchenmuster, weiter im Grundmuster nach der Streifenfolge arbeiten. Ab 17 cm Höhe am linken Rand in jeder 4. R 3 × 1 M, in jeder 2. R 3 × 1 M zunehmen = 40 M. In 22 cm Höhe die Arbeit stillegen und das linke Hosenbein gegengleich genauso hoch arbeiten. Dann beide Teile vereinen = 80 M; geradeaus stricken. In 43 cm Höhe für die Armausschnitte beidseitig in jeder 2. R 1 × 3, 3 × 2, 2 × 1 M abnehmen = 58 M, 2 cm geradeaus stricken, dann 1 × 1 M, in jeder 4. R. 5 × 1 M zunehmen. Zugleich in 52 cm Höhe für den Halsausschnitt die mittleren 24 M in 1 R, beidseitig davon in jeder 2. R 2 × 2, 1 × 1 M abketten. Ab 53 cm Höhe für die Schulter in jeder 2. R. 2 × 9 M abketten.
VORDERTEIL: Bis auf den Halsausschnitt wie den Rükken arbeiten. Dafür in 49 cm Höhe die mittleren 14 M in 1 R abketten, beidseitig davon in jeder 2. R 1 × 3, 2 × 2, 3 × 1 M abnehmen.
FERTIGSTELLUNG: Teile spannen, leicht dämpfen. Seiten- und Beinnähte schließen. Mit der Rundnadel aus den Armausschnitten je 69 M, den Schultern je 16 M, dem vorderen Ausschnitt 52 M, dem Rükkenausschnitt 40 M in Blau aufnehmen, im Bündchenmuster in Rd stricken, dabei in der 2. Rd an den vorderen Schultern die Knopflöcher 2 M breit einarbeiten: Das erste 3 M ab Rand, 2 weitere mit je 3 M Abstand. Noch 2 Rd stricken, abketten. Die Knöpfe annähen.
PULLOVER-RÜCKEN: 74 M in Blau anschlagen, 2 cm im Bündchenmuster, weiter im Grundmuster geradeaus stricken. In 10 cm Höhe für die Armausschnitte beidseitig in jeder 2. R 1 × 3, 1 × 2, 4 × 1 M abnehmen = 56 M; geradeaus stricken. In 20 cm Höhe beidseitig für die Schultern 1 × 14 M abketten, mit den restlichen 28 M 2 cm im Bündchenmuster stricken; abketten.
VORDERTEIL: Bis auf den Halsausschnitt wie den Rükken arbeiten. Dafür in 17 cm Höhe die mittleren 8 M in 1 R, beidseitig davon in jeder 2. R 1 × 3, 3 × 2, 1 × 1 M abketten.
ÄRMEL: 28 M in Blau anschlagen, 2 cm im Bündchenmuster, weiter im Grundmuster stricken und beidseitig in jeder 5. R 11 × 1 M zunehmen = 50 M. Ab 17 cm Höhe für die Armkugel beidseitig in jeder 2. R 1 × 3, 3 × 2, 2 × 1, 3 × 2, 1 × 3 M abnehmen, die restlichen 10 M in 1 R abketten.
FERTIGSTELLUNG: Teile spannen, leicht dämpfen. Aus dem vorderen Halsausschnitt 35 M aufnehmen, 2 cm im

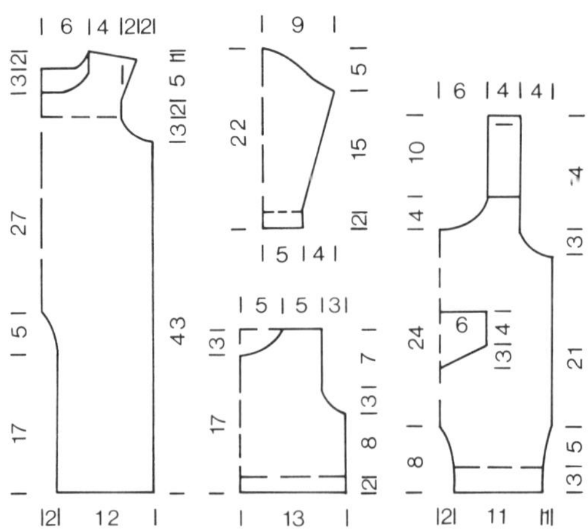

Schnitt: ½ Rükken- bzw. Vorderteil vom Anzug mit langer Hose, ½ Pullover-Rücken- bzw. Vorderteil, ½ Ärmel, ½ Rükken- bzw. Vorderteil vom Anzug mit kurzer Hose.

Bündchenmuster stricken; abketten. Aus allen Schultern einschließlich Halsbündchen je 15 M aufnehmen. Im Bündchenmuster stricken, dabei in der 2. R in die vorderen Schultern die Knopflöcher über die 4. und 5. M und 11. und 12. M einarbeiten. In der 5. R alle M abketten. Die Nähte schließen. Knöpfe annähen.

Der rote Anzug hat kurze, der dunkelblaue lange Hosenbeine.

Roter Anzug

MATERIAL: 150 g in Rot, 100 g in Ecru, 6 Knöpfe.
STREIFENFOLGE: * 4 R glatt rechts in Ecru, 2 R kraus = Hin- und Rückr rechte M in Rot, ab * wiederholen.

Arbeitsanleitung

ANZUG-RÜCKEN: Für das rechte Hosenbein 32 M in Ecru anschlagen und nach der Streifenfolge arbeiten. Ab 3 cm Höhe rot im Grundmuster stricken, dabei ist die 1. eine Rückr. Rechts in jeder 6. R 3 × 1 M zunehmen, links in jeder 4. R 3 × 1, in jeder 2. R 3 × 1 M zunehmen = 41 M. In 8 cm Höhe die Arbeit stillegen und das linke Hosenbein gegengleich arbeiten. Dann beide Teile vereinen = 82 M; geradeaus stricken. Ab 29 cm Höhe für die Armausschnitte beidseitig in jeder 2. R 1 × 3, 3 × 2, 2 × 1 M abnehmen = 60 M. In 32 cm Höhe für den Halsausschnitt die mittleren 14 M in 1 R, beidseitig davon in jeder 2. R 1 × 3, 2 × 2, 4 × 1 M abketten. Mit den restlichen je 12 M bis 45 cm Höhe geradeaus stricken, dann über die mittleren 6 M 1 Knopfloch einarbeiten, noch 1 cm stricken; abketten.

VORDERTEIL: Bis 36 cm Höhe wie das Rückenteil stricken, dann die restlichen 12 M jeweils abketten.
TASCHE: 4 M in Ecru anschlagen. Nach der Streifenfolge arbeiten und beiseitig in jeder 2. R 6 × abwechselnd 3 und 2 M zunehmen = 34 M. 4 cm geradeaus stricken, dann abketten.
FERTIGSTELLUNG: Teile spannen, leicht dämpfen, Nähte schließen. Träger- und Ausschnittränder rot mit 1 Rd fester M behäkeln. Tasche und Knöpfe annähen.
PULLOVER: Mit Ecru Bündchen und in der Streifenfolge arbeiten, sonst wie beim blauen Pullover beschrieben.
STRÜMPFE: 40 M in Ecru auf Strumpfstricknadeln anschlagen = 10 M je Nadel. 2 cm im Bündchenmuster, weiter nach der Streifenfolge stricken. Ab 6 cm Höhe mit den M der 1. und 4. Nadel die Ferse einfarbig rot mit verkürzten R arbeiten. Dafür 10 × am Ende jeder R je 1 M weniger stricken, mit Umschlag wenden. Anschließend 10 × in jeder R wieder 1 M mehr stricken und den Umschlag mit der folgenden M verschränkt zusammenstricken. Dann wieder in Rd über alle M nach der Streifenfolge arbeiten. Nach 6 cm die Spitze einfarbig rot stricken: Fortlaufend am Anfang jeder Nadel 2 M rechts verschränkt zusammenstricken, die restlichen 8 M zusammenziehen.

Strampelanzug, kurz und lang

GRÖSSE: 12–18 Monate.
MATERIAL: Feine Wolle aus 50% Schurwolle, 50% Polyamid, für den kurzen Anzug 250 g in Gelb, für den langen Anzug je 50 g in Gelb, Rost, Hellblau, Blau, Lachs, Weiß, Grün. 1 Paar INOX-Stricknadeln Nr. 3. 5 Knöpfe.
GRUNDMUSTER: Kraus = Rück- und Hinr rechte M. 1 Rippe = je 1 Hin- und Rückr.
STREIFENFOLGE: Anschlag + 1 R weiß, * 4 R lachs, 8 R rost, 2 R gelb, 4 R weiß, 2 R grün, 6 R hellblau, 4 R blau, 2 R weiß, ab * wiederholen.
MASCHENPROBE: 22 M und 50 R = 10 cm.
JACKE: Am oberen Rand (Hals) beginnend für die gesamte Weite 66 M in Gelb bzw. Weiß anschlagen und im Grundmuster gelb bzw. nach der Streifenfolge stricken, dabei für die Raglannähte die 13., 23., 44. und 54. M markieren und beidseitig dieser markierten M in jeder 3. R 18 × je 1 M zunehmen = 210 M. Dazu jeweils in der davorliegenden R vor den markierten M 1 Umschlag von vorn nach hinten und hinter den markierten M 1 Umschlag von hinten nach vorn vornehmen, dann in der folgenden R aus diesen Umschlägen je 1 M rechts verschränkt bzw. rechts herausstricken. Außerdem am rechten Rückenteil in 1 cm Höhe das 1. Knopfloch über die 4.–5. M ab Rand einarbeiten, 4 weitere folgen im Abstand von je 5 cm. In 11 cm Höhe die M aufteilen: beiseitig je 31 M für die Rückenteile und die mittleren 58 M für das Vorderteil stillegen und zunächst die Ärmel gelb bzw. nach der Streifenfolge beenden. Dazu über 45 M stricken. Für die kurzen Ärmel beidseitig in jeder 4. R 3 × 1 M abnehmen = 39 M und nach 3 cm alle M abketten. Für die langen Ärmel beidseitig in jeder 10. R 7 × 1 M abnehmen = 31 M und nach 16 cm alle M abketten. Die Rumpf-M zusammenfügen = 120 M und bis 25 cm Gesamthöhe geradeaus stricken, dann alle M in 1 Rückr abketten. Die Knöpfe annähen.
LINKES HOSENTEIL: Für die kurze Hose 70 M in Gelb bzw. Blau anschlagen und im Grundmuster gelb bzw. nach der umgekehrten Streifenfolge stricken, dabei beidseitig in jeder 4. R 3 × 1 M zunehmen = 76 M in 3 cm Höhe. Für die lange Hose 52 M in Gelb bzw. Blau anschlagen und wie die kurze Hose stricken, dabei am rechten Rand für die hintere Naht in jeder 8. R 15 × 1 M, am linken Rand für die vordere Naht in jeder 12. R 9 × 1 M zunehmen = 76 M in 25 cm Höhe. Nur bei beiden Hosen für den Schritt am linken Rand in jeder 2. R 1 × 2, 4 × 1 M abnehmen, am rechten Rand in jeder 2. R 2 × 2, 2 × 1 M, in jeder 4. R 3 × 1 M, in jeder 8. R 4 × 1 M abnehmen = 57 M. In 18 cm Höhe bei der kurzen Hose bzw. 40 cm Höhe bei der langen Hose die rückwärtige Erhöhung arbeiten. Dazu am linken Rand 27 M stillegen und ab rechtem Rand je 1 Hin- und Rückr über 30, 24, 18, 12 und 6 M stricken, die übrigen M jeweils ebenfalls stillegen. Anschließend über alle M noch 2 cm glatt rechts stricken, dann die M locker abketten.
RECHTES HOSENTEIL: Wie linkes Hosenteil, nur gegengleich stricken.
FERTIGSTELLUNG: Nähte schließen. Den glatt rechts gestrickten Rand zur Hälfte nach links umnähen und Gummiband einziehen.
MÜTZE: Mit Naht in der hinteren Mitte im Grundmuster gelb bzw. nach der umgekehrten Streifenfolge arbeiten 92 M in Gelb bzw. Blau anschlagen und geradeaus stricken. In 10 cm Höhe nach der Randm jede 10. M markieren und diese mit den davorliegenden M rechts zusammenstricken. Diesen Vorgang in jeder 4. R noch 5 ×, dann in jeder 2. R 3 × wiederholen, die restlichen 11 M mit dem Arbeitsfaden zusammenziehen. Anschließend für die Ohrenklappen 5 cm ab Rand 20 M aus dem Anschlag in Gelb bzw. Weiß aufnehmen und im Grundmuster gelb bzw. nach der Streifenfolge stricken. Ab 3 cm Höhe beidseitig in jeder

Oben ein buntgeringeltes Mützchen, das schön warm hält. Es hat angestrickte Ohrenklappen. Daneben die Schnittverkleinerung für die beiden Strampelanzüge: ½ Vorderteil, linker Rückenteil, ½ kurzer bzw. langer Ärmel, linkes Hosenteil mit kurzem bzw. langem Bein für 12 bis 18 Monate. Darunter sehen Sie die beiden Strickanzüge.

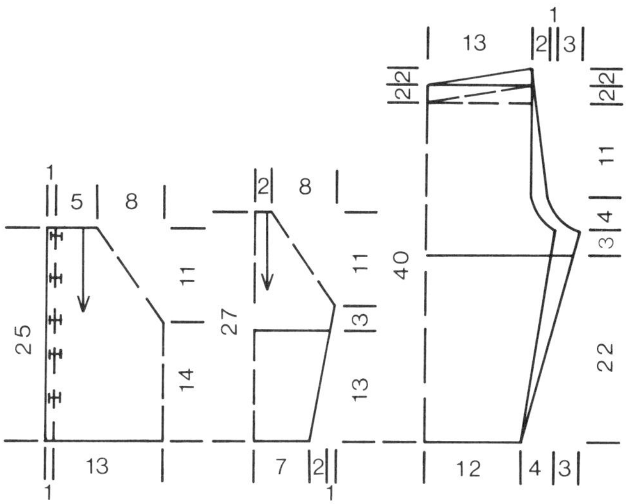
1
5
8
11
25
14
13
1
2
8
11
27
3
13
7
2
1
13
2
3
1
2
2
2
2
11
4
3
40
22
12
4
3

2. R 7 × 1 M abnehmen, dann die restlichen 6 M abketten. Die Naht schließen.
SCHUHE: In Gelb bzw. nach der Streifenfolge im Grundmuster stricken. Am oberen Rand beginnend 34 M anschlagen und geradeaus arbeiten. In 1 cm Höhe 1 Loch-R arbeiten: abwechselnd 2 M rechts zusammenstricken und 1 Umschlag stricken, in der folgenden R alle M und Umschläge rechts stricken, weiter im Grundmuster. In 3 cm Höhe beidseitig 9 M stillegen, mit den mittleren 16 M das Fußblatt 7 cm geradeaus stricken. Nun aus den Seitenkanten des Fußblattes je 16 M aufnehmen, die stillgelegten M dazunehmen und über alle 64 M 2 cm geradeaus stricken. Nun bis zu den mittleren 16 M stricken und für die Sohle alle folgenden R nur über diese stricken, dabei am Ende jeder R die letzte M mit 1 M des Randes rechts zusammenstricken, bis beidseitig noch je 9 M übrig sind. Die Naht in der hinteren Mitte schließen und die M der Sohle mit den übriggebliebenen M des Randes im M-Stich verbinden. Eine 45 cm lange Kordel drehen und durch die Loch-R ziehen.

Strampelanzug mit Mond

Abb. S. 368

Eine Zeitlang ist der Strampelanzug ein sehr wichtiger Begleiter für das Baby, der Platz für das Windelpaket hat und die Füßchen warm hält. Dieser abendblaue Anzug zeigt auf der Passe eine Mondsichel.

GRÖSSE: 9 Monate = 74 cm Körpergröße.
MATERIAL: Schachenmayr-Garn, Qualität Nomotta Daisy, 100% Polyacryl, 100 g in Blau Nr. 4828, 50 g in Gelb Nr. 4825. 1 Paar INOX-Stricknadeln, eine 40 cm lange IMRA-Rundstricknadel und 1 Spiel Strumpfstricknadeln Nr. 3. 4 Knöpfe.
GRUNDMUSTER: Glatt rechts = Hinr rechte M, Rückr linke M; in Rd rechte M.
STREIFENFOLGE: Abwechselnd 4 Rd gelb, 4 Rd blau.
STICKMUSTER: Jedes Zeichen = je 1 M-Stich in Gelb.
EINSTRICKMUSTER: 1.–6. R: Blau. 7. R: Randm, * 1 M gelb, 7 M blau, ab * wiederholen, 1 M gelb, Randm. 8.–13. R: Blau. 14. R: Randm, 4 M blau, * 1 M gelb, 7 M blau, ab * wiederholen, am Ende der R nur 4 M blau, Randm. 1.–14. R wiederholen.
MASCHENPROBE: 28 M und 40 R bzw. Rd = 10 cm.

Arbeitsanleitung

HOSE: An der Passe beginnend abwärts arbeiten. 156 M in Blau auf der Rundnadel anschlagen und im Grundmuster in Rd stricken. In 20 cm Höhe die Arbeit für die Beine teilen.
Die rechten 78 M stillegen, die linken 78 M auf das Nadelspiel übernehmen = je Nadel abwechselnd 19 und 20 M und zuerst das linke Bein stricken.
Für die Abnahmen an der Beininnenseite in jeder Rd 2 ×, in jeder 2. Rd 3 × die 2. und 3. M der 1. Nadel rechts und die zweit- und drittletzte M der 4. Nadel rechts überzogen zusammenstricken = 68 M. Weiter an den gleichen Stellen, außerdem am Ende der 2. und am Anfang der 3. Nadel wie beschrieben in jeder 10. Rd 7 × abnehmen = 40 M. Zugleich ab 12 cm Beinhöhe nach der Streifenfolge arbeiten. In 22 cm Beinhöhe die Ferse einfarbig in Blau mit 21 M wie bei Modell 1 beschrieben arbeiten, weiter nach der Streifenfolge in Rd arbeiten. Nach 10 cm Fußlänge die Spitze wie bei Modell 1 beschrieben in Blau arbeiten, dabei 4 × in jeder 2. Rd, 4 × in jeder Rd abnehmen, die restlichen 8 M zusammenziehen.
RÜCKEN: Aus der Anschlagkante 78 M in Blau aufnehmen, 1 Rückr rechte M, dann im Grundmuster nach dem Einstrickmuster arbeiten, dabei für die Armausschnitte beidseitig in jeder 2. R 2 × 2, 4 × 1 M abnehmen = 62 M. Dann geradeaus stricken. In 11 cm Höhe für den Halsausschnitt die mittleren 22 M in 1 R beidseitig davon in jeder 2. R 1 × 2, 1 × 1 M abnehmen. Zugleich die Schulter mit verkürzten R arbeiten: dazu ab Halsausschnitt je 2 R nur über 12 M und über 5 M stricken,

Glatt rechts gestrickt ist diese Spielhose mit hell- und dunkelblauen Streifen. Die Halsblende endet im Nacken als Träger (Anl. S. 416)

Ein Strampelanzug in dunkelblau mit weißen, unregelmäßigen Streifen steht jedem kleinen Junior. Der Pullunder wird an der Schulter geknöpft (Anl. S. 396)

Die kleinen witzigen Pullunder sind aus bunten Garnresten gearbeitet. Das Mädchen hat ein Haus, der Junge ein Auto auf dem Pullunder (unten noch einmal in Großaufnahme zu sehen, Anl. S. 432)

Sehr schick für kleine Männer: ein Sportpulli mit breiten grünen Streifen und V-Ausschnitt und kleinem A-Einsatz. Der Pulli ist glatt rechts gestrickt. Die Bündchen werden im Rippenmuster gearbeitet. Dazu passend ein Paar weiße Strümpfchen mit grünen Ringeln. Bündchen, Ferse und Spitze werden grün abgesetzt. Alles wird aus einem Schurwolle-Polyamid-Gemisch gestrickt (Anl. S. 428)

◄ *Einfach und sehr wirkungsvoll: Strickkleider im Kimonoschnitt, glatt rechts gestrickt, für 4–10 Jahre (Anl. S. 418)*

Der Pulli aus Bouclé-Wolle ist krausgestrickt. Originell ist die an beiden Seiten angebrachte Verschnürung aus Stoffbändern (Anl. S. 429)

▲ *Kuschelig weich sind die Kinderpullis mit weißen, rosa und blauen Ringeln (Anl. S. 430)*

Für kleine Evas: Gestrickter Duffle mit Knebelverschluß und großer Kapuze (Anl. S. 452) ▶

◀ *Lustig bunt geringelt sind diese Kinderkleider (Anl. S. 422)*

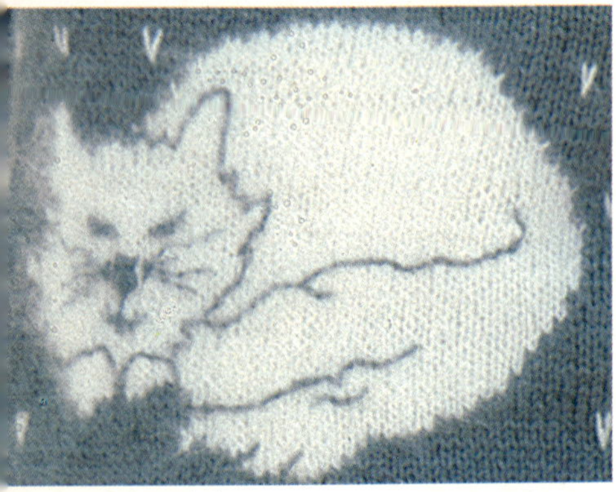

◄

Ein Kuschelpullover mit Katze gefällt allen (Anl. S. 437)

▲

Der Pullover steht Mutter wie Sohn (Anl. S. 439 und 58)

jeweils mit 1 Umschlag wenden. Anschließend noch 1 cm abwechselnd 1 M rechts, 1 M links über alle M stricken, dabei die Umschläge mit den danebenliegenden M zusammenstricken.

VORDERTEIL: Bis auf den Halsausschnitt und die Schultern wie den Rücken stricken. Für den Halsausschnitt in 7 cm Höhe die mittleren 8 M in 1 R, beidseitig davon in jeder 2. R 3 × 2, 4 × 1 M abnehmen. Die Schultern ab 10 cm Höhe wie beim Rücken arbeiten, dabei je 2 Knopflöcher über je 2 M in die Mitte des Bündchens einarbeiten: das erste 3 M ab Halsausschnitt, das zweite mit 4 M Abstand.

ÄRMEL: 36 M in Blau anschlagen und nach der Streifenfolge mit Blau beginnend zuerst 3 cm abwechselnd 1 M rechts, 1 M links, dann im Grundmuster stricken, dabei beidseitig in jeder 8. R 7 × 1 M zunehmen = 50 M. Zugleich ab 12 cm Höhe einfarbig blau arbeiten. In 18 cm Höhe für die Armkugel beidseitig in jeder 2. R 1 × 3, 2 × 2, 6 × 1, 2 × 2, 1 × 3 M abnehmen, die restlichen 10 M in 1 R abketten.

FERTIGSTELLUNG: Auf die linke Vorderteil-Hälfte den Mond im M-Stich sticken. Die Schultern übereinanderlegen, dann die Ärmel einsetzen. Aus dem vorderen Halsausschnitt 42 M, aus dem rückwärtigen Halsausschnitt 34 M in Gelb aufnehmen und je 1 Rückr rechte M, dann 2 cm im Grundmuster stricken. Diese Blenden zur Hälfte nach links umnähen. Knöpfe annähen.

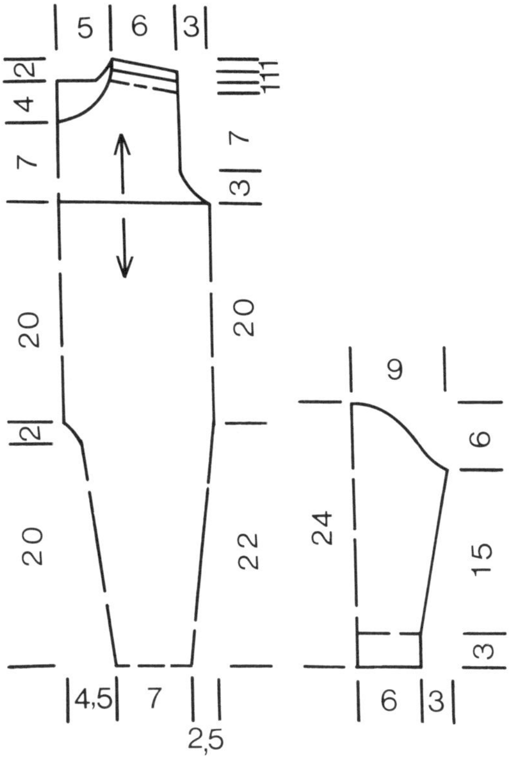

Oben finden Sie die Schnittverkleinerung für den Strampelanzug mit Mond: ½ Rücken- bzw. Vorderteil, ½ Ärmel. Angaben im Schnitt gelten für 9 Monate bzw. 74 cm Körpergröße –

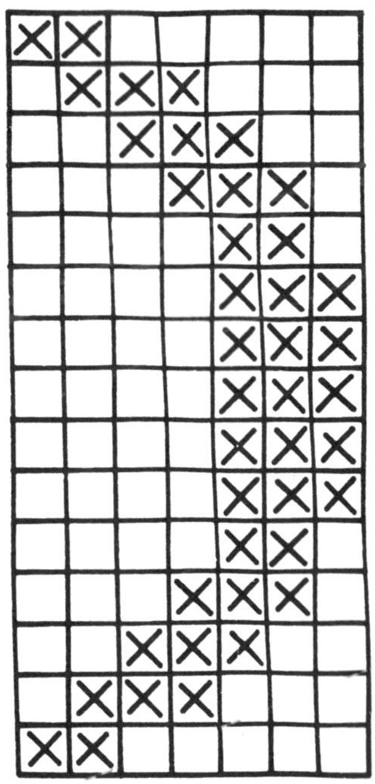

Links sehen Sie das Stickmuster für das Mondmotiv. Sie arbeiten mit Maschenstich. Leere Kästchen = Maschengrund, Kreuze = 1 Maschenstich.

Strampelanzug und -sack

Strampelsack und Strampelanzüge sind die ersten Bekleidungsstücke für Babys. Der in einem Stück gestrickte grüne Strampelanzug hat lange Ärmel, die eng am Körper anliegen. Der Strampelsack ist weit und geräumig und hat bunte Ringel in Weiß, Blau, Rot, Grün und Orange. Grundfarbe ist Gelb.

Für beide Modelle
MATERIAL: Britannica-Garn, Qualität Tivoli, 100% Polyacryl, in Gelb, Grün, Weiß, Blau, Marine, Rot und Orange in den angegebenen Mengen. Je 1 Paar INOX-Stricknadeln Nr. 2½ und 3.
GRUNDMUSTER: Glatt rechts = Hinr rechte M, Rückr linke M.
STREIFENFOLGE: Anschlag + 5 R Grundfarbe gelb bzw. grün, * 2 R Beifarbe, 2 R weiß, 6 R Grundfarbe, ab * wiederholen.
BÜNDCHENMUSTER: Abwechselnd 1 M rechts, 1 M links.
MASCHENPROBE: 30 M und 42 R = 10 cm im Quadrat.

Anzug
GRÖSSEN: 12 und 18 Monate = 80 und 86 cm Körpergröße. Bei unterschiedlichen Angaben: 18 Monate in Klammern.
MATERIAL: 100 g in Grün, je 50 g in Weiß, Gelb, Orange, Rot, Marine, Blau. 1 Reißverschluß, 28 (30) cm lang, in Grün.
FARBFOLGE der Beifarbe in der Streifenfolge: * gelb, orange, rot, marine, blau, ab * wiederholen.

Arbeitsanleitung
LINKES HOSENTEIL: 40 (44) M mit Nadeln Nr. 2½ in Grün anschlagen, 4 cm im Bündchenmuster stricken. Weiter mit Nadeln Nr. 3 im Grundmuster nach der Streifenfolge arbeiten, dabei in der 1. R jede 2. M verdoppeln = 60 (66) M, dann geradeaus stricken. In 21 (24) cm Höhe beidseitig 1 × 1 M, in jeder 2. R 3 × 1, 1 × 2, 1 × 3 M zunehmen = 78 (84) M, weiter geradeaus stricken. In 49 (54) cm Höhe die Arbeit für den Armausschnitt in der Mitte teilen = je 39 (42) M und zuerst die Rückenhälfte beenden. Dazu geradeaus arbeiten und in 59 (64) cm Höhe am rechten Rand für den Halsausschnitt in jeder 2. R 1 × 13, 2 × 1 M abnehmen, dann die restlichen 24 (27) M für die Schulter abketten. Anschließend das linke Vorderteil arbeiten. Zuerst geradeaus stricken, dann in 55 (60) cm Höhe für den Halsausschnitt am linken Rand in jeder 2. R 1 × 5, 3 × 2, 4 × 1 M abnehmen. Schulter wie Rücken arbeiten.

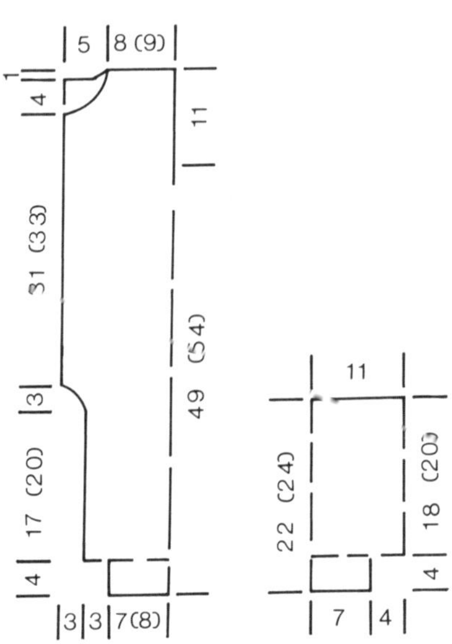

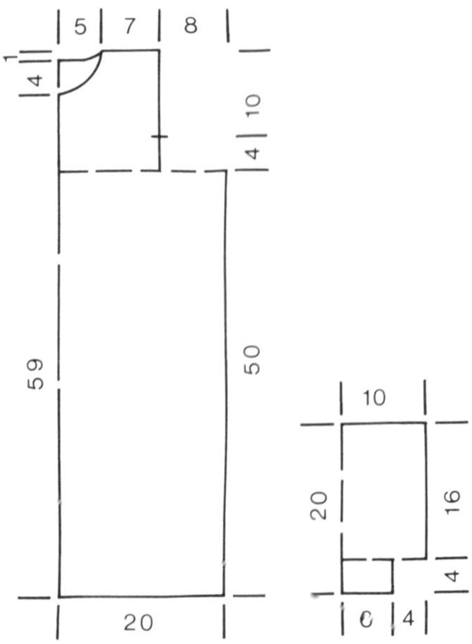

Links: Schnitt für linkes Hosenteil, ½ Ärmel für Anzug für 12 (18) Monate. Schnitt für ½ Rücken- und linkes Vorderteil vom Strampelsack für 6 bis 9 Monate.

RECHTES HOSENTEIL: Wie linkes Hosenteil, nur gegengleich arbeiten.
ÄRMEL: 44 M mit Nadeln Nr. 2½ in Grün anschlagen, 4 cm im Bündchenmuster weiter mit Nadeln Nr. 3 im Grundmuster nach der Streifenfolge arbeiten, dabei in der 1. R jede 2. M verdoppeln = 66 M. Geradeaus stricken und in 22 (24) cm Höhe alle M abketten.
FERTIGSTELLUNG: Teile spannen, mit einem feuchten Tuch bedecken und trocknen lassen. Die Nähte schließen, dabei vorn 27 (29) cm für den Reißverschluß offenlassen. Aus dem Halsausschnitt 73 M mit Nadeln Nrt. 2½ in Grün aufnehmen und 1 cm im Bündchenmuster mit Kettrandm stricken. Den Reißverschluß einnähen.

Strampelsack
GRÖSSE: 6–9 Monate = 68–74 cm Körpergröße.
MATERIAL: 150 g in Gelb, je 50 g in Weiß, Grün, Blau, Rot, Orange, Marine, 1 Reißverschluß, 45 cm lang.
FARBFOLGE der Beifarbe in der Streifenfolge: * rot, marine, blau, grün, orange, ab * wiederholen.

Arbeitsanleitung
RÜCKEN: 120 M mit Nadeln Nr. 3 in Gelb anschlagen und im Grundmuster nach der

Der Strampelsack ist weit und geräumig. Wie der Strampelanzug hat er enganliegende Ärmel. Die Grundfarbe ist Gelb, die Ringel sind Weiß, Blau, Rot, Grün und Orange.

Streifenfolge geradeaus stricken. In 50 cm Höhe in der 1. roten R wie folgt abnehmen: * 2 × je 2 M rechts zusammenstricken, 1 M rechts stricken, ab * wiederholen = 72 M, weiter geradeaus stricken. In 63 cm Höhe für den Halsausschnitt die mittleren 26 M in 1 R, beidseitig davon in jeder 2. R 2 × 1 M abnehmen. Anschließend die restlichen je 21 M für die Schultern abketten.

LINKES VORDERTEIL: 60 M mit Nadeln Nr. 3 in Gelb anschlagen und im Grundmuster nach der Streifenfolge stricken. In 50 cm Höhe wie beim Rücken abnehmen = 36 M, weiter geradeaus arbeiten. In 59 cm Höhe für den Halsausschnitt in jeder 2. R 1 × 5, 3 × 2, 4 × 1 M abnehmen.

RECHTES VORDERTEIL: Gegengleich arbeiten.

ÄRMEL: 40 M mit Nadeln Nr. 2½ in Gelb anschlagen und 4 cm im Bündchenmuster stricken. Weiter mit Nadeln Nr. 3 im Grundmuster mit 6 R gelb und 2 R orange beginnend nach der Streifenfolge arbeiten, dabei in der 1. R jede 2. M verdoppeln = 60 M. Geradeaus arbeiten und in 20 cm Höhe alle M abketten.

FERTIGSTELLUNG: Teile spannen, mit einem feuchten Tuch bedecken und trocknen lassen. Die Nähte schließen, dabei vorn 44 cm für den Reißverschluß offenlassen. Aus dem Halsausschnitt 73 M mit Nadeln Nr. 2½ in Gelb aufnehmen und 1 cm im Bündchenmuster mit Kettrandm stricken. Reißverschluß einnähen.

Babysack für die Sportkarre mit lustigen Motiven bestickt

Abb. S. 367

Schmetterling, Blume, Schiffchen, Ente, Haus und Hund sind Motive, die jedes Kinderherz erfreuen. Und diese schmücken auch den niedlichen Überzug für die Sportkarre. Die Grundfarbe des Sackes ist Blau. Auf der Vorderseite werden in rote, grüne und gelbe Kästchen die lustigen Motive mit Maschenstich aufgestickt. Die Stickvorlagen finden Sie neben der Anleitung. Der Sack ist aus pflegeleichtem Garn gearbeitet, was ihn strapazierfähig und besonders geeignet für Kleinkinder macht. Er wird glatt rechts gestrickt und mißt 36 × 85 cm. Innen ist der Karrensack mit einem gestrickten Futter aus Synthetik-Mohair-Gemisch versehen.

GRÖSSE: ca. 36 cm × 85 cm.

MATERIAL: Vestan-Garn für Nadelstärke 3–3½, 600 g in Dunkelblau, je 50 g in Rot, Grün und Gelb. Zum Sticken Reste in Braun, Hellblau und Weiß. Strick- und Häkelnadel Nr. 5–6.

Für das Futter Synthetic/Mohair-Gemisch für Nadelstärke 2½–3, 100 g in Blau. Stricknadeln Nr. 4–5.

GRUNDMUSTER I, mit doppeltem Faden sowohl in Vestan als auch in Mohair: Glatt links = Hinr linke M. Rückr rechte M.

GRUNDMUSTER II, mit doppeltem Faden in Vestan:

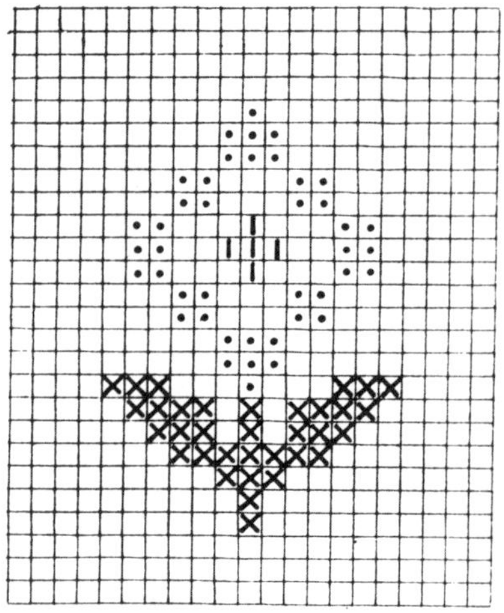

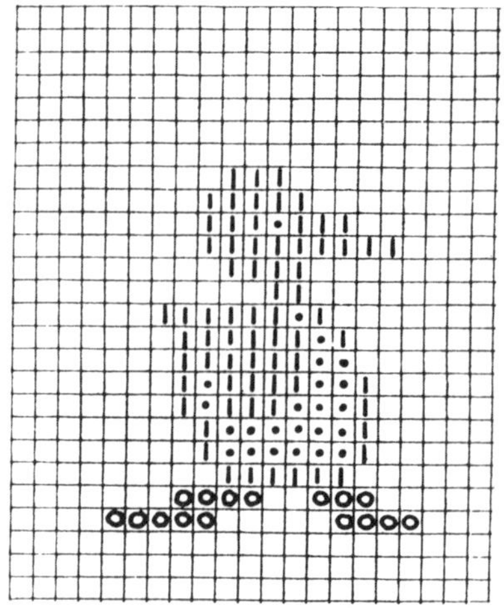

Glatt rechts = Hinr rechte M, Rückr linke M.

MASCHENPROBE I und II: 16 M und 22 R = 10 cm.

Arbeitsanleitung

BABYSACK: In Dunkelblau mit doppeltem Faden 54 M anschlagen und im Grundmuster I bis 35 cm Höhe geradeaus stricken. Dann beidseitig je 11 M dazu anschlagen = 76 M und weitere 48 cm geradeaus stricken. Nun beidseitig je 11 M wieder abketten = 54 M und noch 7 cm geradeaus stricken, dabei in der letzten R verteilt 6 M abnehmen = 60 M.

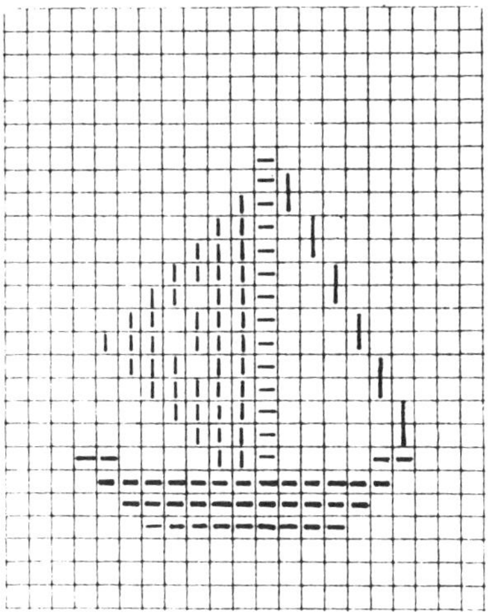

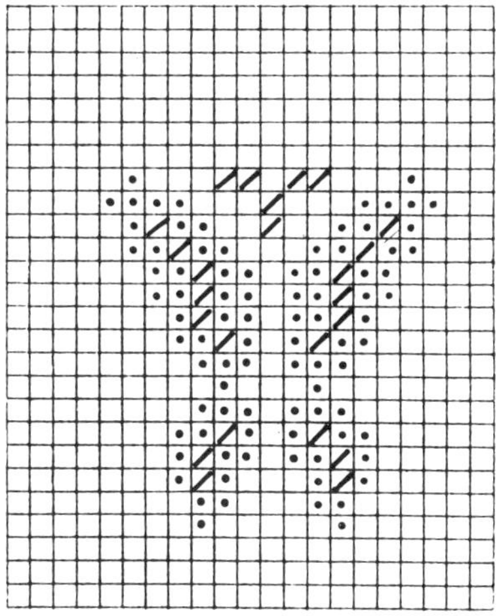

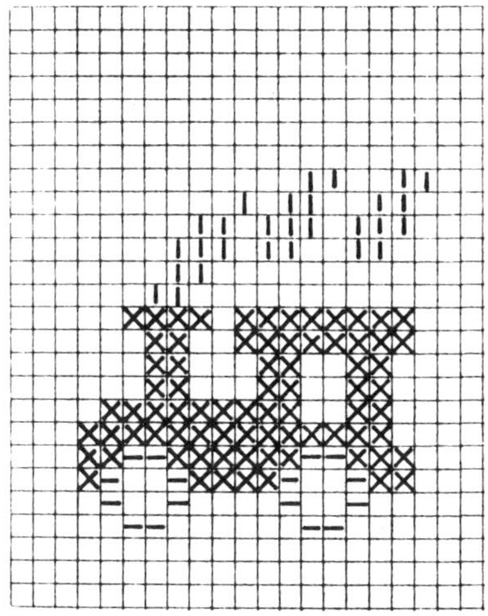

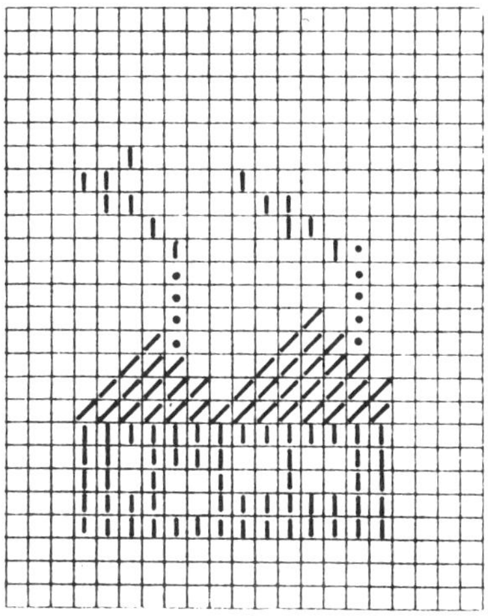

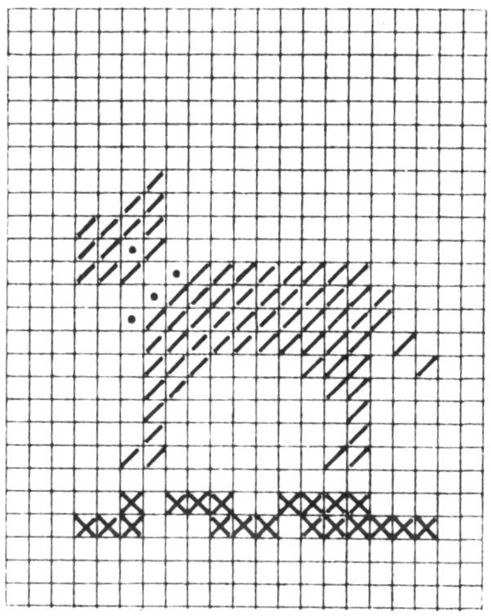

Einstickmuster für Karrensack:

= *grün*
= *weiß*
= *rot*
= *braun*
= *gelb*
= *hellblau*

Für die Karos die M in 3 Bahnen mit je 20 M einteilen. Bei jeder Bahn beidseitig je 1 Randm zunehmen und in den Farben wie aus der Abbildung ersichtlich jedes Karo 26 R hoch im Grundmuster II stricken. Nach Ende der 4 Karos bei jeder Bahn beidseitig die Randm wieder abketten und die M zusammen auf 1 Nadel nehmen = 60 M. Den Umschlag nun einfarbig dunkelblau kraus = jede R rechte M stricken, dabei in der 1. R verteilt 6 M abnehmen = 54 M. Nach 12 cm Höhe die M abketten.

FUTTER: Mit doppeltem Faden in Blau im Grundmuster I wie beim Babysack beschrieben arbeiten, jedoch das Karoteil mit 60 M in einem Stück stricken.

FERTIGSTELLUNG: Die Karos mit den Motiven wie aus dem Foto ersichtlich im M-Stich besticken, dabei die im Stickmuster A gegebenen Farben entsprechend abändern. Dann die Bahnen von links mit Steppstichen neben der Randm zusammennähen. Danach Oberteil und Futter ringsum mit überwendlichen Stichen verbinden. Nun alle Nähte von links so schließen, daß jeweils die Punkte mit den gleichen Zeichen im Schnitt aneinander passen. Das Rükkenteil und den Umschlag mit 1 R fester M in Blau beranden. Dann in Blau 4 Kordeln von ca. 25 cm Länge anfertigen. Dafür je 40 Luftm anschlagen und 1 R fester M häkeln. Je 2 Kordeln an den oberen Ecken des Rückenteils und ca. 18 cm davon entfernt befestigen und zu Schleifen binden.

Grundschnitt für Babysack nächste Seite.

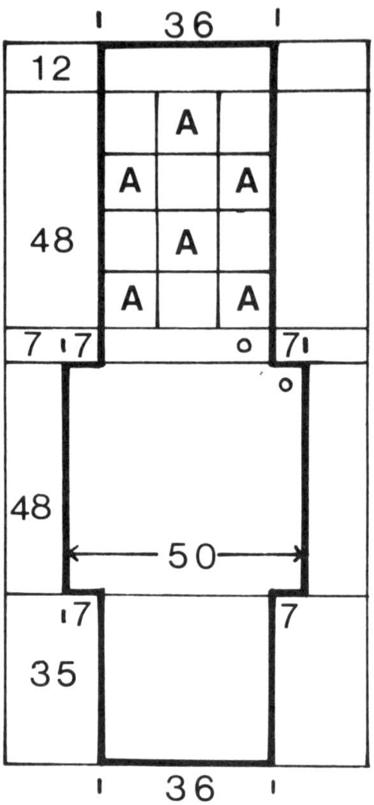

Hier ist der Grundschnitt für den Babysack, der ideal in den Sportwagen paßt. Der Schnitt sieht hier recht triste aus. Wenn jedoch die auf der vorherigen Seite gezeigten Motive aufgestickt sind, die in Quadraten angeordnet werden, ist er nicht wiederzuerkennen. Ganz zu schweigen, wie wohl sich Ihr Baby darin fühlen wird. Dies ist auch ein willkommenes Geschenk, an dem sich Omas versuchen können.

Decke und Pulli mit breiten Regenbogenstreifen

Abb. S. 366

Will Baby mit einem halben Jahr seine ersten Krabbelversuche unternehmen, braucht es eine Krabbeldecke. Diese Krabbeldecke für Babys erste Versuche in Sachen Fortbewegung ist glatt rechts gestrickt. Das Besondere und Auffällige sind die breiten Streifen in fröhlichen Regenbogenfarben. Wie ein richtiger Regenbogen laufen sie von Dunkelgrün, Gold, Orange über Rost zu Hell- und Dunkelblau. Dazu gibt es einen passenden Pullover. Auch er ist glatt rechts gestrickt und wiederholt das Streifenmuster auf Rücken- und Vorderteil. Nur sind die Streifen wesentlich schmaler. Die Ärmel sind naturfarben und haben ein kurzes Bündchen. Das Bündchen unten wird einfach umgenäht. Der Pullover wird mit Knöpfchen an der Schulter geschlossen.

GRÖSSE: 6 Monate = 68 cm Körpergröße. Deckengröße 60 × 75 cm.
MATERIAL: Mittelstarkes Sportgarn, 100% Acryl, für Decke und Pulli zusammen je 100 g in Dunkelgrün und Ecru, je 50 g in Grün, Hellgrün, Gold, Orange, Rost, Kupfer, Blau, Hellblau und Dunkelblau, für die Mütze 50 g in Blau.
Je 1 Paar INOX-Stricknadeln Nr. 2½ und 3. 4 Knöpfe.
GRUNDMUSTER: Glatt rechts = Hinr rechte M, Rückr linke M.
STREIFENFOLGE: Jeweils einen Streifen in hellblau, blau, dunkelblau, kupfer, rost, orange, gold, écru, hellgrün, grün, dunkelgrün.
BÜNDCHENMUSTER: Abwechselnd 1 M rechts, 1 M links.
MASCHENPROBE: 24 M und 36 R = 10 cm.

Arbeitsanleitung
DECKE: Für 60 cm Breite 144 M mit Nadeln Nr. 3 in Hellblau anschlagen und im Grundmuster für den Saum 11 R in Hellblau, weiter mit Hellblau beginnend je 24 R nach der Streifenfolge stricken. Zugleich in 7 cm Höhe für die seitlichen Säume je 8 M dazu anschlagen und diese M in 60 cm Höhe wieder abnehmen. Zum Schluß noch 11 R dunkelgrün für den anderen Saum anstricken, dann abketten.
FERTIGSTELLUNG: Die Säume wie üblich umnähen. Die Decke spannen, mit einem feuchten Tuch bedecken und trocknen lassen.
PULLOVER-RÜCKEN: 72 M mit Nadeln Nr. 3 in Hellblau anschlagen und im Grundmuster für den Saum 9 R in Hellblau, weiter mit Hellblau beginnend je 10 R nach der Streifenfolge stricken, in Dunkelgrün beenden. In 5 cm Höhe beiseitig 1 × 1 M, in jeder 12. R noch 4 × 1 M abnehmen = 62 M. In 23 cm Höhe für die Armausschnitte beidseitig in jeder 2. R 2 × 2, 3 × 1 M abnehmen = 48 M; geradeaus stricken. In 32 cm Höhe für den Halsausschnitt die mittleren 14 M in 1 R, beidseitig da-

von in jeder 2. R 2 × 2, 1 × 1 M abnehmen, anschließend die restlichen je 12 M für die Schultern noch 1 cm im Bündchenmuster mit Nadeln Nr. 2½ stricken und dann abketten.

VORDERTEIL: Bis auf den Halsausschnitt und die Schultern wie den Rücken stricken. Für den Halsausschnitt in 29 cm Höhe die mittleren 10 M in 1 R, beidseitig davon in jeder 2. R 2 × 2, 3 × 1 M abnehmen. Anschließend die Schulter-M wie beim Rücken im Bündchenmuster stricken, dabei nach 1 R die Knopflöcher über je 2 M einarbeiten: das erste 2 M ab Halsausschnitt, das zweite mit 3 M Abstand.

ÄRMEL: 30 M mit Nadeln Nr. 2½ in Ecru anschlagen, 2 cm im Bündchenmuster, weiter mit Nadeln Nr. 3 im Grundmuster einfarbig écru stricken, dabei beidseitig in jeder 6. R 7 × 1 M zunehmen = 44 M. In 14 cm Höhe für die Armkugel beidseitig in jeder 2. R 1 × 3, 1 × 2, 8 × 1, 2 × 2 M abnehmen, die restlichen 10 M in 1 R wie üblich abketten.

FERTIGSTELLUNG: Teile spannen, mit einem feuchten Tuch bedecken und trocknen lassen. Aus dem vorderen Halsausschnitt 37 M, aus dem rückwärtigen Halsausschnitt 35 M in Dunkelgrün aufnehmen und je 1 cm im Bündchenmuster stricken. Die Knöpfe auf die hinteren Schulterteile nähen. Die Teile zuknöpfen und dann die Ärmel einsetzen sowie die übrigen Nähte schließen. Den hellblauen Streifen zur Hälfte nach links umnähen.

Sie können diese hübsche Babygarnitur noch durch ein molliges Mützchen mit Ohrenklappen ergänzen, das Sie allerdings ausnahmsweise häkeln sollten. Als Material brauchen Sie dazu lediglich 50 g mehr Wolle in Blau.

Arbeitsanleitung Mütze

Mit doppeltem Faden häkeln. In der Kopfmitte beginnend 1 Fadenschlinge bilden, die später zusammengezogen wird. 1. Rd: 3 Anfangs-Luftm, dann um die Fadenschlinge 19 langgezogene Stb häkeln, 1 Kettm in die 3. Anfangs-Luftm. 2. Rd: Die Schlinge langziehen, 1 Umschlag, 1 Schlinge aus der folgenden M holen, dann alle 3 Schlingen zusammen abmaschen, 1 Luftm, * 1 Noppe = in die nächste M einstechen, 1 Schlinge holen, 1 Umschlag, noch 1 Schlinge aus derselben M holen, dann alle 4 Schlingen zusammen abmaschen, 1 Luftm, ab * wiederholen. Am Ende der Rd 1 Kettm in die 1. große Schlinge. 2. Rd wiederholen, dabei die Noppen um die großen M der Vor-Rd häkeln. In 15 cm Höhe die Ohrenklappen wie folgt in festen M arbeiten: Auf 9 M der letzten Rd je 1 feste M häkeln, weiter in jeder 2. R beidseitig 4 × 1 M abnehmen. Die 2. Ohrenklappe mit 5 M Abstand genauso arbeiten. Anschließend auf die gesamte Unterkante noch 1 Rd fester M arbeiten, dabei an den Ohrenklappen für die Bänder 1 Luftm-Kette von 30 cm Länge häkeln und darauf mit Kettm zurückgehen. Die Mütze umdrehen; Rückseite der Arbeit = Mützen-Oberseite.

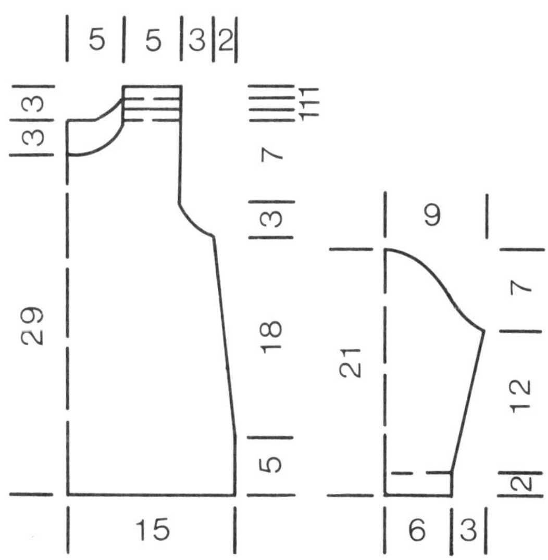

Schnittverkleinerung für Baby-Pulli in Regenbogenstreifen: ½ Rücken- bzw. Vorderteil und ½ Ärmel. Für 6 Monate bzw. 68 cm Körpergröße.

Blaugestreifter Strandanzug
Abb. S. 401

GRÖSSE: 1½ Jahre = 86 cm Körpergröße.
MATERIAL: MEZ-Garn, Qualität Rot-Tulpe, 100% Baumwolle, je 50 g in Hellblau Nr. 80, Blau Nr. 88 und Weiß Nr. 50. 1 Paar INOX-Stricknadeln Nr. 2 und eine 50 cm lange IMRA-Rundstricknadel Nr. 2½.
GRUNDMUSTER: Glatt rechts = Hinr rechte M, Rückr linke M. Mit der Rundnadel in offenen R stricken, dabei die R jeweils dort beginnen, wo der entsprechende Farbfaden hängt.
STREIFENFOLGE: * Je 9 R blau, weiß, hellblau, ab * wiederholen.
BÜNDCHENMUSTER: Abwechselnd 1 M rechts, 1 M links.
MASCHENPROBE: 32 M und 46 R = 10 cm.

Arbeitsanleitung
LINKES HOSENTEIL: 92 M mit Nadeln Nr. 2 in Hellblau anschlagen und 2 cm im Bündchenmuster stricken. Weiter auf der Rundnadel im Grundmuster nach der Streifenfolge arbeiten, dabei beidseitig in jeder 2. R 7 × 1 M zunehmen = 106 M. In 6 cm Höhe für den Schritt am linken Rand = vordere Mitte in jeder 2. R 2 × 2, 2 × 1 M abnehmen, am rechten Rand in jeder 2. R 1 × 5, 2 × 2, 2 × 1 M, in jeder 4. R 3 × 1 M, in jeder 8. R 6 × 1 M abnehmen = 80 M. In 23 cm Höhe nach dem 4. weißen Streifen für den Rückenausschnitt am rechten Rand in jeder 2. R 1 × 6, 5 × 4, 3 × 3, 11 × 2, 7 × 1 M abnehmen. Zugleich in 33 cm Höhe nach dem 6. blauen Streifen für den Halsausschnitt am linken Rand 10 M abketten, dann in jeder 2. R 2 × 2, 2 × 1 M abnehmen.
RECHTES HOSENTEIL: wie linkes Hosenbein, nur gegengleich arbeiten.
RÜCKENBLENDE: Für die Rückenblende des Strandanzugs 17 M mit Nadeln Nr. 2 in Hellblau anschlagen und im Bündchenmuster mit Kettrandm 48 cm hoch stricken.
VORDERE BLENDE MIT TRÄGERN: Wie die Rückenblende stricken, jedoch 60 cm lang.
FERTIGSTELLUNG: Alle fertig gestrickten Teile aufspannen und leicht dämpfen. Die Nähte wie üblich schließen. Die Rückenblende aufnähen, dann die vordere Blende auf den Halsausschnitt und die Schmalkanten der Rückenblende aufnähen, dabei die Nahtkanten dehnen.

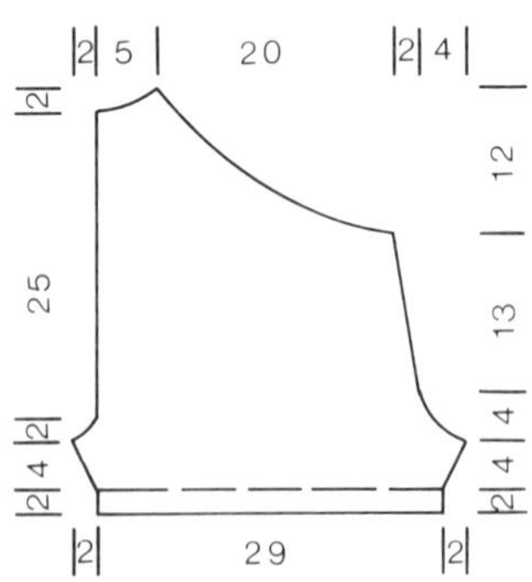

Schnittverkleinerung für Strandanzug: ½ Hosenteil mit Blende.

Kinderkleider mit Smokstickerei

Für beide Kleider
GRÖSSEN: 2 und 4 Jahre = 92 cm und 104 cm Körpergröße. Bei unterschiedlichen Angaben: Für 4 Jahre in Klammern.
MATERIAL: Schachenmayr-Wolle, Qualität Nomotta Beatrice, reine Schurwolle, in den angegebenen Mengen und Farben. 1 Paar INOX-Stricknadeln und eine 40 cm lange IMRA-Rundstricknadel Nr. 2½, eine 80 cm lange Rundstricknadel Nr. 3.
GRUNDMUSTER: Glatt rechts = in Rd nur rechte M.
BÜNDCHENMUSTER: Abwechselnd 1 M rechts, 1 M links.
MASCHENPROBE: 30 M und 42 Rd = 10 cm.

Arbeitsanleitung
Am unteren Rand beginnend für den Rock 252 (276) M auf der Rundnadel Nr. 3 anschlagen und im Grundmuster nach der Streifenfolge geradeaus stricken. In 23 (26) cm Höhe in der letzten Rd fortlaufend jede 2. und 3. M rechts zusammenstricken = 168 (184) M. Auf die Rundnadel Nr. 2½ übergehen und das Oberteil im Bündchenmuster noch 12 (14) cm hoch anstricken; locker abketten.
TRÄGER: 2 × arbeiten. 24 M mit Nadeln Nr. 2½ anschlagen und im Bündchenmuster mit Kettrandm 28 (32) cm geradeaus arbeiten.
FERTIGSTELLUNG: Das Oberteil im Smokstich nach der Farbfolge mit doppeltem

Die beiden gestrickten Kleiderröckchen haben am Rocksaum bunte Ringel in vier verschiedenen Farben. Die Leibchen mit Smokstickerei sehen niedlich aus. Die Smokstiche werden mit doppeltem Faden gestickt.

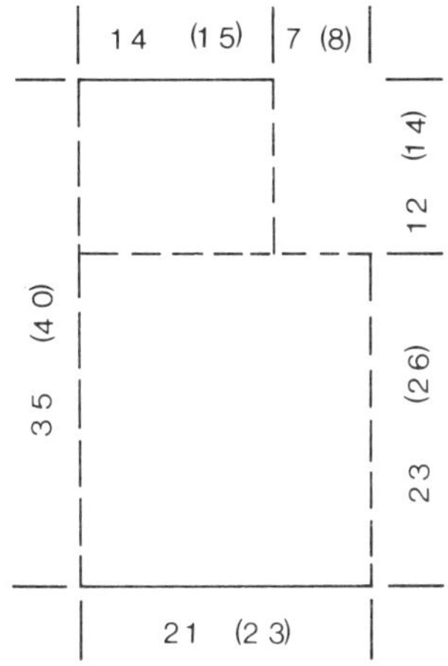

Schnittverkleinerung: ¼ Trägerrock für 2 (4) Jahre.

Faden besticken: Von rechts nach links arbeiten und über dem Rock in der 1. Rd beginnen. 1. Rd: Links vom Rd-Wechsel nach den ersten 2 Rechts-M-Rippen ausstechen und von rechts nach links die beiden Rippen umstechen. Anschließend * 4 R darüber die nächsten 2 Rippen umstechen, dann wieder 4 R nach unten gehen und die folgenden 2 Rippen umstechen, ab * wiederholen. 2. Rd: Genauso auf die 1. R arbeiten, dabei das Muster versetzen, d. h. mit dem 1. Stich in der 4. Oberteil-Rd beginnen, dann entsprechend Rd nach unten übergehen. 3. und 4. Rd: Mit 2 Rd Abstand wie die 1. und 2. Rd arbeiten, jedoch das Muster versetzen, d. h. 1 Rippe vorher anfangen. Die 1.–4. Rd wiederholen. Anschließend den Rock vorsichtig dämpfen und den unteren Rand 10 Rd breit nach links umnähen. Die Träger annähen.

Kleid mit roten Streifen

MATERIAL: 50 (100) g in Ecru Nr. 5034, je 50 g in Dunkelrot Nr. 5024, Rot Nr. 4991, Pink Nr. 5063, Rosé Nr. 5020.
STREIFENFOLGE: Anschlag + 20 Rd dunkelrot, 2 Rd écru, 10 Rd rot, 2 Rd écru, 10 Rd pink, 2 Rd écru, 10 Rd rosé, weiter écru stricken.
FARBFOLGE: * je 1 Rd dunkelrot, pink, hellrot, rosé, ab * wiederholen.

Kleid mit grünen Streifen

MATERIAL: 50 (100) g in Ecru Nr. 5034, je 50 g in Blau Nr. 5186, Türkis Nr. 5056, Grün Nr. 5030, Hellgrün Nr. 5182.
STREIFENFOLGE: Anschlag + 20 Rd blau, 2 Rd écru, 10 Rd türkis, 2 Rd écru, 10 Rd grün, 2 Rd écru, 10 Rd hellgrün, weiter écru stricken.
FARBFOLGE: * je 1 Rd grün, türkis, blau, hellgrün, ab * wiederholen.

Mädchen-Pullover fein gestreift

GRÖSSEN: 6 und 8 Jahre. Bei unterschiedlichen Angaben: Für 8 Jahre in Klammern.
MATERIAL: Phildar-Garn, Qualität Hacienda, 200 (250) g in Braun, 100 (150) g in Ecru. Stricknadeln und eine 40 cm lange Rundstricknadel Nr. 3½.
GRUNDMUSTER: Glatt links = Hinr linke M, Rückr rechte M.
Farbfolge: Abwechselnd 2 R écru und 2 R braun.
BÜNDCHENMUSTER: Abwechselnd 2 M rechts, 2 M links.
MASCHENPROBE: 22 M und 30 R = 10 cm.

Arbeitsanleitung
RÜCKEN: 70 (74) M in Braun anschlagen, 5 cm im Bündchenmuster, weiter im Grundmuster nach der Farbfolge geradeaus stricken.
In 26 (28) cm Höhe für die Armausschnitte beidseitig in jeder 2. R 2 × 2, 4 × 1 M abnehmen = 54 (58) M, weiter gerade hochstricken.
In 38 (42) cm Höhe für den Halsausschnitt die mittleren 24 M in 1 R, beidseitig davon in jeder 2. R 1 × 2, 1 × 1 M abnehmen. Zugleich in 39 (43) cm Höhe für die Schultern in jeder 2. R 2 × 6 (2 × 7) M abketten.
VORDERTEIL: Bis auf den Halsausschnitt wie den Rükken arbeiten. Dafür in 33 (37) cm Höhe die mittleren 8 M in 1 R, beidseitig davon in jeder 2. R 1 × 3, 2 × 2, 4 × 1 M abnehmen.
ÄRMEL: 40 (44) M in Braun anschlagen, 10 cm im Bündchenmuster, weiter im Grundmuster nach der Farbfolge stricken, dabei beidseitig in jeder 10. (11.) R 7 × 1 M zunehmen = 54 (58) M. In 36 (39) cm Höhe für die Armkugel beidseitig in jeder 2. R 1 × 3, 3 × 2, 7 (8) × 1, 2 × 2, 1 × 3 M abnehmen, die restlichen 8 (10) M in 1 R abketten.
FERTIGSTELLUNG: Alle fertiggestellten Teile spannen und dämpfen. Die Nähte schließen, dabei die unrechts zum Aufschlagen nähen. Mit der Rundnadel aus dem Halsausschnitt 80 M in Braun aufnehmen und 1 Runde linke M, 1 Runde rechte M, weiter bis 3 cm Höhe im Bündchenmuster stricken.

Ringelkleider

Abb. S. 404

Einfach und sehr wirkungsvoll sind diese Strickkleider im Kimonoschnitt. Sie werden glatt rechts gestrickt und haben bunte Ringelstreifen. Zuerst wird der Rock gearbeitet und dann das Oberteil quer gestrickt. Für die Größen von 4 bis10 Jahren.

Für alle Kleider:
MATERIAL: Dünne Sportwolle, reine Schurwolle, in Rot, Weiß, Marine, Hellblau, Grün, Gelb in den angegebenen Mengen. Je 1 Paar Stricknadeln Nr. 2½ und 3, eine 40 cm lange Rundstricknadel Nr. 2½.
GRUNDMUSTER, Nadeln Nr. 3: Glatt rechts = Hinr rechte M, Rückr linke M.
BÜNDCHENMUSTER, Nadeln Nr. 2½: Kraus = Rück- und Hinr rechte M.
MASCHENPROBE: 26 M und 38 R = 10 cm.
STREIFENFOLGE I; rechtes Kleid: Bündchenmuster: Beim Rock 7 R, beim Ärmel 21 R weiß. Dann im Grundmuster * 4 R rot, 1 R grün, 4 R gelb, 1 R grün, 4 R hellblau, 4 R weiß, 2 R rot, 1 R grün, 2 R gelb, 1 R grün, 2 R hellblau, 4 R weiß, ab * wiederholen.
STREIFENFOLGE II; mittleres Kleid: Beim Rock 3 R rot, 2 R weiß, 4 R rot im Bündchenmuster, weiter im Grundmuster * je 2 R weiß, marine, weiß, marine, weiß, marine, weiß, 4 R rot, 2 R weiß, 4 R rot, ab * wiederholen.
Beim Ärmel 1 R marine, dann 5 × abwechselnd 2 R weiß und 2 R marine im Bündchenmuster, weiter im Grundmuster nach 2 R weiß mit den roten Streifen beginnen.
STREIFENFOLGE III; linkes Kleid: Bündchenmuster: Beim Rock 1 R grün, dann 2 × abwechselnd 2 R weiß und 2 R grün, beim Ärmel 1 R grün, dann 4 × abwechselnd 2 R weiß und 2 R grün. Weiter im Grundmuster * 2 R weiß, 1 R rot, 4 R hellblau, 1 R rot, 2 R weiß, 2 R grün, 2 R weiß, 2 R marine, 3 R rot, 1 R hellblau, 1 R weiß, 3 R rot, 2 R marine, 1 R hellblau, ab * wiederholen.

Für 4 und 6 Jahre
GRÖSSEN: 4 und 6 Jahre = 104 und 116 cm Körpergröße. Bei unterschiedlichen Angaben: 6 Jahre in Klammern.
MATERIAL I: 100 (150) g in Weiß, je 50 (100) g in Rot, Gelb und Hellblau, 50 g in Grün.
MATERIAL II: 100 (150) g in Weiß, je 100 g in Rot und Marine.
MATERIAL III: Je 50 (100) g in Weiß, Rot, Marine, Hellblau und Grün.

Arbeitsanleitung
ROCK, RÜCKEN: 92 (104) M in der Farbe der 1. Bündchen-R anschlagen und nach der gewünschten Streifenfolge stricken, dabei beidseitig in jeder 14. (12.) R 10 (13) × 1 M abnehmen = 72 (78) M. In 40 (45) cm Höhe alle M abketten.
VORDERTEIL: Genauso stricken.
OBERTEIL: Quer stricken. Am linken Ärmel beginnend 72 (84) M in der Farbe der 1. Bündchen-R anschlagen und

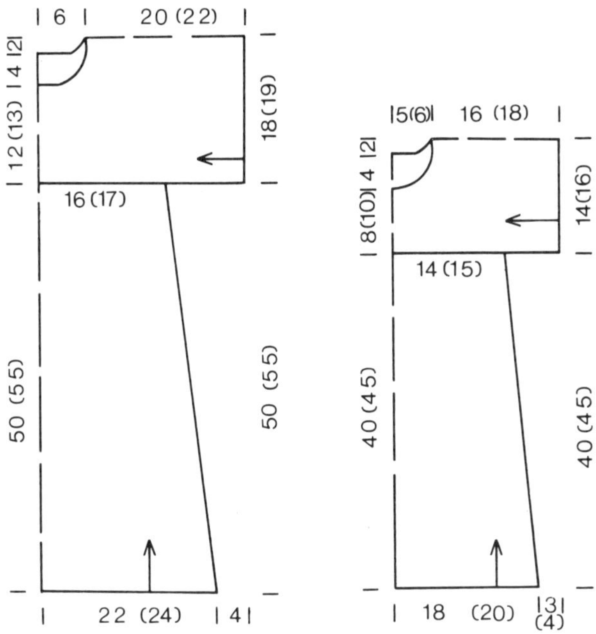

Schnittverkleinerung: links ½ Rücken- und Vorderteil für 8 (10) Jahre, rechts Rücken- und Vorderteil für 4 (6) Jahre.

nach der Streifenfolge stricken. In 16 (18) cm Höhe die Arbeit für den Halsausschnitt in der Mitte teilen = je 36 (42) M. Zuerst den Rücken arbeiten: Dafür ab Mitte in jeder 2. R 1 × 2, 3 × 1 M abnehmen = 31 (37) M, 6 (8) cm geradeaus stricken, dann wieder in jeder 2. R 3 × 1, 1 × 2 M zunehmen = 36 (42) M, diese M stillegen und das Vorderteil stricken: Für den Halsausschnitt in jeder 2. R 1 × 5, 4 (3) × 2, 2 (4) × 1 M abnehmen = 21 (27) M, 10 (14) R geradeaus stricken, dann wieder in jeder 2. R 2 (4) × 1, 4 (3) × 2, 1 × 5 M zunehmen = 36 (42) M. Nun die Rücken-M wieder anfügen und über alle M stricken bis 42 (48) cm Höhe, dabei die letzten cm wie am Anfang im Bündchenmuster stricken.

FERTIGSTELLUNG: Teile spannen und leicht dämpfen. Die Nähte schließen. Aus dem Halsausschnitt mit der Rundnadel 86 (90) M aufnehmen und 2 bzw. 12 cm hoch im Bündchenmuster in den Farben der Ärmelbündchen stricken.

Für 8 und 10 Jahre

GRÖSSEN: 8 und 10 Jahre = 128 und 140 cm Körpergröße. Bei unterschiedlichen Angaben: 10 Jahre in Klammern.

MATERIAL I: 150 (200) g in Weiß, je 100 g in Rot, Gelb und Hellblau, 50 g in Grün.

MATERIAL II: 150 (200) g in Weiß, je 150 g in Rot und Marine.

MATERIAL III: Je 100 g in Weiß, Rot, Marine, Hellblau und Grün.

Arbeitsanleitung

ROCK, RÜCKEN: 114 (124) M in der Farbe der 1. Bündchen-R anschlagen und nach der gewünschten Streifenfolge stricken, dabei beidseitig in jeder 12. R 15 (17) × 1 M abnehmen = 84 (90) M. In 50 (55) cm Höhe alle M abketten.

VORDERTEIL: Wie den Rükken stricken.

OBERTEIL: Quer stricken. Am linken Ärmel beginnend 92 (98) M in der Farbe der 1. Bündchen-R anschlagen und nach der Streifenfolge stricken. In 20 (22) cm Höhe die Arbeit für den Halsausschnitt in der Mitte teilen = je 46 (49) M. Zuerst den Rücken arbeiten : Dafür ab Mitte in jeder 2. R 1 × 2, 3 × 1 M abnehmen = 41 (44) M, 8 cm geradeaus stricken, dann wieder in jeder 2. R 3 × 1, 1 × 2 M zunehmen = 46 (49) M. Diese M stillegen und das Vorderteil stricken: Für den Halsausschnitt in jeder 2. R 1 × 5, 3 × 2, 4 × 1 M abnehmen = 31 (34) M, 14 R geradeaus stricken, dann wieder in jeder 2. R 4 × 1, 3 × 2, 1 × 5 M zunehmen = 46 (49) M. Nun die Rücken-M wieder anfügen und über alle M stricken bis 52 (56) cm Höhe, dabei die letzten cm wie am Anfang im Bündchenmuster stricken.

FERTIGSTELLUNG: Wie beim Kleid für 4 bis 6 Jahre. Aus dem Halsausschnitt mit der Rundnadel 90 M aufnehmen und 2 bzw. 12 cm hoch im Bündchenmuster in den Farben der Ärmelbündchen stricken.

Zweiteiliges Kinderkleid

GRÖSSEN: Für 6, 7 und 8 Jahre = 116 cm, 122 cm und 128 cm Körpergröße. Bei unterschiedlichen Angaben: für 7 und 8 Jahre in Klammern und durch Schrägstrich getrennt.
MATERIAL: Lana Grossa-Garn, Qualität Intimo, 100% Baumwolle. Für den Rock 400–450 g in Türkis Nr. 32, je 50 g in Ocker Nr. 13, Gelb Nr. 10, Hellblau Nr. 30, Rot Nr. 22, Weiß Nr. 1, Lila Nr. 27. Grün Nr. 16 und Braun Nr. 8. Für den Pulli 200 (250/250) g in Türkis, Reste von den Beifarben des Rockes.
1 Paar INOX-Stricknadeln Nr. 2½. Gummiband.
GRUNDMUSTER: Glatt rechts = Hinr rechte M, Rückr linke M.
EINSTRICKMUSTER: Siehe Zeichnungen. Gegeben ist jeweils 1 Rapport in der Breite. Die Randm sind nicht mit eingezeichnet.
STREIFEN- UND MUSTERFOLGE: 2 R türkis, 46 R Muster I, 6 R türkis, 2 R abwechselnd 1 M rot, 1 M weiß, 2 R abwechselnd 1 M weiß, 1 M rot, je 2 R rot, türkis, gelb, hellblau, lila, grün, weiß, ocker und braun, 6 R türkis, 16 R Muster II, 6 R türkis, je 2 R lila, türkis, hellblau, türkis, weiß, 6 R türkis, 12 R Muster III, 6 R türkis, 2 R rot, 2 R abwechselnd 1 M rot, 1 M weiß, 2 R abwechselnd 1 M weiß, 1 M rot, 2 R rot, 4 R türkis, 32 R Muster IV, 4 R türkis = 186 R.
MASCHENPROBE: 27 M und 35 R = 10 cm.
BÜNDCHENMUSTER: 1 M rechts, 1 M links.

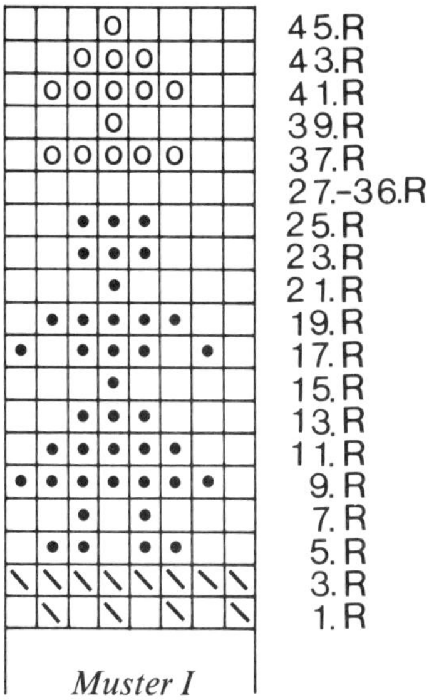

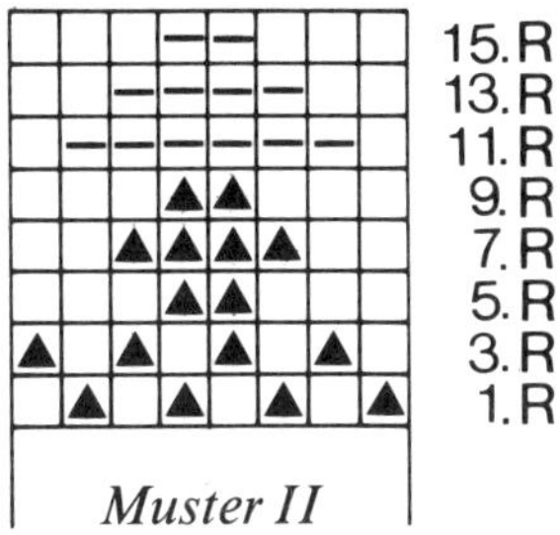

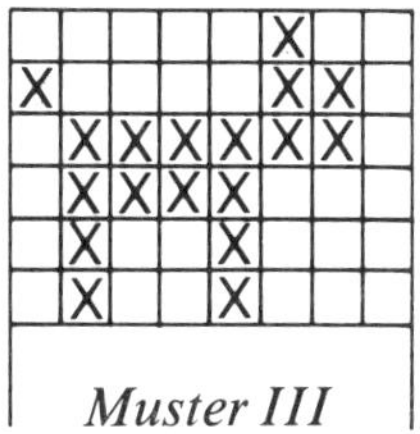

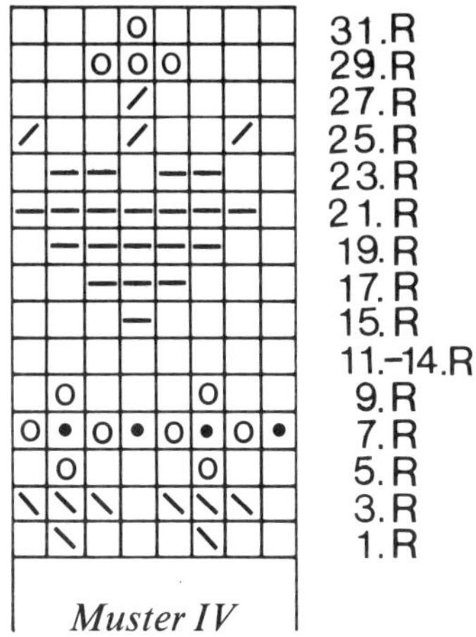

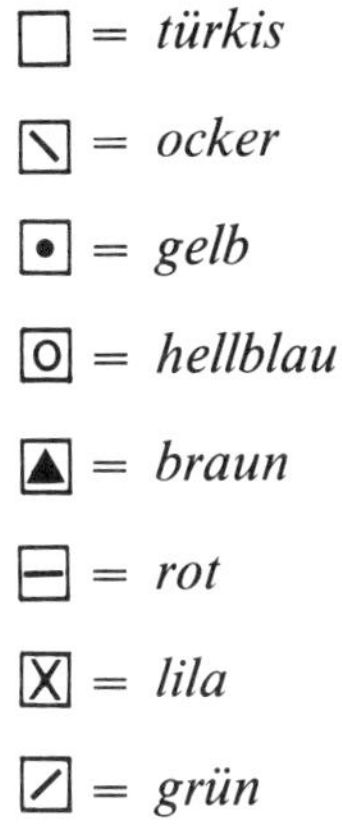

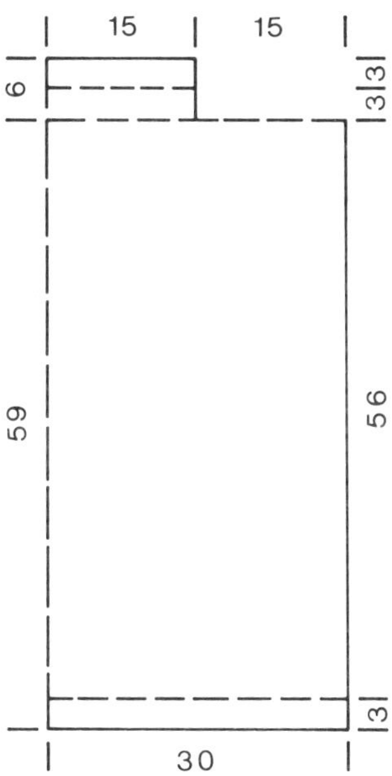

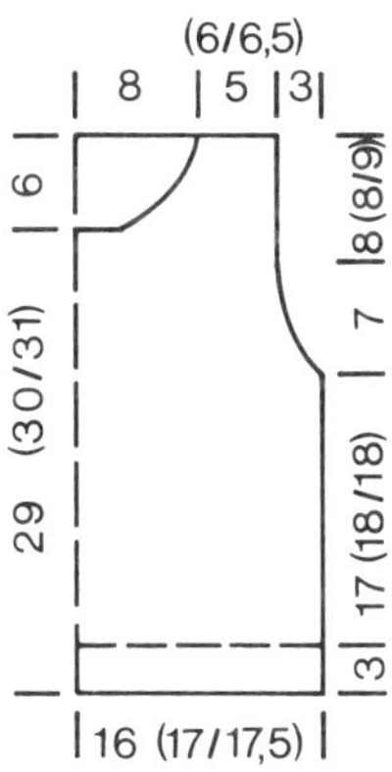

Das zweiteilige Kinderkleid bestehend aus Rock und Pulli, zeigt ein fröhliches Einstrickmuster. Die Grundfarbe ist Türkis, das Muster ist in Ocker, Gelb, Hellblau, Rot, Weiß, Lila, Grün und Blau gestrickt. Alle Angaben für 6, 7 und 8 Jahre.

Oben: Einstrickmuster für Rockteil und Pulloverärmel. Darunter: Schnittverkleinerungen für Rock, ½ Vorder- bzw. Rückenteil des Pullovers und ½ Ärmel des Pullovers (Angaben für 116, 122 und 128 cm Körpergröße).

Arbeitsanleitung

ROCK, RÜCKEN- UND VORDERTEIL: 163 M in Türkis anschlagen und 11 R im Grundmuster stricken. Für den Bruch 1 Loch-R arbeiten. Dafür abwechselnd 2 M rechts zusammenstricken und 1 Umschlag arbeiten. In der folgenden R alle M und Umschläge links stricken. Nach 11 R ab Loch-R die Anschlag-M auf 1 Hilfsnadel nehmen, hinter die Arbeit legen und fortlaufend je 2 M = je 1 M von jeder Nadel rechts zusammenstricken. Weiter nach der Streifen- und Musterfolge arbeiten. Nach Ende der Streifenfolge (evtl. noch einige Zentimeter in Türkis weiterarbeiten) fortlaufend je 2 M rechts zusammenstricken = 82 M. Nun den Taillenbund noch 6 cm hoch in Türkis im Grundmuster anstricken, dann die M locker abketten.

FERTIGSTELLUNG: Die Seitennähte schließen. In den Bund Gummiband einlegen. Den Bund und unteren Saum

zur Hälfte nach links umnähen.
PULLOVER-RÜCKEN: 86 (92/96) M in Türkis anschlagen und 3 cm im Bündchenmuster, weiter im Grundmuster geradeaus stricken. Ab 20 (21/21) cm Höhe für die Armausschnitte beidseitig in jeder 2. R 1 × 3, 1 × 2, 3 × 1 M abnehmen = 70 (76/80) M und weiter geradeaus stricken. In 35 (36/37) cm Höhe alle M abketten.
VORDERTEIL: Bis auf den Halsausschnitt wie den Rükken arbeiten. Dafür in 29 (30/31) cm Höhe die mittleren 22 M abketten, weiter an den Ausschnittseiten in jeder 2. R 1 × 3, 2 × 2, 4 × 1 M abnehmen. Mit den restlichen 13 (17/18) M bis 35 (36/37) cm Höhe geradeaus stricken, dann für die Schultern abketten.
ÄRMEL: 40 M in Türkis anschlagen und 6 cm im Bündchenmuster, weiter im Grundmuster nach der Streifen- und Musterfolge stricken, dabei in der 1. R 19 × jede 3. M verdoppeln = 59 M. An den Ärmelschrägen beidseitig in jeder 8. R 12 (12/14) × 1 M zunehmen = 83 (83/87) M. Ab 34 (36/38) cm Höhe für die Armkugel beidseitig in jeder 2. R 10 × 4 M abketten, die restlichen 3 (3/5) M in 1 R abketten.
FERTIGSTELLUNG: Die fertiggestrickten Teile spannen, mit feuchtem Tuch bedecken und trocknen lassen. Dann die Pulloverteile wie üblich zusammennähen. Den Halsausschnitt mit 3 Rd fester M und 1 Rd Krebs-M = feste M von links nach rechts umhäkeln.

Kinderkleider mit Ringeln

Abb. S. 406

Für beide Modelle

GRÖSSEN: 6 und 8 Jahre = 116 (128) cm Körpergröße. Bei unterschiedlichen Angaben: Für 8 Jahre in Klammern.
MATERIAL: aarlan-Wolle, Qualität Arwetta, 75% Schurwolle, 25% Polyamid, in den angegebenen Mengen in Weiß, Gelb Nr. 118, Grün Nr. 88, Lila Nr. 52, Pink Nr. 34 und Blau Nr. 121.
Je 1 Paar INOX-Stricknadeln und je eine 40 und 60 cm lange Rundstricknadel Nr. 2½ und 3. 6 Knöpfe.
GRUNDMUSTER: Glatt rechts = Hinr rechte M, Rückr linke M; in Rd rechte Maschen.
STREIFENFOLGE I: * 4 R blau, 2 R weiß, 4 R pink, 2 R weiß, 4 R grün, 2 R weiß, 4 R gelb, 2 R weiß, 4 R lila, 2 R weiß, ab * wiederholen.
STREIFENFOLGE II: * 2 R pink, 10 R weiß, 2 R blau, 10 R weiß, 2 R lila, 10 R weiß, 2 R gelb, 10 R weiß, 2 R grün, 10 R weiß, ab * wiederholen.
STREIFENFOLGE III: * 2 R blau, 4 R weiß, 2 R pink, 4 R weiß, 2 R grün, 4 R weiß, 2 R gelb, 4 R weiß, 2 R lila, 4 R weiß, ab * wiederholen.
BÜNDCHENMUSTER: Abwechselnd 1 M rechts, 1 M links.
MASCHENPROBE: 29 M und 40 R ergeben 10 cm im Quadrat.

Rock und Weste

MATERIAL: 150 g in Weiß, je 50 g in Gelb, Grün, Lila, Blau und Pink.

Arbeitsanleitung

ROCK: Am oberen Rand beginnend in Rd stricken. Für die gesamte Weite 176 (192) M in Weiß auf der kurzen Rundnadel Nr. 2½ anschlagen und 2 cm im Bündchenmuster strikken. Weiter zuerst mit der kurzen, später mit der langen Rundnadel Nr. 3 im Grundmuster nach der Streifenfolge I arbeiten, dabei jede 22. (24.) M markieren und zuerst in der 1. Rd, weiter noch 14 (17) × in jeder 6. Rd abwechselnd vor und hinter den markierten M je 1 M rechts verschränkt aus dem Querdraht zunehmen = 296 (336) M. In 23 (28) cm Höhe nach einem ganzen Farbstreifen mit der langen Rundnadel Nr. 2½ in der fortlaufenden Streifenfolge kraus stricken = abwechselnd 1 Rd rechte M, 1 Rd linke M. Dabei für die weißen Streifen wie bisher je 2 Rd, für die bunten Streifen jedoch je 6 Rd strikken. Nach einer ganzen Streifenfolge kraus alle M in der folgenden 2. Rd weiß abketten.
FERTIGSTELLUNG: Das Teil spannen, mit einem feuchten Tuch bedecken und trocknen lassen. Dem Taillenbund von links Gummiband gegenhexen.
WESTEN-RÜCKEN: 92 (98) M in Weiß mit Nadeln Nr. 2½ anschlagen, 5 cm im Bündchenmuster, weiter mit Nadeln Nr. 3 im Grundmuster nach der Streifenfolge II arbeiten. In 20 (23) cm Höhe für die Armausschnitte beidseitig in jeder 2. R 1 × 3, 2 × 2, 4 × 1 M abnehmen = 70 (76) M; geradeaus arbeiten. In 34 (38) cm Höhe für die Schul-

tern beidseitig in jeder 2. R 3 × 7 M abketten. Zugleich für den Halsausschnitt die mittleren 22 (28) M in 1 R, beidseitig davon in jeder 2. R 1 × 2, 1 × 1 M abketten.
LINKES VORDERTEIL: 42 (45) M in Weiß mit Nadeln Nr. 2½ anschlagen, 5 cm im Bündchenmuster, weiter mit Nadeln Nr. 3 im Grundmuster nach der Streifenfolge II arbeiten, dabei Seitennaht, Armausschnitt und Schulter wie beim Rücken formen. Am vorderen Rand geradeaus arbeiten, dann in 29 (33) cm Höhe für den Halsausschnitt in jeder 2. R 3 (4) × 2, 4 (5) × 1 M abnehmen.
RECHTES VORDERTEIL: Gegengleich arbeiten.
ÄRMEL: 60 (66) M in Weiß mit Nadeln Nr. 2½ anschlagen, 3 cm im Bündchenmuster, weiter mit Nadeln Nr. 3 im Grundmuster und nach der umgekehrten Streifenfolge I mit Pink beginnend arbeiten, dabei beidseitig in jeder 2. R 5 × 1 M zunehmen = 70 (76) M. Ab 6 cm Höhe für die Armkugel beidseitig in jeder 2. R 1 × 3, 3 × 2, 10 (12) × 1, 3 × 2, 1 × 3 M abnehmen, die restlichen 14 (16) M in 1 R abketten.
FERTIGSTELLUNG: Teile spannen, mit einem feuchten Tuch bedecken und trocknen lassen. Die Nähte schließen. Mit Nadeln Nr. 2½ aus dem Halsausschnitt 81 (91) M in Weiß aufnehmen und 3 cm im Bündchenmuster stricken. Aus den Vorderkanten je 97 (109) M in Weiß mit Nadeln Nr. 2½ aufnehmen und 3 cm im Bündchenmuster mit Kettrandm stricken, dabei am rechten Vorderteil die Knopflöcher über je 3 M einarbeiten: Das erste 2 (2,5) cm ab unterem Rand, 5 weitere im Abstand von je 4,5 (5) cm. Die Knöpfe annähen.

Rock und Pulli

MATERIAL: 200 g in Weiß, je 50 g in Pink, Blau, Lila, Gelb und Grün. Ein 14 cm langer Reißverschluß.

Arbeitsanleitung

ROCK: Wie den anderen Rock arbeiten, jedoch nach dem weißen Bündchen nach der Streifenfolge III stricken. Den krausgestrickten Rand wie beim anderen Rock nach der Streifenfolge I arbeiten.
PULLI-RÜCKEN: Wie den Westen-Rücken formen, dabei nach dem Bündchen 1 × die Farbstreifen im Grundmuster wie beim Rockrand arbeiten, weiter einfarbig weiß stricken. In 24 (28) cm Höhe die Arbeit für den Schlitz in der Mitte teilen; an den Schlitzrändern geradeaus stricken bis Beginn des Halsausschnittes.
VORDERTEIL: Ohne Schlitz bis auf den Halsausschnitt wie den Rücken formen. Dafür in 29 (33) cm Höhe die mittleren 12 (14) M in 1 R abketten, beidseitig davon in jeder 2. R 2 × 2, 4 (6) × 1 M abnehmen.
ÄRMEL: Wie die Westen-Ärmel, jedoch das Bündchen in Pink, weiter einfarbig weiß arbeiten.
FERTIGSTELLUNG: Alle fertig gestrickten Teile spannen, mit einem feuchten Tuch bedecken und trocknen lassen. Die Nähte wie üblich schließen. Aus dem Halsausschnitt mit Nadeln Nr. 2½ in Blau 83 (93) M aufnehmen und 3 cm im Bündchenmuster mit Kettrandmaschen stricken. Den Reißverschluß ins Rückenteil einnähen.

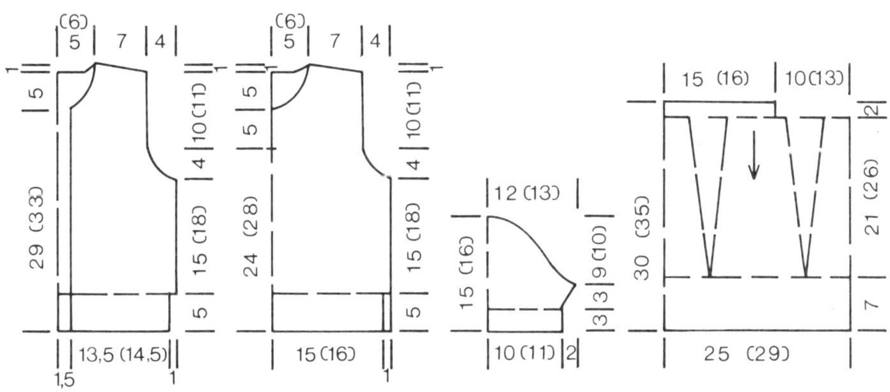

Schnittverkleinerung: ½ Rücken- und linkes Vorderteil der Weste, ½ Rücken- bzw. Vorderteil vom Pulli, ½ Ärmel für Weste und Pulli, ½ Rockteil.

Kinderpulli und -kleid im Zopfmuster

Für beide Modelle

GRÖSSEN: 4 und 6 Jahre = 104 und 116 cm Körpergröße. Bei verschiedenen Angaben: Für 6 Jahre in Klammern.
MATERIAL: Pingouin-Wolle, Qualität Sport, reine Schurwolle, in den angegebenen Mengen in Ecru Nr. 40. Je 1 Paar INOX-Stricknadeln Nr. 4½ und 5, ein Nadelspiel Nr. 4½.
GRUNDMUSTER I: 1. R und alle folgenden Rückr: Randm, * 2 M rechts, 4 M links, 2 M rechts, 6 M links, ab * wiederholen, dann 2 M rechts, 4 M links, 2 M rechts, Randm. 2. R (Hinr): Randm, * 2 M links, 2 M nach rechts kreuzen = die 2. M vor der 1. M rechts, dann die 1. M dahinter rechts stricken, 2 M nach links kreuzen = die 2. M hinter der 1. M rechts, dann die 1. M davor rechts stricken, 2 M links, 2 M rechts, 4 M nach rechts kreuzen = 2 M auf eine Hilfsnadel hinter die Arbeit legen, die nächsten 2 M rechts, dann die Hilfsnadel-M rechts stricken, ab * wiederholen, am R-Ende nach dem schmalen Zopf 2 M links, Randm. 4. R: Randm, 2 M links, * 2 M nach links kreuzen, 2 M nach rechts kreuzen, 2 M links, 6 M rechts, ab * wiederholen, am R-Ende 2 M links, 2 M nach links kreuzen, 2 M nach rechts kreuzen, 2 M links, Randm. 6. R: Randm, * 2 M links, 2 M nach rechts kreuzen, 2 M nach links kreuzen, 2 M links, 4 M nach links kreuzen = 2 M auf 1 Hilfsnadel vor die Arbeit legen, die nächsten 2 M rechts, dann die Hilfsnadel-M rechts stricken, 2 M rechts, ab * wiederholen, am R-Ende 2 M links, 2 M nach rechts kreuzen, 2 M nach links kreuzen, 2 M links, Randm. 8. R: wie 4. R. – Die 1.–8. R wiederholen.
BÜNDCHENMUSTER: Abwechselnd 1 M rechts, 1 M links.
MASCHENPROBE I: 24 M und 26 R = 10 cm im Quadrat.

Pullover

MATERIAL: 350 (400) g Wolle.

Arbeitsanleitung

RÜCKEN: 78 (82) M mit Nadeln Nr. 4½ anschlagen und 6 cm im Bündchenmuster stricken. Weiter mit Nadeln Nr. 5 im Grundmuster I arbeiten, dabei beginnt das Muster nach der Randm mit 1 (3) M rechts; geradeaus stricken. Ab 25 (27) cm Höhe für die Armausschnitte beidseitig in jeder 2. R 1 × 3 (5), 1 × 2, 2 × 1 M ab-

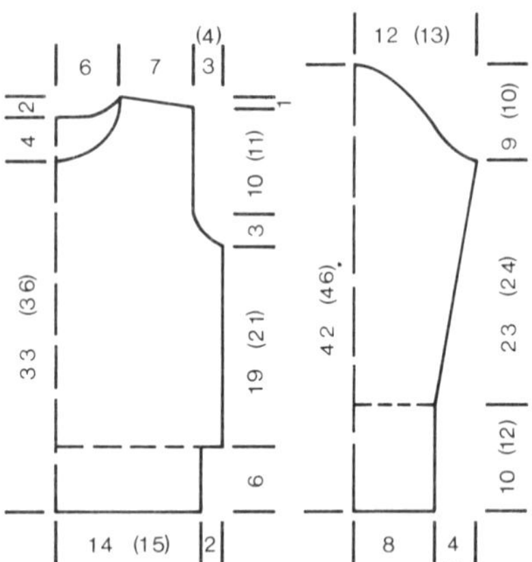

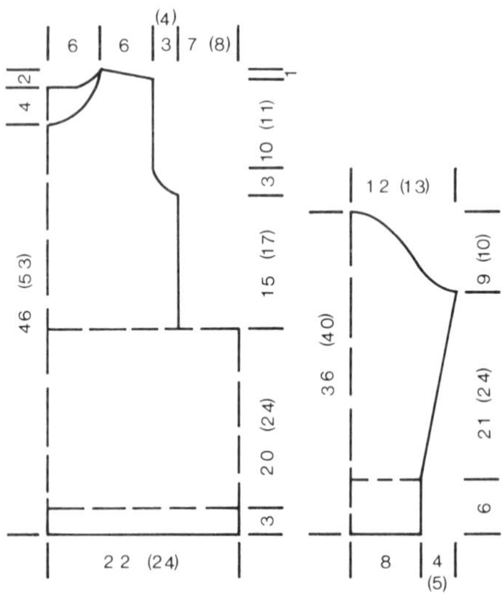

Oben: Schnittverkleinerung für den Kinderpullover: ½ Rücken- bzw. Vorderteil und ½ Ärmel. Daneben Schnittverkleinerung für das Kinderkleidchen: ½ Rücken- bzw. Vorderteil und ½ Ärmel. Alle Angaben gelten für 4 bzw. 6 Jahre.

Kindermodelle mit Zopfmuster: Der Jungenpullover, den man natürlich auch für Mädchen stricken kann, hat einen Rollkragen. Das Kleidchen hat einen runden Ausschnitt und einen glatt rechts gestrickten Rock. Beide Modelle sind aus naturfarbener Wolle gearbeitet. ▶

nehmen = 64 M; geradeaus arbeiten. In 37 (40) cm Höhe für den Halsausschnitt die mittleren 18 M in 1 R abketten, beidseitig davon in jeder 2. R 1 × 3, 1 × 2 M abnehmen. Zugleich ab 38 (41) cm Höhe für die Schulter in jeder 2. R 2 × 9 M abketten.
VORDERTEIL: Bis auf den Halsausschnitt wie den Rükken arbeiten. Dafür in 33 (36) cm Höhe die mittleren 6 M in 1 R abketten, beidseitig davon in jeder 2. R 1 × 3, 2 × 2, 4 × 1 M abnehmen.
ÄRMEL: 38 M mit Nadeln Nr. 4½ anschlagen und 10 (12) cm im Bündchenmuster stricken. Weiter mit Nadeln Nr. 5 im Grundmuster I arbeiten und beidseitig in jeder 6. (abwechselnd in jeder 4. und 6.) R 10 (12) × 1 M zunehmen = 58 (62) M. Ab 33 (36) cm Höhe für die Armkugel beidseitig in jeder 2. R 2 × 3, 8 (9) × 2, 1 × 3 M abnehmen, restliche 8 M in 1 R abketten.
FERTIGSTELLUNG: Schulternähte schließen. Aus dem Halsausschnitt mit dem Nadelspiel 78 M aufnehmen und in Rd 12 cm im Bündchenmuster stricken, locker abketten. Den Pulli weiter wie üblich zusammennähen, dabei die unteren 5 (6) cm der Ärmel zum Umschlagen von rechts nähen.

Kleid

MATERIAL: 350 (450) g Wolle. Eine 80 cm lange Rundstricknadel Nr. 5.
GRUNDMUSTER II: Glatt rechts = in Rd nur rechte M.
MASCHENPROBE II: 18 M und 26 Rd = 10 cm im Quadrat.

Arbeitsanleitung
ROCK: Auf der Rundnadel 158 (172) M anschlagen und 3 cm im Bündchenmuster, weiter im Grundmuster II geradeaus stricken. In 23 (27) cm Höhe 14 × jede 10. und 11. M (20 × abwechselnd 1 × die 8. und 9. M und 1 × die 7. und 8. M) zusammenstricken = 144 (152) M. Dann die Arbeit ab Rd-Wechsel in 2 Hälften teilen = je 72 (76) M und zuerst den Rücken im Grundmuster I arbeiten, dabei beginnt das Muster nach der Randm mit 2 M links, die in der folgenden R nach rechts gekreuzt werden (mit 4 M links). Geradeaus stricken und die Armausschnitte in 38 (44) cm und den Halsausschnitt in 50 (57) cm Höhe wie beim Jungenpulli beschrieben arbeiten. Zugleich ab 51 (58) cm Höhe für die Schulter in jeder 2. R 1 × 7, 1 × 8 M abketten. Anschließend das Vorderteil arbeiten, dabei Seitennaht, Armausschnitt und Schulter wie beim Rücken formen. Den Halsausschnitt ab 46 (53) cm Höhe wie beim Pulli arbeiten.
ÄRMEL: 38 M mit Nadeln Nr. 4½ anschlagen, 6 cm im Bündchenmuster, weiter mit Nadeln Nr. 5 im Grundmuster I stricken und Mustereinteilung, Seitenzunahmen, dann Armkugel ab 27 (30) cm Höhe wie beim Jungenpulli arbeiten.
FERTIGSTELLUNG: Wie beim Pulli, Halsbündchen nur 3 cm hoch stricken.

Kinderpulli und Mütze

GRÖSSEN: 1 und 2 Jahre = 80 und 92 cm Körpergröße. Bei verschiedenen Angaben: 2 Jahre in Klammern.
MATERIAL: Kraemer-Wolle, Qualität Lanamoda, 95% Schurwolle, 5% Polyamid. 200 (250) g in Natur Nr. 004. 1 Paar INOX-Stricknadeln Nr. 5. 3 Knöpfe.
GRUNDMUSTER: Kraus = Rück- und Hinr rechte M.
MASCHENPROBE: 12 M und 24 R = 10 cm.

Arbeitsanleitung
RÜCKEN: 33 (36) M anschlagen und im Grundmuster geradeaus stricken. In 29 (34) cm Höhe für den Halsausschnitt in 1 Rückr die mittleren 11 (12) M abketten, beidseitig davon noch 2 R stricken, dann die 2 × 11 (12) M für die Schultern abketten.
VORDERTEIL: Bis auf den Schlitz und den Halsausschnitt wie den Rücken arbeiten. Für den Schlitz in 18 (23) cm Höhe die Arbeit 11 (12) M ab rech-

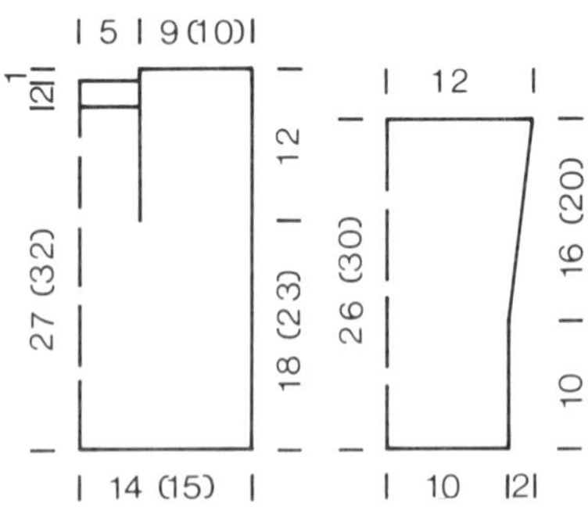

Schnittverkleinerung für Kinderpulli: ½ Rücken- bzw. Vorderteil und ½ Ärmel. Alle Angaben gelten für 1 bzw. 2 Jahre.

Hübsch warm verpackt sind kleine Leute in diesem flauschigen Pulli aus reiner Wolle, der einfach krausgestrickt wird. Dazu gehört ein Mützchen mit angestrickten Ohrenklappen.

tem Rand teilen, beide Teile getrennt stricken. Am linken Teil in 27 (32) cm Höhe für den Halsausschnitt ab rechtem Rand 11 (12) M abketten, weiter geradeaus stricken.

ÄRMEL: 24 M anschlagen und im Grundmuster stricken. In 10 cm Höhe beidseitig 1 × 1 M, weiter in jeder 6. (8.) R noch 2 × 1 M zunehmen = 30 M. In 26 (30) cm Höhe alle M abketten.

FERTIGSTELLUNG: Nähte schließen, dabei die unteren 6 cm der Ärmel für den Aufschlag nach rechts nähen. Aus dem linken Schlitzrand an der Unterkante beginnend * 2 M aufnehmen, 1 M neu anschlagen für das Knopfloch, mit dieser M 2 R übergehen, ab * noch 2 × wiederholen, dann am oberen Rand noch 1 M aufnehmen. In der folgenden Rückr die M wieder abketten. Die Knöpfe annähen.

MÜTZE: Für 42 cm Kopfweite 50 M anschlagen und mit Naht in der hinteren Mitte im Grundmuster stricken. In 7 (8) cm Höhe nach der Randm jede 8. M markieren und diese M mit den davorliegenden M rechts zusammenstricken. Diesen Vorgang in jeder 4. R noch 2 ×, dann in jeder 2. R noch 4 × wiederholen. Die restlichen 8 M mit dem Arbeitsfaden zusammenziehen. Anschließend für die Ohrenklappen aus der Anschlagkante jeweils 5 cm ab Rand 11 M aufnehmen und im Grundmuster stricken. Ab 3 cm Höhe beidseitig in jeder 2. R 3 × 1 M abnehmen, die restlichen 5 M auf einmal abketten. Die Naht schließen.

Streifenpulli mit Strümpfen

Abb. S. 403

Das richtige für kleine Männer: ein grün-weiß gestreifter Pulli, der einen V-Ausschnitt mit eingestricktem Einsatz hat. Der Pulli wird glatt rechts gestrickt. Vorder- und Rückenteil sind gleichmäßig breit gestreift. Die Ärmel tragen nur bis zur Hälfte das Streifenmuster. Die Bündchen sind im Rippenmuster eins rechts, eins links gestrickt. Die Angaben im Schnittmuster und in der Anleitung gelten für anderthalb Jahre bzw. 86 cm Körpergröße. Dazu passend weiße Strümpfe mit dünnen grünen Ringeln. Bündchen, Ferse und Spitze werden grün gestrickt. Pulli und Strümpfe sind aus einem Schurwolle-Polyamid-Gemisch gearbeitet.

GRÖSSE: 1½ Jahre = 86 cm Körpergröße.
MATERIAL: Esslinger Wolle, Qualität Fortissima, 75% Schurwolle, 25% Polyamid, je 100 g in Grün und Ecru. Je 1 Paar INOX-Stricknadeln und je 1 Spiel Strumpfstricknadeln Nr. 2½ und 3.
GRUNDMUSTER: Glatt rechts = Hinr rechte M, Rückr linke M; in Rd rechte M.
STREIFENFOLGE I: * 8 R écru, 8 R grün, ab * wiederholen.
STREIFENFOLGE II: * 6 R écru, 2 R grün, ab * wiederholen.
BÜNDCHENMUSTER: Abwechselnd 1 M rechts, 1 M links.
MASCHENPROBE: 28 M und 38 R bzw. Rd = 10 cm.

Arbeitsanleitung

RÜCKEN: 78 M in Grün mit Nadeln Nr. 2½ anschlagen, 4 cm im Bündchenmuster, weiter mit Nadeln Nr. 3 im Grundmuster nach der Streifenfolge I stricken. Ab 14 cm Höhe für die Armausschnitte beidseitig in jeder 2. R 1 × 3, 1 × 2, 3 × 1 M abnehmen = 62 M; geradeaus stricken. In 25 cm Höhe für den Halsausschnitt die mittleren 24 M in 1 R abketten, beidseitig davon in jeder 2. R 2 × 2, 1 × 1 M abnehmen. Zugleich in 26 cm Höhe für die Schulter in jeder 2. R 2 × 7 M abketten.
VORDERTEIL: Bis auf den Halsausschnitt wie den Rükken formen. Dafür in 13 cm Höhe die Arbeit in der Mitte teilen. An den Ausschnittseiten in jeder 2. R 8 ×, in jeder 4. R 9 × 1 M abnehmen.

ÄRMEL: 44 M in Grün mit Nadeln Nr. 2½ anschlagen, 3 cm im Bündchenmuster, weiter mit Nadeln Nr. 3 im Grundmuster nach der Streifenfolge II stricken, dabei beidseitig in jeder 10. R 6 × 1 M zunehmen = 56 M. Zugleich ab 15 cm Höhe nach dem 6. écrufarbigen Streifen den Ärmel grün beenden. In 20 cm Höhe für die Armkugel beidseitig in jeder 2. R 1 × 3, 3 × 2, 5 × 1, 3 × 2, 1 × 3 M abnehmen, die restlichen 10 M in 1 R abketten.
EINSATZ: 3 M in Ecru anschlagen mit Nadeln Nr. 3 und im Grundmuster nach der Streifenfolge II stricken, dabei beidseitig in jeder 2. R 16 × 1 M zunehmen = 35 M. Nach dem 4. grünen Streifen die folgenden 5 R écru kraus stricken, dann abketten.

Schnittverkleinerung für Streifenpulli: ½ Rücken- bzw. Vorderteil und ½ Ärmel. Alle Angaben für ½ Jahre bzw. 86 cm Körpergröße.

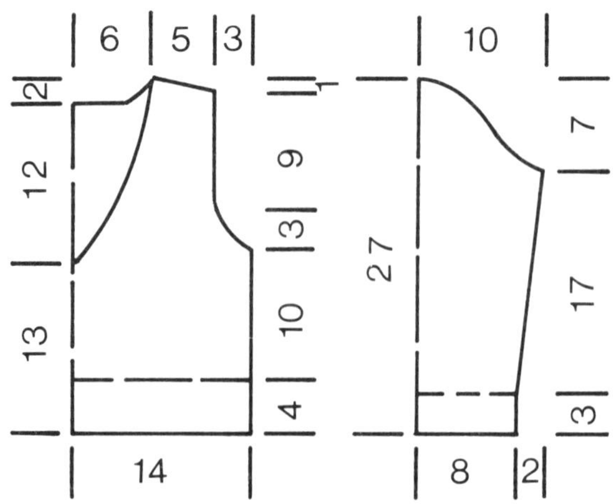

FERTIGSTELLUNG: Teile spannen, mit einem feuchten Tuch bedecken und trocknen lassen. Die Nähte schließen. Aus dem Halsausschnitt mit dem Nadelspiel Nr. 2½ in Ecru 132 M aufnehmen und 2 cm im Bündchenmuster stricken, dabei in der vorderen Spitze in jeder Rd 3 M mit obenaufliegender Mittel-M zusammenstrikken. Den Einsatz mit der linken Seite nach oben unter die Blende nähen.
STRÜMPFE: 48 M in Grün auf dem Nadelspiel Nr. 2½ anschlagen, im Bündchenmuster stricken = 12 M je Nadel. Ab 3 cm Höhe mit dem Nadelspiel Nr. 3 im Grundmuster nach der Streifenfolge II arbeiten. Ab 10 cm Höhe den Fuß mit den hier gegebenen Zahlen wie im Strickkurs beschrieben arbeiten.
FERSE: Mit 24 M einfarbig grün glatt rechts 16 R hoch stricken. 3teiliges KÄPPCHEN: Seiten und Mitte je 8 M. Zu den restlichen 16 M je 8 M aus der Ferse aufnehmen und weiter nach der Streifenfolge II in Rd stricken = 56 M und 4 Spickelabnahmen ausführen = 48 M. Ab 11 cm Fußlänge die Spitze einfarbig grün arbeiten: 2 × in jeder 2. Rd, 8 × in jeder Rd abnehmen, die restlichen 8 M zusammenziehen.

Kinderpulli aus Bouclé

Abb. S. 405

Dieser reizende Kinderpulli wird aus naturfarbener Bouclé-wolle ganz einfach krausgestrickt. Der Pulli wird in einem Stück gestrickt. Beim Vorderteil beginnt man. Originell sind die an beiden Seiten angebrachten Verschnürungen aus Stoffbändern, die aus Stoffresten angefertigt werden. Eine lustige Idee. Die Angaben in Schnitt und Anleitung gelten für 2 bzw. 3 Jahre, das heißt für 92 und 98 cm Körpergröße.

GRÖSSEN: 2 und 3 Jahre = 92 und 98 cm Körpergröße. Bei unterschiedlichen Angaben: Für 3 Jahre in Klammern.
MATERIAL: Kraemer-Wolle, Qualität Lanamoda, 100% Wolle, 250 (300) g in Ecru Nr. 004.
1 Paar IMRA-Stricknadeln Nr. 5.
1 Rest bunter Stoff.
GRUNDMUSTER: Kraus = Rück- und Hinr rechte M.
MASCHENPROBE: 13 M und 24 R ergeben 10 cm im Quadrat.

Arbeitsanleitung
Der Pulli wird in einem Stück gestrickt. Am Vorderteil beginnend 42 (44) M anschlagen und im Grundmuster mit Kettrandm geradeaus stricken. In 16 (18) cm Höhe beidseitig in jeder 2. R 2 × 2 M zunehmen, dann für die Ärmel je 35 (39) M dazu anschlagen = 120 (130) M; geradeaus stricken. In 30 (33) cm Höhe für den Halsausschnitt die mittleren 26 M abketten und in der folgenden R wieder anschlagen. Den Rücken gegengleich anstricken, d. h. Zunahmen werden Abnahmen. In 60 (66) cm Höhe ist das Teil beendet.
FERTIGSTELLUNG: Die Ärmelnähte ab Außenrand 15 cm lang gegeneinandernähen. Aus dem Stoffrest 2 Streifen je 150 (165) cm lang und 3 cm breit anfertigen. Rechts auf rechts zusammenlegen und 0,5 cm ab Rand zusammennähen, dann wenden. Nun beidseitig am Ärmel beginnend die restlichen Nähte mit dem Stoffband über Kreuz zusammenschnüren, dabei das Band etwa 1,5 cm ab Rand durch die M ziehen. Die Enden verknoten.

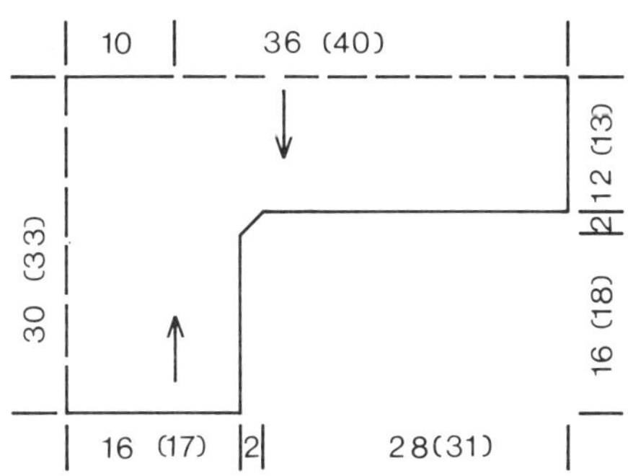

Schnittverkleinerung für den Kinderpulli aus Bouclé-Wolle: ½ Vorder- bzw. Rückenteil mit angestricktem Ärmel. Für 2 bzw. 3 Jahre.

Kinderpullis gestreift

Lustig geringelt sind diese Kinderpullis aus weichem Mohairgarn. Alle Modelle sind glatt rechts gestrickt und unterscheiden sich nur in der Farbe und in der Streifenaufteilung. Die beiden ersten Pullis sind grün mit weißen Streifen, die beiden letzten sind blau-rosa-weiß gestreift. Beim ersten Modell ist nur das Vorderteil gestreift, beim zweiten auch der Rücken. Die Bündchen sind weiß abgesetzt. Alle Bündchen werden im Rippenmuster gestrickt.

Für alle Pullover
GRÖSSEN: 2 und 4 Jahre = 92 und 104 cm Körpergröße. Bei unterschiedlichen Angaben: Für 4 Jahre in Klammern.
MATERIAL: Schachenmayr-Garn, Qualität Show, 1 Paar Stricknadeln und 1 Spiel Strumpfnadeln Nr. 3.
GRUNDMUSTER: Glatt rechts = Hinr rechte M, Rückr linke M.
BÜNDCHENMUSTER: Abwechselnd 1 M rechts, 1 M links.
MASCHENPROBE: 22 M und 36 R = 10 cm.

Arbeitsanleitung
RÜCKEN: 62 (66) M anschlagen, 5 cm im Bündchenmuster, weiter im Grundmuster geradeaus stricken. In 16 (18) cm Höhe für die Armausschnitte beidseitig in jeder 2. R 2 × 2, 5 × 1 M abnehmen = 44 (48) M, weiter gerade hoch arbeiten. Für den Halsausschnitt in 27 (30) cm Höhe die mittleren 14 M in 1 R, beidseitig davon in jeder 2. R 1 × 2, 2 × 1 M abnehmen. In 28 (31) cm Höhe für die Schultern in jeder 2. R 1 × 5, 1 × 6 (1 × 6, 1 × 7) M abketten.
VORDERTEIL: Bis auf den Halsausschnitt wie den Rücken formen. In 22 (25) cm

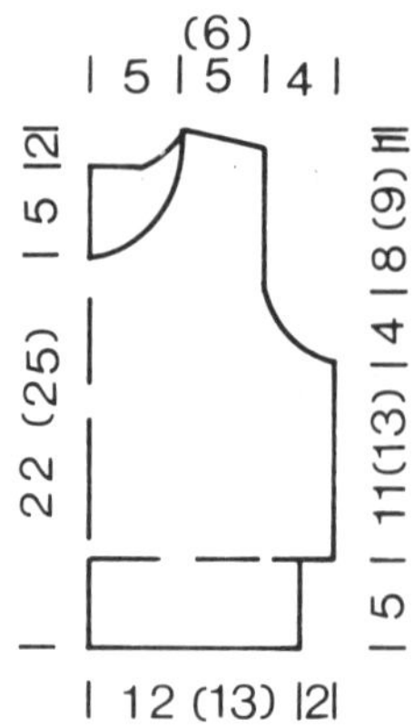

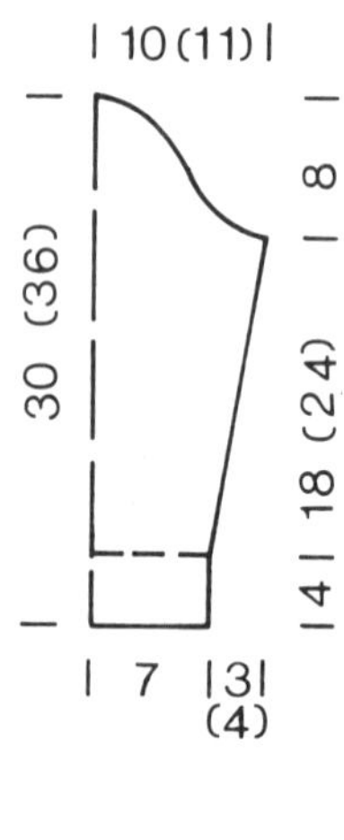

Schnittverkleinerung für die gestreiften Kinderpullis: ½ Rükken- bzw. Vorderteil, ½ Ärmel. Alle Angaben gelten für 2 bzw. 4 Jahre. Für 4 Jahre nehmen Sie die Angaben in Klammern.

Höhe die mittleren 6 M in 1 R, beidseitig jede 2. R 2 × 2, 4 × 1 M abnehmen.
ÄRMEL: 30 M anschlagen, 4 cm im Bündchenmuster, weiter im Grundmuster stricken, dabei beidseitig in jeder 9. R 7 (9) × 1 M zunehmen = 44 (48) M. In 22 (28) cm Höhe für die Armkugel beidseitig in jeder 2. R 1 × 3 (4), 2 × 2, 6 × 1, 2 × 2, 1 × 3 (4) M abnehmen, die restlichen 4 M in 1 R abketten.
FERTIGSTELLUNG: Nähte schließen. Mit den Strumpfstricknadeln aus dem Halsausschnitt 74 (80) M aufnehmen und 4 cm im Bündchenmuster stricken. Das Halsbündchen 2 cm nach links umnähen.

Pullover weiß-grün

MATERIAL: 100 g in Grün, 50 g in Weiß.
FARBFOLGE: Rücken: Bündchen weiß, sonst einfarbig grün. Vorderteil: Bündchen weiß, dann in Streifen abwechselnd je 4 R grün und weiß bis zum Ende stricken. Ärmel: Bündchen weiß, sonst grün. Halsblende weiß.

Pullover mit Streifen
Abb. S. 407 unten rechts

MATERIAL: wie Pullover oben.
FARBFOLGE: Rücken und Vorderteil: Bündchen weiß, dann grün weiterstricken. In Höhe der Abnahmen für die Armausschnitte beginnend je 4 R weiß, grün und weiß stricken, einfarbig grün beenden. Ärmel und Halsblende wie Pullover oben.

Pullover blau-rosa-weiß

MATERIAL: je 50 g in Blau, Rosa und Weiß.
FARBFOLGE: Rücken und Vorderteil: Bündchen rosa, dann einmal die Streifenfolge stricken, und zwar je 4 R weiß, rosa, blau, weiß, rosa, blau, weiß, rosa. Einfarbig blau beenden.
ÄRMEL: Bündchen rosa, dann in Streifen immer abwechselnd je 4 R weiß, rosa, blau bis zum Ende stricken. Halsblende weiß.

Pullover geringelt
Abb. S. 407 oben

MATERIAL: Wie Pullover oben.
FARBFOLGE: Rücken, Vorderteil und Ärmel: Bündchen blau, dann in Streifen immer abwechselnd je 4 R weiß, rosa, weiß, blau bis zum Ende stricken. Halsblende blau.

Dieser weiche Kinderpulli ist grün und hat weiße Bündchen. Auch dieses Modell wird glatt rechts gestrickt aus weichem Mohairgarn und hat Bündchen im Rippenmuster. Der Armausschnitt ist rund. Vorder- und Rückenteil sind bei diesem Modell grün-weiß gestreift, die Ärmel sind einfarbig grün. Die Angaben für Schnitt und Muster sind auf der nebenstehenden Seite zu finden.

Kinder-Pullunder mit lustigen Motiven

Abb. S. 402

Kinderpullunder mit lustigen Motiven werden den Jüngsten wohl gut gefallen. Jungens tragen ein Auto auf der Brust, Mädchen ein Haus. Die Einstrickmuster finden Sie bei den Anleitungen abgebildet. Für die bunten Motive können Sie gut Wollreste verwerten. Beide Modelle sind für 3jährige.

Für beide Pullunder

GRÖSSE: 3 Jahre = 98 cm Körpergröße.

MATERIAL: Mittelstarke Wollreste in den angegebenen Farben. Je 1 Paar Stricknadeln und je 1 Rundstricknadel Nr. 3½ und 4.

GRUNDMUSTER I: Glatt rechts.

GRUNDMUSTER II: Kraus = Hin- und Rückr rechte M; in Rd abwechselnd 1 Rd rechte M, 1 Rd linke M. 2 R bzw. Rd = 1 Rippe.

MASCHENPROBE I: 20 M und 30 R = 10 cm im Quadrat.

MASCHENPROBE II: 20 M und 40 R = 10 cm im Quadrat.

Jungenpullunder mit Auto

MATERIAL: Reste in Oliv, Graumeliert, Schwarz, Hellrot, Weiß, Gold-Lurex, Mittelblau und Grün-Bouclé.

Arbeitsanleitung

RÜCKEN: 56 M mit Nadeln Nr. 3½ in Oliv anschlagen,

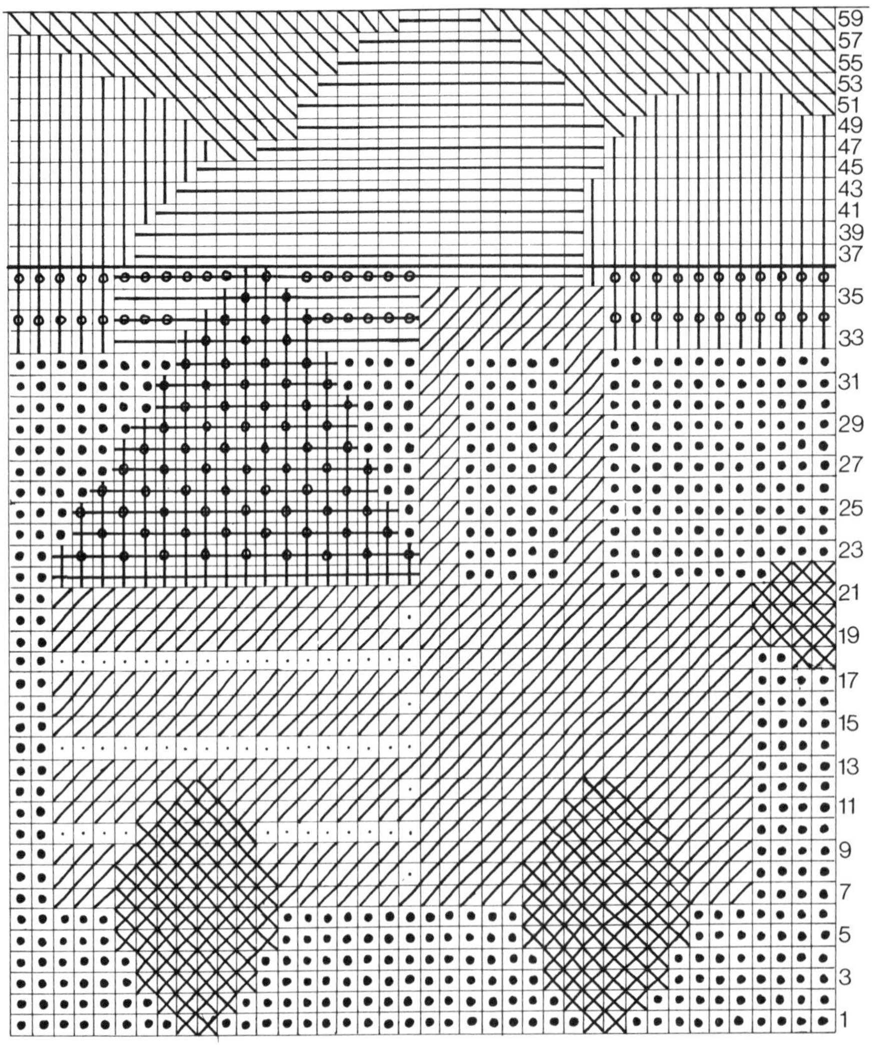

Nebenstehend die Musterzeichnung für den Jungenpullunder. Gegeben sind die mittleren 40 Maschen des Vorderteils.

= schwarz
= rot
= weiß
= gelb
= gelb li M
= hellblau
= oliv
= oliv li M
= grün
= grün li M
= blau

4 cm hoch abwechselnd 1 M rechts, 1 M links, dann mit Nadeln Nr. 4 im Grundmuster I 4 R oliv, dann 36 R graumeliert stricken, Anschließend im Grundmuster II zuerst 7 Rippen oliv, weiter in Blau stricken. Nach 3 Rippen oliv die Armausschnitte arbeiten. Dazu beidseitig in jeder 2. R 1 × 3, 1 × 2, 3 × 1 M abnehmen = 40 M, weiter geradeaus stricken. Ab Rippenbeginn in 13 cm Höhe für den Halsausschnitt die mittleren 24 M in 1 Rückr abketten, beidseitig davon geradeaus stricken. In 15 cm Höhe für die Schultern in jeder 2. R 1 × 4 M abketten.
VORDERTEIL: Bis auf den Halsausschnitt und das Muster wie den Rücken formen. Nach dem Bündchen 4 R oliv, 4 R graumeliert stricken, dann mit einzelnen Knäueln nach der Musterzeichnung + beidseitig je 8 M graumeliert arbeiten. Die weißen Streifen vom Auto erst rot stricken, später im M-Stich aufsticken. Den Goldfaden dreifach verstricken. Nach Beendigung des Musters noch 3 Rippen in Blau stricken, dann die mittleren 24 M für den Halsausschnitt abketten, beidseitig davon geradeaus stricken. Die Schultern genauso wie beim Rückenteil formen: in 15 Cm Höhe in jeder 2. R 1 × 4 M abketten.
FERTIGSTELLUNG: Die weißen M mit Maschenstich aufsticken. Die fertiggestellten Teile spannen, mit einem feuchten Tuch bedecken und trocknen lassen. Anschließend die Nähte wie üblich schließen.

Mädchenpullunder mit Haus

MATERIAL: Reste in Grün, Weiß, Blau, Grau, Schwarz, Rot und Hellblau.
GRUNDMUSTER III: Glatt rechts abwechselnd 2 R weiß und 1 R grau stricken, dabei in den grauen R jede 4. M 3 R tiefer in die M der darunterliegenden grauen R einstechen. Die tiefergestochenen M jeweils versetzen. Mit der Rundnadel Nr. 4 in offenen R stricken, dabei die R jeweils dort beginnen, wo der entsprechende Farbfaden hängt.

Arbeitsanleitung
RÜCKEN: 72 M in Grün mit Nadeln Nr. 4 anschlagen = 56 M für den Rücken und zusätzlich je 8 M für die Vorderseiten, und im Grundmuster I geradeaus stricken. In 13 cm = 39 R Höhe beidseitig die 8 Vorderteil-M stillegen. Mit den übrigen 56 M hellblau im Grundmuster II stricken und wie beim Jungenpullunder ab Rippenbeginn beenden.
VORDERTEIL: Für die Hausbreite 42 M mit der Rundnadel Nr. 4 anschlagen, und zwar mit einzelnen Knäueln 22 M in Grau, 9 M in Blau für die Haustür und 11 M in Grau. Nun nach der Musterzeichnung über den grauen M im Grundmuster III, über den blauen M im Grundmuster I stricken, dabei in jeder R beim Farbwechsel die Fäden verkreuzen. Die Musterzeichnung zeigt den unteren Teil des Hauses verkürzt. Die 1.–3. R noch 4 × wiederholen. Nach 18 R mit 1 Rückr beginnend die Fenster in Blau einstricken: das linke wie in der Musterzeichnung, neben der Tür noch 2 weitere im Abstand von 3 bzw. 2 M. Die Fensterscheiben später in Schwarz mit Maschenstich aufsticken.

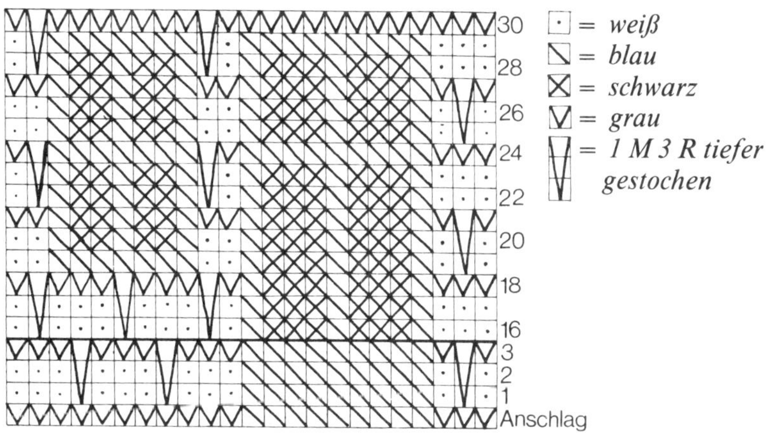

Musterzeichnung für den Mädchenpullunder: Gegeben ist die linke »Haushälfte«, jedoch in der Höhe gekürzt. Die 1. bis 3. Reihe versetzt noch 4mal wiederholen. Jedes Kreuz bedeutet 1 Masche rechts, jedes V bedeutet 1 Masche 3 Reihen tiefer gestochen. Die Fensterscheiben später in Schwarz mit Maschenstich auf das Vorderteil des Pullunders aufsticken.

Die M zwischen den Fenstern einfarbig weiß stricken und die fehlenden grauen M später aufsticken. Nach 30 R noch 1 R schwarz stricken, dabei beidseitig die Randm abnehmen = 40 M. Nun das Dach in Rot im Grundmuster I mit Kettrandm stricken, dabei in der 1. R beidseitig 5 M dazu anschlagen = 50 M. Weiter wie folgt arbeiten: * 2 R geradeaus stricken, dann 4 × in jeder Hinr am Anfang die 2. und 3. M rechts, die zweit- und drittletzte M rechts überzogen zusammenstricken, ab * noch 2 × wiederholen = 26 M. Diese M stillegen. Nun vom Rücken die 8 stillgelegten M vom rechten Rand aufnehmen, am rechten Rand = Vorderteilinnenkante 1 M dazu anschlagen und über diese M in Hellblau im Grundmuster II arbeiten, dabei am rechten Rand in jeder 4. R noch 7 × 1 M zunehmen. Zugleich nach 3 Rippen am linken Rand den Armausschnitt wie beim Rücken arbeiten = 8 M nach 14 Rippen Höhe. Diese M stilllegen und die anderen 8 M vom linken Rückenrand gegengleich arbeiten, dann die M vom Dach dazwischenfügen: ab rechtem Rand 7 blaue M abstricken, die letzte blaue M mit der 1. Dach-M rechts zusammenstricken, die Dach-M abstricken, dabei die letzte M mit der 1. blauen M rechts überzogen zusammenstricken, dann die restlichen 7 M stricken = 40 M. Nun in Hellblau im Grundmuster II arbeiten. Nach 2 Rippen über dem Dach den Halsausschnitt wie beim Jungenpullunder arbeiten.
FERTIGSTELLUNG: Die Fensterscheiben, das graue Mauerwerk und in Weiß die Dachziegel nach dem Foto im M-Stich aufsticken. Die Nähte schließen, dabei das Dach auf die Seitenteile nähen. Aus dem unteren Rand mit der Rundnadel Nr. 3½ in Grün 108 M aufnehmen und in Rd 4 cm im Grundmuster II stricken.

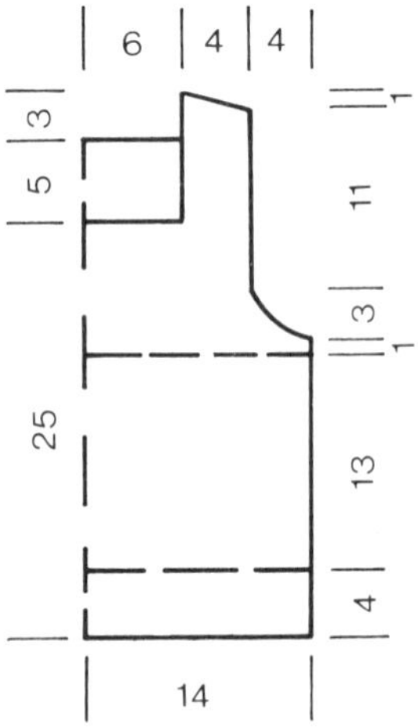

Oben sehen Sie die Schnittverkleinerung für die Kinderpullunder mit den lustigen Motiven: ½ Rücken- bzw. Vorderteil. Jungen- und Mädchenpullunder haben den gleichen Schnitt. Passend für 3 Jahre bzw. 98 cm Körpergröße.

Kinderpulli mit Röckchen

Aus pflegeleichtem Dralongarn ist dieses entzückende Set aus Rock und Pulli gestrickt. Die Grundfarbe ist Marineblau. Über das Vorder- und Rückenteil des Pullovers ziehen sich Streifen in Rot, Orange, Grün und Hellblau. Das Röckchen ist marineblau und unten mit einer bunten Borte versehen. Ein strapazierfähiges und hübsches Set für 3- und 5jährige Mädchen (Körpergröße 98 und 110 cm).

GRÖSSEN: 3 und 5 Jahre = 98 und 110 cm Körpergröße. Bei unterschiedlichen Angaben: Für 5 Jahre in Klammern.
MATERIAL: Dünnes Sportgarn, Dralon-Cablé, 150 (200) g in Marine, je 50 g in Rot, Orange, Grün und Blau. 1 Paar Stricknadeln und 1 Spiel Strumpfstricknadeln Nr. 3.
GRUNDMUSTER I: 1. R (Hinr), marine: rechte M. 2. R und alle folgenden Rückr: linke M in der Farbe der vorhergehenden Hinr. 3. R, orange: Randm, * 1 M rechts, 1 M rechts, dabei 1 R tiefer einstechen, 1 M rechts, 1 M links abheben, Faden hinter der Arbeit, ab * laufend wiederholen, 1 M rechts, 1 M rechts, dabei 1 R tiefer stechen, 1 M rechts, Randm.

Ein allerliebster Strickset für Ihr Töchterlein. Das lebhafte Muster an Rock und Pulli ist einfach zu stricken. Der Rock ist leicht ausgestellt, der Pulli vorn und hinten bunt gemustert.

5. R, rot: Randm, * 1 M rechts, 1 M links abheben, 1 M rechts, 1 M rechts, dabei 1 R tiefer stechen, ab * laufend wiederholen, 1 M rechts, 1 M links abheben, 1 M rechts, Randm. 7. R, marine: wie 3. R. 9. R, marine: rechte M. 11. R, grün: wie 3. R. 13. R, blau: wie 5. R. 15. R, marine: wie 3. R. 17. R, marine: rechte M. – 3.–18. R laufend wiederholen.
GRUNDMUSTER II: Glatt rechts = Hinr rechte M, Rückr linke M.
BÜNDCHENMUSTER: Abwechselnd 1 M rechts, 1 M links.
MASCHENPROBE I: 24 M und 42 R = 10 cm.
MASCHENPROBE II: 24 M und 40 R = 10 cm.

Arbeitsanleitung
PULLOVER, RÜCKEN: 65 (77) M in Marine anschlagen und 5 (6) cm im Bündchenmuster stricken. Anschließend im Grundmuster I geradeaus stricken.
In 16 (20) cm Höhe für die Armausschnitte beidseitig in jeder 2. R 3 × 2, 2 (3) × 1 M abnehmen = 49 (59) M; weiter gerade hochstricken.
In 28 (33) cm Höhe für die Schultern in jeder 2. R 2 × 2, 2 × 3 (3 × 3, 1 × 4) M abketten. Zugleich für den Halsausschnitt die mittleren 19 (23) M in 1 R, beidseitig davon in jeder 2. R 2 × 2, 1 × 1 M abnehmen.
VORDERTEIL: Bis auf den Halsausschnitt wie den Rükken. Dafür in 23 (28) cm Höhe die mittleren 7 (9) M in 1 R, beidseitig davon in jeder 2. R 2 × 2, 7 (8) × 1 M abnehmen.

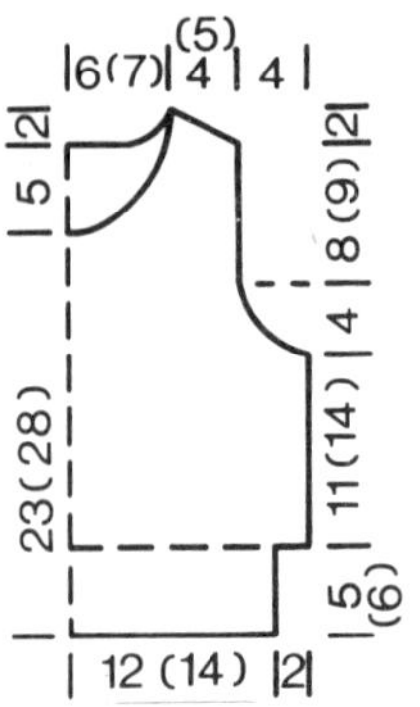

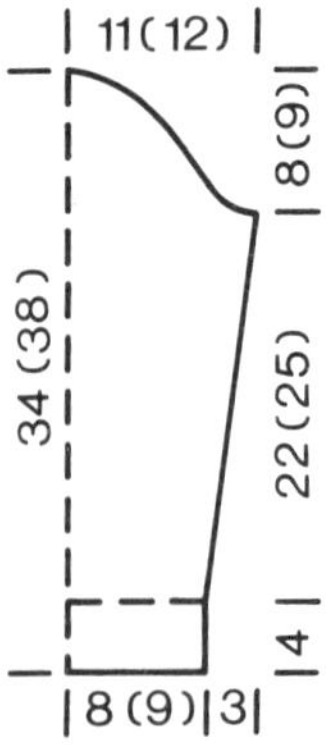

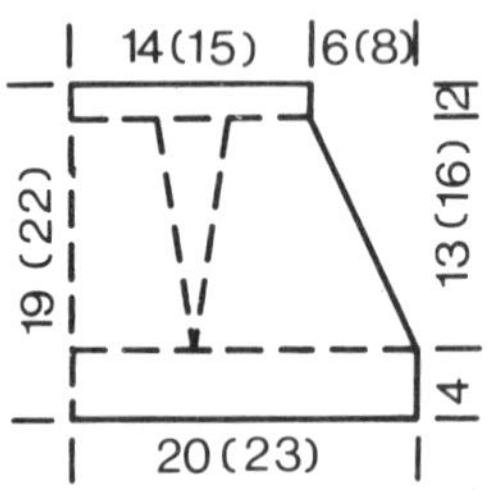

Schnittverkleinerung für gemusterten Kinderpulli: Oben ½ Rücken- bzw. Vorderteil, darunter ½ Ärmel. Unten Schnittverkleinerung für ½ Rock-Rücken- bzw. Vorderteil. Alle Schnitte für 3 (5) Jahre.

ÄRMEL: 38 (44) M in Marine anschlagen, 4 cm im Bündchenmuster, weiter im Grundmuster II stricken, dabei beidseitig in jeder 12. (14.) R 7 × 1 M zunehmen = 52 (58) M. In 26 (29) cm Höhe für die Armkugel beidseitig in jeder 2. R 3 × 2, 10 (12) × 1, 3 × 2 M abnehmen, die restlichen 8 (10) M in 1 R abketten.
FERTIGSTELLUNG: Teile spannen, mit einem feuchten Tuch bedecken und trocknen lassen. Nähte schließen. Mit den Strumpfnadeln aus dem Halsausschnitt 94 (102) M in Marine aufnehmen und 2,5 cm im Bündchenmuster stricken.
ROCK: 2 gleiche Teile arbeiten: 97 (109) M in Marine anschlagen, 3 Rippen kraus (Rück- und Hinr rechte M), dann im Grundmuster I einmal die 1.–14. R stricken. Weiter einfarbig marine im Grundmuster II arbeiten, dabei für die Abnahmen innerhalb der Arbeit die 17. (19.) M beidseitig der Mittel-M markieren. Diese M abwechselnd in jeder 4. und 6. R 10 (13) × abwechselnd mit der M davor rechts, mit der M danach rechts überzogen zusammenstricken. Zugleich beidseitig am Rand in jeder 12. R 4 × 1 M (in jeder 10. R 6 × 1 M) abnehmen = 69 (71) M. Ab 17 (20) cm Höhe noch 2 cm im Bündchenmuster stricken, abketten.
FERTIGSTELLUNG: Teile spannen, mit feuchtem Tuch bedecken und trocknen lassen. Nähte schließen. An das Bündchen des Rocks von links Gummiband mit Hexenstichen gegennähen.

Mädchenpulli mit Katze

Abb. S. 408

Ein allerliebster Pulli mit eingestrickter Kuschelkatze ist genau das richtige für kleine Mädchen. Die Konturen und das Gesicht werden aufgestickt. Das Muster finden Sie auf der nächsten Seite.

GRÖSSE: Für 5 Jahre = 110 cm Körpergröße.
MATERIAL: Schoeller Wolle »Terra Fina«, 200 g in Graublau Nr. 71. Bouton d'or-Wolle, Qualität 70% Angora, 20 g in Weiß Nr. 1. Je 1 Paar INOX-Stricknadeln Nr. 3 und 4, ein INOX-Nadelspiel Nr. 3.
GRUNDMUSTER: Glatt rechts = Hinr rechte M, Rückr linke M.
MASCHENPROBE: 19 M und 29 R = 10 cm.
EINSTRICKMUSTER: Siehe Zeichnung. Gegeben ist das ganze Motiv. Jedes Kästchen = 1 M.
BÜNDCHENMUSTER: Abwechselnd 1 M rechts, 1 M links.

Arbeitsanleitung

RÜCKEN: 56 M mit Nadeln Nr. 3 anschlagen und 6 cm im Bündchenmuster, weiter mit Nadeln Nr. 4 im Grundmuster stricken, dabei in der 1. R 7 × jede 8. M verdoppeln = 63 M. Geradeaus stricken. In 24 cm Höhe für die Armausschnitte beidseitig je 4 M abketten = 55 M und weiter geradeaus stricken. In 39 cm Höhe für die Schultern beidseitig in jeder 2. R 2 × 7 M abketten, die restlichen 27 M für den Halsausschnitt abketten.

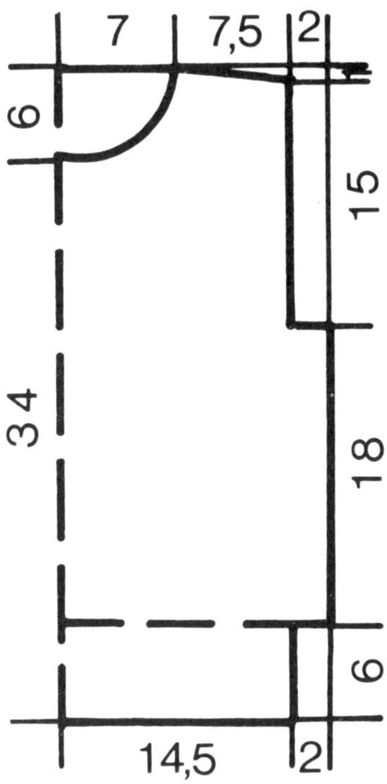

Schnittverkleinerung für den Mädchenpulli mit Katze:

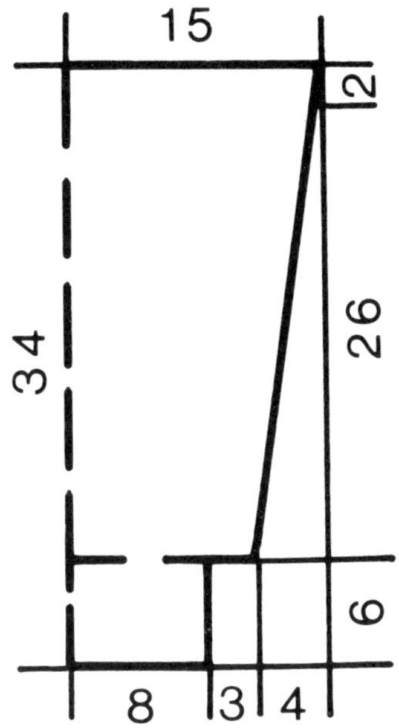

½ Rückenteil bzw. Vorderteil mit ½ Ärmel.

VORDERTEIL: Bis auf die eingestrickte Katze und den Halsausschnitt wie den Rükken arbeiten. Ab 11 cm Höhe das Einstrickmuster in Angora einarbeiten, dabei die M von der Mitte ausgehend einteilen. Mit einzelnen Knäulen arbeiten und beim Farbwechsel die Fäden verkreuzen. Für den Halsausschnitt in 34 cm Höhe die mittleren 7 M, weiter an den Ausschnittseiten in jeder 2. R 1 × 3, 3 × 2, 1 × 1 M abketten.
ÄRMEL: 32 M mit Nadeln Nr. 3 anschlagen und 6 cm im Bündchenmuster, weiter mit Nadeln Nr. 4 im Grundmuster stricken, dabei in der 1. R 10 × jede 3. M verdoppeln = 42 M. Weiter beidseitig abwechselnd 1 × in der 8. R und 1 × in der folgenden 10. R insgesamt 8 × 1 M zunehmen = 58 M. In 34 cm Höhe alle M abketten.
FERTIGSTELLUNG: Bei der Katze die Konturen und Innenlinien in Graublau mit Steppstichen sticken. Dann die Schulternähte schließen. Mit dem Nadelspiel aus dem Halsausschnitt M aufnehmen und im Bündchenmuster 2,5 cm stricken. Über den ganzen Pullover mit Angora im M-Stich über 2 R in der Höhe und 1 M Breite sticken. Der Abstand beträgt 5 M und 7 R. Die restlichen Nähte wie üblich schließen.

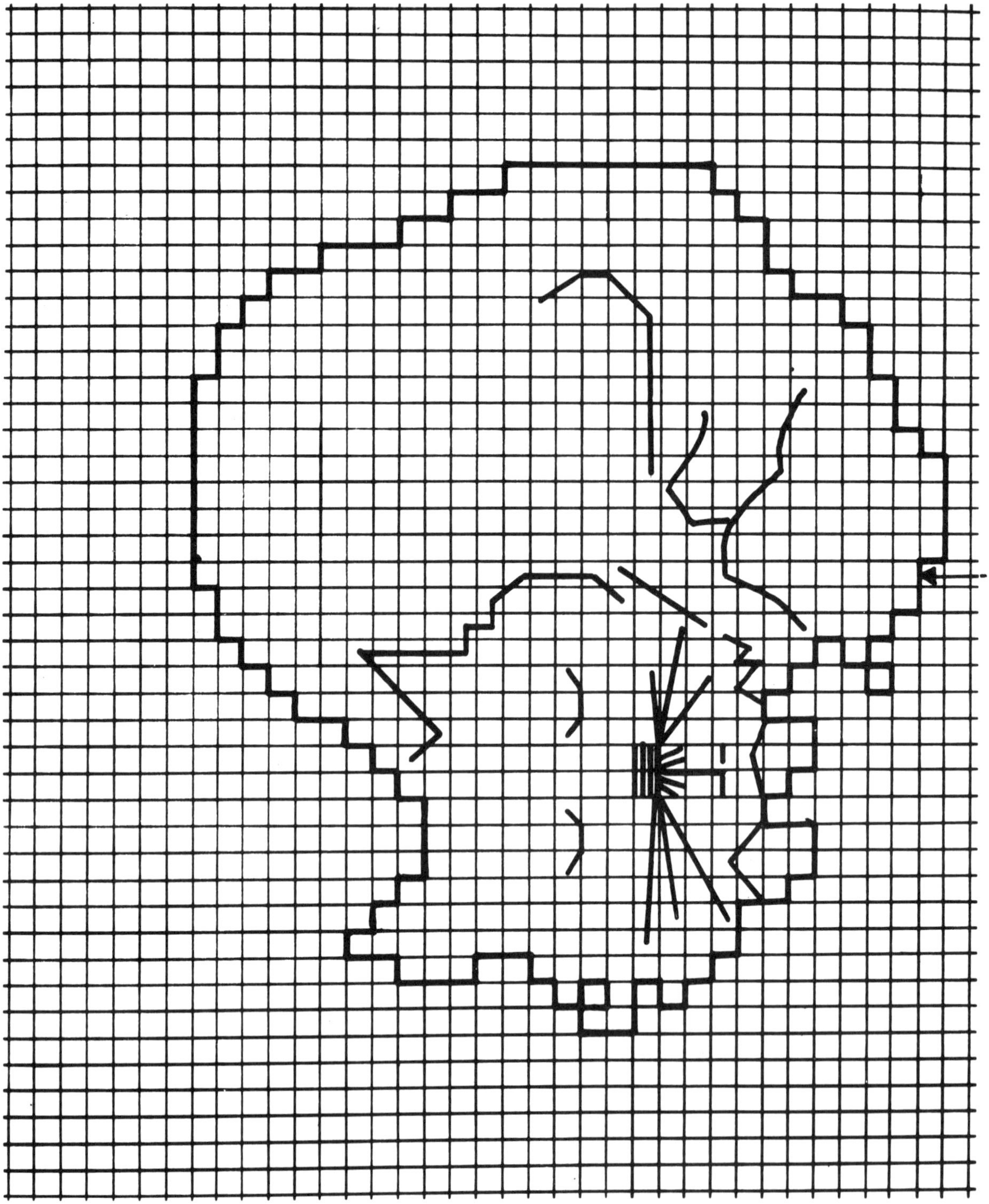

*Einstrickmuster für Mädchen-
pulli mit Katze*

Kinderpullover, meliert

Abb. S. 408

Einen Kinderpullover aus rot-blau-weiß geflammtem Garn mit V-Ausschnitt stellen wir Ihnen hier vor. Er wird im Perlmuster gestrickt und ist für 7jährige gedacht. Das Bündchen ist im Rippenmuster gearbeitet. Das richtige für kleine sportliche Jungens. Und für die Mutter haben wir das gleiche Modell im Pulloverkapitel. Sie finden es auf Seite 58. Partnerlook für Mutter und Kind.

GRÖSSE: Für 7 Jahre = 122 cm Körpergröße.
MATERIAL: Hjerte-Garn, Qualität Twist, 300 g in Rot-Blau-Weiß geflammt Nr. 1. Qualität Flamé, je 50 g in Rot Nr. 458, Blau Nr. 633, Weiß Nr. 100. Je 1 Paar INOX-Stricknadeln Nr. 2½ und 4½, ein INOX-Nadelspiel Nr. 2½.
GRUNDMUSTER: Perlmuster = abwechselnd 1 M rechts, 1 M links, in jeder R um 1 M versetzt stricken.
MASCHENPROBE: 18 M und 34 R = 10 cm.
BÜNDCHENMUSTER: Abwechselnd 1 M rechts, 1 M links.

Arbeitsanleitung

RÜCKEN: 56 M mit Nadeln Nr. 2½ in Rot anschlagen und im Bündchenmuster je 3 R rot, weiß, blau, weiß und rot stricken. Weiter mit Nadeln Nr. 4½ mit geflammtem Garn im Grundmuster stricken, dabei in der 1. R 7 × jede 8. M verdoppeln = 64 M. Geradeaus stricken. In 26 cm Höhe für die Armausschnitte beidseitig je 4 M abketten = 56 M und weiter geradeaus stricken. In 42 cm Höhe alle M abketten.
VORDERTEIL: Bis auf den Halsausschnitt wie den Rükken stricken. Dafür in 27 cm Höhe die Arbeit in der Mitte teilen und an den Ausschnittseiten in jeder 4. R 11 × 1 M abnehmen. In 42 cm Höhe die restlichen 17 M je Schulter abketten.
ÄRMEL: 28 M mit Nadeln Nr. 2½ in Rot anschlagen und das Bündchen wie beim Rükken stricken. Dann mit Nadeln Nr. 4½ im Grundmuster stricken, dabei in der 1. R 12 × jede 2. M verdoppeln = 40 M. Weiter beidseitig in jeder 12. R 9 × 1 M zunehmen und in 36 cm Höhe alle 58 M abketten.

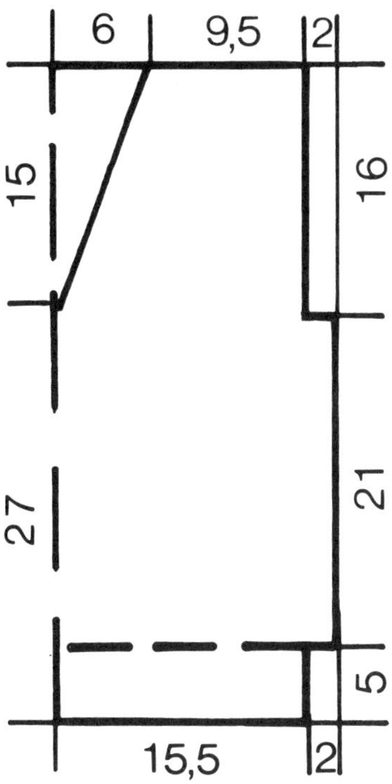

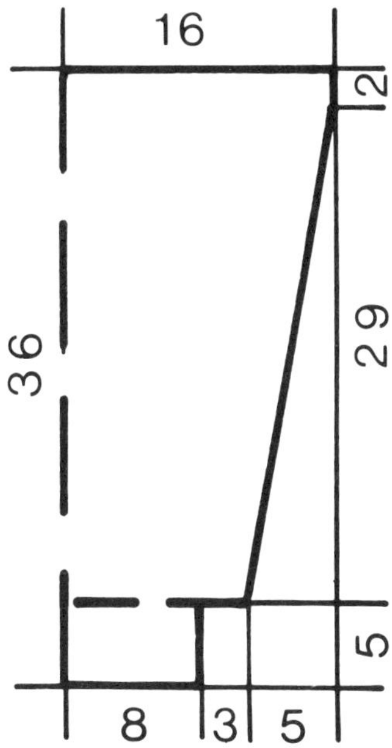

Oben sehen Sie die Schnittverkleinerung für unseren Kinderpullover mit V-Ausschnitt. Es handelt sich dabei um ½ Rükken- bzw. Vorderteil und ½ Ärmel.

FERTIGSTELLUNG: Die Schulternähte schließen. Mit dem Nadelspiel aus dem Halsausschnitt M in Rot aufnehmen und im Bündchenmuster je 3 Rd rot, weiß und blau stricken, dabei in der Spitze 1 rechte M markieren und hier in jeder R 3 M mit obenaufliegender Mittel-M zusammenstricken. Nach 3 Rd blau die M abketten. Die Nähte schließen.

Strumpfhose und buntes Höschen

Selbstgestrickte Strumpfhosen sind wärmer, weicher und haltbarer. Die Strumpfhose ist glatt rechts gestrickt und für Kinder im Alter von 5 und 7 Jahren. Sie können sie in den Farben Gelb und Rot stricken. Und damit die Strumpfhosen schön haltbar sind, werden sie aus einem Gemisch von Polyacryl und Schurwolle gestrickt.

Für beide Modelle:
MATERIAL: Dünnes Sportgarn aus 70% Polyacryl, 30% Schurwolle, in den angegebenen Mengen und Farben.
GRUNDMUSTER: Glatt rechts = Hinr rechte M, Rückr linke M; in Rd nur rechte M.
MASCHENPROBE: 25 M und 36 R = 10 cm.

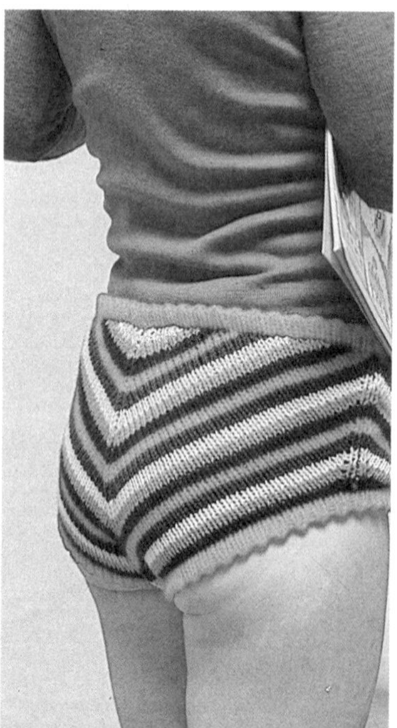

Buntes Höschen

GRÖSSE: 1–3 Jahre.
MATERIAL: Reste in Rot, Grün, Weiß, Blau und Gelb. 1 Paar INOX-Stricknadeln Nr. 3.
STREIFENFOLGE: * Je 3 R blau, gelb, weiß, grün, rot, ab * wiederholen.

Arbeitsanleitung
RÜCKENTEIL: Für das erste Hosenbeinbündchen 32 M in Rot anschlagen, 5 R im Grundmuster, dann 1 Loch-R wie folgt stricken: Randm, * 2 M rechts zusammenstricken, 1 Umschlag, ab * wiederholen, Randm. In der folgenden Rückr alle M und Umschläge links abstricken und noch 6 R im Grundmuster stricken, dann die M stillegen. Das zweite Hosenbündchen genauso stricken. Nun die beiden Bündchen durch 12 in Blau angeschlagene M verbinden = Zwickel und im Grundmuster nach der Streifenfolge stricken, dabei beidseitig neben der 2. M ab Rand in jeder Hinr je 1 M rechts verschränkt aus dem Querdraht zunehmen. Außerdem in jeder Hinr die letzte M des ersten Beins mit der folgenden Zwickel-M rechts überzogen zusammenstricken, die letzte Zwickel-M mit der 1. M des zweiten Beins rechts zusammenstricken. Wenn alle Zwickel-M aufgebraucht sind, werden bis zum Schluß die beiden M vor der Mitte rechts und die beiden folgenden M rechts überzogen zusammengestrickt. In 10 cm Seitenlänge, ohne Hosenbeinbündchen gemessen, für die Oberkante wie folgt abnehmen: beidseitig in jeder 2. R = am Ende jeder R * 2 × 2 M, 1 × 1 M stillegen, jeweils mit 1 Umschlag wenden, ab * wiederholen, bis in der Mitte nur noch 6–8 M übrig sind. Nun über alle M in Rot 6 R im Grundmuster stricken, dabei in der 1. R die Umschläge mit den danebenliegenden M verschränkt zusammenstricken. Weiter 1 Loch-R, 5 R im Grundmuster stricken, dann abketten.
VORDERTEIL: Bis auf die Oberkante genauso stricken. Dafür beidseitig in jeder 2. R je 2 M stillegen, bis in der Mitte nur noch 6–8 M übrig sind, dann das Bündchen stricken.
FERTIGSTELLUNG: Teile spannen, mit einem feuchten Tuch bedecken und trocknen lassen. Die Seitennähte und die Schrittnaht im M-Stich schließen. Die Bündchen zur Hälfte nach links umnähen, bei Bedarf Gummiband einziehen.

Das kleine bunte, glatt rechts gestrickte Höschen dehnt sich besonders gut, will es schräg gearbeitet ist. Es paßt sich elastisch der Körperform an. Es ist weiß-gelb-blau-rot-grün geringelt und hat einen lustigen Mäusezähnchenrand und ist im Nu gestrickt.

Fortsetzung S. 449

Der Schmusehase für große und kleine Mädchen wird kraus rechts mit dicker Wolle gestrickt (Anl. S. 472)

Weich sind die kleinen Kissen, von denen man gar nicht genug haben kann (Anl. S. 466)

In diese Decke im Krausmuster ▶ kann man sich gemütlich einhüllen (Anl. S. 464)

Klar sind die Formen und kräftig die Farben der großen gestrickten Decke (Anl. S. 464)

So dekorativ wird eine Liege durch eine Decke aus leuchtenden Sechsecken (Anl. S. 462)

Zick-Zack-Streifen lassen die Farben dieser Tagesdecke strahlen (Anl. S. 465)

Aus blauer und weißer Baumwolle sind diese Topflappen gestrickt (Anl. S. 471)

Das selbstgestrickte Puppenkind mißt 38 cm. Der Körper ist glatt gestrickt, der Anzug kraus rechts (Anl. S. 472)

Puppenmann und Puppenfrau brauchen zwar etwas Zeit und Geduld beim Entstehen, werden aber allen großen und kleinen Puppenmüttern gefallen (Anl. S. 476 und 478)

Strumpfhose

GRÖSSEN: 5 und 7 Jahre = 110 und 122 cm Körpergröße. Bei unterschiedlichen Angaben: Für 7 Jahre in Klammern.
MATERIAL: 150 (200) g in Gelb bzw. Rot. Eine 50 cm lange IMRA-Rundstricknadel und 1 Spiel Strumpfstricknadeln Nr. 3.

Arbeitsanleitung
Am oberen Rand beginnend auf der Rundnadel 144 (150) M anschlagen und im Grundmuster 3 cm hoch stricken, dabei die vordere und hintere Mitte durch je 2 Mittel-M markieren. Nun für die rückwärtige Erhöhung verkürzte Reihen einarbeiten: bis zur hinteren Mitte stricken und 9 (10) weitere M dazu, mit 1 Umschlag wenden, die mittleren 18 (20) M stricken, * mit 1 Umschlag wenden, bis zum Umschlag + 9 (10) M stricken, mit 1 Umschlag wenden, bis zum nächsten Umschlag + 9 (10) M stricken, ab * noch 2 × wiederholen, dabei jeweils beim Weiterstricken die Umschläge mit den danebenliegenden M verschränkt zusammenstricken. Zugleich in der 1. kurzen R in der hinteren Mitte beidseitig der beiden Mittel-M je 1 M verschränkt aus dem Querdraht zunehmen, diesen Vorgang in jeder 6. R bzw. den folgenden Rd noch 12 (13) × wiederholen. Nach den verkürzten R wieder über alle M in Rd stricken, dabei in der vorderen Mitte in jeder 12. Rd wie beschrieben 5 × je 1 M zunehmen = 180 (188) M in 22 (23) cm vorderer Höhe. Nun

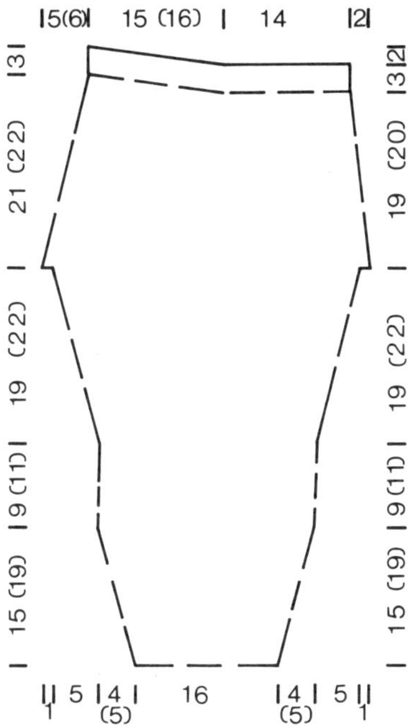

Oben: Hier sehen Sie die Schnittverkleinerung für ein rechtes Strumpfhosenteil für 5 bzw. 7 Jahre.

für den Zwickel in der vorderen und hinteren Mitte je 6 M stillegen, die dazwischen liegenden 84 (88) M für das linke Bein ebenfalls stillegen, die übrigen 84 (88) M auf das Nadelspiel übernehmen = je Nadel 21 (22) M und zuerst das rechte Bein stricken. Für die Abnahmen in der hinteren Mitte 12 × in jeder 6. (7.) Rd die beiden letzten M der 1. Nadel rechts und die beiden ersten M der 2. Nadel rechts überzogen zusammenstricken = 60 (64) M. Nun geradeaus

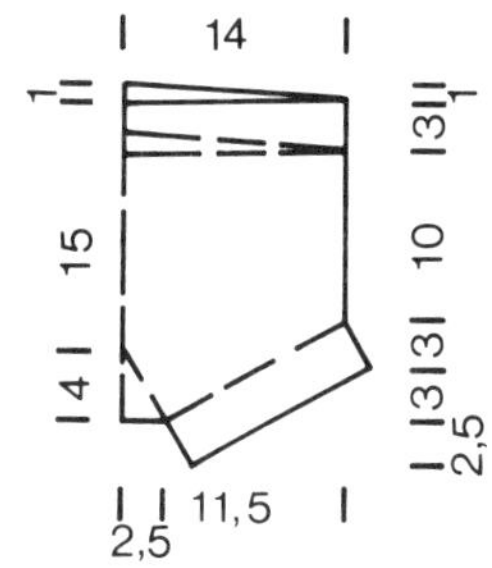

Schnittverkleinerung für ½ Hinter- bzw. Vorderteil der kleinen Hose für 1–3 Jahre. Anleitung auf S. 440.

stricken. In 28 (33) cm Beinhöhe für die Wadenabnahmen wie beschrieben zum erstenmal, in jeder 6. Rd noch 9 (11) × je 1 M abnehmen = 40 M. In 43 (52) cm Beinhöhe die Ferse arbeiten. Dazu die M neu verteilen = je Nadel 10 M. Die M der 2. und 3. Nadel für das Fußblatt stillegen und die Ferse in Hin- und Rückr über die 1. und 4. Nadel stricken, dabei am Ende jeder R jeweils 1 M weniger stricken und immer mit 1 Umschlag wenden, bis nur noch 6 M ge-

strickt werden. Nun wieder am Ende jeder R 1 M mehr als vorher stricken, dabei die Umschläge mit den M zusammenstricken und wieder mit je 1 Umschlag wenden, bis alle 20 M in Arbeit sind. Weiter in Rd über alle M den Fuß stricken. In 14 (17) cm Fußlänge die Spitze beginnen. Dazu am Ende der 1. und 3. Nadel 2 M rechts zusammenstricken, am Anfang der 2. und 4. Nadel 2 M rechts überzogen zusammenstricken. Diesen Vorgang noch 4 × in jeder 2. Rd und 3 × in jeder Rd wiederholen. Die restlichen 8 M mit dem Arbeitsfaden zusammenziehen. Das linke Bein gegengleich arbeiten.
FERTIGSTELLUNG: Schrittnaht im M-Stich schließen. Den oberen Rand zur Hälfte nach links umnähen und Gummiband einziehen.

Kinderjacken

Abb. S. 365 u. S. 451

Diese Jäckchen sind leicht und flauschig. Eine Jacke hat lange, die andere kurze Ärmel. Der Ausschnitt ist viereckig- und rundum läuft eine Kante aus Mäusezähnchen.

GRÖSSEN: 3 und 5 Jahre = Körpergröße 98 und 110 cm. Bei unterschiedlichen Angaben stehen die für 5 Jahre in Klammern.
MATERIAL: Schachenmayr-Garn, Qualität Show, 150 g (für 5 Jahre mit langen Ärmeln 200 g) in Blau oder in Grün. 1 Paar INOX-Stricknadeln und eine 80 cm lange Rundstricknadel Nr. 3. 5 Knöpfe.
GRUNDMUSTER I: Abwechselnd 1 M rechts, 1 M links.
GRUNDMUSTER II: Glatt links = Hinr linke M, Rückr rechte M.
MASCHENPROBE: 24 M und 36 R = 10 cm.

Arbeitsanleitung
RÜCKEN: 68 (78) M in Blau oder Grün anschlagen, 15 (17) cm im Grundmuster geradeaus stricken. Ab 18 (20) cm Höhe für die Armausschnitte beidseitig in jeder 2. R 1 × 3, 2 × 2, 3 × 1 M abnehmen = 48 (58) M; weiter geradeaus stricken.
Ab 30 (33) cm Höhe für den Halsausschnitt die mittleren 18 (24) M in 1 R, beidseitig davon in jeder 2. R 2 × 2, 1 × 1 M abketten. Zugleich in 31 (34) cm Höhe für die Schulter in jeder 2. R 2 × 5 (6) M abketten.

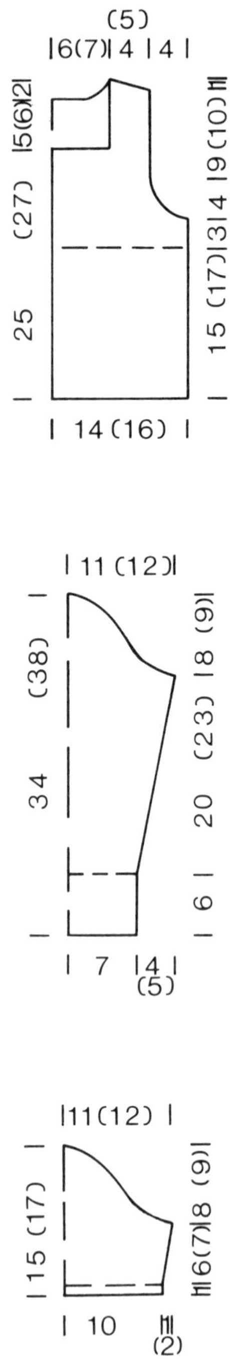

Schnittverkleinerung: ½ Rücken, linkes Vorderteil, ½ langer Ärmel, ½ kurzer Ärmel für 3 (5) Jahre.

Für 3 und 5 Jahre sind unsere Jäckchen mit Mäusezähnchenrand gedacht. Sie werden aus flauschigem Garn in Grün oder Blau gestrickt und sind auch schnell fertiggestellt.

LINKES VORDERTEIL: 34 (39) M in Blau oder Grün anschlagen. Die Grundmuster sowie Seite, Armausschnitt und Schulter wie beim Rücken stricken. Am vorderen Rand mit Knötchenrand arbeiten. Bis 25 (27) cm Höhe geradeaus stricken, dann für den Halsausschnitt 14 (17) M in 1 R abketten, weiter geradeaus stricken.

RECHTES VORDERTEIL: Gegengleich.

LANGER ÄRMEL: 34 M in Blau oder Grün anschlagen. 6 cm im Grundmuster I, weiter im Grundmuster II stricken und beidseitig in jeder 7. (6.) R 10 (12) × 1 M zunehmen = 54 (58) M. Ab 26 (29) cm Höhe für die Armkugel beidseitig in jeder 2. R 1 × 3, 3 × 2, 6 (8) × 1, 3 × 2, 1 × 3 M, die restlichen 6 M in 1 R abketten.

KURZER ÄRMEL: 48 M in Blau oder Grün anschlagen. Für den doppelten Zackenrand 5 R glatt rechts, dann 1 R Lochmuster stricken. Dafür nach der Randm fortlaufend abwechselnd 1 Umschlag arbeiten und 2 M rechts zusammenstricken. Weiter 5 R glatt rechts arbeiten, dann die Anschlag-M auf 1 dünnere Hilfsnadel nehmen, hinter die Arbeit legen, so daß die Loch-R die Bruch-R bildet und fortlaufend 2 M links zusammenstricken. Weiter im Grundmuster II arbeiten, dabei beidseitig in jeder 6. (4.) R 3 (5) × 1 M zunehmen = 54 (58) M. Ab 7 (8) cm Höhe die Armkugel wie bei dem langen Ärmel beschrieben arbeiten.

FERTIGSTELLUNG: Die Teile spannen, mit einem

feuchten Tuch bedecken und trocknen lassen. Die Nähte schließen. Für den doppelten Zackenrand mit der Rundnadel aus den vorderen und Ausschnitträndern M aufnehmen, dabei in der Aufnahme-R gleich die Knopflöcher einarbeiten: Für eine Mädchenjacke am unteren Rand des rechten Vorderteils beginnend 2 M aufnehmen, für das 1. Knopfloch 3 M neu anschlagen und damit 2 Knötchenrand-M übergehen, weiter 4 × abwechselnd 10 (12) M aufnehmen und 3 M für 1 Knopfloch anschlagen, dann noch 3 (1) M vor der oberen Ecke aufnehmen. Anschließend aus dem Vorderausschnitt 32 (38) M, aus dem Rückenausschnitt 36 (44) M, aus dem linken Vorderteil 60 (66) M aufnehmen. Bei einer Jungenjacke aus dem rechten Vorderteil 60 (66) M, aus dem Vorder- und Rückenausschnitt wie für die Mädchenjacke beschrieben M aufnehmen. Dann am oberen Rand des linken Vorderteils beginnend die Knopflöcher in umgekehrter Reihenfolge einarbeiten. Weiter den Zackenrand wie bei dem kurzen Ärmel beschrieben strikken, jedoch in der letzten R alle M abketten. Die Abkett-R nach links umnähen. Knöpfe annähen.

Kinder-Mantel mit Hose

Abb. S. 407

Ein gestrickter Dufflecoat mit Knebelverschluß ist genau das richtige für unsere kleinen Evas. Der Mantel wird aus buntmelierter Wolle gestrickt und am Rand mit einem orangefarbenen Streifen abgeschlossen. Und eine kleine Kapuze ersetzt die Mütze. Dazu gehört eine orangefarbene Pumphose mit engen Hosenbeinen, die bei schlechtem Wetter in die Gummistiefel gesteckt werden können. Beide Modelle sind für 1½ Jahre gedacht.

GRÖSSE: 1½ Jahre = 86 cm Körpergröße.
MATERIAL: Für den Mantel dickes Sportgarn aus 75% Acrylic, 25% Wolle, 450 g in Buntmeliert und 50 g in Orange. Für die Hose mittelstarkes Sportgarn aus Acryl mit Mohair, 200 g Orange. Je 1 Paar Stricknadeln Nr. 5, 6 und 3, eine 80 cm lange Rundstricknadel Nr. 5. 8 Knebelknöpfe, 120 cm orangefarbige Baumwollborte, 1 cm breit.
GRUNDMUSTER: Glatt links = Hinr linke M, Rückr rechte M.
ZOPF: 1. R (Rückr): 4 M links. 2. R (Hinr): 4 M rechts. 1. und 2. R noch 1 × wiederholen. 5. R: Wie 1. R. 6. R: 2 M auf 1 Hilfsnadel vor die Arbeit legen. 2 M rechts, dann die Hilfsnadel-M rechts stricken. Die 1.–6. R wiederholen.
BÜNDCHENMUSTER: Abwechselnd 1 M rechts, 1 M links.
MASCHENPROBE, Kadisha, Nadeln Nr. 6: 12 M und 20 R = 10 cm.
MASCHENPROBE, Trocadéro, Nadeln Nr. 3: 30 M und 42 R = 10 cm.

Arbeitsanleitung
MANTEL-RÜCKEN: 44 M in Bunt mit Nadeln Nr. 6 anschlagen und die M in der 1. R (Rückr) wie folgt einteilen: Randm, 9 M rechts, 4 M Zopf, 16 M rechts, 4 M Zopf, 9 M rechts, Randm. Die Zopf-M wie beschrieben arbeiten, über die übrigen M noch 3 R kraus = jede R rechte M, weiter im Grundmuster stricken. Beidseitig 2 × nach je 10 cm je 1 M abnehmen = 40 M. In 23 cm Höhe für die Armausschnitte beidseitig 4 M in 1 R abketten = 32 M; geradeaus stricken. Ab 35 cm Höhe für die Schultern beidseitig in jeder 2. R 2 × 5 M abketten. Zugleich für den Halsausschnitt die mittleren 8 M in 1 R, beidseitig davon in der 2. folgenden R 1 × 2 M abketten.
LINKES VORDERTEIL: 19 M anschlagen und die M in der 1. R (Rückr) ab vorderem Rand wie folgt einteilen: Randm, 4 M rechts, 4 M Zopf, 9 M rechts, Randm. Weiter die Muster, Seitennaht, Armausschnitt und Schulter wie beim Rücken arbeiten. Am vorderen Rand geradeaus stricken. In 32 cm Höhe für den Halsausschnitt 1 × 1 M, in jeder 4. R 2 × 1 M abnehmen.
RECHTES VORDERTEIL: Gegengleich arbeiten.
ÄRMEL: 24 M mit Nadeln Nr. 5 in Bunt anschlagen und im Bündchenmuster 1 R bunt,

Schnittverkleinerung ½ Rückenteil, bzw. linkes Vorderteil, ½ Ärmel und ½ Kapuze vom Mantel. Daneben: Linkes Hosenteil. Alle Teile sind für 1½ Jahre gedacht.

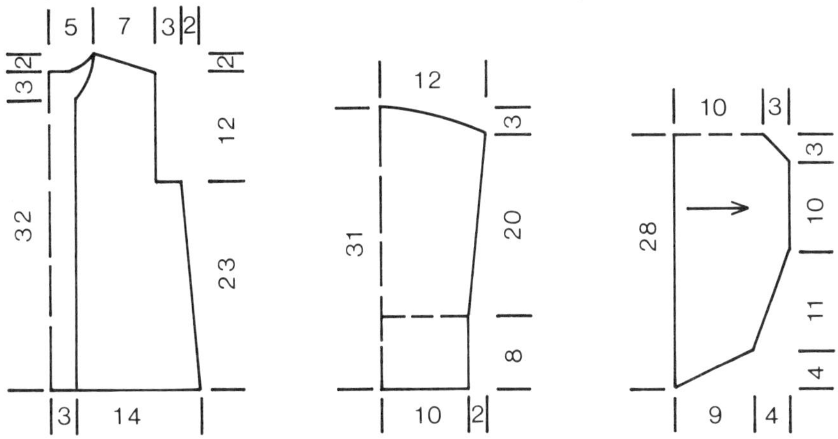

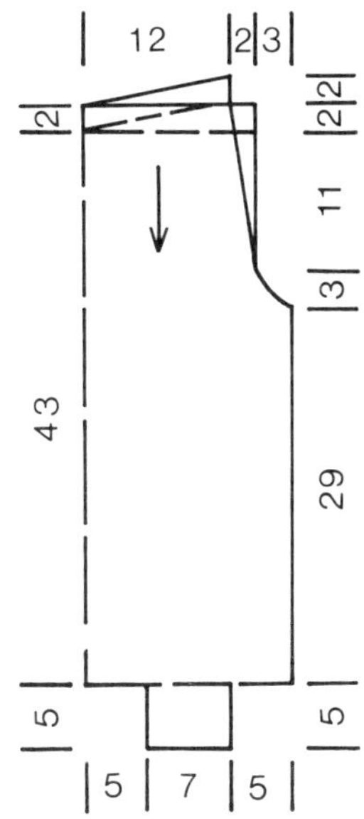

2 R orange, weiter bunt stricken. Ab 8 cm Höhe mit Nadeln Nr. 6 im Grundmuster stricken, dabei die mittleren 4 M als Zopf arbeiten. Beidseitig nach je 8 cm 2 × 1 M zunehmen = 28 M. Ab 28 cm Höhe für die Armkugel beidseitig in jeder 2. R 3 × 3 M abketten, die restlichen 10 M in 1 R abketten.

KAPUZE: Quer arbeiten. 68 M in Bunt mit Nadeln Nr. 6 anschlagen, im Grundmuster stricken, dabei beidseitig in jeder 3. R 6 × 1 M abnehmen, weiter in jeder 2. R 4 × 3 M abketten. Zugleich in 10 cm Höhe die Arbeit in der Mitte teilen und an den Teilungsrändern in jeder 2. R 2 × 1, 1 × 2 M abnehmen, die restlichen je 12 M in 1 R abketten.

FERTIGSTELLUNG: Teile spannen, mit einem feuchten Tuch bedecken und trocknen lassen. Die Nähte schließen, dabei die unteren 6 cm der Ärmel für den Umschlag von rechts nähen. Die Kapuze in den Ausschnitt nähen. Aus den Vorderkanten von rechts je 45 M, aus der Kapuzenkante von links 81 M in Bunt mit der Rundnadel aufnehmen und im Bündchenmuster in offenen R 1 R bunt, 2 R orange, 4 R bunt, 2 R orange, 1 R bunt stricken, mit Bunt abketten. Die Borte auf 0,5 cm Breite zusammennähen, für die 4 Verschlüsse je 30 cm abteilen und die Verschlüsse flechten, oben und unten 1 Schlinge stehenlassen; die Enden gut vernähen. Die Knebel und Verschlüsse in gleichmäßigen Abständen aufnähen.

LINKES Hosenteil: Von oben nach unten arbeiten. 78 M mit dünnem Garn und Nadeln Nr. 3 anschlagen, 2 cm im Bündchenmuster, weiter im Grundmuster zuerst die rückwärtige Erhöhung mit verkürzten R arbeiten: Ab linkem Rand in jeder 2. R über je 9 M mehr arbeiten, jeweils mit Umschlag wenden und diesen in der folgenden R mit der nächsten M verschränkt zusammenstricken. Anschließend über alle M stricken, dabei am linken Rand in jeder 6. R 6 × 1 M zunehmen, am rechten = vorderen Rand geradeaus arbeiten. Ab 13 cm vorderer Höhe beidseitig in jeder 2. R 3 × 1, 3 × 2 M zunehmen = 102 M. Nun 29 cm geradeaus stricken, dann * 1 × 3, 2 × 2 M zusammenstricken, ab * noch 13 × wiederholen, dann noch 2 × 2 M zusammenstricken. Mit den restlichen 44 M 5 cm im Bündchenmuster stricken, elastisch abketten.

RECHTES HOSENTEIL: Gegengleich arbeiten.

FERTIGSTELLUNG: Teile spannen, unter einem feuchten Tuch trocknen lassen. Die Nähte schließen. Dem oberen Bündchen von links Gummiband gegenhexen.

Schöne Dinge für die Wohnung und zum Verschenken

Nicht nur warme und kuschelige Kleidung können Sie mit Stricknadel und Wollfaden herstellen, sondern auch schöne und dekorative Dinge für die Wohnung und nette Kleinigkeiten zum Verschenken. Wenn Sie wenig Zeit und Übung haben, nehmen Sie sich einen Topflappen vor, den Sie Ihren Freunden als kleine Überraschung mitbringen können. Wollen Sie mehr Geduld und Mühe aufbringen, stricken Sie eine einfache Kuscheldecke oder eine Patchwork-Decke aus vielen Quadraten. Geübtere wagen sich an Strickpuppen und -tiere, die den Kleinsten garantiert Freude machen.

Kissen mit Einstrickmuster

Abb. gegenüber

Kissen kann man nie genug haben. Man braucht sie zum Draufliegen, Kuscheln und Faulenzen oder einfach zur Dekoration des Sofas.

Für alle Kissen

GRÖSSE: 80 cm × 80 cm.
MATERIAL: Dicke Sportwolle, 100% Wolle, in den angegebenen Mengen in Dunkelbraun, Ecru und Graubraun. 1 Paar IMRA-flex-Jackenstricknadeln Nr. 7.
GRUNDMUSTER: Glatt rechts = Hinr rechte M, Rückr linke M.
EINSTRICKMUSTER: Gegeben ist von allen Kissen 1 Rapport in der Breite. Die gegebenen R laufend wiederholen.
MASCHENPROBE: 12 M und 13 R = 10 cm im Quadrat.

Kissen 1

MATERIAL: 1300 g in Graubraun, 400 g in Ecru.

Arbeitsanleitung

95 M in Graubraun anschlagen, 1 Rückr graubraun stricken, dann nach den Randm im Grundmuster nach dem Einstrickmuster 1 arbeiten. Nach 103 R noch 1 R graubraun stricken, dann die Rückseite einfarbig graubraun 104 R hoch im Grundmuster stricken, abketten.

Kissen 2

MATERIAL: 1200 g in Dunkelbraun, 400 g in Ecru.

Arbeitsanleitung

95 M in Dunkelbraun anschlagen, im Grundmuster 3 R dunkelbraun, dann nach der Randm nach dem Einstrickmuster 2 arbeiten. Nach 101 R noch 3 R dunkelbraun stricken. Die Rückseite wie bei Kissen 1 braun anstricken.

Kissen 3

MATERIAL: 1200 g in Ecru, 400 g in Dunkelbraun.

Arbeitsanleitung

95 M in Ecru anschlagen, 1 Rückr écru, dann nach der Randm nach dem Einstrickmuster 3 stricken. Nach 103 R noch 1 R écru arbeiten, dann die Rückseite einfarbig écru wie bei Kissen 1 anstricken.

Unsere rustikalen Riesenkissen zum Draufsitzen, Kuscheln und Faulenzen schaffen eine gemütliche Wohnatmosphäre. Sie sind aus dicker Wolle nach einem Einstrickmuster glatt rechts gestrickt. Und die Naturfarben passen sich überall gut an.

FERTIGSTELLUNG: Teile spannen und dämpfen, dann rechts auf rechts zur Hälfte zusammenlegen und die Nähte schließen, dabei das Sitzkissen mit einnähen.

Kissenmuster 1

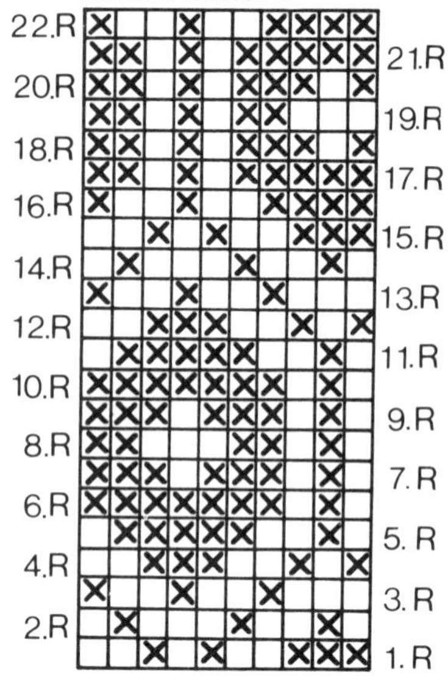

Kissenmuster 2

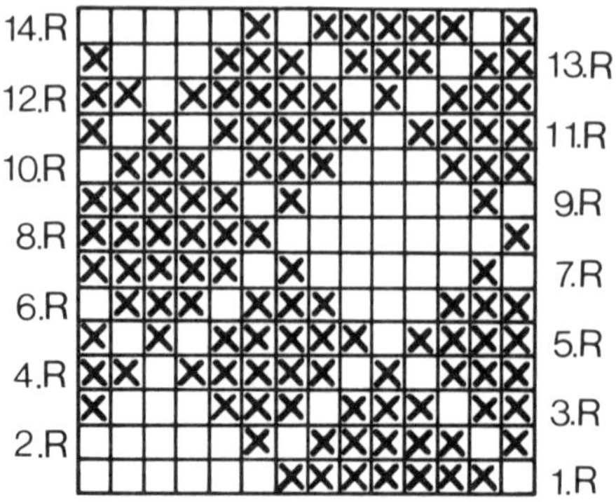

Kissenmuster 3

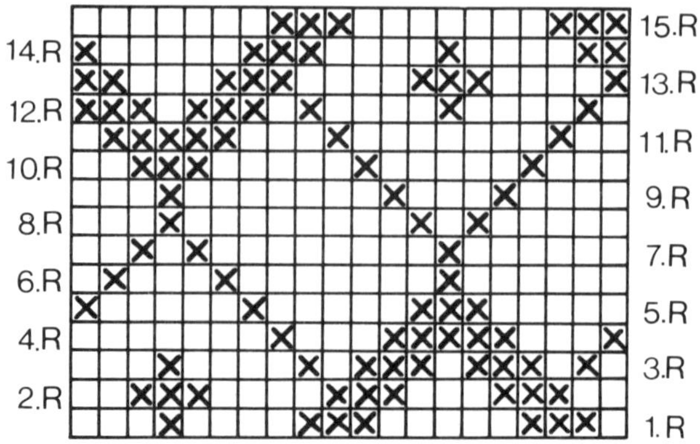

Decke mit irischem Muster

Das Material dieser Tagesdecke ist aus rohweißer Wolle und zeigt ein irisches Muster mit Zöpfen, Noppen und Rhomben, das in Streifen gestrickt wird.

GRÖSSE: 240 × 150 cm.
MATERIAL: Scheepjes-Wolle, Qualität Dalarna, 100% Schurwolle.
Je Streifen: 1050 g in Ecru Nr. 5028. 1 Paar INOX-Stricknadeln Nr. 6.
GRUNDMUSTER: Siehe Strickschrift. Gegeben ist die rechte Hälfte eines Musterstreifens + Mittel-M. Die Strickschrift zeigt die 1. R (Rückr), weiter ab 2. R nur die Hinr. In allen weiteren Rückr die M stricken, wie sie erscheinen; die verschränkten M links abstricken. Ab 4. R die Muster ab Mittel-M gegengleich arbeiten, dabei aber die beiden äußeren Zopfreihen von links nach rechts kreuzen. D. h. beim mittleren Motiv die M kreuzen wie ab 18. R gezeigt, den folgenden Zopf arbeiten wie gegeben, beim nächsten Zopf bei der mittleren Kreuzungs-R (6. und 20. R der Strickschrift) die M von links nach rechts kreuzen, beim letzten Zopf die M ebenfalls von links nach rechts kreuzen. Bei dem mittleren Motiv und dem übernächsten Zopf die 4.–31. R wiederholen, bei den anderen 2 Zöpfen die 4.–47. R wiederholen.
ZEICHENERKLÄRUNG: 2 + 2 M nach links kreuzen = 2 M auf 1 Hilfsnadel vor die Arbeit legen, die nächsten 2 M rechts, dann die Hilfsnadel-M rechts stricken. – 2 + 2 nach rechts kreuzen = 2 M auf 1 Hilfsnadel hinter die Arbeit legen, die nächsten 2 M rechts, dann die Hilfsnadel-M rechts stricken. – 1 + 2 M nach rechts kreuzen = 1 M auf 1 Hilfsnadel hinter die Arbeit legen, die nächsten 2 M rechts, dann die Hilfsnadel-M links stricken. 2 + 1 M nach links kreuzen = 2 M auf 1 Hilfsnadel vor die Arbeit legen, die nächste M links, dann die Hilfsnadel-M rechts stricken – Noppe = siehe Strickkurs.
BÜNDCHENMUSTER: Siehe Strickschrift. Gegeben ist die Hälfte eines Musterstreifens + Mittel-M. Größere Zwischenräume zwischen den M haben keine Bedeutung und sind nur zur besseren Übersicht für die Zunahmen beim Anfang des Grundmusters gezeichnet. Die 1. und 2. R wiederholen.
MASCHENPROBE: 19 M und 21 R = 10 cm.

Arbeitsanleitung
Die Decke besteht aus einzelnen Streifen, die zusammengenäht werden.
Je Streifen 93 M anschlagen. Mit Randm nach der Strickschrift 6 R im Bündchenmuster, verteilt 10 M zunehmen, weiter im Grundmuster stricken = 103 M. Bei dem Zwischenstreifen beidseitig mit Knötchen-Randm arbeiten, bei den 2 Außenstreifen 1 × an der linken, 1 × an der rechten Seite mit Kettrandm arbeiten. Jeden Streifen 240 cm lang arbeiten, davon die letzten 6 R im Bündchenmuster stricken. In der letzten Grundmuster-R 10 Maschen abnehmen, so wie sie zu Beginn zugenommen wurden.
FERTIGSTELLUNG: Die Streifen von links neben der Randm zusammennähen.

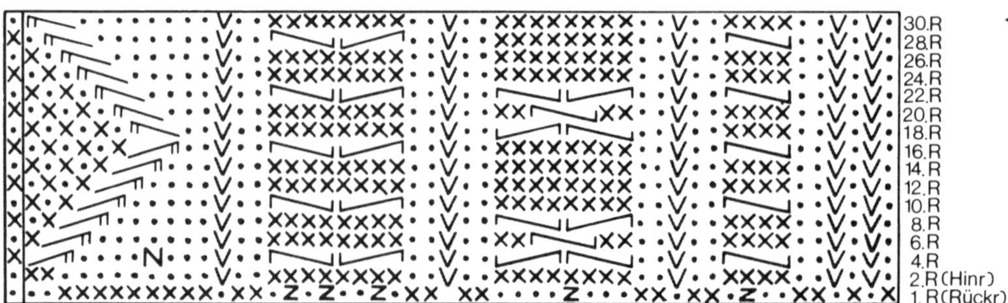

Grundmuster

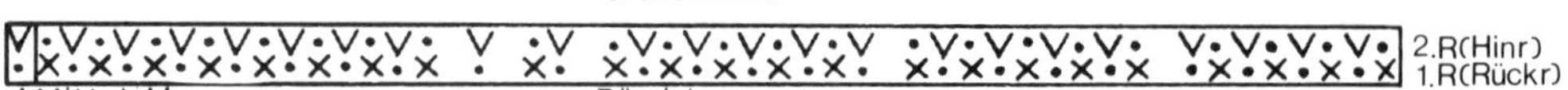

Bündchenmuster

◂ Strickschrift:
X = *1 M rechts*
• = *1M links*
Z = *1 M links verschränkt zunehmen*
V = *1 M rechts verschränkt*
N = *1 Noppe*
= *2 + 2 M nach links kreuzen*
= *2 + 2 nach rechts kreuzen*
= *1 +2 M nach rechts kreuzen*
= *2 + 1 M nach links kreuzen*

Hier sehen Sie die Decke aus den zusammengesetzten irischen Musterstreifen, die Sie, je nach Größes Ihres Bettes, beliebig lang arbeiten können. Dann wird sie zusammengenäht.

Bunte Streifendecke

Eine Streifendecke, bunt und munter, sehen Sie hier. Die farbenfrohe Tagesdecke ist krausgestrickt und aus einzelnen Schrägstreifen zusammengesetzt. Eine echte Patchworkdecke: Sie können hierbei alle möglichen und unmöglichen Wollreste verwenden. Hauptsache, es wird schön bunt. Besonders gut eignet sich diese Tagesdecke als fröhlicher Farbtupfer in einem schlicht eingerichteten Zimmer. Da macht es richtig Freude, morgens das Bett zu machen und die Decke darüber zu legen.

GRÖSSE: 180 cm × 280 cm, einschließlich Rand.
MATERIAL: Dickere Sportwolle, ca. 60% Wolle, 40% Polyacryl, für Nadelstärke 5–6, 700 g in Hellgrün, 600 g in Weiß, 550 g in Oliv, je 500 g in Rot und Gelb, je 450 g in Lila und Blau, 350 g in Orange, je 250 g in Rost und Schwarz. 1 Paar INOX-Stricknadeln Nr. 5, 1 INOX-Häkelnadel Nr. 4.
GRUNDMUSTER: Kraus = Rückr und Hinr rechte M.
STREIFENFOLGE: Anschlag in Schwarz, * je 2 R schwarz und weiß, 12 R hellgrün, 2 R schwarz, 1 R hellgrün, 2 R weiß, 15 R blau, je 1 R weiß, rot, blau, weiß, 14 R rot, je 2 R weiß, rot, weiß, 1 R schwarz, 14 R gelb, je 1 R schwarz und weiß, 2 R gelb, 1 R weiß, 6 R oliv, 2 R orange, 4 R oliv, 2 R orange, 6 R oliv, 1 R weiß, 12 R lila, je 2 R weiß, lila, weiß, 1 R lila, 7 R rost, je 2 R orange oliv, rost, 7 R orange, ab * fortlaufend wiederholen.

MASCHENPROBE: 16 M und 32 R = 10 cm im Quadrat.

Arbeitsanleitung

Die Decke besteht aus 6 Streifen. Für jeden Streifen je 3 M in Schwarz anschlagen und im Grundmuster nach der Streifenfolge stricken, dabei beidseitig in jeder 2. R je 1 M zunehmen. Dafür aus der 1. M 1 M rechts und 1 M rechts verschränkt stricken und aus der letzten M 1 M rechts verschränkt und 1 M rechts stricken. Nach 64 R = 28 cm seitlicher Länge am rechten Rand in jeder 2. R je 1 M abnehmen. Dafür die 1. M abheben, die folgende M rechts stricken und die gehobene M über die gestricke M ziehen, zugleich am linken Rand wie vorher je 1 M zunehmen. Ab 270 cm Seitenlänge ab Anschlag beidseitig in jeder 2. R je 1 M abnehmen. Dafür am rechten Rand wie vorher abnehmen, am linken Rand die letzten 2 M rechts zusammenstricken, die restlichen 3 M überzogen zusammenstricken.

FERTIGSTELLUNG: Die Streifen von links mit Überwendlichstichen zusammennähen. Dann die Decke mit 1 Rd fester M in Schwarz umhäkeln, dabei nur in jede 2 R der Decke einstechen, in die Ekken 3 feste M häkeln. Weiter in Rück- und Hin-Rd 5 Rd halbe Stb in Hellgrün häkeln, dabei beginnt jede Rd mit 2 Anfangs-Luftm und endet mit 1 Kettm in die Anfangs-Luftm; in die Eck-M 3 halbe Stb arbeiten. Zum Schluß mit 1 Anfangs-Luftm beginnend noch 1 Rd fester M häkeln.

Tagesdecke aus Sechsecken

Abb. S. 445

Eine ungemein dekorative Wirkung erzielen Sie mit dieser fünffarbigen Tagesdecke.

GRÖSSE: 250 cm/260 cm
MATERIAL: Sportwolle für Nadelstärke 3, je 750 g in Dunkelblau und Petrol, 500 g in Hellgrün, 400 g in Dunkelgrün, 350 g in Rost. Eine kleine Rundstricknadel Nr. 3.
GRUNDMUSTER: Glatt rechts.
MASCHENPROBE: 28 M und 40 R = 10 cm. Jedes Sechseck ist 30 cm breit und 26,5 cm hoch.

Arbeitsanleitung

Insgesamt 105 Sechsecke stricken, davon je 30 in Dunkelblau und Petrol, 20 in Hellgrün, 15 in Dunkelgrün, 10 in Rost. Dazu 10 halbe Sechsecke in Rost arbeiten. Für 1 Sechseck 42 M anschlagen, im Grundmuster stricken und beidseitig * jede 2. R 4 × 1 M zunehmen (siehe Strickkurs), 2 R geradeaus stricken, ab * noch 3 × wiederholen. Weiter jede 2. R 5 × 1 M zunehmen = 84 M. 3 R geradeaus stricken = Mitte = 53 R. Das Teil gegengleich beenden, d. h. 3 R geradeaus stricken, dann in umgekehrter Reihenfolge abnehmen. Die restlichen 42 M nach 26,5 cm Höhe = 106 R abketten.
Die halben Sechsecke bis zur Mitte der ganzen = 84 M = 53 R Höhe stricken, dann abketten.
FERTIGSTELLUNG: Die Teile spannen, leicht dämpfen. Die Sechsecke mit Steppstich zusammennähen. Zuerst einzelne Streifen arbeiten: 3 Streifen abwechselnd je 5 Sechsecke dunkelblau und petrol, 3 Streifen petrol und dunkelblau in umgekehrter Farbfolge.
5 Streifen mit 9 Sechsecken in der Farbfolge hellgrün, dunkelgrün, rost, hellgrün, dunkelgrün, hellgrün, rost, dunkelgrün, hellgrün, dazu am Anfang und Ende je 1 halbes Sechseck. Abwechselnd einen Streifen in den blauen und in den grünen Farbtönen zusammennähen. Die Außenränder schmal nach links umnähen.

Decke aus Streifen

Sagen Sie nicht, daß man beim Fernsehen nicht stricken kann. Im Gegenteil: Je aufregender der Krimi, desto schneller klappern die Nadeln. Versuchen Sie es doch mit dieser Decke.
Stricken Sie die Schals nur in rechten Maschen, also Hin- und Rückreihe immer rechts. Dadurch entsteht das »krause« Maschenbild.
Nehmen Sie stets die gleiche Anzahl Maschen für jeden einzelnen Schal auf, und stricken Sie alle Schals gleich lang. Zählen Sie deshalb die Anzahl der Reihen.

WICHTIG: Die gleiche Anzahl von Reihen ist deshalb notwendig, weil die Schals zum Schluß Randmasche für Randmasche zusammengehäkelt werden.
MATERIAL: Die Wollstärke muß für sämtliche Farben gleich sein.
VERBRAUCH: Mit 50 g reiner Wolle stricken Sie 48 cm pro Schal.
TIP: Vergleichen Sie beim Kauf auf den Banderolen die angegebene Nadelstärke und die Wollmenge in Metern.

Arbeitsanleitung
für die abgebildeten Decken.
WOLLE: Für Nadelstärke 6 mit gleicher Lauflänge.
SCHALBREITE: 10 cm = 16 Maschen.
SCHALLÄNGE: quergestreifte Decke: 140 cm = 364 Reihen, längsgestreifte Decke: 220 cm = 572 R. Sie können natürlich die Schals, je nach der gewünschten Größe der Decke, beliebig lang stricken.
STRICKNADELN: Nr. 6
RANDMASCHE: Die letzte Masche der Reihe nur abheben, erste Masche der Reihe normal stricken.
FERTIGSTELLUNG: Wie Sie nun die einzelnen Schals zusammenhäkeln, sehen Sie auf der Zeichnung. Sie stechen immer in den unten liegenden Faden der beiden Randmaschen ein und häkeln mit normalen festen Maschen die Schals zusammen. Dadurch ergeben die oberen Fäden der Randmaschen eine schöne Farbabgrenzung zwischen den Schals, und die schwarze Häkelreihe läuft wie in einer Schiene.
Wenn Sie alle Schals aneinandergehäkelt haben, umhäkeln Sie zum Schluß die ganze Decke mit drei Reihen festen Maschen.
TIP: Wenn Sie Reste verarbeiten, müssen Sie eine Maschenprobe machen.

Die schöne große Decke ist ganz leicht nebenbei zu arbeiten. Immer wenn Sie Lust und Zeit haben, stricken Sie einen der farbenfrohen Schals, die Sie dann später zusammenhäkeln. Wie das gemacht wird, zeigt Ihnen die Abbildung unten rechts. Die unteren Glieder der Randmaschen von je zwei Schals werden zusammengehäkelt; das ergibt eine schöne Farbabgrenzung.

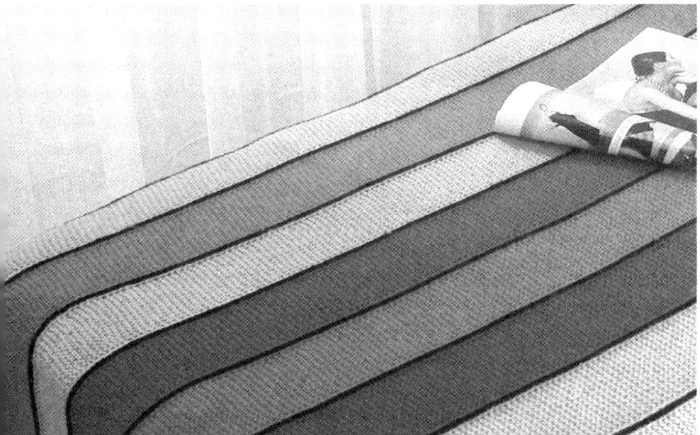

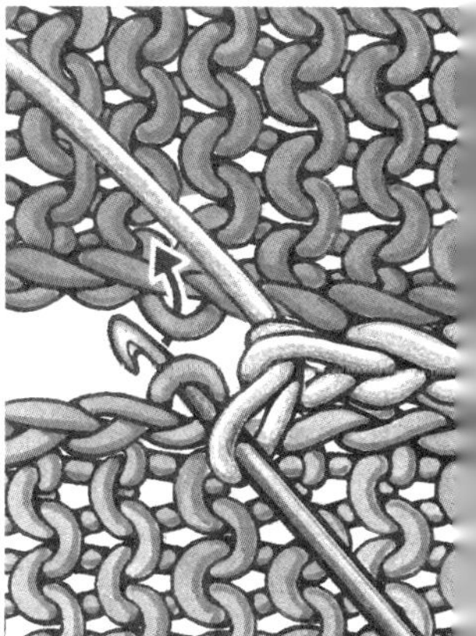

Decke aus rot-weißen Quadraten

Abb. S. 444

Klar sind die Formen und kräftig die Farben der großen gestrickten Decke, die gut in eine moderne, schlicht eingerichtete Wohnung paßt. Die einzelnen Karostreifen sind mit einem Handstrickapparat noch schneller gearbeitet.

GRÖSSE: 180 cm × 255 cm.
MATERIAL: Schachenmayr-Wolle, Qualität Nomotta-Extra, 1200 g in Rot Nr. 7617, 1050 g in Blau Nr. 7609, 1050 g in Weiß. Ein Paar INOX-Stricknadeln Nr. 3.
GRUNDMUSTER: Glatt rechts = Hinr rechte M, Rückr linke M.
MASCHENPROBE: 24 M und 35 R = 10 cm.

Arbeitsanleitung
Die Decke in einzelnen Streifen arbeiten.
Karostreifen: Für 15 cm Breite 36 + 2 Randm anschlagen. 4 Streifen mit 6 × abwechselnd je 15 cm = 52 R rot und weiß, am Ende 15 cm = 52 R rot. Dann 4 Streifen mit 6 × abwechselnd je 15 cm = 52 R weiß und rot, am Ende 15 cm = 52 R weiß.
Randstreifen weiß: Jeweils 2 gegengleiche Streifen arbeiten. Für die Spitze 3 M anschlagen und an der einen Seite der Arbeit in jeder 2. R 17 × abwechselnd 1 und 2 M zunehmen = 28 M. Für die langen Randstreifen jetzt 195 cm = 682 R geradeaus stricken, dann für die Spitze wieder entsprechend abnehmen, die restlichen 3 M in 1 R abketten. Für die kurzen Randstreifen nach der Spitze mit den 28 M 120 cm = 420 R geradeaus stricken, dann wieder zur Spitze abnehmen.
Rot: Die Spitze wie bei den weißen Randstreifen arbeiten. Mit den 28 M für die 2 langen Streifen 215 cm = 752 R, für die kurzen Streifen 140 cm = 490 R geradeaus stricken, dann wieder zur Spitze abnehmen. Die restlichen 3 M in 1 R abketten.
Blau: Diese Streifen zum Einfassen in doppelter Breite stricken. Für die Spitze 3 M anschlagen und beidseitig in jeder 2. R 17 × abwechselnd 1 und 2 M zunehmen = 53 M. Für die 2 langen Streifen nun 235 cm = 824 R, für die 2 kürzeren Streifen 160 cm = 560 R geradeaus stricken, dann wieder zur Spitze abnehmen. Die restlichen 3 M in 1 R abketten.
FERTIGSTELLUNG: Teile spannen und leicht dämpfen. Alle Teile von links mit Steppstichen zusammennähen. Zuerst die Karostreifen aneinandernähen. Dafür 4 × je einen mit Rot und einen mit Weiß beginnenden Streifen zusammennähen, dann diese Doppelstreifen zusammenfügen. Anschließend die weißen und roten Randstreifen annähen, dabei die Ecken gut ausformen.
Zum Schluß die Decke mit dem doppelt breiten blauen Streifen einfassen: Erst die Oberseite annähen und die Ecken ausarbeiten, dann zur Hälfte nach links umschlagen und gegennähen. Nähte nochmals nachdämpfen.

Strickdecke

Abb. S. 443

Eine schöne warme Decke, in die Sie sich gemütlich einhüllen können, ist mit starken Nadeln schnell gestrickt. Sie ist aus reiner Wolle in dezenten Streifen krausgestrickt.

GRÖSSE: 120 cm × 160 cm.
MATERIAL: Schewe-Wolle, Qualität Original-Shetland-Extrem, 100% reine Schurwolle, 350 g in Hellgrün Nr. 1404, je 300 g in Dunkelgrün Nr. 1405, Hellbraun Nr. 1401, Rost Nr. 1403, Dunkelbraun Nr. 1400 und Beige Nr. 1402. 1 Paar IMRA-Stricknadeln Nr. 6.
GRUNDMUSTER: Kraus = Hin- und Rückr rechte M.
MASCHENPROBE: 12 M und 26 R = 10 cm im Quadrat.
STREIFENFOLGE: Anschlag + 4 R in Hellgrün, * 5 R dunkelgrün, 5 R hellbraun, 5 R rost, 5 R dunkelbraun, 5 R beige, 5 R hellgrün. Ab * wiederholen.

Arbeitsanleitung
Für 160 cm Breite 192 M in Hellgrün anschlagen und im Grundmuster nach der Streifenfolge geradeaus stricken. Beim Farbwechsel die Anfangs- und Endfäden etwa 20 cm lang hängenlassen. In 120 cm Höhe mit der letzten R eines Farbstreifens alle M locker abketten. Dann für die Fransen 40 cm lange Fäden schneiden und in jeden Farbstreifen mit der entsprechenden Farbe 3fädige Fransen einknüpfen, dabei die Fäden vom Farbwechsel mitfassen.

Tagesdecke im Zickzackmuster

Abb. S. 446

Schräg gestrickte Schals, die aneinandergenäht sind, ergeben diese farbenfrohe Tagesdecke. Ein kleiner Trick macht die plastische Wirkung des Musters aus. Helle Farben sind im gleichen Ton zu dunklen gestellt. 18 verschiedene Farben sind in der Decke enthalten. Sie stricken glatt rechts. Die Schrägstreifen jedes Schals entstehen, wenn Sie an einer Seite zunehmen und in der gleichen Reihe an der anderen Seite eine Masche abnehmen. Eine etwas kompliziertere Variante der gezeigten Tagesdecken-Modelle, aber der Aufwand lohnt sich: Sie werden einen wirklichen Blickfang für Ihre Wohnung schaffen.

GRÖSSE: 225 × 130 cm.
MATERIAL: Dünne Sportwolle für Nadelstärke 2½–3, je 100 g in Rot, Aubergine, Dunkelgrün, Lila, Brombeer, Dunkelgrau, Blau, Rostrot, Hell-Aubergine, Grün, Flieder, Altrosa, Hellgrau, Hellblau, je 200 g in Hellbraun, Dunkelgelb, Beige, Hellgelb.
1 Paar Stricknadeln Nr. 4.
GRUNDMUSTER: Mit doppeltem Faden glatt rechts = Hinr rechte Masche, Rückr linke Masche.
MASCHENPROBE: 23 M und 34 R = 10 cm.
FARBFOLGE DUNKLER STREIFEN: 23 R hellbraun, * je 20 R dunkelgelb, rot, aubergine, dunkelgrün, lila, brombeer, dunkelgrau, blau, hellbraun, ab * noch 2mal wiederholen, zum Schluß 23 R dunkelgelb.
FARBFOLGE HELLER STREIFEN: 23 R beige, * je 20 R hellgelb, rostrot, hell-aubergine, grün, flieder, altrosa, hellgrau, hellblau, beige ab * noch 2 mal wiederholen, zum Schluß noch 23 R hellgelb.

Arbeitsanleitung

DUNKLER STREIFEN: 40 M in Hellbraun anschlagen, 3 R kraus = Rück- und Hinr rechte M, weiter mit einer Hinr beginnend im Grundmuster einen Schrägstreifen stricken. Dafür in allen Hinr nach der Knötchenrand-M aus dem Maschendraht 1 M rechts verschränkt zunehmen (siehe Strickkurs), dann die R durchstricken bis zur drittletzten M und die 2 vorletzten M rechts überzogen zusammenstricken (siehe Strickkurs). Knötchenrand-M. In allen Rückr nur linke M stricken.
Nach 20 Grundmuster-R in Hellbraun weiter nach der Farbfolge arbeiten. Am Ende des ganzen Streifens nach 20 R dunkelgelb noch 3 R kraus stricken, dann alle M abketten. Insgesamt 5 dunkle Streifen stricken.
HELLER STREIFEN: Nach der Farbfolge stricken. 40 M in Beige anschlagen, 3 R kraus = Rück- und Hinr rechte M, weiter mit einer Hinr beginnend im Grundmuster einen Schrägstreifen stricken.
Dafür am Anfang jeder Hinr nach der Knötchenrand-M 2 M rechts zusammenstricken (siehe Strickkurs), am Ende der R vor der Randm 1 M rechts verschränkt aus dem Maschendraht zunehmen. Alle Rückr nur linke M. Nach 20 Grundmuster-R in Beige weiter nach der Farbfolge arbeiten. Am Ende des ganzen Streifens nach 20 R hellgelb noch 3 R kraus stricken, dann alle M abketten.
Insgesamt 5 Streifen in der hellen Farbstellung arbeiten.
FERTIGSTELLUNG: Streifen spannen, vorsichtig dämpfen. Dann abwechselnd einen dunklen und einen hellen Streifen von links dicht neben der Randm zusammennähen.

Farbkombination und Zickzack-Streifen lassen das Muster plastisch wirken.

Gemusterte Kissen

Abb. S. 442

Weich sind diese kleinen Kissen, von denen man gar nicht genug haben kann. Die dekorativen Muster können Sie leicht nachstricken. Wir zeigen Ihnen vier verschiedene Muster: Streifen, Kästchen, Dreiecke und Rauten. Die Kreuze in dem Auszählschema bedeuten rechte, die Punkte linke Maschen auf der Oberseite. Innerhalb der Striche: ein Musterrapport. Gestrickt werden die kleinen Kissen aus Topflappengarn. Hier sind sie aus naturfarbener Baumwolle. Wenn Ihnen das nicht gefällt: es gibt Topflappengarn in vielen Farben. Und mit etwas Phantasie können Sie selbst Muster entwerfen.

MATERIAL: Topflappen-Baumwolle, 8fach. Pro Kissen: 300–350 g.
STRICKNADELN: NR. 4
KISSENGRÖSSE: 40 × 40 cm.

MASCHENPROBE: 18 M in der Breite und 30 Reihen in der Höhe ergeben 10 cm im Quadrat.

Arbeitsanleitung

Bei allen 4 Kissen schlagen Sie 72 Maschen an und stricken in dem jeweiligen Muster, das Sie nach dem Zeichenschema leicht nachmachen können, 232 Reihen hoch. Dann ketten Sie alle Maschen in einer Reihe locker ab.
FÜLLUNG: Schaumstoff-Kissen, fertig zu kaufen.
Wenn Sie die Kissenhülle fertig gestrickt haben, legen Sie das Rechteck rechts auf rechts zu einem Quadrat zusammen und schließen mit Rückstich zuerst die beiden Seitennähte. Dann wenden Sie den Kissenbezug auf die rechte Seite und stecken die Füllung hinein. Schließen Sie das Kissen nun mit einem sauberen Stich Randmasche für Randmasche. Wer's mag, kann eine Kordel rundherum aufnähen, wie auf unseren Fotos unten.

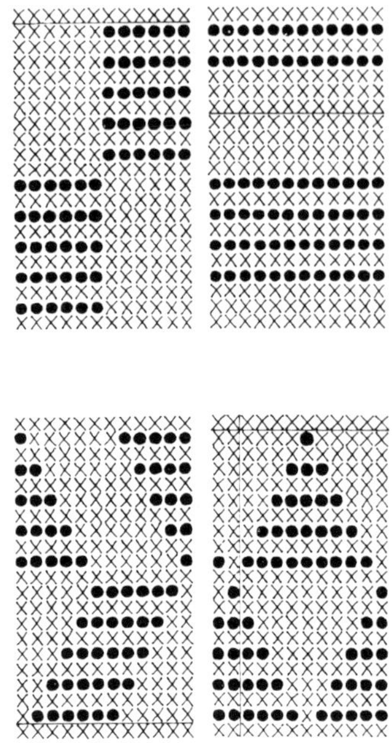

Die Kissen unten zeigen ein dekoratives Rautenmuster (links) und ein Muster aus zusammengesetzten Dreiecken (rechts). Nach unserem Auszählschema können Sie es wirklich ohne Probleme nachstricken. Geübtere denken sich mit Phantasie Muster selbst aus.

Praktische Sets mit Blümchen

Wenn beim Frühstück gekrümelt wird, leisten Sets gute Dienste. Und sind sie mit solch einem dekorativen Muster wie diese beiden Modelle versehen, wird das Essen zum doppelten Genuß. Der erste Vorschlag zeigt ein Blümchenmuster in Rosa, der zweite Glokkenblumen in Blau. Das Einstrickmuster dazu finden Sie auf dieser Seite. Zwar ist es etwas kompliziert, doch bei Erfolg haben Sie originelle Sets, die sich ganz besonders zum Verschenken eignen. Und für versierte Strickerinnen ist es sicher ein großes Vergnügen, nicht einfach vor sich hin zu stricken, sondern sich an den Schwierigkeiten eines Einstrickmusters zu erproben.

Für beide Modelle
GRÖSSE: 35 cm hoch, 45 cm breit.
MATERIAL: Schürer-Garn, Qualität Extra, in Ecru Nr. 0870 und den weiteren angegebenen Farben und Menge.
1 Paar INOX-Stricknadeln Nr. 3.
GRUNDMUSTER I: 1. R (Hinr): Randm, * 1 M links, 1 M rechts verschränkt, ab * wiederholen, am Ende 1 M links, Randm.
2. R (Rückr): Randm, * 1 M rechts, 1 M links, ab * wiederholen, am Ende 1 M rechts, Randm. –
Die 1. und 2. R wiederholen.

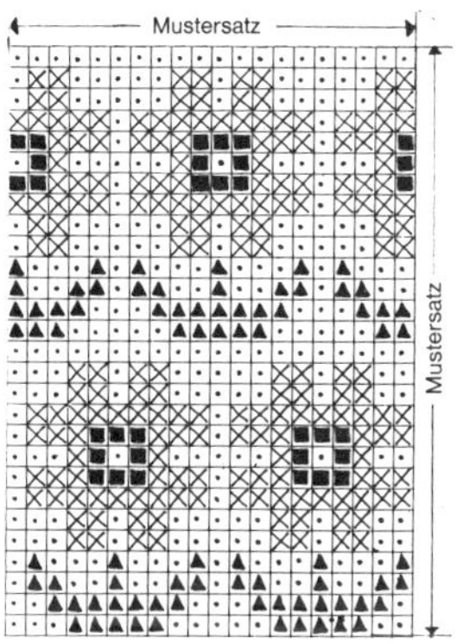

Einstrickmuster
1 Kästchen = 1 Masche u. 1 Reihe

I = *links*
V = *verschränkt*
• = *0870 eierschale*
X = *2520 pink*
▲ = *5422 grün*
□ = *3522 blau*
O = *0700 gelb*
■ = *0020 schwarz*

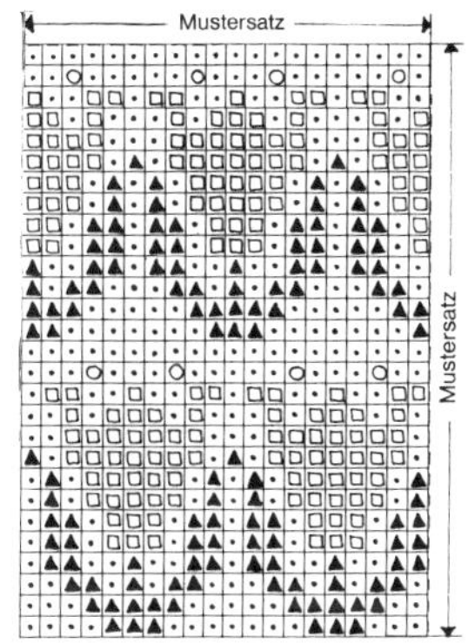

GRUNDMUSTER II: Glatt rechts = Hinr rechte M, Rückr linke M.
EINSTRICKMUSTER: Siehe Zeichnungen. Jedes Kästchen = 1 M in der entsprechenden Farbe.
MASCHENPROBE I und II: 30 M und 35 R = 10 cm.

Set mit rosa Blümchen
MATERIAL: 100 g in Ecru, je 50 g in Pink Nr. 2520 und Grün Nr. 5422, 1 Rest in Schwarz.

Arbeitsanleitung
133 M in Ecru anschlagen und 15 R im Grundmuster I stricken. Anschließend in der folgenden Rückr wie folgt stricken: Randm, 15 M écru, 101 M im Einstrickmuster wie folgt stricken: In Ecru Randm und 15 M im Grundmuster I, 101 M im Grundmuster II nach dem Einstrickmuster, 15 M im Grundmuster I, Randm in Ecru. In dieser Einteilung weiter geradeaus stricken und nach 3 Mustersätzen vom Einstrickmuster noch 15 R écru im Grundmuster I anfügen, dann abketten.
FERTIGSTELLUNG: Das Set nur im Mittelteil leicht spannen und vorsichtig dämpfen.

Set mit blauen Blümchen
MATERIAL: 100 g in Ecru, je 50 g in Blau Nr. 3522 und Grün Nr. 5422, 1 Rest in Gelb.

Arbeitsanleitung
Wie das Set mit rosa Blümchen arbeiten, jedoch nach Einstrickmuster 2 stricken.

Topflappen gemustert

Topflappen kann man nie genug haben. Denn wer möchte sich schon beim Kochen die Hände verbrennen. Diese haben ein Kästchenmuster.

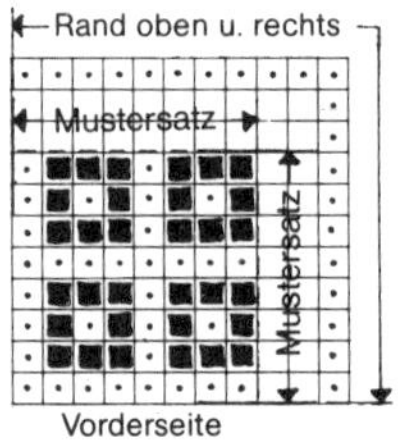

1 Kästchen = 1 Masche u. 1 Reihe
• = *0870 eierschale*
X = *2520 pink*
■ = *0020 schwarz*

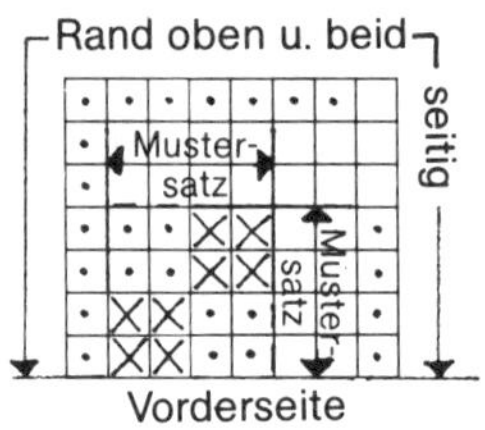

Topflappen schwarz/écru

GRÖSSE: 15 cm × 15 cm.
MATERIAL: Schürer-Garn, Qualität Extra, je 50 g in Schwarz Nr. 0020 und Ecru Nr. 0870. 1 Paar INOX-Stricknadeln Nr. 3, eine INOX-Häkelnadel Nr. 2½.

GRUNDMUSTER: Glatt rechts = Hinr rechte M, Rückr linke M.
EINSTRICKMUSTER: Siehe Zeichnung. Jedes Kästchen = 1 M in der entsprechenden Farbe. Die Randm sind nicht mit eingezeichnet.
MASCHENPROBE: 30 M und 35 R = 10 cm.

Arbeitsanleitung
VORDERSEITE: 47 M in Ecru anschlagen und im Grundmuster 3 R stricken. Weiter beidseitig außer den Randm je 3 M in Ecru, die übrigen M nach dem Einstrickmuster arbeiten. Nach 6 Rapporten noch 3 R écru anfügen, dann die M abketten.
RÜCKSEITE: 47 M in Schwarz anschlagen und 1 Rückr rechter M, weiter im Grundmuster abwechselnd 4 R écru, 1 Rippe = 2 R rechter M in Schwarz stricken. In 15 cm Höhe nach 1 R schwarz die M abketten.
FERTIGSTELLUNG: Die Teile links auf links zusammenlegen und in Ecru mit festen M zusammenhäkeln, da-

Das Foto zeigt Ihnen die beiden Topflappenmodelle in schwarz-weißem und pink-weißem Einstrickmuster.

bei an einer Ecke für die Schlaufe 20 Luftm häkeln und in der nächsten Rd mit festen M behäkeln.

Topflappen pink/écru

GRÖSSE: 15 cm × 15 cm.
MATERIAL: Schürer-Garn, Qualität Extra, je 50 g in Pink Nr. 2520 und Ecru Nr. 0870.
1 Paar INOX-Stricknadeln Nr. 3, eine INOX-Häkelnadel Nr. 2½.
GRUNDMUSTER: Glatt rechts = Hinr rechte M, Rückr linke M.
EINSTRICKMUSTER: Siehe Zeichnung linke Seite. Jedes Kästchen = 1 M in der entsprechenden Farbe. Die Randm sind nicht eingezeichnet.
MASCHENPROBE: 30 M und 35 R = 10 cm.

Arbeitsanleitung
VORDERSEITE: 48 M in Ecru anschlagen und im Grundmuster 3 R stricken. Weiter beidseitig außer den Randm je 3 M weiter in Ecru, die übrigen M nach dem Einstrickmuster arbeiten. Nach 12 Rapporten noch 3 R écru anfügen, dann die M abketten.
Rückseite: 48 M in Ecru anschlagen und im Grundmuster 1 R écru, weiter abwechselnd je 2 R pink und écru stricken. In 15 cm Höhe nach 1 R écru die M abketten.
FERTIGSTELLUNG: Die Teile links auf links zusammenlegen und in Pink mit festen M zusammenhäkeln, da-bei an einer Ecke für die Schlaufe 20 Luftm häkeln und in der nächsten Rd mit festen M behäkeln.

Schmucker Gürtel und schickes Täschchen

Einen Gürtel mit dazu passendem Täschchen finden Sie auf dieser Seite. Beide Teile zeigen ein zartes Einstrickmuster, das zwar etwas knifflig erscheint, aber nach der Einstrickmuster-Zeichnung relativ leicht nachzuarbeiten ist. Auch ideal als kleines Geschenk für nette Leute.

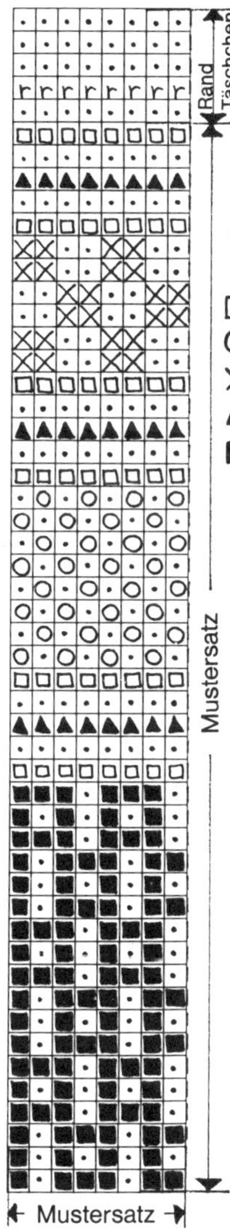

Zeichenerklärung:
1 Kästchen = 1 Masche u. 1 Reihe
r = rechts
• = 0670 eierschale
□ = 2085 blau
○ = 2014 gelb
× = 2227 pink
▲ = 2296 grün
■ = 0020 schwarz

Auf dieser Abbildung zeigt Ihnen das Mädchen rechts den breiten Gürtel mit dem dazu passenden Täschchen. Und das Mädchen links hat das Umhängetäschchen von der nächsten Seite.

Für beide Modelle
MATERIAL: Schürer-Garn, Qualität Golf, in Ecru Nr. 0670.
Mouliné-Sticktwist, in Pink Nr. 2227, Blau Nr. 2085, Grün Nr. 2296 und Schwarz Nr. 0020. SI-Faden 3/6fach in Gold, in den angegebenen Mengen und Farben.
1 Paar Stricknadeln Nr. 2.
Stoffreste zum Abfüttern.
GRUNDMUSTER: Glatt rechts = Hinr rechte M, Rückr linke M.
EINSTRICKMUSTER: Siehe Zeichnung. Gegeben ist 1 Rapport in der Breite und Höhe. Die Randm sind nicht mit eingezeichnet. Jedes Kästchen = 1 M in der entsprechenden Farbe.

MASCHENPROBE: 40 M und 48 R = 10 cm.

Gürtel

GRÖSSE: 8 cm breit, 70 cm lang.
MATERIAL: 50 g in Ecru, 5 Strg in Schwarz, je 3 Strg in Pink und Blau, je 2 Strg in Grün und Gold.

Arbeitsanleitung
35 M anschlagen und im Grundmuster nach dem Einstrickmuster 70 cm geradeaus stricken, dann die M nicht zu fest abketten.
FERTIGSTELLUNG: Das Teil spannen, leicht dämpfen. Den Gürtel abfüttern und dann mit Haken und Ösen schließen.

Täschchen

GRÖSSE: 10 cm × 10 cm.
MATERIAL: 25 g in Ecru, je Strg in Pink, Blau, Grün und Schwarz, 1 Strg in Gold.

Arbeitsanleitung
VORDER- UND RÜCKSEITE: Je 43 M in Ecru anschlagen und im Grundmuster 1 × das Einstrickmuster in der Höhe arbeiten, dann die M locker abketten.
FERTIGSTELLUNG: Die Teile spannen, leicht dämpfen. Untere und Seitennähte schließen, dabei die oberen 4 R für den Umschlag von rechts nähen. Futtertäschchen anfertigen und einnähen.
Aus dem restlichen Garn eine Kordel drehen und um das Täschchen nähen. Die Enden zusammenknoten. 6 Quasten anfertigen und dann an die Enden nähen.

Kleine Tasche

Ein kleines Täschchen mit zartem Einstrickmuster präsentiert sich Ihnen auf dieser Seite. Ideal, um im Sommer das Nötigste hineinzutun und sich nicht mit einer schweren Lederhandtasche zu belasten. Auch eine nette kleine Geschenkidee!

Zeichenerklärung:
1 Kästchen = 1 Masche u. 1 Reihe
r = rechts
• = 0670 eierschale
□ = 2085 blau
○ = 2014 gelb
× = 2227 pink
▲ = 2296 grün
■ = 0020 schwarz

GRÖSSE: 15 cm breit, 18 cm hoch.
MATERIAL: Schürer-Garn, Qualität JSA-Golf, 50 g in Ecru Nr. 0670.
Mouliné-Sticktwist, 4 Strg in Pink Nr. 2227, je 3 Strg in Blau Nr. 2085 und Grün Nr. 2296, je 2 Strg in Gelb Nr. 2014 und Schwarz Nr. 0020.
1 Paar INOX-Stricknadeln Nr. 2.
Stoffrest zum Füttern des Täschchens.
GRUNDMUSTER: Glatt rechts = Hinr rechte M, Rückr linke M.
EINSTRICKMUSTER: Siehe Zeichnung. Jedes Kästchen = 1 M in der entsprechenden Farbe.
MASCHENPROBE: 40 M und 48 R = 10 cm.

Arbeitsanleitung
VORDER- UND RÜCKSEITE: Je 63 M in Ecru anschlagen und nach 1 Randm im Grundmuster nach dem Einstrickmuster arbeiten, d. h. bis zur Mittel-M stricken, dann das Muster gegengleich anfügen. Nach Ende des Einstrickmusters die M nicht zu fest abketten.
FERTIGSTELLUNG: Die Teile von links spannen und leicht dämpfen. Die untere und Seitennähte schließen, dabei die oberen 4 R für den Umschlag von rechts nähen. Taschenfutter anfertigen und einnähen. Aus dem restlichen Garn 3 dünne Kordeln drehen und 6 Quasten anfertigen. Die Kordeln um die Tasche nähen, an den Enden die Quasten befestigen, dann die Enden miteinander verknoten.

Gestrickte Topflappen

Abb. S. 447

Topflappen werden gemeinhin gehäkelt. Aber man kann sie auch stricken. Diese blau-weißen Modelle beweisen es. Nur der Aufhänger wird angehäkelt. Das Stickmuster für die Schriftzüge Pfeffer und Salz finden Sie auf dieser Seite. Trotz des auf den ersten Blick schwierigen Musters sollten Sie sich diese Strickarbeit vornehmen. Denn ein Topflappen ist nicht groß und darum auch relativ schnell fertig. Also auch für Anfänger ideal, denn das Ergebnis ist fast sofort da. Und nebenbei stellt ein selbstgefertigter Topflappen ein schönes Mitbringsel für Freunde dar.

GRÖSSE: ungefähr 21 cm × 21 cm.
MATERIAL: Karstadt-Garn, Qualität Braungarn, je 50 g in Weiß und Blau. 1 Paar Stricknadeln Nr. 3½, 1 Häkelnadel Nr. 3.
GRUNDMUSTER: Glatt rechts = Hinr rechte M, Rückr linke M.
EINSTRICKMUSTER: Gegeben ist 1 Rapport in der Breite + 1 End-M, und zwar so, wie das Muster auf der Oberseite erscheint. Die Randm sind nicht mit eingezeichnet.
MASCHENPROBE: 15 M und 22 R = 10 cm.
STICKMUSTER: Im M-Stich aufsticken. Jedes Zeichen = 1 M in der Kontrastfarbe. Leere Kästchen = unbestickter M-Grund.

Arbeitsanleitung

Je Seite 35 M in Weiß bzw. Blau anschlagen und im Grundmuster 6 R einfarbig, 6 R Einstrickmuster, 23 R einfarbig, 6 R Einstrickmuster, 6 R einfarbig stricken, dann die M abketten.
FERTIGSTELLUNG: Die Stickmuster auf die Mitte der breiten einfarbigen Streifen sticken. Dann 2 Teile links auf links legen und mit 1 Rd fester M in der Grundfarbe zusammenhäkeln, dabei in die Ecken je 3 feste M arbeiten. Weiter noch 1 Rd in der Kontrastfarbe und 2 Rd in der Grundfarbe häkeln, dabei an die rechte obere Ecke für den Aufhänger 13 Luftm anschlagen, mit 1 Kettm befestigen und mit 15 festen M behäkeln.

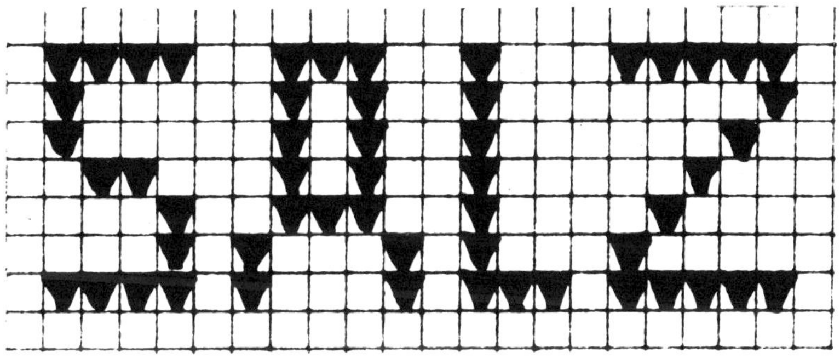

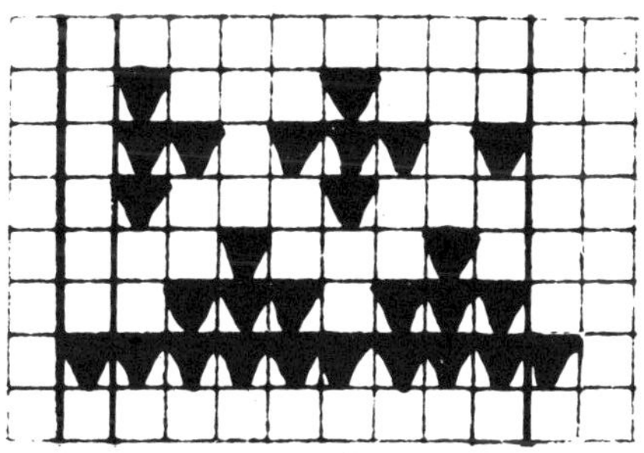

Einstrickmuster:
1 Rapport = 8 M
+ 1 End-M

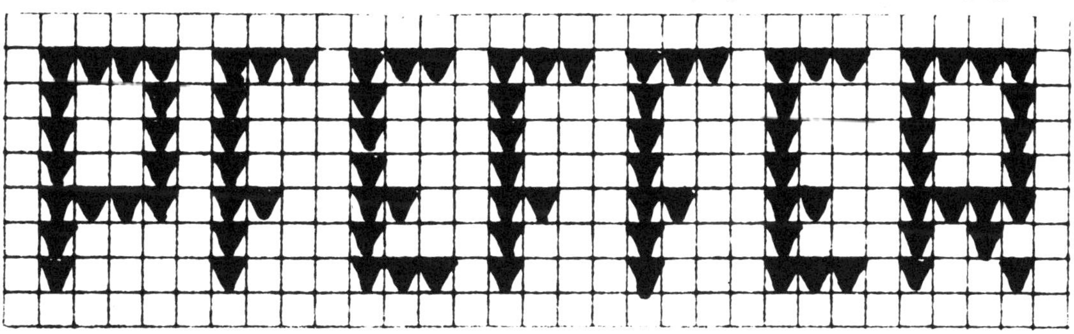

Gestrickter Hase

Abb. S. 441

MATERIAL: Stahlsche Wolle, Qualität Granda, 150 g in Ecru. 1 INOX-Nadelspiel Nr. 5. 2 pinkfarbene Knöpfe. Polierwatte zum Füllen.
GRUNDMUSTER: Kraus = Hin- und Rückr rechte M; in Rd abwechselnd 1 Rd rechte M, 1 Rd linke M.
MASCHENPROBE: 12 M und 26 R ergeben 10 cm im Quadrat.

Arbeitsanleitung

Für jedes Bein 6 M anschlagen und im Grundmuster stricken, dabei in der 2. R jede, in der 4. R jede 2. M verdoppeln = 18 M. Geradeaus stricken und in 15 cm Höhe die M stilllegen.
Weiter den Körper in Rd stricken, dabei zwischen beiden Beinen je 2 M dazu anschlagen = 40 M. In 32 cm Höhe 8 × jede 4. und 5. M rechts zusammenstricken, nach je 2 Rd darüber noch 2 × abnehmen. Die restlichen 16 M abketten.
Die Arme wie die Beine stricken, jedoch in 9 cm Höhe die M abketten.
Für den Kopf 12 M anschlagen und in Rd im Grundmuster stricken. Die folgenden Zunahmen liegen jeweils in den Rechts-Rd. 3. Rd: Jede M verdoppeln = 24 M. 5. Rd: Jede 2. M verdoppeln = 36 M. 7. Rd: Jede 6. M verdoppeln = 42 M. 9. und 11. Rd: Ohne Zunahmen. 13. Rd: 19 M rechts, 1 M zunehmen, 4 M rechts = Mitte, 1 M zunehmen, 19 M rechts = 44 M. 15. Rd: Wie 13. Rd. 17. Rd: 6 M rechts, 2 M rechts zusammenstricken, 5 M rechts, 2 M rechts zusammenstricken, 4 M rechts, 1 M zunehmen, 8 M rechts = Mitte, dann gegengleich beenden = 44 M. 19. und 21. Rd: Wie 17. Rd, jedoch keine M mehr zunehmen = 36 M. 23. Rd: 5 M rechts, 2 M rechts zusammenstricken, 8 M rechts, 2 M rechts zusammenstricken, 2 M rechts = Mitte, gegengleich beenden = 32 M. 25. Rd: 13 M rechts, 2 M rechts zusammenstricken, 2 M rechts = Mitte, 2 M rechts, 2 M rechts zusammenstricken, 13 M rechts = 30 M. 27., 29. und 31. Rd: Wie 25. Rd, dabei die Abnahmen neben die mittleren 2 M legen = 24 M. 33. Rd: Jede 3. und 4. M zusammenstricken = 18 M. 35. Rd: Jede 2. und 3. M zusammenstricken. Die restlichen 12 M zusammenziehen.
Für die Ohren je 5 M anschlagen und im Grundmuster stricken, dabei in der 3. R jede M verdoppeln = 10 M. Geradeaus stricken und nach 16 R beidseitig je 1 M zunehmen = 12 M. In der 35. R zum erstenmal, weiter in jeder 2. R die mittleren 2 M zusammenstricken, bis alle M aufgebraucht sind.
FERTIGSTELLUNG: Die Nähte schließen und die Teile mit Watte ausstopfen. Ohren, Arme und Kopf annähen. Als Augen 2 Knöpfe annähen, die Nase in Rosa um 2 R sticken. Den Bart aus rosafarbenem Sticktwist einknüpfen. Als Zähne 2 weiße längliche Pailletten annähen. Einen rosa Pompon anfertigen und annähen.

Gestrickte Puppe

Abb. S. 448

GRÖSSE: 38 cm hoch.
MATERIAL: Phildar-Garn, Qualität Pegase, 100 g in Ecru, je 50 g in Dunkelblau und Rost. 1 Paar INOX-Stricknadeln und 1 Nadelspiel Nr. 3½. Filzreste in Türkis, Schwarz und Rost. 2 kleine Perlen in Silber. Schaumstoffschnipsel.
GRUNDMUSTER: Glatt rechts.
MASCHENPROBE: 22 M und 34 R = 10 cm.

Arbeitsanleitung

KÖRPER: 22 M für 1 Bein in Ecru anschlagen und im Grundmuster 13 cm geradeaus stricken. Die M stillegen und das 2. Bein genauso stricken. Danach alle M in Arbeit nehmen, dabei zwischen den Beinen 4 M, beidseitig davon je 2 M dazu anschlagen = 52 M. Geradeaus stricken. In 19,5 cm Höhe mit den mittleren 26 M getrennt arbeiten. In 25 cm Höhe beidseitig für die Schultern je 8 M abketten – 10 M. Nun für den Kopf beidseitig in jeder 2. R 2 × 2, 4 × 1 M zunehmen = 26 M. 22 R geradeaus stricken, dann gegengleich abnehmen und die restlichen 10 M abketten. Nun mit den M einer Seite = 13 M weiter arbeiten und in 25 cm Höhe an der Innenseite für die Schulter 8 M abketten, dann an dieser Seite weiter den Kopf wie beschrieben arbeiten. Die andere Hälfte gegengleich arbeiten.
ARME: Je 24 M anschlagen in Ecru und 10 cm im Grundmuster stricken, M mit dem Arbeitsfaden zusammenziehen.

FERTIGSTELLUNG: Bis auf die rückwärtige alle Nähte schließen. Durch die 1. Bein-R einen Faden ziehen und fest anziehen. Arme an die Schlitze nähen. Die Puppe ausstopfen und die rückwärtige Naht schließen. Für die Haare 40 cm lange Fäden in Rost schneiden und in der Mitte über die rückwärtige Kopfnaht legen. Je 3–4 Fäden mit einem Stich befestigen. Für den Pony 6 cm lange Fäden schneiden, unter die langen Haare schieben und auf der Kopfnaht befestigen. Aus den langen Fäden Zöpfe flechten und vorn mit einem Stich befestigen. Für die Augen 2 türkisfarbene und 2 kleinere schwarze Kreise befestigen, die Perlen in der Augenmitte befestigen. Für den Mund einen rostfarbenen Halbkreis aus Filz befestigen.

ANZUG: Kraus stricken = Rücken- und Hinr rechte M, und zwar * je 4 R = 2 Rippen in Dunkelblau, Ecru, Rost, Ecru, ab * wiederholen. Zuerst für 1 Bein 26 M in Dunkelblau anschlagen und 11 cm geradeaus stricken, dann die M stilllegen. Das 2. Bein genauso arbeiten. Nun den Körper in Rd arbeiten = abwechselnd 1 Rd rechte M, 1 Rd linke M. Zwischen den Bein-M je 4 M dazu anschlagen = 60 M. Geradeaus stricken, dabei liegt der Rd-Wechsel in der hinteren Mitte. In 19 cm Höhe die Arbeit teilen: Ab Rd-Wechsel über 15 M stricken, für den Ärmel 15 M dazu anschlagen = 30 M und geradeaus stricken. Ab 23,5 cm Höhe für den Halsausschnitt in jeder 2. R 1 × 4, 1 × 3 M abketten, in 25 cm Höhe die restlichen 23 M abketten. Die andere Rückenhälfte gegengleich arbeiten. Nun die 30 Vorderteil-M aufnehmen, beidseitig für die Ärmel je 15 M dazu anschlagen = 60 M. Geradeaus stricken und in 22,5 cm Höhe für den Halsausschnitt die mittleren 6 M in 1 R, beidseitig davon in jeder 2. R 2 × 2 M abketten. In 25 cm Höhe die restlichen je 23 M abketten.

FERTIGSTELLUNG: Die Schulter- und Ärmelnähte schließen. Den Schlitz und den Halsausschnitt mit 1 R fester M in Dunkelblau umhäkeln. Als Gürtel 1 Luftm-Kette häkeln.

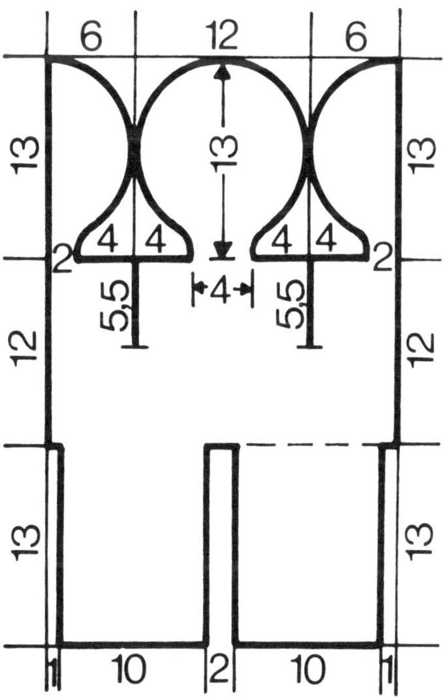

Links: Schnitt des Puppenkind-Körpers, der glatt mit Phildar-Garn gestrickt wird.
Rechts nebenstehend: Schnitt des Ärmels. Rechts unten: Schnitt des Anzugs mit Halsausschnitt und angestrickter Hose.

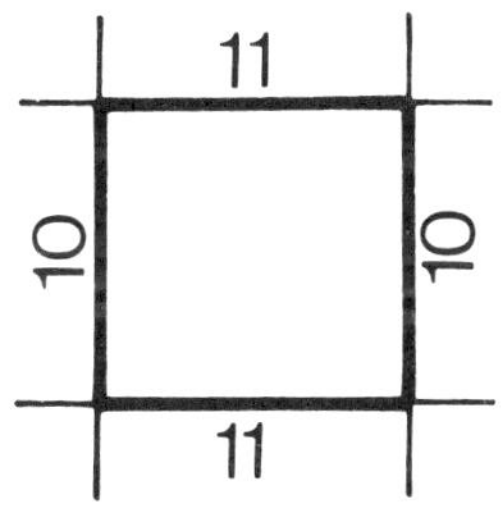

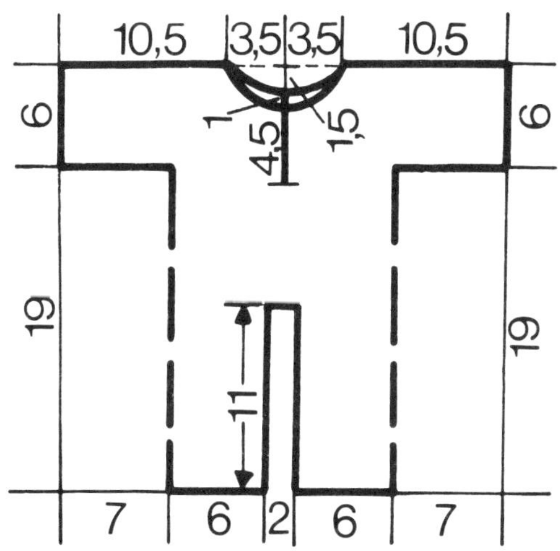

Gestrickte Matrosenpuppen

Für alle Puppen

GRÖSSE: 25 cm.
MATERIAL: Phildar-Garn, Qualität Pegase, 80% Acryl, 20% Wolle, in den angegebenen Mengen in Blau Nr. 82, Weiß Nr. 10, Grau Nr. 42, Schwarz Nr. 64, Rot Nr. 84, Rost Nr. 85.
1 Paar INOX-Stricknadeln Nr. 4.
Watte zum Füllen, schwarze und rote Filzreste.

Unser Seemann Jim trägt einen blauen Blazer mit Goldknöpfen.

GRUNDMUSTER: Glatt rechts = Hinr rechte M, Rückr linke M.
MASCHENPROBE: 18 M und 26 R = 10 cm im Quadrat.

Jim

MATERIAL: Reste in Blau, Grau, Weiß, Schwarz und Rot. 4 goldene Knöpfe.

Arbeitsanleitung

BEINE: 2 × arbeiten. 24 M in Schwarz anschlagen und im Grundmuster 2 cm schwarz, dann 6 cm grau stricken. In 8 cm Höhe die M stillegen.
RUMPF: Die M der Beine zusammenfügen = 48 M und weiter im Grundmuster 10 cm blau, dann für den Kopf 8 R weiß, 2 R blau, 1 Rippe = je 1 Hin- und Rückr rechte M in Weiß, weiter bis 25 cm Höhe blau im Grundmuster stricken. Die M abketten.
ARME: 12 M in Weiß anschlagen und im Grundmuster 5 R weiß, weiter den linken Arm einfarbig blau stricken, am rechten Arm 3 × abwechselnd 2 R blau im Grundmuster und 1 Rippe weiß stricken, dann blau im Grundmuster beenden und dann in 12 cm Höhe abketten.
FERTIGSTELLUNG: Die Beinnähte und die Rückennaht schließen, dabei nach und nach die Teile füllen. Füße, Beine und Hals quer durchnähen. Zuletzt die Kopfnaht schließen, Arme zunähen, dabei den Anschlag abschrägen und füllen, dann an den Rumpf nähen. Auf die Kopfmitte einen roten Pompon nähen. Für den Einsatz im M-

Seemannsgarn, das gemeinhin nur gesponnen wird, sind hier für Jonny und Jonas verstrickt worden.

Stich weiße Streifen aufsticken. Augen, Wangen und Krawatte aus Filz annähen, Mund und Rangabzeichen aufsticken. Die Knöpfe annähen.

Jonny

MATERIAL: 50 g weiß, Reste in Schwarz, Rost, Rot und Blau. 6 schwarze Knöpfe.

Arbeitsanleitung
Wie Jim arbeiten, Füße in Schwarz, weiter einfarbig weiß. Für die Seitentaschen in 9 cm Höhe die Arbeit teilen: die mittleren 18 M stillegen, dafür über die Öffnung 18 M neu anschlagen und alle M bis 15 cm Höhe stricken, dann ruhenlassen. Nun die 18 stillgelegten M aufnehmen und die Tasche bis 15 cm Höhe stricken, dabei beidseitig je 2 M in jeder R rechts, die übrigen M im Grundmuster stricken. In 15 cm Höhe die Taschen-M vor den Rumpf legen und jeweils 1 Taschen-M mit 1 Rumpf-M rechts zusammenstricken. Anschließend daran für den Brust-Einsatz die mittleren 2 M als Rippe stricken, in jeder foglenden Rückr beidseitig davon je 1 M mehr als Rippe stricken.
ARME: Einfarbig weiß wie bei Jim stricken, dabei nach 6 R 1 Rippe einarbeiten.
FERTIGSTELLUNG: Siehe Jim. Auf die Tasche einen Anker sticken, zwischen die Rippen vom Brust-Einsatz im M-Stich blaue M sticken. Die Knöpfe in Hosenklappen-Höhe aufnähen. Für die Haare 5 cm lange Fäden in Rost schneiden und in die letzten 3 cm des Kopfes einknüpfen. Sommersprossen in Rost aufsticken.

Jonas

MATERIAL: Reste in Weiß, Blau, Rost und Rot.

Arbeitsanleitung
BEINE: 2 × arbeiten. 24 M in Rost anschlagen und im Grundmuster stricken. In 3 cm Höhe beidseitig je 4 M abketten = 16 M, geradeaus stricken. Ab 6 cm Höhe in Blau arbeiten, dabei beidseitig je 4 M dazu anschlagen = 24 M.
In 9 cm Höhe die M abketten.
RUMPF: 48 M in Rot anschlagen, 1 Rückr rot, weiter * je 1 Rippe weiß, blau, weiß und rot stricken, ab * wiederholen. In 4 cm Höhe die M stillegen. Für die Tasche 18 M in Rot anschlagen und wie den Rumpf stricken, dann diese M vor die mittleren 18 Rumpf-M legen und wie bei Jonny beschrieben zusammenstricken.
Weiter in Streifen und Rippen wie bisher arbeiten, dabei gleich nach der Tasche mit dem Einsatz beginnen: mit einem extra Knäuel den Einsatz weiß im Grundmuster, daneben wie beschrieben stricken. Ab 8 cm Höhe im Grundmuster noch 4 cm weiß, dann 4 R blau, 2 R weiß, weiter bis 16 cm Höhe blau stricken.
ARME: Einfarbig weiß wie bei Jim stricken, dabei nach 4 R 5 Rippen einarbeiten.
FERTIGSTELLUNG: Siehe Jim. Die Beine einzeln füllen und annähen. Auf den Einsatz einen Anker sticken, in die Kopfmitte einen roten Pompon nähen.

Puppen-Eltern
Abb. S. 448

Puppen erfreuen alle kleinen Mädchenherzen, manchmal auch die kleinen Jungen. Unser gestricktes Puppenpaar besteht aus Vater und Mutter. Beide sind relativ groß: Der Puppenvater mißt 50 cm, die Mutter 46 cm. Das Stricken erfordert also Zeit und Geduld. Auch das Nacharbeiten nach dem Schnitt ist nicht so einfach. Aber etwas geübtere Strickerinnen können diese Klippen umschiffen. Und die Freude bei den Kleinen wird sicher groß sein.

Puppenvater

GRÖSSE: 50 cm hoch.
MATERIAL: Phildar-Garn, Qualität Pegase, 150 g in Ecru, 100 g in Rost Nr. 50, 1 Rest in Braun. 1 Paar INOX-Stricknadeln Nr. 3½. Filzreste in Grün, Schwarz und Orange. 2 kleine Perlen. Schaumstoffschnipsel zum Füllen. 3 Knöpfe.
GRUNDMUSTER: Glatt rechts = Hinr rechte M, Rückr linke M.
MASCHENPROBE: 22 M und 34 R = 10 cm.

Arbeitsanleitung
KÖRPER: 28 M in Ecru für 1 Bein anschlagen und im Grundmuster 17 cm hoch stricken. Die M stillegen und das andere Bein genauso arbeiten. Dann die M zusammenfügen, dabei zwischen den Beinen 4 M und beidseitig davon je 3 M dazu anschlagen = 66 M. Weiter den Körper geradeaus stricken. In 27,5 cm Höhe mit

den mittleren 34 M getrennt bis 34 cm Höhe geradeaus stricken, dann für die Schultern beidseitig je 9 M abketten = 16 M. Nun für den Kopf beidseitig in jeder 2. R 1 × 3, 2 × 2, 2 × 1 M zunehmen = 34 M, 30 R geradeaus stricken, dann gegengleich abnehmen und die restlichen 16 M abketten. Nun die beiden Seiten mit den restlichen je 16 M beenden. In 34 cm Höhe für die Schultern 1 × 9 M abketten, dann den Kopf wie beschrieben arbeiten.

ARME: Je 28 M in Ecru anschlagen und im Grundmuster 12 cm geradeaus stricken, dann die M mit dem Arbeitsfaden zusammenziehen.

FERTIGSTELLUNG: Bis auf die rückwärtige alle Nähte schließen. Durch die 1. Bein-R einen Faden ziehen und fest anziehen. Arme an die Schlitze nähen. Die Puppe ausstopfen und die rückwärtige Naht schließen. Für die Haare 24 cm lange Fäden aus dem braunen Garn schneiden und so auf die runde Kopfnaht nähen, daß ca. 8 cm der Fäden vorn hängen. Diese als Pony gerade abschneiden. Für die Augen 2 grüne Dreiecke aus Filz mit schwarzem kleinen Kreis und 1 Perle aufnähen. 1 orangefarbenes Dreieck mit abgerundeten Ecken aus Filz als Mund aufkleben, darüber einen Bart in Braun im Plattstich sticken.

HOSENTEIL: 38 M in Rost anschlagen, 4 R nur rechte M,

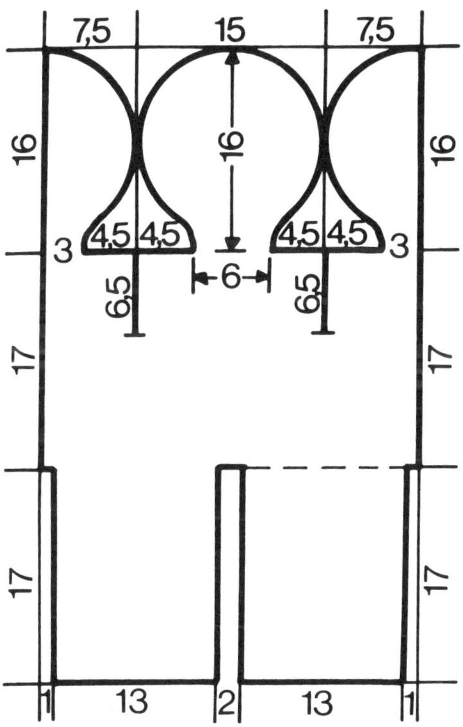

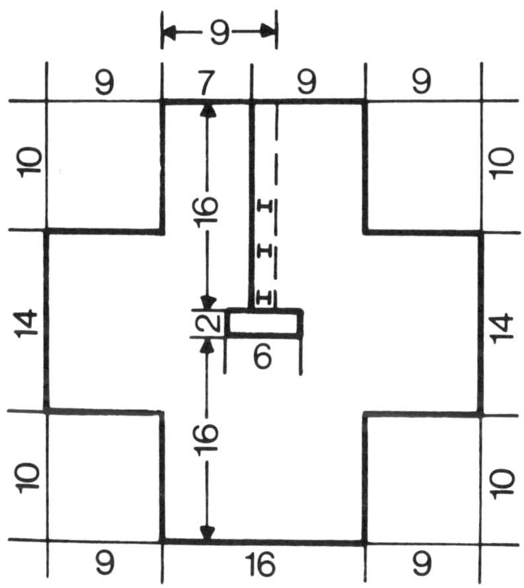

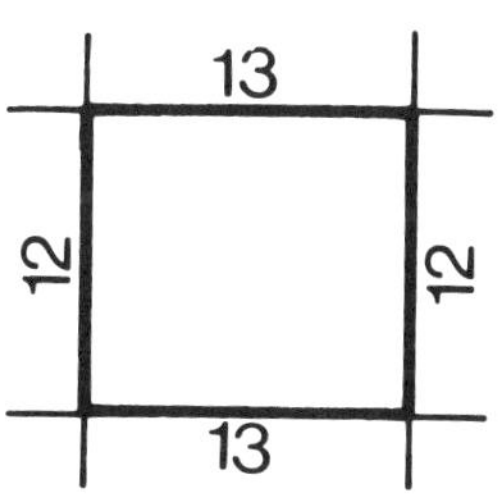

Links oben: Schemazeichnung für den Puppenvater. Links nebenstehend: Arm. Rechts oben: Jackenteil. Rechts untenstehend: Hosenteil. Alle Maßangaben in cm.

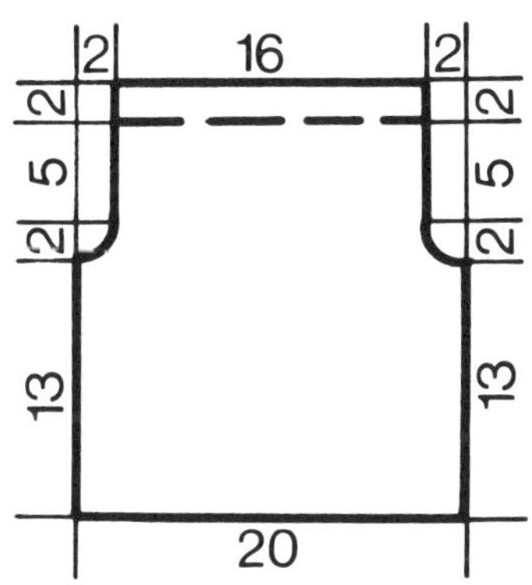

dann im Grundmuster weiter geradeaus arbeiten. Ab 13 cm Höhe beidseitig in jeder 2. R 1 × 2, 2 × 1 M abketten = 30 M. Bis 20 cm Höhe geradeaus stricken, noch 2 cm hoch abwechselnd 1 M rechts, 1 M links stricken, dann abketten.
JACKE: Mit doppeltem Faden in Ecru kraus stricken = Rück- und Hinr rechte M. Für das Rückenteil 32 M anschlagen und 10 cm geradeaus stricken. Für die Ärmel beidseitig je 16 M dazu anschlagen = 64 M. 6 cm geradeaus stricken, dann für den Halsausschnitt die mittleren 12 M abketten. Mit den linken 26 M 2 cm stricken, dann an der Innenseite für den Vorderteil-Ausschnitt 9 M dazu anschlagen. Noch 6 cm geradeaus stricken, dann die Ärmel-M abketten. Bis 34 cm Höhe geradeaus stricken, dann die M abketten. Nun die rechten M aufnehmen und Halsausschnitt und Vorderteil gegengleich anstricken, dabei in 19, 23 und 27 cm Höhe über die 3. M ab Rand je 1 Knopfloch einarbeiten.
FERTIGSTELLUNG: Alle Nähte schließen. In den oberen Hosenrand Gummifaden einziehen. Die Knöpfe annähen.
SCHAL: 80 M in Rost anschlagen und kraus abwechselnd je 2 R in Rost und Ecru stricken. Für die Fransen beim Farbwechsel den Faden jeweils 10 cm vor dem Gestrick anlegen und danach abschneiden. Nach 18 R die M abketten. Auf der einen Schmalseite die Fäden miteinander verknoten, auf der anderen entsprechend Fransen einhängen.

Puppenmutter
Abb. S. 448

Die Puppenmutter ist das Pendant zum Puppenvater auf der vorigen Seite. Sie ist etwas kleiner als ihr Mann und mißt nur 46 cm.

GRÖSSE: 46 cm hoch.
MATERIAL: Phildar-Garn, Qualität Pegase, 100 g in Ecru, 50 g in Braun. 1 Paar INOX-Stricknadeln Nr. 3½. Filzreste in Blau, Pink und Schwarz. Schaumstoffschnipsel zum Füllen. 2 kleine schwarze Perlen.
GRUNDMUSTER: Glatt rechts = Hinr rechte M, Rückr linke M.
MASCHENPROBE: 22 M und 34 R = 10 cm.

Arbeitsanleitung
KÖRPER: 26 M in Ecru für 1 Bein anschlagen und im Grundmuster 16 cm hoch stricken, dann die M stillegen. Das 2. Bein genauso stricken. Für den Körper die M wieder in Arbeit nehmen, dabei zwischen den Beinen 4 M und beidseitig davon je 3 M dazu anschlagen = 62 M. Geradeaus stricken. Ab 25 cm Höhe mit den mittleren 30 M den vorderen Körper beenden. In 31 cm Höhe für die Schultern beidseitig je 9 M abketten = 12 M. Nun für den Kopf beidseitig in jeder 2. R 1 × 3, 2 × 2, 2 × 1 M zunehmen = 30 M. 28 R geradeaus stricken, dann gegengleich wieder abnehmen. Die restlichen 12 M abketten. Danach an einer Seite die 16 stillgelegten M wieder aufnehmen, bis 31 cm Höhe geradeaus stricken, dann die Schulter und an einer Seite den Kopf wie beschrieben arbeiten. Das andere Teil gegengleich arbeiten.
ARME: 26 M anschlagen und im Grundmuster 11 cm stricken. Dann die M mit dem Arbeitsfaden zusammenziehen.
FERTIGSTELLUNG: Bis auf die rückwärtige alle Nähte schließen. Durch die 1. Bein-R einen Faden ziehen und fest anziehen. Arme an die Schlitze nähen. Die Puppe ausstopfen und die rückwärtige Naht schließen. Für das Haar ca. 1 m lange braune Fäden schneiden und sie in der Hälfte auf die obere runde Kopfnaht über 14 cm nähen. Dabei immer ca. 3 Fäden mit 1 Stich halten. Das über das Gesicht fallende Haar in der Mitte teilen und über den Nacken nach hinten zurücknehmen. Mit einigen Stichen befestigen. Nun 2 Zöpfe flechten, je einen nach vorn zur Schnecke legen und annähen. Für die Augen 2 runde blaue, für den Mund ein pinkfarbenes Stück Filz schneiden und auf das Gesicht kleben. Für die Augen noch 2 kleine runde schwarze Filzstücke mit 1 schwarzen Perle befestigen.

Kleid
MATERIAL: Phildar-Garn, Qualität Loisirs, je 50 g in Dunkelblau, Ecru, Pink und Türkis. 1 Paar INOX-Stricknadeln Nr. 3. 4 kleine Knöpfe.
GRUNDMUSTER: Glatt rechts = Hinr rechte M, Rückr linke M.
MASCHENPROBE: 25 M und 34 R = 10 cm.

Arbeitsanleitung

RÜCKEN: 67 M in Dunkelblau anschlagen und 3 R kraus = Rück- und Hinr rechte M, dann im Grundmuster * je 2 R in Ecru, Türkis, Ecru, Pink, Ecru, Dunkelblau stricken und ab * wiederholen. In 9 cm Höhe 26 × 2 M gleichmäßig verteilt zusammenstricken = 41 M. Nun einfarbig dunkelblau das Oberteil stricken, dabei für den Schlitz die Arbeit durch Abketten der Mittel-M teilen und jede Seite für sich beenden. Am Schlitzrand bis 17 cm Höhe geradeaus stricken, dann für den Halsausschnitt 1 × 8 M, danach die restlichen Schulter-M abketten.

VORDERTEIL: Bis auf den Schlitz und den Halsausschnitt wie den Rücken stricken. In 9 cm Höhe die Arbeit nicht teilen und für den Halsausschnitt in 17 cm Höhe die mittleren 17 M abketten.

ÄRMEL: 40 M in Dunkelblau anschlagen und 3 R kraus, danach im Grundmuster je 2 R in Türkis, Ecru, Pink und Ecru stricken, dann das Teil in Dunkelblau beenden. In 8 cm Höhe die M abketten.

FERTIGSTELLUNG: Die Nähte schließen. Halsausschnitt und Schlitz mit 1 R fester M in Dunkelblau behäkeln, dabei am Schlitz 4 kleine Schlingen häkeln und die Knöpfe annähen.

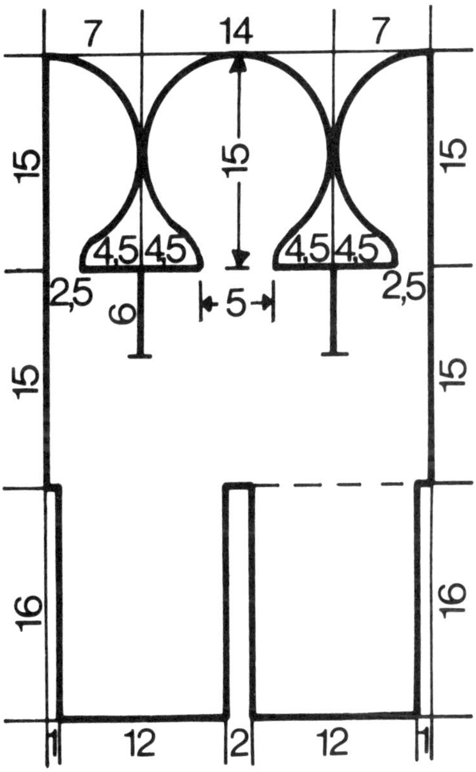

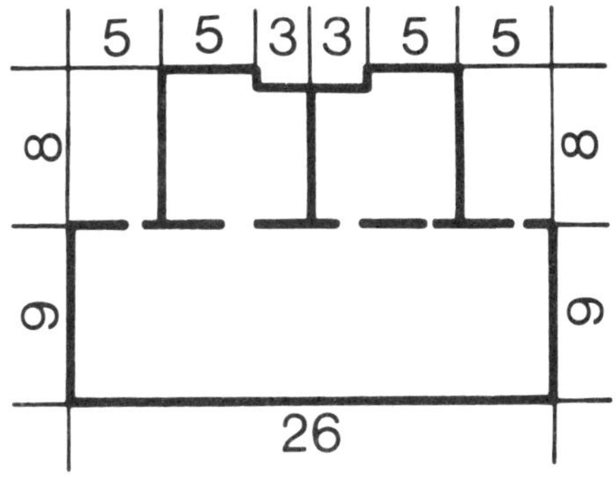

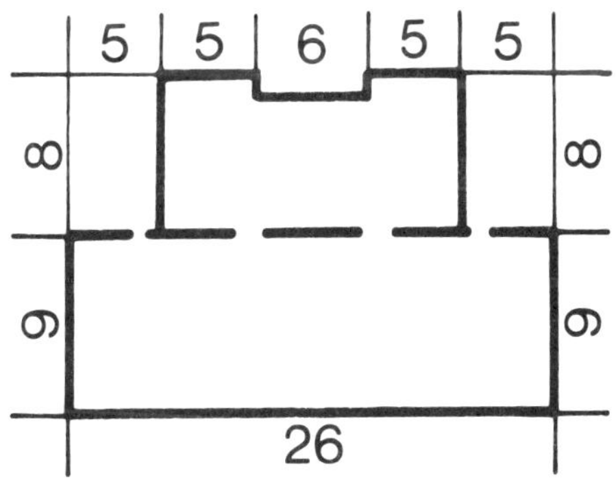

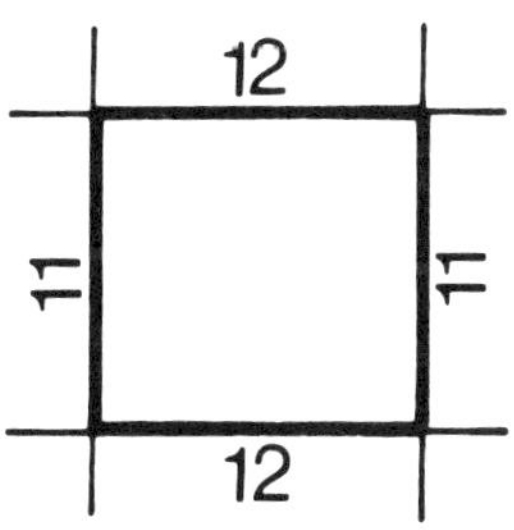

Links oben: Schemazeichnung für die Puppenmutter. Links nebenstehend: Arm. Rechts oben: Rückenteil. Rechts Mitte: Vorderteil. Rechts nebenstehend: Ärmel. Alle Maßangaben in cm.

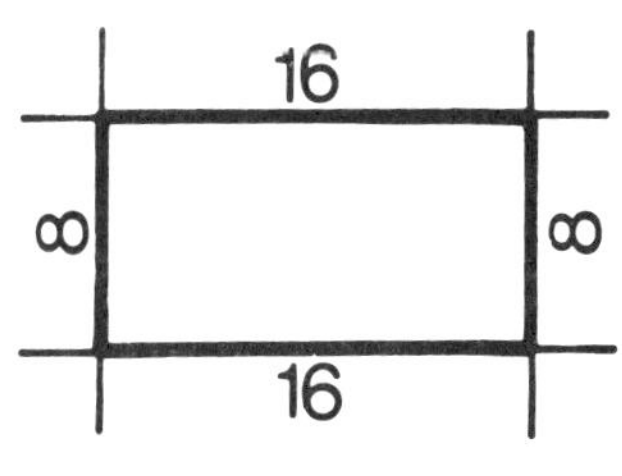

Etwas Materialkunde

Für die meisten Frauen ist Stricken eine erholsame und gleichzeitig sinnvolle Freizeitbeschäftigung. Soll die Arbeit aber Spaß machen und glücken, muß man einige Materialkenntnisse besitzen, sollte über die verschiedenen Garn- und Wollqualitäten gleichermaßen Bescheid wissen wie über die jeweils dazu passenden Nadeln. Unerläßlich ist natürlich auch die Beherrschung der wichtigsten Stricktechniken. Wer noch nicht besonders geübt ist, sollte sich zunächst einmal an nicht allzu schwierige Muster wagen, um sich die Freude am Stricken nicht zu verderben.

Mit dem Kauf von Garn fängt alles an

Jedes maschinell gewickelte Knäuel trägt eine Papiermanschette, auf der ein paar wichtige Dinge abgedruckt sind. Man sollte sie sich vor dem Kauf genau durchlesen, denn sie können Ungeübte vor einigen Fehlern bewahren. Meist geben die kleinen unscheinbaren Banderolen Auskunft über die Zusammensetzung der Faser, über Wasch- und Pflegeanleitungen, über empfohlene Nadelstärken, den Namen der Firma und die Menge.
Die wichtigsten Angaben, die meist mit einem Stempel aufgedruckt sind, werden allerdings allzu oft übersehen: es sind die Nummern der Farbe und der Farbpartie. Wie wichtig diese beiden Zahlen sein können, wissen geübte Strickerinnen aus Erfahrung.
Da Wolle in den einzelnen Farbbädern oft unterschiedlich reagiert – selbst wenn diese Bäder die gleichen Bestandteile aufweisen – kommen oft kaum merkliche Farbunterschiede dabei heraus. Zwei aufeinanderfolgende Farbbäder ergeben also nicht immer die gleiche Farbnuance, und kein Handarbeitsgeschäft kann versprechen, den gleichen Farbton in vier Wochen noch einmal verkaufen zu können.
Deshalb ist die aufgestempelte Farbpartienummer so wichtig. Diese Wolle stammt aus demselben Farbbad und enthält keine Abweichungen.
Es empfiehlt sich also, gleich beim Einkauf die nötige Menge zu kaufen. Sollte es trotzdem einmal vorkommen, daß nicht genügend Wolle im gleichen Farbton vorhanden ist, kann man mit der Banderole in einem anderen Woll- und Handarbeitsgeschäft danach fragen.

Etiketten muß man lesen können

Banderolen und Etiketten, die um Garn- und Wolldoggen gebunden sind, enthalten wichtige Informationen über deren Behandlung und Pflege. Nicht alle Symbole, die auf Banderolen aufgedruckt sind, sind gleich. Darum geben wir hier einen kurzen Überblick über sämtliche Zeichen und deren Bedeutung.
Die mit einem Stempel aufgedruckte Farbnummer und Farbpartie-Nr. gibt – wie schon oben erklärt – die exakte Färbung der einzelnen Farbbäder an. Nur Wollstränge mit der gleichen Stempelnummer haben exakt dieselbe Farbe. Bei abweichenden Nummern kann die Nuancierung der Farbe leicht abweichen.
Das Symbol einer Waschmaschine oder eines Waschzubers mit Temperaturangabe weist auf die Pflegemöglichkeit des Garnes hin. Ist eine kleine Waschmaschine auf der Banderole zu sehen, kann man das Garn bzw. das fertige Stück in der Waschmaschine waschen. Ist eine Waschschüssel oder ein Waschtrog abgebildet mit der Angabe 30° C, empfiehlt es sich , das selbstgefertigte Stück mit der Hand bei 30 Grad zu waschen (handwarm).
Ein großes P oder ein A innerhalb eines Kreises bedeutet, daß man das Garn auch reinigen lassen kann. Das P steht symbolisch für eine Reinigung mit Perchloräthylen oder Benzin.
Ist auf der Banderole ein Bügeleisen zu sehen, bedeutet das, daß man das Garn oder die Wolle auch plätten oder dämpfen darf. Meist wird durch einen Punkt (kleinste Einstellung) oder mehrere Punkte auf dem Bügeleisen auch der Hitzegrad beim Bügeln angegeben. Ist das Bügeleisen durchgestrichen, darf das gestrickte Produkt in keinem Fall mit einem Bügeleisen Bekanntschaft machen.
Gekreuzte Stricknadeln mit einer danebenstehenden Zahl geben die günstigste Nadelstärke für dieses Garn bekannt. Strickt man mit Nadeln, die dicker oder dünner sind, verändert sich das Maschenbild, und das Probestück fällt dementsprechend aus.
Ist eine Wolle oder Faser für die Verarbeitung auf dem Handstrickapparat geeignet, gibt es dafür bei den verschiedenen Wollfirmen auch unterschiedliche Symbole. Einige begnügen sich mit dem Zeichen »fit«, andere wiederum zeigen diese Eigenschaft durch ein gezeichnetes Symbol an.
In jedem Fall gibt eine Banderole Auskunft über die Zusammensetzung des jeweiligen Garnes. Da gibt es zum Beispiel »Reine Schurwolle« und ein dafür festgelegtes Zeichen. Besteht ein Garn aus 92% Wolle und 8% sonstigen Fasern oder 100% Dralon bzw. Polyacryl, ist auch dieses auf

den Etiketten angegeben.
Jedes Wollknäuel oder jeder Strang enthält auf der Banderole auch eine genaue Angabe über die Wollmenge. Fast alle Stränge sind zu 50-Gramm-Knäueln gewickelt. Meist ist auf den Papieretiketten auch die Lauflänge (z. B. 250 m/ 50 g) angegeben.
Bevor man sich also von einem Garn und seiner Farbe »bestricken« läßt, ist es in jedem Fall angebracht, vor dem Kauf die Banderole zu studieren. Oft genug ist nämlich das Garn, das einem gerade so gut gefällt, nicht für das Strickstück, das man plant, geeignet.
Kinderkleidung, die erfahrungsgemäß häufig gewaschen werden muß, sollte darum lieber aus Garnen gefertigt werden, auf denen der Aufdruck »maschinenwaschbar« nicht fehlt.
Wer eine Handarbeit plant, sollte nicht beim Kauf der Wolle mit dem Sparen beginnen. Das wäre wirklich der falscheste Augenblick. Denn ein selbstgefertigtes Stück ist immer mehr wert als das Garn selbst. Eine Handarbeit, die viele Stunden Mühe gekostet hat, sollte nicht an Wert durch billiges, unschönes Material verlieren. Man will ja möglichst lange etwas von dem guten Stück haben und sich nicht schon nach dem ersten Tragen über die mindere Qualität der Wolle ärgern.
Mit dem Kauf von Wolle fängt alles an. Den meisten weiblichen Wesen geht es so, daß sie an einem Wollgeschäft vorbeigehen und sich von der reichlichen Auswahl der verschiedensten Garne und Farben in den Schaufensterauslagen anlocken lassen. Dann erwacht in den meisten der Wunsch, sich auch einmal an ein »selbstgemachtes Stück« zu wagen. Es wird schon irgendwie gelingen, denkt man, verwirrt durch die verlockende Auswahl.
Doch mit dem Wunsch allein ist es noch nicht getan. Man sollte sich vorher genau überlegen, was man arbeiten will, welches Muster man machen will, und zu welchen Gelegenheiten das fertige Produkt getragen werden soll. Oder ob man sich gar etwas arbeiten will, was in die Wohnung paßt. Bevor man also ein Handarbeitsgeschäft betritt, sollte man sich über das, was man tatsächlich machen will, im klaren sein. Denn fast jedes Stück verlangt eine andere Woll- bzw. Garnqualität. Allein die Unterschiede zwischen Chemie- und Naturfasern sind so groß, daß es sich lohnt, sich vorher ein bißchen damit zu befassen.

Natürliche und synthetische Garne

Man unterscheidet Naturfasern wie Wolle, Seide etc., gemischte Garne, synthetische und Baumwollgarne. Da Wolle das am häufigsten verwendete Material ist (und auch das beste), soll in erster Linie von ihr die Rede sein, zumal alles, was über Wolle zu sagen ist, auch für die meisten anderen Strickmaterialien Gültigkeit hat.

Vorteile von reiner Wolle

Wolle wirkt klimaausgleichend und ist dadurch für jede Jahreszeit geeignet.
Wolle schmutzt nicht so leicht und läßt sich deshalb einfach pflegen. Da es sich um eine reine Faser handelt, die Feuchtigkeit bindet und sich deshalb nicht elektrostatisch aufladen kann, zieht sie auch Schmutz nicht magnetisch an.
Wolle ist elastisch, biegsam und sehr strapazierfähig. Sie behält darüber hinaus gut ihre Form und erholt sich schnell von Knitterfalten.
Wolle läßt sich hervorragend färben, da das Wollhaar die Fähigkeit besitzt, Farbe bis tief in die Fasern hinein aufzunehmen.

Die verschiedenen Wollqualitäten

Textilien bzw. Handstrickgarne aus 100% Schurwolle sind mit »Reine Schurwolle« gekennzeichnet. Schurwolle ist die vom lebenden Schaf geschorene Wolle, die zum ersten Mal zu einem Textil oder einem Garn verarbeitet wird.
Textilien oder Handstrickgarne aus Reißwolle fallen unter den Begriff »reine Wolle«. Reißwolle ist aufgerissene Wolle von Abfällen aus der Produktion oder von getragenen Kleidungsstücken (Lumpen). Darum sind Reißwollfasern kürzer und weniger elastisch als die der Schurwolle.
Unter »Schurwolle mit Beimischung« versteht man Garne, die mit überwiegendem Anteil Schurwolle und mit geringerem Anteil eine andere Faser enthalten.

Die Pflegebeschaffenheit bei Wolle ist immer auf Etiketten oder Banderolen angegeben. Heißt es »Mit Spezialausrüstung – filzt nicht«, kann man das Garn bzw. das fertige Stück bis zu einer Temperatur von 30 Grad in der Waschmaschine im Wollsiegel-Waschgang waschen.
»Superwash« bedeutet, daß diese Strickarbeiten in jeder Waschmaschine bis zu 30 Grad gewaschen werden können.

Die verschiedenen Wollarten
Schafwolle ist die Wolle par excellence. Wenn man das Wort »Wolle« ohne Zusatz verwendet, ist fast immer Schafwolle gemeint. Sie ist haltbarer als Lammwolle, und sie ist zweifellos die preiswerteste unter allen verschiedenen Wollfasern. Sie ist weich, hält warm und wirkt trotzdem temperaturausgleichend. Meistens ist sie in sehr intensive Farben eingefärbt, die sich gut miteinander kombinieren lassen. Schafwolle eignet sich besonders gut für Winterpullis, Handschuhe, Mützen und lange Schals. Allerdings erfordert Schafwolle auch eine besondere Pflege. Sie darf nur handwarm, mit wenig Feinwaschmittel, gewaschen werden, man darf die Stücke nicht auswringen, sondern nur ausdrücken bzw. in der Wäscheschleuder antrocknen. Zum Trocknen dürfen die Pullover usw. nicht aufgehängt, sondern müssen auf Handtüchern ausgebreitet werden. Schafwollsachen sollten nie an der Heizung oder in der prallen Sonne getrocknet werden. Wenn man all diese Dinge berücksichtigt, läuft keines der Stücke ein, sie verfilzen und verziehen sich nicht, und man hat lange Freude an den nicht gerade billigen Stücken.

Lammwolle (lambswool) ist weich und warm, aber nicht sehr haltbar. Sie sollte einen Zusatz von Schafwolle enthalten, damit sie nicht flockt und haltbarer wird. Auch sie verfilzt bei unsachgemäßer Behandlung leicht. Also handwarm waschen und nicht auswringen, sondern ausdrücken.

Außer der Wolle von Schafen und Lämmern gibt es noch Wolle aus besonders feinen Tierhaaren und zwar:

Alpakawolle stammt von einer zahmen Lamaart, die in den südamerikanischen Andenhochländern gehalten wird. Alpakawolle hat einen seidigen Schimmer, ist sehr haltbar, wärmt aber nicht sonderlich. Sie ist zum Beispiel für Übergangssachen wie Pullunder und Westen zu empfehlen. Nicht zu heiß waschen und stets ein Feinwaschmittel verwenden. Notfalls zur Reinigung bringen.

Kamelhaarwolle stammt – wie der Name sagt, vom Kamel, das in den Wüsten Asiens, Nordafrikas und in Teilen Rußlands lebt. Die Wolle wird aus dem feinen Unterhaar des Fells hergestellt. Sie ist federleicht, hält warm und ist daunenweich. Sie eignet sich für jede Art von Kleidung, ist aber leider nicht ganz billig. Dazu kommt noch die teure Reinigung, die bei einem so kostbaren Garn unbedingt zu empfehlen ist. Dafür ist ein Kleidungsstück aus Kamelhaar etwas ganz Besonderes, das bei guter Pflege eine lange Lebensdauer hat.

Kaschmirwolle besteht aus den sehr zarten Haaren der in Ostindien und im Himalaja lebenden Kaschmirziege. Sie ist daunenweich, fein und seidig, mollig warm und federleicht. Nur hat sie leider einen großen Nachteil – sie ist sündhaft teuer und verlangt eine besonders sorgsame Pflege, ähnlich der Angorawolle.

Mohairwolle wird aus den langlockigen, glänzend weißen Haaren der Mohairziege hergestellt. Sie ist strapazierfähig, hat meist einen feinen Glanz, ist fein und flauschig. Da sie trotz ihres leichten Gewichts sehr wärmend ist, kann sie für jede Art von Oberbekleidung und Decken verwendet werden.

Vikunjawolle ist dem Lamahaar sehr ähnlich. Es handelt sich beim Vikunja um eine Wildform des domestizierten Alpakas. Die Wolle ist sehr fein, sehr weich, aber leider auch – sehr teuer.

Angorawolle besteht aus den sehr feinen und weichen Haaren des Angorakaninchens, hat lange Fasern und wirkt dadurch sehr flauschig. Sie ist nicht sehr strapazierfähig und läuft beim Waschen oft ein. Angorawolle darf nur hand-

warm mit wenig Feinwaschmittel gewaschen werden. Stricksachen aus Angorawolle sind weich und fein, trotzdem darf sie aber auf keinen Fall für Babywäsche verwendet werden – denn die ständig sich ablösenden feinen Härchen stellen für das Baby eine Gefahr dar.
Angorawolle hat ungewöhlich gute Isoliereigenschaften, weshalb Sie es sehr gut für Wintersachen verarbeiten können. Als Handstrickgarn können Sie Angora in 10-g- oder 20-g-Knäueln kaufen. Es läßt sich gut verstricken, hat allerdings den Nachteil, daß es sehr flust, was man auch mit vielen Tricks nicht verhindern kann.

Innerhalb der »Wollsiegelqualität« sind die genannten »feinen Tierhaare« der reinen Schurwolle gleichgesetzt. Erzeugnisse aus diesen Tierhaaren sind also ebenfalls mit dem Wollsiegeletikett gekennzeichnet.

Seide bekommt man mit Wolle vermischt oder ganz rein. Aus Seide kann man sehr elegante Sachen arbeiten. Sie sind sehr leicht und angenehm zu tragen, aber warm. Da sie sehr dünn ist, erfordert die Arbeit viel Zeit. Außerdem ist sie schwieriger zu verarbeiten, und nur geübte Strickerinnen sollten sich an ein Stück aus Seide wagen, da es viel Zeit und Geld erfordert. Eine chemische Reinigung ist angebracht, denn man sollte so ein gutes Stück durch unsachgemäßes Waschen nicht verderben.

Gemischte Garne
Wolle wird aus verschiedenen Gründen mit anderen Fasern gemischt: Sie wird dadurch vielfach preisgünstiger, es lassen sich besondere Effekte erzielen, vor allem aber, wie etwa durch die Nylonbeimischung bei Strumpfgarnen, wird Wolle widerstandsfähiger.

Synthetische Garne
Man ist in den letzten Jahren dazu übergegangen, auch Handstrickgarne aus Orlon, Nylon, Dralon u. ä. herzustellen. Diese Kunstfasern werden, ähnlich wie Wolle, aus vielen kurzen Einzelfasern versponnen (Orlon und Nylon). Ausnahmen bilden die unendlich langen Fasern, die nach dem Kunstseidenprinzip in Spezialmaschinen versponnen werden.
Garne aus synthetischen Fasern bieten viele Vorteile: Aus Orlon gestrickte Babykleidung etwa läßt sich kochen und in der Maschine waschen, ohne daß dabei die wollartige Beschaffenheit und die Widerstandsfähigkeit der Faser verlorenginge.
Chemiefasern eignen sich besonders für strapazierte Kleidungsstücke, die oft gewaschen werden sollen, denn sie sind sehr unempfindlich bei der Wäsche, trocknen schnell und verfilzen nicht. Dagegen dürfen sie nicht oder nur mit geringer Hitze gebügelt werden, gewisse Fasern werden im direkten Kontakt mit dem heißen Bügeleisen zerstört. Ein Nachteil der synthetischen Faser ist ihre durch statische Elektrizität bedingte Anziehungskraft für Schmutzpartikel; da jedoch Kleidungsstücke aus synthetischen Fasern so einfach zu reinigen sind, fällt das kaum ins Gewicht.
Zum Stricken können Sie verwenden:
- Polyamide wie Perlon, Nylon usw.;
- Polyester wie Trevira, Dacron, Terylen, Tergal usw.;
- Acrylfasern wie Dralon, Orlon, Crylor usw.;
- Vinylfasern wie zum Beispiel Rhovyl.

Lurexgarn ist ein modisches, metallglänzendes Effektgarn mit »Metallseele« und einem Überzug aus Acetat. Es ist sehr hitzeempfindlich. Bei zu hohen Bügeltemperaturen schmelzen die Aluminiumbänder, und es entstehen Glanzstellen. Aus Lurexgarnen sollten Sie vorwiegend Modelle für festliche Anlässe stricken.

Baumwollgarne
Baumwollgarn ist – wie der Name schon sagt – ein aus Baumwolle gesponnenes Garn. Den Rohstoff liefern die weißen Samenfasern einer malvenähnlichen subtropischen Staudenpflanze.
Handstrickgarne aus Baumwolle bieten den Vorteil, daß man sie kochen kann, wenn sie indanthren gefärbt sind. Deshalb immer auf einen entsprechenden Hinweis achten! Ungebleichte und weiße Baumwolle ist selbstverständlich in jedem Fall kochfest. Garnqualität und Spinnart können auch bei Baumwolle stark abweichen. Baumwolle ist kühl,

glatt und unelastisch und eignet sich besonders gut für Sommersachen. Sie darf allerdings nie in der Sonne trocknen, da sie sonst fleckig werden kann.

Ohne Stricknadeln geht's nicht

Stricknadeln müssen leicht und glatt sein. Aus nichtrostendem Material sind sie genauso gut wie aus Plastik.
Wählen Sie genau die Nadeln, die für eine bestimmte Strickarbeit vorgesehen sind (die erforderliche Nadelstärke ist bei allen unseren Strickvorlagen angegeben). Wenn Sie ohne Vorlage arbeiten, erkundigen Sie sich beim Kauf der Wolle, welche Stärke die richtige ist, die Knäueletiketten tragen auch immer einen entsprechenden Aufdruck.
Es gibt Nadeln aus verschiedenen Materialien. Sie können wählen zwischen Aluminium, Plastik und Holz. Die Größe gibt den Durchmesser in Millimeter an – je größer also die Zahl, desto dicker die Nadel. Stärke und Länge sollten immer im richtigen Verhältnis zum Garn und zum Strickstück stehen.

Schnellstricknadeln
Schnellstricknadeln haben eine Länge von 30 oder 35 cm, sind aus Aluminium und perlgrau beschichtet. Sie haben vorne eine abgerundete Spitze, verdicken sich dann bis zur angegebenen Stärke und verjüngen sich nach hinten. Am Ende der Nadel sitzt ein farbiger Plastikknopf, auf dem die Stärke der Nadel abzulesen ist. Da diese Nadeln relativ kurz sind, sollten Sie auch nur schmale Teile darauf stricken. Für große Teile wählen Sie dann:

Flexible Schnellstricknadeln
Sie sind in 50 cm Länge zu kaufen und haben eine perlgraue Spitze mit einem flexiblen Perlonschaft.
Das Gewicht des Stückes belastet nicht die Arme, denn es liegt locker auf dem Schoß. Die Maschen lassen sich leicht auf dem Schaft bewegen und ermöglichen somit auch ein müheloses Ausmessen und Anhalten des Strickteils. Außerdem kann die angefangene Arbeit gut in einer Tasche verstaut werden.

Plastiknadeln
sind besonders geeignet für dicke Garne, Bänder oder Schnur.
Sie haben eine relativ spitze Spitze, werden dann dicker bis zur angegebenen Stärke, die bis zum Ende der Nadel gleichbleibt.
Der Nachteil ist, daß die Maschen nicht locker auf der Nadel liegen und das Abstricken mit Nachschieben verbunden ist.

Rundstricknadeln
bestehen aus zwei Aluminium- oder Nickelspitzen, die durch ein elastisches Nylon- oder Perlonseil verbunden sind. Sie brauchen Rundstricknadeln zum Stricken von Mützen, Röcken und auch Pullovern, die keine Naht haben sollen. Sie können natürlich auch gerade Teile mit einer Rundstricknadel stricken.
Am Ende einer Reihe wenden Sie die Arbeit wie beim Stricken mit Strickstöcken. Rundstricknadeln haben den Vorteil, daß Ihnen die Arbeit immer locker an der elastischen Schnur im Schoß liegt, also das Gewicht der Arbeit nicht nur von den Armen getragen werden muß.

Nadelspiel
besteht immer aus fünf Nadeln. Die Nadeln haben an beiden Enden eine Spitze. Sie brauchen ein Nadelspiel zum Stricken von Strümpfen (deshalb werden die fünf Nadeln auch oft Strumpfstricknadeln genannt), Handschuhen und Mützen. Immer dann, wenn eine Rundstricknadel zu lang ist für die Strickerei, benutzt man ein Nadelspiel. Auf vier Nadeln werden die Maschen gleichmäßig verteilt, mit der fünften Nadel werden die Maschen abgestrickt.

Was es sonst noch gibt

Da Sie längst nicht für alle folgenden Artikel Verwendung haben, brauchen Sie natürlich nicht alle zu besitzen. Wenn Sie sie aber wenigstens kennen, können Sie im Bedarfsfall darauf zurückgreifen.

Der Maschenraffer
Dies ist ein sehr große Sicherheitsnadel aus federndem Metall. Sie nimmt vorübergehend stillgelegte Maschen auf. Sie ist mehr zu empfehlen als die

kurze Stricknadel, da sie nicht aus der Arbeit herausrutschen kann. Es gibt den Maschenraffer nur in einer Stärke.

Der Norwegerfinger- oder Strickfingerhut

Wenn Sie mit zwei Farben arbeiten, wie beim Norwegermuster (daher der Name), ist dieses kleine Zubehör sehr nützlich. Es ist eine Spirale mit zwei Ösen, die über den Finger gezogen wird. Beim Stricken werden die zwei verschiedenen Garne durch die Ösen geleitet und können sich nicht verwikkeln.

Der Reihen- und der Maschenzähler

Man schiebt ihn einfach auf die Stricknadel. Er wirkt in doppelter Weise. Man betätigt ihn mit den Fingerspitzen. Reihe für Reihe und Masche für Masche. Die Zehnerstellen rücken meistens automatisch weiter. Er erspart Ihnen das langwierige Zählen und die ärgerlichen Fehler.

Die Wollnadel

Eine Nähnadel, die speziell für das Zusammennähen von Strickteilen gedacht ist. Sie hat eine stark abgerundete Spitze und ein großes Öhr.

Der Handstrick-Apparat

Das Arbeiten an einem Handstrickapparat kann von jedem erlernt werden. Zu dem gekauften Gerät wird auch eine Gebrauchsanleitung geliefert, nach der Sie sich ganz genau richten müssen. Selbst wenn Sie schlecht oder gar nicht stricken, werden Sie feststellen, daß Maschinenstricken nicht so schwer ist, wie Sie sich vorgestellt haben. Einige Stunden zum Einüben sind natürlich auch hier angebracht. Die Vorteile eines solchen Gerätes sind zahlreich. Man kann damit:

- schnell stricken;
- praktisch alle Muster strikken;
- umfangreiche Teile wie Mäntel oder Kostüme arbeiten, die mit der Hand zu strikken Sie vielleicht weder die Zeit noch die rechte Geduld aufbringen;
- ein großes Strickstück herstellen, das anschließend zugeschnitten und wie Stoff verarbeitet wird;
- Wolle leicht wieder verwenden, weil Maschinengestricktes sich besser auftrennen läßt als Handgestricktes.

Trotzdem wollen wir Sie auf einen wesentlichen Nachteil hinweisen: ein Strickapparat lohnt sich nur, wenn Ihre Familie mindestens aus vier Personen besteht oder wenn Sie in Heimarbeit stricken und daraus einen Nebenerwerb machen wollen. Man kann natürlich auch mit mehreren Bekannten gemeinsam einen Handstrick-Apparat kaufen und dann abwechselnd damit arbeiten.

Und zum Schluß ein guter Tip: Wenn Sie einen Strickapparat kaufen wollen, sollten Sie sich für eine bekannte Marke entscheiden, die einen guten Kundendienst garantiert.

Tips und Tricks

Zu guter Letzt geben wir Ihnen ein paar Tips, damit nichts schiefgehen kann und Sie recht lange Freude an Ihren Stricksachen haben. Für alle vorbereitenden Arbeiten wie Maschenprobe, Schnitt anpassen und Umrechnen von Arbeitsanleitungen geben wir Ihnen nützliche Hinweise. Auch was Sie tun, wenn das Stück fertiggestrickt ist, sagen wir Ihnen. Sie erfahren, wie man die einzelnen Teile dämpft und bügelt, sie zusammennäht und fertigstellt. Auch Pflege-Anleitungen sind nicht vergessen worden, denn in wenigen Sekunden kann ein mühevoll hergestelltes Strickstück durch falsches Waschen verdorben sein.

Ein paar Tips für den Anfang

Oft regen schicke Modefotos zum Kauf von Wolle und Nadeln an. Aber bedenken Sie: Nicht alles, was an einem Fotomodell schick aussieht, ist auch für Sie kleidsam, und bevor das Modell fertiggestellt ist, hat die Mode vielleicht schon wieder gewechselt. Dann war alle Mühe umsonst. Also verzichten Sie lieber auf modische Eintagsfliegen. Suchen Sie Farben aus, die zu Ihren Kleidern passen. Jeder Mensch hat seine Grundfarben. Der eine bevorzugt Brauntöne, der andere schwärmt für Blau. Und immer wieder kommen diese Farben auch in der Grundgarderobe vor. Lassen Sie sich also nicht von einer verlockenden Farbe verführen, wenn sie nicht in Ihren Kleiderschrank paßt.
Nehmen Sie sich nicht zuviel vor. Wenn Sie noch Anfängerin mit Nadel und Wolle sind, dann wäre es schade, wenn Sie sich durch zu schwierige Handarbeiten entmutigen ließen.
Halten Sie sich genau an die Arbeitsanleitungen. Lesen Sie die gesamte Arbeitsanleitung vor Beginn der Arbeit durch und halten Sie alle nötigen Dinge bereit.
Gehen Sie bei Ihren Arbeiten Schritt für Schritt vor. Versuchen Sie nicht, möglichst schnell fertigzuwerden. Bei unnötiger Eile schleichen sich gern Fehler ein.
Kaufen Sie alle Wolle, die Sie für ein Modell benötigen, auf einmal ein. Und achten Sie darauf, daß die Knäuel alle aus dem gleichen Farbbad kommen, sonst kann es Abweichungen im Farbton geben.
Wenn Sie noch nie irgendeine Strickarbeit gemacht haben, dann versuchen Sie sich erst mit Wollresten beim Musterstricken. Sie können auch mit hübschen Baumwollgarnen Musterproben arbeiten und daraus dann kleine Decken zusammensetzen.
Wenn Sie zwei verschiedene Wollen verarbeiten möchten, achten Sie darauf, daß beide Garne möglichst die gleichen Pflegebedürfnisse haben.

Die Maschenprobe muß sein

Fangen Sie keine Arbeit ohne Maschenprobe an. Ohne Maschenprobe geht es nun einmal nicht. Arbeiten Sie im Grundmuster ein Quadrat von 12 Zentimeter Seitenlänge und spannen Sie das Stück auf. Jetzt erst können Sie auszählen, und zwar in einer Höhe und Breite von je 10 Zentimetern. Stimmen die Anzahl der Reihen und Maschen mit denen in der Arbeitsanleitung überein, so können Sie sich genau danach richten. Ist die Maschenprobe zu klein, stricken Sie sehr fest. Nehmen Sie dickere Nadeln und arbeiten Sie eine zweite Probe. Umgekehrt bei zu großen Stücken: Probieren Sie's mit dünneren Nadeln. Wenn alles nicht hilft, müssen Sie die Maschenzahl selbst berechnen. Heben Sie die Maschenprobe während der ganzen Arbeit auf, dann können Sie immer nachzählen! Und so berechnen Sie die erforderliche Maschenanzahl:
Wenn Ihre Maschenprobe bei zehn Zentimeter im Quadrat 20 Maschen für die Breite und 30 für die Höhe ergab, müssen Sie für einen 50 Zentimeter breiten Pulloverrücken 5mal 20 Maschen, also 100 Maschen anschlagen. Randmaschen nicht vergessen!
Beträgt die Höhe bis zum Armloch 40 Zentimeter, müssen Sie viermal 30, also 120 Reihen stricken. Halsausschnitt, Ärmelweite und -schrägung sowie die Abnahmen für die Schulter errechnen Sie nach demselben Schema.

Der richtige Schnitt ist wichtig

Bevor Sie sich entscheiden, in welcher Größe Sie ein Modell arbeiten wollen, sollten Sie erst Maß nehmen. Denn nicht immer stimmen die Konfektionsgrößen, die Sie beim Einkauf benützen, mit denen der Strickanleitungen überein. Größe 38 ist nicht immer die gleiche Größe. Das haben Sie sicher auch schon beim Einkaufen festgestellt. Ehe Sie anfangen, ein Modell zu stricken stellen Sie bitte fest, wo Ihre Maße von der genormten Größe abweichen. Haben Sie z. B. längere Ärmel, müssen Sie das jeweils berücksichtigen.
Wichtig: Allen Angaben liegen die Maschenproben zugrunde, die Sie in den Arbeitsanleitungen finden. Auch wenn Sie ein anderes als das von uns vorgeschlagene Material verwenden wollen, ist eine Maschenprobe

dringend erforderlich, da sich die Maße mit einer anderen Wolle gestrickt erheblich verändern können.
Meist finden Sie den für Sie passenden Schnitt in Form einer kleinen Schemazeichnung bei der Arbeitsanleitung.
Damit Sie während der Arbeit immer wieder diesen Schnitt mit dem Gestrickten vergleichen können, fertigen Sie sich einen originalgroßen Schnitt aus Papier an. Die meisten Schnittschemata zeigen nur die Hälfte des Schnittes bis zum Bruch, da die andere Seite gegengleich ist.
Falten Sie also das Papier in der Mitte. Zeichnen Sie mit dem Lineal einen Strich waagerecht zu diesem Bruch am unteren Rand. Von dieser Linie aus übertragen Sie alle Maße genau auf das Papier. Diesen Schnitt können Sie nun ausschneiden und auseinander falten. Tragen Sie mit Rotstift die Maschenzahlen, Zunahmen, Abnahmen usw. in den Schnitt ein.
Diese Angaben erleichtern die Arbeit sehr. Sie brauchen nun nicht mehr ständig in der Arbeitsanleitung nachzulesen, was als nächstes zu tun ist.
Paßt der vorgegebene Schnitt in der Größe nicht, können Sie ihn einfach verändern. Wollen Sie ihn vergrößern, schneiden Sie den Schnitt senkrecht und waagrecht in der Mitte durch. Schieben Sie die Teile jetzt so lange aneinander, bis die Maße stimmen, und kleben Sie ihn auf ein neues Papier. Wollen Sie den Schnitt verkleinern, falten Sie die überflüssige Weite einfach waagrecht und senkrecht weg. Mit einem Stück Klebestreifen fixieren.
Sie können das Problem, zu großer oder zu kleiner Schnitt, auch rechnerisch lösen.
Anhand eines Beispiels wollen wir Ihnen zeigen, wie man ein Modell auf eine größere Größe umrechnen kann: Ein Pullunder ist für Größe 34 und 38 ausgerechnet. Sie benötigen Größe 44. Bei diesem Pullunder wird nach dem Bündchen zugenommen, richten Sie sich zuerst nach der Maschenzahl, die für das Grundmuster angegeben ist: Gr. 34 = 93 M; Gr. 38 = 101 M. Die Differenz zwischen beiden Größen beträgt 8 M. Diese müssen Sie bis zur übernächsten Größe, nämlich Größe 42, hinzuzählen = 109 M; bis Gr. 44 brauchen Sie dann noch einmal die Hälfte davon, nämlich 4 M = insgesamt 113 M. Bei diesem Modell wird für das Grundmuster nach dem Bündchen jede 2. M verdoppelt, teilen Sie nun die Grundmustermaschenzahl 113 durch 3 (= 37) und ziehen ein Drittel von den 113 M ab. Damit haben Sie die Maschenzahl für das Bündchen: nämlich 76. Arbeiten Sie mit den neuen Maschenzahlen der Arbeitsanleitung entsprechend das Modell. In der Länge geben Sie bis zu den Halsausschnitten 1–2 cm zu, bei der Armausschnitthöhe die gleiche Zentimeterzahl. Die zuviel vorhandenen 12 M verteilen Sie so: Je 3 M bei den Armausschnitten, je 2 M bei den Schultern und 2 beim Halsausschnitt mehr abnehmen.
Ist der Größenunterschied zwischen dem beschriebenen und gewünschten Modell nicht so groß, verteilen Sie die zusätzlichen M nur gleichmäßig auf Armausschnitte und Schultern. Die Erweiterung von Ärmeln wird im Prinzip genauso errechnet.
Wenn Sie schon zu den fortgeschrittenen Strickerinnen oder Handarbeiterinnen zählen, können Sie natürlich auch eigene Modelle entwerfen. Das ist gar nicht so schwer. Machen Sie einen Schnitt nach Ihren Maßen, suchen Sie sich ein schönes Muster und Garne heraus, die möglichst die gleichen Pflegeeigenschaften haben, und fertigen Sie eine Maschenprobe. Jetzt können Sie leicht ausrechnen, wie Sie arbeiten müssen.

Das Fertigstellen des Strickstücks

Viele Stunden vergehen, bis alle Einzelteile eines Modells fertigestellt sind. Arbeiten Sie beim Zusammennähen genauso sorgfältig wie beim Stricken. Die Mühe lohnt sich. Denn eine häßliche Seitennaht, ein schlecht angesetzter Kragen oder Ringelstreifen, die nicht aufeinandertreffen, können das schönste Stück verderben.

Das Vernähen der Fäden

Während der Arbeit haben Sie sicher einige Male mit einem neuen Wollknäuel begonnen. Vernähen Sie jetzt an jedem Strickteil einzeln die heraushängenden Fäden.
Wenn Sie immer am Rand mit dem neuen Faden begonnen haben, dann fädeln Sie den er-

sten der beiden heraushängenden Fäden auf eine dicke Stopfnadel und nähen ihn mit einfachen »Auf-und-Ab-Stichen« etwa 3 cm dem Rand entlang nach oben. Der noch heraushängende Faden wird abgeschnitten. Mit dem zweiten Faden verfahren Sie ebenso, nur vernähen Sie ihn nach unten am Rand entlang. Sollten Sie die Wollfäden einfach nur innerhalb der Arbeit verknotet haben – das ist nicht sehr hübsch und zeichnet sich immer im Strickstück ab –, dann versuchen Sie jetzt, den Knoten vorsichtig zu lösen und die beiden Fadenenden in die Rückseite des Stückes einzunähen.

Spannen und Dämpfen

Jedes glatte Strickteil muß, wenn es fertig gestrickt ist, gedämpft werden. Stecken Sie das fertig gestrickte Teil mit der rechten Seite nach unten auf das Bügelbrett oder Bügeltuch mit Stecknadeln auf. Wenn Sie den originalgroßen Schnitt als Unterlage benutzen, können Sie genau sehen, wie weit Sie spannen müssen.
Stricken Sie nach einem Schemaschnitt, wie Sie es aus unseren Anleitungen kennen, so müssen die aufgesteckten Strecken immer mit einem Maßband nachgemessen werden. Denn durch das Aufspannen kann das Strickstück leicht verzogen oder gedehnt werden. Zu klein gestrickte Teile werden durch Spannen und Dämpfen nicht größer. Die gedehnten Maschen gehen im Laufe der Zeit wieder in ihre ursprüngliche Form zurück!
Die Stecknadeln werden in gleichmäßigen kurzen Abständen nur in die Randmaschen eingesteckt. Dabei sollte sich das Teil nicht spannen, es entstehen sonst kleine Zipfel. Je geringer die Abstände sind, um so exakter wird die Kante. Rippenbündchen sollen nie gespannt werden!
Mit einem normalen, einfachen Bügeleisen sollten Sie nie direkt auf ein Strickstück gehen, es können Glanzstellen und plattgedrückte Maschen entstehen.
Nehmen Sie ein großes, sauberes Tuch (z. B. ein zerschnittenes Bettlaken oder ein großes Taschentuch) und feuchten es an.
Legen sie dieses Tuch auf das vorbereitete, gespannte Strickstück, und gehen Sie mit dem heißen Eisen mit leichtem Druck über das Tuch. Es entsteht feuchter, heißer Dampf, der ein geschlossenes, glattes Maschenbild herstellt.
Das Tuch sollte so lange auf dem Strickstück liegen, bis beide Teile trocken sind.
Denken Sie daran: Auch wenn es jetzt langweilig erscheint, bis das Stück endlich fertig ist – die Mühe lohnt sich.

Nahtverbindungen

Schöne Nähte sind das Tüpfelchen auf dem i bei einem Strickstück! Sie entscheiden, ob das Stück schick oder hausbacken aussieht!
Informieren Sie sich in unserem Strickkurs, wie man die Nähte bei kraus- und glatt gestrickten Teilen mit Maschenstich schließt.
Mit der Nähmaschine kann man die Nähte bei Wollsachen ebenfalls schließen. Heften Sie die Nähte zuerst. Und legen Sie dann beim Nähen ein Nahtband unter, damit das Gestrick sich nicht verzieht. Schließen Sie als erstes die Schulternähte. Anschließend nähen Sie die Ärmel ein. Stekken Sie dazu – rechts auf rechts – die Ecken der Armausschnitte auf die Ecken an der Armkugel. Verteilen Sie die Armkugelweite gleichmäßig auf den Armausschnitt. Die Mitte der Armkugel sollte auf die Schulternaht treffen. Der Ärmel sollte im unteren Drittel – das heißt unter der Achsel – glatt auf dem Armausschnitt anliegen, im oberen Teil darf er etwas lockerer sein, um die Rundung besser herauszuarbeiten. Heften Sie die gesteckten Teile, bevor Sie sie mit Steppstichen zusammennähen.
Legen Sie das Stück mit der linken Seite nach außen vor sich auf den Tisch. Stecken Sie die Ecken der Ärmelbündchen, die Achselnähte und die unteren Bundkanten aneinander. Wieder heften. Danach führen Sie die Naht locker aus. Zusammenhäkeln kann man Stricksachen auch. Man bekommt gerade, saubere Nähte. Die zusammengehäkelten Teile lassen sich auch mühelos wieder aufziehen, wenn man etwas ändern möchte. Benützen Sie einen gleichfarbigen, aber etwas dünneren Arbeitsfaden. Legen Sie die Teile rechts auf rechts und häkeln Sie nun mit festen Maschen durch die Randmaschen beider Teile.

Der Reißverschluß
Einen Reißverschluß in Wollsachen einzusetzen, erscheint schwierig. Sie können dieses Problem meistern, wenn Sie folgendes beachten:
Heften Sie vor dem Einsetzen des Reißverschlusses auf der Rückseite des Strickstückes zwei Streifen dünnen Stoff. Dann heften Sie den Reißverschluß ein. Schieben Sie dazu das Arbeitsstück vielleicht übers Bügelbrett, dann heften Sie nicht aus Versehen die Rückseite mit fest.
Jetzt können Sie den Reißverschluß endgültig einnähen und den Stoff vorsichtig entfernen. Diese kleine Mühe beim Einsetzen des Reißverschlusses lohnt sich, denn nun sitzt er, ohne sich zu wellen, im Strickstück.

Knopflöcher und Knöpfe
Schneiden Sie in der Mitte des beabsichtigten Knopfloches einen Faden vorsichtig durch. Ziehen Sie mit den beiden Fadenenden nach rechts und links so viele Maschen auf, wie Sie Platz brauchen fürs Knopfloch. Es entstehen nach oben und unten offene Maschen, durch die ein Wollfaden gezogen wird.
Dann umnähen Sie das Loch mit Knopflochstich. Vernähen Sie die abgeschnittenen Fäden gut!

Ein Knopfloch in Wollsachen sollte nur so groß sein, daß der Knopf knapp durchgeht. Die Wolle gibt mit der Zeit nach, und es könnte passieren, daß das Knopfloch später zu weit wird.

Knöpfe näht man mit farblich passender Nähseide oder – wenn es große Knöpfe sind – mit geteiltem Wollfaden an. Bei dicken Strickstücken wird der Knopf mit Stiel angenäht. Der Knopf liegt nicht fest auf dem Strickstück, sondern steht wie eine Blume auf einem kurzen »Stiel« aus Nähfaden.
Bei besonders dicken Stricksachen empfiehlt es sich, einen »Gegenknopf« einzunähen. Auf der linken Seite des Strickstückes hält ein mitgenähter kleinerer – eventuell durchsichtiger – Knopf das Gegengewicht zum Knopf auf der Vorderseite.

Das Abfüttern und Säumen von Wollsachen
Große Wollsachen, wie Mäntel und Röcke, behalten ihre Form besser, wenn sie gefüttert werden. Benützen Sie die gedämpften Einzelteile des Stükkes als Schnittmuster für den Futterstoff. Nähen Sie dann das Futter mit der Maschine zusammen und heften Sie es ins Strickstück ein. An den Schulter- und Achselnähten heften Sie das Futter vorsichtig mit Hexenstichen fest. So kann es nicht verrutschen.
Den Saum des Futterteils näht man meist nicht gegen den Saum des Wollstücks. Das Gestrick dehnt sich nämlich mit der Zeit und wird länger als das Futter. Würde man nun Saum gegen Saum nähen, dann entständen später häßliche Ausbeulungen.
Mantelsäume rollen sich gern nach außen. Nähen Sie sich dehnbares Schräg- oder Nahtband ein.

Die richtige Pflege ist alles

Viele Stunden bringt man damit zu, ein herrliches Stück zu arbeiten. In wenigen Sekunden kann alles verdorben sein, wenn das Strickstück nicht richtig gepflegt wird.

Die Aufbewahrung
Die sorgfältige Pflege beginnt schon bei der Aufbewahrung. Selbstgearbeitete Sachen, seien sie aus Wolle, Baumwolle oder Chemiefasern, sind locker und luftig gearbeitet. Daher können sie sich bei unsachgemäßer Behandlung leicht verziehen.
Hängen Sie gestrickte oder gehäkelte Sachen nie auf einen Kleiderbügel. Legen Sie die Jacken, Pullis oder Röcke glatt zusammen, und stapeln Sie nicht mehr als drei Stück übereinander.
Wenn Sie geruchlose Mottenstrips zu Ihren Wollsachen hängen, werden Motten keine Gefahr für die guten Stücke.

Flecken
Vor dem Waschen betupfen Sie die Flecken mit flüssigem Wollwaschmittel oder Fleckenwasser (Farbprobe nicht vergessen). So lösen sich die Flecken leicht im Waschprozeß. Sie können auch mit einem Baumwollfaden den Fleck vor der Wäsche markieren. Seien Sie aber sehr vorsichtig bei der Bearbeitung der Stelle, damit nichts verfilzt. Wenn ein Fleck sehr hartnäckig sein sollte, können Sie sich von Fachleuten, beispielsweise in Ihrer chemischen Reinigung, beraten lassen.

Wolle waschen
Wollfasern sind lebendige Fasern, sie vertragen genau wie Menschenhaare keine ruppige Behandlung. Werden sie zu heiß gewaschen, kräuseln sie sich stark und laufen ein.
Durch zu starkes Reiben und Rubbeln verfilzen die Wollsachen.
Verwenden Sie zum Waschen eines der üblichen *Woll*-Waschmittel. Lösen Sie das Pulver oder die Flüssigkeit ganz in lauwarmem, eher kaltem Wasser auf. Tauchen Sie dann das Strickstück in die Lauge und drücken Sie es mehrmals durch. Das Wasser mit dem Waschmittel umspült die Fasern und löst den Schmutz.
Waschen Sie Ihre Sachen lieber öfter. Stark verschmutzte Teile werden nie wieder so schön wie neu!
Es gibt spezielle Wolle, die für die Wäsche in der Waschmaschine geeignet ist. Richten Sie sich bei der Behandlung nach den Angaben auf den Banderolen der Wolle. Sehr locker gearbeitete Sachen sollten Sie aber trotzdem mit der Hand waschen, damit sie sich nicht verziehen.

Spülen und Trocknen
Heben Sie das Wollstück vorsichtig aus der Lauge, drücken Sie es aus, wringen Sie nicht! Spülen Sie es mindestens dreimal in frischem kaltem Wasser schnell aus. Wenn Sie wollen, können Sie einen Weichspüler mit ins letzte Spülbad geben. Meist ist es aber nicht nötig, denn gute Wolle und Chemiefasern werden nach sorgfältiger Wäsche wieder wollig und weich. Nach dem Spülen legen Sie das ausgedrückte Wollstück auf ein Frotteetuch, wikkeln es ein und drücken es aus. Dann legen Sie das Stück zum Trocknen flach in seiner normalen Form auf ein Frotteetuch.
Hängen Sie Wollsachen *nie mit Klammern* an die Wäscheleine, sie verziehen sich zu sehr. Und die Druckstellen von den Klammern sehen auch nicht schön aus. Lassen Sie Wollsachen *nie in der Sonne* oder am Ofen trocknen. Hitze schadet Faser und Farbe.
Sollten weiße Wollsachen doch einmal *vergilbt sein*, kann man sie mit Spezialmitteln aus der Drogerie wieder weiß machen.

Baumwolle waschen
Handarbeiten aus Baumwolle vertragen eine etwas robustere Behandlung. Die Garne vertragen, wenn sie sanforisiert – also einlaufgeschützt – sind, höhere Wassertemperaturen. Weiße Baumwollsachen können Sie sogar kochen. Benützen Sie auch bei Baumwollsachen die Waschmaschine nur, wenn die Arbeiten nicht zu lokker und luftig ausgeführt sind.

Chemisch Reinigen
Manchmal werden Sie Ihre selbstangefertigten Handarbeiten auch in die chemische Reinigung geben. Da die Sachen keine Etiketten eingenäht haben, denen der Reiniger entnehmen kann, um welche Fasern es sich handelt, sollten Sie immer genaue Angaben dazu machen.
Merken Sie sich genau die Angaben auf den Banderolen Ihrer Knäuel (am besten ist, Sie heben sie in einem kleinen Notizbuch auf), und teilen Sie die Angaben Ihrer Reinigung mit. Reine Wolle kann immer gereinigt werden. Rhovyl-Fasern und Mischungen mit Rhovyl vertragen nur Benzin-Reinigung. Acryl Polyester, Polyamid, Acetat, Viskose können alle unbedenklich in die chemische Reinigung gegeben werden. Auch Baumwolle und andere Pflanzenfasern vertragen die Reinigung.

Bügeln und Dämpfen
Die meisten Strick- und Häkelsachen werden nach der Wäsche von allein so schön, daß man sie nicht zu bügeln braucht. Manchmal läßt sich das Bügeln aber nicht vermeiden. Beachten Sie dabei immer die Temperatur, die auf der Banderole Ihrer Wolle angegeben war.
Mit einem feuchten Tuch auf dem Wollstück verbessern Sie den Erfolg des Bügels wesentlich. Durch das Dämpfen vermeiden Sie Glanzstellen. Reliefmuster und gerippte Bündchen bügelt oder dämpft man normalerweise nicht. Sollte es aber doch einmal nötig sein, dann dämpfen Sie von der linken Seite auf einer Unterlage aus dickem Frottee. Und berühren Sie dabei kaum das feuchte Tuch. Der warme Dampf macht das Wollstück wieder glatt, nicht das Pressen mit dem heißen Eisen.
Seien Sie äußerst vorsichtig beim Bügeln von Synthetics und Mischfasern! Eine Falte,

die Sie aus Versehen zu heiß eingebügelt haben, läßt sich nie wieder glattbügeln! Manche Chemiefasern verlieren außerdem ihre bauschige, wollige Struktur. Am besten, Sie bügeln diese Fasern überhaupt nicht. Sollte solch ein Pulli oder eine Jacke mal nicht glatt genug geworden sein, machen Sie das Teil einfach noch mal naß und legen Sie es klatschnaß auf ein Tuch zum Trocknen.

Ein Loch kann man stopfen

Löcher in glatten Stricksachen kann man mit einer stumpfen Stopfnadel beheben. Zunächst muß man das Loch »sauber machen«: oben und unten die zerstörten Fäden so auszupfen, daß jeweils eine intakte Maschenreihe freiliegt. Diese offenliegenden Maschenreihen sollten rechts und links mindestens zwei Maschen breiter sein als die schadhafte Stelle. Am linken und rechten Rand des Loches ebenfalls die zerstörten Fadenenden so auszupfen, daß intakte Maschensäulen zwei Maschen breit in die Lücke ragen. Damit bekommt das Loch zunächst die Form einer römischen Eins. Jetzt heftet man jeweils am rechten und linken Rand die in das Loch ragenden Maschensäulen mit feinem Garn auf der Rückseite des Strickstücks fest, so daß man ein sauberes viereckiges Loch vor sich hat. Man legt ein Stück Pappe unter und spannt nun von links nach rechts über das Loch senkrechte Hilfsfäden aus Reih- oder Nähgarn: Am unteren Rand des Loches sticht man von der Rückseite aus in die 1. Masche ein und zieht den Faden nach vorn durch. Dann sticht man am oberen Rand des Loches in die 1. Masche ein und kommt in der links danebenliegenden Masche nach vorn wieder heraus. Unten sticht man dann in die 1. Masche wieder ein, kommt in der links danebenliegenden Masche wieder heraus und sticht dann oben in die 2. Masche ein. D. h., in jede der offenliegenden Maschen muß jeweils 2 × eingestochen werden, bis das viereckige Loch ganz mit zickzackähnlich verlaufenden Hilfsfäden überspannt ist.
Diese Fadenführung ist das Prinzip des Maschenstichs, mit dem nun auch Reihe für Reihe das Loch mit Originalwolle geschlossen wird. Man arbeitet die Maschenstichreihen hintereinander von li nach re und dann von re nach li.
Den ersten Stich führt man von der Rückseite aus in die erste freiliegende Masche nach vorn. Faßt dann mit der Nadel am Rand die erste Masche der nächst höheren Reihe sowie die beiden Spannfäden, die in dieser ersten freiliegenden Masche zusammenlaufen, auf. Zieht den Faden durch und sticht von vorn wieder in dieselbe Masche nach hinten ein, um in der Masche daneben wieder nach vorn herauszukommen. Bei der letzten Reihe, mit der das Loch geschlossen wird, muß man – dem Spannfaden jeweils folgend – auch in die freiliegenden Maschen des oberen Lochrandes einstechen. Den Stopffaden auf der Rückseite vernähen, Hilfsfäden entfernen.

Register

Modelle

Register

G

H

J

K

L

M

N

P

R

Register

Register
Technik

Bezugsnachweis:
Die Garne für die Modelle »Mantel mit gestreiftem Oberteil« (S. 318), »Mantel mit Rhomben« (S. 330) und »Strickmantel« (S. 332) sind über den Hamburger Wollversand (Helmar Rausch) Holstenstr. 200, 2000 Hamburg 50 zu beziehen

Fotonachweis:
Jahreszeitenverlag: 41, 43, 47, 48, 79, 81, 85, 88, 90, 126, 127, 138, 141, 144, 155,161, 163, 177, 204, 219, 245, 248, 257, 258, 259, 264, 309, 311, 321, 322, 367, 408, 441, 448

Schoeller: 184

Ackermann Göggingen: 467, 468, 469

Lana Grossa: 222, 223, 242, 309, 311, 420

Alle anderen Aufnahmen: Orbis-Archiv

Umschlagmodell: Liz & Eve, München